Kohlhammer

Georg Theunissen
Wolfram Kulig
Kerstin Schirbort (Hrsg.)

Handlexikon Geistige Behinderung

Schlüsselbegriffe aus der Heil- und Sonderpädagogik,
Sozialen Arbeit, Medizin, Psychologie,
Soziologie und Sozialpolitik

2., überarbeitete und erweiterte Auflage

Verlag W. Kohlhammer

2., überarbeitete und erweiterte Auflage 2013

Alle Rechte vorbehalten
© 2007 W. Kohlhammer GmbH Stuttgart
Umschlag: Gestaltungskonzept Peter Horlacher
Gesamtherstellung:
W. Kohlhammer Druckerei GmbH + Co. KG, Stuttgart
Printed in Germany

ISBN 978-3-17-022531-2

Inhaltsverzeichnis

Vorwort 13

A 15

Ablösung, Trennung vom Elternhaus 15
Active Support, aktive Unterstützung 16
Aggression, aggressives Verhalten 17
Alphabetisierung, Erwerb schriftsprachlicher Kompetenz, Lesen, Schreiben 19
Altenarbeit und Altenbildung 22
Alter und Altern 23
Anenzephalie 24
Anstalten 25
Anthropologie 26
Anthroposophie 28
Arbeit 29
Armut 30
Assistenz 31
Ästhetische Erziehung, ästhetische Bildung 32
Aufmerksamkeit 34
Aufmerksamkeitsdefizit-/Hyperaktivitätsstörung (ADHS) 35
Aufsichtspflicht und Haftung 38
Autismus, autistische Störungen, autistische Züge 39
Autismus-Spektrum 42

B 44

Basale Kommunikation 44
Basale Pädagogik, basale Aktivierung 44
Basale Stimulation 45
Bedürfnisse, Bedürfnisorientierung 46
Begegnung 48
Begleitung 49
Behindertenrechtskonvention (BRK) 50
Benachteiligung 52
Beratung 53
Berufliche Bildung 55
Berufliche Integration, berufliche Rehabilitation 57

Betreuung 58
Betreuungsrecht 59
Bildung 60
Bildungsfähigkeit 61
Bindung, Bindungsforschung 62
Biographiearbeit 64
Bürgerschaftliches Engagement, Freiwilligenarbeit, Volunteering 65
Bürgerzentrierung 67

C 68

Community Care 68
Computergestützte Analysesysteme 70
Consulenten, Konsulenten, Konsulentendienst 71
Coping, Copingstrategien 72
Corporate Citizenship, Corporate Social Responsibility 74

D 75

Deeskalation 75
Defektologie 76
Defizite, Defizitorientierung 76
Deinstitutionalisierung 77
Delinquenz, Kriminalität 78
Demenz 79
Depression 81
Developmental Disabilities 83
Dezentralisierung 84
Diagnostik 85
Didaktik, didaktische Modelle 86
Disability, Behinderung, Disability Studies 90
Diskriminierung 91
Dissozialität 92
Dissoziation, dissoziative Störungen 93
Doppeldiagnose, dual diagnosis 94
Down-Syndrom, Trisomie 21 95

E 97

Eingliederungshilfe 97
Eltern- und Familienarbeit 98
Elterninitiativen 99
Elternschaft von Menschen mit geistiger Behinderung 100
Emanzipation 102
Emotionen, emotionale Entwicklung 103
Empowerment, Selbstermächtigung, Selbstbefähigung 104
Enthospitalisierung 105

Entwicklung ... 107
Entwicklungstests, Entwicklungsgitter, Entwicklungsskalen ... 109
Epidemiologie ... 111
Epilepsie, epileptisches Anfallsleiden ... 112
Ergotherapie ... 114
Erlebnispädagogik ... 115
Erwachsenenbildung ... 116
Erwachsenwerden ... 118
Erziehung ... 119
Ethik, Menschenwürde ... 120
Euthanasie ... 122

F ... 123

Familie ... 123
Familienentlastender/familienunterstützender Dienst ... 125
Förderdiagnostik ... 126
Förderplanung ... 128
Förderung ... 130
Förderzentrum ... 131
Forschungsmethoden ... 132
Freizeit, Freizeitgestaltung ... 134
Freizeitassistenz ... 135
Fremdbestimmung ... 136
Frühbehandlung, Kindförderung, Kooperation mit Eltern ... 137
Frühdiagnostik ... 138
Früherkennung ... 139
Functional Skills ... 140

G ... 141

Gebärden ... 141
Gedächtnis, Gedächtnisprozesse ... 142
Geist, geistig, mental ... 144
Geistigbehindertenpädagogik ... 145
Geistige Behinderung ... 147
Geistige Entwicklung ... 149
Gemeinsame Erziehung ... 150
Gemeinsamer Unterricht ... 151
Gender, Geschlecht, Genderforschung ... 153
Generalisierung, Transfer ... 154
Gerontologie ... 155
Geschichte der Betreuung von Menschen mit geistiger Behinderung ... 156
Gestützte Kommunikation, Facilitated Communication ... 158
Gesundheit ... 159
Gesundheitserziehung ... 162
Gewalt ... 164

H 166

Handlungsbezogenes Lernen 166
Hauswirtschaft, Privathaushalt 168
Heilpädagogik 169
Heilpädagogische Rhythmik 171
Hilfebedarf 173

I 175

ICF 175
Identität, Selbstbild, Selbstkonzept 177
Individuelle Hilfeplanung 178
Inklusion, Inclusion 181
Inklusive Pädagogik, inclusive education 182
Integration 183
Integrationsfachdienste 184
Integrative Körpertherapie, Gestalttherapie 186
Intellectual Disabilities, intellektuelle Behinderung ... 187
Intelligenz 188
Intelligenztests 189
Interdisziplinäre Frühförderung 191
Interdisziplinarität 193
Intervention 194
Isolation, Vereinsamung 194

K 195

Kinder- und Jugendmedizin 195
Kinder- und Jugendpsychiatrie 196
Kinder- und Jugendwohnen 198
Klinische Bilder 199
Kompensation 204
Kompetenz, Kompetenzorientierung 205
Komplexe Behinderung / komplexe Behinderung 206
Kooperation 207
Kooperationsklassen, kooperativer Unterricht 208
Kreativität 210
Kretinismus 210
Krisen 211
Krisenintervention 213
Kunst 214
Kunsttherapie 215

L ... 216

Lebenspraktische Bildung ... 216
Lebensqualität ... 218
Lebensstilplanung ... 219
Lebensweltorientierung, Kontextorientierung ... 221
Leibpädagogik ... 222
Leichte Sprache (aus der Sicht von People First) ... 223
Lernbehinderung ... 223
Lernen, Lernfähigkeit, Lerntheorien ... 224
Lernschwierigkeiten, Menschen mit Lernschwierigkeiten ... 227

M ... 227

Massage ... 227
Mathematik, Rechnen ... 228
Mediation ... 230
Mehrfache Behinderung ... 232
Menschenbilder ... 233
Menschenrechte ... 235
Mental Retardation, Mental Handicap ... 237
Mitbestimmung, Mitwirkung ... 237
Mobilitätsförderung, Verkehrserziehung ... 239
Montessori-Pädagogik ... 241
Motivation ... 242
Motorik, motorische Beeinträchtigungen ... 243
Musik ... 244
Musikerziehung ... 245
Musiktherapie ... 246

N ... 248

Nationalsozialismus ... 248
Netzwerkarbeit ... 249
Neue Medien, Computer(programme) ... 250
Neuronale Plastizität ... 251
Neuropädiatrie ... 252
Neurowissenschaften ... 253
Normalisierung, Normalisierungsprinzip ... 256

O ... 258

Offene Hilfen ... 258
Öffentlichkeitsarbeit ... 259
Ökonomisierung ... 260
Oligophrenie ... 261

P 262

Partizipation 262
Partnerschaft 263
Paternalismus 264
Peer Counseling 265
People First Deutschland 266
Persönliche Assistenz 268
Persönliches Budget 268
Persönliche Zukunftsplanung 270
Persönlichkeitsstörungen, Psychopathie 272
Person 273
Person-centered Planning; Personzentrierte Planung 274
Pflege, Pflegebedürftigkeit 277
Pflegekonzepte 279
Physiotherapie 280
Positive Verhaltensunterstützung, Positive Behavioral Support 281
Prävention 283
Praxisberatung 284
Problemlösetraining, problem solving 285
Problemverhalten 286
Profession, Professionalisierung 287
Projektorientierter Unterricht 288
Psychiatrie, psychiatrische Versorgung 290
Psychiatrisches Modell, medizinisches Modell 292
Psychische Störungen, psychische Krankheit 292
Psychomotorik 295
Psychopharmaka 297
Psychotherapie 298
Pubertät 301

Q 302

Qualität, Qualitätsentwicklung 302
Qualitätssicherung, Evaluation, Nutzerkontrolle 304

R 305

Regionalisierung 305
Rehabilitation 306
Rehistorisierung 307
Religionsunterricht, evangelisch/katholisch 309
Resilienz 311
Ressource, Ressourcenaktivierung 313

S 315

Sachkunde, Sachunterricht 315
Savants, Inselbegabung 317
Schizophrenie, wahnhafte/psychotische Störungen 318
Schmerzen 319
Schule für Geistigbehinderte, Schule für praktisch Bildbare, Schule für individuelle Lebensbewältigung, Förderschule, Schule mit dem Förderschwerpunkt geistige Entwicklung 321
Selbstbestimmung, Autonomie 323
Selbstverletzendes Verhalten, Autoaggression 324
Selbstvertretung, Self-Advocacy, Selbstvertretungsgruppen, People First ... 327
Selbstwahrnehmung 328
Sensomotorische Lebensweisen 329
Sexualassistenz, Sexualbegleitung 330
Sexualität 331
Sexualpädagogik 333
SIVUS-Methode 334
Snoezelen 335
Sozial adaptives Verhalten 336
Soziale Arbeit, social work, Sozialarbeit, Sozialpädagogik 337
Soziale Konflikte 339
Soziale Netzwerke 339
Soziale Probleme 342
Soziales Lernen, Soziales Kompetenztraining 343
Sozialpädiatrie 344
Sozialpädiatrische Zentren 345
Sozialraum, Sozialraumorientierung 346
Special Olympics 349
Spiel, Spielförderung 350
Sport, sportliche Aktivität 351
Sprache 354
Sprachtherapie, Logopädie 356
Stärken, Stärken-Perspektive 358
Sterbebegleitung 359
Stereotypien 360
Stigma, Stigmatisierung 361
Subjektzentrierung 362
Sucht, Abhängigkeitssyndrom 363
Supported Living, Unterstütztes Wohnen 364

T 366

Tagesstätten, Tagesförderstätten, day centers 366
TEACCH, Treatment and Education of Autistic and Related Communication Handicapped Children 367
Teilhabe 369

Teilhabeplanung, Örtliche Teilhabeplanung 369
Therapie 371
Tics 372
Transdisziplinarität 372
Trauer, Trauerarbeit 374
Trauma, posttraumatische Belastungsstörung 375

U 377

Unterrichtsmethoden 377
Unterstützerkreis, Circle of Supports, Circle of Friends 380
Unterstützte Beschäftigung, Supported Employment 381
Unterstützte Kommunikation 383
Unterstützter Ruhestand 386
Unterstützung 387
Unterstützungsmanagement, Case Management 388
Ursachen geistiger Behinderung (medizinische Aspekte) 389
Ursachen geistiger Behinderung (soziale Aspekte) 392

V 394

Validation 394
Verbände, Organisationen 395
Verfahren zur Erfassung psychischer Störungen 398
Verfahren zur Erfassung sozial adaptiver Verhaltensweisen 400
Verhaltensauffälligkeiten, Verhaltensstörungen 401
Verhaltensphänotypen, behavioral phenotypes 403
Vulnerabilität 405

W 406

Wahrnehmung 406
Wahrnehmungsförderung 408
Werkstatt für behinderte Menschen 410
Wohlbefinden 411
Wohnen, Wohnformen 412

Z 414

Zwang, Zwangsstörungen 414

Verzeichnis der Autorinnen und Autoren 417

Stichwortverweise 423

Vorwort

In keinem anderen Bereich der Heil- oder Sonderpädagogik ist in den letzten Jahren so viel Neues entstanden und in Bewegung geraten wie in der Arbeit mit geistig behinderten Menschen.

Menschen mit geistiger Behinderung wurden Jahrzehnte lang als versorgungs-, behandlungs- und belieferungsbedürftige Defizitwesen betrachtet und mit ihren Bedürfnissen und Wünschen nicht ernst genommen. Erst seit kurzem hat sich diese Situation deutlich verändert. Moderne Theorien und Ansätze gehen von einer prinzipiellen Lern- und Entwicklungsfähigkeit geistig behinderter Menschen aus und haben sich einer Kompetenz- oder Stärken-Perspektive verschrieben. Sie zeichnen ein Bild von Menschen mit geistiger Behinderung, das der traditionellen defizitorientierten Sicht kontrapunktisch gegenübersteht und nachhaltig in Richtung auf Wertschätzung und Selbstbestimmung hinausläuft. Hierzu haben Menschen mit geistiger Behinderung in den letzten Jahren selbst einen wichtigen Beitrag geleistet, indem sie Selbstbewusstsein präsentieren und Selbstbestimmung fordern.

Mit dieser weltweiten Entwicklung, die vor allem den ethischen Bereich betrifft, also auf veränderte Einstellung gegenüber Menschen mit Behinderung zielt, gehen weitreichende Änderungen in Sozialpolitik, praktischer Arbeit, aber auch in der empirischen Forschung und theoretischen Reflexion einher.

So sehen sich nicht nur professionell Tätige in der Praxis und Angehörige wie vor allem Eltern geistig behinderter Kinder, sondern ebenso nichtbehinderte Mitbürger vor zahlreiche neue Herausforderungen gestellt. Hierzu müssen Einstellungen zu Menschen mit geistiger Behinderung überdacht und Beziehungen neu bestimmt werden. Menschen mit geistiger Behinderung müssen als Bürger mit Rechten und Wünschen respektiert und als Experten angenommen werden. Notwendige Veränderungen in allen Bereichen der Praxis und des gesellschaftlichen Lebens sind die Folge.

Auch die Behindertenpolitik reagiert, indem sie zum Beispiel diesem gewandelten Selbstverständnis durch die Stärkung der Rolle Betroffener in der Gesetzgebung (Persönliches Budget) Rechnung zu tragen versucht. Doch nicht nur neue Gesetze für die Hilfe für behinderte Menschen sind als sozialpolitische Folge dieses veränderten Verständnisses aufzufassen; hinzu kommen Gruppen von behinderten Menschen, die selbst Politik machen und ihre Belange aktiv vertreten. Unter selbstorganisierten Zusammenschlüssen, Selbstvertretungsgruppen und insbesondere unter dem Namen »People First« nehmen Menschen mit geistiger Behinderung zunehmend am politischen Geschehen teil.

Die Theoriebildung macht deutlich, dass bisher anerkannte Grundpositionen aus der Heil- oder Sonderpädagogik um die Betroffenen-Sicht und Rechte-Perspektive erweitert werden müssen und auch methodische und methodologische Fragen immer neu zu stellen sind.

Eine solche Situation, die sich durch rasante Entwicklungen, ständige Veränderungen, Neuerungen oder Umbrüche auszeichnet, ist durch eine Vielzahl von neuen Terminologien oder Bedeutungsverschiebungen bestehender

Begriffe gekennzeichnet. Hier ist ein Nachschlagewerk hilfreich, das durch eine Bündelung und Reduktion auf das Wesentliche eine Orientierungshilfe verspricht, ohne dabei spezifische Differenzierungen oder unterschiedliche Positionen zu sehr einzuebnen oder Bewährtes auszublenden.

Genau an dieser Stelle hat das vorliegende Handlexikon seinen Platz, der zwischen einem lexikalischen Wörterbuch und einem umfassenderen Lehr- oder Handbuch anzusiedeln ist.

Es soll vor allem ein Nachschlagewerk für praktisch Tätige, Lehrende und Studierende in allen Bereichen der Geistigbehindertenarbeit sein.

Im Unterschied zu bereits vorhandenen Wörterbüchern der Heil- oder Sonderpädagogik sowie zum Handlexikon der Behindertenpädagogik soll ein stringenter, interdisziplinärer Bezug zum Personenkreis der Geistigbehinderten vorgenommen werden. Es geht um Schlüsselbegriffe, die in der Geistigbehindertenarbeit aus heil- oder sonderpädagogischer, medizinisch-psychiatrischer, psychologischer, therapeutischer, soziologischer, sozialpädagogischer und sozialpolitischer Sicht eine prominente Rolle spielen. Viele der ausgewählten Begriffe waren oder sind prägend für die Entwicklungsgeschichte des Arbeitsfeldes und stammen nicht nur aus der Heil- oder Sonderpädagogik, sondern ebenso aus der Psychiatrie/Medizin, Psychologie, Soziologie, Sozialpolitik und Sozialen Arbeit mit geistig behinderten Menschen. Die Begriffe sollen in ihrer Gesamtheit einen fachwissenschaftlichen und fachlichen Überblick sowie bedeutsame Zusammenhänge vermitteln, ohne dabei aktuelle Themen, Fragen, Probleme und Herausforderungen zu vernachlässigen.

Im Unterschied zu den Herausgebern des Wörterbuchs der Heilpädagogik halten wir es für wichtig, auch moderne Begriffe aus der Fachdiskussion zu berücksichtigen (z. B. Empowerment, Inklusion, Community Care), weil nicht wenige dieser »Modewörter« inzwischen zu Kursgewinnern auf dem Ideenmarkt Sozialer Arbeit zählen und zu Konzepten avanciert sind, die traditionelle heilpädagogische Modelle abgelöst haben und auf dem besten Wege sind, sich als Paradigmen zeitgemäßer Geistigbehindertenarbeit zu etablieren.

Manche Schlüsselbegriffe lassen sich wie lexikalische Stichwörter abhandeln, manche benötigen dagegen mehr Raum und eine Aufbereitung als Fachartikel.

Durch eine große Anzahl an Verweisen bei den einzelnen Stichwörtern sollen enge Bezüge aufgezeigt, Vernetzungen und Beziehungen hergestellt werden.

Zur zweiten, erweiterten Auflage haben 86 Autorinnen und Autoren 280 Stichwörter beigesteuert. Es handelt sich dabei um ausgewiesene Expertinnen und Experten, die zu den jeweils ausgewählten und zugeordneten Begriffen gearbeitet haben bzw. mit bestimmten Begriffen aufgrund ihrer Forschungen und Publikationen unmittelbar in Verbindung gebracht werden.

Neben diesen etablierten Fachleuten (wie z. B. langjährigen Lehrstuhlinhabern) werden gleichfalls Beiträge von renommierten Nachwuchswissenschaftler/innen berücksichtigt.

Die Herausgeber hoffen mit dieser Kombination von verschiedenen Autorinnen und Autoren der Meinungsvielfalt innerhalb des Arbeitsfeldes und dem breiten Spektrum von fachwissenschaftlichen und fachlichen Positionen Rechnung zu tragen.

Der Einfachheit halber und aus Platzgründen wurde zumeist die männliche Schreibweise benutzt, Personen weiblichen Geschlechts sind jedoch stets mitgedacht.

Bedanken möchten wir uns bei allen Autorinnen und Autoren für die bereitwillige Unterstützung durch exzellente Beiträge. Ebenso gilt unser Dank Herrn Dr. Burkarth vom Kohlhammer-Verlag für die gute Zusammenarbeit.

Wolfram Kulig, Kerstin Schirbort und Georg Theunissen

A

Ablösung, Trennung vom Elternhaus

Ablösung beschreibt einen biografischen Prozess, eine Entwicklungsaufgabe mit wesentlicher Bedeutung für die Ausbildung der → Identität. Bereits die Geburt und danach das Abstillen, Laufen lernen, die Entwicklung eines eigenen Willens (*Trotzalter*) etc. stellen Schritte in die zunehmende Unabhängigkeit von den Eltern dar. Alle Entwicklungen im Eltern-Kind-Verhältnis zu mehr Unabhängigkeit und Eigenständigkeit (Klauß 1997, 39) tragen zur Ausbildung eines Konzeptes vom eigenen Leben und der eigenen Person bei. Bei der schrittweise und über einen längeren Zeitraum erfolgenden Ablösung greifen äußere und innere Prozesse ineinander: Während das Kind sich äußerlich von den Eltern entfernt, alleine spielt, mit Freunden weggeht, eigene Interessen verfolgt und schließlich auszieht, löst es sich auch aus einer zu Beginn des Lebens symbiotischen Beziehung und entwickelt eigene Vorstellungen, Orientierungen, Bewertungsmuster und Handlungsweisen. Dies geht häufig und vor allem in der → Pubertät mit Auseinandersetzungen zwischen den Generationen einher.

Viele gesellschaftliche Institutionen unterstützen diese Ablösungsprozesse, sodass Eigenständigkeit und Unabhängigkeit stetig zunehmen. Für Menschen mit geistiger Behinderung stellt die Ablösung eine besondere Herausforderung dar, sie können vor allem dann, wenn sie Sonderinstitutionen außerhalb ihres Wohnumfelds besuchen, die Ablösung nicht in vergleichbarer Form einüben und damit schrittweise bewältigen:

- Bereits im Kindergarten lernen Kinder üblicherweise, Wege alleine zu gehen, erste Freunde zu finden und mit ihnen etwas zu unternehmen. Kinder mit geistiger Behinderung werden meist gebracht und abgeholt, ihr Zuwachs an Eigenständigkeit ist hierbei geringer.
- Zur Schule gehen Kinder ohne Behinderungen in der Regel ohne Elternbegleitung, sie weiten ihren Freundeskreis sehr aus und haben erstes (Taschen-)Geld. Behinderte Kinder werden meist weiterhin transportiert, und auch die Freizeitkontakte sind stärker organisiert.
- Im Jugendalter sind *Peergroups* wichtig. Kontakte ohne Elternkontrolle helfen bei der Ausbildung eigener Sichtweisen. Jugendliche mit geistiger Behinderung brauchen hierfür Unterstützung und sind deshalb auch hier stärker fremdbestimmt. Ähnliches gilt für Urlaub und Freizeit; auch dort können sie nur begrenzt Unabhängigkeit und eigene Interessen erproben.
- Die freie Wahl eines Arbeitsplatzes ermöglicht im Idealfall ein selbstbestimmtes Leben, eine eigene Wohnung und das Eingehen einer → Partnerschaft. Menschen mit geistiger Behinderung finden Arbeitsmöglichkeiten vor allem in Werkstätten, und ihr Einkommen ermöglicht kein wirklich eigenständiges Leben. Der Auszug aus der Herkunftsfamilie erfolgt oft fremdbestimmt (durch Eltern, Fachleute, unter Behördenmitwirkung) und häufig sehr spät (Klauß 1995, 448).

Auch für Eltern von Kindern mit geistiger Behinderung ist die Ablösung eine besondere Aufgabe: Sie lernen im Laufe des Zusammenlebens mit ihrem Kind zu akzeptieren, dass es von ihnen besonders abhängig ist (vgl. Hahn 1981). Dies erschwert das Loslassen, weil die Eltern nie sicher sein können, wie gut professionelle Begleiterinnen ihre Tochter, ihren Sohn betreuen werden. Behinderte Kinder werden zudem häufig zum zentralen *Lebensinhalt* ihrer Eltern, die sich mit zunehmender Ablösung neu orientieren müssen – oder sie behalten Sohn oder Tochter so lange wie irgend möglich bei sich. Zudem müssen sie amtlich begründen und sich rechtfertigen, wenn sie beispielsweise einen Umzug in ein Heim für ihr (erwachsenes) ›Kind‹ anstreben, sodass die Ablösung eher als aktives *Weggeben* erlebt wird.

Viele Heranwachsende mit geistiger Behinderung zeigen zwar, dass sie möglichst viel selbst bestimmen und auch von ihren Eltern unabhängiger sein möchten, sie trauen sich den Schritt aus dem Elternhaus jedoch häufig nicht zu. Eltern müssen eine Trennung deshalb aktiv betreiben. Selbst für die Ablösung eines Kindes aktiv werden zu müssen, muss ambivalente Gefühle auslösen, und es erfordert eine Neudefinition der eigenen Rolle, eine Abgabe von Verantwortung.

Da eine gelungene Ablösung für Menschen mit geistiger Behinderung eine wichtige biografische Bedeutung hat, ist es eine pädagogische Aufgabe, günstige Bedingungen dafür zu schaffen. Dies bedeutet vor allem,

- Eltern dabei zu unterstützen, am Beginn des gemeinsamen Lebens zu ihrem Kind eine Beziehung einzugehen, die später auch ein *Loslassen* ermöglicht; dazu kann die Frühförderung beitragen;
- Kindern mit geistiger Behinderung möglichst viele Chancen zu geben, Kontakte mit Gleichaltrigen einzugehen und in möglichst normalen Institutionen die schrittweise Ablösung einzuüben, und
- Eltern und Menschen mit geistiger Behinderung die Ablösung dadurch zu erleichtern, dass sie Zutrauen zu den professionellen Hilfeleistungen gewinnen können, die teilweise die Aufgaben übernehmen müssen, die im ersten Lebensabschnitt von den Eltern wahrgenommen wurden.

Theo Klauß

Literatur

Fischer, U. (2006): Bindung und Ablösung bei schwerer geistiger Behinderung. Kongressbeitrag Magdeburg

Hahn, M. (1981): Behinderung als soziale Abhängigkeit. Zur Situation schwerbehinderter Menschen. München

Klauß, Th. (1995): Irgendwann kommt die Trennung. In: Zeitschrift für Heilpädagogik 46, 9, 443–450

Klauß, Th. (1997): Wenn alle das Beste wollen, leidet die Selbstbestimmung. Plädoyer für eine begrenzte Verantwortlichkeit von Eltern und Pädagogen. In: Behinderte in Familie, Schule und Gesellschaft 20, 1, 37–46

Active Support, aktive Unterstützung

Active Support (aktive Unterstützung) ist ein aus dem angloamerikanischen Sprachraum (v. a. Großbritannien, Australien) stammendes Modell, das insbesondere zur Verbesserung der Lebensqualität von Menschen mit komplexer Behinderung (schweren kognitiven Beeinträchtigungen) beitragen soll (Felce, Jones & Lowe 2002; Jones et al. 2011; Theunissen 2012, Kap. V). Dabei steht die Partizipation an Aktivitäten des alltäglichen Lebens in der primären Lebenswelt sowie im sozio-kulturellen Raum im Vordergrund. Ausgangspunkt für die Entwicklung des Modells der aktiven Unterstützung war die Beobachtung, dass viele institutionalisierte Menschen mit komplexer Behinderung tagsüber wenig Lebensanreize erfuhren, dass sie selbst wenig Eigeninitiative zeigten und sich durch »erlernte Hilflosigkeit« (Seligman) und »erlernte Bedürfnislosigkeit« (Theunissen) der Alltagsroutine in einem Heim oder einer Wohngruppe angepasst hatten. Folgende Aspekte liegen dem active support model zugrunde:

- Ein zeitlich durchstrukturierter Tagesablauf und Plan für alltägliche Aktivitäten (activity and support plans)
- Eine fünftägige Mitarbeiterschulung (interactive training; active support training)
- Ein »Ermöglichungsplan« (opportunity plan)
- Ein individualisiertes Unterstützungs- und Lehrprinzip: »ask – instruct – prompt – show – guide« (support)
- Personen- und bereichsbezogene Dokumentationspläne (domestic participation record; community participation record; participation summary; support protocol);
- Eine (Prozess-) Evaluation (monitoring)

Untersuchungen aus Großbritannien und Australien haben den Nachweis erbracht, dass die aktive Unterstützung im Hinblick auf Partizipation an alltagsbezogenen Aktivitäten und Partizipation am sozio-kulturellen Leben von Menschen mit komplexer Behinderung signifikant wirksamer als eine herkömmliche Betreuungsform eingeschätzt werden darf (Felce, Jones & Lowe 2002, 261f.; Stancliffe et al. 2007). Allerdings besteht gleichermaßen wie bei der herkömmlichen Betreuung die Gefahr, dass die aktive Unterstützung als eine Top-down-Methode praktiziert wird und Menschen mit komplexer Behinderung zu wenig Wahlmöglichkeiten (choices) offeriert werden. Ferner leistet sie keinen wirksamen Beitrag zum Abbau von Verhaltensauffälligkeiten, weshalb eine Verschränkung des Modells mit der → Person-zentrierten Planung und der → Positiven Verhaltensunterstützung empfohlen wird (vgl. Theunissen 2012, Kap. V).

Georg Theunissen

Literatur

Felce, D.; Jones, E.; Lowe, K. (2002): Active Support. Planning Daily Activities and Support for People with Severe Mental Retardation. In: Holburn, S.; Vietze, P. M. (eds.): Person-Centered Planning. Research, Practice and Future Directions. Baltimore, 247–269

Jones, E. et al. (2011): Active Support. A handbook for supporting people with learning disabilities. Online: arcuk.org.uk/cymru/files/2011/04/Acitive-Support-Hanbook.pdf (Zugriff: 21.7.2011)

Stancliffe, R. J. et al. (2007): Australian Implementation and Evaluation of Active Support. In: Journal of Applied Research in Intellectual Disabilities, 20, 211–227

Theunissen, G. (2012): Lebensweltorientierte Behindertenarbeit und Sozialraumorientierung. Eine Einführung in die Praxis. Freiburg

Aggression, aggressives Verhalten

(siehe auch Verhaltenssauffälligkeiten, selbstverletzendes Verhalten)

Der Begriff »Aggression« ist abgeleitet vom lateinischen Wort »aggredi« und bedeutet ursprünglich »auf etwas zugehen«, »etwas anfangen« oder aber auch »etwas angreifen«. In unserem allgemeinen Sprachgebrauch hat sich das negative Verständnis von »jemandem oder etwas angreifen« durchgesetzt. Unter Aggressivität verstehen wir jetzt nichts anderes als eine entschlossene, relativ überdauernde Bereitschaft zu aggressivem Verhalten (Selg 1999, 1).

Das Spektrum der unterschiedlichen Vorstellungen umfasst massive körperliche und verbale Angriffe ebenso wie unterschwellige Formen, beispielsweise der mangelnden Hilfeleistung oder Misshandlung (vgl. Nolting 2002, 21). So existiert bisher keine einheitliche Definition des Aggressionsbegriffs. Selg et al. (1997, 4) halten allenfalls eine Umschreibung des Begriffs für möglich, »die Akzente setzt«, da keine genaue Grenze zwischen aggressivem und nicht-aggressivem Verhalten zu ziehen ist. Zusätzlich wird deutlich, dass schon der Versuch einer Schädigung als aggressives Verhalten betrachtet werden kann. So definiert Nolting (2002, 24) Aggression als eine »Handlung, mit der eine Person eine andere Person zu verletzen versucht oder zu verletzen droht, unabhängig, was letztendlich das Ziel dieser Handlung ist«. Mit der Zielrichtung der Handlung auf eine andere Person wird bei dieser Definition Autoaggression und → selbstverletzendes Verhalten ausgeschlossen.

Einige Autoren unterscheiden zwischen aggressivem und destruktivem Verhalten. Destruktion ist in diesem Fall auf die Zerstörung von Gegenständen ausgerichtet. Aggression schädigt Personen durch körperliche oder verbale Aktivitäten (vgl. Heijkoop 1998, 57). Aggression und Destruktion drücken sich in vielen verschiedenen Verhaltensweisen aus. So fallen darunter beispielsweise beißen, boxen, kratzen, treten, schlagen, an den Haaren ziehen, bespucken, Sachen beschädigen oder zerstören, mit Gegenständen werfen, beleidigen, abwerten, beschimpfen, bedrohen, fluchen, stören, weigern oder missachten.

Verschiedene Studien ergaben, dass → Verhaltensauffälligkeiten, wozu Aggressions- und Destruktionsverhalten zu rechnen ist, unter Menschen mit geistiger Behinderung besonders verbreitet sind, ca. drei- bis fünfmal so häufig wie in der Allgemeinbevölkerung (vgl. Hackenberg 1996, 10; Dosen 1997, 22). Aggressives Verhalten tritt dabei sehr häufig auf.

Aggressive Verhaltensweisen sind in den allermeisten Fällen keine Folge der hirnorganischen Schädigung. Vielmehr wird die höhere Auftretenshäufigkeit erklärt mit dem → »Vulnerabilitätskonzept«, bei dem man davon ausgeht, dass Menschen mit geistiger Behinderung mehr psychosozialen Belastungen ausgesetzt und deshalb besonders anfällig für die Entwicklung von Verhaltensauffälligkeiten sind (vgl. Klauss 2000, 74). Viel aggressives Verhalten bei Menschen mit geistiger Behinderung, die der expressiven Sprache nicht mächtig sind, ist auch als kommunikatives Verhalten zu erklären.

Meyer und Penz (2002, 102) führten eine Studie zu aggressivem Verhalten von Schülern von Förderschulen mit dem Förderschwerpunkt Geistige Entwicklung (FFGE) durch. Nach Einschätzung der Lehrer zeigen 69% der Gesamtstichprobe aggressives Verhalten. Oft und regelmässig ist dieses bei 24% der beurteilten 90 Schüler zu beobachten. Aggressives Verhalten ist meist auf spezifische Auslöser zurückzuführen. Es findet vor allem dann statt, wenn die Schüler sich bedrängt fühlen, ihre Bedürfnisse nicht sofort erfüllt werden oder sie sich mit Mitschülern um Spielzeug oder Materialien streiten. Die meisten Lehrer empfinden durch das aggressive Verhalten ihrer Schüler eine massive Störung ihres Unterrichts (77%) und können es oftmals nicht schnell beenden, stehen ihnen also relativ machtlos gegenüber (55%). Theunissen (2003, 37) berichtet von einer Lehrerbefragung über Verhaltensauffälligkeiten an Förderschulen mit dem Schwerpunkt geistige Entwicklung, in die insgesamt 1384 Schüler einbezogen werden konnten. Auch hier wird die Beeinträchtigung des Unterrichts durch aggressives Verhalten deutlich. Aggressivität wird von den Lehrern an erster Stelle genannt, was das individuelle Belastungsempfinden in der Schule betrifft. In der Studie wurden in Bezug auf aggressives Verhalten hohe Prozentteile von Schülern genannt, die verbale Aggression (64%) oder physische Aggression gegen Personen (40%) zeigen. Verhältnismässig wenig Schüler weisen Auffälligkeiten im Hinblick auf das Zerstören oder Beschädigen von Gegenständen auf (22%).

Meindert Haveman

Literatur

Dosen, A. (1997): Psychische Störungen bei Menschen mit geistiger Behinderung. Jena
Hackenberg, W. (1996): Psychische Störungen bei Menschen mit geistiger Behinderung. In: Zeitschrift für Heilpädagogik, 1, 10–17
Heijkoop, J. (1998): Herausforderndes Verhalten von Menschen mit geistiger Behinderung. Weinheim
Klauss, T. (2000): Kinder und Jugendliche mit geistiger Behinderung und besonderen Verhaltensweisen. In: Fischer, E. (Hrsg.): Pädagogik für Kinder und Jugendliche mit mehrfachen Behinderungen. Dortmund, 69–103
Meyer, H. & Penz, P. (2002): Aggressives Verhalten von Schülerinnen und Schülern mit geistiger Behinderung – Eine Studie aus Sicht betroffener Lehrerinnen und Lehrer. In: Sonderpädagogik, 32, 190–199
Nolting, H. P. (2002): Lernfall Aggression. Wie sie entsteht – wie sie zu vermindern ist. Reinbek
Selg, H., Mees, U. & Berg, D. (1997): Psychologie der Aggressivität. Göttingen
Selg, H. (1999): Aggression. In: Assanger, W. & Wenninger, G. (Hrsg.): Handwörterbuch Psychologie. Weinheim
Theunissen, G. (2003): Krisen und Verhaltensauffälligkeiten bei geistiger Behinderung und Autismus. Stuttgart

Alphabetisierung, Erwerb schriftsprachlicher Kompetenz, Lesen, Schreiben

»Die Entstehungsgeschichte von Schrift ist in mancher Hinsicht der Entstehungsgeschichte der Sprache analog« (Klix 1980, 171). Allein die Schrift gestattet es, die Begrenzung der sprachlichen Kommunikation zu durchbrechen (vgl. ebd. 172). Mit dem Alphabet sollte ein Instrument gefunden werden, die potentielle Vielfalt menschlichen Denkens in Zeichen auszudrücken. Die Schrift als Resultat und Gegenstand menschlichen Denkens entstand.

Heute gilt die Beherrschung von schriftsprachlichen Kompetenzen in den modernen Industriestaaten als hochgeschätztes »kulturelles Kapital« (Bourdieu 2001, 113).

Lesen kann nicht ausschließlich als Fähigkeit beschrieben werden, schriftliche Zeichen in lautliche zu übersetzen (Recodieren) und ihnen anschließend eine Bedeutung zuzumessen (Dekodieren). Lesen ist Sinnentnahme aus Zeichen, wobei Buchstabenkenntnis, die Fähigkeit zu Analyse und Synthese, die Fähigkeit, Zeichen als stellvertretend für etwas anderes zu erkennen, nicht nur Voraussetzungen des Lesens sind, sondern im Prozess selbst herausgebildet werden. Lesen erfordert die Orientierung in erworbenen »semantischen Netzen«, d. h. Begriffssystemen.

Bezieht sich der Begriff der »Alphabetisierung« auf die Vermittlung und den Erwerb von Lese- und Schreibfähigkeiten Erwachsener jenseits des 15. Lebensjahres, wird im Kindes- und Jugendalter der Begriff des Erwerbs schriftsprachlicher Kompetenzen favorisiert. »Analphabetismus ist ein relativer Begriff. Ob eine Person als Analphabet gilt, hängt nicht nur von ihren individuellen Lese- und Schreibkenntnissen ab. Darüber hinaus muss berücksichtigt werden, welchen Grad an Schriftsprachbeherrschung innerhalb der konkreten Gesellschaft, in der die Person lebt, erwartet wird. Wenn die individuellen Kenntnisse niedriger sind als die erforderlichen und als die selbstverständlich vorausgesetzten Kenntnisse, liegt funktionaler Analphabetismus vor. Der Begriff des funktionalen Analphabetismus trägt der Relation zwischen dem vorhandenen und dem notwendigen bzw. erwarteten Grad von Schriftsprachbeherrschung in seinem historisch-gesellschaftlichen Bezug Rechnung« (Hubertus 1991, 31).

Genaue Erhebungen zur Lese- und Schreibkompetenz der Bevölkerung fehlen, jedoch verweisen verschiedene Schätzungen funktionaler Analphabeten in Deutschland auf eine Zahl zwischen 4 und 7 Millionen Menschen.

Menschen, die als geistig behindert gelten und zumeist eine Sonderschule besuchen, sind von Analphabetismus in hohem Maße betroffen. Aus der unterrichtlichen Erfahrung lässt sich folgende Differenzierung vornehmen: »1. eine geringere Zahl von Kindern, die keinerlei Schriftbild, auch keinen Buchstaben als Laut, deuten können. 2. eine größere Zahl von Kindern, die bestimmte Namen, Aufschriften und Schilder wieder erkennen und deuten können. 3. eine geringere Zahl von Kindern, die neue Schriftbilder und Texte erlesen können« (Speck 1993, 262).

Seit Gründung der ersten Schulen für Kinder und Jugendliche mit geistiger Behinderung konzentrierte sich das Lehrangebot vordergründig auf den Erwerb sensomotorischer, lebenspraktischer und sozialer Fähig- und Fertigkeiten. Der Erwerb von »Kulturtechniken« nimmt an den o. g. Schulen eine untergeordnete Rolle ein. Die Diskussion wird seit Ende der 70er Jahre im Kontext eines *erweiterten Lesebegriffes* geführt, der die Etappen »Situationen erkennen/wieder erkennen, Bilder-, Symbol-, Signalwort-, Ganzwortlesen, Analyse, Synthese, Erlesen einfacher Texte« einschließt (Zielniok 1984). Andere Stufenmodelle, die die aktuelle Diskussion bestimmen, bleiben weitgehend ausgeblendet, so beispielsweise folgendes Konzept mit der Phasenabfolge: Kritzel- und Imitationsstadium, logographische Etappe, phonetische Etappe – Anfänge und elaboriert, orthographische Etappe – Anfänge und elaboriert (Kretschmann 2000, 46).

Nach wie vor fehlen empirische Befunde, die die Entwicklung schriftsprachlicher Kompetenzen unter den Bedingungen von »geistiger Behinderung« genauer aufzeigen.

Beim Erwerb schriftsprachlicher Kompetenzen ist die »Herausbildung der Repräsentationsniveaus des Selbst« (Jantzen 2002, 361) zu berücksichtigen, so ist auf jedem Niveau entsprechend von der »triangulären Balance der Beziehungen zum eigenen Selbst, zu bedeutsamen Anderen und zur gegenständlichen Realität auszugehen« (ebd., 361). In der Ontogenese sind zunächst »Prozesse geteilter Aufmerksamkeit« (362) entwicklungsrelevant, wobei »Gegenstände und sprachliche Elemente in (der, d.V.) unmittelbaren, sensomotorischen Situation als Werkzeuge« genutzt werden. Später ab dem zweiten Lebensjahr, wenn sich die »eigenen Handlungen von den unmittelbaren Situationen trennen« (363), »verlagert (das Kind) seine Tätigkeit auf die symbolische Ebene der Repräsentation von Ereignissen« (ebd.), wobei im Spiel Rollen übernommen werden und auch die sprachliche Entwicklung rasant verläuft. Im Vorschulalter dann wird die symbolische Repräsentation der Welt, bedeutsamer Anderer und das eigene Selbst weiter ausgebaut, wobei dem Erkennen sozialer Rollen und Regeln Bedeutung zukommt. Mit dem Übergang zur Schule tritt die Entwicklung des »symbolisch-relationalen Repräsentationsniveaus« (367) in Erscheinung, wobei bei einer Vielzahl von Schülern das Problem auftritt, »dass sie im Aufbau von Regeln, bezogen auf das bisher erworbene symbolisch-ereignisbezogene Niveau der Repräsentation, wahrgenommene Erscheinungen und die Operationen ihrer Herstellung bzw. Erhaltung nicht hinreichend trennen können« (367). Auf dieser Basis wird insbesondere der Erwerb schriftsprachlicher Kompetenzen erheblich erschwert. »Voraussetzung schulischen Lernens ist der Übergang in durch Regeln gesteuerte innere Räume bezogen auf das eigene Selbst, auf bedeutsame Andere und auf die gegenständliche Realität. Diese Räume werden symbolisch verknüpft und justiert durch neue Techniken ihrer Darstellung (Mathematik, Lesen und Schreiben ...) Die Repräsentation dieser Prozesse gelingt umso sicherer, je besser sie erfahrungsgestützt ist und durch eigene Handlungen generiert wird« (369). Insbesondere zeigt sich bei Kindern, Jugendlichen und Erwachsenen, die als geistig behindert bezeichnet werden, dass die Ausbildung höherer psychischer Prozesse über die Dramatisierung, das Spiel und unter Berücksichtigung der Begriffsbildung bzw. der steuernden Funktion der → Sprache gelingen kann. In dem von Mann 1995 auf der Basis der kulturhistorischen Schule entstandenen Konzept eines entwicklungsorientierten Lese- und Schreibunterrichtes zeigte sich einerseits zunächst mit Erwachsenen, wie schriftsprachliche Kompetenzen erworben werden können, andererseits mit jüngeren Kindern (Trisomie 21), wie im Kleinkind- und Vorschulalter die Schrift und das Erlesen von Ganzwörtern den Sprachaufbau und die Kommunikationsfähigkeit unterstützen können. Auch der entwicklungsorientierte Lese- und Schreibunterricht orientiert sich an einer Phasenabfolge, so der Erarbeitung der Buchstaben durch sinngebende Laute, Silbentraining, Erlernen von Wörtern, Erlernen von Tätigkeitssätzen. Nur unter Berücksichtigung der motivationalen Ebene des Kindes, Jugendlichen bzw. Erwachsenen und der Orientierungsgrundlage wird eine selbsttätige Auseinandersetzung mit dem Lehr-Lerngegenstand (Schrift) möglich. Sowohl die lautsprachlichen Kompetenzen des Kindes als auch alternative oder augmentative Zeichensysteme und Kommunikationsformen (bspw. Gebärde) unterstützen die Interiorisation geistiger Handlungen.

Alphabetisierung bzw. der Erwerb schriftsprachlicher Kompetenzen erlangt für den Personenkreis von Menschen, die als geistig behindert bezeichnet werden, hohe Bedeutung. Zum einen sind auf der Basis einer veränderten → Didaktik bereits während der Schulzeit schriftsprachliche Angebote zu unterbreiten, zum anderen hat der → Erwachsenenbildung eine entsprechende Rolle zuzukommen. Die Alphabetisierung Freire's (1973), die im Sinne einer konsequent dialogischen Pädagogik konzipiert ist, zeigt auf, dass Alphabetisierung gelingt, wenn sie sich nicht als Technik des Erlernens schriftsprachlicher Kompetenzen versteht, sondern als gemeinsamer, dialogischer und kooperativer Prozess der Reflexion relevanter Themen. Konzepte und Methoden der Alphabetisierung basieren auf höchst unterschiedlichen Theorien bzw. Erfahrungen aus der Praxis (vgl. dazu Theunissen 2003, 205ff.).

Kerstin Ziemen

Literatur

Freire, P. (1973): Pädagogik der Unterdrückten. Reinbek b. Hamburg
Hubertus, P. (1991): Alphabetisierung und Analphabetismus. Schreibwerkstatt für neue Leser und Schreiber. Bremen
Jantzen, W. (2002): Identitätsentwicklung und pädagogische Situation behinderter Kinder und Jugendlicher. In: Sachverständigenkommission 11. Kinder- und Jugendbericht. Band 4: Gesundheit und Behinderung im Leben von Kindern und Jugendliche. DJI, München, 317–394
Klix, F. (1980): Erwachendes Denken. Berlin
Kretschmann, R. (2000): Beobachtungs- und Förderkompetenzen im Bereich Schriftsprache. In: Lernchancen, 16, 44–50
Mann, I. (1995): Lernen können ja alle Leute. Lesen-, Rechnen- und Schreibenlernen mit der Tätigkeitstheorie. Weinheim

Theunissen, G. (2003): Alphabetisierungsmethoden in der Erwachsenenbildung. In: ders.: Erwachsenenbildung und Behinderung. Bad Heilbrunn, 205–218

Speck, O. (1993): Menschen mit geistiger Behinderung und ihre Erziehung. München

Zielniok, W. (1984): Vom Situationslesen zum Schriftlesen. In: Lernen konkret, 3, 6–12

Altenarbeit und Altenbildung

In Wohneinrichtungen lassen sich bezüglich der Altenarbeit in der Tagesbetreuung im Wesentlichen folgende Angebotsstrukturen unterscheiden:

- feste Seniorengruppen, die regelmässig, meist vormittags, in der Woche stattfinden,
- spezielle Kurse und Freizeitangebote für Senioren, die in der Regel einmal wöchentlich stattfinden,
- altersunabhängige Freizeitangebote, die auch von Senioren genutzt werden,
- regelmäßige Kontakte mit anderen Alteneinrichtungen und Altenclubs,
- Möglichkeiten zum geselligen Beisammensein (Wacker 2001, 84).

Einige Wohnheime versuchen auch, die für die Betreuung älterer Menschen notwendigen Angebote in Kooperation mit anderen Einrichtungen und Trägern anzubieten, z. B. Tagesbetreuung in Kooperation mit der örtlichen WfbM oder Zusammenarbeit mit Einrichtungen der Altenhilfe.

Im vierten Bericht der Bundesregierung zur Lage der Behinderten (1998) wird darauf verwiesen, dass sich die Grundbedürfnisse alter Menschen mit geistiger Behinderung nicht von denen Nichtbehinderter im gleichen Alter unterscheiden. Dazu gehören insbesondere:

- »nicht isoliert zu werden,
- in vertrauter Umgebung unter Beibehaltung gewachsener sozialer Beziehungen zu leben,
- Hilfen bei der Tagesstrukturierung und der Gestaltung der Freizeit zu erfahren,
- im Krankheits- oder Pflegefall von vertrauten Mitmenschen betreut zu werden […], und
- eine ausreichende wirtschaftliche Grundlage im Alter zu haben« (BMA 1998, 111).

Diese Aspekte stellen nicht nur Bedürfnisse dar, sondern sie können auch generell als *Rechte auf Altenarbeit und -bildung* für behinderte Menschen eingefordert werden: Recht auf Würde, Recht auf Betätigung, Recht auf Gestaltung von Beziehungen, Recht auf Unterstützung, Recht auf eigene Lebensplanung etc. Das Recht auf lebenslange → Bildung gilt uneingeschränkt auch für ältere Menschen mit geistiger Behinderung. Auch sie haben das Potential, dazuzulernen und sich auf die dritte Lebensphase vorzubereiten. Ziele der → Erwachsenenbildung mit älteren Menschen liegen dabei weniger in der Festigung oder Wiederholung schulischer Lerninhalte, sondern vielmehr darin, die ganzheitliche Entwicklung der Persönlichkeit und die größtmögliche Selbstbestimmung zu fördern (Haveman & Stöppler, 2004). Theunissen (2002, 20) meint, dass alternative Begrifflichkeiten zur Altenarbeit und -bildung wie Altenpädagogik, Gerontogik und Geragogik nicht unproblematisch sind für älter werdende und alte Menschen mit oder ohne eine geistige Behinderung. Sie verleiten zu einer defizitorientierten Sichtweise des Seniors als »Homo Edukandus«, eines Menschen, der erzogen werden muss. Die Altenarbeit und -bildung sollte nicht im Stile der traditionellen Heilpädagogik eine bloße »Anpassungshilfe« an strukturelle und normative Gegebenheiten betreiben, sondern zur Förderung von autonomen Entscheidungs- und Handlungskompetenzen (ebd., 54) beitragen und sich an den individuellen Wünschen, Interessen und Bedürfnissen der älteren und alten Menschen ausrichten.

Die Ziele einer *Freizeitgestaltung* älterer Menschen mit geistiger Behinderung unterscheiden sich nicht wesentlich von denen jüngerer Menschen. → Freizeit hat auch für ältere Menschen mit geistiger Behinderung die Aufgabe, Erholung, Entspannung, Zerstreuung und Vergnügen zu bieten. Als struktureller Bestandteil der Lebenszeit älterer Menschen nach dem Ausscheiden aus dem Arbeitsprozess geht ihre Bedeutung weit über Rekreation, Kompensation und Ermöglichung sozialer Beziehungen hinaus. Auch das Freizeitangebot für ältere Menschen mit geistiger Behinderung sollte reichhaltig an Wahlmöglichkeiten sein, die an den individuellen Interessen ausgerichtet sind.

Meindert Haveman

Literatur

BMA- Bundesministerium für Arbeit und Sozialordnung (1998): Vierter Bericht der Bundesregierung über die Lage der Behinderten und die Entwicklung der Rehabilitation. Bonn
Haveman, M. & Stöppler, R. (2004): Altern mit geistiger Behinderung. Stuttgart
Theunissen, G. (2002): Altenbildung und Behinderung. Bad Heilbrunn
Wacker, E. (2001): Wohn-, Förder- und Versorgungskonzepte für ältere Menschen mit geistiger Behinderung – ein kompetenz- und lebensqualitätsorientierter Ansatz. In: Deutsches Zentrum für Altersfragen (Hrsg.): Versorgung und Förderung älterer Menschen mit geistiger Behinderung. Expertisen zum Dritten Altenbericht der Bundesregierung, Band 5. Opladen, 43–121

Alter und Altern

Der Lebensweg von Menschen wird in unserer Gesellschaft in groben zeitlichen Phasen unterschieden: Kindheit, Jugend, Erwachsenenalter, Alter und hohes Alter. Allgemein wird das Ausscheiden aus dem Erwerbsleben als Beginn der Lebensphase »Alter« verstanden, die zwischen 60 und 65 Jahren beginnt. Die Vereinten Nationen unterteilen ältere und alte Menschen in drei Gruppen, wonach die »fast Alten« zwischen 55 und 64 Jahren alt sind, zu den »jungen Alten« gehören die 65- bis 79-jährigen und ab 80 Jahren zählt man zu den »ältesten Alten« (vgl. Bruckmüller 1999, 13). Die Gruppe der älteren Menschen mit geistiger Behinderung in Deutschland unterscheidet sich strukturell von der in anderen europäischen Ländern. Grund dafür ist die Vernichtungspolitik der Nationalsozialisten zwischen 1939 und 1945, durch die fast 120.000 kranke und behinderte Menschen ermordet wurden.

Wenn in der Öffentlichkeit über ältere Menschen mit geistiger Behinderung gesprochen wird, trifft man oftmals auf die Vorurteile, dass diese Personen kein höheres Lebensalter erreichen und der Alterungsprozess bei ihnen grundsätzlich anders verläuft. Anhand der neueren Untersuchungen über die Mortalität von Menschen mit geistiger Behinderung kann man jedoch feststellen, dass die Lebenserwartung für Menschen mit einer leichten und mäßigen geistigen Behinderung sich kaum von der in der allgemeinen

Bevölkerung unterscheidet. Die Lebenserwartung von Menschen mit geistiger Behinderung ist u. a. durch eine bessere Gesundheitsversorgung gestiegen. Die Sterbeziffern nähern sich denen der Gesamtbevölkerung mit Ausnahme von Personen mit Down-Syndrom und Personen mit schweren körperlichen Erkrankungen (Haveman & Stöppler 2004, 21–23).

Das Lebensalter eines Menschen ist nicht mit seinem biologischen Alter gleichzusetzen. Biologisches Altern meint die gesundheitliche Situation, die körperliche und geistige Leistungsfähigkeit einer Person. Altern stellt aus biologischer Sicht ein multifaktorielles Geschehen dar. Viele Menschen mit geistiger Behinderung haben bei der Geburt weitere Behinderungen, die nicht nur die Qualität ihres Lebens beeinträchtigen, sondern in manchen Fällen den biologischen Alterungsprozess beeinflussen. Grundsätzlich altern Menschen mit geistiger Behinderung jedoch nicht anders als die Gesamtbevölkerung. Es findet ein normaler körperlicher Alterungsprozess statt, der individuell unterschiedlich verläuft. Krankheiten treten jedoch bei Menschen mit geistiger Behinderung häufiger auf, und dies gilt vor allem für chronische Erkrankungen bei älteren Menschen mit geistiger Behinderung. Wenn akute Erkrankungen nicht rechtzeitig entdeckt und behandelt werden, führt dies bei dieser Personengruppe schnell zur Chronifizierung der Krankheit, zu lebenslangen Schäden und Multimorbidität (Haveman 2005).

Die Ergebnisse der gerontologischen Forschung in Bezug auf kognitive Prozesse sind keineswegs nur aus einer biologisch-reduktionistischen Sicht heraus zu interpretieren. Eher ist es das komplexe Zusammenspiel von biologischen Prozessen, das konstante, aber variationsreiche Bestehen von Stimulanzen und Herausforderungen in der sozialen Umgebung und die Fähigkeiten des → Copings des Einzelnen, wodurch Resultate über kognitive und intellektuelle Fähigkeiten im hohen Alter erklärt werden können. Longitudinale Studien bei Menschen mit geistiger Behinderung zeigen, dass die → Intelligenz bis zum Ende der 60sten Lebensjahre stabil bleibt, mit einem kleinen Verfall im höheren Alter. Vor allem kristallisiertes Wissen bleibt erhalten und nimmt selbst in hohem Alter in geringerem Masse zu (Ausnahme: → Demenz).

Meindert Haveman

Literatur

Bruckmüller, M. (1999): Altern – eine neue Dimension. In: Lebenshilfe Österreich (Hrsg.): AltERleben. Den Herausforderungen des Alters begegnen, Wien, 10–13
Haveman, M. & Stöppler, R. (2004): Altern mit geistiger Behinderung. Stuttgart
Haveman, M. (2005): Disease epidemiology and aging people with intellectual disabilities. Journal of Policy and Practice in Intellectual Disabilities, 1, 1, 16–24

Anenzephalie

Anenzephalie (auch Anencephalie) bedeutet das Fehlen des Großhirns. Sie ist die häufigste Fehlbildung des Gehirns (ca. 1:1000 Lebendgeborene). Die Überlebensdauer lebend geborener Kinder reicht von wenigen Minuten bis zu mehreren Tagen. Es gibt keine Heilung. In der pränatalen → Diagnostik kann eine Anenzephalie recht eindeutig erkannt werden, so dass der Abbruch der Schwangerschaft die selten hinterfragte Regel darstellt (Jaquier, Klein & Boltshauser 2006, 951). Zunehmend gibt es jedoch Eltern, die sich entgegen dem gesellschaftlichen und ärztlichen Erwartungsdruck für das Kind entscheiden und die Schwangerschaft fortsetzen. Sie können die gewonnene Zeit nutzen, um das kurze Zusammensein mit ihrem Kind bereits vor der Geburt bewusst zu erleben und persönlich auszugestalten sowie in Ruhe Abschied zu nehmen. Marold & Marold (1996) schildern die unterschiedlichen Phasen von Schwangerschaft, Geburt und Tod ihres Sohnes Immanuel sehr anschaulich und aus unterschiedlichen Perspektiven (Eltern, Freunde und Fachleute). Ferner sind zahlreiche Berichte von Eltern im Internet zu finden, wobei im europäischen Sprachraum die von Monika Jaquier erstellten Seiten (www.anencephalie-info.org) die umfangreichste Zusammenstellung relevanter Informationen bietet.

Für die Heilpädagogik stellen sich angesichts der massiven Schädigung des Gehirns und der kurzen Lebenserwartung sowohl anthropologisch-ethische Grundfragen des Menschseins als auch ganz konkrete Fragen der Entwicklung adäquater Angebote der Begleitung von Eltern und Kind. Eltern spüren intuitiv, wie ihr Baby trotz schwerster Hirnschädigung fühlt, wahrnimmt und auf die soziale Umwelt reagiert. Traditionelle Auffassungen, dass dies nicht möglich sei, geraten im Zuge neuerer Forschungen ins Wanken (Goll 2005, 264–268). Empirische Studien mit einer kompetenzorientierten Ausrichtung existieren allerdings kaum; die medizinisch defizitorientierte Sicht dominiert die Forschung.

Kinder mit Anenzephalie bilden den Präzedenzfall für eine basale, d. h. voraussetzungslose Pädagogik. Ihre Existenz kann uns lehren, noch genauer hinzuschauen, um selbst kleinste Verhaltenselemente in ihrer kommunikativen Funktion zu erkennen und Konzepte vom Menschen und von menschlicher Kommunikation noch weiter zu fassen.

Harald Goll

Literatur

Goll, H. (2004): Wenn das Leben mit dem Tod beginnt: Kinder mit Anencephalie und ihr Recht auf Achtung. In: Sautter, H., Stinkes, U. & Trost, R. (Hrsg.): Beiträge zu einer Pädagogik der Achtung. Heidelberg, 187–197

Goll, H. (2005): Kinder mit Anencephalie – Interdisziplinärer Stand der Forschung, ethische Positionen und Hilfen für Eltern und Kind. In: Römelt, J. (Hrsg.): Spätabbrüche der Schwangerschaft. Überlegungen zu einer umstrittenen Praxis. Leipzig, 45–82

Jaquier, M., Klein, A. & Boltshauser, E. (2006): Spontaneous pregnancy outcome after prenatal diagnosis of anencephaly. In: BJOG 113, 951–953

Marold, I. & Marold, T. (1996): Immanuel. Die Geschichte der Geburt eines anenzephalen Kindes. Bonn

Anstalten

(siehe auch Wohnen)

Als Anstalten werden öffentliche Einrichtungen bezeichnet, denen vom Staat auf der Grundlage eines rechtlichen Rahmens bestimmte Aufgaben zugewiesen werden. Anstalten erfüllen ihre zugewiesenen Aufgaben unter der Rechtsaufsicht des Staates weitestgehend selbständig. Je nach dem, welche Aufgaben wahrzunehmen sind und welche Gruppe von Menschen dadurch angesprochen wird, unterscheiden sich die Anstalten voneinander, und dies prägt ihren je spezifischen Charakter. Eine Zusammenfassung von Menschen in bestimmten Anstalten geschieht nicht immer freiwillig, sondern erfolgt nach der jeweiligen Zweckbestimmung. Haben sich Anstalten etabliert, zeichnen sie sich durch eine spezifische instrumentelle Rationalität aus, die sich in entsprechenden Organisationsstrukturen und einem besonderen Gewaltverhältnis ausdrückt. Sowohl die Insassen der Anstalt wie auch die dort tätigen Mitarbeiter haben sich dieser instrumentellen Rationalität zu unterwerfen und sichern in dieser Unterwerfung den Fortbestand der Anstalt.

Bezogen auf die → Betreuung von Menschen mit geistiger Behinderung entstanden in der ersten Hälfte des 19. Jahrhunderts die »Idiotenanstalten« und die »Irrenanstalten«. Erstere entwickelten sich – konzipiert als Bildungs- und Heilanstalten – aus christlichen Impulsen sowie medizinischen wie auch pädagogischen Ansätzen heraus. »Irrenanstalten« entstanden aufgrund von Differenzierungsprozessen aus dem staatlichen Armenwesen heraus und entwickelten sich zu einem Aufbewahrungsort für arbeits- und geschäftsunfähige »Störer«. Die Schnittstelle beider Anstalten ergab sich dort, wo für Menschen in einer »Idiotenanstalt« kein freier Platz zur Verfügung stand oder aber eine Anstalt sich von einzelnen »störenden« Bewohnern trennen wollte. Rein rechtlich gesehen waren die »Irrenanstalten« zur Aufnahme von »Störern« verpflichtet, die »Idiotenanstalten« jedoch nicht.

Die Unterbringung von Menschen in Anstalten wurde erstmals umfänglich in den Untersuchungen von Goffman (1973) kritisiert und in den nachfolgenden Jahren zunehmend in Frage gestellt. So forderte z. B. in den Jahren 1979/80 die Deutsche Gesellschaft für Soziale → Psychiatrie die Auflösung von inzwischen als »totale Institutionen« bezeichneten Großkrankenhäusern und Anstalten. Neben den Forderungen nach Auflösung der totalen Institutionen gab es jedoch auch dahin gehende Vorstellungen, die existierenden Anstalten ließen sich zu einem geschützten und überschaubaren Lebensraum – einem Ort zum Leben – für Menschen mit geistiger Behinderung fortentwickeln.

Norbert Störmer

Literatur

Dörner, K. (1975): Bürger und Irre. Frankfurt/Main

Goffman, E. (1973): Asyle. Über die soziale Situation psychiatrischer Patienten und anderer Insassen. Frankfurt/Main

Störmer, N. (1991): Innere Mission und geistige Behinderung. Von den Anfängen der Betreuung geistig behinderter Menschen bis zur Weimarer Republik. Münster

Anthropologie

Als Oberbegriff und Titel für alle Ansätze einer systematischen Selbstthematisierung und Selbstdeutung des »Menschen« in den Humanwissenschaften bezeichnet Anthropologie (von gr. anthropos, Mensch) weniger eine eigenständige Disziplin als vielmehr eine Fragerichtung in den einzelnen »Menschenwissenschaften« (Norbert Elias). Sie tritt dann auf als spezielle »Regional-Anthropologie«, als biologische, psychologische, pädagogische oder theologische Anthropologie. Allenfalls die seit den 20er Jahren des 20. Jahrhunderts systematisch einsetzende Philosophische Anthropologie (Max Scheler,

Helmuth Plessner, Arnold Gehlen) kann für sich in Anspruch nehmen, als »Ganzheitswissenschaft« (Gehlen) alle einzelwissenschaftlichen Befunde der Humanwissenschaften integrativ aufzugreifen und für die allgemeine Bestimmung der »conditio humana« zu reflektieren. Die seit der Aufklärung (18. Jh.) einsetzende Säkularisierung und Wende zum mundanen Subjekt und zur konkreten menschlichen Existenz als »In-der-Welt-sein« (Heidegger) führte konsequent zur anthropologischen Grundfrage: »Was ist der Mensch?« (Immanuel Kant). Die philosophische Anthropologie wurde zur »Existenzerhellung« (Karl Jaspers) und »Daseinsanalytik« (Martin Heidegger). Die pädagogische Anthropologie befasst sich mit der Bestimmung des Menschseins unter dem zentralen Aspekt seiner Erziehungsbedürftigkeit, Erziehungsfähigkeit und Bildsamkeit: »Der Mensch ist das einzige Geschöpf, das erzogen werden muss« (Kant, Über die Erziehung; 1803). Ihr zentrales → Menschenbild ist der »homo educandus et educabilis«. Das historische Projekt der Heilpädagogik als Teil einer allgemeinen Erziehungs- und Bildungswissenschaft bestand (und besteht weiterhin) in der bedingungslosen Hereinnahme (Integration) aller Menschen mit allen Ausprägungsformen von Behinderung (besonders mit geistiger Behinderung) in diese anthropologische und ethische Perspektive eines universalen allgemein menschlichen Bedürfnisses und eines Rechts auf Erziehung und Bildung. Ein zentrales Thema jeglicher Anthropologie ist die Frage nach dem »Menschenbild« bzw. den vielfältigen, pluralen, oft widersprüchlichen impliziten (verborgenen, unthematisierten) oder expliziten Menschenbildern in den Theorien und Modellen der Einzelwissenschaften; z. B. Menschenbilder der Psychologie (Tiefenpsychologie, Verhaltenspsychologie, Humanistische Psychologie, Neuropsychologie; vgl. Gröschke 2005). Die Menschenbildfrage in den Humanwissenschaften macht eine kritische Anthropologie erforderlich, da Menschenbilder neben ihrem kognitiven Inhalt immer auch ethische und praktische Konnotationen besitzen, eine praxisanleitende, performative Macht entfalten. In der Geistigbehindertenpädagogik geht es immer wieder auch um die Klärung, Kritik und Neubestimmung erkenntnis- und praxisleitender Menschenbilder (impliziter wie expliziter) des »Menschen mit einer geistigen Behinderung«. Solche Sichtweisen und Einstellungssyndrome bilden ein weites Spektrum von nihilistischen Sichtweisen (»seelenlose Defektwesen«, »Ballastexistenzen«) bis hin zu optimistischen und positiven Sichtweisen (»der Mensch mit geistiger Behinderung als Gestalter seiner Welt« oder als »Mensch mit besonderen Fähigkeiten«). Gelegentlich haben solche wünschenswerten, lebensbejahenden und auf uneingeschränkte ethische Anerkennung des geistig behinderten Menschen angelegten pädagogisch-anthropologischen Bestimmungsversuche jedoch auch stark idealistische oder euphemistische Züge; etwa wenn man Problemverhalten/Verhaltensauffälligkeiten/Verhaltensstörungen bei Menschen mit geistiger Behinderung einfach als »originelles Verhalten« und »kreative Problemlösungen« umetikettiert. Anzustreben wäre letztlich ein »bildloses« Menschenbild, das ihn einfach als Mensch unter Menschen und unseren Mitmenschen begreift; im Sinne eines universalistischen Menschenbildes als Kernelement einer gelebten Kultur der Menschenrechte und gesellschaftlichen Solidarität. Den fortdauernden Arbeitsauftrag einer Pädagogischen Anthropologie kann man mit Christoph Wulf (2004, 56) wie folgt bestimmen: »Pädagogische Anthropologie arbeitet an der Entwicklung von Perspektiven für ein besseres Verständnis von Erziehung und Bildung, geschichtlicher Entwicklung und Subjektivität, Perfektibilität und Unverbesserlichkeit, Fremdem und Eigenem, Hermeneutik und Dekonstruktion. Ihre Forschungen begleitet ein Bewusstsein ihres fragmentarischen Charakters und ein Wissen davon, dass sie stets auf einen *homo absconditus* bezogen sind, dessen Erkenntnis nur in Ausschnitten möglich ist.«

Dieter Gröschke

Literatur

Greving, H. & Gröschke, D. (Hrsg.) (2000): Geistige Behinderung – Reflexionen zu einem Phantom. Ein interdisziplinärer Diskurs um einen Problembegriff. Bad Heilbrunn

Gröschke, D. (2005): Psychologische Grundlagen für Sozial- und Heilpädagogik. Ein Lehrbuch zur Orientierung für Heil-, Sonder- und Sozialpädagogen. Bad Heilbrunn (3. Aufl.)
Schilling, J. (2000): Anthropologie. Menschenbilder in der Sozialen Arbeit. Neuwied
Wulf, Ch. (Hrsg.) (1997): Vom Menschen. Handbuch Historische Anthropologie. Weinheim
Wulf, Ch. (2004): Anthropologie, pädagogische. In: Benner, D. & Oelkers, J. (Hrsg.): Historisches Wörterbuch der Pädagogik. Weinheim, 33–57

Anthroposophie

Unter Anthroposophie (altgr. »Weisheit vom Menschen«) wird heute das auf Rudolf Steiner (1861–1925) zurückgehende weltanschauliche System aus theosophischen Wurzeln verstanden, das so unterschiedliche Bereiche wie Religion, Kunst, Medizin, Architektur, Pädagogik oder Landwirtschaft zu durchdringen sucht. Mit der Gründung der ersten Waldorf-Schule in Stuttgart im Jahre 1919 versuchte Steiner anthroposophisches Denken auf den Bildungsbereich auszuweiten. Im Jahre 1924 führte er in Dornach (Schweiz) einen heilpädagogischen Kurs durch, von dem erste Anstöße zu der späteren Erschließung heilpädagogischer Wirkungsfelder ausgingen. In dieser Vortragsreihe interpretiert Steiner besondere Problemlagen wie Epilepsie, Kleptomanie und Hydrozephalus auf dem Hintergrund des anthroposophischen → Menschenbildes. Die ursprünglich nicht für eine Veröffentlichung vorgesehenen 8 Vorträge wurden von Teilnehmern protokolliert und zusammen mit den von Steiner erstellten Tafelbildern ohne Autorisierung, aber mit Billigung Steiners publiziert (Steiner 1995).

Durch Karl König (1902–1966) erfolgte eine Fortentwicklung dieses Ansatzes und die Übertragung des anthroposophischen Denkens auf die Bildung geistig behinderter Menschen mit der Gründung einer pädagogischen Einrichtung in Camphill bei Aberdeen (Schottland). Statt von einer geistigen Behinderung sprechen die Anhänger der Camphill-Bewegung von Seelenpflegebedürftigkeit.

Das dort praktizierte Bildungsmodell für Kinder und die daran anschließende Lebensgemeinschaft für Erwachsene wurde mit Projekten in verschiedenen anderen Ländern ausgeweitet und weiterentwickelt. Anthroposophisch orientierte Schulen für geistig behinderte Kinder verfolgen häufig, ähnlich wie die Waldorfschulen, einen an kulturgeschichtlichen Inhalten orientierten Epochenunterricht unter Aufnahme von Elementen einer kreativ-künstlerischen Betätigung.

Für erwachsene Menschen gründete die Camphill-Bewegung anthroposophische Dorfgemeinschaften, in denen wirtschaftliche Aktivitäten im Bereich der Landwirtschaft und des Handwerks mit einer engen Form des Zusammenlebens in den Wohngruppen mit professionellen Betreuern im Sinne einer Lebensgemeinschaft realisiert werden.

Die Aus- und Fortbildung in der anthroposophischen Pädagogik wie Heilpädagogik erfolgt in eigenen Bildungsstätten außerhalb der etablierten staatlichen Institutionen.

Während die theoretische Grundlegung anthroposophischer Pädagogik und Heilpädagogik aufgrund ihres normativen Charakters und ihrer engen weltanschaulichen Begründung in der wissenschaftlichen Pädagogik in der Regel auf Ablehnung stößt, wird die pädagogische Wirksamkeit des Modells der therapeutischen Gemeinschaften (Grimm 1995) zumeist anerkannt.

Gottfried Biewer

Literatur

Grimm, R. (1995): Perspektiven der therapeutischen Gemeinschaft in der Heilpädagogik. Bad Heilbrunn

König, K. (1995): Sinnesentwicklung und Leiberfahrung. Heilpädagogische Gesichtspunkte zur Sinneslehre Rudolf Steiners. Stuttgart (4. Auflage)

Steiner, R. (1995): Heilpädagogischer Kurs. Dornach (8. Auflage)

Arbeit

(siehe auch berufliche Bildung, Unterstützte Beschäftigung, Werkstatt für behinderte Menschen, Tagesstätten)

Art. 27 der UN-Behindertenrechtskonvention gibt auch geistig behinderten Menschen das Recht, »den Lebensunterhalt durch Arbeit zu verdienen, die in einem offenen, integrativen und für Menschen mit Behinderungen zugänglichen Arbeitsmarkt ... frei gewählt oder angenommen wird«. Im Gegensatz zu dieser Vision haben Menschen mit geistiger Behinderung bisher kaum die Chance, ihr Recht auf Arbeit (Art. 23 Abs. 1 der UN-Menschenrechtserklärung) außerhalb von besonderen Einrichtungen (»Werkstätten für behinderte Menschen«) zu verwirklichen. Dazu bedürfte es u. a. weitergehender gesetzlicher Flankierungen, die die notwendige Begleitung, Unterstützung und Förderung dauerhaft absichern.

Wegen ihrer mehr oder weniger begrenzten Leistungsfähigkeit kann Arbeit im Sinne der auf wirtschaftliche Verwertbarkeit zielenden Herstellung von Gütern und Dienstleistungen für Menschen mit geistiger Behinderung zumeist nicht die Funktion erfüllen, den eigenen materiellen Lebensunterhalt ohne Inanspruchnahme öffentlicher Mittel zu decken; gleichwohl wollen auch Menschen mit geistiger Behinderung aus ihrer Arbeitstätigkeit einen Lohn erzielen, der ihnen im Rahmen ihrer individuellen Möglichkeiten Spielräume für eine selbstbestimmte Lebensführung ermöglicht. Ebenso wie bei Menschen ohne kognitive Beeinträchtigungen erfüllt Arbeit ihrem Potential nach eine Vielzahl zentraler Funktionen und Wirksamkeiten: Über Arbeit erfährt sich der Einzelne als Teil eines größeren Kollektivs, an dessen Aktivitäten er nicht nur über eine anerkannte Rolle partizipiert, sondern in dem er sein menschliches Bedürfnis nach produktiver und sinnhafter Zeitverwendung unmittelbar zum Ausdruck bringen kann. Die durch Arbeit erzeugten Ergebnisse versprechen nicht nur externen Nutzen, sondern sind auch Widerspiegelung eigenen Könnens und damit Ankerpunkt für individuelles Selbstwerterleben und soziale Anerkennung. Über Arbeit bekommt das alltägliche Leben eine wiederkehrende zeitliche Struktur und Bindung; sie kompensiert zugleich die behinderungsbedingten Grenzen eigener Lebensgestaltungsmöglichkeiten. Arbeit ist generell ein wichtiger Faktor der Sozialisation; sie schafft und erweitert die sozialen Kontaktmöglichkeiten, die bei geistig behinderten

Menschen sonst kaum über den eng begrenzten Bereich des Wohnens (Familie, Wohneinrichtung) hinausgehen würden. Damit erschließt sie zugleich neue Erfahrungs- und Erlebnisräume sowie Herausforderungen für die persönliche Entwicklung. Diese fördernde Funktion der Arbeit setzt voraus, dass sie arbeitspädagogisch nach bestimmten, individuell anzupassenden Anforderungsmerkmalen gestaltet wird. Dazu gehören u. a.: ein Mindestmaß an Abwechselung; klare, überschaubare Arbeitsanforderungen und -abläufe; der Verzicht auf monotone, unterfordernde Serientätigkeit; die Aktivierung motorischer, sozialer, kognitiver und kreativer Fähigkeiten; die gezielte Erweiterung von Anforderungen ohne zu überfordern; die Anerkennung von Leistungsergebnis und persönlicher Anstrengung und nicht zuletzt die Qualität der sozialen Beziehungen am Arbeitsplatz.

Rudolf Bieker

Literatur

Bieker, R. (2005): Individuelle Funktionen und Potentiale der Arbeitsintegration. In: Bieker, R. (Hrsg.): Teilhabe am Arbeitsleben. Wege der beruflichen Integration von Menschen mit Behinderung. Stuttgart, 12–24.
Fischer, E./Heger, M./Laubenstein, D. (Hrsg.) (2011): Perspektiven beruflicher Teilhabe. Konzepte zur Integration und Inklusion von Menschen mit geistiger Behinderung.
Gröschke, D. (2011): Arbeit, Behinderung, Teilhabe. Anthropologische, ethische und gesellschaftliche Bezüge. Bad Heilbrunn.

Armut

(siehe auch Benachteiligung)

In einer mehrdimensionalen Sichtweise, die nicht nur die ökonomische Situation, sondern die gesamte *Lebenslage* eines Menschen einbezieht, wird Armut verstanden als gravierende Einengung der subjektiven Handlungsspielräume »in den zentralen Bereichen der Lebenserhaltung, Arbeit, Bildung, Kommunikation, Regeneration, Partizipation und der Sozialisationsbedingungen« (Chassé 2000, 15).

Auch in diesem lebenslagenbezogenen Armutskonzept zählt das Einkommen als zentrale Dimension von Armut, weil seine Höhe Handlungsspielräume eröffnet oder verschließt. Als Schwelle, unterhalb derer Einkommensarmut beginnt, gelten auf EU-Ebene 60% des durchschnittlichen, hinsichtlich der Haushaltsgröße und -zusammensetzung bedarfsgewichteten Pro-Kopf-Einkommens (Nettoäquivalenzeinkommen) eines Landes; bei einem Äquivalenzeinkommen unter 40% wird von »strenger Armut« ausgegangen (BMGS 2005). Einkommensarmut betrifft in Deutschland vor allem Alleinerziehende bzw. Familien mit Kindern.

Erhebliche sozioökonomische Risiken einschließlich Armutsgefährdung bestehen »insbesondere für behinderte Menschen im erwerbsfähigen Alter, die nicht in den ersten Arbeitsmarkt integriert sind, für Familien mit behinderten Kindern und für behinderte Menschen in Einrichtungen« (Hanesch et al. 2000, 386). Gründe dafür sind vor allem notwendige Mehrkosten, die niedrigere Erwerbsquote der Mütter von behinderten Kindern und die Nicht-Inanspruchnahme von Hilfeleistungen z. B. durch mangelnde Information (Häußler-Sczepan et al. 2003).

Die neuere Kinderarmutsforschung richtet ihr Interesse nicht nur auf die objektiven

Folgen von Armut bei Kindern, sondern auch darauf, wie sie ihre Situation erleben und zu bewältigen suchen (Zander 2005). Darin sollten künftig auch Kinder mit (geistigen) Behinderungen einbezogen werden.

Hans Weiß

Literatur

BMGS (Hrsg.) (2005): Lebenslagen in Deutschland. Der 2. Armuts- und Reichtumsbericht der Bundesregierung. Berlin

Chassé, K. A. (2000): Armut in einer reichen Gesellschaft. Begrifflich-konzeptionelle, empirische, theoretische und regionale Aspekte. In: Weiß, H. (Hrsg.): Frühförderung mit Kindern und Familien in Armutslagen. München, Basel, 12–32

Hanesch, W.; Krause, P.; Bäcker, G. et. al. (2000): Armut und Ungleichheit in Deutschland. Reinbek bei Hamburg

Häußler-Sczepan, M., Michel, M. & Riedel, S. (2003): Lebenswelten behinderter Kinder und Jugendlicher in Sachsen. Dresden (Sächsisches Staatsministerium für Soziales)

Zander, M. (2005): Kindliche Bewältigungsstrategien von Armut im Grundschulalter – Ein Forschungsbericht. In: Zander, M. (Hrsg.): Kinderarmut. Einführendes Handbuch für Forschung und soziale Praxis. Wiesbaden, 110–141

Assistenz

(siehe auch Persönliche Assistenz, Unterstützung)

Die Attraktivität des Begriffs der Assistenz in der außerschulischen Behindertenarbeit geht auf Initiativen körper- und sinnesbehinderter Menschen zurück, die sich vor geraumer Zeit gegen die Fremdbestimmung und paternalistische, entmündigende, nicht selten denunzierende und verdinglichende Form einer → Betreuung durch Fachkräfte wandten. Mit der → Persönlichen Assistenz wurde ein »Kampfbegriff« (Rothenberg 2012, 47) und zugleich ein Modell ins Leben gerufen, das quasi kontrapunktisch dem traditionellen Helferverständnis in der Heilpädagogik oder Behindertenarbeit gegenüber steht. Beide Beziehungsverhältnisse sind nämlich asymmetrisch: während bei der Persönlichen Assistenz der behinderte Mensch Regie führt und als Experte (Bestimmer) seiner Angelegenheiten der Fachkraft eine dienende Funktion zuschreibt, dominiert im anderen Fall die Fachkraft, indem sie den behinderten Menschen anweist, anleitet und somit Regie führt. Spätestens seit der rechtlichen Kodifizierung von Selbstbestimmung im SGB IX ist das zweite, sog. profizentrierte Helfermodell obsolet geworden. Bei aller Sympathie für das Modell der Persönlichen Assistenz muss allerdings in Betracht gezogen werden, dass diese Form der Helferkultur nicht wenige Menschen mit Lernschwierigkeiten oder komplexer Behinderung überfordert. Diese Erkenntnis hatte vor einigen Jahren sowohl im Lager der Behindertenhilfe als auch bei Selbstvertretungsgruppen (People First) zu Diskussionen über das Verständnis von Assistenz sowie über tragfähige Konzepte einer »alternativen« Helferkultur bei Menschen mit Lernschwierigkeiten oder komplexer Behinderung geführt. Während in der Fachwissenschaft insbesondere mit Blick auf die Notwendigkeit einer Professionalisierung der Assistenzbegriff unter verschiedenen Facetten (dialogisch, advokatorisch, facilitatorisch, konsultativ…) handlungspraktisch aufbereitet wurde (Theunissen 2009), brachten Menschen mit Lernschwierigkeiten den Begriff der → Unterstützung in die Debatte ein (Puschke & Orbitz 2000). Dabei warfen sie einen Blick auf den amerikanischen Sprachraum, wo der Begriff der Unterstützung (support) bis heute geläufig ist (zum Teil auch als Parallelbegriff zur Assistenz). Interessant ist, dass sich die Vorstellungen und Erwartungen, die mit dem Begriff der Unterstützung einhergehen, mit jenen, die aus der Fachwissenschaft an den Begriff der Assistenz geknüpft werden, weithin decken (Theunissen 2009, 74ff.). Daher ist es, wie bereits im Duden (1997, 48) angedeutet, zulässig, beide Begriffe synonym zu verwenden. Das wird zwar vereinzelt (scharf) kritisiert, so zum Beispiel von Rothenberg (2012, 79f.), die die Gefahr sieht, dass dadurch das »radikale Potenzial« des Assistenzbegriffs, insbesondere mit Blick auf die Persönliche Assistenz, verloren ginge. Diese Argumentation lässt eine zielgruppenbezogene Vereinnahmung des Assistenzbegriffs durchschimmern, während vonseiten der Geistigbehindertenpädagogik als Fachwissenschaft Wert darauf gelegt wird, ein tragfähiges (breiter angelegtes) Assistenzmodell zu implementieren, welches keine Person mit Lernschwierigkeiten oder komplexer Behinderung ausgrenzt. Im Prinzip geht es hier um die Vermeidung einer »Spaltung« behinderter Menschen (bei den einen wird von Assistenz gesprochen, bei den anderen von Unterstützung) und einer damit verknüpften Besonderung von Personen mit Lernschwierigkeiten oder komplexer Behinderung, ohne dabei den emanzipatorischen Gehalt von Assistenz oder auch Persönlicher Assistenz zu übergehen (Theunissen 2009). Wer dies ignoriert befördert letztlich eine »Zwei-Klassen-Gesellschaft« behinderter Menschen.

Georg Theunissen

Literatur

Duden (1997): Etymologie. Das Herkunftswörterbuch der deutschen Sprache. Bd 7. München
Puschke, M. & Orbitz, A. (2000): Was ist Unterstützung für Menschen mit Lernschwierigkeiten in Abgrenzung zu Assistenz? In: Verein für Behindertenhilfe e. V. (Hrsg.): Tagungsbericht Von der Betreuung zur Assistenz? Fachtagung in Hamburg 8.–11. Mai 2000, 79–81
Rothenberg, B. (2012): Das Selbstbestimmt Leben-Prinzip und seine Bedeutung für das Hochschulstudium. Bad Heilbrunn
Theunissen, G. (2009): Empowerment und Inklusion behinderter Menschen. Freiburg (2. erw. Aufl.)

Ästhetische Erziehung, ästhetische Bildung

Der Begriff ästhetische Erziehung ist vor allem im schulischen Bereich geläufig und steht für Fächerbezeichnungen wie Kunstunterricht, Kunsterziehung, bildnerisches Gestalten, visuelle Kommunikation oder auch musisch-bildnerische Erziehung.

Ästhetische Erziehung bei Menschen mit geistiger Behinderung baut auf einer Tradition auf, die bei Georgens und Deinhardt (1861; 1863), den »Gründungsvätern« der Heilpädagogik, ihren Ausgangspunkt nimmt. Bis heute kann ihrem Entwurf einer ästhetischen Erziehung als prominentes Paradigma einer Heilpädagogik als Zweig der Allgemeinen Pädagogik Aktualität und Zeitlosigkeit attestiert werden (Theunissen 2004, 55ff.). Das gilt insbesondere für das implizite Verständnis der Funktion des Ästhetischen, die nicht – wie einst im Rahmen der musischen (anthroposophischen) Heilpädagogik zu beobachten war – vorrangig auf eine »Erziehung zum ›guten Geschmack‹« zielt, sondern vielmehr ein ganzheitlich-selbstbildendes Lernen, eine allseitige Entfaltung der Persönlichkeit, im Blick hat. Damit gehört die Betätigung und Entfaltung aller Sinne (Tasten, Schmecken, Riechen, Sehen, Hören ...) zum Programm ästhetischer Erziehung. Hierbei stoßen wir zugleich auf die unaufhebbare Wechselbeziehung von Wahrnehmung und Bewegung. Daher wird nicht selten auch die Pflege von Bewegung, Rhythmik, Tanz und → Musik mit ästhetischer Erziehung in Verbindung gebracht. Diese »fächerübergreifende« Perspektive korrespondiert mit einem (post-)modernen Verständnis von → Kunst (Damus 2000), welches keine Behinderung kennt und somit für eine inklusive (schulische) Praxis konstitutive Bedeutung hat. Zum einen propagiert dieses Kunstverständnis die »Offenheit der ästhetischen Sache« (Richter 1999). Sie besagt, dass ästhetisches Tun weder zwingend vorgeschriebenen (als falsch oder richtig ausweisbaren) Erarbeitungsweisen oder Problemlösungsschritten, noch vorgegebenen Beurteilungs- oder Wertmaßstäben genügen muss (ebd., 84). Die Pluralität derlei Möglichkeiten kommt insbesondere Menschen mit schwerer geistiger und mehrfacher Behinderung sehr entgegen, deren ästhetisches Ausdrucksverhalten und ästhetische Kulturbetätigung häufig *basal* erschlossen werden muss. Zum anderen geht es um den »Synkretismus der ästhetischen Erfahrung«. Dieser Begriff steht für »die Verbindung von ›primären‹ (affektiven, unbewussten) Prozessen und ›sekundären‹ (organisierenden, kognitiven) Aktivitäten ... Er soll deutlich machen, dass ... die Lösung eines künstlerischen Problems auf einer individuellen Synthese (Vermengung, Vereinigung, Verbindung) aller psychischen Zustände beruht: Sie hat den Charakter des Möglichen und zeichnet nicht das (vorgegebene) Wirkliche nach« (ebd., 87f.). Beide Momente bieten miteinander verschränkt wertvolle Möglichkeiten einer Stärkung des Selbstwertgefühls, psychischen Kompensation und Selbstverwirklichung. Der Wert der (Selbst-)Bildung sollte jedoch nicht nur an den Kategorien der »Offenheit« und des »Synkretismus« festgemacht werden; vielmehr sollte noch ein drittes Moment in Augenschein genommen werden. Dieses bezieht sich auf ein »ästhetisches Denken« (Welsch 1990), das als ein ästhetisch geprägtes »Verstehensmedium von Wirklichkeit« sich nicht auf den gefühlsmäßigen Teil der Sinneswahrnehmung beschränkt, sondern Beobachtungen und Sinnvermutungen mit einbezieht sowie »Reflexionsanstöße der Wahrnehmung zu entfalten« (ebd., 55) versucht. Mit diesen drei Kategorien gelingt es, den Begriff des Ästhetischen als ein »ganzheitliches Phänomen« auszuweisen, das für ein Erziehungs- und Bildungsanliegen in doppelter Hinsicht bedeutsam ist: Für die allseitige Entfaltung der Persönlichkeit einerseits und für die Verbindung der Subjektseite mit der sozialen, mitmenschlichen, natürlichen und kulturellen Umwelt andererseits. Dieses Konzept ist letztendlich schon in einer (älteren) Definition von Hartmut von Hentig (1969, 358; 1970, 93) angelegt. So definiert der Autor Ästhetische Erziehung als »etwas ganz Elementares und Allgemeines«, nämlich als ein verheißungsvolles Angebot, »den Menschen von klein auf die Gestaltbarkeit der Welt erfahren zu lassen, ihn anzuhalten, mit der Mächtigkeit der ästhetischen Wirkungen zu experimentieren und die unendliche Variation nicht nur der Ausdruckmöglichkeiten, sondern gerade auch der Aufnahme- und der Genussmöglichkeiten zu erkennen«. Hier stoßen wir auf zwei für die Erziehung und → Bildung behinderter und nichtbehinderter Schüler/innen zentrale Aspekte: erstens auf die kunstpädagogische Intention, Lernende darin zu befähigen, die Sache Kunst auch kritisch wahrzunehmen und zu durchschauen, und zweitens auf den basalen Charakter ästhetischer Erziehung, der der Persönlichkeitsentfaltung eines jeden Individuums zugute kommen soll. Davon können insbesondere Menschen mit schwersten Formen einer Behinderung profitieren (Theunissen 1997).

Georg Theunissen

Literatur:

Georgens, J. D.; Deinhardt, H. (1861; 1863): Die Heilpädagogik mit besonderer Berücksichtigung der Idiotie und der Idiotenanstalten, Bd. I u. Bd. II. Leipzig (Bd. I Neudruck 1979 durch das Institut für Heil- und Sonderpädagogik der Universität Gießen)

Hentig, H. v. (1969): Spielraum und Ernstfall. Stuttgart

Hentig, H. v. (1970): Systemzwang und Selbstbestimmung. Stuttgart

Richter, H.-G. (1999): Pädagogische Kunsttherapie. Hamburg (2. Auflage)

Theunissen, G. (1997): Basale Anthropologie und ästhetische Erziehung. Bad Heilbrunn

Theunissen, G. (2004): Kunst und geistige Behinderung. Bildnerische Entwicklung, ästhetische Erziehung, Kunstunterricht und Kulturarbeit. Bad Heilbrunn

Aufmerksamkeit

Aufmerksamkeit stellt keine einheitliche Fähigkeit dar, sondern umfasst unabhängige, aber miteinander verbundene Teilprozesse, die zur Verarbeitung von Informationen aus der Umwelt beitragen. Bereits im frühen Säuglingsalter zeigen Babys Orientierungsreaktionen und richten ihre Aufmerksamkeit erkennbar länger auf Reize, die neu für sie sind, als auf Reize, die sie bereits kennen (*Aufmerksamkeitsaktivierung*). Im weiteren Entwicklungsverlauf bilden sie die Fähigkeit zur selektiven Aufmerksamkeit aus; damit ist es ihnen möglich auszuwählen, welche Informationen in einer bestimmten Situation relevant sind, und alle anderen Quellen von Ablenkung zu ignorieren. Diese Fähigkeit ist in Lernsituationen überaus wichtig. Dies gilt auch für die Fähigkeit, den Aufmerksamkeitsfokus wechseln zu können, d. h. sie in koordinierter Form von einem Aspekt der Situation zu lösen und auf etwas anderes ausrichten zu können bzw. zwischen zwei Sinneskanälen aufteilen zu können (wechselnde, bzw. *geteilte Aufmerksamkeit*). *Daueraufmerksamkeit* ist schließlich gefordert, wenn kontrollierte mentale Verarbeitungsvorgänge über längere Zeit aufrechterhalten werden müssen.

Eine valide Beurteilung der Aufmerksamkeitsfähigkeiten eines Kindes oder Erwachsenen kann nach den Kriterien Güte, Menge, Ausdauer und Schwankungen erfolgen. Bei jüngeren Kindern eignet sich dazu die Beobachtung des spontanen Spiels in einer vorbereiteten Umgebung. Aufmerksamkeitstests im engeren Sinne sind erst bei den Kindern einsetzbar, die eine kognitive Entwicklungsstufe von 4–5 Jahren erreicht haben. Dabei erhält das Kind z. B. die Aufgabe, einen Standardreiz unter verschiedenen ähnlichen Antwortmöglichkeiten zu identifizieren bzw. gemäß einer Instruktion in Wahlaufgaben korrekt zu reagieren. Einige Tests dieser Art sind computer-gestützt möglich (Heubrock 2005).

Kinder und Erwachsene mit geistiger Behinderung haben größere Schwierigkeiten, bei einer Aufgabe zu bleiben oder ihre Aufmerksamkeit zwischen mehreren Aspekten einer Situation aufzuteilen; es fällt ihnen schwerer, auf alle relevanten Informationen zu achten und sich auf Veränderungen einzustellen. Forschungsarbeiten bei Kindern und Jugendlichen mit leichter intellektueller Behinderung belegen zudem eine längere Inspektions- und Reaktionszeit in Aufmerksamkeitstests und größere Schwierigkeiten, Reaktionen auf irrelevante Reize zu hemmen. In Daueraufmerksamkeitstests gelingen weniger richtige Lösungen als bei gleichalten Kindern (Sarimski 2003).

Aufmerksamkeitstests stellen allerdings so hohe Anforderungen an die Mitarbeit und Ausdauer, dass sie in der Regel nur bei Kindern und Jugendlichen mit leichter geistiger Behinderung durchführbar sind. Zudem ist ihre Interpretierbarkeit bei dieser Gruppe von Kindern eingeschränkt, da Probleme der visuellen Gestalterfassung, Merkfähigkeit und Steuerung exekutiver Prozesse oft nicht von spezifischen Aufmerksamkeitsproblemen abgegrenzt werden können.

Die Probleme einer reliablen und validen Erfassung von Aufmerksamkeitsleistungen bei geistiger Behinderung führen in der Praxis meist dazu, dass auf spezifische Tests in diesem Bereich verzichtet wird und der Untersucher seine diagnostischen Eindrücke zu dieser Funktion eher auf seine Verhaltensbeobachtungen während der Durchführung von Fähigkeitstests (z. B. beim Nachbauen von Mustern oder beim Ordnen von Bildern nach Gemeinsamkeiten, wie sie im sprachfreien → Intelligenztest von Snijders-Oomen, SON, gefordert werden) oder bei der Bewältigung von Alltagsanforderungen stützt. Auch spezifische Aufmerksamkeits- und Selbstinstruktionstrainings, die sich bei Kindern mit Lernbehinderungen bewähren (Kühl 2000), kommen bei Kindern oder Erwachsenen mit geistiger Behinderung eher selten zur Anwendung. Im Alltag von Schule und Arbeitssituationen erweisen sich eher pädagogische Hilfen zur Focussierung der Aufmerksamkeit als günstig, wie sie z. B. im Konzept der Montessori-Heilpädagogik vorgesehen sind. Dazu gehören u. a. eine ritualisierte Einübung von Handlungsschritten bei bestimmten Tätigkeiten oder die Veranschaulichung von Informationen durch Sinnesmaterialien.

Klaus Sarimski

Literatur

Heubrock, D. (2005): Neuropsychologische Diagnostik. In: Stahl, B. & Irblich, D. (Hrsg.): Diagnostik bei Menschen mit geistiger Behinderung. Ein interdisziplinäres Handbuch. Göttingen, 74–90

Kühl, G. (2000): Aufmerksamkeit und Konzentration. In: Borchert, J. (Hrsg.): Handbuch der Sonderpädagogischen Psychologie. Göttingen, 717–727

Sarimski, K. (2003): Kognitive Prozesse bei Menschen mit geistiger Behinderung. In: Irblich, D. & Stahl, B. (Hrsg.): Menschen mit geistiger Behinderung. Psychologische Grundlagen, Konzepte und Tätigkeitsfelder. Göttingen, 148–204

Aufmerksamkeitsdefizit-/Hyperaktivitätsstörung (ADHS)

Das ADHS-Syndrom umfasst Störungen in den drei Symptombereichen Aufmerksamkeit, Hyperaktivität und Impulsivität. Von Aufmerksamkeitsdefizitstörungen (ADS) spricht man dann, wenn hyperaktives Verhalten als Begleitsymptom nicht auftritt.

Wissenschaftsgeschichtlich weist das Aufmerksamkeitsdefizitsyndrom einen deutlichen Zusammenhang mit der Gehirnforschung auf. Aufmerksamkeitsstörungen wurden als zentrales Störungsbild erstmals systematisch bei Soldaten des Ersten Weltkrieges in Folge von Gehirnverletzungen beschrieben. Im Rahmen gestaltpsychologischer Vorstellungen beobachtete Kurt Goldstein bei diesen Patienten neben Figur-Hintergrundstörungen als Leitstörung vor allem »… eine Abhängigkeit von momentanen Ansprüchen, [die] zu Rigidität und einem Verlust der Fähigkeit des Umschaltens auf andere Reize« (Goldstein 1971, 376) führte. Alfred Strauß, ein Schüler Goldsteins, und Heinz Werner verwendeten dieses frühe Konzept von Aufmerksamkeitsstörungen in ihren Forschungsarbeiten mit geistig Behinderten in den USA (Hallahan, Cruickshank

1973). Es waren dann vor allem ihre Schüler William Cruickshank und Sam Kirk, die diese Arbeiten mit Kindern in den 1960er Jahren in den USA unter den Begriffen der Gehirnverletzung (*brain injured children; minimal brain dysfunction*) und der speziellen Wahrnehmungsstörungen (»Teil-Leistungsstörungen«) populär machten. Eine aktive Gruppe von amerikanischen Eltern setzte gemeinsam mit diesen Forschern durch, dass dieses Störungsbild im amerikanischen Schulsystem unter dem Begriff der *Learning Disabilities* zur Entwicklung neuer schulischer Förderangebote führte. Dabei ging es im Kern um eine Differenzierung der notwendigen Förderangebote für Kinder mit unterschiedlichen Lernschwierigkeiten und geistig behinderte Kinder, respektive Kinder mit niedrigerer Intelligenz. In Deutschland wurde diese Diskussion vor allem unter den Begriffen der minimalen zerebralen Dysfunktion, des exogenen Psychosyndroms und der speziellen Lernstörungen (*Integrationsstörungen*) diskutiert.

Im psychologischen und im medizinischen Bereich setzte sich spätestens mit der Einführung des Diagnostischen Manuals III und IV (DSM III 1980; DSM IV 1994) der Begriff der Aufmerksamkeit- und Hyperaktivitätsstörungen durch. Die Syndrombeschreibung des Internationalen Klassifikationssystem von Krankheiten (ICD-10, 2008) ist stärker auf Hyperaktivitätsstörungen ausgelegt. Die Diagnosekriterien für ADHS des DSM-IV basieren auf einer Checkliste von beobachtbaren auffälligen Verhaltensweisen (z. B. Vergesslichkeit, Dinge verlieren, Ablenkbarkeit durch äußere Reize), die in mindestens zwei Lebensbereichen über die Dauer von einem halben Jahr und bereits vor dem siebten Lebensjahr auftreten müssen. Jungen sind gegenüber Mädchen signifikant häufiger betroffen. Hyperaktivität steht bei Jungen gegenüber Aufmerksamkeitsstörungen bei Mädchen stärker im Vordergrund. Kinder mit niedrigerer Intelligenz sind einem erhöhten Risiko für ADHS ausgesetzt. Zunehmend rücken Aufmerksamkeits- und Hyperaktivitätsstörungen bei Erwachsenen in den Fokus der Diskussion. Die Intensität der Beeinträchtigungen geht mit dem Erwachsenenalter tendenziell zurück, sie persistieren aber als Einschränkungen in der Alltagsbewältigung. Es wird vermutet, dass eine größere Zahl von Erwachsenen mit ADHS unter Depressionen, Suchtverhalten und anderen Diagnosestellungen in ärztlicher und psychologischer Behandlung sind. Kritisch ist dabei, dass die Diagnosekriterien immer noch auf Kinder bezogen sind. Neuerungen im DSM-V (2013) werden aktuell diskutiert.

Die Prävalenzzahlen für ADHS liegen in internationalen Untersuchungen bei bis zu 20 Prozent und darüber. Realistisch könnte man von einer interventionsbedürftigen Populationsgröße von drei bis sechs Prozent aller Kinder ausgehen. Kritisiert wird, dass die Diagnose des Störungsbildes entlang der DSM-IV-Kriterien relativ unspezifisch bleibt und nur graduell von normalem Verhalten unterscheidbar ist. Die Unschärfe der diagnostischen Kriterien spiegelt sich vor allem auch in der hohen Ko-Morbidität mit anderen Störungsbildern wider, die bei bis zu zwei Dritteln der Betroffenen festgestellt wird. Dabei geht es vor allem um Störungen des Sozialverhaltens, Anpassungsstörungen, affektive und psychosomatische Beeinträchtigungen. Etwa zwei Drittel der von ADHS betroffenen Kinder leiden unter Problemen im Lese- und Schriftspracherwerb (Legasthenie).

Bezogen auf die Ursachen von ADHS werden die ursprünglich biologistischen Vorstellungen zunehmend kritischer gesehen. Vielfältige Untersuchungen mit modernen Imagingverfahren konnten keine spezifischen Abweichungen in der neuronalen Zellarchitektur belegen. Während ein genetischer Einflussfaktor als sicher gilt, werden auch Belastungen in der Schwangerschaft sowie im Lebensumfeld, Erziehungseinflüssen und intensivem Medienkonsum wachsende Bedeutung bei der Entstehung und individuellen Ausprägung von Aufmerksamkeitsdefizit- und Hyperaktivitätsstörungen beigemessen. Genetischen Voraussetzungen und lebensweltlichen, kulturellen und biographischen Einflüssen wird ein Ergänzungsverhältnis bei der Entwicklung von Aufmerksamkeits- und Hemmungsmechanismen und ihrer neuronalen Ausprägungen zugeschrieben.

Die Behandlung von ADHS sollte früh und präventiv einsetzen. Es gibt diesbezüglich unterschiedlichste Vorschläge, die von kognitiver Verhaltensmodifikation, Reizreduktion, Ergotherapie, Selbstmanagementtraining und Entspannungsverfahren bis zu medikamentöser Behandlung (Psychostimulantien) reichen. Die unterschiedlichen Interventionsvorschläge werden durch das Konzept multimodaler Therapieansätze miteinander verbunden. Die bedeutendste Behandlungsform dürfte dabei die Medikamentierung mit Psychostimulationen sein, deren Wirkung noch immer nicht völlig verstanden wird. Dabei geht man von einer starken Zunahme in der Verschreibung von Psychopharmaka vor allem in der Altersgruppe der 10- bis 14-Jährigen aus. Kritiker der Medikamentengabe weisen auf mögliche Nebenwirkungen (z. B. Appetitlosigkeit, Wachstumsstörungen) und die ungeklärten Folgen von Dauermedikamentierungen hin. Grundsätzlich heilen die Medikamente nicht, sondern unterdrücken ein störendes Verhalten für die Dauer ihrer Wirkung. Aus pädagogischer Sicht wäre deshalb zu fordern, dass eine Medikamentierung im Sinne der Forderung nach multimodalen Therapieansätzen mit weiteren Hilfe- und Unterstützungsangeboten kombiniert wird. Insgesamt wird vor allem von Eltern ein großes Defizit an psycho-edukativen Förderangeboten in der Fläche beklagt.

Günther Opp

Literatur

Alfred, A.; Eiden, S.; Heuschen, K.W.; Neuy-Bartmann, A.; Rothfelder, U. (2011): Die Aufmerksamkeitsdefizit-/Hyperaktivitätsstörung und ihre Begleiterkrankungen – Ein praktischer Leitfaden für Kinder und ihre Eltern, Jugendliche, Erwachsene, Lehrer und Therapeuten. München 2. Aufl.

Diagnostisches und Statistisches Manual Psychischer Störungen. DSM-III (dt. 1984, orig. 1980). Deutsche Bearbeitung von Koehler, K.; Saß, H. Weinheim

Diagnostisches und Statistisches Manual Psychischer Störungen. DSM-IV (dt. 1996, orig. 1994). Deutsche Bearbeitung von Koehler, K.; Saß, H. Göttingen

Diagnostisches und Statistisches Manual Psychischer Störungen. DSM-V. 2013, www.dsm5.org

Döpfner, M.; Schürmann, S.; Frölich, J. (2007): Therapieprogramm für Kinder mit hyperkinetischem und oppositionellem Problemverhalten THOP. Weinheim 4. Aufl.

Hallahan, D.P.; Cruickshank, W.M. (1973): Psychoeducational foundations of learning disabilities. Englewood Cliffs, N.J.

Internationale Klassifikation psychischer Störungen (ICD-10). ICD-10. Klinisch-diagnostische Leitlinien. Dilling, H., Mombour, W., Schmidt, M.H. (Hrsg.): 6., vollst. überarb. Aufl. Bern 2008

Lauth, G.W.; Schlottke, P.F. (2002): Training mit aufmerksamkeitsgestörten Kindern. Weinheim

Opp, G.; Wenzel; E. (2002): Eine neue Komplexität kindlicher Entwicklungsstörungen – Komorbidität als Schulproblem. In: Wittrock, M.; Schröder, U.; Rolus-Borgward, S.; Tänzer, U. (Hrsg.): Lernbeeinträchtigung und Verhaltensstörung – Konvergenzen in Theorie und Praxis. Stuttgart, 15–23

Steinhausen, C. (2010): ADHS als psychopathologische Diagnose: Rückblick und Ausblick. In: Rösler, M.; Freitag, C.; Rentz, W.; Gontard, A. (Hrsg.): ADHS bei Kindern, Jugendlichen und Erwachsenen. Neue Entwicklungen in Diagnostik und Therapie. Stuttgart, 13–20

Goldstein, K. (1971): Selected Papers/Ausgewählte Schriften. Hg. v. Gurwitsch, A.; Goldstein Haudek, E.M.; Haudek, W.E., Mit einer Einleitung von Aron Gurwitsch. Nijhoff, Den Haag

Aufsichtspflicht und Haftung

»... mit einem Bein im Gefängnis!«. Diese Annahme ist so weit verbreitet, wie unzutreffend. Sie rührt daher, dass es auf den ersten Blick – anders als in anderen Lebensbereichen – keine detaillierten Vorschriften gibt, die regeln, wer aufsichtsbedürftig und -pflichtig ist, was die Aufsichtspflicht umfasst und wann eine Aufsichtspflichtverletzung vorliegt. Dies bleibt den den Einzelfall entscheidenden Gerichten vorbehalten. Dieser gesetzliche Freiraum bietet andererseits die große Chance, in der Arbeit mit Menschen (mit Behinderung) pädagogisch-fachlich frei agieren zu können, bei gleichzeitiger Beachtung der im Einzelfall zu berücksichtigenden Besonderheiten.

Zunächst sind die beiden Rechtsgebiete des Straf- und Zivilrechts genau zu trennen. Sowohl die Haftung nach Straf- wie Zivilrecht folgt eigenen Gesetzmäßigkeiten und wird nach gesonderten Verfahren behandelt.

Für das Strafrecht sind vor allem die Straftatbestände des Strafgesetzbuchs maßgebend, z. B. fahrlässige Tötung (§ 222), fahrlässige Körperverletzung (§ 229), Freiheitsberaubung (§ 239), Unterschlagung (§ 246) und Untreue (§ 266). Ob eine Strafbarkeit vorliegt, wird im Rahmen eines förmlichen in der Strafprozessordnung geregelten Verfahrens festgestellt.

Im Zivilrecht ist § 832 BGB die grundlegende Haftungsnorm. Die Aufsichtspflicht kann entstehen kraft Gesetzes (§ 832 Abs. 1), z. B. elterliche Sorge, oder kraft Vertrages (§ 832 Abs. 2), z. B. Vertrag nach dem Wohn- und Betreuungsvertragsgesetz oder Werkstattvertrag. Das Gesetz geht davon aus, dass Volljährige grundsätzlich nicht beaufsichtigt werden müssen, es sei denn, sie sind aufsichtsbedürftig, was sich an dem jeweiligen Lebenssachverhalt (z. B. Teilnahme am Straßenverkehr) festmacht. Wichtiger Bestandteil des § 832 ist die Beweislastumkehr, wonach der Aufsichtspflichtige nachweisen muss, dass er im Einzelfall die Aufsichtspflicht gehörig ausgeübt hat. Auf Trägerebene können hierbei verschiedene Regelungen wie z. B. das jeweilige Landesheimgesetz mit seinen Verordnungen, die Werkstättenverordnung, (mit Aufsichtsbehörden erarbeitete) Konzeptionen usw. eine Rolle spielen. Für den pädagogischen Begleiter sind ein auf fundierter fachlicher Ebene – und ggf. im Team – erarbeitetes pädagogisches Vorgehen und daraus resultierende Erfahrungswerte von großer Bedeutung. Um diese Erfahrungswerte auch im Rahmen eines zivilrechtlichen Haftungsprozesses belegen zu können, sind Dokumentationen unverzichtbar, die aber ohnehin über die verschiedenen rechtlichen Vorgaben (Landesheimgesetze) oder über das Sozialhilferecht in Form von Teilhabeplänen/Entwicklungsberichten gefordert sind.

Neben der Haftung des Aufsichtspflichtigen kommt noch eine Haftung des Schadensverursachers selbst in Betracht, wobei bei Menschen mit geistiger Behinderung bzw. Minderjährigen die Frage der Deliktsfähigkeit (§§ 827, 828) in Betracht kommen könnte. Allerdings hat das Vorliegen einer geistigen Behinderung nicht automatisch Deliktsunfähigkeit zur Folge. Dies muss im Einzelfall geprüft werden.

Betriebshaftpflichtversicherungen decken in der Regel auch Schäden wegen Aufsichtspflichtverletzung ab. Menschen mit Behinderung selbst können entweder über eine mit der Betriebshaftpflichtversicherung verknüpften Gruppen- oder aber über eine – im Einzelfall genau zu prüfende – Individualhaftpflichtversicherung versichert werden.

Mit der Ratifikation des Übereinkommens der Vereinten Nationen über die Rechte von Menschen mit Behinderungen durch die Bundesrepublik Deutschland im Jahre 2009 wird bei der Beurteilung des Komplexes »Aufsichtspflicht und Haftung« der Geist und die Leitlinien des Übereinkommens (menschenrechtlicher Ansatz, Inklusion usw.), miteinbezogen werden müssen.

Oliver Kestel

Autismus, autistische Störungen, autistische Züge

Der Begriff Autismus, der sich mit Selbstbezogenheit, Abkapselung oder Rückzug in die eigene psychische Welt übersetzen ließe, kennzeichnet eine tiefgreifende Entwicklungsstörung, die sich bereits vor Vollendung des 3. Lebensjahres manifestiert und zu schwerwiegenden Wahrnehmungs-, Beziehungs- und Kommunikationsstörungen führt.

Als Erstbeschreiber gelten der Kinderpsychiater Kanner (USA 1943) und der Kinderarzt Asperger (Österreich 1944), die – ungefähr gleichzeitig und ohne voneinander zu wissen – zwei Störungsbilder bei Kindern und Jugendlichen beschrieben, für die sie den Begriff ›autistisch‹ verwendeten. Diese Bezeichnung hatte zum ersten Mal der Psychiater Bleuler 1911 benutzt, um den Rückzug von schizophren erkrankten Menschen in die innere Welt zu kennzeichnen.

Neben den – nach den Erstbeschreibern benannten – Kanner-Syndrom und Asperger-Syndrom finden sich in der Literatur noch weitere Bezeichnungen, wie z. B. Frühkindlicher Autismus, autistische Störungen, Autistisches Syndrom, High-functioning-autism, atypischer Autismus, Teilautismus.

Es handelt sich hierbei um verschiedene Erscheinungsformen dieser Behinderung, die dem autistischen Spektrum (ASD = Autistic Spectrum Disorders, ASS = Autismus-Spektrum-Störungen) zugeordnet werden. Die Annahme eines autistischen Kontinuums wird heute von den meisten Wissenschaftlern geteilt und legt nahe, dass eine strenge kategoriale Abgrenzung zwischen diesen Zustandsbildern wissenschaftlich nicht nachgewiesen werden kann, da die Unterschiede in der Symptomatik eher quantitativer denn qualitativer Natur zu sein scheinen.

Die geläufige Bezeichnung »Geistige Behinderung mit autistischen Zügen« verweist auf den Umstand, dass ein Großteil der Menschen mit geistiger Behinderung einzelne autistische Züge aufweist, die übrigens auch bei nichtbehinderten Menschen vorkommen können. Differentialdiagnostisch lässt sich jedoch ein autistisches Syndrom klar von einer geistigen Behinderung mit autistischen Zügen unterscheiden. Diagnostische Unsicherheiten treten zu Tage, wenn bei Menschen mit einer geistigen Behinderung aufgrund des fortgeschrittenen Alters die gesamte Phänomenologie der Symptomatik nicht mehr nachgewiesen werden kann.

Entsprechend den internationalen Übereinkünften, die sich in den psychiatrischen Klassifikationssystemen DSM IV und ICD 10 widerspiegeln, wird Autismus heute nicht mehr den Psychosen zugeordnet. Autismus lässt sich am Besten als Mehrfachbehinderung kennzeichnen (BV Autismus 2006).

Autismus kommt jedoch nicht nur in völlig unterschiedlichen Ausprägungsgraden vor, sondern kann auch in Kombinationen mit anderen Behinderungen in Erscheinung treten: Eine ganze Reihe von Menschen mit Autismus gelten gleichzeitig als geistig retardiert (ca. 60%), 20% gelten als lernbehindert, die übrigen als durchschnittlich oder auch überdurchschnittlich (3%) begabt.

Bei diskreten Erscheinungsformen der Symptomatik sind Menschen mit Autismus andererseits in der Lage eine höhere Schule zu besuchen, eine qualifizierte Ausbildung zu absolvieren und ein hohes Maß an Selbstständigkeit erreichen.

Untersuchungen zur Prävalenz autistischer Syndrome legen nahe, dass ASD unter Zugrundelegung eines breiten diagnostischen Schlüssels bei bis zu 62,6 von 10.000 Personen nachgewiesen werden können. In jüngster Zeit wird sogar von ca. 1 % an Personen im Autismus-Spektrum bezüglich der Gesamtbevölkerung ausgegangen. Bei konservativer Schätzung beträgt die Häufigkeit des Kanner-Autismus 16,8/10.000, des Asperger-Syndroms 8,4/10.000. Betroffene Personen sind vorwiegend männlichen Geschlechts: beim Kanner-Syndrom im Verhältnis 3:1, beim Asperger-Syndrom im Verhältnis 9:1.

Von Syndrom wird gesprochen, weil eine ganze Reihe von (bis zu 60) Einzelmerkmalen das Behinderungsbild kennzeichnet, die allerdings nicht alle gleichzeitig vorkommen müssen.

Mit Blick auf geistige Behinderung ist das *Kanner-Syndrom* bzw. der Frühkindliche Autismus von besonderer Bedeutung. Erste Anzeichen sind bis zum 18. Lebensmonat beobachtbar: Die Kinder sträuben sich, wenn sie auf den Arm genommen werden, schreien mitunter lange ohne ersichtlichen Grund, erwidern nicht ein freundliches Lächeln, wenn sich vertraute Personen nähern, nehmen nur kurz Blickkontakt auf oder vermeiden den Blickkontakt aktiv. Sie interessieren sich nicht für altersgemäßes Spielzeug oder für die Umwelt, achten nicht auf Zeigegesten der Erwachsenen und ahmen sie nicht nach. Sie reagieren wie taub auf Alltagsgeräusche, reagieren kaum auf Ansprache, wehren sich, wenn man sich mit ihnen beschäftigen möchte und erwecken den Anschein, dass sie sich am wohlsten fühlen, wenn sie sich allein, häufig mit wiederholenden Bewegungen oder immer mit den gleichen Gegenständen, stereotyp beschäftigen können. Die Sprachentwicklung verebbt in monotonen Lautbildungen. Schlafstörungen und Störungen bei der Nahrungsaufnahme sind nicht selten.

Die wesentlichsten Unterschiede in der Symptomatik zwischen dem Kanner- und dem Asperger-Syndrom bestehen darin, dass bei Menschen mit *Asperger-Syndrom* keine allgemeine Entwicklungsverzögerung vorliegt und ein früher Sprechbeginn, oft mit differenziertem, auch gekünstelten sprachlichen Ausdruck, beobachtbar ist. Die meisten besitzen eine mindestens durchschnittliche Intelligenz, auffällig erscheinen motorische Ungeschicklichkeiten.

Das »Vollbild« einer autistischen Störung entwickelt sich zwischen dem 5. und 8. Lebensjahr. Nach den internationalen Klassifikationssystemen (ICD 10 und DSM IV) liegen der Behinderung folgende Kernsymptome zu Grunde:

1. eine qualitative Beeinträchtigung der zwischenmenschlichen Beziehungen,
2. eine schwere Beeinträchtigung der Kommunikation und der Phantasie,
3. deutlich eingeschränktes Repertoire von Aktivitäten und Interessen (ein zwanghaftes Bestehen auf Gleicherhaltung der Umwelt mit Panik und Angst bei Veränderungen), mannigfaltige stereotype Verhaltensweisen und Entwickeln von stereotypen Verhaltensmustern.

Die Diagnose ›Autismus‹ ist angezeigt, wenn in jedem der Bereiche gleichzeitig mehrere einschlägige Auffälligkeiten zu beobachten sind. Entsprechende Symptomlisten finden sich beim BV Autismus (2001) und Poustka (2004).

Autismus gilt als eine »*biologisch determinierte Verhaltensstörung*« (Gillberg et. al. 1994). Die Annahme einer psychogenetischen Verursachung durch elterliches Fehlverhalten oder durch Umweltfaktoren hat sich wissenschaftlich als nicht haltbar erwiesen.

Für eine genetische Disposition sprechen eine ganze Reihe internationaler Familien- und Zwillingsuntersuchungen (Dalferth

1990), da sich bei einciigen Zwillingen eine Konkordanzquote von 82 bis zu 91% nachweisen ließ. Neben einer polygenetischen Verursachung (die Beteiligung von 4–6 Genen gilt heute als wahrscheinlich) spielen Hirnschädigungen und Hirnfunktionsstörungen, über deren Zustandekommen unterschiedliche Auffassungen herrschen, eine zentrale Rolle. Erwiesen ist gleichfalls eine ganze Reihe von neurobiologischen und biochemischen Besonderheiten (Remschmidt 2000), deren Zustandekommen im Einzelnen noch nicht geklärt ist.

Zudem geht man davon aus, dass ungünstige, unspezifische Einflüsse im Verlauf von Schwangerschaft und Geburt (z. B. Virusinfektionen, Sauerstoffmangel) das Gehirn schädigen und die Entwicklung eines autistischen Syndroms begünstigen können.

Autismus ist damit multifaktoriell bedingt.

In jedem Falle äußert sich eine autistische Behinderung in einer *Störung der → Wahrnehmung und ihrer Verarbeitung*:

D.h., dass autistische Menschen mit intakten Sinnesorganen die zahlreichen Reize aus der Umgebung zwar aufnehmen, jedoch nicht adäquat verarbeiten können. Die sensorischen Reize werden also nicht zu verständlichen Bedeutungsträgern und geben den Betroffenen damit keine Sicherheit, ihr Verhalten angemessen zu organisieren und sich auf die Außenwelt und die Anforderungen des Alltags einzustellen. Diese Störungen in der Wahrnehmungsverarbeitung, die Unfähigkeit, sich angemessen in das Denken und Fühlen anderer Menschen hineinversetzen zu können (›Theory of Mind‹, Baron-Cohen 1996), und Probleme der zentralen Kohärenz, die Unfähigkeit, diverse Informationen ihrer Bedeutung nach zu ordnen (Hermelin 2004), führen dazu, dass sie das Verhalten ihrer Mitmenschen oft nicht verstehen und sich selbst auch der Umwelt gegenüber nur schwer verständlich machen können.

Da eine monokausale Verursachung des Autismus nicht nachgewiesen werden konnte und über das Zusammenwirken der verschiedenen beteiligten Faktoren bislang keine Klarheit herrscht, existiert gegenwärtig auch keine kausale → Therapie, die vollständige Heilung versprechen könnte. Eine völlig selbstständige Lebensführung ohne → Hilfebedarf ist daher nur in Einzelfällen bekannt. Auch bei den am stärksten zur Kompensation befähigten Menschen bleiben Auffälligkeiten in der Kommunikation, in der Selbstständigkeit und im Sozialverhalten bestehen.

Die Tatsache einer genetischen Disposition gibt jedoch keinen Anlass zu Defätismus:

Eine ganze Reihe von therapeutischen Interventionen hat unter Beweis gestellt, dass Menschen mit autistischen Syndromen in ihrer Entwicklung sehr wirkungsvoll unterstützt werden können und die Symptomatik deutlich abgeschwächt werden kann.

Die Chance, mit autistischen Lebenserschwernissen in unserer komplizierten Gesellschaft zurecht zu kommen und einen ihnen gemäßen Platz einzunehmen, sind damit deutlich gewachsen.

Gegenwärtig existieren über 30 verschiedene Förderkonzepte und therapeutische Verfahren (Weiß 2002; Dzikowski & Arens 1988, 1990; Baron-Cohen 1996; Janetzke 1993), von denen sich einzelne als besonders effektiv erwiesen haben. Zu diesen Verfahren und Konzepten gehören:

- Verhaltenstherapie/ABA
- Förderkonzept nach → TEACCH (Schopler)
- die Aufmerksamkeits-Interaktionstherapie (Hartmann)
- die Sensorische Integrationstherapie (Ayres)
- Differentielle Beziehungstherapie (Janetzke)
- → Ergotherapie
- → Musiktherapie
- Sprachunterstützende und sprachersetzende Verfahren
- Körperbezogene Verfahren
- Medikamentöse Therapien.

Da die Ausprägung einer autistischen Behinderung sehr unterschiedlich ist, erfordert das jeweilige Vorgehen zwangsläufig eine deutliche Orientierung am Einzelfall, am jeweiligen Entwicklungsstand und dem individuellen Hilfebedarf.

Als erfolgversprechend gilt in jedem Falle ein mehrdimensionaler Ansatz (›Komplextherapie‹). Bei der Erstellung eines Behandlungsplanes sollten Eltern, Therapeuten und andere Fachkräfte eng zusammenarbeiten. Hilfestellung leisten Autismusambulanzen (z. B. vom BV Autismus Deutschland e. V.; e-mail: Autismus-bv-hak@t-online.de) sowie Kinder- und Jugendpsychiatrien.

Matthias Dalferth

Literatur

Baron-Cohen, S. & Bolton, P. (1996): Autism. The facts. New York
BV Autismus Deutschland e. V. (Hrsg.) (2002): Denkschrift zur Situation autistischer Menschen in der Bundesrepublik Deutschland. Hamburg
BV Autismus Deutschland e. V. (Hrsg.) (2006): Die sozialrechtliche Zuordnung autistischer Störungen. Hamburg
Dalferth, M. (1990): Zur Bedeutung erblicher Faktoren beim Frühkindlichen Autismus. In: Geistige Behinderung 3, 207–217
Dalferth, M. (1995): Behinderte Menschen mit Autismussyndrom. Probleme der Perzeption und der Behinderung. Heidelberg
Dzikowski, St. & Arens, Ch. (Hrsg.) (1988, 1990): Autismus heute Bd. I und II. Neue Aspekte der Förderung autistischer Kinder. Dortmund
Dzikowski, St. (1996): Die Ursachen des Autismus: Eine Dokumentation. Weinheim
Gillberg, C. & Coleman, M. (1992): The biology of autistic syndromes. London
Hermelin, B. (2002): Rätselhafte Begabungen. Stuttgart
Janetzke, H. (1993): Stichwort Autismus. München
Poustka, F. u. a. (2004): Autistische Störungen. Göttingen
Remschmidt, H. (2000): Autismus. München
Weiß, M. (2002): Autismus. Therapien im Vergleich. Berlin

Autismus-Spektrum

In der gegenwärtigen (fach)wissenschaftlichen Diskussion dominieren vielfach pathologisierende und stark kategorisierende Beschreibungen von Autismus. Die von dem englischen Begriff *autism spectrum* abgeleitete deutsche Bezeichnung Autismus-Spektrum vertritt hingegen eine Sichtweise, welche Autismus in seiner Ganzheit als menschliche Existenzform begreift; dabei jedoch autismusspezifische Probleme nicht negiert, sondern vielmehr versucht, Unterstützermaßnahmen zu initiieren, welche sich an einer wertschätzenden Stärkenperspektive orientieren. Folglich sollten die Begriffe Autismus-Spektrum und Autismus-Spektrum-Störung auch nicht synonym benutzt werden, da letztere Bezeichnung eine Defizitorientierung impliziert.

Dem Begriff des Autismus-Spektrums liegt ein Konzept zu Grunde, das Autismus als Behinderungsart im Sinne eines Formenkreises versteht, mit welchem vielfältige Ausprägungsvarianten assoziiert werden können: »Alle einem Autismus-Spektrum (autism spectrum) zugehörigen Personen teilen [...] eine Reihe von gemeinsamen Eigenschaften, die in ihrer Ausprägung aber unterschiedlich und somit individuell zu betrachten sind. Ein Autismus-Spektrum beschreibt folglich eine Vielfalt, welche vor allem die Individualität der unter diesem Begriff vereinten Personengruppe reflektiert« (Theunissen & Paetz 2011, 45).

Es findet demnach weder eine Einteilung in Autistische Störung und Asperger Syndrom (DSM IV; APA 1996) bzw. Frühkindlicher Autismus, Atypischer Autismus, Asperger-Syndrom und Rett-Syndrom (ICD 10, Dilling et al. 1993), noch eine Subklassifikation innerhalb der Kategorien in *High Functioning* Autismus und *Low Functioning* Autismus statt.

Eine Rekonzeptionalisierung des Autismusbegriffes erscheint konsequent, zumal sich zunehmend Autisten melden, die im Laufe ihres Lebens widersprüchliche Diagnosezuschreibungen erhielten (z. B. im Kindesalter als Frühkindlicher Autist, später als Asperger Autist diagnostiziert wurden).

Der Neurowissenschaftler L. Mottron und sein Forschungskollektiv konnten mithilfe ihrer Untersuchung zur autistischen Intelligenz belegen, dass autistische Menschen in non-verbalen Intelligenztests, wie etwa den Raven-Matrizen, signifikant bessere Ergebnisse erzielten als in Intelligenztests, welche im Wesentlichen auf einer verbalen Komponente basieren, etwa Tests im Prinzip der Wechsler-Intelligenzskalen (Mottron 2011; Dawson et al. 2007). In Anbetracht dieser Ergebnisse muss hinterfragt werden, ob die bisher weit verbreiteten Angaben bezüglich des Anteils einer geistigen Behinderung bei Autisten von 75% nicht revidiert werden sollten und inwieweit die Annahme, dass eine geistige Behinderung als eine Komorbidität von Autismus zu sehen ist, Bestand haben kann. Zudem kann davon ausgegangen werden, dass eine kategorisierende Definition von Autismus dazu beiträgt, das Leben von Autisten nachhaltig negativ zu beeinflussen, da sie in Folge ihres oftmals schlechten Abschneidens in den bisher häufig verwendeten sprachbasierten Intelligenztests ungerechtfertigterweise das entsprechende, mit einer geistigen Behinderung assoziierte Label eines *Low Functioning* Autisten erhalten. Durch eine Neudefinition des Autismus Begriffes im Sinne eines Autismus-Spektrums ist es möglich, die bisher praktizierte vorurteilsbehaftete Kategorisierung in Asperger und Frühkindlichen Autismus bzw. die entsprechenden Subkategorisierungen sowie die daraus resultierenden Widersprüche aufzuheben.

Dieser Ansatz findet auch in der Neuüberarbeitung des DSM IV (voraussichtlich ab Mai 2013 als DSM 5) Berücksichtigung, wenngleich hier der Begriff *autism spectrum disorders* benutzt wird. Die entsprechenden Ausführungen im DSM 5 unterstützen eine Position, welche insbesondere von der Selbstvertretungsbewegung autistischer Menschen (*Autism Rights Movement*) vertreten wird (Theunissen & Paetz 2011, 30ff.).

Henriette Paetz

Literatur

APA – American Psychiatric Association (1996): Diagnostisches und Statistisches Manual Psychischer Störungen DSM IV. Göttingen

Dawson, M. et al. (2007): The Level and Nature of Autistic Intelligence. In: Psychological Science, Vol. 18, No. 8, 657–662

Dilling, H.; Mombour, W.; Schmidt, M. H. (Hrsg.) (1993): Klassifikation psychischer Krankheiten. Klinisch – diagnostische Leitlinien nach Kapitel V (F) der ICD – 10. Bern

Mottron, L. (2011): The Power of Autism. In: Nature 479, 33–35, online: (abgerufen: 2.11.2011)

Theunissen, G.; Paetz, H. (2011): Autismus. Neues Denken – Empowerment – Best Practice. Stuttgart

B

Basale Kommunikation

Basale Kommunikation (nach W. Mall) bezeichnet eine spezifische Vorgehensweise zur Begegnungsgestaltung vor allem mit Menschen, die aufgrund ihrer Beeinträchtigungen nicht über verbale oder sonstige Symbole benutzende Kommunikationsweisen kommunizieren, so z. B. Menschen mit schwerer geistiger oder schwerster Mehrfachbehinderung, mit ausgeprägt autistischem Verhalten und eingeschränktem Gebrauch von Verbalsprache, in Zuständen wie Wachkoma oder fortgeschrittener Demenz. Sie nimmt auch für diese Personen die Aussage ernst: »Man kann nicht nicht kommunizieren« (Watzlawick u. a. 1996, 53). Jeder Mensch kann wechselseitigen Austausch mit einem Gegenüber erleben, wenn dieser seine Verhaltensweisen als Ausdruck wahrnimmt und darauf passend zu antworten versucht.

Basale Kommunikation nimmt die Vielfalt der beobachtbaren, auch vegetativen Verhaltens- und Daseinsaspekte der betreffenden Person – insbesondere auch den Atemrhythmus in seiner spezifischen Dynamik (siehe Fuchs 1989) – wahr, greift sie mit dem eigenen Verhalten spürbar auf, spiegelt sie wider oder variiert sie, oder antwortet darauf zur Anregung von Wechselseitigkeit mit ähnlichen Verhaltensweisen, analog zur intuitiven Kommunikationsgestaltung mit einem nicht behinderten Säugling in seinen ersten Lebensmonaten. Basale Kommunikation wird von Personen mit (heil-)pädagogischer, psychologischer oder pflegerischer Ausbildung bzw. durch Eltern oder Angehörige der betreffenden Menschen eingesetzt, die sie in Seminaren bei dazu autorisierten Multiplikatoren erlernt haben. Sie kann – entsprechend reflektiert eingesetzt – auch für nicht beeinträchtigte Menschen ein Angebot zu vertiefter, unbewusste Ebenen mit einbeziehender Selbst- und Partnererfahrung sein.

Winfried Mall

Literatur

Fuchs, M. (1989): Funktionelle Entspannung: Theorie und Praxis einer organismischen Entspannung über den rhythmisierten Atem. Stuttgart (4. Aufl.)

Mall, W. (2004): Kommunikation ohne Voraussetzungen mit Menschen mit schwersten Beeinträchtigungen. Heidelberg (5. Aufl.)

Watzlawick, P., Beavin, J.H. & Jackson, D. (1996): Menschliche Kommunikation. Formen, Störungen, Paradoxien. Bern/Stuttgart/Wien (9. Aufl.)

Im Internet: http://www.basale-kommunikation.de

Basale Pädagogik, basale Aktivierung

Wenn in der Heilpädagogik der Begriff »basal« auftaucht, dann zumeist in Verbindung mit besonderen Bildungs- und Erziehungsangeboten für Menschen mit umfänglichen und schweren Behinderungen und einem sehr hohen individuellen Hilfebedarf.

Für eine basale Pädagogik, die sich auf Konzepte einer → basalen Stimulation, Kommunikation, Aktivierung oder auch Überlegungen zu einer elementaren Beziehungsgestaltung stützt, bedarf es zunächst einer Reflexion von Zielen von Bildung und Erziehung. Neben Erfordernissen einer funktionalen Ertüchtigung geht es um eine Sicherung existenzieller Lebensbedürfnisse, den Aufbau von Objektbeziehungen und Umweltorientierungen oder Entdeckung von Lebensaufgaben als Grundlegung für mehr Selbstverwirklichung (Breitinger & Fischer 1993).

Des Weiteren stellt sich die Frage nach den Wegen und Mitteln der Zielerreichung. Ein streng curriculares Vorgehen »Schritt für Schritt« wie auch der Einsatz von Bekräftigungen oder gar Sanktionen gehen in der Regel an der individuellen Lern- und Interessenlage der Adressaten vorbei. Auch erscheint es wenig sinnvoll, sich allzu eng auf einen der traditionellen »Förderansätze« zu beziehen. Vielmehr bedarf es eines sehr sensiblen, verstehenden heilpädagogischen Zugangs, der sich an folgenden »basalen« Zielstellungen und Erziehungsprinzipien orientieren kann:

- *Schaffung von körperlichem* → *Wohlbefinden:* Damit eine Zuwendung zur gegenständlichen und sozialen Umwelt gelingt, gilt es zunächst, Mindestbedingungen zur Relativierung belastender (körperlicher) Momente zu schaffen.
- *Ausgang von der kindlichen* → *Wahrnehmung:* Wahrnehmungseindrücke beginnen zunächst mit dem Erleben des eigenen Körpers als »Brücke zur Welt« (Pfeffer 1988). »Wahr-nehmen« ist dabei ein Akt der Sinnstiftung, bei dem über eine erlebnisbezogene Begegnung mit möglichst interessanten Ausschnitten der Umwelt äußere Reizqualitäten als konstante und invariante Merkmale in ihrer Bedeutungshaltigkeit erfasst werden, mit dem Ziel der Erschließung von Wirklichkeit (ein bloßes Diskriminationslernen oder sensomotorisches Funktionstraining erfüllt diese Aufgabe nicht; vgl. Fischer 1998).
- *Elementare Beziehung und Dialog:* Um für sich Sinn konstituieren zu können, bedarf es zunächst einer sicheren → Bindung, einer engen emotional und sozial vermittelten, »elementaren« Beziehung, über die dem Menschen eigene »Leiblichkeit« (Pfeffer 1988; Fornefeld 1989).
- *Handlungs- und Situationsbezug:* Wenn es als übergreifendes Ziel darum geht, leben zu lernen, sich in sozial und materiell determinierten Ausschnitten der Wirklichkeit zu orientieren, sollten daraus auch Formen und Inhalte der Förderung hergeleitet werden.

Erhard Fischer

Literatur

Breitinger, M.; Fischer, D. (1993): Intensivbehinderte lernen leben. Würzburg
Fischer, E. (1998): Wahrnehmungsförderung. Handeln und sinnliche Erkenntnisse bei Kindern und Jugendlichen. Dortmund
Fornefeld, B. (1989): »Elementare Beziehung« und Selbstverwirklichung geistig Schwerstbehinderter in sozialer Integration. Reflexionen im Vorfeld einer leiborientierten Pädagogik. Mainz
Pfeffer, W. (1988): Förderung schwer Geistigbehinderter. Eine Grundlegung. Würzburg

Basale Stimulation

Der Begriff der Basalen Stimulation geht auf A. Fröhlich zurück und kennzeichnet ein Konzept, das ursprünglich für Menschen mit sehr schweren → mehrfachen Behinderungen bestimmt war. In den letzten Jahren erweiterte sich die Anwendung der Basalen Stimulation um Bereiche wie Intensivmedizin, Kindergarten, Schule sowie Geriatrie.

Die Basale Stimulation versucht über die Anregung der Wahrnehmungsorganisation und der Vermittlung elementarer Körper-, Bewegungs- und Sozialerfahrungen eine neue Erfahrungswelt zu eröffnen und zu einer allgemeinen Aktivierung beizutragen (Fröhlich 2003). Mit »basal« ist »grundlegend, körpernah und ohne Voraussetzungen« gemeint. Die Grundlage der Basalen Stimulation bilden nach Fröhlich (2003, 181) drei Wahrnehmungsbereiche: Der somatische (den ganzen Körper einbeziehende Anregungen), der vestibuläre (das frühentwickelte Lage- und Gleichgewichtssystem anregende) und der vibratorische (auf Schwingungsempfinden hinzielende Stimulation). Im Wesentlichen geht es um die Vermittlung positiver Reizerfahrungen, die die betroffenen Personen sich selbst nicht verschaffen können. Eine der wesentlichen Kriterien der methodischen Vorgehensweise, die nicht als mechanistisch missverstanden werden darf, ist im Sinne der »Systematisierung des Selbstverständlichen und Naheliegenden« (ebd., 10, 178) die strukturierte Darbietung der Reize, die dem Entwicklungsniveau oder Zustand des Betreffenden angemessen sein müssen.

Nach Dank (1996, 44) bietet die Basale Stimulation vielfältige Anregungen für schwerstbehinderte Menschen wie etwa Abbau extremer Wahrnehmungsstörungen oder Stereotypien, Anbahnung grundlegender motorischer Schemata, Aufbau basaler Kommunikationsprozesse sowie Hilfen zur Verbesserung der Nahrungsaufnahme und zur Gestaltung einer anregenden, lernfördernden Umwelt.

Nicht zuletzt als Reaktion auf Kritik und Bedenken, die Basale Stimulation würde allzu leicht zu einer starr festgelegten Technik verleiten, haben Fröhlich u. a. das Konzept für die Arbeit mit geistig und mehrfachbehinderten Menschen zu einem »integrierten Lernen« in konkreten, alltäglichen Lebenssituationen weiterentwickelt.

Kirsten Fath

Literatur

Bienstein, Ch. & Fröhlich, A. (2003): Basale Stimulation in der Pflege. Die Grundlagen. Velber
Dank, S. (1996): Individuelle Förderung Schwerstbehinderter. Dortmund
Fröhlich, A. (2003): Basale Stimulation. Düsseldorf
Haupt, U. & Fröhlich, A. (1983): Integriertes Lernen mit schwerstbehinderten Kindern. Mainz
Nydahl, P. & Bartoszek, G. (2003): Basale Stimulation – Neue Wege in der Intensivpflege. München

Bedürfnisse, Bedürfnisorientierung

Die Orientierung an den kindlichen Bedürfnissen als Alternative zum ›frontalen‹ lehrerorientierten Unterricht ist ein wesentliches Anliegen der Reformpädagogik. In der Pädagogik für Menschen mit geistiger Behinderung ist die Bedürfnisorientierung im didaktischen Prinzip der Individualisierung verankert: Lerngegenstände sollen sich an individuellen Bedürfnissen und Interessen der Schüler orientieren. Doch wie entstehen Bedürfnisse?

Menschen haben unterschiedliche Bedürfnisse, diese bedingen durch ihre Variabilität die individuelle → Identität. In der Psychologie bezeichnen sie das Erleben der Notwendigkeit, einen Mangel-Zustand »abzustellen, zu mildern oder zu korrigieren« (Krech & Crutchfield 1971, 201). Sie sind aber »nicht identisch mit den objektiven Erfordernissen des Körpers oder der Umwelt« (ebd. 204), sondern Ergebnisse individueller Bildungsprozesse. Es gibt demnach einen Unterschied zwischen einem *Bedarf* und *individuellen Bedürfnissen* (Haisch 2004): Im Alter etwa verliert sich oft trotz Flüssigkeitsbedarfs das Bedürfnis nach Getränken. Auch beim → *Hilfe-* oder *Assistenzbedarf* wird dieser Unterschied relevant: Er bezeichnet das, was Menschen für ihre Lebensbewältigung an unterstützenden Leistungen brauchen und was ihnen zugebilligt wird. Bei der Verständigung über den individuellen Bedarf muss beachtet werden, welche Bedürfnisse die davon betroffenen Menschen damit befriedigen können; die Höhe von Tagessätzen und Budgets darf sich nicht vorrangig an ökonomischen Kriterien orientieren.

Zur Begründung von → Normalisierung und Integration werden allen Menschen gleiche Bedürfnisse zugestanden: Jeder sei »in seinen Bedürfnissen, seinen Emotionen, seinem Erleben, seinen Motiven und Tätigkeiten« anderen gleich (Feuser 1989, 24). Nach Hahn (1994) ermöglicht → Selbstbestimmung jedem Menschen Bedürfnisbefriedigung und damit → Wohlbefinden. Andererseits spricht Speck im Zusammenhang mit Menschen mit Behinderungen (1991) von *speziellen Erziehungsbedürfnissen* und Dreher (1998) von *Menschen mit besonderen Bedürfnissen*.

Das Postulat *besonderer Bedürfnisse* für eine Gruppe von Menschen ist allerdings fragwürdig, da diese immer individuell, also *besonders* sind. Um ein Bedürfnis auszubilden, muss der Mensch mit möglichen Formen seiner Befriedigung in Kontakt kommen. Erst so wird aus

- dem Angewiesensein auf Flüssigkeit das Bedürfnis, etwas zu trinken;
- der Notwendigkeit von Schutz und Wärme das Bedürfnis nach ästhetischer Kleidung;
- der Anlage zur Sexualität das Bedürfnis nach einer Liebesbeziehung;
- dem allgemeinen Interesse an ›Reizen‹ das Bedürfnis, Bach zu hören oder Kunst zu betrachten.

Auch so genannte biogene Primärtriebe sind individuell ausgeprägt und in ihrer konkreten Ausformung von der Begegnung mit der Kultur und ihrer Vielfalt abhängig. Es reicht deshalb nicht aus, kindliche Bedürfnisse zum *Ausgangspunkt* der Pädagogik zu machen, da dies »bereits auf der Ebene eines Produktes der mittels menschlicher Tätigkeit vollzogenen Lernprozesse an[setzt]« (Feuser 1989, 34). Vorenthaltene Lernmöglichkeiten behindern die Bildung im Bereich der Bedürfnisse. Es ist deshalb eine pädagogische Aufgabe, jedem Menschen die *Bildung* seiner Bedürfnisse zu ermöglichen. So können beispielsweise behinderte Menschen in integrativen Wohnprojekten neue Bedürfnisse entwickeln. Dabei ist eine Unterscheidung zwischen vermeintlich höheren und niedrigeren Bedürfnissen pädagogisch zu hinterfragen. Eine Hierarchisierung in physiologisch bedingte Bedürfnisse und ›höhere‹ Sicherheits-, Zugehörens-, Liebes- und Wertschätzungsbedürfnisse sowie Bedürfnisse nach Selbstgestaltung und Selbstaktualisierung (Maslow 1977) legt den Schluss nahe, grundlegende Bedürfnisse seien unbedingt zu beachten, während man andere (etwa bei leeren Sozialkassen) hintanstellen könne. Wegen der Gleichwertigkeit menschlicher Bedürfnisse ist auch der Annahme zu widersprechen, manche (z. B. schwerstbehinderte) Menschen brauchten nur Pflege. Um in allen Lebensbereichen Bedürfnisse ausbilden und befriedigen zu können, sind entsprechende Angebote notwendig. Dies ist eine pädagogische Aufgabe, weil es dabei um elementare Bildungsprozesse geht.

Theo Klauß

Literatur

Dreher, W. (1998): Vom Menschen mit geistiger Behinderung zum Menschen mit besonderen Bedürfnissen. In: Dörr, G. (Hrsg.): Neue Perspektiven in der Sonderpädagogik. Düsseldorf, 57–76

Feuser, G. (1989): Allgemeine integrative Pädagogik und entwicklungslogische Didaktik. Behindertenpädagogik 28, 1, 4–48

Hahn, M. Th. (1994): Selbstbestimmung im Leben, auch für Menschen mit geistiger Behinderung. Geistige Behinderung 33, 2, 81–94

Haisch, W. (2004): Die Trennung von Aufwand und Bedarf als methodische Notwendigkeit. München 2004. Internet: http://www.gbm.info/files/pdf/2004brandenburg/2004–05–14-haisch. pdf (entn. 04/ 06)

Krech, D. & Crutchfield, R. S. (1971): Grundlagen der Psychologie Band 1. Weinheim/Basel/Berlin (3. Auflage)

Maslow, A. H. (1977): Motivation und Persönlichkeit. Olten

Speck, O. (1991): System Heilpädagogik. Eine ökologisch reflexive Grundlegung. München/Basel (2. Auflage)

Begegnung

In den Methodenlehren der Heilpädagogik, speziell der Geistigbehindertenpädagogik, ist »Begegnung« (ähnlich »Beziehung«, »Kommunikation«) ein gern und häufig gebrauchter Terminus mit besonderem anthropologischem und ethischem Anspruch. Bedingung der Möglichkeit von Begegnung ist die Wahrnehmung des Anderen als Mitbewohner einer gemeinsam geteilten Welt, unserer »Lebenswelt« (Husserl). Begegnung ist ein anthropologischer Begriff und ein Phänomen im intersubjektiven, zwischenmenschlichen, interpersonellen Raum, in dem es keine Aufspaltung gibt in Subjekt (ich hier) und Objekt (der/die oder das dort); Begegnung bezieht sich auf das Verhältnis von Selbst und Anderem. Begegnung transzendiert die Routinestruktur der professionellen Beziehung in den personenbezogenen pädagogischen und psychosozialen Berufen und meint die unverstellte, authentische Beziehung zweier einzigartiger und unvertretbarer Individuen von »Mensch zu Mensch« (»encounter«; C. Rogers) und von »Angesicht zu Angesicht« (Lévinas). Ebenso wie der verwandte Begriff des »Dialogs« in den Dialogphilosophien, z. B. bei M. Buber und E. Lévinas, ist Begegnung ein sehr anspruchsvolles und voraussetzungsreiches Konzept mit einem starken ethischen Appell, dem anderen Menschen von »gleich zu gleich« zu begegnen und ihn zugleich in seiner personalen Einzigartigkeit und »Andersheit« zu respektieren: »Alles wirkliche Leben ist Begegnung« (Martin Buber). Der Begriff der Begegnung bezieht sich auch auf das existenzielle Spannungsverhältnis von Vertrautheit und Fremdheit. Man kann folgende Rangreihe zunehmender zwischenmenschlicher Beziehungsintensitäten und -qualitäten bilden:

- Interdependenz (wechselseitige Abhängigkeit sozialer Phänomene)
- Interaktion (wechselseitige Verhaltensabstimmung)
- Beziehung (Partnerschaft, Dyade, Rollenbeziehungen, »pädagogischer Bezug«)
- Kommunikation (Austausch von Informationen, Botschaften, Meinungen, Gesten, Verständigung)
- Dialog (Rede und Antwort, Gespräch, Verstehen, »Ich und Du«)
- Begegnung (existenzielle Tiefe, wechselseitige Anerkennung von Gleichen und Achtung der unaufhebbaren Andersheit und Verborgenheit des Anderen).

Auf diesem Hintergrund dürfte klar sein, dass »echte« Begegnung in der alltäglichen, institutionalisierten und organisierten beruflichen Praxis sicher eher selten »sich ereignet«, d. h. nicht gemacht/veranstaltet, arrangiert werden kann; dennoch als regulative beziehungsethische Idee und als ethisches Prinzip wertvoll und verpflichtend ist. Im Rahmen der Humanistischen Psychologie und ihres personenzentrierten Ansatzes von Psychotherapie, Beratung und Begleitung ist Begegnung im Sinne von »unbedingter Wertschätzung«, »Authentizität« und »Kongruenz« das zentrale Wertesyndrom. In der Pädagogischen → Anthropologie von O. F. Bollnow ist Begegnung ein existenzielles Grundphänomen jeder wahren Erziehung und Bildung im Rahmen »unstetiger Erziehungsformen«. Begegnung ist letztlich ein Kernbegriff im Rahmen eines existenzphilosophischen und personalistischen Verständnisses von Erziehung und Bildung; sie meint die »existenzielle Berührung mit dem anderen Menschen« und ein »existenzielles Betroffensein durch eine außermenschliche Wirklichkeit« (Bollnow 1956, 1962).

Dieter Gröschke

Literatur

Bollnow, O. F. (1959): Existenzphilosophie und Pädagogik. Versuch über die unstetigen Formen von Erziehung. Stuttgart
Buber, M. (1962): Das dialogische Prinzip. Heidelberg
Lévinas, E. (2005): Humanismus des anderen Menschen. Hamburg

Begleitung

(siehe auch Unterstützung)

Aus der Kritik am Begriff der → Betreuung ist vor dem Hintergrund der Selbstbestimmungsdebatte der Begriff der Begleitung hervorgegangen. Dieser wird insbesondere im Bereich und im Umfeld der Lebenshilfe-Vereinigungen gerne benutzt (Hähner u. a. 1997). Zwar gibt es Bemühungen, den Begriff näher zu bestimmen, dennoch ist es nicht gelungen, ihn gegenüber dem Betreuungsbegriff als eine tragfähige Alternative auszuweisen. Vielmehr verleitet der Begriff der Begleitung gleichfalls zu einer unreflektierten professionellen Beliebigkeit, die in dem Falle häufig einem einseitigen (egozogenen) Verständnis von → Selbstbestimmung geschuldet ist. Damit steht der Begriff der Begleitung in der augenfälligen Gefahr, zu einem »Laisser-faire-Prinzip« zu entgleiten und zu einer Leerformel zu gerinnen. Angesichts dieser Problematik empfiehlt es sich, Assistenz oder → Unterstützung als alternative Leittermini für eine zeitgemäße Behindertenarbeit vorzuziehen.

Georg Theunissen

Literatur

Hähner, U. u. a. (Hrsg.) (1997): Vom Betreuer zum Begleiter. Marburg

Behindertenrechtskonvention (BRK)

Die BRK zählt zu den Konventionen der Vereinigten Nationen (united nations), d. h. sie ist ein Vertrag zwischen den Mitgliedsstaaten der UN. Dieser Vertrag muss von den Landesvertretern unterzeichnet werden, erlangt aber erst nach der Ratifizierung durch die entsprechenden nationalen Gremien (in Deutschland: der Bundestag) seine völkerrechtlich bindende Kraft. International ist die Konvention seit Mai 2008 verabschiedet, die Ratifizierung in Deutschland erfolgte im März 2009.

Die BRK steht in einer Reihe anderer Konventionen, mit denen die UN die Durchsetzung der (Menschen-) Rechte bestimmter Bevölkerungsgruppen stützen will; so beispielsweise Konvention zur Beseitigung von jeglicher Diskriminierung der Frau (1981) oder die Kinderrechtskonvention (1990). Es ist einerseits zu begrüßen, dass die Durchsetzung der Rechte von Menschen mit Behinderung mit der BRK eine völkerrechtlich Grundlage erhält, anderseits ist es nicht unumstritten, dass Menschen mit Behinderung damit einen besonderen (schutzwürdigen) Status zugeschrieben bekommen. Aus rechtswissenschaftlicher Perspektive – so führt überzeugend Heiner Bielefeld aus – ist jedoch die Gefahr, dass mit der BRK eine weitere »Spezialkonvention« auf den Weg gebracht wurde, nicht gegeben. Seine Analyse (vgl. Bielefeldt 2011) zeigt deutlich, dass die allgemeinen Menschenrechte 1948 durchaus aus einer androzentristischen, europäischen und eben auch normalitätsorientierten (i. S. e. nicht behinderten) Perspektive entwickelt wurden. Insofern ist die BRK in einer Reihe mit den anderen Konventionen für spezielle Menschengruppen zu sehen, die die allgemeinen Menschenrechte konkretisieren und damit deren universalen Anspruch erst fassbar machen.

Formaler Aufbau: Die BRK enthält eine 25 Einzelgedanken umfassende Präambel (Präambel a-y) sowie 50 Artikel und ist in sechs amtlichen Übersetzungen abgefasst: Englisch, Französisch, Spanisch, Arabisch, Chinesisch und Russisch.

Zentrale Bezugspunkte: Der Begriff der *Menschenwürde* ist als zentraler Bezugspunkt an den Beginn der Präambel gestellt. Er stellt die Verbindung zu den allgemeinen Menschenrechten – auch begrifflich – her und wird als zentraler Grundsatz, aber auch als eine, im Sinne der BRK umzusetzende, Verpflichtung markiert; Bielefeldt (a. a. O.) spricht zutreffend von »Axiom und Anspruch«.

Weiterhin bedeutsam ist der Begriff *»Mensch mit Behinderung«*. In Artikel 1 findet sich folgende Bestimmung: »Zu den Menschen mit Behinderungen zählen Menschen, die langfristige körperliche, seelische, geistige oder Sinnesbeeinträchtigungen haben, welche sie in Wechselwirkung mit verschiedenen Barrieren an der vollen, wirksamen und gleichberechtigten Teilhabe an der Gesellschaft hindern können.« Dieser Begriff ist also analog zu den modernen heilpädagogischen Fassungen des Terminus (ICF) als ein Wechselwirkungsmodell angelegt: Er umfasst die individuelle und die soziale Seite sowie die Wechselwirkung zwischen diesen. Er ist ähnlich wie das SGB IX auf den Begriff der Teilhabe hin konzipiert und fasst Behinderung grundsätzlich als eine Einschränkung der Teilhabemöglichkeiten.

Autonomie als wichtiges Konzept findet sich als ein allgemeiner Grundsatz in Artikel 3 a: »die Achtung der dem Menschen innewohnenden Würde, seiner individuellen Autonomie, einschließlich der Freiheit, eigene Entscheidungen zu treffen, sowie seiner Unabhängigkeit«. Es ist deutlich darauf hinzuweisen, dass damit nicht Autarkie i. S. von vollständiger Selbstständigkeit gemeint ist, sondern ein möglichst selbstbestimmtes Leben mit Hilfe geeigneter Unterstützungssysteme, Bielefeled (a. a. O., 71) spricht hier treffend von »assistierter Autonomie«.

Weiterhin bedeutsam ist das Verständnis der BRK von »*inclusion*«. Ohne die sonderpädagogische Diskussion zu Inklusion und Integration aufgreifen zu wollen (dazu Speck 2011), ist festzuhalten, dass die BRK ein umfassendes Verständnis gesellschaftlicher Zugehörigkeit von Menschen mit Behinderung als tragenden Begriff entwickelt, das sich wohl besser als Inklusion im i. S. der aktuellen Fachdiskussion fassen lässt.

Zentrale Inhalte: Bezüglich dieser Inklusionsforderung als dem zentralen Leitziel werden den Staaten in Artikel 4 weitreichende Verpflichtungen in politischer, praktischer und wissenschaftlicher Hinsicht zu deren Erreichung auferlegt. Dies betrifft zum einen die allgemein menschenrechtlichen Forderungen, die für Menschen mit Behinderung konkretisiert werden, so z. B. ganz grundlegend das Recht auf Leben (Artikel 10), Fragen des Zugangs zur Justiz (Artikel 13) oder Artikel 15 Freiheit von Folter oder grausamer, unmenschlicher oder erniedrigender Behandlung oder Strafe. Besonders herausgestellt werden die Bedürfnisse von Frauen und Kindern mit Behinderung (Artikel 6 und 7).

Daneben – besonders für die deutsche Diskussion relevant – finden sich Inklusionsforderungen bezüglich einzelner gesellschaftlicher Bereiche. Dies sind z. B. die Artikel 24 Bildung und Artikel 27 Arbeit und Beschäftigung. Bezüglich dieser (und anderer) gesellschaftlicher Bereiche verpflichten sich die Vertragsstaaten, eine »volle und gleichberechtigte Teilhabe« von Menschen mit Behinderung durch eine Vielzahl von Maßnahmen sicherzustellen.

Ein weiterer zentraler Punkt ist die Kontrolle der Umsetzung, dieser reicht von der Verpflichtung geeignete Daten zu sammeln (Artikel 31) über die Gründung eines speziellen Ausschusses für die Rechte von Menschen mit Behinderung (Artikel 34) bis zur Organisation und Kontrolle des Berichtswesens (Artikel 35 und 36).

Übersetzungsprobleme: Die offizielle Übersetzung ins Deutsche (vgl. Drucksache des Bundestages 16/10808) ist nicht unumstritten. Besonders die durchgängige Übersetzung des Terminus »inclusion« mit »Integration« oder »Einbeziehung« wird kritisiert, da die Konvention eben nicht das Eingliedern oder Einbeziehen von Außenstehenden zum Ziel hat, sondern von einer unmittelbaren Zugehörigkeit aller Menschen ausgeht und die Staaten verpflichtet, an inklusiven (i. S. von nichtaussondernden) Strukturen zu arbeiten. Dies hat zu einer Schattenübersetzung unter Mitarbeit von Betroffenen geführt, die unter www.nw3.de eingesehen werden kann.

Umsetzungen: Die Bundesregierung hat als politische Reaktion auf die Ratifizierung der BRK einen Nationalen Aktionsplan zu deren Umsetzung verfasst; auch für einige Bundesländer liegt ein solcher Plan vor. Der erste in der BRK (Artikel 35) geforderte nationale Bericht zum Stand der Umsetzung liegt ebenfalls vor.

Hinsichtlich der konkreten Umsetzung bleiben Probleme offen, die kurz am Beispiel »Bildung« benannt werden sollen. Zum einen besteht die Gefahr einer Fehl- oder Überinterpretation der BRK und zwar in beide Richtungen: so ist einerseits die radikale Folgerung, die BRK fordere in Artikel 24 die Schließung aller Sonderbildungssysteme, ebenso wenig haltbar wie anderseits der Schluss, die BRK rechtfertige bestehende Systeme, wenn man diese nur als »inklusiv« definiere. Die BRK fordert einerseits spezielle Angebote (spezifische Kommunikationsangebote, Kompetenzerwerb usw., vgl. Artikel 24 Abs. 3a) vorzuhalten, betont anderseits das Recht eines jeden Kindes auf gemeinsame Beschulung. Des weiteren ist im deutschen Bildungssystem die Zuständigkeitsfrage zwischen Bund und Ländern problematisch: wie die sehr umstrittene Entscheidung des hessischen OVG zeigt, kann durchaus innerhalb eines Bundeslandes entschieden werden, dass das Recht auf inklusive Beschulung nicht einklagbar ist, da die Sonderbeschulung keine Diskriminierung im Sinne der BRK darstelle, und weiterhin das Land Hessen kein Vertragspartner der BRK ist und deshalb deren Verpflichtungen nicht unmittelbar unterliegt (vgl. OVG Lüneburg). Ohne die juristischen Fragen zu diskutieren, deutet die Entscheidung doch auf erhebliche Umsetzungsprobleme der BRK in der bundesdeutschen Bildungslandschaft hin.

Wolfram Kulig

Literatur

Bielefeldt, H. (2011): Inklusion als Menschenrechtsprinzip: Perspektiven der UN Behindertenrechtskonvention. In Eurich, J., Lob-Hüdepohl, A. (Hrsg.): Inklusive Kirche. Stuttgart, S. 68–80

Speck, O. (2011): Soziale Inklusion als pädagogische Idee und gesellschaftliche Herausforderung. In Kulig, W., Schirbort, K., Schubert, M. (Hrsg.): Empowerment behinderter Menschen, Stuttgart, S. 285–294

Drucksache 16/10808 16. Wahlperiode 08. 11. 2008: Gesetzentwurf der Bundesregierung: Entwurf eines Gesetzes zu dem Übereinkommen der Vereinten Nationen vom 13. Dezember 2006 über die Rechte von Menschen mit Behinderungen sowie zu dem Fakultativprotokoll vom 13. Dezember 2006 zum Übereinkommen der Vereinten Nationen über die Rechte von Menschen mit Behinderungen

OVG Lüneburg Aktenzeichen 2 ME 278/10 online: 31. 12. 2011

Benachteiligung

(siehe auch Armut, Diskriminierung)

Benachteiligung liegt vor, wenn Menschen im Vergleich zu anderen Rechte und der Zugang zu lebensbedeutsamen gesellschaftlichen Gütern ganz oder teilweise verwehrt werden. Benachteiligungsprozesse zeigen sich vor allen im sozialen Kontext. Von sozialer Benachteiligung kann bei Kindern und Jugendlichen – ob mit oder ohne Behinderung – dann gesprochen werden, wenn ihre Handlungsspielräume in wesentlichen Lebens- und Entwicklungsbereichen (familiäre Sozialisation, Schule, Ausbildung, berufliche Eingliederung, Teilhabe an alterstypischen Aktivitäten z. B. in Peergroups) im Vergleich zur Mehrheit ihrer Altersgenossen erheblich eingeschränkt sind.

Zusammenhänge zwischen (geistiger) Behinderung und Benachteiligung lassen sich mit Hilfe der Begriffssystematik der → ICF verdeutlichen. Darin zeigen sich Benachteiligungen als Beeinträchtigung der Aktivität (activity limitation) und Einschränkung gesellschaflicher Teilhabe (participation restriction) wie auch bei den Kontextfaktoren.

Als Aktivitätsbegrenzung und Teilhabeeinschränkung ist zu werten, wenn 2002 nur auf 0,4% der vorhandenen betrieblichen Ausbildungsplätze in Deutschland schwerbehinderte junge Menschen beruflich ausgebildet und weit über 90% der Schulabgänger/innen mit geistiger Behinderung in der WfbM beschäftigt wurden, hingegen – trotz beeindruckender Einzelinitiativen → »Unterstützter Beschäftigung« – nur ein verschwindend geringer Bruchteil in den allgemeinen Arbeitsmarkt integriert waren (Deutscher Bundestag 2004, 72). Bei letzteren besteht zudem die Frage einer angemessenen Absicherung im Alter.

Behinderungen haben jedoch oftmals nicht nur benachteiligende Folgen für die Betroffenen, auch ihre Entstehungsbedingungen und Auftretenshäufigkeit stehen mit sozialer Benachteiligung und → Armut im

Zusammenhang. Vor allem aus sozialmedizinischen Gründen ist das Risiko, biologisch-organisch geschädigt zu werden, sozial ungleich verteilt und für Kinder in sozial benachteiligten Familien höher. Wie sich damit verbundene Veränderungen in den Körperfunktionen und -strukturen im biopsychosozialen Gesamt der Entwicklung auswirken, hängt ebenfalls von den Kontextfaktoren, speziell den familiären Sozialisations- und Erziehungsbedingungen, ab. Nicht nur im Falle der Lernbehinderung, sondern bei nahezu allen Behinderungsarten sind die unteren sozialen Schichten überproportional vertreten (BMFSFJ 2002, 222). Überdies werden sozial benachteiligte Familien mit einem behinderten Kind oftmals bei der Inanspruchnahme entsprechender Hilfen benachteiligt (Engelbert 1999).

Bezüglich des Ausmaßes von Benachteiligung bei Menschen mit (geistiger) Behinderung zeigen sich gegenläufige Tendenzen: Einerseits ist ihre rechtliche Situation aufgewertet worden. Andererseits ist vor dem Hintergrund gesellschaftlich-wirtschaftlicher Verwerfungen und einer Ökonomisierung des Sozialen eine Zunahme von Benachteiligungs- und Exklusionsprozessen insbesondere bei schwerbehinderten Menschen festzustellen.

Hans Weiß

Literatur

BMFSFJ (Hrsg.) (2002): Elfter Kinder- und Jugendbericht. Bonn
Deutscher Bundestag (2004): Bericht der Bundesregierung über die Lage behinderter Menschen und die Entwicklung der Teilhabe. Drucksache 15/4575 vom 16. 12. 2004
Engelbert, A. (1999): Familien im Hilfenetz. Bedingungen und Folgen der Nutzung von Hilfen für behinderte Kinder. Weinheim, München

Beratung

In den letzten Jahrzehnten war es Gepflogenheit, Beratungsangebote in der Arbeit mit behinderten Menschen an einem so genannten Laien- oder Co-Therapeutenmodell zu orientieren (kritisch dazu Speck & Warnke 1983). In diesen parternalistischen Helfermodellen gelten Ratsuchende als Laien oder gar Patienten und die professionellen Helfer (Berater) als Experten. Von den Adressaten wird erwartet, dass sie die Sicht und Entscheidungen der Professionellen anerkennen und ihre Anweisungen befolgen. Diese Kultur der Beratung steht nunmehr seit einigen Jahren im Zeichen heftiger Kritik und Auseinandersetzung. So ist erkannt worden, dass es – anstatt nur Ratschläge zu erteilen – fruchtbarer ist, Prozesse anzuregen und zu unterstützen, die dazu beitragen können, dass ratsuchende Personen persönliche und soziale »Ressourcen entdecken können, die sie befähigen, größere Kontrolle über ihr eigenes Leben ... auszuüben und ihre Ziele zu erreichen« (Stark 1993, 41). Mit diesem Beratungskonzept werden Grundzüge einer *systemischen* Denkfigur und Handlungspraxis in Anspruch genommen, die in den letzten Jahren mit der sog. Stärken-Perspektive verknüpft zu einem *Kooperations- und Konsultationskonzept* weiterentwickelt wurden (De Jong & Miller 1995; De Jong & Berg 1998; Herriger 2002; Turnbull & Turnbull III 1997). Eine handlungsbestimmende Funktion hat dabei die Erkenntnis, dass es für eine Beratung erfolgsversprechender ist, an Lösungen zu arbeiten anstatt Probleme zu fokussieren und zum Verschwinden zu bringen (Berg 1992, 26). Um eigene → Ressourcen, → Stärken oder Fähigkeiten zu erkennen, bedarf es eines »Kompetenzdialogs« (Herriger 2002, 112ff.), der sich durch eine Suche nach »kleinen Lebenserfolgen« in der individuellen Biografie auszeichnet. Zudem sollte eine zentrale Aufgabe des Beraters darin bestehen, nicht für seine Gesprächspartner (also stellvertretend) Problemlösungen zu erarbeiten, sondern jeden Einzelnen dazu anzuregen, selbst zu Antworten und zu Entscheidungen zu gelangen. Das schließt freilich nicht aus, dass im Rahmen einer Beratung auch Informationen oder Impulse zum Nachdenken gegeben werden können, und es ist ebenso eine gemeinsame Suche nach Lösungswegen möglich. Damit hat sich einerseits die → Kooperation in der Beratung zu beweisen. Andererseits wird sie zur Konsultation im Sinne eines gemeinsamen Beratens, indem es darauf ankommt, den Einzelnen nicht zu manipulieren, sondern in seiner Kompetenz zur Selbstverantwortung für autonome Entscheidungen zu stärken.

Wenngleich dieses Beratungsmodell, welches in unterschiedlichen Kontexten (Praxisberatung, psychosoziale Beratung, Eltern- und Familienberatung) in Anspruch genommen werden kann (dazu Theunissen 2010), eine vielversprechende Angelegenheit zu sein scheint, gibt es aber auch Kritik. So wird die Gefahr gesehen, dass ratsuchende Personen in Zeiten eines starken Leidens- oder Problemdrucks als »Experten in eigener Sache« in ihren Möglichkeiten überschätzt und überfordert werden. In dem Falle ist es am besten, wenn im Rahmen einer Beratung zunächst positiv getönte Erlebnis- und Erfahrungsbereiche fokussiert werden. Damit lässt sich eine Basis für ein vertrauensstiftendes Beratungsklima herstellen, welches für alle weiteren Prozesse förderlich ist. Des Weiteren kann eine direkte Beratung von Menschen mit Lernschwierigkeiten (geistiger Behinderung) mit spezifischen Schwierigkeiten verknüpft sein (dazu Theunissen 2012, 338ff.). So setzt zum Beispiel ein Beratungsgespräch ein gewisses Maß an Verbalisierungs- und Reflexionsfähigkeiten voraus. Es lassen sich zwar eingeschränkte sprachliche Ausdrucksmöglichkeiten durch die Nutzung alternativer Kommunikationsmittel kompensieren, dennoch bleiben nicht selten Grenzen insbesondere in kognitiver Hinsicht, die eine stellvertretende Problemlösung erforderlich machen. Wir haben es hier mit einer *advokatorischen Assistenz* zu tun, die dem Berater ein hohes Maß an Verantwortung abverlangt. Bei einer Beratung von Menschen mit Lernschwierigkeiten, bei denen die Kommunikation weniger erschwert ist, sollten in Anlehnung an Badelt (1994) fünf spezielle handlungsorientierende Prinzipien beachtet werden: 1. Schaffung und Sicherung einer Vertrauensbasis, 2. Empathie und Wahrnehmung einer gut reflektierten Dolmetscherfunktion, 3. Geduld zeigen und auf den Zeitrhythmus des Ratsuchenden achten, 4. je nach Situation Wahrnehmung einer Stellvertreter- oder »Hilfs-Ich«-Funktion bei der Lösung von Problemen, 5. Kooperation mit relevanten Bezugspersonen.

Georg Theunissen

Literatur

Berg, I. K. (1992): Familien – Zusammenhalt(en). Dortmund
De Jong, P. & Berg, I. K. (1998): Lösungen (er)finden. Dortmund
De Jong, P. & Miller, S. D. (1995): How to interview for client strengths. In: Social Work, 6, 729–736.
Lenz, A. (2002): Empowerment und Ressourcenaktivierung – Perspektiven für die psychosoziale Praxis. In: Lenz, A. & Stark, W. (Hrsg.): Empowerment. Neue Perspektiven für psychosoziale Praxis und Organisation. Tübingen, 13–54
Herriger, N. (2002): Empowerment in der Sozialen Arbeit. Stuttgart (2. erw. Aufl.)
Speck, O. & Warnke, A. (Hrsg.) (1983): Frühförderung mit den Eltern. München
Stark, W. (1993): Die Menschstärken. In: Blätter der Wohlfahrtspflege, 41–45
Theunissen, G. (2010): Beratung – Krisenintervention – Unterstützungsmanagement. In: Theu-

nissen, G. & Schirbort, K. (Hrsg.): Inklusion von Menschen mit geistiger Behinderung. Stuttgart

Theunissen, G. (2012): Lebensweltbezogene Behindertenarbeit und Sozialraumorientierung. Freiburg

Turnbull, A. P. & Turnbull, H. R. III, (1997): Families, Professionals, and Exceptionality: a special partnership. Upper Saddle River (3. ed).

Berufliche Bildung

(siehe auch berufliche Integration, Werkstatt für behinderte Menschen)

Der Rechtsanspruch von Menschen mit geistiger Behinderung auf berufliche Bildung (§ 39ff. SGB IX) verwirklicht sich in der Regel in den Berufsbildungsangeboten der → Werkstatt für behinderte Menschen (WfbM), in wenigen Fällen auch in Bildungsangeboten von Integrationsprojekten. Während sich in manchen Werkstätten das Niveau der beruflichen Bildung noch überwiegend in Anlernung und arbeitsplatzbezogenem Training erschöpft, haben andere und die großen Trägerverbände der Werkstätten inzwischen erhebliche Entwicklungsanstrengungen unternommen, um die unstreitigen Begabungsreserven und Lernpotentiale geistig behinderter Menschen durch systematisch geplante, dokumentierte und zertifizierungsfähige Bildungsangebote zu erschließen. So wurden im Rahmen einer Gemeinschaftsaktion in den letzten Jahren u. a. umfangreiche Materialien, Arbeitshilfen und Handbücher entwickelt sowie Modelle erprobt und Kooperationsnetze begründet, die den Werkstätten praxisnahe Wege zur Implementierung zielgruppenspezifischer Berufsbildungskonzepte aufzeigen sollen (www.aktionbildung.de). Auch die EU fördert im Rahmen ihres Berufsbildungsprogramms Leonardo da Vinci ein länderübergreifendes Bildungsprojekt (»Jobwards«). Die Werkstätten reagieren mit dieser Bildungsoffensive nicht nur auf steigende externe Anforderungen (Qualität der Leistungen, Anspruchsniveau der Aufträge, wachsender Anteil von Dienstleistungsaufgaben), sondern auch auf eine gesellschaftliche Diskussion, die die Teilhabeoptionen von Menschen mit geistiger Behinderung durch eine individuell angepasste, qualitativ hochwertigere berufliche und persönlichkeitsbezogene → Bildung sowohl innerhalb der WfbM (Zugang zu qualifizierteren Arbeitsplätzen) als auch außerhalb der WfbM (Integrationsfirmen, Betriebe des allgemeinen Arbeitsmarktes) erweitern sollen. Grundlage der Berufsbildungsangebote der Werkstätten ist ein zwischen dem Dachverband der Werkstätten (BAG:WfbM) und der Bundesagentur für Arbeit als zuständiger Kostenträgerin vereinbartes Rahmenprogramm, das unter Berücksichtigung der Strukturvorgaben der Werkstättenverordnung nach § 144 SGB IX neben Regelungen zur qualitativen, organisatorischen und personellen Ausgestaltung vor allem die grundlegenden Zielfelder der Bildungstätigkeit der Werkstatt formuliert (Kulturtechniken; berufliche Kernqualifikationen wie z. B. Erkennen/Unterscheiden/Gebrauch von Geräten; Planen, Organisieren, Entscheiden; Arbeitsprozess-Qualifikationen wie z. B. Bestehen von Stresssituationen oder Erlernen von Gruppenarbeit; Schlüsselqualifikationen, z. B. Kooperationsfähigkeit, Sorgfalt). Grundsätzlich können die von den WfbM verantworteten Bildungsmaßnahmen auch außerhalb der Werkstatt in Betrieben des allgemeinen Arbeitsmarktes durchgeführt werden, z. B. durch → Integrationsfachdienste in Kooperation mit einer WfbM (Beispiel »Hamburger Arbeitsassistenz«) oder unmittelbar durch die Werkstatt selbst (externe Berufsbildung). Dies ist vor allem dann sinnvoll, wenn zu erwarten ist, dass der/die Teilnehmer/in für eine Tätigkeit auf dem allgemeinen Arbeitsmarkt grundsätzlich in Betracht kommt.

Außerhalb der werkstattgebundenen Bildung finden Menschen mit geistiger Behinderung in der Regel keine sozialrechtlich verbrieften Berufsbildungsangebote vor.

Nicht umgesetzt sind bisher die seit langem erhobenen Forderungen, die berufliche Bildung geistig behinderter Menschen in Richtung geregelter Ausbildungskonzepte weiterzuentwickeln. Damit würden die bisherigen werkstattindividuellen Bildungsangebote abgelöst durch öffentlich-rechtlich geregelte, anerkannte Ausbildungsrahmenpläne, deren Umsetzung nach Lernzielen und Anforderungsniveau jeweils flexibel auf die individuellen Bildungsmöglichkeiten zuzuschneiden wäre, bei grundsätzlicher Durchlässigkeit zu weiterführenden Ausbildungsgängen. Die Rechtsgrundlagen hierfür sind über § 66 BBiG/§ 42 m HwO grundsätzlich gegeben; in die bisher erlassenen besonderen Ausbildungsregelungen für behinderte Menschen (Ausbildung abweichend von den Lehrplänen »anerkannter Ausbildungsberufe«) waren geistig behinderte Menschen jedoch nicht einbezogen, weil sie den Anforderungen dieser »Sonderausbildungen« (sog. Helfer- und Werkerberufe) nicht genügen konnten. Durch eine stärkere Differenzierung dieser von den Kammern zu erlassenden Regelungen könnten die rechtlichen Möglichkeiten, an eine geregelte, aus bestehenden Berufsbildern abgeleitete Ausbildung zu gelangen, auch für geistig behinderte Menschen erschlossen werden. Damit würde diesem Personenkreis zugleich eine längere Ausbildungsdauer zugestanden, die im Kontext WfbM bisher auf zwei Jahre beschränkt ist. Schließlich wären nach dem Vorbild der dualen Ausbildung (Zwei-Lernorte-Prinzip aus Betrieb und Berufsschule) auch berufsschulische Qualifizierungsangebote in die Ausbildung von Menschen mit geistiger Behinderung zu integrieren. Dies setzt aufseiten der Berufsschule allerdings erhebliche Entwicklungsarbeit voraus (Lehrpläne, Qualifizierung des Lehrpersonals). Neben beruflicher Grundbildung müssten sich die zu schaffenden Ausbildungsregelungen beruflichen Schlüsselqualifikationen, fachspezifischen Kenntnissen und Fertigkeiten sowie der arbeitsplatzbezogenen Ausbildung zuwenden. Der unterschiedlichen Ausprägung geistiger Behinderung folgend, kommt neben einer berufsfeldbezogenen Qualifizierung (z. B. als Fertigungshelfer, Helfer im Haus- und Pflegedienst) die Ausbildung in einem speziellen Teilbereich eines Ausbildungsberufs (z. B. Ausbildung zum »Kunststoffverarbeiter« innerhalb des Ausbildungsberufs Tischler) oder die Ausbildung in einem einzelnen Baustein eines Ausbildungsberufs (z. B. Löten) in Betracht. Ausbildungsort kann sowohl ein Betrieb als auch eine außerbetriebliche Bildungseinrichtung (z. B. BBW) oder die WfbM sein.

Wichtig ist in jedem Fall die enge Verzahnung der beruflichen Bildung mit der schulischen Berufsvorbereitung (Werkstufe der Schule für geistig behinderte Menschen; Integrationsschule). Im Übrigen kann sich berufliche Bildung geistig behinderter Menschen nicht auf eine bestimmte Phase beschränken; sie muss arbeitsbegleitend fortgesetzt werden, um erworbene Qualifikationen zu erhalten, zu vertiefen und zu erweitern (arbeitsbegleitendes Lernen, siehe § 5 III WVO).

Rudolf Bieker

Literatur

Bundesvereinigung Lebenshilfe für Menschen mit geistiger Behinderung e. V. (2003): Ein Beruf für mich. Berufliche Ausbildung für Menschen mit geistiger Behinderung. Marburg (2. Auflage)

Hirsch, S.; Lindmeier, C. (Hrsg.) (2006): Berufliche Bildung von Menschen mit geistiger Behinderung. Neue Wege zur Teilhabe am Arbeitsleben

Berufliche Integration, berufliche Rehabilitation

(siehe auch Unterstützte Beschäftigung)

Berufliche Integration bezeichnet üblicherweise den Prozess des Übergangs und der Eingliederung eines Menschen mit Behinderung in ein Arbeitsverhältnis auf dem allgemeinen Arbeitsmarkt. Vielfach wird der Begriff der beruflichen Rehabilitation synonym gebraucht, streng genommen benennt dieser Terminus aber die Wiedereingliederung bzw. (Re-)Integration eines vormals bereits beschäftigten, jedoch arbeitslos gewordenen Arbeitnehmers mit Behinderung.

Die besondere Bedeutung der → Integration von Menschen mit geistiger Behinderung in das Arbeitsleben ergibt sich aus dem Umstand, dass in der modernen Gesellschaft → Arbeit nicht nur der Sicherung einer materiellen Lebensbasis dient, sondern sehr wesentlich den Zugang zu Lebensmöglichkeiten und -chancen bestimmt und die individuelle Lebensbewältigung jedes Einzelnen ebenso wie seine soziale Integration beeinflusst. Mit der Arbeitstätigkeit eines Menschen verbinden sich seine gesellschaftliche Wertschätzung und sein sozialer Status. Als individueller Beitrag zu wirtschaftlicher Produktivität vermittelt Arbeit zudem die Erfahrung, ein nützliches Mitglied der Gesellschaft zu sein und trägt zur Ausweitung sozialer Kontakte bei. Durch Arbeit wird der Erhalt und die Weiterentwicklung von Fähigkeiten ermöglicht und damit entscheidender Einfluss auf die Persönlichkeitsentfaltung des Einzelnen genommen.

Menschen mit geistiger Behinderung bietet der Eintritt ins Arbeitsleben wichtige Chancen, in der Welt der Nichtbehinderten akzeptiert zu werden. Die Frage nach dem Erfolg der Integration von Menschen mit Behinderung in die Gesellschaft stellt sich deshalb zu einem wesentlichen Teil als Frage danach, ob eine Integration in die Arbeitswelt gelingt. Auch für Menschen mit geistiger Behinderung müssen Wahlmöglichkeiten im Hinblick auf unterschiedliche Formen der Arbeitstätigkeit gegeben sein, die über eine Beschäftigung in einer → Werkstatt für behinderte Menschen hinausreichen. Dabei kann es nicht darum gehen, diese Männer und Frauen an bestehende Verhältnisse anzupassen und sie einem letztlich immer ungleich bleibenden Wettbewerb mit nichtbehinderten Menschen auszusetzen. Es geht vielmehr darum, den Betreffenden Perspektiven zu eröffnen und sie dabei zu unterstützen, ihre arbeitsbezogenen Fähigkeiten produktiv zu nutzen und das Recht auf größtmögliche persönliche Autonomie zu verwirklichen.

Zugleich ist gerade die → Teilhabe von Menschen mit geistiger Behinderung am Berufs- und Arbeitsleben ganz besonders gefährdet. Tiefgreifende Umstrukturierungsprozesse in der Arbeitswelt, begleitet von konjunkturellen Verschlechterungen haben seit Ende der 1990er-Jahre zu einer ständigen Abnahme der Quote der mit Schwerbehinderten besetzten Arbeitsplätze geführt. Die Zahl der arbeitslosen Menschen mit Behinderung ist hoch. So stellt sich für viele Menschen mit geistiger Behinderung die grundsätzliche Frage, ob eine Tätigkeit am ersten Arbeitsmarkt überhaupt möglich ist, ob sie also beruflich integriert werden können. Dies trifft beispielsweise für viele Absolventen von Sonderschulen zu, für die der Weg in eine Werkstatt für behinderte Menschen nach wie vor als selbstverständlich angesehen wird. Die Frage stellt sich in verstärktem Maße für Menschen, die bereits Mitarbeiter und Mitarbeiterinnen in den Werkstätten sind, aber auch z. B. für diejenigen, die in Ausbildungsmaßnahmen stehen und nicht wissen, ob mit ihren Voraussetzungen jemals eine wirkliche Integration auf dem allgemeinen Arbeitsmarkt gelingen wird.

All diese Gründe führen dazu, dass der an sich schon schwierige Übergang in eine berufliche Position für Menschen mit geistiger Behinderung nochmals ganz besonders erschwert ist. Im Einzelfall ist ein solcher Übergang immer mit einer komplexen und je spezifischen Konstellation von institutionellen, (arbeits-)biographischen, sozialen und behinderungsbedingten Problemlagen verknüpft. Was als »Beeinträchtigung« oder auch »Vermittlungshemmnis« definiert wird, ist kein fixes Merkmal des behinderten Menschen selbst, sondern Funktion seines gesamten Lebenskontextes. Dazu gehören seine persönlichen Bildungsvoraussetzungen und seine individuelle Lebensgeschichte ebenso wie die regionale Arbeitsmarktsituation, die lebensweltlichen Ressourcen und Unterstützungspotentiale, wie auch die Art des gesuchten bzw. gefundenen Arbeitsplatzes und dessen Anforderungen. Hinzu kommen die jeweiligen Möglichkeiten, Zwänge und Grenzen der institutionellen Zusammenhänge, in die der Mensch mit geistiger Behinderung eingebettet ist.

Damit wird deutlich, dass sich berufliche Integration in vielen Fällen nicht nur auf das Problem beschränkt, einen Arbeitsplatz zu finden. Der Übergang ins Arbeitsleben hat für viele besonders betroffene Menschen mit Behinderungen Züge eines ausgesprochen krisenhaften Lebensabschnittes. Die Folge ist, dass Menschen mit geistiger Behinderung die damit verbundenen Probleme sehr oft nicht mit den ihnen zur Verfügung stehenden → Ressourcen lösen können, sondern zusätzliche Unterstützung notwendig ist, die auf eine Wiederherstellung der zunächst eingeschränkten Handlungsfähigkeit und Handlungsautonomie der Betroffenen zielt. Auf diesen Umstand reagieren denn auch die vielfältigen Leistungsangebote öffentlicher und freier Leistungsträger sowie Unterstützungsangebote von Werkstätten und ambulant arbeitenden Diensten, die sich am Konzept der → Unterstützten Beschäftigung ausrichten.

Rainer Trost

Betreuung

(siehe auch Unterstützung)

Schon seit vielen Jahren wird die professionelle Arbeit in Wohneinrichtungen für Menschen mit Behinderungen als Betreuung bezeichnet. Dieser Begriff, der nicht mit der gesetzlichen Betreuung in Verbindung gebracht oder verwechselt werden darf, ist seit der Debatte um Selbstbestimmung und Empowerment ins Kreuzfeuer der Kritik geraten. Kritisiert werden insbesondere die dominierende (nicht selten selbstherrliche) Helferrolle sowie Implikationen wie ein → Paternalismus und Momente einer → Fremdbestimmung, subtilen Gewalt und Verdinglichung Betroffener. Daher wird Betreuung auch als ein Leitbegriff für eine Professionalisierung gänzlich verworfen. Stattdessen finden Begriffe wie → Begleitung, → Assistenz und → Unterstützung immer mehr Zuspruch.

Georg Theunissen

Betreuungsrecht

Das Betreuungsgesetz (BtG) vom 12.9.90 hat zum 1.1.92 an Stelle der Entmündigung bei totaler Geschäftsunfähigkeit und der Gebrechlichkeitspflegschaft bei teilweiser Behinderung das einheitliche Rechtsinstitut der Betreuung eingeführt, die durch das Betreuungsrechtsänderungsgesetz vom 25.6.98 in *rechtliche Betreuung* umbenannt wurde. Ziel des BtG war insbesondere die Erhaltung der (Rechts-)Autonomie des Betreuten. Bei der Betreuung geht es nicht um das Leisten tatsächlicher Hilfe, sondern um Rechtsfürsorge, § 1901 Abs. 1 BGB. Der rechtliche Betreuer hat aber die tatsächlichen Hilfen ggf. zu organisieren.

Die Einrichtung einer Betreuung kommt erst ab Volljährigkeit in Betracht (§ 1896 Abs. 1 BGB), da bis zu diesem Zeitpunkt über das elterliche Sorgerecht (§ 1626 BGB) oder eine Vormundschaft (§ 1773 BGB) Rechtsfürsorge gewährleistet ist.

Die Auswahl des Betreuers richtet sich nach § 1897 BGB, wobei Vorschlägen des Betroffenen (§ 1897 Abs. 1 BGB) und verwandtschaftlichen Beziehungen besondere Bedeutung zukommt (§ 1897 Abs. 4, 5 BGB).

Die Betreuung wird nur insoweit eingerichtet, als sie erforderlich ist (1901 Abs. 1 BGB). Es werden nur die Aufgabenkreise (zumeist Gesundheitssorge, Vermögenssorge, Aufenthaltsbestimmungsrecht) angeordnet, in denen der Betroffene Rechtsfürsorge benötigt. Einen eigenen Aufgabenkreis bildet der Einwilligungsvorbehalt, § 1903 BGB, der nur angeordnet wird, wenn er zur Abwendung einer erheblichen Gefahr für die Person oder das Vermögen des Betreuten erforderlich ist.

Die Einrichtung einer Betreuung hat als solche keine Auswirkungen auf die Geschäfts-, Testier- oder Ehefähigkeit und das Wahlrecht (Ausnahme z. B. § 13 Nr. 2 Bundeswahlgesetz).

Bei der Wahrnehmung der Rechtsfürsorge hat der Betreuer dem Wohl des Betreuten (§ 1901 Abs. 2 BGB) und seinen Wünschen zu entsprechen, soweit sie dem Wohl nicht zuwiderlaufen und zumutbar sind (§ 1901 Abs. 3 BGB).

Für bestimmte Maßnahmen benötigt der Betreuer die Genehmigung des Vormundschaftsgerichts, z. B. bei manchen ärztlichen Maßnahmen (§ 1904 BGB), Sterilisation (§ 1905 BGB), Unterbringung und unterbringungsähnlichen Maßnahmen (§ 1906 BGB), Aufgabe der Mietwohnung (§ 1907 BGB).

Das Verfahren, nach dem eine Betreuung eingerichtet wird, ist in den §§ 271ff FamFG geregelt. Zuständig ist das Amtsgericht (Abteilung Betreuungsgericht), in dessen Bezirk der Betroffene seinen gewöhnlichen Aufenthalt hat. Für das Verfahren gilt insbesondere, dass der Betroffene verfahrensfähig ist (§ 275 FamFG), er anzuhören ist und dies in der üblichen Umgebung geschehen soll (§ 278 FamFG) sowie dass die gerichtliche Entscheidung umfassend sein muss (§ 286 FamFG).

Grundsätzlich ist der Betreuer im jährlichen Turnus rechenschaftspflichtig (§ 1908i, § 1840 BGB), sofern nahe Angehörige Betreuer sind, kann dieser Berichtszeitraum verlängert werden (§ 1908i Abs. 2).

Berufsbetreuer erhalten seit dem 1.7.05 eine Pauschalvergütung nach dem Vormünder- und Betreuervergütungsgesetz (VBVG), ehrenamtlichen Betreuern steht eine Aufwandsentschädigung zu, § 1908i, § 1835a Abs. 1 BGB.

Im Hinblick auf Art. 12 des Übereinkommens der Vereinten Nationen über die Rechte von Menschen mit Behinderungen ist der Diskurs entstanden, ob das Betreuungsrecht mit seinem Stellvertreterprinzip (§ 1902 BGB) hin zu einem rechtlichen Unterstützungs- bzw. Assistenzsystem fortzuentwickeln ist.

Oliver Kestel

Literatur

Erster Staatenbericht der Bundesrepublik Deutschland zum Übereinkommen der Vereinten Nationen über die Rechte von Menschen mit Behinderungen, Seite 32 ff.

Nicklas-Faust, Jeanne: »Erster Staatenbericht zur Umsetzung der Behindertenrechtskonvention beschlossen«. In Rechtsdienst der Lebenshilfe 2011, Seite 103 ff.

Bildung

(siehe auch Erziehung)

Das Reden von »Bildung« ist eine Modulation bzw. eine Akzentuierung des allgemeinen pädagogischen Grundbegriffes der → »Erziehung«. Die Unterscheidung der beiden Begriffe ist schwierig. Es gibt sie nur im Deutschen. Sie gelingt am ehesten, wenn man sich die *Geschichte des Bildungsdenkens* bewusst macht. Entstanden ist der Begriff der Bildung im Anschluss an die *Aufklärung* in Deutschland. Mit ihm sollte ein eigener Akzent gegen das bisherige Erziehungsverständnis gesetzt werden, das allzu sehr von Theologie und Metaphysik einerseits und von den das Menschsein einschränkenden Herrschaftsverhältnissen der damaligen Zeit andererseits geprägt war. Der neue Begriff der Bildung wurde zu einem Fortschritts- und Schlüsselbegriff für ein lebensnahes Verständnis von Erziehung. Dieses erstreckte sich sowohl auf die – bisher vernachlässigte – Beachtung der *Naturanlagen* des Menschen und die harmonische und *freie Entfaltung aller Kräfte* als auch auf seine Vervollkommnung in Tugendhaftigkeit, Glücklichsein und gesellschaftlicher Brauchbarkeit einschließlich → beruflicher Bildung. In den Vordergrund der pädagogischen Reflexion trat die *Individualität*. Deren Bildung wurde jedoch nicht als Wert für sich gesehen, sondern als Dienst am allgemeinen Geist, am Absoluten (Hegel), in den hinein sich die Subjektivität des Einzelnen verwirklichen sollte. Bildung sollte letztlich in *Selbstbildung* einmünden. Die vor allem von W. v. Humboldt entworfene umfassende *Theorie der Bildung*, deren Bedeutung sich auf den Einzelnen wie auf den Staat und die Welt als eine menschliche Welt bezog und sich sowohl über den historischen Aspekt (klassisches Altertum) und die Sprachen grundgelegt werden sollte, wirkt in ihren Grundzügen oder als Idee bis in die Gegenwart hinein. Sie enthielt auch die Forderung nach einer empirischen Fundierung der Bildung.

In der *zweiten Hälfte des 19. Jahrhunderts* vollzog sich eine Entwertung dieser ersten Bildungstheorie. Im Zusammenhang mit dem an Ansehen gewinnenden Bürgertum und dem biedermeierlichen Klassizismus trat die Bedeutung der *Schule*, vor allem des Gymnasiums und der »humanistischen Bildung« in den Vordergrund. Das Ergebnis des Bildungsprozesses wurde in der Summe der Kenntnisse gesehen und Bildung in *Wissensbildung* umgedeutet. Bildung verkam zu einem Standesetikett und zu einer lebensfremden Allgemeinbildung, zum Bescheidwissen über die Dinge, die so genannten *Bildungsgüter*. Der *Bildungskanon* umfasste vor allem alte Sprachen, Literatur und Kunst und sollte gewissermaßen aus sich selbst bildend wirken. Dieses sich an das Bestehende anpassende Bildungsdenken, das sich weithin der sich verändernden wirtschaftlichen und gesellschaftlichen Wirklichkeit entzog, war bis weit in die Nachkriegszeit wirksam. Es wurde dann samt seinen bisherigen, als konservativ abgewerteten Bildungsgütern durch eine an einer radikalen gesellschaftlichen Erneuerung orientierte »emanzipatorische Pädagogik« abgelöst. Der Begriff der Bildung verschwand für Jahrzehnte aus der pädagogischen Diskussion.

Inzwischen gewinnt er wieder an Boden und zwar vor allem auf Grund der durch internationale Leistungsvergleiche bekannt gewordenen *neuen Bildungsmisere* des deutschen Schulwesens und der verschärften *wirtschaftlichen Situation*. Bei der bildungspolitischen Diskussion heute geht es verstärkt um eine Verbesserung des *Wissens* in der *Wissensgesellschaft* und um die verstärkte Förderung der *Leistungsfähigeren*. Bezeichnenderweise melden sich im Besonderen Vertreter der *Wirtschaft* zu Wort, um eine Revision des Bildungssystems im Sinne des wirtschaftlichen Fortschritts einzufordern. Beklagt wird u. a. das Fehlen von Leistungsstandards, von Wettbewerbsbereitschaft und von qualifizierten Arbeitskräften und die ungenügende Eliteförderung. Gefordert wird eine systematische Steigerung des Anteils der Höher- und Höchstqualifizierten durch eine anspruchsvolle Primärausbildung. Von einer »Ökonomisierung von Bildung« ist direkt die Rede. Eine untergeordnete Rolle spielen in diesem *marktwirtschaftlich orientierten* Bildungsdenken Kinder mit Behinderungen. Die Qualität ihrer Bildung verliert an Bedeutung.

Es handelt sich ganz offensichtlich um eine erneute Vereinseitigung und Reduktion des ursprünglichen Bildungsbegriffes. Wenn die → Heilpädagogik dennoch am Bildungsbegriff festhält, so verfolgt sie damit die Absicht, mit im Gespräch zu bleiben, und dessen eigentliche und umfassende Bedeutung im Sinne einer Bildung für alle in einer für alle menschenwürdigen Welt zu verteidigen.

Otto Speck

Literatur

Menze, C. (1970): Bildung. In: Speck, J. & Wehle, G. (Hrsg.): Handbuch pädagogischer Grundbegriffe. München. Bd. 1, 134–184
Vereinigung der Bayerischen Wirtschaft (Hrsg.) (2003): Bildung neu denken. Das Zukunftsprojekt. Opladen

Bildungsfähigkeit

Bildungsfähigkeit ist in erster Linie ein *schulpädagogischer* Begriff mit *schulrechtlicher Relevanz*. Ihm entspricht im negativen Falle Bildungsunfähigkeit. Entstanden ist er im Zusammenhang mit der Einführung der Allgemeinen Schulpflicht. Von ihr sollten Kinder ausgeschlossen werden, die den Unterrichtsanforderungen nicht gewachsen waren. Als Maßstab wurde ursprünglich die Fähigkeit festgelegt, die *Kulturtechniken* des Lesens, Schreibens und Rechnens zu erlernen. Diese Praxis wurde Jahrhunderte lang praktiziert. Sie bedeutete für Kinder mit einer geistigen Behinderung den Ausschluss aus der Schule. Dabei verfügte die Schule über kein brauchbares Instrument, die individuelle Bildungsfähigkeit bzw. Bildungsunfähigkeit objektiv unterscheiden zu können. Sie konnte von ihrem Selbstverständnis her sogar diese Normen festlegen, nach denen Kinder dann auszuschließen waren.

Erst mit der gesetzlichen Verankerung der → Schule für Geistigbehinderte wurde der Widerspruch dieser Rechtsnorm zur anthropologisch-psychologischen Grundthese von der Bildbarkeit *jedes Menschen* aufgehoben. Aus ihr ergibt sich, dass Bildungsfähigkeit keine Größe sein kann, die bei einigen Menschen verneint werden könnte. Ihre Geltung ist ohnehin nicht davon abhängig, ob sie im Einzelfall nachweisbar ist oder nicht. Die Konsequenz dessen ist die heutige Praxis, dass prinzipiell jedes Kind mit einer geistigen Behinderung als bildungsfähig in die Schule aufgenommen wird. Nach diesem Verständnis ist Bildungsfähigkeit ein für schulische Selektionszwecke ungeeigneter und deshalb nicht nur überflüssiger, sondern auch schädlich wirkender Begriff.

Anders verhält es sich, wenn mit Bildungsfähigkeit *Bildsamkeit* gemeint ist. Mit diesem Begriff soll das stets interindividuell unterschiedliche Ergebnis von Bildungseinwirkungen umschrieben werden. Man könnte auch von *Lernfähigkeit* sprechen. Dieser auf den Bildungserfolg abhebende Begriff wird in aller Regel prospektiv gebraucht, um z. B. auf bestimmte Schwierigkeiten aufmerksam zu machen, die den Bildungserfolg einschränken könnten, z. B. wenn kognitiv oder sozio-emotional begründete Lernhindernisse vorliegen.

Otto Speck

Literatur

Speck, O. (2005): Menschen mit geistiger Behinderung. Ein Lehrbuch zur Erziehung und Bildung. München (10. Aufl.)

Bindung, Bindungsforschung

Bindung (attachment) bezieht sich auf psychische Räume wechselseitiger Gefühls-Besetzung. Der Begriff wurde von Bowlby psychoanalytisch entwickelt, später aber ethologisch bzw. verhaltenspsychologisch gefasst. Erst in jüngster Zeit entwickeln sich erneut Berührungspunkte zur durch Neuropsychoanalyse, Entwicklungsneuropsychologie und -psychopathologie empirisch fundierteren und theoretisch tieferen Entwicklung des Bindungsbegriffs. Dies verlangt eine erneute Bestimmung des Dialogs als zentraler intersubjektiver Brücke in der sozialen und psychischen → Entwicklung von Menschen. Dieser Begriff des Dialogs wurde von René Spitz parallel zu Kategorie Bindung entwickelt.

Die Ethologie hat Bindungsprozesse nahezu durchgängig in der Naturgeschichte aufgespürt (Bischof). Sie sind universelle, Sozialität begründende, erblich verankerte Strukturen auf allen Niveaus des Lebens.

Bindung zielt auf die Existenz von positiv *gefühlsbesetzten Räumen von Vertrautheit*. Nur in ihnen sind in der Individualentwicklung von Säugetieren Neugierverhalten, sicheres Lernen und Entwicklung möglich. Bei Menschen erfolgt durch die Verlagerung von Lernen und Entwicklung in symbolische und höhere begriffliche Räume lebenslang der Aufbau und Wandel kulturell-symbolischer Bindungssysteme. Äußere Bindungssituationen verlagern sich durch Interiorisation in symbolisch repräsentierte, interne Anrufungsverhältnisse von Ich und Du. So nimmt die moderne Bindungsforschung u. a. an, dass der Glaube an Gott das Ergebnis einer symbolischen Konstruktion eines Bindungsobjektes ist, welche erst mit und nach → Pubertät und Adoleszenz möglich wird.

Bindungssysteme (d. h. Systeme, welche Vertrautheit und Nähe zwischen reziprok gebundenen Individuen hervorbringen) entwickeln sich lebenslang. Von *Bindung* selbst ist *Bindungsverhalten* zu unterscheiden. Bindungsverhalten zielt auf die Herstellung von Bindung und drückt Hilfsbedürftigkeit in Form von Appellen aus.

Als Hauptmethode der verhaltenswissenschaftlichen Bindungsforschung wurde von Mary Ainsworth die »fremde Situation« entwickelt. Das Verhalten von 12 – 18 Monate alten Kindern zur Mutter und zu Fremden ebenso wie die Fortsetzung der jeweils durchgeführten oder unterbrochenen Aktivitäten wurde unter Bedingungen der Trennung und Wiedervereinigung mit der Mutter untersucht. Es wurden vier Verhaltenstypen unterschieden: sichere Bindung, unsicher-ambivalente Bindung, unsicher-vermeidende Bindung und desorganisiert/desorientiert erscheinende Bindung. Interview-Untersuchungen bei erwachsenen Bezugspersonen ergaben deutlich korrelierende *Bindungseinstellungen* zum gezeigten Bindungsverhalten von Kindern. Schon die Befragung Erstgebärender ermöglichte relativ sichere Prognosen des später vom Kind aufgebauten Bindungsmusters. Die Aufdeckung dieser engen Beziehungen führte zu einem Paradigmawechsel in der Entwicklungspsychopathologie, der sich vorher schon durch die hohe Bedeutung der psychologischen Auffassung von Spitz für diese Disziplin andeutete.

Für Spitz ist die elementare innere Brücke der psychischen Entwicklung die Verbindung angeborener Bedürfnisstrukturen der Mechanismus des bedingten Reflexes, der → Lernen ermöglicht; als äußere Brücke betrachtet er den Dialog. In seiner elementaren Form ermöglicht der Dialog die sichere emotionale Besetzung anderer Personen (»Objektbesetzung«) und damit die Ausbildung eines stabilen Ich. Seine Basis ist die Unterscheidung von belebt/unbelebt, die das Kind durch die Erfahrung von reziproker vs. nicht reziproker Erwiderung seiner Aktivitätsmuster vornimmt. Neurobiologische Basis dieser psychischen Entwicklung ist die Reifung, welche zu bestimmten Zeiten (sensible Phasen) zu Umstrukturierungen des inneren affektiv kognitiven Feldes ebenso wie des äußeren Feldes führt.

Vergleichbar argumentiert die moderne neuropsychologisch orientierte Bindungsforschung. Trevarthen nimmt ein intrinsisches Motivsystem als »heart of the developing mind« an. Es zielt auf einen freundlichen Begleiter und entsteht auf retikulärer Ebene um die 5–8. Embryonalwoche. Durch Verknüpfung mit motorischen Systemen, insbesondere dem emotional-motorischen Ausdrucksystem der Mundmotorik, entsteht die Grundlage nachgeburtlichen Bindungsverhaltens ebenso wie gegenständlicher Aktivität. Innere Voraussetzungen der hierdurch begründeten Entwicklung von Intersubjektivität sind ein virtuelles Selbst sowie ein virtueller Anderer.

Unter Aufgreifen von Schores neuropsychoanalytischer Theorie der Affektentwicklung kann als Kern des virtuellen Selbst die Dualität von sympathischer und parasympathischer Regulation verstanden werden und als Grundlage eines virtuellen Anderen dessen reziproke Erwiderung der eigenen Aktivitäten, also Aufnahme der psychosomatischen Rhythmik, d. h. raumzeitlichen Fluktuation des elementaren Ich.

Im Kontext der Hirnentwicklung entwickeln sich Ebene für Ebene die Strukturen von Bindung und Erkundung bzw. der Entwicklung von primärer zu sekundärer Intersubjektivität (amygdalär 1.–3: Monat, cingulär 3.–9: Monat, danach kortiko-frontal in der Fluktuation von linker, d. h. wissens- und begriffsorientiert, und rechter Hemisphäre, d. h. bindungsorientiert). Vergleichbare Grundgedanken finden sich in der Diskussion um Entwicklungspsychopathologie in der Zeitschrift »Development and Psychopathology«, so dass eine nicht nur ethologisch, sondern auch neurowissenschaftlich, entwicklungspsychologisch und entwicklungspsychopathologisch fundierte Bindungstheorie in ihren wesentlichen Aspekten vorliegt.

Wolfgang Jantzen

Literatur

Bischof, N. (1989): Das Rätsel Ödipus. München
Bowlby, J. (1973): Mütterliche Zuwendung und geistige Gesundheit. München
Grossmann, K. & Grossmann, K. (Hrsg.) (2003): Bindung und menschliche Entwicklung. Stuttgart
Schore, A. (1994): Affect regulation and the origin of the self. Hillsdale N.J.
Spitz, R. A. (1976): Vom Dialog. Stuttgart
Trevarthen, C. (2001): Intrinsic motives for compagnonship [...]. Infant Mental Health Journal 22, 1–2, 94–131

Biographiearbeit

Biographiearbeit ist eine Methode, die insbesondere im Rahmen der → Erwachsenen- und Altenbildung und der Altenpflege Anwendung findet. Sie zielt ab auf biographisches Lernen, das die Erfahrung der Bedeutsamkeit der eigenen Lebensgeschichte für das eigene Leben, das Erlernen von Erinnerungsfähigkeit als aktiven Prozess der Aneignung lebensgeschichtlicher Erfahrungen, die Arbeit an und mit der eigenen Lebensgeschichte als Sinnkonstitution lebensgeschichtlicher Zusammenhänge und die Steigerung der biographischen Kompetenz umfasst.

Ein zentrales Prinzip ist die »*offene Didaktik*« (Behrens-Cobet & Reichling 1997): Das didaktische Konzept in biographischen Lernarrangements setzt auf die *Alltagsexpertenschaft* der Teilnehmer/innen. Es empfiehlt sich, vor Beginn der Arbeit mit Gesprächsgruppen *Themenbereiche abzustecken*. Hierzu eignen sich sowohl die üblichen Stationen der sog. »*Normalbiographie*« (Geburt, Kindheit, Einschulung, Ausbildung, Prüfungen, Partnerschaft, Berufskarriere usw.) als auch »*kritische Lebensereignisse*«. Didaktisch Planende können zudem zum thematischen Schwerpunkt passende *autobiographische Literatur oder Filme* einbeziehen. Biographiearbeit ist nicht auf das Erzählen angewiesen. Lebensgeschichtliches Erzählen lässt sich auch mit *szenischen Darstellungen* kombinieren. Im Falle der Biographiearbeit mit Menschen, die lebenslang in Institutionen der Behindertenhilfe leben mussten und eine sog. ›*Institutionenbiographie*‹ aufweisen, bedeutet offene Didaktik zuallererst, dass man sich vor Beginn einer Veranstaltungsreihe ein möglichst *realitätsgerechtes Bild von der Lebenswelt* dieser Menschen verschafft.

Die *methodische Umsetzung* biographisch orientierter Bildungsarbeit kann auf sehr unterschiedliche Art und Weise geschehen. Die einzelnen didaktisch-methodischen Elemente lassen sich dabei den drei Hauptformen der *gesprächsorientierten, aktivitätsorientierten* und *dokumentationsorientierten* Biographiearbeit zuordnen. Während in der allgemeinen Erwachsenen- und Altenbildung die gesprächsorientierte Biographiearbeit überwiegt, muss man in der Biographiearbeit mit geistig behinderten Menschen die

Aktivitätsorientierung stärker gewichten. Trotzdem wird es in der Praxis vor allem darauf ankommen, beide Ausrichtungen der Biographiearbeit sinnvoll miteinander zu verschränken. Die dokumentationsorientierte Biographiearbeit wurde in der Arbeit mit geistig behinderten Menschen zu einer dritten methodischen Hauptform entwickelt, weil geistig behinderte Menschen aus der Biographiearbeit auch ein konkretes Ergebnis für die Alleinarbeit oder die Zusammenarbeit mit ihrem Bezugsbetreuer mitnehmen sollten. Ein solches Ergebnis kann zum Beispiel ein Lebensbuch sein, in dem in Wort und Bild aufgezeichnet wurde, was die betreffende Person für lebensgeschichtlich bedeutsam erachtet. Die Frage nach der angemessenen *Sozialform* ist deshalb wichtig, weil Biographiearbeit nicht mit jeder Person im Rahmen einer *Gruppenarbeit* durchführbar ist. Bei einer Thematik, die so sehr auf das subjektive Erleben ausgerichtet ist, ist vielmehr in jedem einzelnen Fall genau zu prüfen, ob nicht eine *Einzelarbeit* günstiger ist. In den bisherigen Projekten zur Praxis der Biographiearbeit mit geistig behinderten Menschen wurden daher sowohl die Gruppen- als auch die Einzelarbeit erprobt (Lindmeier 2006).

Christian Lindmeier

Literatur

Behrens-Cobet, H. & Reichling, N. (1997): Biographische Kommunikation. Lebensgeschichten im Repertoire der Erwachsenenbildung. Neuwied, Kriftel, Berlin

Lindmeier, Ch. (2006): Biografiearbeit mit geistig behinderten Menschen. Ein Praxisbuch für Einzel- und Gruppenarbeit. Weinheim und München (2. Aufl.)

Bürgerschaftliches Engagement, Freiwilligenarbeit, Volunteering

(siehe auch Bürgerzentrierung)

Der Begriff des Bürgerschaftlichen Engagements umfasst vielfältige Formen freiwilliger, nicht primär dem Erwerbszweck dienender, auf das Gemeinwohl ausgerichteter Tätigkeiten von Bürgern. Es geht allgemein um die Wahrnehmung der Bürgerrolle bzw. des »Bürgerstatus« (Dahrendorf 1992, 55) mit Rechten und Pflichten in einer Zivil- bzw. Bürgergesellschaft. Nach Heinze und Olk (2001, 16) ist bürgerschaftliches Engagement durch drei wesentliche Komponenten gekennzeichnet:

1. Bürgerschaftliche Aktivitäten befinden sich in einem weiten Handlungsfeld zwischen der Privatsphäre der Einzelnen, dem Bereich des Marktes und der staatlichen Handlungssphäre.
2. Bürgerschaftliche Aktivitäten spielen sich in einem (halb-)öffentlichen Raum der Zivil- bzw. Bürgergesellschaft ab, also jenseits privater Familien- und Verwandtschaftsbeziehungen und Freizeitaktivitäten.
3. Bürgerschaftliche Aktivitäten befördern gleichzeitig das Wohl aller (Gemeinwohlbezug) bzw. die Belange von nicht beteiligten Dritten.

Bürgerschaftliches Engagement spielt sich innerhalb intermediärer Sphären zwischen Staat, Erwerbswirtschaft und informellen

Privathaushalten ab. Dabei stellt das gemeinwohlorientierte Engagement der Bürger eine wichtige wohlfahrtsproduzierende Komponente dar. Der Begriff beinhaltet mehrere Dimensionen, indem er soziales, kulturelles und politisches Engagement einschließt. Damit wird die Idee einer lebendigen Demokratie aktiver Bürger unterstützt.

Die vielfältigen Formen freiwilligen Engagements von Bürgern sind durchaus kein Novum aktueller sozialpolitischer Debatten. Der historisch älteste Begriff ist der des *Ehrenamts* und geht auf die preußische Städteordnung von 1808 zurück. Dieser Begriff umfasste ursprünglich die Ausübung öffentlicher Ämter durch angesehene, ausschließlich männliche Bürger (Steinbacher 2004, 63). Das soziale Ehrenamt wurde von so genannten Armenpflegern bekleidet. Sie waren Teil der kommunalen Armenfürsorge der öffentlichen Verwaltung (ebd.).

Die modernere Bezeichnung *Freiwilligenarbeit* oder freiwilliges Engagement kann als Versuch verstanden werden, den etablierten anglo-amerikanischen Begriff des »volunteering« adäquat zu übersetzen. Freiwilligenarbeit betont die Abgrenzung zum vordergründig wertgebundenen Ehrenamt und bezeichnet das weniger institutionell eingebundene Engagement individualisierter und sich selbst verwirklichender Menschen (hierzu Rauschenbach 2001, 352f.).

Die wenigen empirischen Belege (dazu Drabent 2002) zeigen, dass die Potenziale des freiwilligen Bürgerengagements in der deutschen Behindertenhilfe noch nicht ausgeschöpft sind. Insbesondere viele Groß- und Komplexeinrichtungen für Menschen mit so genannter geistiger Behinderung haben den »Strukturwandel des Ehrenamts« (Olk 1989, 7ff.) noch nicht ausreichend berücksichtigen können. Der neue Typus des Engagements fragt nach Gestaltungsmöglichkeiten zur eigenen Persönlichkeitsentwicklung und Selbstentfaltung und findet vielerorts in einem informellen Rahmen statt. Vor diesem Hintergrund ist der Zugang zum Engagement eher an individuell bedeutsamen Projekten oder Themen orientiert und weniger an einer inneren Verpflichtung oder der Zugehörigkeit zu einem bestimmten soziokulturellen Milieu oder Organisation.

Das bürgerschaftliche Engagement ist kein Ersatz für die professionelle Unterstützung von Menschen mit Behinderung, sondern integraler Bestandteil eines Konzepts sozialräumlich orientierter Sozialarbeit, welches sich dem Stadtteil, der Gemeinde öffnet und Menschen mit Behinderung mehr Spielraum ermöglicht, um → soziale Netzwerke in der unmittelbaren Nachbarschaft aufzubauen und zu nutzen (Thimm 2002, 35). Die Leitidee der sozialen → Integration und → Inklusion ist ohne das soziale Umfeld in Form engagierter Mitbürger nicht realisierbar. Bei der Betonung des integrativen Aspekts geht es jedoch darum, bürgerschaftliches Engagement nicht ausschließlich als Engagement für Menschen mit Behinderung zu betrachten, sondern vielmehr als gemeinsames Engagement von so genannten behinderten und nichtbehinderten Menschen. Auch Betroffene sollten somit sensibilisiert und unterstützt werden, sich als Bürger zu engagieren, z. B. selbst Nachbarschaftshilfe leisten (dazu Theunissen & Schirbort 2006, 67, 73f., 153).

Steffen Roth

Literatur

Dahrendorf, R. (1992): Der moderne soziale Konflikt. Essays zur Politik der Freiheit. Stuttgart

Drabent, R. (2002): Infrastruktur soziales Engagement. In: Thimm, W. & Wachtel, G. (Hrsg.): Familien mit behinderten Kindern. Wege der Unterstützung und Impulse zur Weiterentwicklung regionaler Hilfesysteme. Weinheim, 191–213

Heinze, R. G. & Olk, T. (2001): Bürgerengagement in Deutschland – Zum Stand der wissenschaftlichen und politischen Diskussion. In: Heinze, R. G. & Olk, T. (Hrsg.): Bürgerengagement in Deutschland. Opladen

Olk, T. (1989): Vom »alten« zum »neuen« Ehrenamt – ehrenamtliches, soziales Engagement außerhalb etablierter Träger. In: Blätter der Wohlfahrtspflege 1, 7–10

Rauschenbach, T. (2001): Ehrenamt. In: Otto, H.-U. & Thiersch, H. (Hrsg.): Handbuch der Sozialarbeit/Sozialpädagogik. 2. Auflage, Neuwied, 344–360

Steinbacher, E. (2004): Bürgerschaftliches Engagement in Wohlfahrtsverbänden. Professionell und organisationale Herausforderungen in der Sozialen Arbeit. Dissertation, Wiesbaden

Theunissen, G & Schirbort, K. (Hrsg.) (2006): Inklusion von Menschen mit geistiger Behinderung. Stuttgart

Thimm, W. (2002): Leben in Nachbarschaften. Struktur und Konzeption eines gemeindenahen Systems besonderer pädagogischer Förderung. In: Zur Orientierung 1

Bürgerzentrierung

(siehe auch Bürgerschaftliches Engagement)

Der Begriff Bürgerzentrierung ist für die deutsche Diskussion noch neu, international spielt »Bürgerorientierung« an einigen Stellen eine Rolle: In den USA hebt Valerie Bradley (1998), Präsident Clintons Beraterin für Behindertenpolitik, in einem Phasenmodell diese Orientierung von den vorangegangenen der Institutionsreform (Betreuung von »Patienten«) und der → Deinstitutionalisierung (Förderung von »Klienten«) ab. In dieser Phase des »Lebens mit Unterstützung« geht es nun um die → Unterstützung von »Bürgern«, die übliche Kindertageseinrichtungen und allgemeine Schulen besuchen, in üblichen Wohnungen leben, in Betrieben des ersten Arbeitsmarktes tätig sind und die in der Wahrnehmung ihrer Bürgerrechte im Rahmen der Weiterentwicklung des Umfeldes zu einer inklusiven Gesellschaft unterstützt werden.

Klaus Dörner spricht von einem »bürgerzentrierten« Herangehen (2005, 28), das er nicht nur dem »institutionszentrierten«, sondern vor allem auch dem »personenzentrierten« Ansatz gegenüberstellt. Das personenzentrierte Vorgehen, so Dörner, wird unter der Hand schnell zu einem »profizentrierten« Ansatz umgeformt, der unter den Bedingungen der Marktisierung des Sozialsystems auf abrechenbare Leistungen hinausläuft und bei dem die Person selbst eher zur Störquelle in der Hilfeplanung wird (vgl. Boban & Hinz 2009).

Ein bürgerzentrierter Ansatz wird durch zwei Merkmale charakterisiert: Zum einen nimmt er die Person, die unterstützt wird, in ihrer Rolle als Bürger mit allen Rechten und Pflichten in den Blick, zum anderen zielt er auch auf ihre soziale Einbindung im Umfeld der umgebenden Bürger. So kommt die soziale Bedeutsamkeit von Personen mit Unterstützungsbedarf stärker in den Blick (vgl. Boban 2003, Hinz & Kruschel 2012).

Ines Boban & Andreas Hinz

Literatur

Boban, I. (2003): Person Centred Planning and Circle of Friends – Persönliche Zukunftsplanung und Unterstützerkreis. In: Feuser, G. (Hrsg.): Integration heute – Perspektiven ihrer Weiterentwicklung in Theorie und Praxis. Frankfurt am Main, 285–296

Boban, I. & Hinz, A. (2009): Bürgerzentrierte Zukunftsplanung im Unterstützerkreis. Ein Schlüssel zu inklusiven Lebensperspektiven. In: Theunissen, G. & Wüllenweber, E. (Hrsg.): Zwischen Tradition und Innovation. Methoden und Handlungskonzepte in der Heilpädagogik und Behindertenhilfe. Marburg, 453–460

Bradley, V. J. (1998): The New Service Paradigm (1994). In: Inclusion, Nachrichten von Inclusion International, Mai 1998, Nr. 20

Dörner, K. (2005): Zukunftswege. Integration in Arbeit und Beschäftigung trotz Massenarbeitslosigkeit? In: Soziale Psychiatrie 2, 28–30

Hinz, A. & Kruschel, R. (2012): Bürgerzentrierte Planungsprozesse in Unterstützerkreisen. Praxishandbuch Zukunftsfeste. Düsseldorf (im Erscheinen)

C

Community Care

(siehe auch Wohnen, Anstalten)

Community Care ist eine Bezeichnung von wohnortnahen Dienstleistungen für Menschen mit Assistenzbedarf (Maas 2010). Es handelt sich um eine Bewegung, welche die volle → Teilhabe auch von Menschen mit sehr hohem Assistenzbedarf am gesellschaftlichen Leben zum Ziel hat. Sie sind Bürger mit allen Rechten und Pflichten. Sie bestimmen ihr Leben und die Gestaltung der Dienstleistungen, welche sie benötigen. Sie sind grundsätzlich einbezogen in alle sie betreffenden Vorgänge und Planungen.

Zum besseren Verständnis wird Bezug genommen auf die Beschreibung von Paul Cambridge aus dem Jahre 2004. Demnach ist »Community Care« die Bezeichnung der Art von sozialen (Fürsorge-)Dienstleistungen, welche entwickelt werden und angesiedelt sind im Gemeinwesen; dies im Gegensatz zur institutionellen Fürsorge (wie etwa in Langzeitkrankenhäusern oder anderen Sondereinrichtungen, welche außerhalb oder abgetrennt vom Gemeinwesen angelegt sind). Stationäre Dienstleistungsformen können dazu gehören, doch im Allgemeinen sind übliche Wohnformen wie Leben mit Unterstützung gemeint.

»Care« ist ein Begriff mit breiter inhaltlicher Ausdehnung, hier zu verstehen als die Hilfe, die ein Mensch, der in existentielle Not geraten ist, benötigt, um weiterleben zu können.

»Community« bedeutet Gemeinwesen, Gemeinde, Gemeinschaft. Die Beschreibung von Paul Cambridge lässt diese Auswahl zu. Es ist nicht sofort klar, welcher Sinnzusammenhang gemeint ist. Für die Behindertenhilfe z. B. in Schweden ist dieses nicht im Mindesten unklar (Lerman 2000): »Community Care« bedeutet die uneingeschränkte Zuständigkeit der untersten staatlichen Verwaltungsebene für Menschen mit Behinderung unter weitgehendem Verzicht auf die Möglichkeit der Verlagerung dieser Zuständigkeit auf andere Kommunen oder höhere Verwaltungszusammenhänge. Diese administrative Verortung von Behindertenhilfe entfaltet von dort ihre Wirkung in das Gemeinwesen einer »community«. Zur vorläufigen Antwort auf die Frage, was mit »community« gemeint ist, wird hier vorgeschlagen, den Gemeinschaftszusammenhang zu fokussieren, in dem eine in ihrer Größenordnung und Zusammensetzung nicht vorher definierte Gruppe von Menschen sich einem gemeinsamen Ort des Wohnens und Lebens zugehörig und verbunden fühlt. Diese Beschreibung schließt die administrative Interpretation »community« als staatliche Ordnungseinheit nicht aus, setzt sie aber auch nicht a priori in den Vordergrund.

Insbesondere in der Kombination der Begriffe »Community Care« wird so eine verständliche Interpretation möglich: es ist das Gemeinwesen, welches die Fürsorge entwickelt und leistet, weil Zugehörigkeit und Verbundenheit dies beinhalten; auf Verschiebung der »care« nach andernorts wird verzichtet. Die Administration gewährleistet dieses. Die »care« richtet sich auf die Mitglieder der Gemeinschaft, die aus eigener Kraft ihr Leben nicht oder nicht vollständig selbstständig bewältigen können. Dies geschieht aus der Überzeugung, dass sie ebenfalls dieser Gemeinschaft angehören.

In der Gegenüberstellung zur »care« in Einrichtungen, die abgetrennt von der »community« sind, wird »Community Care« noch deutlicher, zugespitzt durch die Interpretation, was unter Einrichtung in diesem Zusammenhang zu verstehen ist: Langzeitkliniken etwa und andere Dienstleistungsorganisationen, die ihre Dienste einer angesammelten Menge von Menschen anbieten.

»Community Care« wird von einigen Überzeugungen getragen, welche als Grundannahmen zu verstehen sind. Vier solcher Grundannahmen formuliert der Abschlussbericht des Europaprojektes »Community Care«, an dem für Deutschland die Evangelische Stiftung Alsterdorf (2000, 101) in Hamburg beteiligt gewesen ist. Es sind dies:

1. Menschen mit Assistenzbedarf sind in erster Linie Bürger, die nicht anders als andere Bürger in dieser Gesellschaft geboren sind und ihr angehören.
2. Selbstbestimmung und Kontrolle über das eigene Leben.
3. Assistenz wird geboten, wo diese nötig ist. Diese zielt auf die Stärkung der gesellschaftlichen Position von Menschen mit Unterstützungsbedarf.
4. Eine qualitativ hochwertige soziale Infrastruktur in den Gemeinwesen und deren barrierefreie Zugänglichkeit sind wichtige Bedingungen für Bürger mit Assistenzbedarf.

Diesen Grundannahmen sind reihenweise praktische Ableitungen für den Umgang mit Menschen mit Assistenzbedarf zuzuordnen. Sie ermöglichen eine Beurteilung der derzeitigen Lebenssituation von Menschen mit hohem Assistenzbedarf auch in Deutschland. Beispielhaft seien genannt die Wohnsituation nach wie vor sehr vieler dieser Menschen in → Anstalten, mehr noch die steigende Anzahl der Menschen mit hohem Assistenzbedarf, die in stationäre Großeinrichtungen eingewiesen werden, und die nahezu nicht oder allenfalls zögerlich stattfindende Eingliederung von Menschen mit hohem Assistenzbedarf in den offenen Arbeitsmarkt und in das System der Regelschulen.

Die Bewegung »Community Care« hat mittlerweile auch einige der großen Anbieter von Behindertenhilfe in Deutschland erreicht. Viele von ihnen verharren jedoch in gefestigten, scheinbar sicheren institutionellen Strukturen und verkennen die Konsequenzen der in deutschen Gesetzen und auf europäischer Ebene geforderten uneingeschränkten Teilhabe aller Menschen mit Assistenzbedarf am gesellschaftlichen Leben. Sie verkennen damit auch ihre Zukunftschancen, wenn es darum geht, in Kooperation mit anderen Dienstleistungsorganisationen, spezifischen wie nicht spezifischen, bei der Gestaltung lebenswerter Wohnquartiere aktiv Mitgestalter zu sein.

Theodorus Maas

Literatur

Cambridge, P. & Ernst, A. (2004): A framework for comparing local and national service systems and arrangements for people with learning disabilities in Europe: the Experience of the STEPS Anti-discrimination project: Tizard Centre, University of Kent, Canterbury

Evangelische Stiftung Alsterdorf (2000): Abschlussbericht Projekt Community Care. Hamburg

Evangelische Stiftung Alsterdorf und Katholische Hochschule für Sozialwesen (Hrsg.) (2010) Enabling Community. Anstöße für Politik und soziale Praxis. Berlin. Hamburg

Lerman, B.: Vortrag Kongress Community Care Oktober 2000 in Hamburg: Community Care, Ein neuer Start für eine neue Lebensweise

Maas, Th. (2010): Community Care in der Evangelischen Stiftung Alsterdorf. In: Theunissen, G. & Schirbort, K. (Hrsg.): Inklusion von Menschen mit geistiger Behinderung. Stuttgart, 141–169

Schablon, K.-U. (2008): Community Care: Strukturelle und handlungsbezogene Determinanten zur Gemeinweseneinbindung erwachsener geistig behinderter Menschen. Hamburg

Computergestützte Analysesysteme

Die aktuelle Diskussion um die Notwendigkeit einer effektiven sozialen Arbeit sowie die in diesem Zusammenhang erhobene Forderung nach Qualitätssicherung, Qualitätsentwicklung, Evaluation, Wissens- und Qualitätsmanagement in sozialen Einrichtungen ist mit der professionellen Nutzung der neuen Technologien eng verknüpft. Vergleichbar den standardisierten Tests sowie der Nutzung von Video bei der pädagogisch-psychologischen und medizinischen Arbeit mit Menschen mit Behinderungen können heute die neuen Informations- und Kommunikationstechnologien mit ihren vielfältigen Möglichkeiten im Bereich der Informationsgewinnung, Wissensverarbeitung und dem Lernen ein nützliches Werkzeug bilden. Computer können zum Beispiel zur Interpretation von Informationen, zur Erarbeitung und Beschreibung umfassender Problemsituationen, zur Verbesserung des Organisationsablaufs in Einrichtungen, zur Informationssammlung und zum Lernen eingesetzt werden. Computergestützte Programme lassen sich einsetzen bei:

1. Förderung motorischer und intellektueller Kompetenzen von Menschen mit Behinderungen
2. Unterstützung der fachlich-inhaltlichen Arbeit der MitarbeiterInnen
3. Aus- und Weiterbildung von Fachleuten (z. B. virtuelle Seminare)
4. Dokumentations- und Evaluationssystemen
5. Organisations- und Verwaltungshilfen für die Einrichtungen.

Eine immer größere Bedeutung gewinnt die Sozialberatung im Internet (Wimmer 2004). Im Bereich der Dokumentation (Henes & Trede 2004), des E-Learning und bei Organisations- und Verwaltungshilfen (Kreidenweis 2004) gibt es heute eine fast nicht überschaubare Anzahl von Softwareprogrammen – im Bereich der fachlich-inhaltlichen Arbeit fehlen diese weitgehend. Dies betrifft insbesondere die Diagnostik, die Planung und Durchführung therapeutischer Interventionen und die Evaluation der Arbeitsprozesse und Ergebnisse. Solche individuell auf die Bedürfnisse der Fachleute und Einrichtungen zugeschnittenen Analyse-, Dokumentations- und Evaluationsprogramme können sowohl zur Verbesserung der Arbeit mit den Kindern wie auch als Grundlage für Fallbesprechungen in interdisziplinären Teams und insbesondere zur Reflexion des eigenen fachlichen Handelns dienen (Peterander 2004).

Die Möglichkeiten im Umgang mit den neuen Technologien sind vielschichtig:

1. Setzen von Entwicklungsimpulsen durch die Herausarbeitung und Nutzung von Expertenwissen (Generierung, Differen-

zierung und Operationalisierung von Fachwissen)
2. Entwicklung computergestützter Analyse- und Beratungsprogramme (Diagnostik, Beratung, Lernen)
3. Durchführung von Verlaufsanalysen und Katamnesen zur kindlichen Entwicklung (Evaluation, angewandte Feldforschung)
4. Aufbau eines vernetzten Informationssystems zwischen sozialen Einrichtungen (Information, Kommunikation, Supervision)
5. Aufbau eines für soziale Einrichtungen modellhaften Qualitätsentwicklungssystems.

Die Herausforderungen für eine in diesem Sinne verstandene Sozioinformatik bzw. Sozialinformatik als einer neuen Fachdisziplin im Sozialbereich sind besonders bedeutsam, wenn es darum geht, das für die Softwareentwicklung notwendige fachliche Wissen, das Expertenwissen, von den in den Einrichtungen arbeitenden Fachleuten herauszuarbeiten und in leistungsfähige, fachlich-inhaltliche Programme umzusetzen. Ein Beispiel für die Entwicklung einer anwendungsorientierten inhaltlichen Software ist das »Münchner Analyse- und Lernsystem (MAL)« – ein Autorenprogramm, das gemeinsam mit Pädagogen, Psychologen und Informatikern speziell für den Sozialbereich entwickelt wurde (Peterander 2004). Im Rahmen unserer Forschungs- und Entwicklungsstelle für Sozioinformatik-Systeme (FESS) wurden computergestützte Programme zur Eingangsdiagnostik, zur förderzentrierten Spielbeobachtung, zur Verlaufsbeobachtung, zur Auswertung von Testverfahren, zur Behandlungsplanung, zur Erstellung von Befundberichten und Gutachten und zur Dokumentation und Evaluation entwickelt (Peterander 2004). Zentrales Anliegen dieser Entwicklungsarbeiten ist u. a. die Professionalisierung des diagnostisch-fachlichen Handelns im Sozialbereich, so z. B. auch durch die zum Einsatz in Werkstätten entwickelte ›Werdenfelser Testbatterie‹ (WTB – Peterander et al. 2009) zur psychometrischen Erfassung und computergestützten Analyse intellektuell-kognitiver und persönlichkeitsrelevanter Merkmale bei Menschen mit Behinderungen.

Franz Peterander

Literatur

Henes, H. & Trede, W. (2004): Dokumentation pädagogischer Arbeit. Frankfurt/M.
Kreidenweis, H. (2004): Sozialinformatik. Baden-Baden
Peterander, F. (2004): Neue Technologien und Qualitätsentwicklung in sozialen Einrichtungen. In: Peterander, F. & Speck, O. (Hrsg.): Qualitätsmanagement in sozialen Einrichtungen. 2. Aufl., München/Basel, 311–325
Peterander, F., Strasser, E., Städler, T. & Kahabka, T (2009): Werdenfelser Testbatterie zur Messung kognitiv-intellektueller Fähigkeiten bei Menschen mit Behinderungen, Hogrefe, Göttingen
Wimmer, A. (2004): Psychosoziale Beratung im Internet. In: Müller, W. & Scheuermann, U. (Hrsg.): Praxis Krisenintervention. Stuttgart, 289–299

Consulenten, Konsulenten, Konsulentendienst

Die Verfügbarkeit von → Beratung ist bei massiv herausfordernden Verhaltensweisen oder festgefahrenen Betreuungssituationen für alle Beteiligten von großer Bedeutung. Im institutionellen Kontext sind pädagogisch-therapeutische Fachdienste oder spezialisierte psychiatrische Hilfen typische Organisationsmodelle. Unter regionalen

Bedingungen, im System dezentraler oder ambulanter Wohnformen, sind regionale Beratungsstrukturen erforderlich: Beratungsteams im regionalen Verbund; Kooperation mit sozialpsychiatrischen Diensten, Institutsambulanzen, psychosozialen Diensten; Inanspruchnahme von ambulant tätigen pädagogischen, psychologischen, therapeutischen und anderen Experten, Supervisoren und Beratern. In den Niederlanden wurde Ende der 1980er Jahre, ausgelöst durch untragbare Lebensbedingungen behinderter Menschen mit ernsthaften Verhaltensproblemen in Behinderteneinrichtungen, dafür ein organisiertes Beratungssystem in Form sog. Konsulententeams (Beratungsteams) entwickelt. Mit staatlicher Unterstützung wurden 1990 in fünf Regionen Konsulententeams etabliert, die, für jeden Anfragenden zugänglich, über ein eigenes Budget verfügen und unabhängig von den Institutionen sein sollten. Das Konsulententeam, 2–3 Fachkräfte pro Region, hat Koordinierungsfunktion für maßgeschneiderte Unterstützungsleistungen; je nach Problemlage werden Experten mit jeweils spezifischen Qualifikationen, Kenntnissen und Erfahrungen ausgewählt, um als Konsulenten (»Berater«) im Einzelfall vor Ort tätig zu werden. Ziel ist, nach Systemanalyse Lösungen im jeweiligen Lebensfeld zu finden und damit Restriktionen und Ausschlüsse zu vermeiden. Heute wird die niederländische Konsulentenarbeit von fünf regionalen »Centra voor Consultatie en Expertise« getragen, die unabhängig als Stiftungen organisiert sind und über ein eigenes Budget verfügen (in 2002 ca. 25 Mio. Euro für über 2000 Klienten in allen CCE). In Deutschland wurde die Konsulentenarbeit zuerst im Rheinland aufgegriffen, zunächst wie auch in den Niederlanden im Austausch von Konsulenten zwischen einzelnen Einrichtungen, hier den Heilpädagogischen Heimen. Eine erste Evaluation belegt, dass durch zielgerichtetes, die Erkenntnisse verschiedener Fachrichtungen integrierendes Handeln extrem angespannte Problemlagen vor Ort entspannt werden können (Seifert 2004). Mit Einrichtung eines »Instituts für Konsulentenarbeit« in 2006 ist die Konsulentenarbeit auch im Rheinland unabhängiger von den Einrichtungen geworden und soll künftig allen regional Anfragenden zur Verfügung stehen. Konsulentenprojekte in weiteren Bundesländern sind inzwischen entstanden.

Christian Bradl

Literatur

Braun, R., Elger, I. & Thimianidou, B. (2010): Externe Beratung in festgefahrenen Situationen. In: Teilhabe 2, 82–88
Dieckmann, F. & Haas, G. (Hrsg.) (2007): Beratende und therapeutische Dienste für Menschen mit geistiger Behinderung und herausforderndem Verhalten. Stuttgart
Eekelaar, CH. J. A. (1999): Erfahrungen mit Konsulententeams. In: Petry, D. & Bradl, Ch. (Hrsg.): Multiprofessionelle Zusammenarbeit in der Geistigbehindertenhilfe. Bonn, 242–250

Coping, Copingstrategien

(siehe auch Vulnerabilität)

Die Coping- oder Bewältigungsforschung beschäftigt sich mit dem »Umgehen mit« Krankheit, Behinderung, Beeinträchtigung oder Veränderung. In den meisten Fällen ist der Begriff »Coping« oder »Bewältigung« eng mit dem Konzept »Stress« verknüpft.

Eine Anforderung aus der Umgebung oder ein Ziel, das man sich selbst stellt, geht über eine bestimmte, subjektiv sehr unterschiedliche, Grenze hinaus und gibt damit Anlass zu einer besonderen Bewältigungsreaktion (»Coping«).

Wie bei den Stresstheorien gibt es eine Vielzahl von Konzepten für Coping (vgl. Semmer, 1999, 747f.), z. B. psychoanalytische Konzeptionen mit »reifen« Copingstrategien, situationsbezogene Reaktionen in Prozessen oder generelle, personentypische Bewältigungsstile. Lazarus und Folkman (1984) hält keine Coping-Form für a priori überlegen und besteht auf einer neutralen Definition.

Das Stressereignis »Krankheit« oder »Behinderung« (z. B. Mitteilung der Diagnose) und dessen Bewältigung bilden insofern eine Einheit, als mit jedem solchen Ereignis, seien sie in letzter Konsequenz negativ oder positiv für den Einzelnen, der weitere Verlauf und der Umgang mit Krankheit oder Behinderung beeinflusst wird.

Antonovsky (1987; 1990) beschreibt mit der *Salutogenese* ein Modell der Aufrechterhaltung physischer und psychischer → Gesundheit. In Untersuchungen zu Stress, Coping und Krankheitssymptomen wurden vor allem Anpassungsstile von Menschen analysiert, die trotz hoher Stressbelastung, gesund und wohlbehalten blieben. Insgesamt hebt Antonovsky zehn psychosoziale Resistenzressourcen hervor: materielle → Ressourcen, → Intelligenz und Wissen, Ich-Identität, flexibles Coping-Repertoire, soziale Unterstützung und → Bindungen, Wesenszüge des Beteiligtseins und der internen Kontrolle, kulturelle Stabilität, magisches Denken, Religion und existentielle Philosophie und eine gesundheitspräventive Haltung.

Man kann davon ausgehen, dass jede Person über ein im Laufe des Lebens erworbenes Repertoire an mehr oder weniger erfolgreichen Bewältigungsstrategien verfügt. Erworbene Strategien können in verschiedenen Situationen eingesetzt werden, man kann aber auch neue Bewältigungsformen üben. In diesem Sinne wurde z. B. durch Kretschmann (1997) ein Trainingskonzept »Stressmanagement für Lehrkräfte« entwickelt.

Die Forschung ist nicht nur auf individuelle Bewältigungsformen, sondern auch auf kollektive (z. B. die Familie) ausgerichtet. Bei der Analyse von familiären Copingprozessen steht die Familie als Einheit zentral, wobei darauf hingewiesen wird, dass eine Familie mehr ist als die Summe der individuellen Mitglieder. Forschergruppen haben viele theoretische Modelle und Verfahrensweisen zur Erfassung von familiären Bewältigungsstrategien entwickelt (vgl. Seiffge-Krenke et al. 1996, 104–105).

Meindert Haveman

Literatur

Antonovsky, A. (1987): Unraveling the mystery of health. San Francisco
Antonovsky, A. (1990): The salutogenic model of health. In: Ornstein, R. & Swencionis, C. (Ed.): The healthy brain. New York, 231–243
Kretschmann, R. (1997): Zur Vorbeugung beruflicher Überbeanspruchung. In: Buchen, S. u. a. (Hrsg.): Jahrbuch für Lehrerforschung, München, 325–356
Lazarus, R. & Folkman, S. (1984): Stress, appraisal, and coping. New York
Seiffge-Krenke, I. u. a. (1996): Chronisch kranke Jugendliche und ihre Familien. Stuttgart
Semmer, N. (1999): Stress. In: Asanger, R. & Wenninger, G. (Ed.): Handwörterbuch Psychologie. Weinheim, 744–752

Corporate Citizenship, Corporate Social Responsibility

(siehe auch Bürgerschaftliches Engagement)

Seit einigen Jahren wird in Deutschland angesichts des relativen Bedeutungsverlustes des Nationalstaates und einer relativ schwach institutionalisierten Zivilgesellschaft verstärkt über die gesellschaftliche Rolle von Unternehmen diskutiert (Habisch 2003). Die vor allem in den USA und Großbritannien etablierten Begriffe Corporate Citizenship und Corporate Social Responsibilität umreißen aus unterschiedlichen Perspektiven die Gesamtheit des freiwilligen gesellschaftlichen Engagements von privatgewerblichen Unternehmen. Dabei thematisiert Corporate Citizenship die neue Rolle von Unternehmen aus einer zivilgesellschaftlichen Perspektive, während Corporate Social Responsibility aus einer wirtschaftlichen, insbesondere betrieblichen Perspektive versucht, die gesellschaftliche Rolle von Unternehmen neu zu fassen (vgl. Backhaus-Maul 2006).

In Deutschland hat die Übernahme gesellschaftlicher Verantwortung durch Unternehmen eine lange Tradition und ist weit verbreitet (vgl. Bertelsmann 2005). Neu sind aber, und darauf verweisen beide Begriffe, die strategische Verknüpfung von wirtschaftlichem Handeln und gesellschaftlichem Engagement sowie die Vielfalt und Vielzahl von Instrumenten und Verfahren gesellschaftlicher Verantwortungsübernahme durch Unternehmen, sei es etwa in Form von Geld- und Sachspenden (corporate giving) oder Mitarbeiterengagement (corporate volunteering).

Konkret betrachtet erfolgt das gesellschaftliche Engagement von Unternehmen entweder in eigener Regie oder zunehmend in Zusammenarbeit mit gemeinnützigen Organisationen, wobei die Art und Weise der Zusammenarbeit und der Grad der Intensität stark variieren. Die praktizierten Möglichkeiten reichen von konventionellen Sponsoring-Aktivitäten im Sozial- und Kulturbereich, über sachlich und zeitlich begrenzte Projekte bis hin zu dauerhaften Partnerschaften zwischen Unternehmen und gemeinnützigen Organisationen (vgl. Dresewski 2004). Dabei ist in Rechnung zu stellen, dass die freiwillige Zusammenarbeit zwischen For- und Non-Profit-Organisationen entgegen aller ritualisierten Beschwörungen von Win-Win-Gelegenheiten weder eine Selbstverständlich noch eine Leichtigkeit ist, da beide Organisationen auf völlig unterschiedlichen Logiken und Sichtweisen basieren.

Die gesellschaftlichen Handlungsfelder engagierter Unternehmen sind denkbar breit gefächert, wobei die Schwerpunkte im Sozialbereich, gefolgt vom Bildung und Erziehungswesen sowie dem Bereich Kultur und Kunst liegen (vgl. Bertelsmann 2005).

Innerhalb des Sozialbereichs entwickelt sich das unternehmerische Engagement zugunsten von Menschen mit Behinderungen erst relativ langsam. Gleichwohl bietet gerade dieses Engagementfeld vielversprechende gesellschaftspolitische Entwicklungsoptionen, wenn sich engagementbereite Unternehmen als komplementäre Bestandteile eines gemeindeintegrierten Unterstützungssystems (→ Community Care) sozialer Arbeit für Menschen mit Behinderung verstehen. Im diesen Sinne ist zu erwarten, dass sich gesellschaftlich engagierte Unternehmen gegenüber Menschen mit Behinderungen als Mitarbeitern, Kunden und Bürger öffnen. Engagierte Unternehmen lassen aufgrund ihres Ressourcenpotenzials aus Geld-, Sach- und Dienstleistungen einen vielversprechenden Beitrag für ein zukunftsweisendes Modell gemeindeintegrierter und sozialräumlich orientierter Unterstützungssysteme für Menschen mit Behinderung erwarten.

Holger Backhaus-Maul & Steffen Roth

Literatur

Backhaus-Maul, H. (2006): Gesellschaftliche Verantwortung von Unternehmen. In: Aus Politik und Zeitgeschichte 12, 32–38
Bertelsmann-Stiftung (2005): Die gesellschaftliche Verantwortung von Unternehmen. Gütersloh
Dresewski, F. (2004): Corporate Citizenship. Ein Leitfaden für das soziale Engagement mittelständischer Unternehmen. Berlin
Franz, S. (2006): Zum Engagement von Wirtschaftsunternehmen in der Behindertenhilfe. In: Schriftenreihe der Aktiven Bürgerschaft. Berlin 2006 (www.aktive-buergerschaft.de).
Habisch, A. (2003): Corporate Citizenship. Gesellschaftliches Engagement von Unternehmen in Deutschland. Berlin, Heidelberg

D

Deeskalation

Mitunter steigern sich in Konflikten und Krisen sowie bei Verhaltensauffälligkeiten und psychischen Krankheiten die gezeigten problematischen Verhaltensweisen dermaßen, dass die Fachkräfte in der Behindertenhilfe persönlich und konzeptionell stark herausgefordert, teilweise überfordert werden. Der Begriff der Deeskalation überschreibt verschiedenste Zugänge, um kritische oder eskalierte Situationen zu bewältigen. Aufgrund der Bedeutung der Deeskalation sind für die Behindertenhilfe in den letzten Jahren mehrere Ansätze entwickelt worden, zu erwähnen sind das Deeskalationsprogramm DeE-Pro, das Professionelle Deeskalationsmanagement ProDeMa, Radar und Part2000. Solche Ansätze sind zum Teil »unterkomplex«, indem sie eine gewisse Theoriearmut und die Neigung verdeutlichen, komplexe Situationen normativ zu bewältigen. Auch wird nur teilweise betont, dass die Deeskalation über die Bewältigung von Akutsituationen hinaus nicht in der Lage ist, die Komplexität der Problematik, z. B. deren Hintergründe, zu bewältigen. Es bedarf i.d.R. über die Deeskalation hinaus grundsätzlicher und langfristiger Hilfen, dies wird zu wenig betont.

Zentrales Anliegen der Deeskalation ist es, kritische Situationen kompetent bzw. professionell zu bewältigen und die Fachkräfte darin zu unterstützen, nicht rein emotional oder impulsiv zu reagieren. Hierin liegt der Wert solcher Ansätze, denn die Praxis und Untersuchungen (Wüllenweber 2012) verdeutlichen, dass es Fachkräften an entsprechenden Handlungsmöglichkeiten mangelt und sie daher ungewollt zu einer zusätzlichen Eskalation beitragen können.

Ernst Wüllenweber

Literatur

Wüllenweber, E. (2012): Soziale Konflikte als pädagogisches Problem. Hamburg (3. Auflage)

Defektologie

Der Begriff der Defektologie stammt aus den 20er Jahren des vorigen Jahrhunderts und bezeichnet ein interdisziplinäres Wissenschaftsgebiet, das sich mit physischen und psychischen Beeinträchtigungen befasst. Wenngleich es dabei dem russischen Psychologen Wygotski, der den Begriff wesentlich geprägt hat, um eine soziale Problembetrachtung zu tun war, ist der Gegenstand der Defektologie als eine ausschließlich medizinisch geprägte, personinhärente Kategorie missverstanden worden; zudem wurde angenommen, dass es der Defektologie nur um die Erforschung von Defekten ginge. Das Gegenteil ist jedoch der Fall: »Nicht Defekte oder Ausfälle stehen im Mittelpunkt der Forschung, sondern unversehrt gebliebene Funktionsbestände und die Verwendung dieser Reste für die Entwicklung von Ersatzleistungen« (Sacks 1994, 121). Pädagogisch richtet sich somit der Handlungsfokus nicht auf einen spezifischen Organdefekt bzw. auf Hirnschädigungen, sondern auf die Frage, wie auf die daraus resultierenden Störungen oder Probleme durch eine »optimale« Entwicklungshilfe (z. B. unter Einbeziehung von → Stärken und Kompensationsmöglichkeiten) Einfluss genommen werden kann. Nichtsdestotrotz gibt es heute angesichts der Missverständlichkeit Tendenzen, den Begriff der Defektologie zu vermeiden.

Georg Theunissen

Literatur

Sacks, O. (1994): Folgen von Lurias Konzeption für eine veränderte Rehabilitationspraxis bei Hirngeschädigten. In: Jantzen, W. (Hrsg.): Die neuralen Verstrickungen des Bewusstseins – zur Aktualität von A. R. Lurias Neuropsychologie. Münster, 108–124

Defizite, Defizitorientierung

Im Falle einer geistigen Behinderung ist der professionelle Blick häufig auf die Defizite eines Menschen verengt. Je schwerer die Behinderung, desto mehr treten die organische Schädigung, das Nicht-Können oder das nicht normgerechte Verhalten in den Vordergrund und verstellen den Blick auf die positiven Aspekte und individuellen → Kompetenzen einer Person. Die defizitorientierte Sicht reduziert den Menschen auf seine Behinderung und weist ihm den anthropologischen Status eines »Mängelwesens« und einer »Minusvariante« menschlicher Existenz zu. In den letzten Jahrzehnten vollzog sich innerhalb der Pädagogik für Menschen mit geistiger Behinderung ein deutlicher Perspektivenwechsel von der Defizit- zur Kompetenzorientierung.

Harald Goll

Literatur

Goll, H. (1994): Vom Defizitkatalog zum Kompetenzinventar. In: Hofmann, Th. & Klingmüller, B. (Hrsg.): Abhängigkeit und Autonomie. Neue Wege in der Geistigbehindertenpädagogik. Berlin, 130–154

Deinstitutionalisierung

(siehe auch Enthospitalisierung)

Bis vor wenigen Jahren stand die Geistigbehindertenhilfe weltweit im Zeichen einer segregierenden Institutionalisierung, der die Auffassung zugrunde lag, dass den Bedürfnissen von Menschen mit Lernschwierigkeiten oder komplexer Behinderung am besten durch eine Zusammenführung und Besonderung in speziellen sozialen Systemen (Anstalten, Wohnheime, Sonderschulen, Werkstätten für behinderte Menschen) entsprochen werden könne (Polloway et. al. 1996; auch Dörner 2010). Dieser Gepflogenheit werden mittlerweile Konzepte gegenüber gestellt, die sich der gesellschaftlichen → Integration, → Inklusion und → Partizipation verschrieben haben. Ein wichtiger Wegbereiter auf dem Gebiete des Wohnens ist hierbei die Deinstitutionalisierung (dazu Theunissen 2012). Dieser Begriff bezeichnet sowohl den Prozess der Abschaffung von Institutionen wie → Anstalten oder Heime als auch die Auflösung und Überwindung ihrer typischen Strukturmerkmale (z. B. Zentralversorgung, Systemzwänge, Machtstrukturen). Dahinter verbirgt sich die Erkenntnis, dass Institutionen Grundbedürfnissen menschlichen Lebens (v. a. zwischenmenschliche Kommunikation, Selbstbestimmung, Kontrolle der Lebensverhältnisse) sowie dem Recht auf Eigenleben oder Intimsphäre abträglich sind. Damit erscheint der Begriff der Institutionalisierung als eine negative Kategorie. Ihm werden mit Blick auf das → Wohnen häusliche Lebensmilieus gegenübergestellt, in denen eine Selbstversorgung stattfindet und Betroffene ihr Leben selbst gestalten und selbst bestimmen können (dazu Theunissen 2010). Entsprechende Wohnformen, denen es um ein häuslich-privates Wohnen zu tun ist, beziehen sich auf das »unterstützte Wohnen« (supported living), auf kleine Wohngruppen (smaller group homes mit 2–3 Plätzen) und größere Wohngruppen (larger group homes mit 3–6 Plätzen) (Theunissen 2012).

Nichts desto trotz kann eine grundsätzliche Ablehnung des Begriffs der Institution aus soziologischer Sicht kritisiert werden. Denn Institutionen werden nicht selten als »Erscheinungen geregelter Kooperation von Menschen« (Gukenbiehl 1993, 96) definiert, und in diesem Sinne können sie durchaus auch emotionalen Halt, Stabilität und Sicherheit bieten (Speck 2005, 211ff.). Zum Problem werden sie allerdings dann, wenn sie eine Eigengesetzlichkeit im Sinne »Selbstverzweckung« (Speck) entwickeln und individuelle Entfaltungsmöglichkeiten (→ Selbstbestimmung) durch Systemzwänge begrenzen. Genau an dieser Stelle sollte die Auseinandersetzung mit Institutionen geführt werden. Hilfreich ist dabei zweifelsohne Goffmans Analyse von Institutionen (1972), die bis heute in Bezug auf die Frage der strukturellen und institutionellen Gewalt sowie der Verdinglichung Betroffener nichts an Aktualität eingebüßt hat. Sie sollte quasi der Prüfstein für jedes institutionelle System sein.

Georg Theunissen

Literatur

Dörner, K. (2010): Leben in der »Normalität« ein Risiko? In: Theunissen, G. & Schirbort, K. (Hrsg.): Inklusion von Menschen mit geistiger Behinderung. Stuttgart

Goffman, E. (1972): Asyle. Frankfurt

Gukenbiehl, H. L. (1993): Institution und Organisation. In: Kohrte, H. & Schäfers, B. (Hrsg.): Einführung in die Hauptbegriffe der Soziologie. Opladen (2. Auflage)

Polloway, E. A. et. al. (1996): Historic Changes in Mental Retardation and Developmental Disabilities. In: Education and Training in

Mental Retardation and Developmental Disabilities, 31 Vol., 3–12

Speck, O. (2005): Menschen mit geistiger Behinderung. München (10. Auflage)

Theunissen, G. (2010): Zeitgemäßes Wohnen – Soziale Netze – Bürgerschaftliches Engagement. In: Theunissen, G. & Schirbort, K. (Hrsg.): Inklusion von Menschen mit geistiger Behinderung, Stuttgart

Theunissen, G. (2012): Lebensweltbezogene Behindertenarbeit und Sozialraumorientierung. Freiburg

Delinquenz, Kriminalität

(siehe auch Dissozialität)

Der Begriff *Delinquenz* oder *delinquentes Verhalten* bezeichnet ein Verhalten oder Handlungen, die die Regeln des gesellschaftlichen Zusammenlebens verletzen. In seiner engen Fassung wird dieser Begriff praktisch synonym mit dem Begriff der *Straffälligkeit* oder *kriminellen Verhaltens* verwendet; sie meint damit also strafrechtlich relevante Verhaltensweisen oder Handlungen, also Straftaten (Seidel 2001). Dabei kann es sich um *Vergehen* oder *Verbrechen* handeln. In einer problematisch überdehnten Fassung wird dieser Begriff für alle aggressiven und antisozialen Verhaltensweisen und Handlungen verwendet.

Im Bedingungs- und Ursachengefüge von Delinquenz spielen neben individuellen Entwicklungs- und Sozialisationsfaktoren, Erziehungseinflüssen, familiären Konstellationen, aktuellen sozialen Bedingungen u. ä. vor allem Normkenntnisse, Fähigkeiten zur Vorausschau, zur Folgenbeurteilung von Handlungen, zur Verhaltenssteuerung und Impulskontrolle u. ä. eine wesentliche Rolle. Störungen der Emotionalität, der Empathiefähigkeit begünstigen Delinquenz. Bei der Ahndung von Straftaten im Strafprozess spielt die psychiatrische Beurteilung der *Schuldfähigkeit* des Straftäters eine wichtige Rolle: Sie kann vermindert oder aufgehoben sein. Die Voraussetzungen für die Feststellung verminderter oder aufgehobener Schuldfähigkeit sind im Strafgesetzbuch (§§ 20, 21 StGB) formuliert.

Danach handelt »ohne Schuld, wer bei einer krankhaften seelischen Störung, wegen einer tiefgreifenden Bewusstseinsstörung oder wegen Schwachsinns oder einer anderen seelischen Abartigkeit unfähig ist, das Unrecht der Tat einzusehen oder nach dieser Einsicht zu handeln« (§ 20 StGB). Vermindert schuldfähig ist der Täter, wenn seine »Fähigkeit …, das Unrecht seiner Tat einzusehen oder nach dieser Einsicht zu handeln, aus einem der in § 20 bezeichneten Gründe bei Begehung der Tat erheblich vermindert [ist]« (§ 21 StGB).

Soweit das Gericht die forensisch-psychiatrische Darlegung hinsichtlich einer verminderten oder aufgehobenen Schuldfähigkeit akzeptiert, werden neben oder anstelle strafrechtlicher Maßnahmen die Maßnahmen des Maßregelvollzuges angewendet.

Auch Menschen mit geistiger Behinderung können Straftaten, kriminelle Handlungen begehen sowie sich antisozial oder aggressiv verhalten. Zumeist handelt es sich um Eigentumsdelikte, Brandstiftung, Körperverletzung, Erregung öffentlichen Ärgernisses durch sexuelle Handlungen, sexuelle Übergriffe usw. Die empirische Datenlage zu diesem Gebiet ist wegen erheblicher methodischer Schwierigkeiten spärlich (Holland et al. 2002).

Bei der psychiatrischen Beurteilung der Schuldfähigkeit einer Person mit geistiger Behinderung ist zu prüfen, ob und inwieweit die geistige Behinderung in ihrer konkreten individuellen Ausprägung der Grund der beeinträchtigten Schuldfähigkeit im Hinblick auf die konkrete Straftat ist.

Handelt es sich um eine geistige Behinderung auf der Grundlage einer nachweisbaren organischen Hirnschädigung, erfüllt sie das psychische Merkmal einer »*krankhaften seelischen Störung*« im Sinne des § 20 StGB. Ist eine organische Grundlage der geistigen Behinderung nicht belegbar, kommt der Begriff des »*Schwachsinns*« im Sinne des § 20 StGB in Betracht. Dass der Begriff Schwachsinn heute eigentlich obsolet ist, möge hier nur erwähnt werden.

Auch bei Menschen mit geistiger Behinderung kann eine zusätzliche → psychische Störung (psychische Erkrankungen) allein oder in Kombination mit der geistigen Behinderung verminderte oder aufgehobene Schuldfähigkeit begründen. Dafür kommen beispielsweise schizophrene Erkrankungen, Demenzprozesse oder Persönlichkeitsstörungen in Frage.

Michael Seidel

Literatur

Holland, T.; Clare, I. C. & Mukhopadhyay, T. (2002): Prevalence of criminal offending by men and women with intellectual disability and the characteristics of offenders: implications for research and service development. In: J. Intellect. Disability Res. 46: Suppl. 1, 6–20

Tröndle, H. & Fischer, Th. (2006): Strafgesetzbuch und Nebengesetze. München (53. Aufl.)

Seidel, M. (2001): Zur Einführung. Delinquentes Verhalten als interdisziplinäre Herausforderung. In: Seidel, M. & Hennicke, K. (Hrsg.): Delinquentes Verhalten von Menschen mit geistiger Behinderung – eine interdisziplinäre Herausforderung. Dokumentation der Arbeitstagung der DGSGB am 10. 11. 2001. Materialien der DGSGB, Bd. 4. Berlin, 3–12

Demenz

(siehe auch psychische Störungen)

Mit zunehmender Lebenserwartung von Menschen mit geistiger Behinderung steigt die Zahl an Erkrankungen, die im mittleren und höheren Lebensalter gehäuft auftreten. Das gilt vor allem für Demenzen, die die häufigste → psychische Störung im Alter darstellen (Lingg & Theunissen 1999).

Es handelt sich hier um hirnorganische Erkrankungen, bei denen *eine nachweisbare direkte* oder *indirekte Hirnerkrankung oder Hirnschädigung* zu vorübergehenden oder andauernden Ausfällen führen. Unterschiedliche Verarbeitungsmechanismen und Bewältigungsstrategien sowie der Umgang der Bezugspersonen bzw. das Lebensmilieu spielen hier eine sekundäre, nicht selten jedoch wichtige Rolle (Theunissen 2012).

Eine Demenz liegt nach ICD-10 vor bei:

1. Abnahme von Merkfähigkeit/Gedächtnis sowie der intellektuellen Leistungsfähigkeit (Denkvermögen, Fähigkeit zu vernünftigen Urteilen, Informationsverarbeitung) in einem Ausmaß, dass die Alltagsaktivitäten ausgeprägt beeinträchtigt sind.
2. Dauer der Symptomatik mindestens 6 Monate.

Zusätzlich können verschiedene Störungen wie Wahn, Halluzinationen, Verstimmungen und Wesensänderungen sowie neurologische Symptome hinzukommen.

Mögliche Ursachen der Demenz: Primär ein kortikaler Abbau bei der Alzheimerdemenz; Durchblutungsstörungen bei der vaskulären/Multiinfarktdemenz; Systematrophie bei Morbus Parkinson oder Chorea Huntington; Chronische Vergiftung durch Alkohol, Medikamente oder nach Kohlenmonoxidintoxikation; Infektionen des Gehirns (Aids in Zentralafrika die häufigste Demenzursache); Störung der Liquorzirkulation; Hirnverletzungen, Hirntumoren, Vitaminmangelzustände u. a. m.

Einer entsprechenden Abklärung, heute vor allem mit bildgebenden Verfahren (Computer- oder Magnetresonanztomographie) sowie dem *Ausschluss reversibler Demenzen* kommt so entscheidende Bedeutung zu. Die Häufigkeit von behebbaren Demenzen wird in der Literatur höchst unterschiedlich angegeben (nicht selten bis zu 10% aller Demenzen).

Epidemiologischen Studien zufolge kann davon ausgegangen werden, dass bei mindestens 10% der über 50jährigen und bei etwa 22% der über 65jährigen Menschen mit geistiger Behinderung mit einer dementiellen Erkrankung gerechnet werden muss. Hirnorganisch vorgeschädigte Menschen erkranken häufiger und früher an Demenz; dies gilt vor allem auch für Menschen mit → Down-Syndrom, welche besonders von der Alzheimerdemenz betroffen sind und deren Beeinträchtigungen durch den gleichen pathogenetischen Mechanismus (pathologische Ablagerungen von Proteinen im Gehirn) zu Stande kommen wie jener bei Alzheimerdemenz. Bei mindestens 10% der 40 bis 50jährigen, 35% der 50 bis 60jährigen und 75% der über 65jährigen Menschen mit Down-Syndrom ist die Wahrscheinlichkeit sehr groß, an einer Alzheimerdemenz zu erkranken.

Im Unterschied zu nichtbehinderten Menschen, bei denen heute zahlreiche psychodiagnostische Verfahren zum Erfassen von Frühstadien sowie für Verlaufskontrollen angewandt werden können, stellt sich bei Menschen mit geistiger Behinderung die Diagnostizierung einer Demenz weitaus schwieriger dar. Hier sind aus verschiedenen Gründen (v. a. kognitiver Art) die üblichen Verfahren (z. B. Minimal Memory Test) kaum anwendbar, zudem überlappen sich typische Frühsymptome einer Demenz häufig mit Erscheinungsformen einer intellektuellen Beeinträchtigung (geistigen Behinderung). Ferner können andere psychische Störungen wie → Depression oder → Epilepsie einen dementiellen Prozess vortäuschen. Vor diesem Hintergrund ist ein multidimensionales Assessment, welches einen sorgfältigen Beobachtungsprozess implizieren muss, unabdingbar (Theunissen 2012, 209ff.).

Während die am häufigsten vorkommende Alzheimerdemenz eher schleichend verläuft und erst spät neurologische Ausfälle zeigt, entwickelt sich die vaskuläre Demenz schubförmig, zeigt damit einen »schlaganfallähnlichen« Verlauf und schon früh auch neurologische Ausfälle. Bei besonderer Betonung der Atrophie des Stirn- und Schläfenlappens und frühem Erkrankungsbeginn (Morbus Pick) stehen Charakterveränderungen mit Triebenthemmung und persönlichkeitsfremden Handlungen und erst später intellektuelle Ausfälle im Vordergrund.

Liegt keine behandelbare Demenz vor (z. B. operative Sanierung eines erhöhten Hirndrucks, Entfernung eines gutartigen Hirntumors, Behandlung einer Schilddrüsenstörung), werden heute bei Alzheimerdemenzen vor allem Medikamente eingesetzt (Cholinesterasehemmer oder Glutamatmodulatoren), welche sowohl auf die Gedächtnisleistung wie auch auf das Sozialverhalten positiven Einfluss nehmen und die Pflegebedürftigkeit um Monate hinausschieben können, daneben kommt der Behandlung der nicht kognitiven Störungen wie Tag-Nacht-Umkehr, Bestehlungswahn, depressiven Verstimmungen oder Angstanfällen durch entsprechende → Psychopharmaka oft entscheidende Bedeutung zu, dies sowohl was den Leidenszustand des Betroffenen als auch die Belastung des Umfeldes angeht.

In erster Linie sind Demenzerkrankungen jedoch durch adäquaten Umgang, Aufklärung und Unterstützung der Angehörigen sowie durch spezielle (ganzheitliche) Pflegetechniken und assistierende Hilfen wie vor allem → Validation, → Biographiearbeit, Ressourcenaktivierung oder Realitätsorientierung positiv und vor allem human zu begleiten.

Albert Lingg

Literatur

Lingg, A. & Theunissen, G. (1999): Menschen mit geistiger Behinderung und Demenz. In: Theunissen, G. & Lingg, A.: Wohnen und Leben nach der Enthospitalisierung. Bad Heilbrunn, 226–253
Lingg, A. & Theunissen, G. (2008): Psychische Störungen und geistige Behinderung. Freiburg
Theunissen, G. (2012): Lebensweltbezogene Behindertenarbeit bei Demenz. In: Theunissen, G.: Lebensweltorientierte Behindertenarbeit und Sozialraumorientierung. Eine Einführung in die Praxis. Freiburg, 199–254

Depression

(siehe auch psychische Störungen)

Depression heißt Gedrücktsein, bedeutet Hemmung des Denkens, Handelns und Fühlens sowie auch körperlich-vegetativer Funktionen. Es handelt sich um die häufigste → psychische Störung, ihre Zunahme hat die WHO veranlasst, sie zur »Krankheit des Jahrhunderts« auszurufen.

Unterschied die → Psychiatrie früher hauptsächlich zwischen organischen, endogenen und erlebnisreaktiven Depressionen, wird der Begriff »*affektive Störung*« heute im ICD-10 rein phänomenologisch verstanden, orientiert sich also an psychopathologischen Symptomen, Schweregrad und Verlauf, während lebensgeschichtliche Daten in der Diagnostik kaum berücksichtig werden. So werden heute z. B. »Erschöpfungsdepressionen« als depressive Episoden diagnostiziert, was insofern Sinn macht, als sowohl primär erlebnisreaktive oder stressbedingte Verstimmungen wie auch solche, denen nach heutigem Wissen primär eine Störung der Neurotransmission zugrunde liegen, eine gemeinsame Endstrecke haben: das sogenannte vital-depressive Syndrom, welches es zu explorieren gilt. Kernsymptome der depressiven Störung müssen nämlich oft erfragt werden, stehen doch häufig Klagen über körperliche Leiden im Vordergrund wie Schwindelgefühl, Sensibilitätsstörungen, Kopf-, Kreuz- oder Gelenksschmerzen, Müdigkeit.

Zur Diagnose depressiver Episoden erforderliche Charakteristika (Hauptsymptome) sind in der ICD-10: gedrückte Stimmung, Interessen- und Freudlosigkeit, Antriebsstörungen und Müdigkeit, andere häufige Symptome (Nebensymptome) sind Konzentrationsschwierigkeiten, mangelndes Selbstwertgefühl, Schuldgefühle, Hemmung oder Unruhe, Selbstschädigung, Schlafstörung und Appetitminderung.

Diagnosekriterien sind das Vorliegen von 2 oder 3 Hauptsymptomen bzw. 2 bis 4 anderen Symptomen über die Dauer von mindestens 2 Wochen. Für das Auftreten von psychotischen Symptomen wie Wahn, Halluzinationen oder Stupor wird angenommen, dass die Episoden dann schwer ausgeprägt sind; Inhalte der Wahnideen und Halluzinationen stimmen mit der depressiven Verstimmung überein und haben meist mit Versagen, Schuld und Hypochondrie zu tun.

Man geht heute von einer *multifaktoriellen Entstehung* der Depression aus, wobei im individuellen Fall ein einzelner Faktor im Vordergrund stehen kann. Im Sinne der biopsychosozialen Betrachtungsweise kann dies sowohl ein organischer als auch ein psychischer oder sozialer Faktor sein. Empirisch nachgewiesen wurden genetische Faktoren, Störungen im Transmitterhaushalt (insbesondere Serotonin und Noradrenalin betreffend), neuroendokrinologische Störungen (vor allem sog. Stresshormone betreffend) und psychologische Faktoren, hier vor allem auch plötzlicher, unerwarteter sowie chronischer Stress sowie gescheiterte Trauerarbeit.

Aus psychoanalytischer Sicht kommt vor allem Störungen der frühkindlichen Entwicklung und zwar in der oralen Phase als Ursache Bedeutung zu; während lerntheoretisch orientierte Modelle auf dysfunktionale Schemata, Verlust sowie erlernte Hilflosigkeit abstellen.

Diagnostiziert wird die Depression hauptsächlich an psychopathologischen Leitsymptomen, ausgeschlossen werden müssen organische Ursachen wie hirnorganische Veränderungen, Schilddrüsen-Funktionsstörungen, Eisenmangel, chronische Vergiftung mit Genuss- oder Rauschmitteln, Unverträglichkeit verschiedenster Medikamente.

Die Behandlung richtet sich nach den im Vordergrund stehenden Entstehungsfaktoren. Bei Vorliegen länger dauernder Durchschlafstörungen, morgendlicher Hemmung, von Appetit- und Gewichtsverlust, Denkhemmung und Perspektivlosigkeit, also ab einem bestimmten Schweregrad, ist die Indikation für Antidepressiva gegeben. Eine zumindest supportive und psychoedukative Gesprächsbetreuung ist in jedem Fall indiziert; um spezifische Störungsmuster aufzudecken und aufzulösen hat sich speziell die kognitive Verhaltenstherapie und interpersonelle → Psychotherapie bewährt. Bei Winterdepressionen, die durch erhöhtes Schlafbedürfnis, Esslust und Tagesmüdigkeit charakterisiert ist, wird Lichttherapie angewandt. Große Bedeutung, vor allem mit Blick auf Menschen mit geistiger Behinderung, kommt der so genannten Ressourcenaktivierung, einem supportiven (behavioralen) sozialen Kompetenz- und → Problemlösetraining wie auch ausreichender Bewegung und den zeitlich richtig angesetzten Phasen von Ruhe und dann wieder Aktivierung zu (Theunissen 2005). Zu beachten ist die *hohe Suizidgefahr depressiver Störungen*, worauf situative und dynamische Einengung, Aggressionsstau und Suizidphantasien hinweisen: Je eingleisiger das Denken, je blockierter das Fühlen, je höher die Anspannung und je konkreter die Suizidgedanken – um so höher die Suizidgefahr. Die Schaffung einer vertrauensvollen Beziehung, in der das Sprechen über Verzweiflung, Erschöpfung und subjektive Ausweglosigkeit Platz bekommt, die eine Affektabfuhr ermöglicht und den Betroffenen endlich nicht mehr mit seinen düsteren Gedanken allein lässt, ist im Sinne der Intervention die wichtigste Vorgabe.

Wenn die depressive Verstimmung/Hemmung als Reaktionsweise des Organismus gesehen wird, die einmal mehr aufgrund einer möglicherweise Disposition, dann wieder aufgrund akuter oder chronischer Überlastung auftritt, wird verständlich, dass Menschen mit geistiger Behinderung sowohl von Seiten einer *erhöhten Anfälligkeit* als auch durch *inadäquate Lebensumstände* oder *unaufgearbeitete Traumatisierungen* häufig darunter zu leiden haben (Jantzen 2001). Einige Autoren und Wissenschaftler vermuten, dass Depressionen bei Menschen mit geistiger Behinderung die häufigste psychische Störung zu sein scheint. Allerdings sind in der Vergangenheit depressive Störungen bei dieser Gruppe auffallend selten diagnostiziert worden, was verschiedene Gründe haben dürfte: Fehlende Empathie der Umgebung, Schwierigkeiten des Artikulierens von Seiten der Betroffenen, Maskierung der Verstimmung hinter Verhaltensänderungen und vor allem Klagen über körperliche Beschwerden oder Schmerzen. So wird das Beachten vegetativer Störungen (Appetit- und nachfolgend Gewichtsverlust, gelegentlich auch Ess-Sucht; Durchschlafstörungen, morgendliche Antriebshemmung) weiter helfen, wie auch Ausdrucksmerkmale wie mimikarmes angsterfülltes Gesicht, hängender Kopf, seufzende langsame Sprache, verlangsamter Bewegungsablauf, aber auch Bewegungsunruhe, verhaltene oder offen gezeigte Aggressivität auf eine Verstimmung hinweisen können. Auf jeden Fall muss bei Menschen mit geistiger Behinderung immer auch mit »atypischen« Symptomen einer Depression gerechnet werden (Gardner & Willmering 1999; Theunissen 2005).

Auch die Beobachtung der eigenen Reaktion – vor allem zur Unterscheidung zwischen normaler → Trauer und Depression – ist hilfreich, indem der mit Trauerarbeit befasste Mensch beim Zuhörer Resonanz erzeugt und selbst affektiv mitschwingt, sich etwa auch noch freuen kann, ist dies beim depressiv Verstimmten nicht der Fall, leidet er im Gegenteil gerade darunter, sich an nichts freuen zu können, und ist er in seinem affektiven Mitschwingen gehemmt.

Depressive Störungen sind schon in der Allgemeinbevölkerung unterdiagnostiziert und unterbehandelt, werden also häufig übersehen und, wenn erkannt, wiederum häufig unzureichend (etwa nur medikamentös) behandelt. Die Rückfallhäufigkeit ist hoch, in 80% kommt es zu Rezidiven, wonach der konsequenten Abklärung und Behandlung auch große prophylaktische Bedeutung zukäme. Bei häufig rezidivierenden Depressionen, vor allem wenn sie auch mit manischen Episoden vergesellschaftet sind, ist eine Thymoprophylaxe mit Lithiumsalzen oder, weil besser verträglich heute, modernen Antiepileptika angezeigt, was den Verlauf nachweislich sehr positiv beeinflussen und auch die Suizidraten senken kann.

Albert Lingg

Literatur

Gardner, W. I. & Willmering, P. (1999): Mood Disorders in People with Severe Mental Retardation. In: Wieseler, N. A. & Hanson, R. H. (eds.): Challenging Behavior of Persons with Mental Health Disorders and Severe Developmental Disabilities. Washington (AAMR), 13–38

Jantzen, W. (2001): Krisenintervention bei Depressionen. In: Wüllenweber, E. & Theunissen, G. (Hrsg.): Handbuch Krisenintervention. Stuttgart, 190–212

Theunissen, G. (2005): Geistige Behinderung und Depression. In: heilpädagogik-online, 1, 34–70

Developmental Disabilities

(siehe auch mental retardation, intellectual disabilities)

Developmental disabilities ist ein in den USA geläufiger Oberbegriff (Odom et al. 2007), der sich auf verschiedene Formen von Behinderungen (z. B. physischer Art, Cerebralparese, Epilepsie, Autismus, kognitive Beeinträchtigung) erstreckt, die eine organisch bedingte Schädigung beinhalten und vor dem 18. Lebensjahr eingetreten sein müssen. Vor diesem Hintergrund wird der Begriff der *intellectual disabilities* (ehemals mental retardation) bei nachweisbaren Hirnschädigungen dem der developmental disabilities untergeordnet, bei sozial (familiar) bedingten kognitiven Beeinträchtigungen (geistige Behinderung oder Lernschwierigkeiten aufgrund sozialer Benachteiligung) als eigenständiger Terminus benutzt. Grundsätzlich geht es dabei um Personen mit einem mehr oder weniger eingeschränkten sozial adaptiven Verhalten und einem IQ < 70/75.

Bemerkenswert ist, dass sich vor geraumer Zeit die US-amerikanische Bewegung »Self Advocates Becoming Empowered« sowie People First oder Selbstvertretungsgruppen (self advocacy groups) dafür eingesetzt hatten, mental retardation durch developmental disabilities zu ersetzen. Damit sollten die durch die bisherige Terminologie bedingten Denunzierungen, Diskriminierungen oder Stigmatisierungen überwunden werden. Zudem gab es in der American Association on Intellectual and Developmental Disabilities, eine der weltweit größten und einflussreichsten Fachorganisationen, eine mehrjährige Diskussion über die geeignete Leitterminologie. Diese Debatte führte zu einer Mitgliederbefragung mit dem Ergebnis, statt mental retardation zukünftig den Begriff der intellectual disabilities und/oder den der developmental disabilities zu benutzen (vgl. Theunissen 2011, 39ff.).

Georg Theunissen

Literatur

Odom, S. L. et al. (eds.) (2007): Handbook of Developmental Disabilities. New York

Theunissen, G. (2011): Geistige Behinderung und Verhaltensauffälligkeiten. Ein Lehrbuch für die Schule, Heilpädagogik und außerschulische Behindertenhilfe. Bad Heilbrunn (5. völlig neu bearbeitete Auflage)

Dezentralisierung

Dezentralisierung in der Behindertenhilfe heißt, alle Hilfen für behinderte Menschen regional integriert in den jeweiligen regulären Lebens-, Lern-, Wohn- und Arbeitsfeldern vorzuhalten – statt in zentralen Diensten und überregionalen Behinderteneinrichtungen. Seit den 1980er Jahren ist das Dezentralisierungskonzept vor allem im Zuge der Anstaltskritik und der → Deinstitutionalisierung, → Enthospitalisierung und → Regionalisierung zum Tragen gekommen. Behinderte Menschen, oftmals lange Zeit in psychiatrischen Langzeitbereichen oder in anderen Großeinrichtungen untergebracht, sollten wieder in die Gesellschaft reintegriert werden, indem Wohnformen und weitergehende Hilfen außerhalb der Einrichtungen und zentraler Versorgungsstrukturen in der Gemeinde aufgebaut werden sollten. Ein herausragendes Beispiel für systematische Dezentralisierung ist die Entwicklung der Heilpädagogischen Heime (HPH) im Rheinland. Nach Ausgliederung der Behindertenbereiche aus der Psychiatrie 1980 beschlossen die zuständigen politischen Gremien 1987, zunächst 20% der rund 2000 Wohnplätze, in den weiteren Jahren schließlich alle Heimplätze zu dezentralisieren. Mit einzelnen Außenwohngruppen hatte es zunächst begonnen. Heute ist der Prozess der Dezentralisierung weitestgehend abgeschlossen, d. h. die verschiedensten Wohnformen der heute sog. Netzwerke Heilpädagogischer Hilfen sind in normale Wohnumfelder mitten in die Gemeinden verlagert worden. Die zentralen Heimgelände, die alten Anstaltsgebäude und die zentrale Versorgungsstrukturen wurden aufgegeben; mit Selbstversorgung und eigenen Haushaltsbudgets erhielten die Wohnbereiche mehr Autonomie. Inzwischen haben auch weitere größere Behinderteneinrichtungen den Weg der Dezentralisierung gewählt, um sich den aktuellen sozialpolitischen, fachlichen und finanziellen Herausforderungen zu stellen.

Christian Bradl

Literatur

Bradl, Ch. (1996): Enthospitalisierung im Rheinland. In: Bradl, Ch. & Steinhart, I. (Hrsg.): Mehr Selbstbestimmung durch Enthospitalisierung. Bonn, 135–148

Bradl, Ch. & Küppers-Stumpe, A. (2009): Gemeinwesenarbeit und Vernetzung. In: Schwalb, H. & Theunissen, G. (Hrsg.): Inklusion, Partizipation und Empowerment in der Behindertenhilfe. Stuttgart, S. 57–75

Metzler, H. & Springer, A. (2010): Umwandlung von Wohnangeboten in Groß- und Komplexeinrichtungen zu gemeindeorientierten Wohnmöglichkeiten für Menschen mit Behinderung. Bericht über eine Evaluation. Tübingen

Diagnostik

(siehe auch Förderdiagnostik, Rehistorisierung)

Zur Zeit des Übergangs vom 19. ins 20. Jahrhundert vollzog sich in der Psychologie eine Wende. Aus einer mehr theoretisch ausgerichteten Psychologie, die sich anfangs nur sehr vorsichtig an praktische Aufgaben heranwagte, wurde immer mehr eine angewandte Psychologie. Sie erhielt ihre Impulse im Wesentlichen durch das technisch-wissenschaftliche Denken dieser Zeit (vgl. Dorsch 1963, 40ff.). Dieser Zeitraum kann als die Geburtsstunde der psychologischen Diagnostik bezeichnet werden.

Diagnostik, auch psychologische Diagnostik, gilt als Teilgebiet der Psychologie, speziell der angewandten Psychologie. Diagnostik umfasst die Gesamtheit der Verfahren und Theorien, die dazu dienen, Verhalten und psychische Prozesse einzelner Personen oder auch Gruppen zu erforschen. Die zentralen Elemente der Diagnostik lassen sich durch Modelle verdeutlichen. In der wissenschaftlichen Literatur werden diagnostische Modelle beschrieben, die mehr oder weniger breite Konzepte umfassen. Sie werden bezeichnet als traditionell medizinisch-psychiatrisches, psychologisches, verhaltensdiagnostisches, »direktes« versus »indirektes« Modell, Defizit-, Differenzmodell, sozialwissenschaftliches und systemisches Modell. Man kann auch grob unterscheiden zwischen traditionell-»herkömmlichen« und »alternativen« Ansätzen der Diagnostik (vgl. Bundschuh 2005, 58ff.).

Die in den letzten Jahren entworfenen diagnostischen Konzepte orientieren sich an entwicklungspsychologischen sowie pädagogischen und didaktischen Überlegungen, wie z. B. die Lerndiagnostik, Prozessdiagnostik, der strukturbezogene bzw. qualitative Ansatz oder sie beziehen soziologisch-gesellschaftsspezifische Theorien mit ein.

Unter heilpädagogischem Aspekt bedeutsam erweist sich die Kind-Umfeld-Diagnose. Sie basiert auf einer ökologischen und systemischen Sichtweise. Der ökologische Ansatz in der Diagnostik bedeutet, dass alle relevanten Umwelteinflüsse mit in den Blick genommen werden müssen. Die Kind-Umfeld-Analyse erfasst also möglichst alle personellen und materiellen Gegebenheiten im Umfeld eines Kindes. Sie analysiert auch hemmende und förderliche Bedingungen in der Schule und in den schulrelevanten Umfeldern und weist erforderlichenfalls auf notwendige Umfeldveränderungen hin. Der systemische Ansatz stellt nicht das Kind mit seinen Verhaltensmerkmalen isoliert in den Mittelpunkt, sondern erweitert den Blick auf das Zusammenspiel von Personen und materialen Bedingungen in dem »System« bzw. in den Systemen, zu denen das Kind gehört. »Das Kind wird von seinem sozialen und materialen Umfeld beeinflusst, und es beeinflusst gleichzeitig sein Umfeld; Kind und Umfeld bilden ein zusammenhängendes, veränderliches, sich entwickelndes System. Die pädagogischen Bedürfnisse eines Kindes kann man um so besser erkennen, genauer gesagt: mit um so höherer Wahrscheinlichkeit vermuten, je differenzierter man das Kind-Umfeld-System kennt« (Sander 2000, 7).

Die vorhandenen Ansätze versuchen die Probleme einer traditionellen Diagnostik, die sich primär als statische Diagnostik, Selektions-, Merkmals- und Eigenschaftsdiagnostik erwiesen hat, zu überwinden. Insbesondere Personen mit Lern- und Entwicklungserschwernissen, generell also Kindern in Problemsituationen, wurde durch die herkömmliche Art von Diagnostik nicht geholfen. Ein statisches Persönlichkeitskonzept führte zu den entsprechenden, viel zu linearen Testverfahren, umgekehrt wurde durch psychometrische Verfahren dieses Konzept bestätigt. An der Dominanz der lange Zeit offensichtlich unumstrittenen Gütekriterien der klassischen Testtheorie Objektivität, Reliabilität, Validität und Normierung entstanden immer mehr Zweifel. Die primär standardisierte Anwendung psychometrischer Verfahren verhinderte geradezu das Kennenlernen und Verstehen von Personen in Problemsituationen (vgl. Bundschuh 1994, 50ff.).

Nicht in erster Linie die Beschreibung von → Defiziten oder die Abweichung/en von einer Norm, sondern die Analyse und Darstellung vorhandener → Kompetenzen und → Ressourcen erweisen sich im heilpädagogischen Arbeitsfeld für die Frage der → Förderung als bedeutsam. Die Entwicklungen führen also weg von einer statischen, indirekten Vorgehensweise über den Einbezug behavioristischer, sozialwissenschaftlicher, entwicklungspsychologischer und anthropologisch-heilpädagogischer Einflüsse hin zu einer lernorientierten, »direkten« Diagnostik. Häufig bestand nur Interesse an dem, was »ist«, im weitgehend statischen Sinne (Persönlichkeitsmerkmale und -eigenschaften). Dieser Aspekt erweitert sich nun in Richtung, was »sein kann« bzw. was aufgrund der vorhandenen Kompetenzen möglich ist.

Konrad Bundschuh

Literatur

Bundschuh, K. (2005): Einführung in die sonderpädagogische Diagnostik. München (6. Aufl.)
Bundschuh, K. (1994): Praxiskonzepte der Förderdiagnostik. Bad Heilbrunn (2. Aufl.)
Dorsch, F. (1963): Geschichte und Probleme der angewandten Psychologie. Bern, Stuttgart
Sander, A. (2000): Kind-Umfeld-Analyse. Diagnostik bei Schülern und Schülerinnen mit besonderem Förderbedarf. In: Mutzeck, W. (Hrsg.): Förderdiagnostik bei Lern- und Verhaltensstörungen. Weinheim, 6–19

Didaktik, didaktische Modelle

Eine Didaktik für den Unterricht bei Schülern mit geistiger Behinderung kann nicht als eigenständige sonderpädagogische Didaktik abgebildet werden. Sie steht im Bezugssystem zahlreicher Wissenschaftsdisziplinen und schöpft ihre theoretischen Grundlagen wesentlich aus der allgemeinen Didaktik. In einem umfassenden Verständnis von Didaktik als »Theorie und Praxis des Lehrens und Lernens« (Jank & Meyer 1991, 16) umgreift auch der Gegenstandsbereich einer Didaktik für den Unterricht bei Schülern mit geistiger Behinderung alle grundlegenden Elemente des unterrichtlichen Lehr- und Lernprozesses (Ziele, Inhalte, Methoden, Prinzipien, Formen, Medien) in ihrem wechselseitigen Zusammenhang.

Die Kennzeichnung didaktischer Spezifika muss bei den Adressaten des Unterrichtsprozesses, den Schülern mit geistiger Behinderung, beginnen. Sie verlangt eine eindeutige, konsequente Positionierung zu Beschreibungen von »geistiger Behinderung«, die auf einem zeitgemäßen Verständnis von Behinderung basieren. Mit dem neuen Behinderungsverständnis der WHO, das vom prozesshaften Zusammenwirken von (beeinträchtigten) Körperstrukturen und -funktionen, Aktivitäten und Kontextfaktoren ausgeht, jedem Menschen mit Behinderung das Recht auf aktive Partizipation zuschreibt und die Gewährleistung individueller Unterstützung für ein Leben in größtmöglicher Autonomie einfordert (vgl. DIMDI 2004, 23), verfügen wir über tragfähige Paradigmen für ein Unterrichtskonzept bei Schülern mit geistiger Behinderung: Dieses steht prinzipiell in dem Anspruch, lebensweltbezogene, autonomiefördernde und empowermentorientierte Lehr- und Lernprozesse realisierbar zu machen.

Mit den »Empfehlungen zum Förderschwerpunkt geistige Entwicklung«, die die sonderpädagogische Förderung von Schülern mit geistiger Behinderung auf »eine aktive Lebensbewältigung in sozialer Integration und [...] ein Leben in größtmöglicher Selbständigkeit und Selbstbestimmung« ausrichten (KMK 1999, 61), ist ein Leitziel gesetzt, das seine didaktische Entsprechung in einem Unterricht finden muss, der vielfältige Formen selbstständigen, selbstbestimmten und → sozialen Lernens fokussiert. Damit verbietet sich von vornherein jedwede Defizitorientierung im didaktischen Denken und Handeln. Wo phänomenologische Beschreibungen eines beeinträchtigten Lernverhaltens bei Schülern mit geistiger Behinderung zur Prämisse didaktischer Überlegungen gemacht werden, wird der Blick auf autonomiefördernde Lernprozesse, die immer nur auf dem vorhandenen Fähigkeitspotenzial der Schüler aufbauen können, verstellt. Im Fokus auf eine individuelle Lernförderung, die sich an der Stärkenperspektive orientiert, ist vielmehr danach zu fragen, wie eine dem individuellen (sonderpädagogischen) Förderbedarf eines jeden Schülers entsprechende Lernprozessgestaltung im gemeinsamen Unterricht realisiert werden kann.

Die Frage nach der unterrichtlichen Integration jedes Schülers mit geistiger Behinderung in heterogene Lerngruppen stellt sich nicht nur in integrativen Beschulungsformen, sondern ebenso an → Schulen für Geistigbehinderte, wo durch die Aufnahme von Schülern unabhängig vom Schweregrad der geistigen Behinderung und durch die am Lebensalter orientierte Klassenbildung heterogene Klassengruppen entstehen, die vom Schüler im Grenzbereich zur → Lernbehinderung bis zum schwerstmehrfachbehinderten Schüler reichen. Offene Lehrpläne, die Ziele und Inhalte für den Unterricht bei Schülern mit geistiger Behinderung nicht an Jahrgangsklassen oder Schulstufen binden, sondern in Lernbereichen eine entwicklungs-, handlungs- und fachorientierte Ausdifferenzierung des Lernangebots vornehmen, ermöglichen eine klassen- bzw. lerngruppenbezogene wie auch individualisierte Lehrplanung. Dies fordert gleichsam dazu auf, auch an Schulen für Geistigbehinderte das Paradigma des gemeinsamen Lernens von Schülern mit unterschiedlichsten Lernpotenzialen und Förderbedürfnissen in einem lernzieldifferenzierten Unterricht umzusetzen. Eine wichtige Grundlage dafür bilden individuelle Förder- und Entwicklungspläne, die in die Zielbestimmung, Inhaltsauswahl und Methodik des → gemeinsamen Unterrichts einfließen müssen.

Dass die Unterrichtsplanung und -gestaltung nicht von einer (relativ homogenen) »Durchschnittsgruppe geistig behinderter Schüler« ausgehen kann, macht Versuche, Spezifika einer Didaktik für Schüler mit geistiger Behinderung über einen verallgemeinernden graduellen Vergleich zur allgemeinen Didaktik zu kennzeichnen (z. B. ein stärkeres Maß an Strukturierung von Lernprozessen, an Anschauung, an Aktivierung, an Differenzierung), zu einem fragwürdigen Unterfangen. Richtig ist, dass im Unterricht bei Schülern mit geistiger Behinderung über ein gewisses allgemeines Maß hinausgehende didaktisch-methodische Vorgehensweisen notwendig sind, um Lernprozesse in Gang zu setzen, aufrecht zu erhalten und effektiv zu gestalten. Auch tangieren solche Überlegungen handlungsleitende Grundsätze, die für den Unterricht bei Schülern mit geistiger Behinderung als didaktische Prinzipien vielfach beschrieben wurden (vgl. Speck 1993, Strassmeier 1997, Pitsch 1999). Als übergreifende Handlungsorientierung für den Lehrer sind sie unverzichtbar, in ihrer weiten Fassung aber nicht hinreichend, um im komplexen Zusammenhang von Lernzielen, -inhalten, Methoden und Sozialformen spezifische Qualitäten des Unterrichts bei Schülern mit geistiger Behinderung begründet und in sich geschlossen systematisch abzubilden. Für eine alle Elemente des Unterrichtsprozesses umgreifende Wesensbestimmung der Didaktik für Schüler mit geistiger Behinderung sind die beiden folgenden Denkansätze grundlegend:

- *Der entwicklungsorientierte Ansatz*
Unterricht bei Schülern mit geistiger Behinderung muss eine alle Entwicklungsbereiche umfassende Bildung und Erziehung gewährleisten. Ein Spezifikum des Unterrichts bei Schülern mit geistiger Behinderung besteht gerade darin, Lehr- und Lernprozesse betont auf eine Fähigkeitsausbildung in den Bereichen des Denkens, der Wahrnehmung, der Kommunikation und Sprache, der Motorik, des sozialen Lernens und der emotionalen Prozesse auszurichten.

Die unterrichtliche Handhabung dieses ganzheitlichen Ansatzes kann nicht von normativen Entwicklungsverläufen und operationalisierten Entwicklungsschritten ausgehen, die als Einzelziele und kleinste Lernschritte einer (basalen) Förderung psychischer Funktionen maßgeblich werden. Nur wenn basales Lernen als Voraussetzung für generalisiertes Lernen auch in seiner sozialen Dimension erfasst wird und individuelle Lern- und Sozialisationsbedingungen berücksichtigt, kann es aus einem isolierten Funktionstraining wirksam heraus treten.

In einem offenen und ganzheitlichen Zugang kann Entwicklungsorientierung auch nicht eng gefasst als (zusätzliches) Basisförderungskonzept für schwer(st)behinderte Schüler verstanden werden, sondern ist im Sinne einer grundsätzlichen, unterrichtsimmanenten Entwicklungsförderung zu betrachten, die alle Schüler mit geistiger Behinderung einschließt und alle Lernbereiche und Lerntätigkeiten durchdringt. In diesem Sinne sind die entwicklungsorientierten Lernbereiche des Lehrplans ein Lernangebot, das den Lehrer dabei unterstützt, im themenbezogenen gemeinsamen Unterricht die entwicklungsorientierte Fähigkeitsausbildung aller Schüler zielgerichtet und kontinuierlich voran zu treiben. Das bedeutet:

- das Ziel des Unterrichts nicht vordergründig auf den Erwerb fächerbezogener Inhalte auszurichten, sondern auf Aneignungsprozesse, in denen an ausgewählten Inhalten kognitives, sensorisches, kommunikativ-sprachliches, motorisches, soziales, emotionales Lernen statthat;
- das unterrichtspraktische Handeln nach dem Prinzip der Individualisierung der Methode darauf auszurichten, in vielfältiger methodischer Varianz

entwicklungsfördernde Lernprozesse zu initiieren.

Um zu gewährleisten, dass jeder Schüler seinem individuellen Lernpotenzial und Unterstützungsbedarf entsprechend lernen kann, bedarf es nicht nur einer Modifizierung des allgemeinen didaktisch-methodischen Instrumentariums (i. S. zusätzlicher Hilfen z. B. durch verstärkte Anschauung, Strukturierung, Lebensorientierung), sondern einer weiterreichenden Spezifizierung der Methodik durch spezielle Förderkonzepte und Verfahren (z. B. körperorientierte Verfahren für schwerstmehrfachbehinderte Schüler; pädagogisch-therapeutische Verfahren zur Förderung motorischer, psychomotorischer, sensorischer, manueller, sprachlicher, sozialer Kompetenzen; Methoden der → Unterstützten Kommunikation für nichtsprechende Schüler; Strukturierung nach dem → TEACCH-Konzept für Schüler mit autistischem Verhalten), die individuelle Lernprozesse im gemeinsamen Unterricht unterstützen und ergänzen.

- *Der handlungsorientierte Ansatz*

Dem Konzept des handlungsorientierten Lernens wird im Unterricht bei Schülern mit geistiger Behinderung eine zentrale Rolle zugemessen. Als alternatives Konzept gegenüber einer lehrerzentrierten, überwiegend sprachlich und sachlogisch strukturierten Vermittlung von Wissensinhalten, welche höchste Ansprüche an die kognitive und sprachliche Leistungsfähigkeit der Schüler stellt, ist seine unterrichtspraktische Relevanz bei Schülern mit geistiger Behinderung unumstritten.

Wenn der Unterricht Schüler mit geistiger Behinderung auf eine Lebensbewältigung in größtmöglicher Selbstständigkeit und → Selbstbestimmung vorbereiten soll, muss seine Zielsetzung die Handlungsfähigkeit, -kompetenz der Schüler sein. Eine handlungsorientierte Unterrichtsmethodik kann am ehesten gewährleisten, dass die Schüler vielfältigste Gelegenheiten zu selbstständigem und selbstbestimmtem Handeln bekommen und in realen Lebenssituationen handlungspraktische Erfahrungen sammeln.

Davon ausgehend, »dass psychische Strukturen zum Handeln durch das Handeln selbst und dessen Verinnerlichung entstehen« (Mühl 1997, 96), wird handelndes Lernen bei Schülern mit geistiger Behinderung als wirksamste Methode betrachtet. Die interaktional-strukturale Sicht, dass die Entwicklung des Kindes mit einer geistigen Behinderung »vor allem durch eine Behinderung der *Aktivität* beeinträchtigt wird« (Speck 1993, 95), und die Forderung, radikal ernst zu machen mit dem Aktivitätsprinzip (vgl. ders., 239), weisen darauf hin, dass aktivierende und autonomiefördernde Lernprozesse nicht initiiert werden können, wenn von einer eingeschränkten Handlungsfähigkeit bei Schülern mit geistiger Behinderung ausgegangen wird, der die Lehrperson in geführter kleinschrittiger Strukturierung und durch Komplexitätsreduktion zu entsprechen versucht. Da im Handlungsprozess kognitive, sensorische, (psycho)motorische, kommunikativ-sprachliche u. a. Aktivitäten aufgerufen werden und jede noch so elementare, basale Tätigkeit Fähigkeiten zur Voraussetzung hat, die in aktiven Handlungsprozessen erworben wurden, muss eine offene Lernprozessgestaltung für jeden Schüler auf jedem Niveau individueller Handlungsfähigkeit selbstgestaltende und -bestimmende Handlungsmöglichkeiten eröffnen. Darin liegt die spezifische Anforderung an die Methodik bei der Umsetzung des handlungsorientierten Konzepts im Unterricht bei Schülern mit geistiger Behinderung.

Melitta Stichling

Literatur

DIMDI (Hrsg.) (2004): Internationale Klassifikation der Funktionsfähigkeit, Behinderung und Gesundheit. Köln

Jank, W. & Meyer, H. (1991): Didaktische Modelle. Frankfurt/M.
Kultusministerkonferenz (1999): Empfehlungen zum Förderschwerpunkt geistige Entwicklung. (Beschluss vom 26. 6. 1998). In: Schulverwaltungsblatt für das Land Sachsen-Anhalt, Nr. 4 vom 22. 3. 1999
Mühl, H. (1997): Einführung in die Schulpädagogik bei geistiger Behinderung. Oldenburg
Pitsch, H.-J. (1999): Didaktik und Methodik des Unterrichts mit Geistigbehinderten. Oberhausen (2. Auflage)
Speck, O. (1993): Menschen mit geistiger Behinderung und ihre Erziehung. München (7. Auflage)
Strassmeier, W. (1997): Didaktik für den Unterricht mit geistig behinderten Schülern. München

Disability, Behinderung, Disability Studies

Der Begriff »Disability« bedeutet im Englischen u. a. »Unvermögen, Unfähigkeit« und spezieller »Erwerbsunfähigkeit« und wird dort in den gleichen Sinnzusammenhängen wie der Begriff »Behinderung« in der deutschen Sprache verwendet, d. h. traditionell ist damit – sehr vereinfacht formuliert – der Funktionsmangel eines Individuums gemeint, welcher v. a. auf körperliche und kognitive → Defizite zurückgeführt wird; dieses Verständnis von Behinderung wird auch als individuelles oder medizinisches Modell bezeichnet. In den letzten Jahren lassen sich in der internationalen wissenschaftlichen Diskussion um Behinderung vermehrt neue Sichtweisen finden – eine Entwicklung, die sich hauptsächlich auf den Einfluss der *Disability Studies* zurückführen lässt. Bei den Disability Studies handelt es sich nicht um eine »neue Sonderpädagogik«, sondern um einen interdisziplinären Ansatz, unter dem die Überlegungen verschiedenster geistes- und sozialwissenschaftlicher Fachrichtungen zur gesellschaftlichen Kategorie Behinderung subsumiert werden. Innerhalb der Disability Studies lassen sich zwei wichtige Strömungen ausmachen: Zum einen der eher sozialwissenschaftlich orientierte Ansatz, der v. a. in Großbritannien stark ausgeprägt ist und in dessen Mittelpunkt die Diskussion um das sogenannte »soziale Modell« steht. Ausgangspunkt für dieses Modell ist die strikte Trennung von Beeinträchtigung (impairment) und Behinderung (disability), wobei Letzteres als gesellschaftlich produziert angesehen wird. Ein Mensch gilt in diesem Denken nicht mehr aufgrund i. w. S. körperlicher Gegebenheiten als behindert, sondern die Ursache wird in sozialen Strukturen gesehen, die es dem Individuum unmöglich machen, an bestimmten Gesellschaftsbereichen zu partizipieren. Zum anderen gibt es innerhalb der Disability Studies einen Ansatz, der die US-amerikanische Diskussion dominiert und dessen VertreterInnen zumeist aus den Kulturwissenschaften stammen. Behinderung wird auch hier nicht mehr als ein natürliches Phänomen verstanden, von dem einzelne Personen betroffen sind. Stattdessen gilt Behinderung als eine variable soziale Kategorie, die – ebenso wie z. B. Geschlecht und Rasse/Ethnizität – der Hierarchisierung der Gesellschaft dient und deren aktueller Inhalt das Ergebnis eines historischen Prozesses ist. Im Mittelpunkt dieses Ansatzes stehen die Analyse eben dieses Prozesses und die Betrachtung und das kritische Hinterfragen vorherrschender Normalitätskonzepte, wobei v. a. gesellschaftlich verbreitete Vorstellungen über den menschlichen Körper in den Blick genommen werden.

Ira Schumann

Literatur

Hermes, G. & Rohrmann, E. (Hrsg.) (2006): Nichts über uns – ohne uns! Disability Studies als neuer Ansatz emanzipatorischer und interdisziplinärer Forschung über Behinderung. Neu-Ulm

Lutz, P. u. a.. (Hrsg.) (2003): Der (im-)perfekte Mensch. Metamorphosen von Normalität und Abweichung. Köln

Diskriminierung

Hinsichtlich des Begriffes Diskriminierung ist zunächst auf dessen lat. Ursprung (discremen: Scheidung/Unterscheidung; discrimino: trennen, scheiden, unterscheiden) zu verweisen. In einem weiten soziologischen Sinne wird darunter ein Mittel sozialer Orientierung verstanden, dass eine »Fremdgruppe durch Ablehnung ihrer andersartigen rassischen, religiösen, politischen u. a. Eigenschaften [abgewertet und eine; R.F.] Aufwertung der als bedroht empfundenen Situation der Eigengruppe« (Brockhaus 1968, 776f.) erfolgt. Dies ist die Grundlage zu eingeschränkter gesellschaftlicher → Partizipation, welche vom Ausschluss durch Vorurteile bis zur systematischen Vernichtung einzelner Bevölkerungsgruppen reichen kann. Die Abqualifizierung Anderer erfolgt dabei aufgrund bestimmter Wertvorstellungen oder unbewusster Einstellungen, wobei die psychologische Funktion der Sündenbocktheorie erfüllt wird, welche sich meist auf Minderheiten, Randgruppen etc. bezieht.

Diskriminierungen sind auf rechtlicher und gesellschaftspolitischer Ebene zu unterscheiden. Erstgenannte bezeichnen die Verweigerung gleicher Rechte oder aber eine ungerechtfertigte Ungleichbehandlung aufgrund juristischer Normen, wobei letztere auf individuelle und gesellschaftliche Einstellungen und Verhaltensweisen abzielt, durch die Andere, auf der Basis von sozialen Vorurteilen und negativer Bewertung von Merkmalen, benachteiligt werden. Überdies können direkte Formen der Diskriminierung (bzgl. Geschlecht, Herkunft, Behinderung) von indirekten unterschieden werden, welche durch scheinbar neutrale Handlungen mit diskriminierenden Folgen entstehen. Der Versuch einzelne, zuvor benachteiligte und ausgegrenzte Gruppen durch rechtliche Bestimmungen der übrigen Gesellschaft gleichzustellen, wird allgemein als positive Diskriminierung bezeichnet.

Im Kontext von Behinderung fällt auf, dass bereits durch die Einteilung in behindert/nicht-behindert eine Diskriminierung im weiteren soziologischen Sinne vorgenommen wird, welche Einzelnen hilft, sich in der gesellschaftlichen Interaktion zu orientieren. Desweiteren zeigt die Zuschreibung der Behinderung, welche »bedeutet, dass Individuen aufgrund erhöhter Verletzbarkeit in prekäre Lebenslagen geraten, innerhalb derer ihre sprachliche, soziale, kulturelle, ökonomische usw. Partizipation nicht hinreichend gesichert ist« (Jantzen 2002, 377), dass damit der Tatbestand der Diskriminierung im engeren soziologischen Sinne erfüllt ist. Behinderte werden diskriminiert ab dem Zeitpunkt, ab welchem von Behinderung gesprochen wird. Als aktuelles Beispiel für den Umgang mit Diskriminierung und Behinderung und als das zentrale Beispiel für positive Diskriminierung ist das ›Antidiskriminierungsgesetz‹ (ADG) zu sehen. Dies beinhaltet mit einem Diskriminierungsverbot eine gesetzliche Bestimmung, die → Benachteiligung oder Bevorzugung aufgrund von Rasse, Abstammung, Religion, Nationalität, politischer oder gewerkschaftlicher Betätigung oder Einstellung oder aufgrund des Geschlechtes und der Behinderung verbieten, gesetzlich geregelt im Art. 3 Abs. 3 Satz 2 des GG. Diese Ergänzung des Artikels 3 GG vermochte es aber nicht, Diskriminierungen auf rechtlicher Ebene zu verhindern. Dies zeigen weitere Formen der Diskriminierung wie Ausgrenzung vom Arbeitsmarkt, Vertreibung aus Wohngebieten, Beschränkung der → persönlichen Assistenz, Ausschluss von Freizeitangeboten oder auch fehlende behindertengerechte Ausstattung des öffentlichen Nahverkehrs oder öffentlicher Einrichtungen (Schwimmbädern u. ä.). Diesen offensichtlichen sind noch »verborgene« Mechanismen hinzuzufügen, so etwa die durch die sog. Singer-Debatte ausgelösten Diskussionen über das Lebensrecht behinderter Menschen, welche Nichtakzeptanz und »Tötungsphantasien« bzgl. behinderter Menschen zu Tage gebracht haben (dazu Niehoff 1999). Real sichtbar werden selbige etwa in der aktuellen Diskussion um Pränataldiagnostik (PND) und Präimplantationsdiagnostik (PID), welche als genetische Selektion zu betrachten sind. Sollen Diskriminierungen von Behinderten begegnet werden, sind Veränderungen auf unterschiedlichen Ebenen voranzubringen, wobei die Basis hierfür ein umfassendes »Antidiskriminierungsgesetz« sein muss, das dann auch so genannt werden sollte. Auf diese Weise können zahlreiche Benachteiligungen sowie das öffentliche Bewusstsein zu diesem Gegenstand revidiert werden, wie Erfahrungen aus angelsächsischen Ländern unterstreichen (vgl. Windisch & Miles-Paul 1993). Auf einer handlungspraktischen Ebene sind Forderungen der Integrations- und Inklusionspädagogik nach einer Überwindung des Behinderungsbegriffes zu unterstützen sowie auf einer philosophischen Ebene eine nicht-normalisierende Anerkennung voranzubringen. Denn »die Gestaltung seiner Identität kann dem Einzelnen nur durch eine Wertschätzung auf ethisch-existentieller Ebene gelingen. Insofern bedarf es einer Ethik der Anerkennung, die ›der Existenz eine sehr starke Struktur geben kann, ohne sich auf ein Rechtswesen, ein Autoritätssystem oder eine Disziplinstruktur beziehen zu müssen‹ (Foucault)« (Rösner 2002, 40).

Rudolf Forster

Literatur

Brockhaus Enzyklopädie (1968). Band 4. Wiesbaden, 776f
Jantzen, W. (2002): Identitätsentwicklung und pädagogische Situation behinderter Kinder und Jugendlicher. In: Sachverständigenkommission Elfter Kinder- und Jugendbericht (Hrsg.): (Materialien) Gesundheit und Behinderung im Leben von Kindern und Jugendlichen. München, 317–394
Niehoff, U. (1999): Das zerstörte Selbstbild von Menschen mit geistiger Behinderung. In: Hähner, U. u. a.: Vom Betreuer zum Begleiter. Marburg, 91–107
Rösner, H.-U. (2002): Jenseits normalisierender Anerkennung. Reflexionen zum Verhältnis von Macht und Behindertsein. Frankfurt/M.
Windisch, M. & Miles-Paul, O. (Hrsg.) (1993): Diskriminierung Behinderter. Erfahrungen – Analysen – Gegenstrategien. Kassel

Dissozialität

(siehe auch Delinquenz)

Dissozialiät kann als bedeutsame Störung der Person-Umwelt-Interaktion definiert werden, ausgelöst durch die Verletzung von grundlegenden Regeln und Normen einer Gemeinschaft; umgangssprachlich wird oft von antisozialem Verhalten gesprochen. Dissozialität wird in Pädagogik und Psychiatrie begrifflich eng bis synonym zu den Begriffen → Delinquenz und Verwahrlosung gesehen. Die Problematik wird häufiger beim männlichen als beim weiblichen Geschlecht gesehen.

Dissozialität kann in den meisten Fällen als Folge von familiären Störungen, Erziehungsproblemen, deprivierenden Lebensumständen sowie gestörten Beziehungs- und Lernerfahrungen verstanden werden. In wenigen Fällen kann Dissozialität auch als Symptom einer diagnosefähigen psychischen Erkrankung wie z. B. einer Psychose oder bei Erwachsenen auch als eigenständige Diagnose als »Dissoziale Persönlichkeitsstörung« kategorisiert werden.

Dissozialität ist kein eingeführter oder gebräuchlicher Fachbegriff in der Behindertenhilfe. In Bezug auf Menschen mit geistiger Behinderung kann Dissozialität mit folgenden (sich häufig überschneidenden) Zusammenhängen in Verbindung gebracht werden:

- Auffälligkeiten im Sozialverhalten, insbesondere → Aggression, Norm- und Regelverletzungen, Weglaufen, Streunen, Formen von sexuell auffälligem Verhalten
- Missbrauch von Alkohol und Drogen
- Delinquentes Verhalten, wie Sachbeschädigungen, Entwendungen
- Kriminelle Verhaltensweisen, wie Diebstahl, Überfall, physische oder sexuelle Gewalt.

Die rechtliche Stellung von Menschen mit geistiger Behinderung in Bezug auf → Delinquenz und Kriminalität (dazu Paul & Wüllenweber 2004), insbesondere Fragen zur Schuld und zur Haftung, ist kompliziert. Schuld setzt sich aus den Elementen Schuldfähigkeit und Unrechtsbewusstsein zusammen, letztlich geht es um die Frage, wie schwer es einem Täter gefallen wäre, sich rechtstreu zu verhalten. Bei dieser Beurteilung sind Verbindungen zur intellektuellen Verfassung zu ziehen und machen Differenzierungen zur Schuldunfähigkeit, verminderten Schuldfähigkeit und bedingten Schuldfähigkeit möglich und notwendig. Dabei scheint die Schuldunfähigkeit im Sinne des Strafrechts für Menschen mit geistiger Behinderung besonders bedeutsam zu sein.

Ernst Wüllenweber

Literatur

Paul, M. & Wüllenweber, E. (2004): Delinquenz und Kriminalität bei Menschen mit geistiger Behinderung. Ein Tabuthema. In: Wüllenweber, E. (Hrsg.): Soziale Probleme von Menschen mit geistiger Behinderung. Stuttgart, 183–200

Seidel, M. & Hennicke, K. (Hrsg.) (2001): Delinquentes Verhalten von Menschen mit geistiger Behinderung – eine interdiszipinäre Herausforderung. Materialien der DGSGB, Bd. 4. Berlin

Dissoziation, dissoziative Störungen

(siehe auch psychische Störungen, Trauma)

Dissoziation, als Folge traumatischer Erfahrungen diskutiert, ist die engl. Übersetzung des auf Pierre Janet zurückgeführten Begriffes désagrégation. Vom lat. Wortstamm ausgehend (absondern, trennen, zerstreuen) beschreibt der Begriff ein Spektrum, das von Lockerung bis zur Zerstörung eines Verbundes und seiner Teile reichen kann.

Aus heutiger Sicht kann man Dissoziation als einen Sinn bildenden Mechanismus verstehen, der bei der Entwicklung von → Identität eine bedeutsame Rolle spielt. Er schafft die Möglichkeit, auf emotional Bedeutsames zu fokussieren, und sichert die Einheit des Bewusstseins durch dessen Zergliederung. Er ist notwendig, um Einzelheiten einem sinnvollen Ganzen zuordnen zu können und damit ein lebensnotwendiger Mechanismus. Nicht etwas Zusammengehöriges zerfällt, vielmehr werden ständig Bestandteile eines Ganzen dissoziiert, um sie erneut zu Einheiten zusammenfügen zu können.

Dissoziation ist nicht per se pathologisch, vielmehr entsteht unter bestimmten isolierenden Bedingungen durch diese Fähigkeit eine psychisch labile Organisation, die, wenn keine äußere emotionale Absicherung erfolgt, sich mit einer stereotypen, nach innen gerichteten Tätigkeit verbindet. Diese ist dann mit entsprechenden neuropsychologischen (pathologisch auffälligen) Veränderungen verbunden. Die funktionelle Organisation des Gehirns folgt dabei bestimmten Prinzipien, welche die Möglichkeit und Notwendigkeit beinhalten, integrative wie dissoziative Wege zu gestalten, um Informationen in einen emotional bewältigbaren Kontext einzuordnen und die Einheit des Bewusstseins zu retten.

Eine wichtige Form der Dissoziation besteht darin, zwischen verschiedenen inneren emotionalen Zuständen (sympathische Erregung, parasympathische Beruhigung) wechseln zu können (»Switching«, vgl. Putnam). Wird dieser Übergang nicht durch ›freundliche Begleiter‹ (im Sinne sicherer Bindung) vermittelt, entstehen physiologisch betrachtet Stress mit entsprechenden Folgen und bei entsprechender Schwere, Dauer oder Umfang Symptome einer Posttraumatischen Belastungsstörung. Misslingende bzw. fehlende → Bindung muss daher als wichtige Grundlage zum Verständnis von Traumatisierungen und insbesondere zum Verständnis von pathologischer Dissoziation betrachtet werden. Entsprechende Erfahrungen werden kortikalisiert (ins Bewusstsein integriert) und generieren eine Identität, die, von außen betrachtet, pathologisch erscheinen kann, aus subjektiver Sicht jedoch ein sinnvolles Abbild intersubjektiver Erfahrungen ist. Dissoziation und aus ihr resultierende psychische (Um-) Bildungen entsprechen insofern sozialen Rahmenbedingungen, in denen ein Mensch lebt, vermittelt in die Prozesse des sinnhaften und systemhaften Aufbau des Bewusstseins.

Dagmar Meyer

Literatur

Meyer, D. (2000): »Geistige Behinderung« und Dissoziation – Aspekte einer Rehistorisierung. In: Geistige Behinderung 39, 1, 20–30

Putnam, F. (2003): Diagnose und Behandlung der Dissoziativen Identitätsstörung. Paderborn

Doppeldiagnose, dual diagnosis

Der Begriff Doppeldiagnose beschreibt das gleichzeitige Vorkommen von zwei Diagnosen bei einer Person. In der → Psychiatrie bezeichnet man z. B. häufig das gleichzeitige Vorkommen einer schizophrenen Störung und einer Suchterkrankung mit dem Begriff Doppeldiagnose. Auf dem Gebiet der geistigen Behinderung hat sich der Begriff Doppeldiagnose für das Bestehen einer → psychischen Störung (psychischen Erkrankung) bei einer Person mit einer geistigen Behinderung eingebürgert.

Der Begriff der Doppeldiagnose wird häufig ausdrücklich deshalb verwendet, weil sich aus dem Bestehen zweier (oder mehrerer) Diagnosen oft spezielle diagnostisch-methodische, therapeutische, rehabilitative oder versorgungsstrukturelle Schwierigkeiten ergeben.

Gegen den Begriff Doppeldiagnose im Zusammenhang von geistiger Behinderung und gleichzeitiger psychischer Störung ist teilweise heftig polemisiert worden, z. T. mit der Begründung, es handele sich doch bei geistiger Behinderung nicht um eine Krankheit. Diese Argumentation geht an der Tatsache vorbei, dass sich eine Diagnose keineswegs nur auf Krankheiten im engeren Sinne, sondern auch auf andere Gegebenheiten wie eine Unfallfolge, eine Behinderung oder einen anderen besonderen Zustand einer Person beziehen kann.

Michael Seidel

Down-Syndrom, Trisomie 21

(siehe auch klinische Syndrome)

Der Engländer John Langdon-Down hat 1866 zum ersten Mal die klassischen Merkmale des Down-Syndroms (DS) beschrieben. Der Terminus »Down-Syndrom« wurde später durch den medizinisch orientierten Begriff »Trisomie 21« ersetzt. Die Bezeichnung »Down-Syndrom« (DS) wird jedoch immer noch häufig verwendet. 1909 fand Shuttleworth heraus, dass häufiger ältere Mütter Kinder mit DS bekamen (Hensle & Vernooij 2000, 160). Im Jahre 1959 erbrachten Lejeune, Gautier und Turpin in Paris den Beweis, dass es sich bei dem DS um eine Chromosomenanomalie handelt. Das Chromosom Nr. 21 war statt paarweise dreimal vorhanden. Daraus erstand der medizinische Begriff »Trisomie 21«. Polani entdeckte 1960 die Translokationsform und Clarke ein Jahr später die Mosaikform des DS.

Das DS ist die häufigste Chromosomenabweichung, die zu einer geistigen Behinderung führt. Die Auftretenshäufigkeit liegt bei 1 zu 650, wobei die Häufigkeit des Auftretens innerhalb der Geburtenkohorten, standardisiert nach dem Alter der Mutter, überall gleich ist. Man findet überall in der Welt, bei allen Rassen, ethnischen Gruppen und Bevölkerungsschichten, Menschen mit DS.

In der Entstehung gibt es drei verschiedene Formen des DS. 95% der Menschen mit DS haben die so genannte Freie Trisomie 21, das heisst, dass das überzählige Chromosom Nr. 21 frei in der Zellteilungsfigur sichtbar ist. Diese Form entsteht, wenn sich bei einem Elternteil ein Chromosomenpaar nicht voneinander trennt, so dass sich anstatt 23 24 Chromosomen in der Keimzelle befinden. In 90–95% der Fälle ist die Eizelle der Frau betroffen, in 5% der Fälle die Samenzelle des Mannes. In der befruchteten Eizelle liegen dann 47 (23 + 24) Chromosomen vor, das Chromosom 21 ist dreimal vorhanden.

Bei der sog. Translokations-Trisomie 21 liegt das zusätzliche Genmaterial nicht in Form eines freien Chromosoms 21 vor, sondern gebunden an ein anderes Chromosom. In diesem Fall befinden sich also in jeder Zelle 46 Chromosomen, da sich das dritte Chromosom Nr. 21 an das Chromosom Nr. 13, 14, 15 oder 22 angeheftet hat. Ca. 3–4% der Kinder mit DS haben diese Form der Trisomie 21. Auch die Mosaik-Trisomie entsteht durch einen Zellteilungsfehler, ist aber mit ca. 1–2% eher selten (Neuhäuser & Steinhausen 2003, 183). In diesem Fall findet ein Nichtauseinandertrennen (non-disjunction) der Chromosomen nicht schon in der Keimzelle eines Elternteils, sondern erst nach der ersten Zellteilung statt, so dass danach Zellen mit 45, 46 und 47 Chromosomen vorliegen. Die Zelle mit 45 Chromosomen stirbt allerdings ab, da sie lebensunfähig ist. Bei Menschen mit der Mosaik-Trisomie kommen also Zellen mit 46 und 47 Chromosomen gemeinsam vor.

Jeder Mensch mit DS ist einzigartig in äußeren Merkmalen, Entwicklungsverläufen, Gesundheit und Lebenserwartung. Im Allgemeinen gilt aber: Menschen mit DS sind relativ klein, weisen häufig eine zusätzliche Falte am inneren Augenwinkel auf, auch Epikanthus genannt, ebenso haben viele schräg nach oben geneigte Lidspalten. Ihre Hände sind meist breit und ihre Finger kurz. Ihre Füße wirken häufig gedrungen und oft existiert ein vergrößerter Abstand zwischen der ersten und zweiten Zehe.

Von der Muskelhypotonie (erniedrigter Muskeltonus), die bei vielen Menschen mit DS vorhanden ist, ist die gesamte Muskulatur in sehr unterschiedlicher Ausprägung betroffen. Die Muskelhypotonie hat Folgen für die Motorik und Mobilität, ist aber durch Frühförderung positiv zu beeinflussen. Die folgenden Gesundheitsprobleme kommen mehr bei Personen mit DS als bei Personen mit anderen Ursachen einer geistigen Behinderung vor: Hör- und Sehstörungen, angeborene Herzfehler, Hypothyreose, Leukämie, Hepatitis B, Bronchitis, Schlafapnoe, Zwölffingerdarmverschluss und Alzheimer Demenz. Durch eine bessere Gesundheitsversorgung ist die mittlere Lebenserwartung ab der Geburt in den letzten 60 Jahren für Menschen mit DS von 9 Jahren bis zu ca. 60 Jahren gestiegen (Haveman & Stöppler 2004).

Nach Rauh (2000, 131) verläuft die geistige → Entwicklung von Kindern mit DS bis zum dritten Lebensjahr etwa halb so schnell wie bei nichtbehinderten Kindern, wobei es eine große Streubreite gibt. Ab dem dritten Lebensjahr verlangsamt sich das Tempo auf ein Drittel der Normalentwicklung. Die Sprachentwicklung verläuft verzögerter als bei Kindern ohne Behinderung. Dafür gibt es mehrere Gründe. Einerseits kann es an Hörproblemen liegen. Andererseits besitzen Kinder mit DS ein kurzes auditives Gedächtnis, d. h. Gehörtes wird nicht so lange behalten wie Gesehenes und Gelesenes. Das visuelle → Gedächtnis ist besser ausgebildet als das auditive. Sätze und Grammatik können also schwer imitiert werden, wenn sie nur gehört werden. Der dritte Grund sind sprechmotorische Schwierigkeiten. Da sich die Sprechmotorik langsamer entwickelt, haben Kinder mit DS zunächst Schwierigkeiten, Wörter deutlich auszusprechen. Es besteht ein grosser Unterschied zwischen Sprachverständnis und der expressiven Sprache.

Im Bereich der Motorik ist die Entwicklung bei Kindern mit DS in den ersten drei Lebensjahren erheblich stärker verzögert als die geistige Entwicklung. Nach dem dritten Lebensjahr holt die Motorik in der Regel die geistige Entwicklung ein (vgl. Rauh 2000, 131). Die Entwicklungsverzögerungen ergeben sich durch die Funktionseinschränkungen, die Hypotonie der Kinder und der häufigen gesundheitlichen Probleme (vgl. Wilken 1999, 16).

Meindert Haveman

Literatur

Haveman, M. & Stöppler, R. (2004): Altern mit geistiger Behinderung. Stuttgart

Hensle, U. & Vernooij, M. (2000): Einführung in die Arbeit mit behinderten Menschen. Wiebelsheim

Neuhäuser, G. & Steinhausen, H.-C. (2003): Geistige Behinderung. Stuttgart

Rauh, H. (2000): Kognitives Entwicklungstempo und Verhalten bei Kindern mit Down-Syndrom. In: Frühförderung interdisziplinär 19, 130–139

Wilken, E. (1999): Syndromspezifische Förderbedürfnisse. In: Neue Perspektiven für Menschen mit Down-Syndrom, Erlangen, 14–27 (3. Aufl.)

E

Eingliederungshilfe

Die Eingliederungshilfe (EGH) war zunächst im Bundessozialhilfegesetz geregelt und ist seit dem 1.1.05 im SGB XII §§ 53–60 verankert, wobei eine enge Verschränkung mit den Normen des SGB IX besteht.

Auf Basis des fürsorgerischen Grundgedankens sind – weitestgehend über Sozialhilfemittel finanziert – Einrichtungen, in denen alle notwendigen Hilfen für behinderte Menschen geleistet werden, in einer jahrzehntelangen Entwicklung zur heute vorgefundenen Struktur gewachsen. Die Ausgaben für Leistungen der Eingliederungshilfe betrugen im Jahre 2009 13,3 Mrd. €. Die Eingliederungshilfe ist damit finanziell die bedeutendste Leistung der Sozialhilfe. Seit In-Kraft-Treten des BSHG im Jahr 1961 stieg die EGH für behinderte Menschen ununterbrochen bis zum heutigen Tage an. Dieser Trend wird sich aufgrund des medizinischen Fortschritts und der demografischen Entwicklung auch künftig fortsetzen.

Die Aufgabe der EGH ergibt sich aus § 53 Abs. 3.

Leistungsberechtigt sind – unter Beachtung des Nachranggrundsatzes (§ 2) – Personen, die durch eine Behinderung wesentlich in ihrer Fähigkeit, an der Gesellschaft teilzuhaben, eingeschränkt oder von einer solchen wesentlichen Behinderung bedroht sind (§ 53 Abs. 1). Die eigentliche Definition der der Einschränkung zugrunde liegenden Behinderung findet sich in § 2 Abs. 1 SGB IX. Dieser weit gefasste Behinderungsbegriff wird im Rahmen der EGH für behinderte Menschen durch das Erfordernis der »Wesentlichkeit« der Einschränkung der Teilhabebefähigung eingegrenzt. Was im Einzelnen unter wesentlicher Behinderung zu verstehen ist, bestimmt die Verordnung nach § 60 SGB XII.

Die Leistungen der EGH bestimmen sich nach § 54. Dieser Katalog ist nicht abschließend, sondern eröffnet die Möglichkeit, für besondere oder neu auftretende Tatbestände entsprechende, bedarfsdeckende (§§ 9, 53) Eingliederungshilfeleistungen zu entwickeln. Einen Baustein bildet hierbei das trägerübergreifende → persönliche Budget (PB). Leistungsberechtigte können auf Antrag Leistungen der EGH auch als Teil eines PB erhalten (§ 57). Damit wird die Sozialhilfe in den Kreis derjenigen Sozialleistungsträger einbezogen, die ihre Leistungen als PB erbringen können. Die einzelnen Regelungen finden sich in § 17 SGB IX i. V. m. der Budgetverordnung. Das PB soll dazu dienen, dem Leistungsberechtigten in eigener Verantwortung ein möglichst selbstbestimmtes Leben zu ermöglichen. Das PB bildet damit den Ansatz, den Grundgedanken der → Normalisierung und des → Empowerment auch im Sozial-(hilfe)recht Geltung zu verschaffen.

Die EGH ist eine lebenslange Hilfeform für den Menschen mit Behinderung. Vor diesem Hintergrund einerseits und dem Umstand des gegliederten Sozialversicherungssystems andererseits, hat die EGH verschiedene Schnittstellen zu anderen (Sozial-)Leistungsbereichen, wie z. B. zum Schul-, Kinder- und Jugendhilferecht nach SGB VIII sowie zur Pflegeversicherung SGB XI, wobei die Abgrenzung z. T. erhebliche Schwierigkeiten bereitet.

Die Reform der Eingliederungshilfe steht seit 2005 auf der politischen Agenda und soll noch in dieser Wahlperiode (17.) erfolgen. Gemäß Beschluss der 87. Arbeits- und Sozialministerkonferenz ist es Grundanliegen des Reformvorhabens, Teilhabemöglichkeiten und Leistungen der Eingliederungshilfe für Menschen mit Behinderungen und deren Angehörige in Übereinstimmung mit dem Übereinkommen der Vereinten Nationen über die Rechts von Menschen mit Behinderungen weiterzuentwickeln

Oliver Kestel

Literatur

Lachwitz, K. (2004): Mehr Chancen für ein selbstbestimmtes Leben? Das persönliche Budget in Fragen und Antworten. Marburg
Münder, J. u. a.: Sozialgesetzbuch SGB XII Lehr- und Praxiskommentar. Baden-Baden
Statistisches Bundesamt, Eingliederungshilfe für behinderte Menschen 2009

Eltern- und Familienarbeit

Die Rechtsordnung weist Eltern und Familien eine Primärverantwortung und -zuständigkeit in der Pflege und → Erziehung der Kinder zu (Art. 6 Grundgesetz). Staat und Gesellschaft haben die subsidiäre Aufgabe, sie darin zu unterstützen, z. B. durch außerfamiliäre Erziehungs- und Bildungseinrichtungen wie Krippen, Kindertagesstätten und (Sonder-)Schulen sowie bei behinderten Kindern durch spezielle Hilfeangebote wie Frühberatung und -förderung. Aus einer ökologischen Perspektive dient Eltern- und Familienarbeit dazu, das System → Familie mit den weiteren Systemen, in denen ein Kind aufwächst, hinsichtlich Zielvorstellungen, Abläufe und Regeln zu dessen Wohl bestmöglich abzustimmen (Bernitzke & Schlegel 2004, 7). Eltern- und Familienarbeit ist somit keine ›Einbahnstraße‹ im Sinne einer Arbeit *an* Eltern und Familien, sondern ein Kommunikationsprozess *mit* ihnen, der auf einen gleichberechtigten Informationsaustausch und wechselseitige Verständigung abzielt.

Dieses Verständnis von Eltern- und Familienarbeit ist vor allem in der Praxis nicht immer vorherrschend. Speck (1983) hat drei Modelle im heilpädagogischen und medizinisch-therapeutischen Kontext typisierend beschrieben: Im *Laienmodell* werden die Eltern als »Laien«, d. h. als Nicht-Fachleute, betrachtet, deren Funktion es ist, Informationen zu liefern und Ratschläge bzw. Anweisungen entgegenzunehmen. Im *Ko-Therapeuten-Modell* werden die Eltern als Ausführende der therapeutischen und pädagogischen Maßnahmen in ihrer Bedeutung aufgewertet, bleiben jedoch weiterhin der verlängerte Arm der Fachleute. Dem *Partnerschafts-* bzw. *Kooperationsmodell* liegt die Vorstellung zugrunde, dass sich Eltern mit ihrem individuellen (Erfahrungs-)Wissen über ihr Kind und Fachleute mit ihrem generellen Fachwissen gegenseitig ergänzen. Aus der Ergänzungsbedürftigkeit beider Seiten resultiert ein gleichberechtigtes Partnerschaftsverhältnis, im pädagogischen Kontext als »Erziehungspartnerschaft« bezeichnet. Fällt es Eltern aufgrund ihrer sozialen Lage oder infolge der Erschütterungen durch die Diagnose der Behinderung ihres Kindes schwer, den Fachleuten auf gleicher Augenhöhe zu beggenen, ist es deren Aufgabe, im Sinne des → *Empowerment-Konzepts* in einem → Ressourcen und Kräfte aktivierenden Dialog mit den Eltern zu treten, der es diesen ermöglicht, sich ihrer Potentiale (wieder) zu bemächtigen (Eckert 2002, 107ff.). Als kritisch ist hingegen zu bewerten, wenn unter Einfluss betriebswirtschaftlichen Denkens

Elternarbeit als »Kundenpflege« verstanden wird (Jansen & Wenzel 2000). Weder lässt sich die Lebenswirklichkeit von Eltern auf eine Kundenrolle noch die Arbeitswirklichkeit der Fachleute auf eine Dienstleisterrolle reduzieren.

Das familiäre und das professionelle System weisen je spezifische Strukturen und Handlungslogiken auf. Die daraus resultierenden Spannungsfelder dürfen nicht negiert werden, vielmehr gilt es, konstruktiv damit umzugehen (Weiß 1996). Für Fachleute ist es wichtig, sich bewusst zu machen, dass die Inanspruchnahme von Hilfeleistungen für Eltern und Familien auch Belastungen verursachen, z. B. die geeigneten Hilfen in der unübersichtlichen Hilfelandschaft zu finden und aus manchmal widersprüchlichen fachlichen Informationen für sich die ›richtigen‹ Schlüsse zu ziehen.

Die → Kooperation mit Eltern und Familien beruht hinsichtlich ihrer Zielsetzungen, Bedingungen, Formen und Methoden auf einer breiten Erfahrungsbasis (Eckert 2002; Wilken & Jeltsch-Schudel 2003; Bernitzke & Schlegel 2004). Grundlegend für eine gelingende Kooperation ist es, dass sich Fachleute nicht nur an den Bedürfnissen des Kindes, sondern auch an der Lebenswirklichkeit der Gesamtfamilie (Mutter, Vater, Geschwisterkinder) orientieren. Diese *Familienorientierung* als Bereitschaft zur fairen Auseinandersetzung und respektvollen Kooperation mit unterschiedlichen Lebenswirklichkeiten stellt besonders in der Begegnung mit dem (sozio-)kulturell »Fremden« bei Familien in → Armut und → Benachteiligung sowie bei Familien mit Migrationshintergrund besondere fachliche Anforderungen (Weiß 2003; Schlösser 2004). Im Kontext der familiären Lebenswelt ist auch die Behinderung des Kindes ein Thema der Kooperation, ohne Eltern mit dem »Annahme-Postulat« (Weiß et al. 2004, 137–139) zu konfrontieren.

Hans Weiß

Literatur

Bernitzke, F. & Schlegel, P. (2004): Das Handbuch der Elternarbeit. Troisdorf
Eckert, A. (2002): Eltern behinderter Kinder und Fachleute. Bad Heilbrunn
Jansen, F. & Wenzel, P. (2000): Von der Elternarbeit zur Kundenpflege. München (2. Aufl.)
Schlösser, E. (2004): Zusammenarbeit mit Eltern – interkulturell. Münster
Speck, O. (1983): Das gewandelte Verhältnis zwischen Eltern und Fachleuten in der Frühförderung. In: Speck, O. & Warnke, A. (Hrsg.): Frühförderung mit den Eltern. München, Basel, 13–20
Weiß, H. (1996): Eltern und Fachleute: zwei unterschiedliche Wirklichkeiten und ihre Bedeutung für die Zusammenarbeit in der Erziehung und Therapie behinderter Kinder. In: Gemeinsam leben 4, 4–9
Weiß, H. (2003): Begegnung mit dem »fremden«: Zur Arbeit mit Familien in Armut und Benachteiligung. In: Wilken, U. & Jeltsch-Schudel, B. (Hrsg.), 117–131
Weiß, H.; Neuhäuser, G. & Sohns, A. (2004): Soziale Arbeit in der Frühförderung und Sozialpädiatrie. München, Basel
Wilken, U. & Jeltsch-Schudel, B. (2003): Eltern behinderter Kinder. Empowerment – Kooperation – Beratung. Stuttgart

Elterninitiativen

Viele Institutionen, die Menschen mit Lernschwierigkeiten Angebote zur Lebensgestaltung und → Teilhabe am gesellschaftlichen Leben machen, gehen auf die Initiative von Eltern behinderter Kinder zurück, die unzufrieden mit der jeweils vorhandenen Struktur waren. So ist die Lebenshilfe für Menschen mit geistiger Behinderung seit den

1950er Jahren als Gründerin und Trägerin diverser Sonderkindergärten und -schulen, Wohneinrichtungen, Werkstätten für behinderte Menschen und Tagesförderstätten ursprünglich ein Elternverein. Integrative Kindergärten, eine integrative Schule in Giessen, Außenarbeitsgruppen und integrative Zweckbetriebe zeugen vom dynamischen Wandel der Orientierung der mittlerweile oft von Professionellen getragenen Gesamtstrukturen.

Immer wieder gehen entscheidende Veränderungsimpulse für die Lebens- und Lernbedingungen für alle Kinder von deren Eltern aus (vgl. Roebke, Hüwe & Rosenberger 2000), die immer mehr das Selbstbewusstsein haben, mit ihren Kinder genau die Wege gehen zu wollen, die ihnen ohne eine Beeinträchtigung selbstverständlich offen gestanden hätten (vgl. Boban & Hinz 2003). Die Landesarbeitsgemeinschaften »Eltern gegen Aussonderung« bzw. »Eltern für Integration« haben durch ihre Initiative eine der nachhaltigsten Reformen in der bundesdeutschen Schullandschaft bewirkt (vgl. Schnell 2003) und Beispiele für »best practice« in vielen Lebensbereichen geschaffen, wie z. B. die Unterstütze Beschäftigung oder das »Wohnen mit Assistenz« (vgl. Boban & Hinz 2004). Damit waren und sind immer noch Eltern die »Integrationsantreiber vom Dienst« (Mettke 1982).

Ines Boban

Literatur

Boban, I. & Hinz, A. (2003): Eltern als Motor der Integrationsbewegung in Deutschland. In: Wilken, U. & Jeltsch-Schudel, B. (Hrsg.): Eltern behinderter Kinder. Empowerment – Kooperation – Beratung. Stuttgart, 189–203

Boban, I. & Hinz, A. (2004): Gemeinsamer Unterricht im Dialog. Vorstellungen nach 25 Jahren Integrationsentwicklung. Weinheim, Basel, Berlin

Mettke, J.-R. (1982): Eltern als Integrationsantreiber vom Dienst. In: Muth, J. u. a.: Behinderte in allgemeinen Schulen. Essen, 31–41

Roebke, C.; Hüwe, B. & Rosenberger, M. (Hrsg.) (2000): Leben ohne Aussonderung. Eltern kämpfen für Kinder mit Beeinträchtigungen. Neuwied, Berlin

Schnell, I. (2003): Die Geschichte schulischer Integration. Weinheim, München

Elternschaft von Menschen mit geistiger Behinderung

Das lange tabuisierte Thema »Eltern mit geistiger Behinderung« erscheint als eine der größten Herausforderungen für die Glaubwürdigkeit sonderpädagogischer Forderungen nach → Normalisierung, Selbstbestimmung und Inklusion. In der teilweise bis heute vorherrschenden kategorischen Ablehnung ihres Rechts auf Elternschaft spiegeln sich »klassische« Vorurteile gegenüber geistig behinderten Menschen wider, wie das Bild vom »ewigen Kind« oder der angeblichen Bildungs- und Lernunfähigkeit.

Seit Mitte der 90er Jahre ist als Folge des sonderpädagogischen Paradigmenwechsels und der Änderung des Betreuungsgesetzes von 1992 (Einschränkung der Sterilisationsmöglichkeit) ein deutlicher Wandel in der Diskussion um Sexualität, → Partnerschaft und Elternschaft von Menschen mit geistiger Behinderung zu beobachten. Forschungsergebnisse und Praxiserfahrungen in ambulanten und stationären Familienprojekten zeigen, dass Debatten um das Recht auf Elternschaft durch die Lebenswirklichkeit längst überholt sind (Pixa-Kettner 2006). Sowohl in der einzigen bundesweiten Studie (Pixa-Kettner, Bargfrede & Blanken 1996) als auch in regionalen Untersuchungen waren Elternschaften in ca. der Hälfte aller Einrichtungen für Menschen mit geistiger Behinderung bekannt. Bundesweit wurde Mitte der 90er Jahre eine Zahl von 969 Elternschaften mit 1366 Kindern genannt; von einer weit höheren Dunkelziffer ist auszugehen (ebd.). Zusammenfassend zeigen die Ergebnisse, dass auch geistig behinderte Menschen, trotz belastender eigener Sozialisationserfahrungen und schwieriger Umfeldbedingungen, ausreichend gute Eltern sein können und sowohl elterliche Qualifikationen mit in die Elternschaft bringen als auch neue erlernen können. Die defizitorientierte Sicht ihrer elterlichen Fähigkeiten weicht allmählich einer systemischen Perspektive, die »erfolgreiche« Elternschaft nicht nur als Folge individueller → Kompetenzen, sondern als Ergebnis des Zusammenwirkens eines sozialen Netzes begreift (Sparenberg 2001). Anstelle der Auseinandersetzung, *ob* Menschen mit geistiger Behinderung Kinder haben dürfen, stellt sich aktuell die Frage danach, *wie* in den längst existierenden Familien geistig behinderte Eltern(teile) und ihre Kinder zusammenleben und *welche Unterstützung* sie dabei benötigen bzw. als hilfreich erleben. Trotz des wachsenden institutionellen Betreuungsangebotes (Pixa-Kettner 2006) herrscht weiterhin ein Mangel an individuell angemessener, flexibler Unterstützung in erreichbarer Nähe.

Die befürchtete Gefährdung des Kindeswohles ist der zentrale Einwand gegen das Recht geistig behinderter Menschen auf gelebte Elternschaft. Im Vordergrund der Diskussion steht die Frage, ob diese Kinder mit einem erhöhten Risiko für Entwicklungsverzögerungen leben, weil ihre Eltern den komplexen, sich ständig verändernden Erziehungsanforderungen nicht gewachsen sind. Ein zweiter Aspekt der Debatte betrifft Spekulationen über die außerordentliche biographische Belastung, geistig behinderte Eltern zu haben. Systematische empirische Untersuchungen zu beiden Fragekomplexen fehlen bisher. In der Praxis werden als konkrete Risiken vor allem Trennung, Entwicklungsverzögerungen und Parentifizierungsprozesse beschrieben. Biographische Interviews mit erwachsenen Kindern regen dazu an, auch die kindlichen Belastungen durch die Stigmatisierung der Familien, durch die Tabuisierung der elterlichen Behinderung und durch unangemessene Entscheidungen des Hilfesystems zu berücksichtigen (Prangenberg 1999; Booth & Booth 1994). In den Biographien wird eine große Bandbreite des Umgangs mit der elterlichen Behinderung sichtbar, die von Kontaktabbruch bis zu einem positiv-offensiven Umgang mit der eigenen Herkunft reicht. Deutlich wird, dass die Lebensverläufe von Kindern geistig behinderter Eltern nicht in negativem Sinne vorherbestimmt sind. Bisher ist wenig darüber bekannt, wie Schulkinder und Pubertierende mit ihrer Lebenssituation umgehen, z. B. mit der Realisierung der elterlichen Behinderung, der eigenen kognitiven Überlegenheit oder wie sich eine positive Identitätsentwicklung bei Jugendlichen gestalten kann, deren Eltern zu einer gesellschaftlich stark abgewerteten und kontrollierten Gruppe gehören.

In aktuellen Forschungs- und Praxisprojekten werden basierend auf der Resilienzforschung schützende Faktoren der kindlichen Entwicklung und deren Förderungsmöglichkeiten untersucht. Ein weiterer Bereich ist die Kompetenzerfassung der Eltern: Mit Bezug auf die Säuglingsforschung werden intuitive elterliche Kompetenzen beleuchtet und englischsprachige Kompetenzinventare (Pixa-Kettner 1999) sowie Elternbildungsmaterialien auf deutsche Verhältnisse übertragen. Weitere fachliche Perspektiven liegen in der Öffentlichkeits- und Lobbyarbeit und der Vernetzung z. B. von Behinderten- und Jugendhilfe.

Dietke Sanders

Literatur

Booth, T. & Booth, W. (1994): Parenting under pressure. Philadelphia

Pixa-Kettner, U. (2006): Tabu oder Normalität? Eltern mit geistiger Behinderung und ihre Kinder. Heidelberg

Pixa-Kettner, U. (1999): Konzepte zur Begleitung für Mütter und Väter mit geistiger Behinderung. Ein Beitrag aus der englischsprachigen Literatur. In: Psychosozial 22, 3, 63–74

Pixa-Kettner, U.; Bargfrede, I. & Blanken, I. (1996): »Dann waren sie sauer auf mich, dass ich das Kind haben wollte …« Eine Untersuchung zur Lebenssituation geistigbehinderter Menschen mit Kindern in der BRD. Baden-Baden

Prangenberg, M. (1999): Zur Lebenssituation von Kindern geistig behinderter Eltern. In: Psychosozial 22, 3, 75–89

Sparenberg, S. (2001): Geistige Behinderung und elterliche Kompetenz. Eine Einzelfallstudie aus ökologischer Sicht. In: Geistige Behinderung, 111–123

Emanzipation

(siehe auch Empowerment)

Um 1970 galt der Begriff der Emanzipation (abgeleitet vom Lateinischen »emancipare«: einen erwachsenen Sohn in die Selbstständigkeit entlassen) in seiner politischen Bedeutung (i. S. e. Befreiung von Abhängigkeiten und Aufhebung sozialer Benachteiligungen), die sich vor allem zur Zeit der Aufklärung herauskristallisiert hatte, als oberste Zielkategorie pädagogischer Theorien und Konzepte (Mollenhauer 1968; Kerstiens 1975). Als eine kritische Kategorie wurde er nicht allein auf den einzelnen zu erziehenden Menschen (individuelle Emanzipation), sondern immer auch auf die Gesellschaft mit dem Ziel der Gewinnung von mehr Menschlichkeit (politische Emanzipation) bezogen (Klafki 1971, 265). Diesbezüglich gab es im Lager der Erziehungswissenschaften aber auch vehemente Kritik, wurde doch eine Politisierung der Pädagogik und Sozialen Arbeit befürchtet und konstatiert (Bath 1974; Brezinka 1976). Tatsächlich waren politische Aufklärungskampagnen und Tendenzen einer Belehrung und Vereinnahmung insbesondere sozial benachteiligter Gruppen zu beobachten, wobei die Dialektik von individueller und gesellschaftlicher Emanzipation häufig aus dem Blick geraten war.

Trotz dieser Schattenseiten würden wir es uns jedoch zu einfach machen, die Leitidee der Emanzipation als gescheitert zu betrachten. So hatte sie nämlich zum Beispiel Menschen mit Körper- und Sinnesbehinderungen dazu verholfen, sich aus Situationen totaler → Fremdbestimmung und → Benachteiligung zu befreien und ein selbstbestimmtes Leben einzufordern. Vor diesem Hintergrund findet der Emanzipationsbegriff bis heute Zuspruch, wobei eine »direkte Verbindung zwischen den Prinzipien des Empowerment und dem emanzipatorischen Interesse« (Kondrat 1995, 414) besteht (dazu auch Theunissen 2009).

Rückblickend muss allerdings zur Kenntnis genommen werden, dass der Leitgedanke der Emanzipation Menschen mit Lernschwierigkeiten (geistiger Behinderung) kaum erreicht hatte. Dies war einer theologisch und psychiatrisch geprägten Heilpädagogik und Behindertenhilfe geschuldet, die sich in den 1970er Jahren Emanzipation, → Selbstbestimmung oder → Partizipation von Menschen mit Lernschwierigkeiten jenseits ihrer »beschützenden Institutionen eines Sonderdaseins« (noch) nicht vorstellen konnten.

Georg Theunissen

Literatur

Bath, H. (1974): Emanzipation als Erziehungsziel? Bad Heilbrunn
Brezinka, W. (1976): Erziehung und Kulturrevolution. Die Pädagogik der Neuen Linken. München (2. Aufl.)
Kerstiens, L. (1975): Modelle emanzipatorischer Erziehung. Bad Heilbrunn
Klafki, W. (1971): Erziehungswissenschaft als kritische Theorie. In: Klafki, W. u. a. (Hrsg.): Funk-Kolleg Erziehungswissenschaft Bd. 3. Frankfurt, 262–266
Kondrat, M. E. (1995): Concept, Act, and Interest in Professional Practice: Implications of an Empowerment Perspective. In: Social Service Review, 69 Vol., 405–428
Mollenhauer, K. (1968): Erziehung und Emanzipation. München
Theunissen, G. (2009): Empowerment und Inklusion behinderter Menschen. Freiburg.

Emotionen, emotionale Entwicklung

Emotionen (lat. *ex*: heraus; *motio*: Bewegung, Erregung) umfassen individuell-subjektive Gefühle und Stimmungen, die sich in physiologischen Begleitprozessen (z. B. Pulsschlag- und Atemfrequenz) niederschlagen, kognitive Prozesse und die Motivationslage beeinflussen. Dabei geht es einerseits um Lust und Unlustempfindungen, spezifischer um Interessen, Freude, Zorn, Scham, Ekel, Furcht, Mitleid, Hass und andere Gefühle. In den letzten Jahren wurde die Frage, wie Emotionen, Kognition und Verhalten zusammenhängen, intensiven kognitions- und neurowissenschaftlichen Diskussionen unterzogen (LeDoux 2001; Roth 2001). Denkprozesse haben eine emotionale Rahmung und es ist bekannt, dass sie beispielsweise durch Angst blockiert werden können. Damasio (1994) konnte zeigen, dass Menschen, deren emotionales und soziales Verhalten in Folge von Hirnverletzungen gestört war, auch die Fähigkeit verloren, rationale Entscheidungen zu treffen. Es war dann nur ein weiterer Schritt eine *emotionale Intelligenz* (Goleman 1996) zu postulieren, die sowohl die (1) Fähigkeiten, eigene Emotionen und die Emotionen anderer angemessen wahrnehmen und einschätzen zu können, (2) Zugang zu eigenen Gefühlen und den Gefühlen anderer zu haben, (3) Affekte erzeugen zu können, die kognitive Leistungen steigern, und schließlich (4) eigene und die Gefühle anderer regulieren zu können (*emotionale Regulation*), umfasste.

Der traditionelle Fokus auf die körperliche und kognitive Entwicklung des Kindes wurde auf emotionale Entwicklungsaspekte hin erweitert. Das vorwiegend »sensorische Interesse« des Säuglings an Bildern, Lauten und Empfindungen weitet sich bald aus zu einem Interesse an Menschen. »Aus dem Interesse wird Liebe, aus der Liebe der Wunsch, einen emotionalen Dialog herzustellen, Gefühle mitzuteilen und Gefühle mitgeteilt zu bekommen … und schließlich die Fähigkeit, ein inneres geistiges Leben aufzubauen, das heißt, sich seine Erfahrungen vorzustellen« (Greenspan & Greenspan 1988, 19). Die Entwicklung dieser Fähigkeiten basieren damit auch in frühen Bindungserfahrungen und der Feinfühligkeit, mit der die wichtigsten Fürsorgepersonen diese Entwicklungen fördern und begleiten (vgl. Grossmann & Grossmann 2006).

Im Rahmen der historischen Dominanz des Verständnisses geistiger Behinderungen im Zusammenhang mit kognitiven und Verhaltensdefiziten kann festgestellt werden, dass die Bedeutung emotionaler Prozesse bei der Entstehung geistiger Behinderungen weitgehend übersehen wurde (Whitman, O'Callaghan & Sommer 1997, 77). Es wird angenommen, dass frühe emotionale Dysfunktionen, einerlei ob sie in biologischen Ursachen (*Temperament*) oder in lebensweltlich bedingten Erfahrungen wurzeln, kognitive Entwicklung überlagern und einen weitgehend übersehenen Einfluss auf die Entstehung von geistiger Behinderung spielen. Die Entwicklung emotionaler Intelligenz ist ein starker Prädiktor für das Gelingen des familiären Beziehungsgeschehens, spätere Erfolge in persönlichen Beziehungen und beruflichen Integrationschancen.

Günther Opp

Literatur

Damasio, A. (1994): Descartes' Irrtum: Fühlen, Denken und das menschliche Gehirn. München

LeDoux, J. (2001): Das Netz der Gefühle. Wie Emotionen entstehen. München

Goleman, D. (1996): Emotionale Intelligenz. München 1996

Greenspan, S. J. & Greenspan, N. T. (1988): Das Erwachen der Gefühle. Die emotionale Entwicklung des Kindes. München

Grossmann, K. & Grossmann, K. (2006): Die Entwicklung von Bindungen: Psychische Sicherheit als Voraussetzung für psychologische Anpassungsfähigkeit. In: Opp, G. & Fingerle, M. (Hrsg.): Was Kinder stärkt. München (2. Auflage)

Roth, G. (2001): Fühlen – Denken – Handeln. Die neurobiologischen Grundlagen des menschlichen Verhaltens. Frankfurt/M

Whitman, T. L.; O'Callaghan, M. & Sommer, K. (1977): Emotion and mental retardation. In: MacLean Jr., W. E. (Hrsg.): Elli's handbook of mental deficiency, psychological theory and research. Mahwah, NJ, Earlbaum, 77–98

Empowerment, Selbstermächtigung, Selbstbefähigung

(siehe auch Emanzipation)

Auch wenn sich bereits Ideen von Empowerment in der Sozialgeschichte der USA nachweisen lassen, ist der Begriff aus Bürgerrechtsbewegungen des schwarzen Amerikas sowie aus pädagogisch-politischen Aufklärungsprogrammen in Lateinamerika vor etwa 40 Jahren hervorgegangen (Herriger 2006). Mit → Selbstbestimmung, kollaborativer und demokratischer → Partizipation sowie Verteilungsgerechtigkeit trat dabei eine normative Bezugsbasis zu Tage, die später auch für andere soziale Bewegungen (z. B. Independent Living Bewegung körper- und sinnesbehinderter Menschen; People First Bewegung; Eltern behinderter Kinder) inspirierend war. Bis heute spielt dieses Empowerment-Ethos in emanzipatorischer Hinsicht eine prominente Rolle, so dass es eine enge Verschränkung von Empowerment und → Emanzipation gibt (Theunissen 2009). Im Unterschied zu Empowerment ist der Emanzipationsbegriff jedoch eher von außen (durch den akademischen Diskurs) an sozial benachteiligte oder stigmatisierte Menschen herangetragen worden. Sinngemäß steht Empowerment für Selbstermächtigung und Selbstbemächtigung, zugleich verweist er jedoch immer auch auf Selbstverfügungskräfte, Wiedergewinnung von → Stärken, Selbstbefähigung und politische Einflussnahme.

In Orientierung an seine Wurzeln und Wertebasis avancierte der Begriff in den USA vor etwa 20 Jahren zu einem verheißungsvollen Leitkonzept für die psychosoziale Arbeit mit Menschen in gesellschaftlich marginaler Position. Von hier aus war der Schritt nicht weit, Empowerment auch für die hiesige Gemeindepsychologie und → Soziale Arbeit aufzubereiten (Herriger 2006; Lenz & Stark 2002) und als ein zielgruppenbezogenes Handlungskonzept für die Arbeit mit geistig behinderten Menschen weiterzuentwickeln (Theunissen 2000; 2009; 2012). Diesbezüglich findet der Empowerment-Ansatz heute als Wegweiser moderner Behindertenarbeit viel Zuspruch. Es sollte jedoch nicht unerwähnt bleiben, dass Empowerment zu einem Modebegriff geworden ist, der in der Gefahr steht, von neoliberalen Strömungen instrumentalisiert zu werden und zur Ideologie zu gerinnen. Um Fehlentwicklungen in der Behindertenarbeit zu vermeiden, ist es daher wichtig, Empowerment von seiner ursprünglichen Bedeutung her zu buchstabieren und im Sinne des von Dörner (2006) formulierten »kategorischen Imperativ des Sozialen« (stets mit dem Letzten zu beginnen) handlungspraktisch aufzubereiten.

Georg Theunissen

Literatur

Dörner, K. (2006): Leben in der Normalität ein Risiko? In: Theunissen, G. & Schirbort, K. (Hrsg.): Inklusion von Menschen mit geistiger Behinderung. Stuttgart, 97–102
Herriger, N. (2002): Empowerment in der Sozialen Arbeit. Stuttgart
Lenz, A. & Stark, W. (Hrsg.) (2002): Empowerment. Neue Perspektiven für psychosoziale Praxis und Organisation. Tübingen
Theunissen, G. (2000): Wege aus der Hospitalisierung. Empowerment mit schwerstbehinderten Menschen. Bonn
Theunissen, G. (2009): Empowerment und Inklusion behinderter Menschen. Freiburg.
Theunissen, G. (2012): Lebensweltbezogene Behindertenarbeit und Sozialraumorientierung. Freiburg

Enthospitalisierung

(siehe auch Deinstitutionalisierung)

Bis vor wenigen Jahren war es weltweit Gepflogenheit, Menschen mit Lernschwierigkeiten oder komplexer Behinderung sozial auszugrenzen und in (großen) → Anstalten oder Heimen zu versorgen (Theunissen 2012). Auf Grund fehlender Plätze in Behinderteneinrichtungen kam es in Deutschland in der Nachkriegszeit zu einer vermehrten Unterbringung Betroffener in staatlichen psychiatrischen Krankenhäusern, die alsbald unter einer Überbelegung und mangelnden Personalausstattung zu leiden hatten. Zudem war das Interesse an einer angemessenen Hilfe für den genannten Personenkreis ausgesprochen gering.

Mit dem Bekanntwerden menschenunwürdiger Zustände in psychiatrischen Anstalten geriet das System → »Psychiatrie« Ende der 60er Jahre ins Kreuzfeuer heftiger Kritik, die in der nachfolgenden Zeit Reformen unter dem Stichwort der »Enthospitalisierung« den Weg ebnete (dazu Bradl & Steinhart 1996; Theunissen 1998; Theunissen & Lingg 1999; Dalferth 2000).

Der Begriff der Enthospitalisierung wird weithin nur im deutschsprachigen Raum benutzt und sollte trotz mancher Gemeinsamkeiten von dem international geläufigen Begriff der → *Deinstitutionalisierung* unterschieden werden. Im weiteren Sinne bezieht er sich auf die Ausgliederung nicht stationär behandlungsbedürftiger Menschen mit Behinderungen oder chronisch psychisch Kranken aus hospitalisierenden Einrichtungen. Im engeren Sinne steht er für die Aufhebung von Hospitalisierungsschäden durch ein breites Spektrum pädagogischer, therapeutischer und sozialer bzw. durch am *Normalisierungsprinzip* orientierter Maßnahmen.

Hospitalisierung gilt somit als eine negative Kategorie, die sich auf Lebensbedingungen erstreckt, unter denen Bedürfnisse, Interessen und Rechte betroffener Menschen keine ausreichende Berücksichtigung finden. Die Auswirkung einer Hospitalisierung hat Jervis (1978, 129) treffend beschrieben: »Der Aufenthaltsort in der Irrenanstalt bewirkt fast ausnahmslos nach einigen Jahren, und manchmal nach einigen Monaten, eine charakteristische Art von Verhalten, die ›institutionelle Neurose‹, ›institutionelle Regression‹ oder ›richtiger‹, ›institutionelle Psychose‹ (›Anstaltspsychose‹) genannt wird. Der Patient verschließt sich langsam immer mehr in sich selbst, wird energielos, abhängig, gleichgültig, träge, schmutzig, oft widerspenstig, regrediert auf infantile Verhaltensweisen, entwickelt starre Haltungen und sonderbare stereotype ›Tics‹, passt sich einer extrem beschränkten und armseligen Lebensroutine an, aus der er nicht einmal mehr ausbrechen möchte, und baut sich oft als eine Art Tröstung Wahnvorstellungen auf ...«. Des Weiteren führt uns die »klassische« Hospitalismusforschung vor Augen, dass frühe Heimaufenthalte unter isolierenden Bedingungen für schwere psychische Schäden, sog. Hospitalisierungssymptome (v. a. selbstverletzende Verhaltensweisen, Fremdaggressionen, → Stereotypien, → Zwänge, → Tics, Jaktationen, Apathie, Passivität), befördernd sein können (Spitz 1973; 1976; Meierhofer & Keller 1970; Nissen 1980). Viele solcher Hospitalisierungssymptome sind bei Menschen mit Lernschwierigkeiten oder komplexer Behinderung beobachtet worden, die seit frühestem Kindheitsalter eine »Heim- oder Anstaltskarriere« durchlaufen haben (Theunissen 1998; 2000; Dalferth 2000).

Der Prozess der Enthospitalisierung ist bis heute längst noch nicht abgeschlossen (Theunissen 2012). Hier sei nur erwähnt, dass 1975 in Westdeutschland ca. 18.000 und 1991 in den neuen Bundesländern ca. 9.000 Menschen mit Lernschwierigkeiten oder komplexer Behinderung in psychiatrischen Krankenhäusern oder vergleichbaren klinischen Einrichtungen als fehlplatziert galten. Heute können wir davon ausgehen, dass bundesweit noch etwa 9.000 Betroffene in Nachfolgeeinrichtungen leben, denen es nicht gelungen ist, sich im Sinne einer Enthospitalisierung und Deinstitutionalisierung zu profilieren. Vielmehr wurde nicht selten eine Umhospitalisierung betrieben, indem autonomie- und entwicklungshemmende Strukturen einer klinisch dimensionierten Institution aufrechterhalten wurden. Zudem wurde vielerorts die Bedeutung psychosozialer Unterstützungsangebote unterschätzt.

Georg Theunissen

Literatur

Bradl, Ch. & Steinhart, I. (Hrsg.) (1996): Mehr Selbstbestimmung durch Enthospitalisierung. Bonn
Dalferth, M. (2000): Enthospitalisierung konkret. Heidelberg
Jervis, G. (1978): Handbuch kritischer Psychiatrie. Frankfurt
Meierhofer, M. & Keller, W. (1970): Frustrationen im frühen Kindesalter. Bern
Nissen, G. (1980): Psychischer Hospitalismus. In: Harbauer, H. u. a. (Hrsg.): Lehrbuch der speziellen Kinder- und Jugendpsychiatrie. Berlin, 48–95
Spitz, R. (1973): Hospitalismus I, II; Die anaklitische Depression. In: Bittner, G. & Schmid-Kords, E.: Erziehung in früher Kindheit. München, 77–98, 99–103, 104–135
Spitz, R. (1976): Vom Dialog. Stuttgart
Theunissen, G. (Hrsg.) (1998): Enthospitalisierung ein Etikettenschwindel? Bad Heilbrunn
Theunissen, G. (2000): Wege aus der Hospitalisierung. Empowerment mit schwerstbehinderten Menschen. Bonn
Theunissen, G. (2012): Lebensweltorientierte Behindertenarbeit und Sozialraumorientierung. Freiburg
Theunissen, G. & Lingg, A. (Hrsg.) (1999): Leben und Wohnen nach der Enthospitalisierung. Bad Heilbrunn

Entwicklung

Die psychische Entwicklung wird von biologischen, psychischen und sozialen Faktoren bestimmt. Entwicklungsmodelle haben den Anspruch, die Funktion dieser Systeme und ihre Wechselwirkung zu beschreiben. Modelle, die davon ausgehen, dass das Kind und die Umwelt den Entwicklungsverlauf aktiv mitbestimmen, werden als interaktive Entwicklungsmodelle bezeichnet. Sie haben traditionelle Modelle einer eindimensionalen Sichtweise von Entwicklung als Reifung abgelöst. Modelle, die davon ausgehen, dass sich alle genannten Faktoren gegenseitig beeinflussen und dadurch transformiert werden, nennt man *Transaktionsmodelle* (Sameroff 1995). Ein solches Modell widerspricht der Annahme, dass das Kind und die Umwelt jemals unabhängig voneinander existieren. Es geht von zyklischen Wechselwirkungen aus, bei denen z. B. das elterliche Verhalten das Verhalten des Kindes beeinflusst wird und wiederum von diesem beeinflusst wurde und wird.

Ein solcher dynamischer Ansatz versteht Entwicklung als eine Abfolge qualitativer Reorganisationen von miteinander verwobenen sozio-emotionalen und kognitiven → Kompetenzen, die die Anpassung einer Person an die Umwelt verbessern und jeweils die Kompetenzen der nächsten Periode vorbereiten (Sroufe & Rutter 1984). Beeinträchtigte Entwicklung kann hingegen verstanden werden als ein Mangel an Integration sozio-emotionaler und kognitiver Kompetenzen, die für die Anpassung zu einem bestimmten Entwicklungszeitpunkt notwendig werden.

Um Entwicklungsprozesse zu verstehen, müssen Transaktionen zwischen Individuen und ihren sozialen Entwicklungsbedingungen (Kontexte) berücksichtigt werden. Kontexte und genetische Prädispositionen des Kindes beeinflussen sich gegenseitig und verändern sich mit dem Alter. Individuen mit vergleichbaren Ausgangsbedingungen können sich aufgrund günstiger oder ungünstiger Rahmenbedingungen unterschiedlich entwickeln (*Prinzip der Multifinalität*). Individuen können von unterschiedlichen Ausgangsbedingungen über unterschiedliche Entwicklungspfade das gleiche Ziel erreichen (*Prinzip der Äquifinalität*).

So lassen sich *kognitive Entwicklungsfortschritte* als Prozess von qualitativen Veränderungen in der Verarbeitung von Informationen und in der Organisation von Wissen über Zusammenhänge in der sozialen und gegenständlichen Welt beschreiben. Die einzelnen Stufen in diesem Prozess unterscheiden sich in der Komplexität der Verarbeitungs- und Denkstrukturen, d. h. der Art und Weise, wie die Welt begriffen wird. Der Reorganisationsprozess, der von Entwicklungsstufe zu -stufe stattfindet, hängt in erster Linie vom Erwerb und der Steigerung der Effektivität von Bearbeitungsstrategien für Informationen ab. Diese ermöglichen z. B. die gleichzeitige Verarbeitung mehrere Dimensionen im Arbeitsspeicher, die zusammenfassende Kategorisierung von Informationen und die Planung von Arbeitsschritten sowie Hemmung irrelevanter Reaktionen durch interne Steuerungsprozesse. Das Kind macht kognitive Fortschritte, indem es Informationsverarbeitungsprozesse automatisiert und sich Speicher- und Verarbeitungsstrategien aneignet, um sein Arbeitsgedächtnis effektiver zu nützen und mehrere Dimensionen einer Aufgabe gleichzeitig bearbeiten zu können. Daneben eignet es sich zunehmend mehr Wissen an, das es im Speicher verfügbar halten, mit neuen Informationen vergleichen und kombinieren kann. Allerdings vollziehen sich solche Veränderungen nicht abrupt – wie der Stufenbegriff nahe legt –, sondern eher allmählich.

Kognitive Entwicklungsfortschritte hängen von einer stimulierenden und unterstützenden Umgebung ab. Sie kommen zustande, wenn das Kind mit »herausfordernden« Aufgaben konfrontiert wird und im sozialen Dialog mit einem Erwachsenen neue Handlungs- und Bearbeitungsstrategien erwirbt. Der Erwachsene unterstützt das Kind durch seine Hilfe und Instruktion beim Übergang in die »Zone der nächsten Entwicklung« (Vygotsky 1988). Dies zeigt sich besonders deutlich in der sprachlichen Entwicklung. Angelegte Sprachstrukturen entfalten sich im Kontext einer stimulierenden, gut auf die jeweiligen kindlichen Bedürfnisse und Verarbeitungsfähigkeiten abgestimmten sozialen Umwelt. Dabei vollziehen die Eltern und andere Bezugspersonen intuitive Anpassungen, die es dem Kind erleichtern, sich am Dialog zu beteiligen, die Bedeutung von Worten zu verstehen und eigene Äußerungen zu vervollkommnen (Papousek 1994).

Auch die *soziale Entwicklung* lässt sich in Stufenmodellen beschreiben. Alle diese Modelle beruhen darauf, dass sich soziale Lernprozesse und befriedigende soziale Beziehungen von Kindern aus dem Gelingen grundlegender affektiver Regulationsmechanismen in der frühen Kindheit entwickeln. Eine unbeeinträchtigte Entwicklung wird durch eine stabile → Bindung des Kindes an seine Bezugspersonen begünstigt. Auf ihrer Basis entwickelt das Kind Explorationsfreude und Autonomie (Kleinkindalter) und sozial-emotionale Kompetenzen, die es ihm möglich machen, seine Emotionen angemessen zu regulieren, mit anderen Kindern Kontakt aufzunehmen, sich zu behaupten und Konflikte zu lösen (Kindergartenalter). Daneben entwickelt das Kind ein Bild von sich selbst, d. h. ein globales, allgemeines Selbstwertgefühl sowie spezifische Selbsteinschätzungen hinsichtlich einzelner Fähigkeiten. Auch dieser Entwicklungsprozess lässt sich in Stufen gliedern und als Wechselwirkung zwischen dem Kind und seiner Umwelt konzipieren. Die Selbsteinschätzung eines Kindes ist abhängig von den sozialen Erfahrungen, die ein Kind mit seinen Eltern, Pädagogen und anderen Kindern macht.

Entwicklungsverläufe bei Kindern mit geistiger Behinderung unterliegen den gleichen Entwicklungsmechanismen wie bei Kindern ohne Behinderung und hängen vom Gelingen der Anpassung der Umgebung an die Fähigkeiten und spezifischen Bedürfnisse des Kindes ab (Hodapp 1998). Ihre kognitive, sprachliche und soziale Entwicklung wird erschwert durch die Beeinträchtigungen in der Geschwindigkeit ihrer Informationsverarbeitungsfähigkeiten, in der Steuerung von Aufmerksamkeits- und Speicherprozessen sowie in der Sprachkompetenz, die infolge einer genetisch, prä-, peri- oder postnatal bedingten Hirnreifungsstörung entstanden sind. Sie sind aber in besonderer Weise auf eine spezifisch auf ihre Bedürfnisse abgestimmte Umgebung, das Angebot vielfältiger Lerngelegenheiten und die Vermittlung von Lernangeboten im Dialog mit ihren Bezugspersonen angewiesen. Ein Ausschluss von Möglichkeiten des gemeinsamen Lernens mit nicht behinderten Kindern kann somit eine Deprivation von Anregungen bedeuten, ein wenig sensibles elterliches Interaktionsverhalten eine Hemmung der Motivation zu eigenständigen Tätigkeiten und der Zuversicht in die eigenen Fähigkeiten. Die Entwicklung von Kindern mit geistiger Behinderung ist in diesem Sinne nie allein durch ihre biologische Anlage determiniert, sondern variiert mit der Qualität der Lebensumwelt und der Anpassung von Eltern und Pädagogen an die besonderen Bedürfnisse des Kindes.

Klaus Sarimski

Literatur

Hodapp, R. (1998): Development and disabilities. Intellectual, sensory, and motor impairments. Cambridge

Papousek, M. (1994): Vom ersten Schrei zum ersten Wort. Bern

Sameroff, A. (1995): General systems theories and developmental psychopathology. In: Cicchetti, D. & Cohen, D. (Eds.): Developmental Psychopathology, Vol. 1. Theory and Methods. New York, 659–695

Sroufe, L. & Rutter, M. (1984): The domain of developmental psychopathology. Child Development, 55, 17–29

Vygotsky, L. (1988): Denken und Sprechen. Frankfurt

Entwicklungstests, Entwicklungsgitter, Entwicklungsskalen

Entwicklungstests beruhen auf der Zusammenstellung von Verhaltensweisen und Fähigkeiten, die bei Kindern mit einer unbeeinträchtigten → Entwicklung in einer bestimmten Entwicklungsspanne beobachtet werden können. Aus ihnen werden Aufgaben gebildet, die in standardisierter Form durchgeführt und ausgewertet werden können. Diese werden im Rahmen der Testentwicklung an einer repräsentativ ausgewählten, großen Stichprobe von Kindern einer bestimmten Altersspanne erprobt. Aus diesen Daten ergibt sich eine Schwierigkeitsreihung der Aufgaben sowie eine Angabe, zu welchem Entwicklungszeitpunkt die Mehrzahl der untersuchten Kinder (50%-Norm) bzw. fast alle Kinder (95er oder 90er Perzentilnormen) das jeweilige Verhalten gezeigt bzw. die jeweilige Aufgabe gelöst haben. Diese Angaben erlauben es dann, den Entwicklungsstand eines Kindes mit geistiger Behinderung mit der sogenannten Normalentwicklung zu vergleichen und den Grad der Abweichung zu beurteilen.

Die in der Praxis gebräuchlichen Entwicklungstests unterscheiden sich in der Aufgabenzusammenstellung und Entwicklungsspanne, für die sie gedacht sind. Im deutschen Sprachraum findet die *Münchener Funktionelle Entwicklungsdiagnostik* (MFED) bisher die größte Verbreitung. Sie liegt in zwei Versionen vor für das erste Lebensjahr und das 2. und 3. Lebensjahr (Hellbrügge 1994). Die MFED besteht aus 7 Teilskalen und erfasst grob- und feinmotorische Fähigkeiten, perzeptiv-kognitive und sprachliche Fähigkeiten sowie soziale und lebenspraktische Kompetenzen. Für jede einzelne Aufgabe sind »Mindestnormen« (90. Perzentile, bzw. 95. Perzentile) und (für das 2. und 3. Lebensjahr) durchschnittliche Monatsangaben in einem Protokollbogen angegeben, so dass sich ein differenziertes Profil von → Stärken und Schwächen eines Kindes beschreiben lässt. Die Ermittlung eines zusammenfassenden Wertes im Sinne eines Entwicklungsquotienten ist nicht vorgesehen. Zur Testgüte liegen einzelne Ergebnisse aus Untersuchungen nicht behinderter Kinder, jedoch keine Ergebnisse zu prognostischer Validität und Differenzierungskraft zwischen verschiedenen Gruppen behinderter oder von Behinderung bedrohter Kinder vor (Rennen-Allhoff 1990).

Die *Griffiths-Entwicklungsskalen* (GES, Brandt & Sticker 2001) sind ähnlich aufgebaut und erfassen die Fähigkeiten eines Kindes in 5 Bereichen (Motorik, persönlich-sozial, Hören und Sprechen, Auge und Hand, Leistungen). Sie sind für Kinder in den ersten beiden Lebensjahren (bzw. behinderte Kinder auf dieser Entwicklungsstufe) gedacht. Bei den GES kann auch ein Entwicklungsquotient bestimmt werden, der in der Praxis jedoch wenig relevant ist. Normwerte und Reliabilitätskoeffizienten wurden im Rahmen der Bonner Längsschnittstudie an reif- und frühgeborenen Kindern erhoben. Diese umfasste 1750 Untersuchungen von 102 Kindern. Verwendung fanden die

Entwicklungsskalen z. B. auch in der Bayerischen Entwicklungsstudie sehr unreif geborener Kinder.

Beiden Verfahren liegt als implizites Entwicklungsmodell die Vorstellung zugrunde, dass sich die Fähigkeiten eines Kindes in den einzelnen Bereichen additiv in Folge von Reifungsprozessen entwickeln. Dem entsprechend beruht die Abfolge der Entwicklungsaufgaben, die im Test gestellt werden, nicht auf einer theoriegeleiteten Vorstellung von der Entwicklungslogik des Erwerbs bestimmter Kompetenzen, sondern allein auf der empirisch vorgefundenen Rangfolge der Schwierigkeit der einzelnen Aufgaben für Kinder unterschiedlichen Alters.

Solche normorientierten Entwicklungstests werden in der → Diagnostik von Kindern mit geistiger Behinderung im Rahmen einer »Eingangsdiagnostik« zur Indikationsstellung zur Frühförderung bzw. zur Beurteilung des Grades der Abweichung des Entwicklungsverlaufs von dem nicht behinderter Kinder verwendet. Für die Planung der pädagogischen Förderung geben sie kaum inhaltliche Orientierungshilfen.

Für die → Förderplanung nützlicher sind dagegen strukturorientierte Entwicklungstests. Sie gehen nicht vom Vergleich der individuellen Leistungen mit den Leistungen einer Referenzgruppe aus, sondern haben das Ziel, das individuell erreichte Niveau bei der Aneignung einer bestimmten → Kompetenz zu bestimmen. Sie beziehen sich jeweils auf ein theoriegeleitetes Modell, in welchen Entwicklungsstufen oder -schritten sich der Aneignungsprozess bestimmter Kompetenzen vollzieht. Ein solches Modell lässt sich z. B. für die Entwicklung der sensomotorischen Intelligenz aus der konstruktivistischen Entwicklungstheorie Piagets ableiten. In den »*Ordinalskalen zur sensomotorischen Entwicklung*« (dt: Sarimski 1987) werden die Fähigkeiten des Kindes zum Verständnis von Objektpermanenz, räumlichen und kausalen Zusammenhängen, Nachahmungsfähigkeiten und seine Schemata im spielerischen Umgang mit Objekten erfasst, die die Entwicklung nicht behinderter Kinder in den ersten beiden Lebensjahren kennzeichnen. Daraus lässt sich die Entwicklungsstufe der sensomotorischen Handlungskompetenz im Sinne des sechsstufigen Modells von Piaget bestimmen. Die Skalen sind auch bei Kindern und Erwachsenen mit schwerer und mehrfacher Behinderung einsetzbar. Auf der Basis des zugrunde liegenden Entwicklungsmodells lässt sich aus ihren Ergebnissen auch eine »Zone der nächsten Entwicklung« beschreiben und ableiten, durch welche Aufgaben oder förderliche Angebote der Entwicklungsprozess des Kindes angeregt werden kann, so dass eine gewisse Einheit von Diagnostik und → Förderung entsteht (Schuck 2000).

Klaus Sarimski

Literatur

Brandt, I. & Sticker, E. (2001): Griffiths Entwicklungsskalen zur Beurteilung der Entwicklung in den ersten beiden Lebensjahren. Göttingen

Hellbrügge, T. (1994): Münchener Funktionelle Entwicklungsdiagnostik (zweites und drittes Lebensjahr). Göttingen (4. korr. und erweit. Auflage)

Rennen-Allhoff, B. (1990): Testgüte von Entwicklungstests. Ergebnisse der Marburger Säuglingsstudie. Köln

Sarimski, K. (1987): Ordinalskalen zur sensomotorischen Entwicklung. Dt. Bearbeitung der Infant Psychological Development Scales von Uzgiris & Hunt. Weinheim

Schuck, K.-D. (2000): Diagnostische Konzepte. In: Borchert, J. (Hrsg.): Handbuch der Sonderpädagogischen Psychologie. Göttingen, 233–248

Epidemiologie

Epidemiologie ist die Lehre von der Häufigkeit und Verteilung von Krankheiten, Behinderungen und Gesundheitsstörungen sowie von deren Ursachen und Risikofaktoren in Bevölkerungsgruppen im Vergleich zur Gesamtbevölkerung oder mit anderen Gruppen (sogenannte Kontroll- oder Referenz-Gruppen). Durch die Beschreibung und Untersuchung der Verteilung der Häufigkeit wie auch der Identifikation ätiologischer Faktoren in der Entstehung von Krankheiten und Behinderungen werden Daten für die Planung, Durchführung und Beurteilung von Maßnahmen zur Vorbeugung (Prävention), Behandlung und Rehabilitation von Krankheiten und Behinderungen bereitgestellt.

Die Begriffe »Prävalenz« und »Inzidenz« werden in der Epidemiologie außergewöhnlich häufig verwendet. Unter »*Prävalenz*« versteht man die Anzahl des Auftretens eines Merkmals (z. B. einer Krankheit oder Behinderung), dividiert durch die Anzahl der Personen, die man untersucht, deren Krankheits- oder Behinderungsrisiko z. B. in einem Screeningsverfahren bestimmt werden soll. Die Zahl wird je nach der Frequenz des Vorkommens auf 100, 1000 oder 10000 Personen berechnet. »*Inzidenz*« ist der Anteil der Personen, die in einem bestimmten Zeitraum, gemessen in Prozent oder Promille der beobachteten Population, das Merkmal (Krankheit oder Behinderung) neu erwerben. Es kann aber genauso gut Angaben über die Häufigkeitsverteilung von Verhaltensauffälligkeiten, wie z. B. Selbstverletzendes Verhalten, betreffen.

Prävalenzraten können in Querschnittstudien, Inzidenzraten in Kohortstudien bestimmt werden. Andere epidemiologisch bedeutsame Studientypen sind: Fall-, Kontroll- und Interventionsstudien.

Die Prävalenzrate von Menschen mit geistiger Behinderung in der Deutschen Bevölkerung wird auf 0,4–0,5 % geschätzt. Damit befindet sich Deutschland im Minimalbereich. Durch die Weltgesundheitsorganisation wird die Prävalenzrate der geistigen Behinderung für Personen bis 18 Jahre für die entwickelten Länder (developed countries) auf 0,5–2,5 % und für die Entwicklungsländer (developing countries) auf 4,6 % geschätzt (WHO 1998,12).

Für die Planung von Hilfen für Menschen mit geistiger Behinderung bilden Mortalitäts-, Prävalenz- und Inzidenzraten wichtige Indikatoren für den kollektiven Gesundheitszustand und die Gesundheitsversorgung von Menschen mit geistiger Behinderung im Vergleich mit der Gesamtbevölkerung (Haveman & Stöppler 2005). Deskriptive epidemiologische Methoden werden oft in der pädagogischen quantitativen Feldforschung angewandt, während experimentelle Methoden z. B. in der experimentellen sonderpädagogischen Forschung eingesetzt werden (Masendorf 1997) und einen wichtigen Beitrag zur empirischen Theorienbildung in diesem Bereich leisten.

Meindert Haveman

Literatur

Haveman, M. & Stöppler, R. (2005): Altern mit geistiger Behinderung. Stuttgart

Masendorf, F. (Hrsg.) (1997): Experimentelle Sonderpädagogik. Weinheim

World Health Organization (1998): Primary prevention of mental, neurological and psychosocial disorders. WHO Geneva

Epilepsie, epileptisches Anfallsleiden

Eine Epilepsie ist eine Erkrankung des Nervensystems – eine neurologische Erkrankung –, die sich in (epileptischen) Anfällen äußert, die auf einer pathologischen bioelektrischen Aktivität des Gehirns beruhen. Anstelle des Begriffs Epilepsie werden häufig andere, weniger taugliche (unwissenschaftliche) Bezeichnungen wie epileptisches Anfallsleiden, zerebrales Anfallsleiden, Krampfleiden usw. verwendet. Epilepsie ist eine vergleichsweise häufige Erkrankung; die Wahrscheinlichkeit, im Laufe des Lebens an einer Epilepsie zu erkranken, wird mit 2 bis 5% geschätzt.

Zu unterscheiden ist zwischen der *Krankheit Epilepsie* und den *epileptischen Anfällen* als ihrer Symptomatik.

Der Begriff Epilepsie umfasst sehr unterschiedliche klinischen Entitäten bezüglich Ursache, Symptomatik, Verlauf, Behandlungsoptionen usw. Deshalb sprechen die Epileptologen im Rahmen ihrer internationalen Terminologie auch von sog. *Epilepsiesyndromen*. Diese sind in einer sehr detaillierten Klassifikation (Commission on Classification and Terminology of the International League against Epilepsy 1989) zusammengestellt. Die spezielle Diagnostik ist im Allgemeinen Aufgabe von Fachärzten für Neurologie und spezialisierten Epileptologen.

Im Hinblick auf die Ursache der epileptischen Funktionsstörung unterscheidet man *symptomatische Epilepsie* (Folge einer fassbaren Erkrankung oder Schädigung des Gehirns), *traumatische Epilepsie* (Sonderfall, dass die Funktionsstörung im Ergebnis eines Hirntraumas entstanden ist) und *idiopathische Epilepsie* (früher auch genuine, essenzielle Epilepsie genannt; nicht auf anderweitige Hirnerkrankung zurückführbar, sondern hat andere Ursachen; unter den idiopathischen Epilepsien befinden sich v. a. solche mit genetischen Ursachen).

Der Fortschritt der Wissenschaft und die Entwicklung der diagnostischen Möglichkeiten (insbesondere die bildgebenden Verfahren) erlauben heute, viele früher als idiopathisch beurteilte Erkrankungen auf bestimmte krankhafte Veränderungen zurückzuführen, also als eine symptomatische Epilepsie zu beurteilen.

Eine *kryptogene Epilepsie* ist eine Epilepsie, die vermutlich oder wahrscheinlich symptomatischer Natur ist, bei der aber die konkrete Grundlage (noch) nicht identifiziert ist.

Ein *epileptischer Anfall* ist ein zeitlich begrenztes Ereignis, dem eine abnorme hirnelektrische Aktivität zugrunde liegt. Erscheinungsbildlich handelt es sich um plötzlich auftretende, kurzzeitige Veränderung in der Bewegung, im Verhalten, im Erleben, Empfinden usw. Die Erscheinungsbilder epileptischer Anfälle weisen eine große Bandbreite auf. Das jeweilige Erscheinungsbild spiegelt die Beteiligung bestimmter, mehr oder minder ausgedehnter Hirnregionen am Anfallsgeschehen wider.

Epileptische Anfälle werden in folgender Weise grob unterteilt:

- Fokale Anfälle (auch Partialanfälle genannt)
- Generalisierte Anfälle
- weder als fokal noch generalisiert klassifizierbare Anfälle.

Die *Diagnostik der Epilepsie* liefert entscheidende Grundlagen für Behandlung, Prognose usw. Ausgangspunkt sind die genaue Erhebung der Anamnese und die sorgfältige Beschreibung der Anfälle. Die klinisch-neurologische Diagnostik wird ergänzt durch die Elektroenzephalografie (EEG) (Aufzeichnung der Hirnströme), bildgebende Verfahren (kraniale Computertomografie, Magnetresonanztomografie usw.), biochemische, genetische u. a. Laboruntersuchungen – je nach Besonderheiten des Einzelfalls.

Im Mittelpunkt der Therapie steht, sofern nicht eine definierbare Ursache (z. B. ein Hirntumor) beseitigt werden kann und muss, die *medikamentöse Behandlung* mit *Antiepileptika* oder *Antikonvulsiva*. Die antiepileptische Behandlung spielt bei der weit überwiegenden Mehrzahl der Epilepsiekranken die Hauptrolle. Ihr Ziel besteht in der Minderung der Zahl und Schwere der Anfälle, möglichst in der völligen Unterdrückung der Anfälle. Vollständige oder zufrieden stellende Anfallskontrolle kann jedoch nur bei einem Teil der medikamentös behandelten Patienten erreicht werden.

In machen Fällen kommen therapeutische Alternativen in Betracht: Epilepsiechirurgie (operative Entfernung des epileptogenen Hirngewebes), Vagusnervstimulation (VNS) (Stimulation des Nervus vagus durch eine implantierte Elektrode). Oft, vor allem bei komplizierten, schweren und chronisch verlaufenden Epilepsien kommen auch psychotherapeutische und soziotherapeutische Verfahren ergänzend in Betracht. Eine wachsende Bedeutung gewinnen *Psychoedukative Verfahren* wie z. B. das Psychoedukative Programm Epilepsie für Menschen mit Lern- und geistiger Behinderung PEPE (Huber & Seidel 2003).

Epilepsie als oft chronische und in vielen Fällen leider nicht ausreichend behandelbare Krankheit kann zu *medizinischen* und *psychosozialen Folgen* und *Komplikationen* führen. In medizinischer Hinsicht sind vor allem die unmittelbaren Folgen von Anfällen (Anfallshäufungen, Sturzfolgen, Verletzungen), akute und chronische → psychische Störungen sowie Nebenwirkungen der Behandlung bedeutsam; in psychosozialer Hinsicht Einschränkungen der schulischen Belastbarkeit und Leistungsfähigkeit, der Arbeits- und Erwerbsfähigkeit, der Fahrtüchtigkeit, Frühberentung usw. Im Hinblick auf die psychosozialen Komplikationen spielen leider auch heute noch *Stigmatisierungen* durch *gesellschaftliche Vorurteile*, überholte gesetzliche Bestimmungen usw. eine Rolle.

Bei *Menschen mit geistiger Behinderung* treten Epilepsien überdurchschnittlich häufig auf. In Gruppen von Probanden mit leichten Graden der geistigen Behinderung variiert die Prävalenz zwischen 6–20%, in Gruppen mit schweren Graden zwischen 20 und 35% (Krämer 2006). Unter Gruppen mit schwerster geistiger Behinderung kommen sogar noch höhere Zahlen vor.

Als Ausdruck einer prä-, peri- oder postnatalen Hirnschädigung als Ursache auch der geistigen Behinderung handelt es sich zumeist um symptomatische Epilepsien. Aber auch genetisch bedingte Epilepsien können auftreten, zumal im Rahmen genetisch bedingter Behinderungssyndrome.

Menschen mit geistiger Behinderung sind zumeist bei der Erkennung, Dokumentation der Anfälle, Befolgung ärztlicher Verordnungen sowie bei der Beobachtung von Wirkungen und Nebenwirkungen der Behandlung auf die verantwortungsbewusste und sorgfältige Unterstützung durch Angehörige, Familienangehörige usw. angewiesen. Die optimale Behandlung der Epilepsie ist ein wichtiger Beitrag zum gesundheitlichen → Wohlbefinden, zur → Lebensqualität und zur Förderung der gesellschaftlichen Teilhabe.

Michael Seidel

Literatur

Commission on Classification and Terminology of the International League against Epilepsy (1981): Proposal for a revised clinical and electroencephalographic classification of epileptic seizures. In: Epilepsia 22, 489–501

Commission on Classification and Terminology of the International League against Epilepsy (1989): Proposal for a revised classification of epilepsies and epileptic syndromes. In: Epilepsia 39, 1375–76

Huber, B. & Seidel, M. (2003): PEPE – Lernen mit Epilepsie zu leben. Ein multimediales Programm für Menschen mit Epilepsie und zusätzlicher Lern- oder geistiger Behinderung. In: Geistige Behinderung 1, 8–71

Krämer, G. (2006): Kleines Lexikon der Epileptologie. Stuttgart, New York

Ergotherapie

(siehe auch Wahrnehmungsförderung)

Der Begriff der Ergotherapie (›ergon‹ griech. sich bewegen, selbsttätig sein) umfasst im Wesentlichen Aufgabenbereiche einer Arbeitstherapie und Beschäftigungstherapie. Erklärtes Ziel einer Ergotherapie ist (im Unterschied zu einer → Physiotherapie) nicht nur eine motorisch-funktionelle Behandlung oder Funktionsschulung, sondern ebenso ein Selbstständigkeitstraining zu einer weitest gehenden Überwindung einer Abhängigkeit von fremder Hilfe und Pflege sowie eine Förderung von Handlungen, »die Wohlbefinden, Interesse, Kommunikation und damit zumindest psychische Aktivität auslösen« sollen (Mayer 2003, 18). Hierzu bedient sich die Ergotherapie verschiedener Arbeitsweisen auf neuropsychologischer Grundlage sowie individualisierter Verfahren aus Bereichen der Physiotherapie und Heilpädagogik.

Ein Problem, das bis heute der Ergotherapie anhaftet, ist eine weithin unreflektierte Übertragung des (traditionellen) klinisch-medizinischen Modells auf die Arbeit mit geistig behinderten Menschen (Presber & de Nève 2003). Diese gelten als Patienten (Geschädigte), deren Defizite, Leistungsschwächen oder mangelhaft ausgebildete Fähigkeiten und Fertigkeiten ergotherapeutische Maßnahmen »zur optimalen Anpassung« an Leistungs- und Verhaltensformen nichtbehinderter Menschen (Mayer 2003, 49) sowie eine Förderung von Selbsthilfe in Bezug auf Aktivitäten des alltäglichen Lebens sinnvoll erscheinen lassen. Mit dieser klinischen Orientierung fällt die Ergotherapie hinter Handlungskonzepte einer modernen Heil- oder Sonderpädagogik zurück, der es nicht um eine Absolutsetzung von Selbsthilfe-Fähigkeiten, sondern um deren Verschränkung mit einer auf Selbstbestimmung und Empowerment hin angelegten Praxis zu tun ist (Sands & Wehmeyer 1996). Ferner wird in heilpädagogischen Konzepten üblicherweise auf eine Beziehungsgestaltung Wert gelegt, während eine Ergotherapie das »therapeutische Verhältnis« zumeist vernachlässigt. Nichts desto trotz gibt es seit einigen Jahren Bemühungen, die Ergotherapie nicht mehr ausschließlich in »isolierten Settings« (Therapieräume) durchzuführen, sondern als eine »integrierte Therapie« (Dunn 1988; 1991) aufzubereiten.

Georg Theunissen

Literatur

Dunn, W. (1988): Models of occupational therapy service provision in the school system. In: Amercian Journal of Occupational Therapy, 42. Vol., 718–723

Dunn, W. (1991): Integrated related services. In: Meyer, L. H.; Peck, C. A. & Brown, L. (eds.): Critical issues in the lives of people with severe disabilities. Baltimore, 353–377

Mayer, K. (2003): Pädagogisch-psychologische Grundlagen. In: Presber, W. & de Nève, W. (Hrsg.), 11–84

Presber, W. & De Nève W. (Hrsg.) (2003): Ergotherapie. Grundlagen und Techniken. München 2003 (4. Auflage)

Sands, D. J. & Wehmeyer, M. L. (eds.) (1996): Self-determination across the lifespan: Independence and choice for people with disabilities. Baltimore

Erlebnispädagogik

Unter Erlebnispädagogik werden seit vielen Jahren Angebote in der Jugendhilfe verstanden, die in einem bestimmten Setting Alternativen oder Ergänzungen zu traditionellen Konzepten darstellen. Erlebnispädagogik erlebt eine Renaissance, da sie sogenannte Schlüsselqualifikationen (Verlässlichkeit, Kooperationsfähigkeit, Frustrationstoleranz etc.) vermittelt, die in der heutigen Zeit zunehmend wichtig sind.

Erlebnispädagogik geht auf Jean-Jacques Rousseau, Henry-David Thoreau und Kurt Hahn zurück. Rousseau plädierte für eine natürliche → Erziehung; kulturelle und vor allem gezielte pädagogische Einflüsse seien eher schädlich als nützlich. Wie Rousseau im Erziehungsroman »Emil« (2005) setzte sich auch der US-Amerikaner Henry-David Thoreau schon im 19. Jahrhundert kritisch mit Phänomenen des Zeitgeistes auseinander. Er und später zu Beginn des 20. Jahrhunderts Kurt Hahn kritisieren die negativen Auswirkungen von Luxus, Bequemlichkeit, Zivilisation und körperliche Betätigung minimierender Technik. Hahn konstatiert zudem einen Mangel an menschlicher Anteilnahme, körperlicher Tüchtigkeit, Energiemangel und Mangel an Sorgsamkeit im menschlichen und dinglichen Umgang. Es erscheint erstaunlich, wie aktuell die Zeitdiagnosen der Begründer der Erlebnispädagogik sind.

Welche Bedeutung kann Erlebnispädagogik für Menschen haben, die als geistig behindert bezeichnet werden?

Menschen mit intellektueller Beeinträchtigung werden häufig über Kindheit und Jugend hinaus erzogen und betreut in Institutionen und engem Zusammenleben mit anderen Menschen mit Beeinträchtigung, die sie sich nicht selbst ausgesucht haben (z. B. Werkstätten für behinderte Menschen und Wohnstätten). Der Alltag von Erwachsenen mit intellektueller Beeinträchtigung ist gekennzeichnet durch ein hohes Maß an sozialer Abhängigkeit und eingeschränkter Autonomie. Die von Seligmann (1986) entwickelte Theorie der erlernten Hilflosigkeit besagt, dass Menschen, die die Erfahrung der Unkontrollierbarkeit ihres Lebens machen, ihr Handeln als sinnlos erleben und mit Rückzug und Passivität bzw. wenig ausgebildetem Selbstbewusstsein reagieren. Aufgrund dieser Analyse sind die praktischen Ansätze des → Empowerment (Kinne & Theunissen 2013) entwickelt worden. Hier geht es nicht um Pädagogik, Förderung und/oder Therapie, sondern um Arrangements von Alltagssituationen, in denen sich Menschen mit Behinderung als kompetent und gestaltend erleben können und aufgrund dieser Erfahrungen → Motivationen für Aktivität und Engagement im Leben gewinnen. Der Teufelskreis aus Erfahrung der Ergebnislosigkeit von Engagement, Rückzug und Depression kann so in einem Prozess umgemünzt werden: Gestaltung und Beeinflussung des Alltags, Erfolg und Belohnung führen zur Verstärkung der Motivation zum Engagement und zur Verbesserung des Selbstwertgefühls. Erlebnispädagogik ist eine Methode, um das Ziel Empowerment zu erreichen.

Die Erlebnispädagogik mit ihren zeitlich befristeten Projekten bietet bei einer verantwortbaren und positiven Risikoabschätzung sehr gute Möglichkeiten zur Vermittlung von unmittelbaren Erfolgserlebnissen und daraus abgeleitet Steigerung des Selbstwertgefühls auch von Menschen mit intellektueller Beeinträchtigung (Kinne & Theunissen 2013).

Ulrich Niehoff

Literatur

Heckmair, B. & Michl, W. (2004): Erleben und Lernen. Einführung in die Erlebnispädagogik. München und Basel

Hahn, K. (1954): Erziehung zur Verantwortung. Stuttgart

Kinne, T. & Theunissen, G. (Hrsg.) (2013): Erlebnispädagogik in der Behindertenarbeit. Konzepte für die schulische und außerschulische Praxis. Stuttgart

Leven, K. (1997): Erlebnisorientierte, Bewegungsbezogene Ansätze – Chancen zur Integration? In: Zeitschrift Geistige Behinderung 3, 290–299

Magoltz, M. (2008): Erlebnispädagogik im Förderschwerpunkt geistige Entwicklung, Norderstedt

Niehoff, U. (1995) Pilotprojekt: Integrativer Bildungsurlaub Ökologische Lahnerkundung. In: Zeitschrift für Erlebnispädagogik 15, 3/4, 44–48

Rousseau, Jean-Jacques (2005): Emil oder Über die Erziehung. Paderborn

Seligmann, R. (1986): Erlernte Hilflosigkeit. Weinheim

Erwachsenenbildung

Die Erwachsenenbildung für Menschen mit geistiger Behinderung wurde erst spät, vor ca. 25 Jahren entdeckt. Gründe dafür liegen u. a. in einem veränderten Verständnis von (geistiger) Behinderung und in der Tatsache, dass immer mehr Schüler und Schülerinnen ihre Schulzeit beendeten. Lange Zeit galten v. a. Menschen mit schwereren Beeinträchtigungen als bildungsunfähig. So wurden ihnen in Deutschland bis in die 1970er Jahre hinein Bildungsmöglichkeiten z. T. völlig abgesprochen. Zwar gab es in den Institutionen schon immer Formen der gezielten → *Förderung*. Diese waren jedoch abhängig von einzelnen Personen und eher sporadischer Art. »Was fehlte, war eine theoretische Begründung und fachwissenschaftliche Aufbereitung (...)« (Theunissen 2003, 45).

Im Laufe der 1980er Jahre entstanden sowohl in der BRD als auch in der benachbarten Schweiz erste institutionsexterne *Bildungsangebote*. Als Wegbereiter in der BRD gilt das Theodor-Heckel-Bildungswerk in München mit dem 1977 gegründeten TIP-Kursprogramm, dem Mitte der 1980er Jahre eine Reihe von Modellprojekten an regulären Weiterbildungseinrichtungen folgten. In der Schweiz initiierte die Pro Infirmis Kanton Zürich 1983 ein wissenschaftlich begleitetes Pilotprojekt. Heute existieren sog. »Bildungsklubs« unter verschiedenen Trägerschaften in den meisten Kantonen, wie in Deutschland vermehrt auch mit einem Angebot von integrierten Kursen an regulären Erwachsenenbildungsinstitutionen, die den Grundsatz »Bildung für alle« zunehmend auch auf Menschen mit geistiger Behinderung ausdehnen (Gesellschaft Erwachsenenbildung und Behinderung e. V. 1998; Lindmeier et al. 2000; Theunissen 2003).

Einen wesentlichen Beitrag zur Verbreitung des Themas leistet die 1989 in Hamburg gegründete internationale »Gesellschaft zur Förderung der Erwachsenenbildung für Menschen mit geistiger Behinderung e. V.«, die seit 1994 den verkürzten Namen »Gesellschaft Erwachsenenbildung und Behinderung e. V.« trägt und seit 1990 nationale und internationale Tagungen veranstaltet. Außerdem gibt sie ebenfalls seit 1990 zweimal pro Jahr die Zeitschrift »Erwachsenenbildung und Behinderung« mit verschiedenen Schwerpunktthemen heraus (Gesellschaft Erwachsenenbildung und Behinderung e. V. 1998).

In Abgrenzung zu den Begriffen der → *Erziehung* und *Förderung*, die sich i. d. R. auf ein Gegenüber richten, steht beim Begriff der *(Erwachsenen)Bildung* die *Selbstbildung* im Vordergrund. »Bildung bezeichnet einerseits das Produkt und andererseits den Prozess, durch den sich das Individuum Welt aneignet und dabei Selbstbestimmungs-, Mitbestimmungs- und Solidaritätsfähigkeit erwirbt« (Fachhochschule Nordwestschweiz 2005, 28; Theunissen 2003, 79). *Bildung* ist damit mehr als das Produkt von Lernen und die Aneignung von Wissen. *Bildung* bezeichnet darüber hinaus den Prozess, in welchem sich der Mensch aktiv mit der Welt auseinandersetzt. Erst durch den bewussten bzw. aktiven Zugang zur Kultur und zur Welt mit all ihren Ausdrucksformen kann sich der Mensch bilden. Letztlich geht es um die Entfaltung der eigenen Individualität innerhalb der Kultur und Gesellschaft, zu der das (sich bildende) Individuum gehört. In diesem Sinne ist *Bildung* ausnahmslos jedem Menschen während eines lebenslangen Prozesses möglich, unabhängig vom Alter oder vom Schweregrad seiner Beeinträchtigung. Die *Vermittlung von Wissensinhalten* unterstützt die Bildung von Lernenden in diesem Prozess nur dann, wenn sie dazu beiträgt, dass diese ihre Kultur und Gesellschaft besser verstehen und damit immer mehr selbst- und mitbestimmen können. Daraus lässt sich auch die zwingende Notwendigkeit der umfassenden gesellschaftlichen → Teilhabe von sich bildenden Menschen mit geistiger Behinderung und des Angebotes von integrierten Kursen ableiten. Die Forderung nach dem »Recht auf Bildung« für alle kann letztlich nur dann eingelöst werden, wenn auch für alle eine umfassende Teilhabe an der Kultur und am Leben in der Gesellschaft möglich ist. »*Nicht Integration, sondern Separation bedarf der Begründung!*« (Lindmeier 2003, 204). Auch die aktuelle Klassifikation der Weltgesundheits-Organisation (WHO) bezieht den Begriff der Behinderung zentral auf die verminderten Partizipationsmöglichkeiten eines Menschen und verweist damit auf die zentrale Bedeutung der → Integration bzw. → Inklusion in allen Lebensbereichen von Menschen mit Beeinträchtigungen.

→ Selbstbestimmung und → Emanzipation sowie Integration und → Normalisierung gelten heute auch in der Erwachsenenbildung mit Menschen mit geistiger Behinderung übereinstimmend als zentrale Bezugspunkte und spiegeln sich in den »handlungsbestimmenden Leitprinzipien« einer zeitgemässen Erwachsenenbildung (Theunissen 2003, 65ff.): Erwachsenengemäße Ansprache, partnerschaftliche Vorgehensweise, Freiwilligkeit, Wahlmöglichkeit, Selbst- und Mitbestimmung, Subjektzentrierung und Individualisierung, ganzheitlich-integratives Prinzip, Lebensnähe und handelndes → Lernen. Letzteres (Tätigkeitstheorie) spielt bei der Aneignung von Fähigkeiten, Kenntnissen und Einsichten in der Erwachsenenbildung von Menschen mit geistiger Behinderung eine »prominente Rolle« (ebd., 92). Demzufolge findet Lernen in aufeinander aufbauenden Stufen statt, die als Einheit einen Lernschritt bilden. Ziel ist der Umschlag von der äusseren Tätigkeit mit den Gegenständen zur inneren mit den Begriffen: 1. Motivation (persönlicher Sinn und objektive gesellschaftliche Bedeutung des Lerngegenstandes), 2. Orientierung (als »Fähigkeit, die eigene Tätigkeit mit Hilfe eines Planes im Kopf zu kontrollieren«), 3. Die Handlung mit Gegenständen (Aufnahme des Lerngegenstandes mit allen Sinnen), 4. Die bildhafte Darstellung oder Materialisation (Festhalten der flüchtigen Handlung als erste Grundlage zur Reflexion), 5. Die lautsprachliche Darstellung oder Verbalisation (lautes Sprechen, um im Kopf eine Vorstellung der Tätigkeiten hervorzurufen und zu bewegen), 6. Die gedankliche Erarbeitung der Handlung oder Interiorisation (Mann 1999, 27–70).

Gaby Ryffel

Literatur

Fachhochschule Nordwestschweiz (Hrsg.) (2005): Wörter, Begriffe, Bedeutungen. Ein Glossar zur Sozialen Arbeit. Brugg

Gesellschaft Erwachsenenbildung und Behinderung e. V. (Hrsg.) (1998): Lexikon. Wissenswertes zur Erwachsenenbildung unter besonderer Berücksichtigung von geistiger Behinderung. Neuwied, Kriftel
Lindmeier, Ch. (2003): Integrative Erwachsenenbildung. In: Theunissen, G. a. a. O., 189–218
Lindmeier, B. et al. (2000): Integrative Erwachsenenbildung für Menschen mit Behinderung. Praxis und Perspektiven im internationalen Vergleich. Neuwied, Kriftel, Berlin
Mann, I. (1999): Lernen können ja alle Leute. Lesen-, Rechnen-, Schreibenlernen mit der Tätigkeitstheorie. Weinheim, Basel
Theunissen, G. (2003): Erwachsenenbildung und Behinderung. Impulse für die Arbeit mit Menschen, die als lern- oder geistig behindert gelten. Bad Heilbrunn
Weltgesundheits-Organisation (WHO) (Hrsg.) (2001): International Classification of Functioning, Disability and Health. Wiesbaden

Erwachsenwerden

Erwachsenenalter als Altersphase zwischen dem Jugendalter und dem Alter impliziert die Übernahme verschiedener Rollen und Funktionen innerhalb des gesellschaftlichen Lebens. Erwachsenwerden stellt einen Prozess dar, in dem ein Mensch Verhaltensmuster, Normen und Einstellungen erwirbt, die für seine Kultur und Gesellschaft relevant sind (Hurrelmann 1995). Erwachsenwerden und -sein lässt sich nicht als unveränderlicher, fertiger Zustand definieren, sondern impliziert ständige Weiterentwicklung, die sich nicht in gesetzmäßigen Stufentheorien festlegen lässt. Der Übergang von der Jugendphase in die Lebensphase des Erwachsenseins ist durch individuelle Entwicklungsprozesse gekennzeichnet, die die Auseinandersetzung mit sog. Entwicklungsaufgaben (Havighurst) mit sozialen, psychischen und physischen Anforderungen beinhaltet. Entwicklungspsychologisch gesehen stehen in der Periode der Adoleszenz als Aufgaben Autonomie von den Eltern, Identität in der Geschlechtsrolle, internalisiertes moralisches Bewusstsein und Berufswahl an (Oerter & Montada 1995).

Auch bei Menschen mit geistiger Behinderung kann das Erwachsenwerden nicht an einem Kriterium festgemacht werden. Eine weitgehende Unabhängigkeit kann sich bei Menschen mit geistiger Behinderung nur entfalten, wenn die soziale Umgebung die bei diesem Personenkreis ebenfalls existenten Bedürfnisse nach Loslösung, Unabhängigkeit etc. ernst nimmt. Durch Definitionen des Erwachsenenstatus von Nichtbehinderten, Fremdbestimmung der Bedürfnisse, Zentralisierung des Alltags, Institutionalisierung des Lebens, Selbstdefinition der Helfer über die Hilfsbedürftigkeit der Menschen mit geistiger Behinderung, die zur Infantilisierung, Überbehütung und -versorgung führen können, kann sich das Erwachsenwerden für Menschen mit geistiger Behinderung als relativ problematischer Prozess darstellen. Finanzielle Unabhängigkeit, Eintritt in eine Erwerbstätigkeit, eigene Wohnung etc. sind für eine große Anzahl von Menschen mit geistiger Behinderung schwer erreichbare Ziele.

Zum Prozess des Erwachsenwerdens brauchen Menschen mit geistiger Behinderung individuelle Unterstützung und Assistenz. Dies gehört u. a. zu den Aufgaben emanzipatorischer → Erwachsenenbildung.

Reinhilde Stöppler

Literatur

Hurrelmann, K. (1995): Lebensphase Jugend. Eine Einführung in die sozialwissenschaftliche Jugendforschung. Weinheim

Gesellschaft Erwachsenenbildung und Behinderung e. V. (1998): Lexikon – Wissenswertes zur Erwachsenenbildung unter besonderer Berücksichtigung von geistiger Behinderung. Neuwied

Oerter, R. & Montada, L. (Hrsg.) (1995): Entwicklungspsychologie. Ein Lehrbuch. Weinheim

Erziehung

(siehe auch Bildung)

Erziehung ist der Grundbegriff der Erziehungswissenschaft und damit auch der der → Geistigbehindertenpädagogik. »Der Mensch kann nur Mensch werden durch Erziehung. Er ist nichts, als was die Erziehung aus ihm macht« (I. Kant 1803, 1974). Die Geschichte der Nicht-Erziehung bzw. der Erziehung von Menschen mit geistiger Behinderung ist ein zugleich tragischer Beleg für die Bedeutung dieser anthropologischen Grundthese, dass der Mensch ein zu Erziehender, ein erziehungsbedürftiges Wesen ist. Erziehung kann als helfendes und verantwortbares Handeln für den sich im Werden begriffenen Menschen verstanden werden. Sie soll ihm auf der Basis allgemein anerkannter Erziehungsziele helfen, seine angelegten Fähigkeiten zu entfalten, Welt in sich aufzubauen, seine Eingliederung in das soziale Leben zu unterstützen und sein Leben sinnvoll zu gestalten.

Erziehung im eigentlichen Sinn erfolgt *intentional* und *zielgerichtet*. Dabei hat sie sich auch an der *Bildsamkeit* des Kindes zu orientieren. Damit sind Voraussetzungen gemeint, die zum einen *biologisch* individuell verschieden im Kind angelegt sind bzw. durch *psycho-physische Schädigungen* die Entwicklung beeinträchtigen, z. B. als Erkrankungen oder als psychopathologische Wirkfaktoren. Zum anderen sind es die gegebenen umweltlichen Lebensbedingungen, in denen ein Kind aufwächst, z. B. in gesellschaftlicher Zugehörigkeit oder → Isolation, in Reichtum oder → Armut, in Krieg oder Frieden. Da in der Erziehung immer auch Normen und Werte vertreten bzw. angestrebt werden, wird diese erschwert, wenn Kinder oder Jugendliche in ihrer Umwelt eine widersprüchliche und verwirrende Vielfalt von Normen und Werten erleben, so dass die normative Orientierung erschwert wird.

Mit Erziehung wird eine *Absicht* verfolgt. Sie ist auf bestimmte Ziele hin gerichtet, die ein Mensch erreichen sollte (Erziehungsziele). Es sind dies Normen und Werte, die als erstrebenswert gelten, so Tüchtigkeit (Wissen und Können) oder psychische Bereitschaften, wie Lernbereitschaft, Selbstbewusstsein oder Werthaltungen (normativer Aspekt). Sie machen das aus, was auch als *Persönlichkeit* bezeichnet wird. Erziehung will der *Persönlichkeitsbildung* dienen. Mit Erziehung ist stets der Aspekt der → *Förderung* verbunden, der nicht mit ständiger pädagogischer Aktivität gleichzusetzen ist. Erwünschte Eigenschaften sollen aufgebaut, erhalten und weiterentwickelt werden; Eigenschaften, die als hinderlich oder schädlich im Sinne der Erziehungsziele gelten, sollen nach Möglichkeit verhütet oder abgebaut werden.

Diese Absichten bedeuten nicht, dass Erziehung derartige Veränderungen direkt bewirken oder gar erzwingen könnte. Das deutsche Wort »Erziehung« verleitet zu der fälschlich passiven Deutung, der Mensch *werde* dabei zu einem Passivum, d. h. in eine nicht von ihm selbst bestimmte Richtung hin gedrängt; er sei bloßes Ergebnis erzieherischer Maßnahmen. Erziehung ist demgegenüber immer nur als *Versuch* zu verstehen, dessen Ergebnis von der Lernwilligkeit und Aktivität und der Erfahrungsgeschichte des Einzelnen abhängt. Erziehungsziele dürfen nicht mit *Lernzielen* des Edukanden gleichgesetzt werden. Erziehung kann lediglich *Lernhilfe* leisten. Seine Persönlichkeit entwickelt der Mensch immer nur selbst, durch *eigene* Zielsetzungen und *eigene* psychische Aktivität. Was er lernt, ist letztlich seine Leistung. Er ist zwar anfangs mehr auf → *Fremdbestimmung* angewiesen; diese aber hat nur so weit pädagogische Berechtigung, als sie dem Aufbau von → *Selbstbestimmung* dient.

Negativen oder hinderlichen Eigenschaften, z. B. im Falle von Verhaltensstörungen, kann durch Erziehung entgegengewirkt werden, ohne dass es nachweisbar wäre, dass eine entsprechende Veränderung des Verhaltens auf bestimmte Einwirkungen von Erziehung zurückzuführen wäre.

Otto Speck

Literatur

Brezinka, W. (1974): Grundbegriffe der Erziehungswissenschaft. München, Basel
Kant, I. (1974): Über Pädagogik. In: Kant, I., Werkausgabe, hrsg. v. W. Weischedel. Bd. XII. Frankfurt/M., 693–761

Ethik, Menschenwürde

Der Begriff »Ethik« stammt von gr. »Ethos« ab und bedeutet ursprünglich Gewohnheit, Sitte, Brauch und Charakter. Analog dazu bedeutet der lat. Begriff »mores«, aus dem sich unser Begriff »Moral« entwickelt hat, Sitte und Charakter. Die in einer Gesellschaft gültige Moral beruht auf Normen und Werten, die in der Regel in Form von Geboten und Verboten auftreten. Im engeren Sinne meint Moral jedoch nicht die fraglose Befolgung von Handlungsregeln und Normen, sondern die Bestrebung, in Freiheit und auf der Grundlage von Überlegung und Einsicht das in einer Situation jeweils erforderliche Gute zu tun. Konstitutiv für die Entstehung der Moral ist die Erfahrung, »dass menschliche Willens- und Handlungsfreiheit nicht unbegrenzt ist, sondern an den berechtigten Ansprüchen der Mitmenschen ihr Maß hat« (Pieper 1980, 32). Ethik ist demgegenüber die philosophische Untersuchung, Reflexion und Begründung von Moral. Sie befasst sich mit den Normen menschlichen Handelns und deren Rechtfertigung, ist also Theorie der Moral. Gegenüber der in der Regel zeitabhängigen und partikularen Moral verbindet die Ethik den Anspruch der Subjekt- und Zeitunabhängigkeit für ihre Aussagen.

Die Ethik ist unverzichtbar für die → Geistigbehindertenpädagogik. Sie befasst sich mit der »Legitimierbarkeit von Prinzipien und Formen des (pädagogischen) Umgangs mit Behinderten« (Antor & Bleidick 2000, S. 158). Dies erfolgt in individualethischer Hinsicht als »Rechtfertigung grundlegender Ansprüche auf Leben und Bildung« (ebd.), die aus Achtungsansprüchen und dem Prinzip der Menschenwürde abgeleitet werden. In sozialethischer Hinsicht befasst sich die behindertenpädagogische Ethik mit der Rechtfertigung von »schulischen/gesellschaftlichen Umsetzung solcher Achtungsgebote« (ebd.).

Für die zunehmende Bedeutung der Ethik für die Geistigbehindertenpädagogik gibt es unterschiedliche Gründe. *Erstens* sind systematische Gründe zu nennen, etwa die Fragen nach der Legitimation der Geistigbehindertenpädagogik oder der Begründung von Bildungsansprüchen von Menschen mit geistiger Behinderung. Pädagogische Tätigkeiten wie Erziehen, Bilden, Therapieren, Fördern, Assistieren usw. haben, da sie immer mit Zielen und Zwecken verbunden sind und somit auf etwas verweisen, was sein soll, eine normative Dimension. Deren Reflexion, Kritik und Begründung ist ohne Ethik kaum zu realisieren. Neben die systematischen Gründe sind in den vergangenen zwei Jahrzehnten *zweitens* teilweise weit reichende und höchst ambivalente Entwicklungen in der Biotechnologie und Biomedizin getreten, für deren Bewältigung die Ethik unverzichtbar ist. Hier geht es vor allem um Fragen der → Prävention und Heilung von Behinderung sowie fundamentale Rechte von Menschen mit Behinderungen. Im Zentrum dieses Problemkomplexes stehen verschiedene Techniken der vorgeburtlichen Diagnostik sowie neue Reproduktionstechnologien. Insbesondere die vorgeburtliche Diagnostik ist untrennbar mit dem Problem der Selektion Behinderter verbunden. Ebenfalls von größter ethischer Bedeutung sind die in Folge des 1995 reformierten § 218 aufgetretenen Probleme in Bezug auf die sog. »Spätabtreibungen« und juristische Auseinandersetzungen über das »Kind als Schaden«. Weitere Diskussionsstränge beschäftigen sich mit dem »Lebenswert« schwerstkranker Menschen, schwerstgeschädigten Neugeborenen und unterschiedlichen Formen der Sterbehilfe. Mit Blick auf dieses Problemfeld werden in Deutschland immer wieder Bezüge zur Geschichte, insbesondere zur → »Euthanasie« in der NS-Zeit, hergestellt.

An den »bioethischen« Fragen haben sich die moralphilosophischen Diskussionen über den Begriff der Person sowie die Menschenwürde entzündet. In Bezug auf den Begriff der → Person gibt es einen fundamentalen Dissens darüber, ob der Mensch aufgrund bestimmter Kriterien Person ist oder aufgrund seiner Zugehörigkeit zur Gattung. Strittig ist vor allem die Frage, ob Feten, Früh- und Neugeborene, Komapatienten, altersdemente Menschen oder Geistigbehinderte Personen sind und somit die gleichen ethischen und rechtlichen Ansprüche auf Schutz und Achtung haben wie alle anderen Menschen auch. Im Zentrum der Kontroverse über die → Menschenrechte und Menschenwürde steht die Frage, ob diese unbedingt oder in einer stufenhaften – und das heißt: eingeschränkten – Form Geltung haben sollen. Insbesondere die Idee der Absolutheit und Sakrosanktheit der Menschenwürde ist nach Ansicht von Kritikern gegenwärtig erheblichen, wenn auch sich eher schleichend und fast unbemerkt vollziehenden Erosionsprozessen ausgesetzt (vgl. Gröschke 1993, Jantzen 1998, Dederich 2000).

Drittens ist die Ethik aus gesellschaftlichen Gründen für die Arbeit mit geistig behinderten Menschen bedeutsam. In dieser Perspektive kommen individual- wie sozialethische Fragen von → Inklusion und Exklusion in den Blick, also Themen wie Diskriminierung, Marginalisierung, Ausgrenzung und Verwehrung von Chancengleichheit auf der einen Seite und → Selbstbestimmung, Chancengleichheit, Gerechtigkeit und → Teilhabe auf der anderen. Im Kern geht es hier um die Bedeutung, die eine Behinderung für die soziale Teilhabe betroffener Menschen hat. Hiermit ist die Frage verbunden, welche Formen der Bildung sowie der materiellen und nichtmateriellen Unterstützung unsere Gesellschaft ihren behinderten Mitgliedern anbietet und welche sie ihnen vorenthält. Insbesondere der voranschreitende Prozess der Ökonomisierung des Sozialen, d. h. die Überlagerung und Verdrängung pädagogischer und sozialer Erfordernisse durch ökonomische Erwägungen, verweist in aller Deutlichkeit auf die gesellschaftliche Dimension der Ethik.

Markus Dederich

Literatur

Antor, G. & Bleidick, U. (2000): Ethik. In: Antor, G. & Bleidick, U. (Hrsg.): Handlexikon der Behindertenpädagogik. Bern, Stuttgart und Wien, 158–161
Dederich, M. (2000): Behinderung – Medizin – Ethik, Behindertenpädagogische Reflexionen zu Grenzsituationen am Anfang und Ende des Lebens. Bad Heilbrunn
Dederich, N. & Schnell, M. W. (2009): Ethische Grundlagen der Behindertenpädagogik: Konstitution und Systematik. In: Dederich, M. & Jantzen, W. (Hrsg.): Behinderung und Anerkennung. Enzyklopädisches Handbuch der Behindertenpädagogik, Bd. 2. Stuttgart
Gröschke, D. (1993): Praktische Ethik der Heilpädagogik, Individual- und sozialethische Reflexionen zu Grundfragen der Behindertenhilfe. Bad Heilbrunn
Jantzen, W. (1998): Die Zeit ist aus den Fugen. Marburg
Pieper, A. (1980): Einführung in die philosophische Ethik. Studienbrief der Fernuniversität Hagen. Hagen

Euthanasie

(siehe auch Nationalsozialismus)

Sowohl in historischer Hinsicht wie mit Blick auf aktuelle Diskussionen im Kontext der sog. »Bioethik«-Debatte ist die »Euthanasie« von Bedeutung für die Behindertenhilfe. Einerseits steht der Begriff für das wohl dunkelste historische Kapitel des gesellschaftlichen Umgangs mit Menschen mit Behinderungen in Deutschland, andererseits entzünden sich an ihm hochkontroverse Debatten über Fragen des moralischen Status und des Lebensrechtes beispielsweise von schwerstgeschädigten Neugeborenen, über den Umfang und Grenzen ärztlicher Behandlungspflichten oder über den Zusammenhang von Behinderung und Leiden.

Der Begriff ist vieldeutig und taucht in unterschiedlichen Kontexten auf. Ursprünglich bedeutet »Euthanasie« (von gr. »euthanatos«) »guter Tod«. Mit ihm waren Vorstellungen eines leichten, unbeschwerten, schmerzfreien Todes sowie die Idee eines erfüllten und gelungenen Lebens verbunden. Sterben galt wie das Leben als Kunst und war somit ein philosophisches, nicht jedoch ein medizinisches Thema. Erst in der Neuzeit verbindet sich die Vorstellung eines medizinisch unterstützten und angenehmen Sterbens bei hoffnungslosen Erkrankungen mit dem Begriff (vgl. Wiesing 2000, 704). Im 20. Jh. wurde »Euthanasie« in engem Zusammenhang mit eugenischem und rassenhygienischem Gedankengut zu einem Instrument der Lösung der sozialen Frage. In der Zeit des → Nationalsozialismus stand sie vor allem für verschiedene Formen der Vernichtung sog. »lebensunwerten Lebens«: die eugenisch motivierte Tötung von Neugeborenen mit erblich bedingten Erkrankungen oder Behinderungen, die utilitaristisch motivierte Tötung von in Anstalten lebenden Kranken oder Behinderten und die Mitleidstötung von unheilbar Kranken und Behinderten (vgl. Schmuhl 1987, 27f.).

Auch aufgrund der historischen Belastungen wird gegenwärtig eher von Sterbehilfe gesprochen. In den aktuellen Diskussionen wird der Patientenautonomie, d. h. der Frage nach dem tatsächlichen oder mutmaßlichen Patientenwillen, ebenso häufig eine Schlüsselstellung zugewiesen wie dem Lebenswert bzw. der → Lebensqualität schwerkranker bzw. behinderter Menschen (vgl. BioSkop-AutorInnenkollektiv 2002). Auch der Begriff »Sterbehilfe« ist vieldeutig. Er bezieht sich auf leichtes oder gutes Sterben im ursprünglichen Wortsinn, → Sterbebegleitung ohne Lebensverkürzung (Hilfe beim Sterben), aktive und passive Sterbehilfe (Hilfe zum Sterben zwischen Sterbenlassen und gezielter Lebensverkürzung) oder Tötung auf Verlangen.

Unter beiden Stichworten werden gegenwärtig folgende Themen kontrovers diskutiert: die aktive Tötung schwerstkranker Menschen auf deren Verlangen hin; die Tötung bzw. das Sterbenlassen behinderter oder schwerkranker Neugeborener (»Früheuthanasie«); Behandlungsabbrüche bzw. Behandlungsverzicht bei nichteinwilligungsfähigen Schwerstkranken (passive Sterbehilfe); unbeabsichtigte Beschleunigung des Todeseintritts bei Schwerstkranken durch Medikamente, die der Schmerzlinderung oder Beruhigung dienen (indirekte Sterbehilfe), sowie Beihilfe zur Selbsttötung (vgl. Benzenhöfer 1999).

Markus Dederich

Literatur

Benzenhöfer, U. (1999): Der gute Tod? Euthanasie und Sterbehilfe in Geschichte und Gegenwart. München
BioSkop-AutorInnenkollektiv (2002): »Sterbehilfe« – Die neue Zivilkultur des Tötens? Frankfurt
Schmuhl, H.-W. (1987): Rassenhygiene, Nationalsozialismus, Euthanasie. Göttingen
Wiesing, U. (2000): Euthanasie. In: Korff, W. u. a. (Hrsg.): Lexikon der Bioethik. Gütersloh

F

Familie

Die Familie ist in der Regel die erste Gruppe und zugleich wichtigste Sozialisationsinstanz, der ein Mensch in seinem Leben angehört. Die bestehenden innerfamilialen Beziehungen prägen seine Identitätsentwicklung nachhaltig.

Familie, verstanden als Lebensform von Erwachsenen mit einem oder mehreren Kindern, hat in Deutschland heute viele Gesichter: Eltern mit einem oder mehreren Kindern, Alleinerziehende, Mehrgenerationenfamilien, so genannte »Patchwork-Familien«, binationale Familien und andere. Als Folge vielfältiger gesellschaftlicher Veränderungsprozesse, besonders der gewandelten Frauen- und Mutterrolle, hat sie in den letzten Jahrzehnten ihre typische Kontur im Sinne der auf Dauer zusammenlebenden Kleinfamilie verloren. Nach wie vor dominiert aber partnerschaftliches Zusammenleben, in das häufig auch Kinder integriert sind – 1998 lebten knapp 83% aller minderjährigen Kinder mit einem Elternpaar zusammen –, wobei die Formen des Zusammenlebens situativ und biographisch variabel sind.

Es ist davon auszugehen, dass in der Bundesrepublik in ca. 3% aller Mehrpersonenhaushalte ein behindertes minderjähriges

Kind lebt (Thimm et al. 1997). Ein Teil der Kinder mit geistiger oder Mehrfachbehinderung verbleibt auch im Erwachsenenalter in der Herkunftsfamilie – Schätzungen der Bundesvereinigung der Lebenshilfe gehen von etwa 60% aus.

Trotz des Ausbaus pädagogischer, therapeutischer und sozialer Hilfen in den vergangenen Jahrzehnten liegt der hauptsächliche Aufwand bei der Betreuung und Pflege behinderter Kinder bei den Familien, und hier insbesondere bei den Müttern, die nach vorliegenden Untersuchungen zu 90% und mehr die Hauptbetreuungspersonen sind. Maß und Vielfalt an Leistungen, die von Familien mit behinderten Kindern erbracht werden müssen, übersteigen das generell von Familien abgeforderte Maß häufig um ein Vielfaches. Aus diesen Gründen wurde in der insgesamt stark psychologisch ausgerichteten Forschung und Fachliteratur lange Zeit das Bild einer »behinderten« Familie gezeichnet – stark belastet, überfordert und defizitär, als direkte Folge der Behinderung eines Familienmitgliedes. Kompetenzen und Leistungen fanden kaum Beachtung. Diese stark defizitorientierte Sichtweise wird seit einiger Zeit zunehmend in Frage gestellt und durch eine mehrdimensionale, sozial bestimmte Sichtweise ergänzt bzw. abgelöst. So treten im fachwissenschaftlichen Diskurs zunehmend Fragen in den Vordergrund nach

- den Konsequenzen der Behinderung für die Familie als System;
- Belastungen und Bedürfnissen einzelner Mitglieder – neben denen der Mütter auch die von Geschwistern und Vätern, noch unberücksichtigt dagegen bisher die der Großeltern;
- den individuellen und sozial bedingten Einflussfaktoren und ihren Auswirkungen auf inner- und außerfamiliäre Prozesse und
- den zur Verfügung stehenden → Ressourcen und → Kompetenzen (u. a. Thimm et al. 1997).

Die Erziehung eines behinderten Kindes stellt die Familie in der Regel vor eine unerwartete, vorbildlose Lebenssituation, die häufig mit einem langen, z. T. zeitlebens andauernden Prozess der Auseinandersetzung und der Suche, mit Krisen und deren Bewältigung verbunden ist. Der Umgang der Familien mit dieser Situation variiert in Abhängigkeit von sozialstrukturellen Variablen, spezifischen Unterstützungsbedürfnissen sowie übergreifenden Problemlagen. Infolge von negativen psychischen, sozialen und wirtschaftlichen Bedingungen kann sich das psychische Wohlbefinden der Familie bis zu einem chronischen Notzustand verändern. Zusammenfassend ist jedoch festzustellen: Die erfolgreiche Bewältigung des Alltags und der Lebensführung ist auch in Familien mit behinderten Kindern die Regel, nicht die Ausnahme. Da sie aber unter erheblich benachteiligten Bedingungen und oft am Rande der Belastbarkeit erfolgt, ist insgesamt von einer erschwerten und benachteiligten Lebensführung gegenüber anderen Familien auszugehen (Beck 2002).

Diese erschwerte Situation, durch viele Untersuchungen belegt (Thimm et al. 1997, Beck 2002), ist facettenreich und individuell unterschiedlich ausgeprägt. Benachteiligungen werden z. B. sichtbar

- als ökonomische → Benachteiligungen – die Haushalteinkommen sind geringer als im Vergleichsdurchschnitt, behinderungsbedingte zusätzliche finanzielle Ausgaben werden in der Regel nicht oder nicht vollständig ausgeglichen, finanzielle Auswirkungen des erzwungenen Verzichts bzw. der Einschränkung der Berufstätigkeit überwiegend der Mütter,
- als Einschränkungen sozialer Aktivitäten (z. B. im Freizeitbereich) und Reduzierung → sozialer Netzwerke sowie
- als erhebliche gesundheitliche Belastungen bis hin zu psychischen und physischen Erschöpfungszuständen, insbesondere der Mütter.

- Hinzu kommen strukturell bedingte Benachteiligungen, die sich in fehlenden Passungen zwischen dem hochdifferenzierten, oft unübersichtlichen Hilfesystem und den Bedarfslagen der Familien zeigen.

Familien mit behinderten Kindern stellen keine homogene Gruppe dar. Sie repräsentieren die gesamte Gesellschaft mit ihren Strömungen und Problemen. Die Gestaltung von Hilfesystemen erfordert deshalb eine differenzierte Sicht, die objektive Lebensbedingungen und das subjektive Erleben der beteiligten Personen im Zusammenhang mit ihren persönlichen Werten und Zielen sowie den gesellschaftlichen Entwicklungen wahrnimmt (Seifert 2003).

Grit Wachtel

Literatur

Beck, I. (2002): Die Lebenslagen von Kindern und Jugendlichen mit Behinderung und ihrer Familien in Deutschland. In: Sachverständigenkommission 11. Kinder- und Jugendbericht (Hrsg.): Bd. 4: Gesundheit und Behinderung im Leben von Kindern und Jugendlichen. München, 175–315

Seifert, M. (2003): Mütter und Väter von Kindern mit Behinderung. Herausforderungen – Erfahrungen – Perspektiven. In: Wilken, U. & Jeltsch-Schudel, B. (Hrsg.): Eltern behinderter Kinder. Stuttgart, 43–59

Thimm, W. & Wachtel, G. (2002): Familien mit behinderten Kindern. Weinheim

Thimm, W. et al. (1997): Quantitativer und qualitativer Ausbau ambulanter Familienentlastender Dienste (FED). Baden-Baden

Familienentlastender/familienunterstützender Dienst

Familienentlastende Dienste (FeD) sind das einzige Angebot im Bereich → Offener Hilfen, das aus Kenntnis der spezifischen Situation von Familien mit (geistig) behinderten Angehörigen mit dem Ziel ihrer Unterstützung entwickelt wurde. Initiatoren waren in den 80er Jahren vor allem Orts- und Kreisvereinigungen der Lebenshilfe e.V, die auch gegenwärtig der größte Träger sind. Ende der 90er Jahre existierten ca. 300 Dienste in der Bundesrepublik, wobei es kein bedarfsdeckendes Angebot gibt (Thimm et al. 1997).

Der ursprüngliche Begriff »Familienentlastender Dienst« ist aufgrund der engen Assoziation zum häufig negativ besetzten Begriff »Last« in die Diskussion geraten und wird zunehmend durch »Familienunterstützender Dienst (FuD)« ersetzt, um stärker auf Unterstützung und Stärkung familiärer Netze zu fokussieren.

Als Anbieter alltagsbezogener Dienstleistungen orientieren sich FuD an den Leitideen »Bedürfnisorientierung« und »Flexibilität«. Die Inanspruchnahme der Hilfen durch die Familien basiert auf Dienstleistungsvereinbarungen. Die Angebote sind aufgrund bundesweiter Disparitäten regionaler Hilfesysteme unterschiedlich, zudem in Entwicklung begriffen. Sie umfassen vielfältige, individuell hilfreiche Assistenz- und Integrationshilfen für die gesamte → Familie. Konkret können dazu z. B. zählen: stunden- oder tageweise Betreuung eines Angehörigen mit Behinderung, Urlaubs- und Verhinderungspflege; Betreuung in familiären Notfällen; Mitbetreuung nichtbehinderter Geschwister; hauswirtschaftliche Hilfen; Begleitung zu Arztterminen u. ä., zu Freizeitaktivitäten; Ferienfahrten/-projekte; Freizeitgruppenangebote; Beratung zu finanziellen Hilfen; Unterstützung bei Antragstellung gegenüber Behörden; Beratung zu Selbsthilfeaktivitäten.

Die Leitung der Dienste obliegt pädagogisch-sozialen Fachkräften, z. T. mit Doppelqualifikationen im pflegerischen Bereich. In den Familien sind in der Regel Honorarkräfte unterschiedlicher Qualifikation, in unterschiedlichsten Beschäftigungsverhältnissen tätig.

Trotz der vielfach nachgewiesenen hohen Bedeutung für die Familien sind Rechtsgrundlage und Finanzierung der FuD ungesichert. Die drei zentralen Säulen im Rahmen facettenreicher Mischfinanzierungskonzepte bilden gegenwärtig das SGB XII, das SGB XI sowie das SGB VIII. Kritisch anzumerken ist, dass aufgrund der gegenwärtigen Begrenzungen der Arbeit z. T. Ziele wie die Verhinderung von Überlastungssituationen oder Heimaufnahmen nicht erreichbar sind.

Analysen zu Wirkungen und Bedingungen der Inanspruchnahme, zum Angebotsprofil und zur Finanzierung liegen vor von Thimm et al. (1997), Böttner et al. (1997), McGovern et al. (1999).

Grit Wachtel

Literatur

Böttner, R. et al. (1997): Lebensqualität durch offene Hilfen. Entwicklung und Bedeutung der Offenen Hilfen für behinderte Menschen in Hessen. Marburg

McGovern, K. et al. (1999): Familienunterstützende Dienste in Nordrhein-Westfalen: Entwicklung, Politik und Qualitätsstandards. Siegen

Thimm, W. et al. (1997): Quantitativer und qualitativer Ausbau ambulanter Familienentlastender Dienste (FeD). Baden-Baden

Förderdiagnostik

(siehe auch Diagnostik)

Die Durchführung psychologischer Tests zwecks Selektion bzw. Separierung von Kindern in besondere Schulen ist aus pädagogisch-heilpädagogischer Sicht äußerst umstritten. Die Anwendung, vor allem psychometrischer Verfahren impliziert die Gefahr, das Verhalten von Kindern mit Behinderungen lediglich auf Teil- bzw. Funktionsbereiche zu reduzieren, → Defizite und Normabweichungen zu fokussieren und damit zur Vorurteilsbildung und Stigmatisierung beizutragen. Psychometrische Tests diagnostizieren nicht, wodurch ein Kind behindert wurde, was es bisher gelernt hat, wo es, wie es und warum es handelt (vgl. Bundschuh 2005, 133ff.). Aus diesem Denken heraus entstand im sonder- und heilpädagogischen Arbeitsfeld der Begriff der Förderdiagnostik. Dennoch gibt es auch positive Aspekte psychologischer Tests, wie die Möglichkeiten der Informationsgewinnung über Ursachenbereiche der Entstehung einer Behinderung sowie Erkenntnisse über Fähigkeiten und → Kompetenzen. Förderdiagnostik bedient sich auch teilweise – wenngleich in modifizierter Form – der Methoden »traditioneller« → Diagnostik, orientiert sich aber primär an den Bedürfnissen des Kindes als Person in seiner Gesamtsituation. Förderdiagnostik trägt entscheidend dazu bei, dass Kinder in einer Notsituation ernst genommen, Probleme erkannt und behindernde Bedingungen analysiert werden. Auf der Basis von Verhaltensbeobachtung und Verhaltensanalyse im Bereich Erziehung und Unterricht gibt Förderdiagnostik wichtige Impulse für pädagogisch-didaktisches Handeln und begleitet mittels Prozessdiagnostik die weitere Entwicklung. Die pädagogischen und anthropologischen Dimensionen der

Förderdiagnostik haben eine Schutz- und Wächterfunktion und weisen auf den Primat des Verstehens hin (vgl. Bundschuh 1994, 58–93).

Die individuelle bzw. intraindividuelle »Norm«, d. h. das einzelne Kind (die jeweilige Person) gilt im Rahmen von Förderdiagnostik als »Maßstab« und ist somit der eigentliche Ausgangs-, Bezugs- und Wertungspunkt schlechthin. Damit wird Diagnostik nicht mehr Defizitdiagnostik sein, vielmehr eine Diagnostik der Möglichkeiten, → Ressourcen und Kompetenzen. Probleme, die sich beim Lernen ergeben, werden nicht als »Störungen« oder »Behinderungen«, sondern vielmehr auf der Basis einer differenzierten Analyse als Anreiz für ein besseres und individuelleres Förderangebot gesehen (Bundschuh 2003, 158).

Förderdiagnostik orientiert sich also am Subjekt und führt so zu Informationen über → Entwicklung, Lernverhalten, soziale Bezüge, Emotionalität, allgemein über den Entwicklungsstand, die Lernausgangslage, Fähigkeiten, Kompetenzen und → Bedürfnisse, wobei das Ziel die Einleitung von Förderprozessen darstellt.

Frühdiagnose und damit → Früherkennung behindernder Bedingungen (Prävention) spielen im Gesamtzusammenhang eine wichtige Rolle. Ein Team von Fachleuten (Allgemein- und Sonderpädagogen, Psychologen und Mediziner) versucht unter Einbezug der Eltern Förderprozesse zu initiieren, wobei das Kind als aktiver Gestalter seiner Welt im Mittelpunkt steht.

Beobachtung und Beschreibung der Lernausgangslage, die systematische Suche nach Anknüpfungsmöglichkeiten, die Entdeckung von Lernwegen sowie die Prüfung der Effizienz initiierter Fördermaßnahmen sind in diesem Zusammenhang relevante Maßnahmen. Neben der anthropologischen und pädagogischen Dimension und dem daraus hervorgehenden Menschenbild ist zusammenfassend auf die soziale, didaktische und therapeutische Dimensionen der Förderdiagnostik hinzuweisen (Bundschuh 1994, 60ff., 68ff., 80–115; 2002, 217–222).

Die wissenschaftliche Basis, der am Lernen, Verhalten und Verstehen orientierten Förderdiagnostik stellt die Entwicklungspsychologie in ihrer Verbindung zur Lernpsychologie dar. Nur aus der Kenntnis aufeinander aufbauender Entwicklungs- und Lernprozesse, wie sie in der Phasenlehre von Piaget und in Fortführung auch von Leontjew, Galperin und Bruner erforscht und aufgezeigt wurden, lassen sich im Sinne eines lern- und prozessorientierten Ansatzes neue Lernschritte ableiten und finden (vgl. Wygotski 1987; Bundschuh 2002, 53f., 164ff.).

Förderdiagnostik ist eng mit der → Didaktik verknüpft. Im Hinblick auf die didaktische Frage steht vor allem der Lerngegenstand in seiner besonderen Struktur im Mittelpunkt der Überlegungen. Lerngegenstand und mögliche Lernprozesse gilt es zu erkennen, zu analysieren und didaktisch differenziert hinsichtlich Schüler, Sachstruktur und Vermittlung aufzubereiten.

Schüler mit individuellem Förderbedarf sind mitunter darauf angewiesen, dass ihnen jemand das Lernmaterial so analysiert und didaktisch aufbereitet, dass sie auf Basis ihrer individuellen Ressourcen Erkenntnisse gewinnen, sich selbstständiger weiterentwickeln können und so unabhängiger werden. Hieraus folgt, dass sich Förderdiagnostik primär am einzelnen Kind, seinen Bedürfnissen und Problemen orientiert, denn vor allem aus der Kenntnis der Lernbiographie und der Kind-Umfeld-Situation, sei es bezogen auf einen einzelnen Lernbereich oder stärker auf die gesamte Entwicklung, lassen sich die weiteren Lernschritte ableiten. Auch die notwendige Evaluierung, also die Beobachtung der Fortschritte hinsichtlich Lernen und Verhalten im Gefolge der Fördermaßnahmen und -prozesse, geschieht in Orientierung am Kind und seiner Gesamtsituation.

Konrad Bundschuh

Literatur

Bundschuh, K. (1994): Praxiskonzepte der Förderdiagnostik. Bad Heilbrunn (2. Aufl.)
Bundschuh, K. (2002): Heilpädagogische Psychologie. München (3. Aufl.)
Bundschuh, K. (2003): Psychologische Grundlagen und Herausforderungen. In: Fischer, E. (Hrsg.): Pädagogik für Menschen mit geistiger Behinderung. Oberhausen, 143–166
Bundschuh, K. (2005): Einführung in die sonderpädagogische Diagnostik. München (6. Aufl.)
Wygotski, L. S. (1987): Ausgewählte Schriften, Bd. 2. Köln

Förderplanung

(siehe auch Förderung, persönliche Zukunftsplanung, Lebensstilplanung)

Förderplanung, die systematisierte Planung von Förder- und Hilfeangeboten, bietet einen Weg zur Verbesserung der individuellen Lern- und Lebensmöglichkeiten von Menschen mit geistiger Behinderung und leistet einen Beitrag zur Sicherung der Qualität professioneller Erziehungs- und Unterstützungsprozesse. In ganz unterschiedlichen Zusammenhängen, in denen Menschen mit geistiger Behinderung lernen und leben, stellen sich die Fragen, welcher individuelle Förderbedarf für die Betreffenden besteht und welche Ziele sich daraus für eine individualisierte Förderung und Unterstützung ergeben.

Förderplanung versucht diese Fragen zu beantworten und ist als veränderliches, offenes Arbeitskonzept zu verstehen, das für jede Person und jeden Lebensbereich spezifiziert werden muss und nicht in immer gleicher, verallgemeinerter Art und Weise angewendet werden kann. Dabei können die Begriffe »Förderplan« und »Förderplanung« keinesfalls undifferenziert synonym gebraucht werden. Nicht Pläne sind bei der pädagogischen Planung primär relevant, sondern der *Prozess des Planens*. Da sich jede konkrete pädagogische Situation umfassender Planung entzieht, weil sie weder vollständig vorhersehbar noch steuerbar ist, bleibt jeder noch so differenzierte Plan notwendigerweise hinter der Komplexität des Alltagsgeschehens zurück.

Daraus ergeben sich zwei Konsequenzen: Zum einen kann der substanzielle Ertrag von Förderplanung nicht in der deterministischen Antizipation angestrebter Effekte liegen, sondern in der gemeinsamen Formulierung und prozessbegleitenden Reflexion von Zielen für die → Entwicklung bzw. die Zukunft eines Menschen mit geistiger Behinderung. Zum anderen sollte Förderplanung nicht kleinschrittig für zeitlich und inhaltlich eng begrenzte Anlässe erfolgen, sondern längerfristigen, situationsübergreifenden Charakter haben und sich auf zentrale Themen, Entwicklungsperspektiven und subjektive Bedeutsamkeiten im Leben eines Betroffenen beziehen.

Förderplanung muss ein kooperativer Prozess sein, d. h. sie muss sich auf die Zusammenarbeit all der Menschen stützen können, die an der Erziehung und Unterstützung eines Menschen mit geistiger Behinderung beteiligt sind. Zugleich darf Förderplanung nicht einfach zu einer Technik werden, die sich darauf beschränkt, mit einem geeigneten diagnostischen Instrumentarium Informationen zusammenzutragen und bestimmte Ziele für die Erziehung und Unterstützung zu formulieren. Förderplanung benötigt eine normative Basis, die das konkrete Verhältnis zwischen Professionellen und Menschen mit geistiger Behinderung bestimmt. Dieses konzeptionelle Selbstverständnis sollte sich an umfassenderen Kontexten wie Kompetenzorientierung, Individualisierung, → Selbstbestimmung, → Partizipation, ökosystemischem Verständnis und Lebensweltorientierung ausrichten (Trost 2003).

Bei der Förderplanung richtet sich der Blick demnach zuerst auf bestehende Fähigkeiten und neu zu erschließende → Ressourcen und nicht auf → Defizite, denn Menschen entwickeln sich nicht durch die ständige Konfrontation mit ihren Problemen. So verstandene Förderplanung achtet die Subjekthaftigkeit von Menschen mit geistiger Behinderung und will dazu beitragen, ihnen Möglichkeiten zu eigenverantworteten Entscheidungen und zur Entfaltung individueller Selbstgestaltungskräfte zu eröffnen. Die Planung geschieht deshalb nicht nur *für* Menschen mit geistiger Behinderung, sondern *mit* ihnen. Zwar mag eine direkte Zusammenarbeit zwischen Menschen mit Behinderung und Pädagogen bzw. Bezugspersonen für die Professionellen zunächst ungewohnt sein, in der Praxis zeigt sich aber, dass dies häufiger als erwartet möglich ist und dass sich dadurch manchmal verblüffende neue Perspektiven ergeben können.

Der Prozess der Förderplanung lässt sich als Abfolge verschiedener, aufeinander aufbauender Schritte darstellen. In einer ersten Phase geht es darum, eine ausführliche Bestandsaufnahme der Situation, der individuellen Fähigkeiten und Probleme eines Menschen mit geistiger Behinderung vorzunehmen. Eine zweite – eher planerisch dominierte – Phase führt dann in mehreren Schritten zur Entwicklung von Ideen für die zentralen Perspektiven der Erziehung bzw. Unterstützung. Im Einzelnen lässt sich ein solcher Planungsverlauf in acht Schritte gliedern (Trost 2003, 525ff.).

- Initiative: Die Bildung eines Teams, das möglichst alle an der Erziehung oder Unterstützung eines Menschen mit geistiger Behinderung beteiligten Personen umfasst, steht am Anfang der Planung. Dieser erste Schritt ist insofern besonders wichtig, als für Qualität der hier vorgeschlagenen Art von Planung mit der Bildung des Teams eine entscheidende Weichenstellung erfolgt.
- Bestandsaufnahme: Die Sammlung und der Austausch von Informationen bilden den Schwerpunkt der Phase der Bestandsaufnahme, in der die Beteiligten alle ihnen zugänglichen Informationen im Hinblick auf den Gegenstand der Planung zusammentragen. Hier ist die Verwendung eines diagnostischen Rasters oder anderer Erhebungsinstrumente empfehlenswert, die geeignet sind, die Informationsgewinnung zu strukturieren und zu steuern. Während der Bestandsaufnahme sollten weder Bewertungen noch Analysen erfolgen.
- Analyse: Die Bewertung der Informationen geschieht nach Abschluss der eher beschreibenden gemeinsamen Bestandsaufnahme in einer analytisch-interpretativen Phase der Planung.
- Planung: Die Formulierung von Perspektiven baut auf die von allen Beteiligten getragene Bestandsaufnahme auf. Dabei ist es sinnvoll, Schwerpunkte zu setzen und einige wenige, als wichtig erachtete Aspekte auszuwählen.
- Problematisierung: Die Identifikation von Hindernissen und Unterstützungsfaktoren ist erforderlich, weil nur in seltenen Fällen davon ausgegangen werden kann, dass umfassende Einigkeit unter allen Beteiligten besteht oder dass sich die vereinbarten Perspektiven ohne weitere Probleme realisieren lassen.
- Konkretion: Überlegungen zur Umsetzung der geplanten Perspektiven münden in der Planungsphase in Entscheidungen über konkrete Schritte und Festlegungen, wer wofür Verantwortung übernimmt.
- Umsetzung: Verlauf und die Dokumentation der vereinbarten pädagogischen Maßnahmen bzw. Unterstützungsange-

bote sind Gegenstand der Umsetzungsphase.
- Evaluation: Die Kontrolle und Bewertung des Erreichten auf der Grundlage regelmäßiger Dokumentation bildet in der Regel den Ausgangspunkt für eine erneute Planung.

Planung in der vorgeschlagenen Form ist in ganz unterschiedlichen Feldern der Heil- oder Sonderpädagogik möglich und notwendig. Ein für den schulischen Bereich ausgearbeitetes Verfahren stammt von Eggert (1997), der dafür plädiert, »Individuelle Entwicklungspläne« (IEP) für Schülerinnen und Schüler ausgehend von deren → Stärken zu erarbeiten.

Ein weiteres Beispiel ist die → »Persönliche Zukunftsplanung«, die besonders dann angezeigt ist, wenn ein Übergang von einer Lebensphase in die nächste ansteht, wie z. B. beim Übergang von der Schule in die Arbeitswelt oder bei einem Auszug aus dem Elternhaus. Insofern bestehen Affinitäten zwischen Förderplanung im obigen Sinne, Individueller Entwicklungsplanung und persönlicher Zukunftsplanung, wenngleich in der pädagogischen Fachliteratur (so auch in diesem Band) häufig Differenzierungen vorgenommen werden, um spezifische Akzente (Anliegen) zu verdeutlichen.

Rainer Trost

Literatur

Eggert, D. (1997): Von den Stärken ausgehen… Individuelle Entwicklungspläne (IEP) in der Lernförderungsdiagnostik. Dortmund

Trost, R. (2003): Förderplanung mit Menschen mit geistiger Behinderung. In: Irblich, D. & Stahl, B. (Hrsg.): Menschen mit geistiger Behinderung. Göttingen, 502–558

Förderung

Seitdem im Lager der Heilpädagogik die Lern- und Entwicklungsfähigkeit aller Menschen mit Behinderung nicht mehr in Abrede gestellt wird, steht der Begriff der Förderung hoch im Kurs. Nicht selten wird er mit → Erziehung, → Bildung und Unterricht oder auch → Therapie synonym benutzt. Leider gibt es bis heute kaum tragfähige Definitionen des Begriffs, weshalb er in der Gefahr steht, vage und unspezifisch zu sein sowie zu einer Leerformel zu gerinnen. Wie ideologieanfällig der Begriff sein kann, führt uns ein in der Heilpädagogik weit verbreitetes Förderverständnis vor Augen, nach dem etwas aus einem behinderten Menschen gemacht werden soll. Nach diesem Verständnis ist es der Profi (z. B. Lehrer, Heilpädagoge), der Ziele bestimmt und festlegt, die Norm setzt und weiß, was für einen Betroffenen gut und richtig ist und was nicht. Diesem schiefgewichtigen »Helfermodell« wird heute aus der Empowerment-Perspektive eine neue Kultur der Unterstützung gegenüber gestellt, der ein Förderverständnis zugrunde liegt, bei dem es darauf ankommt, einen Menschen mit Lernschwierigkeiten und komplexer Behinderung dazu anzustiften bzw. in die Lage zu versetzen, aus sich selber etwas zu machen (dazu Theunissen 2000; 2009). Pädagogisch formuliert bedeutet dies, von einem behinderten Menschen aus (subjektzentriert), mit ihm gemeinsam (kooperativ) und für ihn (antizipatorisch) ein Förderkonzept zu entwickeln. Die Gewichtung dieses »Dreiklangs« korrespondiert mit der Schwere der kognitiven Beeinträchtigung: So nimmt zum Beispiel der antizipatorische Aspekt in der Arbeit mit kognitiv schwerst beeinträchtigten Menschen breiteren Raum ein als in der Arbeit mit kognitiv beeinträchtigten Personen, die für sich selber sprechen können. In dem Falle ist es besonders wichtig, die Chance der Subjektzentrierung und Kooperation nicht leichtfertig zu verspielen.

Georg Theunissen

Literatur

Theunissen, G. (2000): Wege aus der Hospitalisierung. Empowerment mit schwerstbehinderten Menschen. Bonn

Theunissen, G. (2009): Empowerment und Inklusion behinderter Menschen. Freiburg

Förderzentrum

(siehe auch Schule für Geistigbehinderte)

Der Begriff Förderzentrum bezeichnet seit den 1990er Jahren ein Spektrum unterschiedlicher Institutionen der sonderpädagogischen Förderung in der Schule. Begründet werden sie damit, dass die kategoriale Gliederung von Förderschulen nach sonderpädagogischen Förderschwerpunkten in der Praxis problematisch ist, da der sonderpädagogische Förderbedarf von Kindern und Jugendlichen sich als komplexer zeigt. Daher werden sonderpädagogische Förderzentren (SFZ) in der Empfehlung der Kultusministerkonferenz von 1994 als eine Form sonderpädagogischer Förderung aufgeführt: »Dabei sollen SFZ als regionale oder überregionale Einrichtungen einzelnen oder mehreren Förderschwerpunkten entsprechen und sonderpädagogische Förderung in präventiven, integrativen, stationären und kooperativen Formen möglichst wohnortnah und fachgerecht sicherstellen« (KMK 1994). In der Folge werden in fast allen Bundesländern unterschiedliche Formen realisiert (vgl. Wocken 1999). Das Spektrum erstreckt sich von der Schule für Sehgeschädigte in Schleswig, einer »Schule ohne Schüler«, die ambulant für die Schülerschaft dieses Förderschwerpunktes in allen Schulen eines Bundeslandes tätig ist, über einen durch Kooperationsvertrag begründeten Verbund zwischen Förder- und allgemeinen Schulen in Sachsen-Anhalt bis zum sonderpädagogischen Förderzentrum in Bayern, das – flankiert durch zielgleiche ambulante Beratungsdienste – Schulen der drei Förderschwerpunkte Lernen, Sprache und emotional-soziale Entwicklung zusammenführt.

Konsens besteht darüber, dass Förderzentren eine funktionale Modernisierung sonderpädagogischer Förderung bedeuten, da sie u. a. längere Fahrtwege für die Schüler vermeiden und flexiblere Möglichkeiten der → Förderung schaffen; zudem wird teilweise eine verbesserte systematische Kooperation zwischen Jugendhilfe und Schule realisiert. Kontrovers wird dagegen diskutiert, ob Förderzentren einen Beitrag zur → Integration leisten, zumal wenn sie aus Förderschulen entwickelt werden (vgl. Wocken 1995). Die Chancen hierfür steigen mit einem indirekten, systemischen und zudem bildungspolitisch klar definierten Auftrag (vgl. Sander 1995, Reiser, Loeken & Dlugosch 1998), wenngleich eine Aufteilung in »integrationsfähige« (in allgemeinen Schulen) und »nicht integrationsfähige« Schüler (in Förderzentren) problematisch bleibt.

In der Folge der UN-Behindertenrechtskonvention lebt die Diskussion um Förderzentrum wiederum auf, da sie nun verstärkt als sonderpädagogische Institution hinterfragt werden. Bremen verlagert seine Förderzentren teilweise als Zentren für unterstützende Pädagogik in die allgemeine Schule, wo sie deren integraler Bestandteil werden.

Andreas Hinz

Literatur

KMK (Kultusministerkonferenz) (Hrsg.) (1994): Empfehlungen zur sonderpädagogischen Förderung in Schulen der Bundesrepublik Deutschland. Beschluß der Kultusministerkonferenz vom 06. 05. 1994. Bonn.
Reiser, H.; Loeken, H. & Dlugosch, A. (1998): Aktuelle Grenzen der Integrationsfähigkeit von Grundschulen. Ergebnisse einer empirischen Studie. In: Hildeschmidt, A. & Schnell, I. (Hrsg.): Integrationspädagogik. Auf dem Weg zu einer Schule für alle. Weinheim/München, 145–159.
Sander, A. (1995): Modellversuch Sonderpädagogische Förderzentren. Was hat sich bewegt? Zugleich ein Versuch zu Folgerungen für die weitere Entwicklung. In: Die neue Sonderschule 40, 94–108.
Wocken, H. (1995): Sind Förderzentren der richtige Weg zur Integration? In: Die Sonderschule 40, 84–93.
Wocken, H. (1999): Ambulanzlehrerzentren – Unterstützungssysteme für integrative Förderung. In: Heimlich, U. (Hrsg.): Sonderpädagogische Fördersysteme. Auf dem Weg zur Integration. Stuttgart, 79–95.

Forschungsmethoden

Wie jede andere Wissenschaft streben auch die wissenschaftlich arbeitende Heilpädagogik, Behindertenarbeit und heilpädagogische Psychologie danach, fundierte Hypothesen über ihren Gegenstandsbereich zu entwickeln, diese Hypothesen in der Realität zu prüfen und gewonnene Erkenntnisse in Form von Theorien zusammenzufassen. Im Gegensatz zu Alltagsbeobachtungen ist der wissenschaftliche Zugang zur Welt jedoch methodisch kontrolliert und in einen theoretischen Rahmen (d. h. methodologisch) eingebunden. Wie in der allgemeinen Erziehungs- oder Sozialwissenschaft werden auch in der Arbeit mit geistig behinderten Menschen prinzipiell zwei Grundrichtungen (Methodologien) von Forschung unterschieden. Zum einen ist das Forschungstätigkeit, die theorieentwickelnd tätig ist und versucht, mittels Untersuchung von (meist wenigen) Fällen begründete Hypothesen über ein bestimmtes Problem zu entwickeln – sog. qualitative Sozialforschung. Zum anderen ist dies ein Forschungszugang, der im Wesentlichen theorienprüfend arbeitet und versucht, bestimmte Annahmen über die Zusammenhänge im Untersuchungsfeld anhand von (meist größeren) Stichproben zu überprüfen – sog. quantitative Sozialforschung. Auch wenn die Begriffe »quantitativ« und »qualitativ« hier einen komplexen Hintergrund unzulänglich verkürzen, hat sich diese Terminologie eingebürgert, um die beiden Zugänge zu unterscheiden.

Beide Forschungsstrategien sind jedoch mit besonderen Problemen bei der Datenerhebung und Auswertung behaftet, die einen wesentlichen Teil der Spezifik der zielgruppenbezogenen Forschung ausmachen und speziell diskutiert werden müssen.

Spezielle Probleme zielgruppenbezogener Forschung: Bei quantitativer Forschung liegt das zentrale Problem im Bereich der Datenerfassung, die meist über standardisierte Instrumente erfolgt. Personen mit geistiger Behinderung sind oftmals nicht in der Lage, quantitative Fragebogen auszufüllen oder bei Interviews standardisierte Fragen zu beantworten. Fähigkeiten und Fertigkeiten der Menschen sind so verschieden, dass es in den meisten Fällen unmöglich ist, mit einem einheitlichen Instrument eine Stichprobe zu untersuchen bzw. die Ergebnisse sinnvoll miteinander zu vergleichen. Die (möglichst exakten und unter gleichen Bedingungen erhobenen) Daten einer solchen Stichprobe sind jedoch Voraussetzung aller weiteren (meist statistischen) Auswertungsschritte. In den meisten quantitativen Forschungsarbeiten werden deshalb Personen aus dem Umfeld der Menschen mit geistiger Behinderung befragt und diese Informationen entsprechend zugrunde gelegt. Beispiele sind etwa Untersuchungen zu Art und Häufigkeit von Verhaltensauffälligkeiten oder die (auch adminstrativ bedeutsame) Erfassung des → Hilfebedarfs. Für diese und andere Forschungsvorhaben ist eine Befragung dritter Personen sicher angemessen, doch quantitativ vergleichbare Daten über z. B. Einstellungen oder Wünsche von Menschen mit geistiger Behinderung lassen sich mittels standardisierter Instrumente kaum gewinnen. Auch wenn in der Geistigbehindertenarbeit vereinheitlichte diagnostische Instrumente – z. B. → Intelligenztests – eingesetzt werden, so sind der direkten quantitativen Forschung bezüglich dieses Personenkreises doch enge Grenzen gesetzt.

In der qualitativen Forschung ist die Datenerhebung etwas weniger problematisch. Durch den Bezug zum Einzelfall und zur jeweiligen Situation können Erhebungsmethoden ausgewählt bzw. während der Forschungstätigkeit modifiziert werden, die eine angemessene Datenerhebung zulassen. Meist sind dies verschiedene Formen offener Befragung oder Beobachtungsverfahren. Allerdings sollten auch diese Verfahren nicht überschätzt werden, erweist es sich doch oft als schwierig, Menschen mit Behinderungen systematisch zu einem Thema zu interviewen bzw. ihre Aussagen zur wissenschaftlichen Datengewinnung zu nutzen (Kulig & Theunissen 1999, 284ff.). Nicht selten entsteht der Eindruck, Menschen mit geistiger Behinderung geben übernommene oder durch Anpassung und Gewöhnung hervorgerufene Wünsche und Einstellungen wieder oder versuchen sich den Fragen des Interviewers anzupassen (ebd. bes. 286).

Die zentrale Schwierigkeit qualitativer Forschung in diesem Feld besteht nun darin, derartige Interviewaussagen zu gewichten und zu interpretieren. Hier besteht die große Gefahr, dass die Interpretationsergebnisse (und damit die Forschungsergebnisse insgesamt) stark von den normativen Annahmen des Forschers beeinflusst werden. Wenn bspw. ein behinderter Mensch, der seit Jahren in einer Großeinrichtung lebt, auf Fragen des Forschers zu seiner Lebenszufriedenheit positive Antworten gibt und hohe Zufriedenheit verbalisiert, kann diese Aussage als Meinung des Betroffenen akzeptiert werden oder aber davon ausgegangen werden, dass er sich aus Unkenntnis anderer Lebensumstände so äußert. Beide Interpretationen sind möglich, aber eher von der normativen Position des Forschers (hier zu Großeinrichtungen) abhängig als vom tatsächlich vorliegenden Datenmaterial.

Stand der Forschung: Diese Schwierigkeiten mögen dazu beigetragen haben, dass es innerhalb des heilpädagogischen Feldes keine Einigung auf (wenigstens grundlegende) Standards zur Qualität von Forschung gibt, methodologische und methodische Fragen kaum diskutiert werden und – was die zielgruppenbezogene Forschung betrifft – hierzulande relativ wenige wissenschaftliche Studien auf empirischer Basis gibt. Zudem konstatiert Wüllenweber (2006, 566) eine fehlende internationale Vernetzung und Interdisziplinarität der hiesigen Forschung. Einen Überblick über einschlägige Forschungsprojekte im deutschsprachigen Raum bietet die Zusammenstellung von Mühl.

Einbezug der Betroffenen als eine sonderpädagogische Spezifik: Auf diese kritische Einschätzung wird insofern reagiert, als dass Versuche unternommen werden, heilpädagogische Forschung anders, als im oben genannten Sinne des Erkenntnisgewinns, zu akzentuieren. So wird von Theunissen (2009,

157ff.) das Konzept der Handlungsforschung favorisiert (auch Wagner 1997). Bei diesem (im Rahmen einer kritischen Erziehungswissenschaft in den 1970er-Jahren entwickelten) Ansatz steht nicht der wissenschaftliche Gewinn, sondern die Weiterentwicklung (i. S. Veränderung, Verbesserung, Emanzipation) des untersuchten Feldes im Vordergrund. Nicht nur aus Sicht dieses Ansatzes gewinnt die Position der Betroffenen in letzter Zeit einen anderen Status; nicht mehr als Beforschte (i. S. des Gegenstands der Forschung), sondern als unbedingt einzubeziehende Akteure in einem zu verändernden Feld werden sie im Forschungsprozess aufgefasst. Auch wenn heute innerhalb der Erziehungswissenschaft diese Position wenig Zuspruch erfährt (Krüger 1996), ist sie in der zielgruppenbezogenen Forschung als eine Alternative im Gespräch. Es ist allerdings einzuschränken, dass der Einbezug der Betroffenen in Forschungsaktivitäten wesentlich aus einer veränderten ethischen Sicht (Selbstbestimmung als ein zentrales Postulat) motiviert ist und nicht aus methodischen Überlegungen heraus. So besteht nach Wüllenweber (2006, 570) eine »Unsicherheit hinsichtlich ethischer Fragen und zur Gültigkeit bzw. Validität der Aussagen«. Tatsächlich werden die erkenntnistheoretischen und forschungsmethodischen Probleme damit nicht gelöst, sondern lediglich verschoben, denn die für die zielgruppenbezogene Forschung oben erörterten zentralen Fragen nach der Möglichkeit wissenschaftlichen Erkenntnisgewinns werden auch durch einen solchen (letztlich ethisch fundierten) Ansatz nicht zufrieden stellend gelöst.

Wolfram Kulig

Literatur

Kulig, W. & Theunissen, G. (1999): Alte Menschen mit geistiger Behinderung in Wohneinrichtungen Sachsen-Anhalts – Ergebnisse eines Forschungsprojektes. In: Theunissen, G. & Lingg, A. (Hrsg.): Wohnen und Leben nach der Enthospitalisierung. Bad Heilbrunn, 263–294

Krüger, H.-H. (1996): Pädagogik in der Moderne – Perspektiven einer reflexiven Erziehungswissenschaft. In: Opp, G.; Freytag, A. & Budnik, I. (Hrsg.): Heilpädagogik in der Wendezeit – Brüche, Kontinuitäten, Perspektiven. Luzern, 239–248

Mühl, H.: Dokumentation zur Forschung für Menschen mit geistiger Behinderung (1990–2004). In: http//www.difgb.de

Theunissen, G. (2009): Empowerment und Inklusion behinderter Menschen. Freiburg

Wagner, U. (1997): Interaktive Sozialforschung. Zur Frage der Wissenschaftlichkeit und Brauchbarkeit der Aktionsforschung. Weinheim

Wüllenweber, E. (2006): Skizzen zur Forschung in Bezug auf Menschen mit geistiger Behinderung. In: Theunissen, G.; Wüllenweber, E. & Mühl, H. (Hrsg.): Handbuch der Pädagogik bei Menschen mit geistiger Behinderung. Stuttgart, 566–572

Freizeit, Freizeitgestaltung

Freizeit umfasst nach allgemeinem Sprachgebrauch die Zeit, die sich von der täglichen Verpflichtungszeit in Ausbildung oder Beruf abgrenzt. Dabei ist sie keineswegs vollkommen »frei«, also unberührt von gesellschaftlichen Einflüssen und individuellen Lebensbedingungen. Allerdings bietet Freizeit in der Regel ein höheres Maß an individuellen Gestaltungsmöglichkeiten als z. B. Schule und Arbeit. Wesentliche Funktionen von Freizeit sind u. a. Regeneration, Rekreation, Kompensation, Kommunikation, Interaktion, → Partizipation, Education, → Emanzipation.

Die Leitbilder in der Arbeit mit geistig behinderten Menschen nach 1945 können umschrieben werden mit Verwahrung (biologistisches Menschenbild), Förderung (pädagogisch-optimistisches Menschenbild) und Begleitung (vollakzeptierendes Menschenbild). Vor allem in den 1970er Jahren sind aus einer »Rehabilitationseuphorie« heraus auch für den Freizeitbereich Selbstständigkeits-Trainingsprogramme ausgearbeitet worden. Der Freizeitbereich sollte so aufgewertet werden durch den Nachweis, dass auch hier Rehabilitation möglich sei. Der Alltag behinderter Kinder, Jugendlicher und Erwachsener wurde durch den Fördergedanken in Schule, Ausbildung, Beruf, Wohnen und eben auch in der Freizeit durchdrungen. Im Curriculum für Heilerziehungspfleger des sächsischen Staatsministeriums für Kultus heißt es: »Dabei kommt der pädagogischen Durchdringung alltäglicher Lebenssituationen […] besondere Bedeutung zu« (Sächsisches Staatsministerium für Kultus 1996, 51).

Heute setzt sich mit dem beruflichen Selbstverständnis des Begleiters mehr und mehr die Erkenntnis durch, dass jeder Mensch einer zweckfreien Zeit bedarf. Wenn erwachsene Menschen mit intellektueller Beeinträchtigung etwa einer stringenten Rehabilitationskette in Werkstatt, Wohnstätte und auch noch in der Freizeit »ausgesetzt« werden und selbstverständlich von ihnen erwartet wird, dass sie sich zu verändern und zu verselbstständigen hätten, dann werden diese Personen in ihrem Sosein nicht akzeptiert. Ggf. wird diese Einstellung von Mitarbeitern behinderten Menschen gespiegelt. Unter solchen Bedingungen kann spärlich Selbstbewusstsein entwickelt werden. Daher ist eine Entpädagogisierung des Alltags geistig behinderter Erwachsener angezeigt bei gleichzeitigen Angeboten der → Erwachsenenbildung, die nicht mit Freizeit identisch ist, ihr wohl aber in Bezug auf Gewinnung von mehr Autonomie (selbstbestimmter, freier Zeit) zuarbeiten kann.

Ulrich Niehoff

Literatur

Markowetz, R. & Cloerkes, G. (2000): Freizeit im Leben behinderter Menschen – theoretische Grundlagen und sozialintegrative Praxis. Heidelberg

Sächsisches Staatsministerium für Kultus (1996): Lehrpläne für Fachschule für Sozialwesen, Fachbereich Heilerziehungspflege, Fachtheorie/Fachpraxis

Theunissen, G. (2003): Erwachsenenbildung und Behinderung. Impulse für die Arbeit mit Menschen, die als lern- und geistig behindert gelten. Bad Heilbrunn/Obb.

Freizeitassistenz

(siehe auch Freizeit, persönliche Assistenz)

Freizeitassistenz umschreibt ein Dienstleistungsangebot für Menschen mit Behinderung zur selbstbestimmten → Teilhabe am kulturellen Leben der Gemeinschaft. Sie beinhaltet eine bedarfsgerechte Unterstützung und Begleitung bei der individuellen Freizeitplanung und Freizeitgestaltung (vgl. Arbeitsgruppe IDEAL 2010, 272). Entsprechend dem Modell der → persönlichen Assistenz bestimmt dabei der Assistenznehmer selbst, von wem, wie, wo und wann die Assistenzleistung erfolgt.

In Hinblick auf Freizeitassistenz bei Menschen mit Lernschwierigkeiten verweist

Göthling (2006, 254) auf ein breites Aufgabenspektrum eines Freizeitassistenten: »Neben ganz praktischer Unterstützung, also der Begleitung zum Verein, dem Vorlesen des Kinoprogramms usw., könnte der Freizeitassistent Kontakte aufnehmen oder erste Begegnungen organisieren. Eine weitere Aufgabe eines Freizeitassistenten könnte aber auch darin bestehen, die Möglichkeiten zur Freizeitgestaltung vor Ort überhaupt vorzustellen.«

Im Zuge der Diskussion um Selbstbestimmung und Empowerment und den damit verbundenen Veränderungen innerhalb der Behindertenhilfe bzw. Sozialen Arbeit entstanden in den letzten Jahren vereinzelte Projekte und Vereine, die Freizeitassistenz für Menschen mit Behinderung, meist ehrenamtlich, anbieten. An dieser Stelle sei der Verein IDEAL e. V. in Halle (Saale) beispielhaft genannt.

Kerstin Schirbort

Literatur

Arbeitsgruppe IDEAL e. V. (2010): Freizeitassistenz am Beispiel des Hallenser Vereins IDEAL – Der Weg von einer studentischen Initiative zu einem sozialen Träger. In: Theunissen, G. & Schirbort, K. (Hrsg.): Inklusion von Menschen mit geistiger Behinderung. Stuttgart, 266–274

Schirbort, K. & Göthling, S. (2010): Teilhabe und Unterstützung aus der Sicht Betroffener – am Beispiel der Position von Netzwerk People First Deutschland e. V. In: Theunissen, G. & Schirbort, K. (Hrsg.): Inklusion von Menschen mit geistiger Behinderung. Stuttgart, 248–265

www.projekt-ideal.de

Fremdbestimmung

(siehe auch Selbstbestimmung)

Fremdbestimmung bezeichnet ein nicht egalitäres Verhältnis von Menschen untereinander, bei dem ein Machtgefälle bzw. Machtausübung und einseitige Abhängigkeit besteht. In Situationen der Fremdbestimmung sind individuelle Gestaltungsmöglichkeiten im Lebensalltag eingeschränkt. Fremdbestimmung ist ein wichtiger Aspekt im Leben von Menschen mit intellektueller Beeinträchtigung. Im Alltag müssen Kompromisse zwischen den Bedürfnissen und Bedarfen der häufig unfreiwillig gemeinsam lebenden Menschen gefunden werden.

Das Recht auf → Selbstbestimmung behinderter Menschen ist in Gefahr, wenn Fremdbestimmung – auch subtil – durch Machtausübung starker Personen oder Gruppen realisiert wird. Fremdbestimmung verstößt gegen die freiheitliche Grundordnung der Bundesrepublik Deutschland. Dort gibt es kein Recht auf Fremdbestimmung.

Die Selbstbestimmt-Leben-Bewegung von körper- und sinnesbehinderten Menschen hat sich als Reaktion auf Fremdbestimmung etabliert. Seit über zehn Jahren ist auch im Leben von Menschen mit intellektueller Beeinträchtigung Selbstbestimmung ein grundlegendes Ziel.

Von Fremdbestimmung kann auch gesprochen werden, wenn sie nicht manifest durch Restriktion zum Ausdruck kommt. Heilpädagogische Professionalität hat sich lange in einer vermeintlich beruflichen Sicherheit ausgedrückt, schon zu wissen, was gut für Menschen mit intellektueller Beeinträchtigung sei.

Fremdbestimmung kann minimiert werden durch deutliche Kunden- oder Nutzerorientierung der Dienstleistungen für Menschen mit intellektueller Beeinträchtigung. Zu nennen sind hier Instrumente zum Beschwerdemanagement, Instrumente zur Bewohnerbefragung (Nueva) und Instrumente zur → persönlichen Zukunftsplanung.

Ulrich Niehoff

Literatur

Emrich, C., Gromann, P. & Niehoff, U. (2006): Gut Leben – Persönliche Zukunftsplanung realisieren, ein Instrument. Marburg
Hofmann, B. & Niehoff, U. (2008): Ideen- und Beschwerdemanagement – ein Instrument in leichter Sprache. Marburg
Konrad, M. & Schützhoff, M.(2010): Nueva-Nutzerinnen und Nutzer evaluieren; in: Teilhabe 3 2010; Berlin

Frühbehandlung, Kindförderung, Kooperation mit Eltern

(siehe auch Interdisziplinäre Frühförderung, sozialpädiatrische Zentren)

Die Förderung von Kindern als Komplexleistung der Frühförderung umfasst vergleichbar der Diagnostik heil(pädagogische), psychologische, ärztliche und medizinisch-therapeutische Leistungen. Multikausale Erklärungskonzepte in der Frühförderung haben multimodale Förderansätze zur Folge. Dies bedeutet einerseits die Notwendigkeit zur Entwicklung von individuell auf den Einzelfall abgestimmten Förderkonzepten sowie differenzierte Formen der Kooperation mit den Eltern und Bezugspersonen. Dem spielerischen Lernen bzw. dem Lernen im → Spiel kommt hierbei eine große Bedeutung zu (Klöck & Schorer 2011). In den letzten Jahren sind eine Vielzahl von Konzepten und Methoden für die Frühförderung der Kinder entwickelt worden, wie z. B.: Sensorische Integrationstherapie nach Ayres, Psychomotorische Förderung nach Kiphard, → Basale Stimulation nach Fröhlich, Frostig-Programm Visuelle Wahrnehmung, Straßmeier-Programm, Montessori Pädagogik, konduktive Förderung nach Petö, Feldenkrais-Konzept, Bobath-Konzept, Vojta-Therapie, Castillo-Morales Konzept, Therapie nach Affolter, → Unterstützte Kommunikation etc. (Thurmair & Naggl 2010). Petermann et al. (2000) beschreiben acht vor allem im englischen Sprachraum eingesetzte Programme für Hilfen in der frühen Kindheit, die sich sowohl auf die Förderung der Kinder als auch auf die Kooperation mit den Eltern beziehen.

Kooperation mit Eltern: Die → Kooperation Eltern – Fachleute stellt nicht zuletzt mit Blick auf den Erfolg der Kindförderung eine der wesentlichsten Bedingungen für eine effektive Frühförderung dar (Peterander 2000). Qualitätsmerkmal der Frühförderung ist die konzeptionelle Verbindung aller Angebote für das Kind mit den Angeboten der Beratung und kooperativen Begleitung der Familie. Das heute vertretene partnerschaftliche Kooperationsmodell ist durch einen interaktionalen wechselseitigen Annäherungsprozess zwischen Eltern und Fachleuten gekennzeichnet. In enger Abstimmung ergänzen sich das generalisierte Expertenwissen auf der einen Seite und das individualisierte Wissen und Verstehen der Eltern auf der anderen Seite zu einem ganzheitlichen Verständnis von Situation und Aufgabe. Die Beiträge beider Seiten sind gleich wichtig für den Fördererfolg beim Kind. Als familienbezogene Leistungen werden angesehen: das Erstgespräch, anamnestische Gespräche mit Eltern/Bezugspersonen, Vermittlung der Diagnose, Erörterung und Beratung des Förder- und Behandlungsplans, Austausch und Beratung über Entwicklungs- und Förderprozess des Kindes, Aufbau eines Dialogs Eltern – Fachleute über die Kindförderung, Beratung in allgemeinen sozialrechtlichen und finanziellen Fragen, Vermittlung familien- und psychotherapeutischer Hilfen bei Krisen und Konflikten.

Franz Peterander

Literatur

Klöck, I. & Schorer, C. (2011): Übungsammlung Frühförderung. München/Basel
Peterander, F. (2000): The best quality cooperation between parents and experts in early intervention. In: Infants and Young Children 12, 3, 32–45
Scheithauer, H. & Petermann, F. (2000): Frühinterventionen und -präventionen im Säuglings-, Kleinkind- und frühen Kindesalter. In: Petermann, F.; Niebank, K. & Scheithauer, H. (Hrsg.): Risiken in der frühkindlichen Entwicklung. Göttingen, 331–374
Thurmair, M. & Naggl, M. (2010): Praxis der Frühförderung. München/Basel (4., überarbeitete Auflage)

Frühdiagnostik

Die Diagnostik von Kindern im frühen Alter stellt eine große Herausforderung dar, da Entwicklungsschritte nicht kontinuierlich erfolgen. Ergebnisse von standardisierten und normorientierten Diagnoseinstrumenten, die den Ist-Zustand der kindlichen → Entwicklung festhalten, erweisen sich häufig als unbefriedigend. Insbesondere für die → Diagnostik von Kindern mit Behinderungen ergibt sich die Notwendigkeit einer multivariaten Diagnostik, um ein besseres Verständnis des Kindes in seiner »ganzen einmaligen Besonderheit« zu ermöglichen (DelCarmen-Wiggins & Carter 2004; Peterander 2003).

Zur Erfassung der kindlichen Behinderungen werden heute verschiedene diagnostische Verfahren eingesetzt. Sie beinhalten Verhaltens- und Psychodiagnostik; Entwicklungs-, Intelligenz-, Leistungs- und neuropsychologische Diagnostik; medizinische Diagnostik; Familien- und Interaktionsdiagnostik bzw. die Diagnostik der psychosozialen Bedingungen der Familie (Döpfner et al. 2000; Sarimski 2003). Diagnostik in der Frühförderung sollte zudem die Integration der diagnostischen Einzelbefunde in eine systematische Gesamtschau leisten und letztlich als Grundlage für die Erstellung eines Förder- und Behandlungsplans dienen.

Die Ziele der → Förderung sowie das spezifische therapeutische Handeln stehen in engem Zusammenhang mit der individuellen kindlichen Beeinträchtigung. Bis heute gibt es jedoch keine einheitlichen Definitionen, was unter bestimmten »Störungsbildern« zu verstehen ist. Zur Klassifikation kindlicher Störungen sind unterschiedliche Konzepte entwickelt worden. Die wohl bekanntesten Klassifikationssysteme sind das ICD-10 der WHO und das Diagnostische und Statistische Manual psychischer Störungen (DSM-IV) der American Psychiatric Association (APA). Beide Systeme versuchen psychische Störungen als klar voneinander abgrenzbar darzustellen. Angesichts einer nachhaltigen Kritik an dieser nicht verlaufs- und prozessorientierten Klassifikation sind inzwischen Systeme entwickelt worden, die diesen Aspekt stärker berücksichtigen. Das Klassifikationssystem »International Classification of Functioning, Disability and Health« (ICF-CY 2007) wurde von der WHO vorgelegt.

Behinderung wird hier multidimensional betrachtet – durch die verstärkte Berücksichtigung und Festschreibung der Umwelt als einem zentralen Faktor bei der Definition menschlicher → Kompetenzen und bei der Definition von Behinderung wurde ein großer Wandel vollzogen. Behinderung wird in Anlehnung an moderne Entwicklungstheorien als Manifestation einer andauernden Anpassung (adaptation) an die Charakteristiken der Umwelt gesehen.

Eine für das Alter von 0–3 Jahren und somit für die Frühförderung relevante diagnostische Klassifikation wurde von einer interdisziplinären Arbeitsgruppe erarbeitet (ZTT-DC:0–3). Die Klassifikationen sind altersbezogen, ihnen liegen systemische, ökobehaviorale und transaktionale Entwicklungskonzepte zugrunde (Zero to Three 1999). Ziel dieses multiaxialen Klassifikationssystems im Bereich entwicklungsbedingter Störungen bei Säuglingen und Kleinkindern ist es: die Beobachtungen von Ärzten, Pädagogen und Psychologen zu strukturieren, ihre Interventionskonzepte und -strategien zu unterstützen, die interdisziplinäre Kommunikation zwischen den verschiedenen Professionen zu fördern, das Verständnis der verschiedenen Störungen und der sie beeinflussenden Faktoren zu verbessern und letztlich die Effektivität der Intervention zu evaluieren.

Franz Peterander

Literatur

Döpfner, M. u. a. (2000): Diagnostik psychischer Störungen im Kindes- und Jugendalter. Göttingen

ICF-CY (2007): International Classification of Functioning, Disability and Health – Children & Youth version. World Health Organization: Geneva

Peterander, F. (2003): Multivariate Diagnostik in der Frühförderung. In: Kindheit und Entwicklung, 12, 1, 24–34

Sarimski, K. (2003): Psychologische Diagnostik. In: Neuhäuser, G. & Steinhausen, H. Ch. (Hrsg.): Geistige Behinderung. Stuttgart, 55–70

Zero to Three – National Center for Infants, Toddlers, and Families (Hrsg.) (1999): Diagnostische Klassifikation-DC: 0–3. Seelische Gesundheit und entwicklungsbedingte Störungen bei Säuglingen und Kleinkindern. Wien/New York

DelCarmen-Wiggins, R. & Carter, A. (Eds.) (2004): Handbook of Infant, Toddler, and Preschool Mental Health Assessment, University Press, Oxford

Früherkennung

(siehe auch sozialpädiatrische Zentren, Frühdiagnostik, interdisziplinäre Frühförderung, Frühbehandlung)

Ein weithin ungelöstes Problem ist das Fehlen effektiver Früherkennungssysteme für Kinder mit Entwicklungsverzögerungen und Behinderungen. Je früher, desto besser sollte eine erste Vermutung über eine z. B. vorliegende Intelligenzminderung gebildet werden können. *Ziel*: Klärung der Ursachen herbeiführen, um Behinderungen mit Wiederholungsrisiko zu erkennen; Maßnahmen zur psychologischen/sozialen Stützung der Familie veranlassen und Frühförderung bzw. Rehabilitation einleiten. Eine Früherkennung kann durch Fachleute, aber auch durch Eltern oder andere Bezugspersonen des Kindes erfolgen. Eine wichtige Funktion bei der Früherkennung kommt in der Regel KinderärztInnen im Rahmen der in Deutschland den Eltern seit 1976 angebotenen Früherkennungsuntersuchungen U1 bis U9 zu (U1: unmittelbar nach der Geburt; U2: 3.–10. Lebenstag; U3: 4.–6. Lebenswoche; U4: 3.–4. Lebensmonat; U5: 6.–7. Lebensmonat; U6: 10.–12. Lebensmonat; U7: 21.–24. Lebensmonat; U8: 43.–48. Lebensmonat (3 ½ Jahre); U9: 60.–64. Lebensmonat (5 Jahre). U1 und U2 sind hauptsächlich auf die postpartiale Adaptation und auf Stoffwechselstörungen orientiert, U3 bis U7 auf Organerkrankungen und schwere Behinderungsformen und erst in U8 und U9 auf die Erfassung bedeutsamer Entwicklungsstörungen (Schlack, von Kries & Thyen 2009). Diese in Deutschland üblichen U1–U9 Untersuchungen genügen selten den erforderlichen Standards nach pädagogischer und entwicklungspsychologischer Frühdiagnostik (Peterander 2003). Als Defizit dieser Form der Früherkennung gilt, dass die Untersuchungs- und Beurteilungskriterien aufgrund unzureichender Standardisierung vorrangig von der individuellen Kompetenz der KinderärztInnen abhängen und insbesondere die U8 und U9 Untersuchungen zu selten von Eltern in Anspruch genommen werden. Ein ungelöstes Problem ist auch die Früherkennung entwicklungsgefährdeter Kinder aus sozial benachteiligten Familien, derweil die Zahl von so genannten Problemkindern in den Kindergärten ständig zunimmt (Weiß, Neuhäuser & Sohns 2004). Eine Verbesserung der Früherkennung wird daher zunehmend als neues Aufgabenfeld für die Frühförderung betrachtet. In den Frühförderstellen haben sich Fachdienste etabliert, die eng mit Kindergärten zusammenarbeiten und dort vor Ort Kinder betreuen bzw. Kindergärtnerinnen beraten. Es gibt zudem vereinzelte Versuche zur Verbesserung dieser Situation: z. B. wurden in der Sprachdiagnostik Elternfragebögen als Screeninginstrumente zur Identifikation von Sprachentwicklungsstörungen entwickelt (ELFRA-1: für 1-Jährige; ELFRA-2: für 2-Jährige) (Grimm & Doil 2000), die eine prognostisch valide Sprachentwicklungsdiagnose erlauben sollen. In einem nationalen Aktionsplan (2006) werden zunehmend Maßnahmen zur Verbesserung der Früherkennung fokussiert. Sie sollen ein erweitertes Neugeborenenscreening und insbesondere ein flächendeckendes Neugeborenen-Hörscreeningprogramm, Früherkennung und Behandlung von Beziehungs- und Regulationsstörungen sowie Früherkennungsuntersuchung von Risikogruppen umfassen.

Franz Peterander

Literatur

Bundesministerium für Familie, Senioren, Frauen und Jugend (2006): Nationaler Aktionsplan 2005–2010 – für ein kindgerechtes Deutschland. Bonn
Grimm, H. & Doil, H. (2000): Elternfragebögen für die Früherkennung von Risikokindern (ELFRA). Göttingen
Peterander F. (2003): Multivariate Diagnostik in der Frühförderung. In: Kindheit und Entwicklung, 12, 1, 24–34
Schlack, H. G., von Kries, R. & Thyen, U. (Hrsg.) (2009): Sozialpädiatrie: Gesundheitswissenschaft und pädiatrischer Alltag. Berlin
Weiß, H.; Neuhäuser, G. & Sohns, A. (2004): Soziale Arbeit in der Frühförderung und Sozialpädiatrie. München/Basel

Functional Skills

Functional skills sind Fertigkeiten, die im Lebensalltag sinnvoll und altersentsprechend einsetzbar sind. Sie dienen dazu, eigene → Bedürfnisse zu befriedigen und das Leben so selbstständig wie möglich zu gestalten. Beispiel: Erwachsene lernen, Geldstücke in einen Getränkeautomaten zu stecken (functional) anstatt verschieden große

Plastikscheiben in verschieden große Schlitze eines Würfels (nonfunctional). Functional skills sind nicht universell, sondern beziehen sich auf den jeweiligen Menschen in seiner individuellen Lebenssituation. Als Vermittlungsmethode hat sich die *community-based instruction* (CBI) bewährt, in der functional skills in alltäglichen Situationen innerhalb der Gemeinde (community) gelernt und geübt werden (Westling & Fox 2004, 36).

Harald Goll

Literatur

Westling, D. L. & Fox, L. (2004): Teaching students with severe disabilities (3 rd. ed.). New Jersey.

G

Gebärden

(siehe auch Unterstützte Kommunikation)

Der Begriff Gebärde, im Sinne der Gebärdensprache gebraucht, bezeichnet konventionelle körpereigene Zeichen, die Bedeutungen tragen. Gebärdenspezifisch werden Handform oder Bewegung als manuelle Komponenten, aber auch Oberkörper oder Mundbild als nichtmanuelle Komponenten beschrieben (Adam 2001, 111ff.). Die primären Gebärdensprachen entwickelten sich als eigenständige Sprachen der gehörlosen Menschen (z. B. Deutsche Gebärdensprache -DGS-) und stellen von der Lautsprache (z. B. Deutsch) unabhängige linguistische Systeme mit bspw. eigenen Dialekten und Flexionen dar. Ergänzt wird die DGS durch Manualsysteme z. B. für Eigennamen (wie das Deutsche Fingeralphabet) (dazu Maisch & Wisch 1987).

In der Geistigbehindertenpädagogik werden Gebärden in einzelnen Einrichtungen der Behindertenhilfe erst seit den 60/70er Jahren eingesetzt. Im Sinne der → Unterstützten Kommunikation verwirklichen Anwendung und Vermittlung von Gebärden bei zumeist hörenden Menschen verschiedene Funktionen. Gebärden treten dabei immer im Zusammenhang mit Lautsprache auf. In sprachersetzender Funktion werden sie zum Verständnis und Ausdruck in der Kommunikation verwendet, was vor allem für Menschen mit schwerer Behinderung sehr bedeutsam ist. In der Förderung der Kommunikationsentwicklung können individuelle körpereigene Äußerungen durch konventionalisierte Gebärden ergänzt bzw. verändert werden. So werden z. B. individuelle Gesten als intentional gedeutet und im kommunikativen Prozess als beidseitig verstandene Zeichen etabliert. In (laut)sprachanbahnender Funktion werden Gebärden eingesetzt, um bei geringen lautsprachlichen Möglichkeiten einen erhöhten Sprachumsatz anzuregen und zu erfüllen. Sprachunterstützende Funktion wird realisiert, wenn schwer verständliche Lautsprache durch Gebärden

z. B. eindeutigere Begriffsbestimmungen erfährt (Dies 2005).

In der Arbeit mit geistig behinderten Menschen unterscheidet sich der Gebrauch von Gebärden von der Gebärdensprache der Gehörlosen insofern, dass nur einzelne bedeutungstragende Wörter im Satz gebärdet werden (LUG = Lautsprachunterstützende Gebärden). Da grammatikalische Merkmale fehlen, werden nur kurze einfache Sätze gesprochen und abstrakte Sachverhalte nicht übermittelt. Seltener wird jedes gesprochene Wort der Lautsprache gebärdet (LBG = Lautsprachbegleitende Gebärden).

Neben dem Gebärdensystem der DGS finden sich heute verschiedene andere Gebärdensammlungen, welche vor allem aus den Erfahrungen in verschiedenen Einrichtungen hervorgegangen sind (Adam 2001,170ff.). Die Spitzenverbände der Behindertenhilfe (v. a. Diakonie) bemühen sich, die »privaten« Symbolsammlungen zu vereinheitlichen. So erschien 1991 erstmals die Gebärdensammlung »Schau doch meine Hände an« – SdmH (dazu Adam 2001, 178ff.). Das Vokabular von SdmH ist an den Gebärden der DGS angelehnt und besteht aus ca. 700 Gebärden (mit Fotos dargestellt), die etwa 2000 Wörter repräsentieren. Eine Gebärde wird synonym für mehrere Bedeutungen gebraucht (»bezahlen« synonym auch für »einkaufen«, »Geld«, »kaufen«). Eine andere Symbolsammlung, die »Gebärden-unterstützte Kommunikation« – GuK – von E. Wilken (dazu Adam 2005), ist in der Frühförderung und Vorschule verbreitet und wurde insbesondere zur Unterstützung des Lautspracherwerbs entwickelt. Angelehnt an die Gebärden von SdmH umfasst sie etwa 180 Wörter. Interessant ist dieses Material auf Grund der kindlich gezeichneten Bildkarten, die es jeweils zu Gebärde, Wort und Gegenstand gibt. Für die Erwachsenen hat Jacobsen mit ca. 450 Gebärden (als Foto und Abbildung zum Inhalt) die Sammlung »Das kleine 1 x 1 der Gebärdensprache« veröffentlicht (dazu Adam 2005). Grundlage sind die Gebärden der DGS, wobei die Vokabularauswahl am Alltag von Menschen in einer Werkstatt für Behinderte ausgerichtet ist.

Kerstin Hoffmann

Literatur

Adam, H. (2001): Mit Gebärden und Bildsymbolen kommunizieren. Würzburg (3. Aufl.)
Adam, H. (2005): Gebärdensammlungen zur Unterstützten Kommunikation. In: Handbuch der Unterstützten Kommunikation. Karlsruhe, 02008.001–02012.001
Dies, A. (2005): Gebärden – Kommunikationsmittel für Menschen mit geistiger Behinderung. In: Handbuch der Unterstützten Kommunikation. Karlsruhe, 02017.001–02020.001
Maisch, G. & Wisch, F.-H. (1987): Gebärdenlexikon. Hamburg

Gedächtnis, Gedächtnisprozesse

Innerhalb der kognitiven Entwicklungspsychologie werden verschiedene Gedächtnisprozesse nach zeitlichen und inhaltlichen Gesichtspunkten voneinander abgegrenzt. In einem sogenannten Mehrspeichermodell werden Prozesse im *Arbeitsgedächtnis* vom *Langzeitgedächtnis* unterschieden (Baddeley 1986). Im Arbeitsgedächtnis werden neuronale Kreisläufe aktiviert, sprachliche und visuelle Informationen aufgenommen und je nach Modalität unterschiedlichen cortikalen Regionen zugeleitet, wo sie dann mit vorhandenen Informationen verglichen, integriert und gespeichert werden können.

Neben dieser zeitabhängigen Untergliederung wird eine inhaltliche Untergliederung in ein sogenanntes *deklaratives Gedächtnis*, das die bewussten Gedächtnisinhalte, z. B. Faktenwissen oder Erinnerungen an Ereignisse, umfasst, und ein implizites Gedächtnis, das verschiedene Formen unbewusster Gedächtnisprozesse enthält. Dazu gehören mechanisch erlernte motorische Fertigkeiten, Gewohnheiten und Konditionierungen. Da dieses ohne explizite Instruktion zum Memorieren funktioniert, wird es auch *prozedurales Gedächtnis* genannt. Innerhalb des deklarativen Gedächtnisses wird weiter unterschieden zwischen dem semantischen und dem episodischen Gedächtnis. Das episodische Gedächtnis verarbeitet und speichert Informationen, die sich auf eigene Erfahrungen beziehen. Das semantische Gedächtnis enthält dagegen sachliches Wissen, z. B. das Wissen um Wortbedeutungen, Regeln und Konzepte. Diese Wissenseinheiten sind konzeptuell organisiert.

Bis zum Alter von 3–4 Jahren geschieht die Einprägung überwiegend unwillkürlich, ohne dass spezifische kognitive Operationen dabei aktiviert werden (implizites Gedächtnis). Im weiteren Entwicklungsverlauf verändern sich die Gedächtnisleistungen dadurch, dass die Kinder zunehmend besser bestimmte Strategien einsetzen können, um Informationen aktiv zu speichern. Je besser diese Strategien automatisiert sind, desto weniger Platz erfordern sie im Arbeitsspeicher, so dass mehr Platz für die Erfassung von Informationen zur Verfügung steht. Zu den Gedächtnisstrategien gehört z. B. die innere Wiederholung (Rehearsal) oder das Kategorisieren nach Oberbegriffen und zentralen Themen.

Menschen mit geistiger Behinderung weisen Defizite in verschiedenen Teilaspekten von Gedächtnisprozessen auf: begrenzte Speicherstrukturen, verlangsamte Enkodierungs- und Abrufgeschwindigkeit, geringere metakognitive Kontrolle. Sie haben besonders bei jenen Aufgaben Schwierigkeiten, die den aktiven Gebrauch von mentalen (vor allem sprachlichen) Verarbeitungsstrategien erfordern. Sie setzen entweder keine gezielten Strategien zur Einprägung oder Wissensorganisation ein oder benötigen für ihren Einsatz mehr Kapazität ihres limitierten Arbeitsgedächtnisses, so dass weniger Raum bleibt, um die Inhalte selbst zu speichern. Die Defizite im *Gebrauch von Lern- und Gedächtnisstrategien* verändern sich mit zunehmendem Alter nur wenig, so dass sich ihre Wissensbasis zunehmend langsamer erweitert als bei nicht behinderten Kindern (Sarimski 2003). Implizite Gedächtnisleistungen, die nicht auf dem aktiven Gebrauch solcher Strategien beruhen, sind dagegen im Wesentlichen unbeeinträchtigt. So können sich Menschen mit geistiger Behinderung oft an Orte, an denen sie etwas (zuletzt) gesehen haben, Gesichter von Menschen oder motorische Abläufe ebenso gut erinnern wie Menschen ohne Behinderung.

Allerdings muss man darauf hinweisen, dass der Wissensstand zu Gedächtnisfähigkeiten bei Menschen mit geistiger Behinderung noch sehr unvollständig ist. So fehlen z. B. systematische Untersuchungen zum autobiografischen Gedächtnis für emotional bedeutsame Ereignisse der eigenen Lebensgeschichte, zu Gedächtnisprozessen in alltagsnahen, natürlichen Situationen und zu Gedächtnisfähigkeiten bei sehr schwerer Behinderung. Auch sind systematische Interventionen zur Förderung selbstregulierten Lern- und Gedächtnisverhaltens sind bislang lediglich für Kinder mit Lernbeeinträchtigungen, nicht aber für Menschen mit geistiger Behinderung entwickelt und evaluiert worden (Büttner 2000).

Tests zur Prüfung von Gedächtnisfähigkeiten gehören zum Spektrum der Aufgaben verschiedener Fähigkeitstests, die zur Erstellung eines individuellen Profils von Stärken und Schwächen bei Kindern oder Erwachsenen mit geistiger Behinderung verwendet werden (Sarimski & Steinhausen 2006). So enthält die Kaufman-Assessment Battery for

Children z. B. den Subtest »Wiedererkennen« (Einprägen und Wiedererkennen von Fotos von Personen in einer größeren Gruppe), »Handfolgen« (sequentielle Speicherung und Reproduktion einer Abfolge von Handbewegungen), »visuelles Gedächtnis« (Memorieren und Zeigen des Ortes von Abbildungen), »Zahlenfolgen« (Reproduzieren eine zunehmend längeren Zahlenfolge), »Wortreihe« (Speichern und Abrufen von Wortreihen, zu denen entsprechende Abbildungen gezeigt werden müssen).

Klaus Sarimski

Literatur

Baddeley, A. (1986): Working memory. Oxford
Büttner, G. (2000): Gedächtnis. In: Borchert, J. (Hrsg.): Handbuch der Sonderpädagogischen Psychologie. Göttingen, 654–660
Sarimski, K. (2003): Kognitive Prozesse bei Menschen mit geistiger Behinderung. In: Irblich, D. & Stahl, B. (Hrsg.): Menschen mit geistiger Behinderung. Psychologische Grundlagen, Konzepte und Tätigkeitsfelder. Göttingen, 148–204
Sarimski, K. & Steinhausen, H.-C. (2006): Kinder mit geistiger Behinderung oder tiefgreifender Entwicklungsstörung – KIDS 2. Göttingen

Geist, geistig, mental

Aus naturalistischer Perspektive ist Geist (mind) die Gesamtheit der mentalen Phänomene: sprechen können, glauben, denken, wünschen, vorstellen, wahrnehmen, hoffen, fühlen (Gefühle haben), Wohlgefallen empfinden, sich ängstigen, wütend sein, gewärtig sein, bewusst sein, Schmerz empfinden, beabsichtigen, schlussfolgern, wollen, entscheiden, wählen, entschlossen sein (Guttenplan 1994). Diese mentalen Phänomene tauchen auf in einem einheitlichen Strom des Bewusstseins. Dabei stiftet einerseits der Träger des Bewusstseins diesen Strom, andererseits wird der Träger durch den Strom als Selbst (als Ich, als Person) erst gestiftet.

Mentale Phänomene weisen drei besondere Merkmale auf: 1.) Intentionalität, 2.) Subjektivität, 3.) eine eigentümliche Wie-Beschaffenheit (Quale, Pl.: Qualia). Zu 1.), Intentionalität: Mentale Phänomene sind gerichtet auf Objekte und Zustände der Welt. Sprachlich stellt sich dieses Gerichtetsein oftmals dar als ›dass-Satz‹ (Ich glaube, dass …; Ich wünsche, dass …). Zu 2.), Subjektivität: Mentale Phänomene sind nur mentale Phänomene für diejenige Person, die eben diese mentalen Phänomene erfährt. Die Erfahrung eines mentalen Phänomens lässt sich von unterschiedlichen Personen nicht objektiv so machen wie die Bestimmung der Anzahl der Räder eines Autos. Ein objektiver Sprecher kann zwar von einer Person sagen, sie habe Schmerzen, aber das Erleben dieses Schmerzes ist ihr nicht zugänglich. Dieser phänomenale Innenaspekt ist einem Menschen nur gegeben aus der Perspektive der ersten, nicht der dritten Person. Man spricht deshalb auch von privaten Eigenschaften. Das führt zu 3.) Qualia (von: qualis [lat.] wie schaffen). Das Wort soll zum Ausdruck bringen, dass mentale Phänomene eine eigene und nicht abgeleitete innere Beschaffenheit besitzen, die dafür sorgt, wie es sich anfühlt, in diesem Zustand zu sein (Nagel 1974): das Schmerzhafte an einem Schmerz (Schmerzeindruck), das Rote an einer Rotempfindung (Roteindruck).

Die Frage nach der Entstehung des Geistes und dem Zusammenwirken von Geist und Gehirn ist die Frage des sog. Leib-Seele-Problems. Unter einer *monistischen* Weltauffassung ist der Geist keine eigene Substanz, sondern eine Eigenschaft des Gehirns und damit eine Konsequenz neuronaler Aktivität. Für das Hervorbringen des Geistes durch das Gehirn existieren konkurrierende Theorien: verschiedene Identitätstheorien, der Epiphänomenalismus u. a. Prominentester Vertreter einer *dualistischen* Variante ist der Interaktionismus (Vollmer 1980; Gadenne 1997).

Wolfgang Buschlinger

Literatur

Gadenne, V. (1997): Qualia ohne kausale Wirksamkeit. In: Logos, Neue Folge, 4, 20–39

Guttenplan, S. (1994): An Essay on Mind. In: Guttenplan, S. (ed.): A Companion to the Philosophy of Mind. Oxford, 1–107

Metzinger, Th. (2001): Bewusstsein. Beiträge aus der Gegenwartsphilosophie. Paderborn

Nagel, Th. (1974): Wie ist es, eine Fledermaus zu sein? In: Hofstadter, D. R. & Dennett, D. C.: Einsicht ins Ich. Stuttgart, 375–388

Vollmer, G. (1980): Evolutionäre Erkenntnistheorie und Leib-Seele-Problem. In: Vollmer, G.: Was können wir wissen? Band 2, Die Erkenntnis der Natur. Stuttgart, 66–99

Geistigbehindertenpädagogik

(siehe auch Heilpädagogik)

Die Geistigbehindertenpädagogik als sonder- oder heilpädagogische Fachrichtung kann man verstehen als die Theorie und Praxis der Betreuung, Erziehung und Bildung von Menschen jedes Alters, die auf Grund von biologisch-genetisch bedingten Dysfunktionen des Zentralnervensystems in erheblichem Maße auf spezielle Hilfe, Förderung und Begleitung angewiesen sind, um menschlich leben lernen zu können. Dem Worte nach ist die Pädagogik »der Geistigbehinderten« mit der Konstituierung des Begriffes »geistig behindert« und den ersten systematischen Überlegungen zur → Erziehung und → Bildung dieser Kinder begründet worden, also Anfang der sechziger Jahre. Da aber geschichtlich gesehen diese Kinder und Jugendlichen, wenn auch unter anderem Namen (»schwachsinnig«, »geistesschwach«, »imbezill« oder ähnlich), schon vorher, d. h. vor der Vernichtungsaktion des Nationalsozialismus, pädagogisch betreut und unterrichtet worden sind, müsste man den Beginn heilpädagogischer Befassung mit diesen Menschen historisch früher ansetzen (1. Hälfte des 19. Jahrhunderts).

Die ersten pädagogischen Initiativen und Modelle gingen zunächst von den (Idioten-) *Anstalten* aus. Ende des 19. Jahrhunderts nahm sich auch die Hilfsschulpädagogik der »schwachsinnigen« Kinder an. Diese wurden ab der zweiten Hälfte des 19. Jahrhunderts auch in die neu gegründeten öffentlichen *Hilfsschulen* aufgenommen, wo sie aber keinen fest integrierten Platz fanden. Mancherorts, wie in Berlin, wurden sie in »Sammelklassen« an den Hilfsschulen zusammengefasst. Mit dem sozialdarwinistischen Programm des Nationalsozialismus zur »Ausmerze erbkranken Nachwuchses« brach diese Tradition einer »Schwachsinnigenpädagogik« ab. Die Kinder wurden als »bildungsunfähig« erklärt und von der Schule ausgeschlossen.

Die Theorien dieser ersten oder Vorläufer-Geistigbehindertenpädagogik beruhten weitgehend auf eigenen praktischen Versuchen und Beobachtungen engagierter Pioniere und einem gegenseitigen Erfahrungsaustausch. Von einer wissenschaftlich begründeten Geistigbehindertenpädagogik konnte noch nicht gesprochen werden. Beteiligt waren Ärzte, Pädagogen und Priester. Als »wissenschaftlich« galten allein die *medizinischen* Grundlagen. Die *pädagogischen* Methoden konzentrierten sich auf die Erziehung zum Gebrauch aller Sinne, auf den Anschauungsunterricht, auf körperliche und geistige Übungen, auf das Lernen durch Nachahmung bzw. auf eine religiös-moralische Erziehung.

Die in den sechziger Jahren neu begründete *Geistigbehindertenpädagogik* musste zwar zunächst an frühere Prinzipien, Theorien und Praktiken anknüpfen, erhielt aber eine neue Basis durch die volle rechtliche Anerkennung des Bildungsrechtes aller Kinder, durch ein stärkeres Interesse der Eltern und durch Erfahrungsberichte aus dem Ausland, vor allem aus den Niederlanden, aus Skandinavien, aus der Schweiz und aus den USA. Hier war vor allem die wissenschaftliche Erforschung weit fortgeschritten. Starke Impulse gingen von dem aus den Niederlanden stammenden Begründer der Elternvereinigung »Hilfe für das geistig behinderte Kind«, Tom Mutters, aus. Eine wichtige Aufbaufunktion für die unterschiedlichen Entwicklungen in den einzelnen Bundesländern hatte der von der Bundesvereinigung Lebenshilfe eingerichtete »Pädagogische Ausschuss« unter Leitung von Heinz Bach.

In der Entwicklung der neuen Geistigbehindertenpädagogik lassen sich inhaltlich verschiedene *Phasen* mit eigenen Schwerpunkten unterscheiden: Die *erste Phase* war bestimmt von der *Errichtung von Institutionen*, in denen geistig behinderte Kinder pädagogisch gefördert werden konnten, um eine möglichst selbstständige Lebensführung lernen zu können. Es war ein enormer Fortschritt, diese Ziele in eigenen Einrichtungen, in der → »Schule für Geistigbehinderte« oder »für lebenspraktisch Bildbare« bzw. in pädagogisch neu gestalteten Heimen umsetzen zu können. Die dazu nötigen Überlegungen und Empfehlungen bezogen sich anfangs vor allem auf die Erarbeitung von Lehrplänen bzw. Modellen für die pädagogische Praxis. Es galt vor allem, die Lernfähigkeit dieser Kinder und Jugendlichen auszuloten und weiterzuentwickeln, und zwar auch die der am schwersten und mehrfach behinderten. Von deren Einbeziehung ging eine besonders starke pädagogische Motivation aus. In den Heimen ging es darum, die bisherigen hospitalisierenden Großgruppen aufzulösen und kleine, lebensnahe und persönlich anregende Interaktionsgruppen zu bilden. Im Bereich der Schule kam es im Zusammenhang mit der Frage nach den zu vermittelnden Lehrinhalten zu einer ersten Grundsatzkontroverse. Sie bezog sich auf die Frage nach dem Stellenwert der sog. Kulturtechniken im Unterricht. Es war eine Phase reflektierter Praxis, in der mit großem Elan Lehr-Methoden zur besseren pädagogischen → Förderung der einzelnen Kinder entwickelt wurden.

Im Unterschied zu dieser ersten Phase der praktischen Erprobung individueller Lernmöglichkeiten hatte die *zweite Phase* der neuen Geistigbehindertenpädagogik ihren Schwerpunkt in der wissenschaftlichen Reflexion der sozialen Genesefaktoren und einer gesellschaftsbezogenen Programmatik. Überwunden werden sollte das einseitig auf das (organisch-genisch) behinderte Kind bezogene Medizinische Modell zu Gunsten einer intensiveren Beachtung der sozialen bzw. gesellschaftlichen Bedingungsfaktoren und Zielsetzungen. Man könnte von der Phase der *gesellschaftlichen Orientierung* sprechen. Leitmotiv war die Erkenntnis, dass eine geistige Behinderung nicht allein durch biologische Faktoren zu erklären war, und dass sich durch die Einbeziehung der sozialen Faktoren der Raum für Möglichkeiten der pädagogischen Förderung und der sozialen → Partizipation erheblich erweitern ließ.

Die *dritte Phase* war durch die Lösung vom bisherigen Modell der eigenen Institutionen für Menschen mit geistiger Behinderung zu Gunsten integrativer Institutionen gekennzeichnet. Man kann von der *Phase der sozialen → Integration* bzw. später der → *Inklusion* sprechen. In zahlreichen Modell-Versuchen wurden Möglichkeiten des gemeinsamen Lernens, Spielens und Lebens mit nicht-behinderten Menschen erprobt. Die aus den unterschiedlichen Ergebnissen abgeleiteten Theorie-Diskussionen wurden recht kontrovers geführt, da sich die praktischen Umsetzungsmöglichkeiten als begrenzt erwiesen, nicht zuletzt wegen des Leistungsdrucks, unter den die Allgemeine Schule inzwischen geraten ist. Auf der anderen Seite wird an den z. T. radikalen Zielvorstellungen festgehalten.

Inhaltlich erstreckt sich der Themenbereich der Geistigbehindertenpädagogik auf die gesamte Altersspanne von der Frühförderung, über den Kindergarten und die Schule bis zur → Erwachsenen- und Altenbildung und damit zugleich auf die verschiedensten Institutionen für Menschen mit einer geistigen Behinderung.

In *wissenschaftlich-methodologischer Hinsicht* liegt der Akzent auf der pädagogischen Reflexion bzw. auf programmatischen Theorien. Die empirische Erforschung der Realitäten des Lernens und Lebens mit einer geistigen Behinderung hat im Vergleich zu anderen Ländern, wie z. B. den USA, einen gewissen Aufholbedarf. Dabei ist zu bedenken, dass hierzulande – vermutlich auch wegen der hochbelasteten ideologischen Vorgeschichte in Deutschland – das Interesse an normativen Fragen, z. B. der Verwirklichung von emotionalen Beziehungen, von Lebenssinn und Idealen, stärker ausgeprägt ist als die Erarbeitung und statistische Überprüfung von bis ins Kleinste ausdifferenzierten Lernzielen.

Otto Speck

Literatur

Bach, H. (Hrsg.) (1979): Pädagogik der Geistigbehinderten. Handbuch der Sonderpädagogik, Bd. 6. Berlin

Mühl, H. (2000): Einführung in die Geistigbehindertenpädagogik. Stuttgart u. a. (4. Aufl.)

Speck, O. (2005): Menschen mit geistiger Behinderung. Ein Lehrbuch zur Erziehung und Bildung. München (10. Aufl.)

Wüllenweber, E.; Theunissen, G. & Mühl, H. (Hrsg.) (2006): Pädagogik bei geistigen Behinderungen. Ein Handbuch für Studium und Praxis. Stuttgart

Geistige Behinderung

(siehe auch Mental Retardation, ICF, mehrfache Behinderung, Lernbehinderung, Lernschwierigkeiten)

Der Terminus geistige Behinderung steht für einen unklaren, jedoch weithin gebräuchlich gewordenen Begriff. Er soll Menschen kennzeichnen, die auf Grund komplexer Dysfunktionen der hirnneuralen Systeme erhebliche Schwierigkeiten haben, ihr Leben selbstständig zu führen, und die deshalb lebenslanger besonderer Hilfe, → Förderung und → Begleitung bedürfen. Das Problem dieses Begriffes liegt nicht so sehr in seinem Wortinhalt als vielmehr in seiner *sozialen* Funktion. Sie kann dazu führen, dass der hier gemeinte Personenkreis gerade dadurch, dass man ihn eigens definiert, in Gefahr gerät, sozial abgewertet, benachteiligt und ausgeschlossen zu werden. Er ist deshalb umstritten. Um zusätzlich schädigende Stigmatisierungen zu vermeiden, wird heute verbreitet nach einem Ersatzbegriff gesucht.

Der Terminus »geistig behindert« wurde erstmals 1958 bei der Begründung der »Elternvereinigung für das geistig behinderte Kind e. V.« offiziell verwendet. Er wurde offensichtlich aus der anglo-amerikanischen Terminologie übernommen, in der der gemeinte Personenkreis damals mit »mentally retarded« bezeichnet wurde. Die Übersetzung von »mental« mit »geistig« war an sich korrekt, da das lateinische Wort »mens« sowohl »Verstand« als auch »Geist« bedeutet. Absolut geläufig ist im Deutschen das Adjektiv »geistig« neben »körperlich« und »seelisch«. Es herrschte vielmehr Übereinstimmung, was mit »geistig« oder »mental« gemeint ist: Etwas auf den »Verstand« und – im Zusammenhang damit – auf den → »Geist« Bezogenes. Man hätte auch den Terminus »mentale Behinderung« wählen können.

Infrage gestellt wurde der Begriff »geistige Behinderung« erst dadurch, dass das Programm der sozialen Eingliederung nicht vorankam und man im stigmatisierenden Terminus ein Hindernis sah. Versuche, durch die Auswechslung des Wortes die damit gemeinten Menschen vor Stigmatisierung zu bewahren, sind in der Geschichte des hier gemeinten Problembegriffs wiederholt unternommen worden und zwar vergeblich. Das sozialpsychologische Problem konnte dadurch nicht gelöst werden. Wenn heute wiederum und vehement ein nicht defizit-bestimmter und nicht stigmatisierender Ersatzbegriff gesucht wird, so ist dies verständlich; es ist aber auch festzustellen, dass er bis jetzt nicht gefunden werden konnte. Das Hauptproblem liegt offensichtlich nicht in der Bezeichnung, sondern in deren gesellschaftlich geläufiger Konnotation des gemeinten Inhalts.

Wichtiger als die Bezeichnung selber ist der *kommunikative Umgang* mit einem Terminus. An sich ist ein eigener Begriff immer dann gefragt, wenn etwas von anderem unterschieden werden soll, wenn z. B. für eine bestimmte Personengruppe bestimmte Erklärungen gefunden oder über Rechtsvorschriften bestimmte Zuwendungen und spezifische Hilfen formuliert oder bereit gestellt werden sollen. Diese Notwendigkeit bezieht sich u. a. auf den *rechtlichen* und den *wissenschaftlichen* Bereich. Hier wird nach wie vor der Terminus »geistige Behinderung« verwendet. Für den schulischen Bereich wurde durch die KMK-Empfehlungen »zur sonderpädagogischen Förderung in den Schulen der Bundesrepublik Deutschland« von 1994 zwar ein nicht defizit-orientierter Begriff eingeführt, nämlich »Förderschwerpunkt geistige Entwicklung«, ohne dass jedoch darauf verzichtet werden konnte, zugleich auch den Fachterminus »geistige Behinderung« zur näheren Klassifizierung beizubehalten. Für die Organisation der notwendigen Institutionen, etwa der Schule, sind Fachausdrücke unverzichtbar. Das aus dem Lateinischen stammende Wort »terminus« (technicus) bedeutet eine Grenzmarkierung, also die Abgrenzung eines bestimmten Inhalts von einem anderen. Anders ist es im allgemeinen, nicht fachlichen Gespräch, auch in der innerschulischen Kommunikation, z. B. mit den Eltern oder in den Medien; hier ist es in aller Regel nicht nur überflüssig, den relativ harten Sachterminus zu verwenden, sondern wichtig und empfehlenswert, ihn zu *vermeiden*.

Der Fachausdruck »geistige Behinderung« steht für einen komplexen Begriff. Er beinhaltet verschiedene Dimensionen und Aspekte. Er bezieht sich nicht nur auf eine psycho-physische Schädigung des Gehirns sondern auf den gesamten Entwicklungsprozess und seine umweltlichen Bedingtheiten. Biologisch-organische Beeinträchtigungen bilden lediglich den Ausgangspunkt für die Entstehung einer »geistigen Behinderung«. Es können dies Klinische Syndrome bzw. Hirnschädigungen sein, die *pränatal* verursacht sind, z. B. durch Genmutationen oder

Infektionen, *perinatal*, z. B. durch eine Frühgeburt oder ein Geburtstrauma, oder *postnatal* durch entzündliche Erkrankungen, Hirntumore oder sonstige Hirntraumata (Neuhäuser u. Steinhausen 2003). Die weitere Entwicklung hängt vom Schweregrad der Hirnschädigung, aber auch von individuellen und externen (sozialen) Entwicklungs- und Aufwuchsbedingungen ab.

Die Auswirkungen genetisch-organischer Schädigungen beziehen sich vor allem auf das *Intelligenzniveau* und in Verbindung damit auf die Wahrnehmung und Kognition sowie auf die *Sprache* und die *motorische und soziale Entwicklung*. Da stets mehrere Funktionen des Organismus betroffen sind, kann man generell von einer *Mehrfachbehinderung* sprechen. Klassifikatorisch lassen sich leichte und schwere geistige Behinderungen unterscheiden. Es können auch *zusätzliche* psycho-physische Beeinträchtigungen vorhanden sein, wie z. B. Autismus oder cerebral bedingte Körperbehinderungen.

Eine geistige Behinderung ist nicht mit deren biologisch- oder genetisch-pathologischen Grundlagen gleichzusetzen. Ihre individuelle Ausprägung ist wesentlich von der Sozialisation, vor allem von der pädagogischen Förderung und der sozialen Eingliederung abhängig. Umgekehrt sind geistige Behinderungen signifikant häufiger in sozial schwachen Milieus anzutreffen als in Familien mit einem höheren Bildungsniveau.

Otto Speck

Literatur

Neuhäuser, G. & Steinhausen, H.-C. (Hrsg.) (2003): Geistige Behinderung. Grundlagen, klinische Syndrome und Rehabilitation. Stuttgart u. a. (3. Aufl.)
Speck, O. (2005): Menschen mit geistiger Behinderung. Ein Lehrbuch zur Erziehung und Bildung. München, Basel (10. Aufl.)

Geistige Entwicklung

(siehe auch Geistige Behinderung)

Im Zuge der Kritik an der Defizitorientierung im Begriff »Behinderung« kommt die Ständige Konferenz der Kultusminister zu einer anderen Begriffssystematik (KMK 1994). Mit ihr soll zum einen eine stärkere Kompetenzorientierung oder zumindest Neutralität in der Begrifflichkeit der sonderpädagogischen Förderschwerpunkte erreicht werden.

Der Begriff→ »geistige Behinderung« wird durch den Begriff »geistige Entwicklung« ersetzt (KMK 1998), analog zur Beschreibung anderer Förderschwerpunkte wie »emotional-soziale Entwicklung« oder »körperlich-motorische Entwicklung«. Hiermit soll auch in Abgrenzung von einem statischen Verständnis die Dynamik des Prozesses betont werden. Dies geschieht jedoch inkonsequent, da in der Empfehlung beide Begriffe, Behinderung wie Entwicklung, nebeneinander benutzt werden.

Jedoch erscheint auch der Begriff »geistige Entwicklung« insofern selbst problematisch, als mit ihm alle Phänomene in diesem Feld zu Entwicklungsproblemen erklärt und andere Zugänge in den Hintergrund gedrängt werden. Letztlich basiert auch dieser Begriff auf dem medizinischen Modell von Behinderung (dazu Stichwort Disability): Förderung soll auf der Basis vielfältiger individueller Gegebenheiten »Hilfen zur Entwicklung der individuellen Fähigkeiten und

Fertigkeiten« geben (KMK 1998 in Drave u. a. 2000, 267) – trotz »ihrer bestehenden sozialen Abhängigkeiten und behinderungsbedingten Einschränkungen« (ebd., 267f.). Fragen von Zuschreibungen, von Isolation und von Stigmatisierung, bei denen das Problem mangelnder sozialer Akzeptanz zum Ausgangspunkt von Behinderung wird, werden so psychologisiert und wiederum in die betreffende Person hineinverlagert. Das Aufwachsen mit Problemen der »geistigen Entwicklung« verbleibt in einem individuumszentrierten und normalitätsorientierten Blick und ignoriert erschwerende soziale und kulturelle Aspekte.

Andreas Hinz

Literatur

Drave, W.; Rumpler, F. & Wachtel, P. (Hrsg.) (2000): Empfehlungen zur sonderpädagogischen Förderung. Würzburg
KMK (Kultusministerkonferenz) (Hrsg.) (1994): Empfehlungen zur sonderpädagogischen Förderung in Schulen der Bundesrepublik Deutschland. Beschluß der Kultusministerkonferenz vom 06. 05. 1994. Bonn
KMK (Kultusministerkonferenz) (Hrsg.) (1998): Empfehlungen zum Förderschwerpunkt Geistige Entwicklung. Bonn

Gemeinsame Erziehung

(siehe auch Integration, inklusive Pädagogik)

Gemeinsame Erziehung bezeichnet das gemeinsame Aufwachsen in Kindertageseinrichtungen im vorschulischen Alter. In den 1970er Jahren entstehen hierzu die ersten Initiativen aus Sonderkindertagesheimen heraus, die sich für Kinder ohne Beeinträchtigungen öffnen. Während der 1980er Jahre gibt es einen deutlichenEntwicklungsschub, unterstützt durch Forschungs- und wissenschaftliche Begleitprojekte des Deutschen Jugendinstituts und verschiedener Forschungsgruppen an Universitäten (vgl. z. B. Cowlan et al. 1991; 1993).

Die Praxisentwicklung gestaltet sich in den Bundesländern sehr unterschiedlich, die generelle Tendenz geht jedoch in Richtung Gemeinsame Erziehung: In nahezu allen Bundesländern ist sie zunächst wählbar, später die dominierende Struktur – daher kann legitimer Weise für diesen Bereich von grundlegenden Strukturveränderungen gesprochen werden (vgl. Kron 2006). Neben pädagogischen Überlegungen tragen auch Finanzierungsregelungen zur Entwicklung von segregierter zu gemeinsamer Erziehung bei.

In der Gemeinsamen Erziehung werden unterschiedliche pädagogische Ansätze praktiziert (vgl. Heimlich 1995): Neben der → Montessoripädagogik und dem Situationsansatz (Dichans) sind es Konzepte, die sich entsprechend in der Theorie zum → Gemeinsamen Unterricht finden: der aneignungstheoretische (Feuser), der psychoanalytisch-prozessuale (Reiser) und der ökosystemische Ansatz (Meister). Bei allen theoretischen Zugängen nimmt das gemeinsame → Spiel als kindliche Form des Lernens einen hohen Stellenwert ein (vgl. Fritsche & Schastok 2003).

Perspektivisch gehen Qualitätskonzepte für den »Kindergarten für alle« in Richtung einer → inklusiven Pädagogik (vgl. den Index für Inklusion von Booth, Ainscow & Kingston 2006).

Ines Boban & Andreas Hinz

Literatur

Booth, T.; Ainscow, M. & Kingston, D. (2006): Index für Inklusion. Lernen, Partizipation und Spiel in der inklusiven Kindertageseinrichtung entwickeln. Frankfurt/M.

Cowlan, G. et al. (1991): Der Weg der integrativen Erziehung vom Kindergarten in die Schule. Bd. 12 der Schriftenreihe Lernziel Integration. Bonn

Cowlan, G. et al. (1993): Gemeinsame Förderung Behinderter und Nichtbehinderter in Kindergarten und Grundschule. Endbericht der Wissenschaftlichen Begleitung. Bd. 13 der Schriftenreihe Lernziel Integration. Bonn

Fritsche, R. & Schastok, A. (2003): Ein Kindergarten für alle. Kinder mit und ohne Behinderung spielen und lernen gemeinsam. Neuwied, Berlin

Heimlich, U. (1995): Behinderte und nichtbehinderte Kinder spielen gemeinsam. Konzepte und Praxis integrativer Spielförderung. Bad Heilbrunn

Kron, M. (2006): 25 Jahre Integration im Elementarbereich – ein Blick zurück, ein Blick nach vorn. Zeitschrift für Inklusion 1
URL: www.inklusion-online.net/index.php?menuid = 3&reporeid= 17 [Zugriff 23. 08. 2006]

Gemeinsamer Unterricht

(siehe Integration, inklusive Pädagogik)

In den 1990er Jahren setzt sich Gemeinsamer Unterricht (GU) in Deutschland als fachlicher Qualitätsbegriff durch und löst den der → Integration wegen dessen zunehmender Uneindeutigkeit ab. GU bezeichnet einen tatsächlich gemeinsamen Unterricht, der keinen Schüler aufgrund bestimmter Eigenschaften oder Zuschreibungen ausschließt. Beginnend mit der privaten Montessorischule München 1971 und der staatlichen Fläming-Grundschule Berlin 1976 und in den 1980er Jahren aufgrund von Eltern- und vereinzelt auch von Schulinitiativen durch viele Modellversuche dokumentiert, wird der GU in den 1990er Jahren bundesweit schulgesetzlich verankert.

In den Bundesländern hat er dennoch einen unterschiedlichen Stand erreicht (vgl. Hinz 2006). Dies gilt insbesondere für zwei kontroverse Aspekte: Zum einen ist die Einbeziehung von Schülern mit dem Förderschwerpunkt → geistige Entwicklung, die am stärksten auf einen zieldifferenten Unterricht und die Möglichkeit zum Lernen auf unterschiedlichen Niveaus angewiesen sind, in mehreren Bundesländern mit weniger als 1% im GU kaum gegeben, während sie z. B. Hamburg mit 17% aller Schüler mit diesem Schwerpunkt praktiziert wird. Zum anderen wird die Weiterführung in der Sekundarstufe kontrovers diskutiert, da ein hierarchisch gegliedertes Sekundarschulwesen strukturell stärker als die Grundschule auf die Bildung homogener Lerngruppen setzt; hier gibt es zuweilen Phasen der Stagnation und Krisen, die aber überwunden werden (vgl. Köbberling & Schley 2000).

Als Organisationsformen werden vor allem wohnortnahe Einzelintegration, Integrationsklassen mit mehreren Schülern mit sonderpädagogischem Förderbedarf und Integrationsschulen, die alle Schüler ihres Einzugsbereiches aufnehmen, praktiziert (vgl. Hinz 1993). In diesen Formen lernen alle Schüler kontinuierlich in der gemeinsamen Klasse. Ob auch kooperative Formen, bei denen Sonderklassen in die allgemeine Schule »ausgelagert« werden (so der baden-württembergische Begriff), zum GU gehören, ist strittig und hängt vor allem davon ab, wie groß der Anteil des kontinuierlichen gemeinsamen Lernens ist und werden soll.

Der Studie von Preuß-Lausitz (2000) nach ist integrierte sonderpädagogische Förderung nicht teurer als separierte – das Finanzproblem stellt sich somit nur in einer Phase der Umstellung mit parallelen Systemen.

Didaktische Konzepte für den Gemeinsamen Unterricht zielen auf gemeinsame Lernprozesse in gemeinsamen Lernsituationen (Wocken 1998) oder am gemeinsamen Gegenstand (Feuser 1995). Entscheidend ist die Balance zwischen dem gemeinsamen und dem individuellen Lernen, das auch situativ auf unterschiedlichen Niveaus stattfinden kann, so dass Gemeinsamkeit und Individualität zu ihrem Recht kommen (Hinz 1993). Empirische Ergebnisse zeigen, dass im Unterschied zur verbreiteten lehrerzentrierten Monokultur der allgemeinen Schule hier Schülerzentrierung mit flexibler Differenzierung dominiert, die sozialen Beziehungen in den Klassen alle Schüler einschließen, Schüler mit Beeinträchtigungen also nicht aus dem Netz sozialer Beziehungen fallen (vgl. Maikowski & Podlesch 2002) und die Leistungen nichtbehinderter Schüler nicht geringer sind als in anderen Klassen der allgemeinen Schule (Wocken 1999). Bei Schülern mit dem Förderschwerpunkt geistige Entwicklung sind in vielen Fällen nicht für möglich gehaltene positive Entwicklungen zu finden, die die kritische Rückfrage nahe legen, ob geistige Behinderung nicht auch durch den Kontext Förderschule und ein Verständnis als Schonraum produziert wird (vgl. Boban & Hinz 1993; Feuser 1996).

Trotz positiver Ergebnisse ist bundesweit bis zur Diskussion um die Umsetzung der UN-Behindertenrechtskonvention eine Stagnation des GU zu verzeichnen, sowohl quantitativ mit bildungspolitischem Hintergrund als auch qualitativ (vgl. Hinz 1999). Dieses bildet einen Anlass für die zunehmende Diskussion um → inklusive Pädagogik, die ursprüngliche qualitative Ansprüche verstärkt in den Blick nimmt und so eine – von Sonderpädagogik unabhängige, allgemeine – Perspektive bietet.

Ines Boban & Andreas Hinz

Literatur

Boban, I. & Hinz, A. (1993): Geistige Behinderung und Integration. Überlegungen zum Begriff der »Geistigen Behinderung« im Zusammenhang integrativer Erziehung. In: Zeitschrift für Heilpädagogik 44, 327–340
Feuser, G. (1995): Behinderte Kinder und Jugendliche zwischen Integration und Aussonderung. Darmstadt
Feuser, G. (1996): »Geistigbehinderte gibt es nicht«! Projektionen und Artefakte in der Geistigbehindertenpädagogik. In: Geistige Behinderung 35, 18–25
Hinz, A. (1993): Heterogenität in der Schule. Integration – Interkulturelle Erziehung – Koedukation. Hamburg
Hinz, A. (1999): Stand und Perspektiven der Auseinandersetzung um den Gemeinsamen Unterricht vor dem Hintergrund leerer Kassen. In: Die neue Sonderschule 44, 101–115
Hinz, A. (2006): Integration und Inklusion. In: Wüllenweber, E.; Theunissen, G. & Mühl, H. (Hrsg.): Pädagogik bei geistigen Behinderungen. Stuttgart, 251–261
Köbberling, A. & Schley, W. (2000): Sozialisation und Entwicklung in Integrationsklassen. Untersuchungen zur Evaluation eines Schulversuchs in der Sekundarstufe. Weinheim, München
Maikowski, R. & Podlesch, W. ([6]2002): Zur Sozialentwicklung von Kindern mit und ohne Behinderung. In: Eberwein, H. & Knauer, S. (Hrsg.): Integrationspädagogik. Ein Handbuch. Weinheim, Basel, 226–238
Preuss-Lausitz, U. (2000): Gesamtbetrachtung sonderpädagogischer Kosten im Gemeinsamen Unterricht und im Sonderschulsystem – Ergebnisse einer empirischen Studie. In: Zeitschrift für Heilpädagogik 51, 95–101
Wocken, H. (1998): Gemeinsame Lernsituationen. In: Hildeschmidt, A. & Schnell, I. (Hrsg.): Integrationspädagogik. Auf dem Weg zu einer Schule für alle. Weinheim, München, 37–52
Wocken, H. ([5]1999): Schulleistungen in heterogenen Lerngruppen. In: Eberwein, H. (Hrsg.): Integrationspädagogik. Kinder mit und ohne Behinderung lernen gemeinsam. Ein Handbuch. Weinheim, Basel, 315–320

Gender, Geschlecht, Genderforschung

Der englischsprachige Begriff Gender hat sich auch in der deutschen Frauen- und Geschlechterforschung etabliert. Während der korrespondierende Begriff »Sex« die biologische Seite des Geschlechts hervorhebt, weist »Gender« auf dessen kulturelle Eingebundenheit hin. Mit dem Begriff Gender versucht die Frauen- und Geschlechterforschung, das biologische Geschlecht in seinem soziokulturellen Zusammenhang zu verorten. Mit dem Begriff »doing gender« weist sie darauf hin, dass das Geschlecht nicht etwas ist, das wir sind oder haben, sondern etwas, das wir in der Interaktion mit anderen (gleich- wie gegengeschlechtlichen) Menschen immer wieder von neuem produzieren und reproduzieren (Hagemann-White 1993, 68).

Für die Beschäftigung mit dem Thema Gender/Geschlecht in der (Geistig-)Behindertenpädagogik ist aber nicht nur zu bedenken, dass das Geschlecht eine kulturspezifische Konstruktion ist, die – vor allem auf der Grundlage der geschlechterspezifischen Arbeitsteilung – durch hierarchische Ungleichgewichte gekennzeichnet ist, sondern dass es sich auch bei geistiger Behinderung um eine soziokulturelle Konstruktion handelt, charakterisiert durch Prozesse sozialer Ausgrenzung und Segregation bestimmter Individuen, begleitet von biographischen Erschwernissen und Problemen und untermauert durch naturalisierende oder individualisierende Ideologien, auf deren Grundlage die Gesellschaft Normalität und Abweichung konstruiert (Jantzen 2002, 325; Schildmann 2004a, 2004b).

Die insgesamt noch wenigen Forschungsansätze zum Thema Geschlecht und geistige Behinderung sind eingebunden in die Frauen- und Geschlechterforschung in der Behindertenpädagogik (vgl. exemplarisch Schildmann 2008). Sie konzentrieren sich bisher weitgehend auf die Lebensbedingungen geistig behinderter Mädchen/Frauen. Ausgangspunkt ist die Annahme, dass diese erheblich schärferen sozialen → Diskriminierungen ausgesetzt sind als nicht behinderte Mädchen/Frauen bzw. geistig behinderte Jungen/Männer. Im Geschlechtervergleich zeigt sich vor allem, dass die gesellschaftliche Kontrolle über geistig behinderte Frauen größere Lebens- und Arbeitsbereiche umspannt als dies für die männliche Vergleichsgruppe der Fall ist: Während die Leistungsfähigkeit geistig behinderter Männer im Wesentlichen an der durchschnittlichen (männlichen) Erwerbsarbeitskraft gemessen wird, werden Frauen zusätzlich – bzw. an erster Stelle – an der eugenisch begründeten Qualität ihrer (möglichen) Nachkommenschaft und ihrer Reproduktionsarbeitskraft (Erziehung von Kindern, Haushaltsführung u. ä.) gemessen: Dürfen geistig behinderte Frauen Kinder bekommen? So lautet seit Beginn des 20. Jahrhunderts eine zentrale Frage. Vor diesem Hintergrund sind geistig behinderte Frauen auch – anders als nicht behinderte Frauen und stärker als geistig behinderte Männer – mit der Tradition der Sterilisation konfrontiert, die weitere Probleme – darunter sexuellen Missbrauch – nach sich ziehen kann. Die Probleme geistig behinderter Frauen auf dem gesellschaftlichen Arbeitsfeld der Reproduktions-/Familienarbeit werden aber auf dem anderen zentralen gesellschaftlichen Arbeitsfeld, der Erwerbsarbeit, nicht kompensiert. Vielmehr kommt es zu einer Verquickung beider Felder und damit zu einer verschärften Diskriminierung der betreffenden Frauen, so die Ergebnisse der Frauen- und Geschlechterforschung in der (Geistig-) Behindertenpädagogik (Friske 1995; Pixa-Kettner u. a. 1996, Schön 1993). Neue Forschungsergebnisse, die vor allem die biographische Seite der Lebensbedingungen geistig behinderter Frauen einbeziehen und damit auch die Forschungsperspektiven erweitern, finden sich bei Stephanie Goeke (2010) und bei Kathrin Römisch (2011).

Ulrike Schildmann

Literatur

Friske, A. (1995): Als Frau geistig behindert sein. München.
Goeke, S. (2010): Frauen stärken sich. Empowermentprozesse von Frauen mit Behinderungserfahrung. Marburg
Hagemann-White, C. (1993): Die Konstrukteure des Geschlechts auf frischer Tat ertappen? In: Feministische Studien 11, 2, 68–78
Jantzen, W. (2002): Identitätsentwicklung und pädagogische Situation behinderter Kinder und Jugendlicher. In: Sachverständigenkommission 11. Kinder- und Jugendbericht (Hrsg.): Gesundheit und Behinderung im Leben von Kindern und Jugendlichen. München. 317–394
Pixa-Kettner, U.; Bargfrede, S. & Blanken, I. (1996): »Dann waren sie sauer auf mich, dass ich das Kind haben wollte …« Eine Untersuchung zur Lebenssituation geistig behinderter Menschen mit Kindern in der BRD. Baden-Baden
Römisch, K. (2011): Entwicklung weiblicher Lebensentwürfe unter Bedingungen geistiger Behinderung. Bad Heilbrunn/Obb.
Schildmann, U. (2004a): Normalismusforschung über Behinderung und Geschlecht. Opladen.
Schildmann, U. (2004b): Geschlecht und (geistige) Behinderung. In: Wüllenweber, E. (Hrsg.): Soziale Probleme von Menschen mit geistiger Behinderung. Stuttgart, 36–45
Schildmann, U. (2006): Die Geschlechterperspektive in der Geistigbehindertenpädagogik. In: Wüllenweber, E.; Theunissen, G. & Mühl, H. (Hrsg.): Pädagogik bei geistigen Behinderungen. Ein Handbuch für Studium und Praxis. Stuttgart, 514–519
Schildmann, U. (2008): Behinderung: Frauenforschung in der Behindertenpädagogik. In: Becker, R.; Kortendiek, B.: Handbuch Frauen- und Geschlechterforschung, 2. Erweiterte und aktualisierte Auflage. Wiesbaden, 646–650.)
Schön, E. (1993): Frauen und Männer mit geistiger Behinderung auf dem Allgemeinen Arbeitsmarkt. Ein Forschungsbericht. Reutlingen und Bonn

Generalisierung, Transfer

Der Begriff Generalisierung (oder auch Transfer) bezieht sich auf die Notwendigkeit, dass Menschen in unterschiedlichen Alltagssituationen immer wieder aufgefordert sind, bereits angeeignetes Wissen und erworbene Kompetenzen auf neue, andersartige Aufgabenstellungen und Sachlagen zu übertragen. Dies erfordert ein hohes Maß an Flexibilität.

Auf einer komplexeren Ebene spielt dabei auch induktives, schlussfolgerndes Denken eine Rolle, als Fähigkeit, bereits bekannte Prinzipien zum Zweck der Einordnung bislang nicht erfasster neuer Sachverhalte, Gegenstände oder Ereignisse anzuwenden.

Menschen mit geistiger Behinderung werden diesbezüglich spezifische Probleme wie eingeschränkte Transferleistungen, eine geringere allgemeine Beweglichkeit oder auch eine Gebundenheit des Gelernten an die ursprüngliche Lernsituation bzw. an Konkretes nachgesagt. Vor allem Kinder und Jugendliche mit autistischem Verhalten zeigen häufig ein relativ gleichförmiges, beharrendes Verhalten in vertrauten Situationen und wenig Bereitschaft, sich auf Neues einzulassen (Fischer 2000).

Die erzieherische Aufgabe besteht darin, Lernsituationen zu schaffen, in denen analoge Situationen erkannt und erworbene Kenntnisse, Fähigkeiten und Fertigkeiten und Problemlöseverfahren Schritt für Schritt und kontinuierlich in individualisierenden Übungsformen mit zunehmender Komplexität geübt und in neuen und lebenspraktischen Zusammenhängen erprobt werden. Um z. B. eine Orientierung im Straßenverkehr zu erreichen, sind u. U. zunächst eher isolierende und vorbereitende Wahrnehmungs- und Reaktionsschulungen vonnöten, dann Übungen im Schonraum (Verkehrsübungsplatz, Schulgelände) und eine anfangs begleitete bis hin zu einer selbstständigen Teilnahme an der Verkehrswirklichkeit.

Erhard Fischer

Literatur

Fischer, E. (2000): Entwicklung vom Kinde aus – »Stereotypien« als beständige, vertraute Handlungsmuster bei Kindern und Jugendlichen mit autistischem Verhalten. In: Kaminski, M.; Rumpler, F. & Stoellger, N. (Hrsg.): Pädagogische Förderung von Kindern und Jugendlichen mit Autismus. Tagungsbericht, Würzburg, 26–38

Gerontologie

(siehe auch Alter, Altenarbeit)

Die Gerontologie ist im Unterschied zu der Geriatrie, die als Zweig der naturwissenschaftlichen Medizin von Alterserkrankungen aufzufassen ist, eine interdisziplinäre angewandte Wissenschaft. Der Begriff »Gerontologie« wurde zum ersten Mal 1929 durch den russischen Forscher Rybnikov geprägt. Er bezeichnete die Gerontologie als ein Spezialgebiet der Verhaltenswissenschaften zur Erforschung der Ursachen und Bedingungen des → Alterns.

Lehr (1980) umschreibt die Gerontologie als den Zweig der Wissenschaft, der sich mit Situationen und Veränderungen, die eigen sind für das Älterwerden, beschäftigt. Im Besonderen befasst sie sich mit den Lebensphasen, die vor allem nach dem Erwachsenenalter eintreten. Kruse (1992) fasst die für die Rehabilitation und Förderung alter Menschen relevanten Erkenntnisse aus der Gerontologie zusammen, indem er den Prozess des Alterns in folgende Teilprozesse gliedert:

- Altern als dynamischer Prozess, denn auch im Alter finden Entwicklungs- und Wachstumsprozesse statt, z. B. kognitive Prozesse und Auseinandersetzung mit neuen Entwicklungsaufgaben;
- Altern als Prozess einer zunehmenden Differenzierung, denn aufgrund der zahlreichen biographischen Erfahrungen nehmen die interindividuellen Unterschiede im Alter zu;
- Altern als mehrdimensioneller Prozess, da der Alterungsprozess in den verschiedenen Funktionsbereichen des Individuums sehr unterschiedliche Verläufe zeigt;
- Altern als biografisch verankerter Prozess, da Altern Teil der persönlichen Biographie ist;
- Altern als sozial beeinflusster Prozess, denn die Art und Weise, wie alte Menschen ihr Alter erleben und gestalten, hängt davon ab, welche Einstellungen das soziale Umfeld dem Alterungsprozess entgegenbringt;
- Altern als Prozess, der dem Einfluss zahlreicher Faktoren unterliegt, z. B. historischen, kulturellen, ökonomischen und ökologischen Faktoren.

Diese Teilprozesse sind ohne jegliche Einschränkung auch empirisch dokumentiert und gültig für ältere Menschen mit einer geistigen Behinderung (Haveman & Stöppler 2004).

Meindert Haveman

Literatur

Haveman, M. & Stöppler, R. (2004): Altern mit geistiger Behinderung. Stuttgart

Kruse, A. (1992): Kompetenz im Alter in ihren Bezügen zur objektiven und subjektiven Lebenssituation. In: Schütz, R.; Kuhlmey, A. & Tews, H. (Hrsg.): Altern in Deutschland. Berlin, 25–32

Lehr, U. (1980): Alterszustand und Alterungsprozesse – Biografische Determinanten. Zeitschrift für Gerontologie, 13, 442–457

Geschichte der Betreuung von Menschen mit geistiger Behinderung

Die Wurzeln der institutionellen Betreuung von Menschen mit geistiger Behinderung liegen in der ersten Hälfte des 19. Jahrhunderts. Bis zu dieser Zeit war es die Regel, dass behinderte Angehörige in der Familie verblieben, oder aber, wenn der familiäre Rahmen nicht mehr tragbar bzw. verfügbar war, fanden sie sich im Mittelalter in der Gruppe der Bettler, oder aber als Insassen in Hospitälern und Klöster, in den Narrentürmen und Narrenschiffen, wie auch in den Gefängnissen wieder. Aber auch in den Armen- und Arbeitshäusern dürften sie zu den hier Internierten gehört haben.

Erst ab der ersten Hälfte des 19. Jahrhunderts wandten sich Pädagogen wie auch Mediziner den geistig behinderten Kindern zu, wie auch die christliche Nächstenliebe ein treibender Impuls für diese Zuwendung war. Die zu dieser Zeit gegründeten Einrichtungen waren kleine, überschaubare Einrichtungen, die sich als »Bildungs- und Heilanstalten« für solche Kinder und Jugendliche verstanden, bei denen ein »erheblicher Erfolg« der Erziehung zu erwarten sei.

Bereits ab den 1860er Jahren wurde ein Trend zur »großen Anstalt« deutlich. Zunächst einmal machte der Aufnahmedruck die Erweiterung der → Anstalten unbedingt notwendig. Zudem war zwischenzeitlich festgestellt worden, dass eine Entlassung von Jugendlichen in das Berufsleben nicht immer möglich ist und infolgedessen Beschäftigungsmöglichkeiten wie auch Wohnmöglichkeiten in der Anstalt zu schaffen sind. Weiterhin wurde deutlich, dass nicht alle aufgenommenen Kinder und Jugendlichen den Anforderungen der Anstaltsschule gerecht werden konnten. Für diese als »bildungsunfähig« eingestuften Kinder und Jugendlichen wurden dann spezielle Pflegeabteilungen geschaffen. In einigen Anstalten gab es auch noch Abteilungen für Menschen mit Epilepsien sowie für Kinder, Jugendliche und Erwachsene aus »besseren Ständen«. Zudem bestanden in einer Reihe von Anstalten getrennte Abteilungen für Mädchen und Frauen sowie für Jungen und Männer. All diese Entwicklungen verbanden sich mit Vorstellungen der Zeit, die Anstalt als ein »Sozialgefüge eigener Art«, als eine »Welt in der Welt« aufzufassen, die es nach innen zu stabilisieren und nach außen abzugrenzen gilt.

Trotz all dieser Differenzierungen blieben erwachsene Menschen mit einer geistigen Behinderung immer auch eine Zielgruppe für die »Irrenanstalten«. Erst nach und nach wurden zwar die »Idiotenanstalten« auch für Erwachsene zu einem Ort der → Betreuung, jedoch blieben die »Irrenanstalten« immer auch ein Ort zur Unterbringung von Menschen mit geistiger Behinderung und besonders problematischen Verhaltensweisen.

Mit der Gründung der Hilfeschulen im letzten Drittel des 19. Jahrhunderts büßten die Schulen der »Idiotenanstalten« ihre Bedeutung nicht unbedingt ein. Denn bei einem Nichtgelingen der Beschulung in der Hilfsschule gab es nun die Möglichkeit, das Kind/ den Jugendlichen nicht nach Hause entlassen zu müssen, sondern es konnte durch eine Unterbringung in einer Anstalt doch noch versucht werden, ein gewisses Maß an Erziehung und Bildung zu realisieren.

Im Übergang vom 19. zum 20. Jahrhundert setzten sich dann verstärkt neue Sichtweisen im Hinblick auf die von der normalenEntwicklung abweichenden Menschen durch. Zentral hierbei blieben zunächst einmal die Bemühungen um eine klare begriffliche Fassung der unterschiedlichen Zielgruppen. Mit Kraepelin (1915) fand diese Diskussion mit der Einführung des Oberbegriffs → »Oligophrenien« (Schwachsinnzustände) in das psychiatrische Klassifizierungssystem und der Einteilung dieser Zustände nach den Schweregraden Idiotie, Imbezillität und Debilität ein vorläufiges Ende. In diese Diskussionslinie banden sich auch sozialdarwinistische, eugenische und rassistische Vorstellungen ein, was sich daran zeigte, dass die entstehenden neuen Sichtweisen ihre spezifischen Ausprägungen in Begriffen wie »erziehungsunfähig«, »bildungsunfähig«, »minderwertig«, »anormal« bzw. »nicht brauchbar« fanden.

Nach dem Ersten Weltkrieg griff eine Diskussion über die Auslese von »tüchtigen« und die Zurückdrängung von »minderwertigen« Menschen immer mehr Raum und es wurde über Maßnahmen der Fortpflanzungsverhinderung durch Asylierung und einer strikten Trennung der Geschlechter in den Anstalten sowie über eine Zwangssterilisierung nachgedacht. Diese Überlegungen führten zu dem Gesetz zur Verhütung erbkranken Nachwuchses von 1933. Auch die Diskussion über die Ermordung der als »nicht brauchbar« eingestuften Menschen stand in diesem Diskussionskontext. Erste diesbezügliche Realisierungsschritte zeigten z. B. K. Binding und A. Hoche bereits 1920 auf. Des Weiteren setzte sich in den 1920er Jahren die Auffassung durch, dass die öffentlichen Ausgaben für die so genannten »minderwertigen« und »unnützen« Menschen in den Anstalten zu hoch und deshalb deutlich zu reduzieren seien. Entsprechende Sparprogramme führten zu drastischen Verschlechterungen der Lebensbedingungen der in den Anstalten lebenden Menschen.

In der Zeit des → Nationalsozialismus blieben die Lebensbedingungen in den Anstalten prekär. Es wurde auf eine strikte Geschlechtertrennung geachtet, eine große Anzahl von BewohnerInnen wurde zwangssterilisiert. Ab 1938 wurde die systematische Ermordung behinderter Kinder, Jugendlicher und Erwachsener zum Programm. In den neu geschaffenen Kinderfachabteilungen wurden als nicht mehr förderbar angesehene Kinder ermordet, bis 1945 ca. 5.000. In der 1939 beginnenden »Euthanasieaktion« waren bis 1945 knapp 300.000 Mordopfer zu verzeichnen.

Nach dem Zweiten Weltkrieg wurde die Arbeit in den Idiotenanstalten unter sehr schlechten materiellen und personellen Bedingungen fortgeführt. Die Anstaltsbetreuung blieb für Menschen mit geistiger Behinderung jenseits der Familie die dominante Betreuungsform. Mit den ausgehenden 1950er Jahren nahmen jedoch die Diskussionen über neue Arbeitsformen und neue Institutionen immer mehr zu. So forderten z. B. in der »Lebenshilfe« zusammengeschlossene Eltern von Kindern mit geistiger Behinderung die Schaffung von neuen Betreuungsformen und -strukturen. Aus diesen Bemühungen heraus entstanden sodann Institutionen zur Frühförderung, Tagesstätten, Wohnheime, die Sonderschule für geistig behinderte Kinder und → Werkstätten für Menschen mit geistiger Behinderung.

Auseinandersetzungen mit der traditionellen Behindertenhilfe wurden auch auf der Grundlage des skandinavischen »Normalisierungsprinzips« geführt. Hiernach sollen Lebensbedingungen von behinderten Menschen denen der nicht behinderten Menschen angepasst werden und Hilfen für Menschen mit geistigen Behinderungen sollen familienorientiert und gemeindenah angelegt sein und nicht zentral in großen Zentren und Anstalten gewährt werden. Selbsthilfebewegungen forderten zudem, ein »selbstbestimmtes Leben« führen zu können und lehnten die existierenden Hilfemaßnahmen für sich als »nicht hilfreich« ab. In der »Duisburger Erklärung« (1995) wurde dieser Impuls aufgegriffen und zum ersten Mal mehr → Selbstbestimmung für Menschen mit geistiger Behinderung gefordert. Die Selbsthilfebewegung → »People First« entstand in Deutschland und versteht sich als ein Verein von und für »Menschen mit Lernschwierigkeiten«, die nicht »geistig behindert« genannt werden wollen. Sie finden, dass die Wörter »geistig behindert« sie schlecht machen und nicht dazu passen, wie sie sich selbst sehen. Schon lange ist es Zeit, diesen Schritt auch begrifflich in der Fachwelt zu vollziehen.

Norbert Störmer

Literatur

Bradl, Ch. (1991): Anfänge der Anstaltsfürsorge für Menschen mit geistiger Behinderung (»Idiotenanstaltswesen«). Frankfurt/Main

Jantzen, W. (1982): Sozialgeschichte des Behindertenbetreuungswesens. München

Störmer, N. (1991): Innere Mission und geistige Behinderung. Von den Anfängen der Betreuung geistig behinderter Menschen bis zur Weimarer Republik. Münster

Gestützte Kommunikation, Facilitated Communication

(siehe auch Unterstützte Kommunikation)

Gestützte Kommunikation (Facilitated Communication, FC) ist eine Methode, die Menschen, die nicht oder zur Kommunikation ihrer Wünsche und Bedürfnisse nicht ausreichende Lautsprache verfügbar haben, angeboten wird. Dazu gehören vor allem Menschen mit Autismus, Down-Syndrom, Rett-Syndrom, schweren Cerebralparesen, geistiger Behinderung bzw. Hirnschäden unklarer Genese (Bundschuh & Basler-Eggen 2000, 30). FC kann ohne Ausschlusskriterium allen Personen angeboten werden, die keine alternativen Kommunikationsstrategien erwerben können (Crossley 1997). Es wird also überwiegend mit Menschen aller Altersstufen gearbeitet, die bisher als schwer geistig behindert angesehen wurden.

Eine FC-Situation besteht immer aus einem »Stützer« und einer Person, die gestützt wird, dem FC-Nutzer, die zusammen eine Kommunikationshilfe (Computer, Buchstabentafeln) bedienen. Manchmal wird auch die Stütze bei konkreten Handlungen, der Auswahl von Bildern oder von Symbolen als FC bezeichnet. Der Stützer stützt den Nutzer an der Hand, dem Handgelenk oder einem anderen Körperteil so, dass er ihm Widerstand gibt und seine Bewegung stabilisiert. Dabei achtet er auf die Impulse des Nutzers, ohne die Bewegung selbst zu beeinflussen oder gar den Nutzer zu führen. In den meisten Fällen – Bundschuh und Basler-Eggen (2000, 225) sprechen von über 86% der FC-Nutzer – kann der Nutzer sich so schriftsprachlich äußern. Ohne Stütze zeigt er zumeist weder Sprach- noch Lese- oder Schreibfähigkeiten, so dass eine außerordentlich große Diskrepanz zwischen dem Erscheinungsbild, den ohne FC zu beobachtenden Fähigkeiten, der Einstufung als »geistig behindert« und den über FC offenbarten Fähigkeiten bei den FC-Nutzern besteht (Nußbeck 2000, 2004).

Vertreter der FC nehmen beim Nutzer verborgene kognitive Fähigkeiten an, die er wegen einer im weitesten Sinne motorischen Störung, die ihn am Sprechen und am selbständigen Zeigen hindere, nicht ohne Hilfe, jedoch durch korrekte Stütze zum Ausdruck bringen kann. Die Stütze helfe, die motorische Störung zu überwinden und wirke emotional stabilisierend, wenn der Stützer von den Fähigkeiten des Nutzers und der Wirksamkeit von FC überzeugt ist.

Wegen der per Augenschein nicht zu entscheidenden Frage, ob der Stützer oder der Nutzer die Bewegung steuert, ist um die Gestützte Kommunikation eine heftige Kontroverse entstanden. Vielen anekdotischen Berichten über die Erfolge der Methode stehen wissenschaftliche Untersuchungen gegenüber, in denen keine verborgenen Fähigkeiten, die über FC offenbar wurden, nachgewiesen werden konnten (Biermann 1999; Nußbeck 2000, 2004, Bober, 2011).

Susanne Nußbeck

Literatur

Biermann, A. (1999): Gestützte Kommunikation im Widerstreit. Berlin

Bober, A. (2011). Zur Wirkungsweise der körperlichen Stütze während der Gestützten Kommunikation (FC). Analyse des Forschungsstands und Ableitung weiterführender Forschungsfragen. Diss. Universität zu Köln. Verfügbar unter: kups.ub.uni-koeln.de/3336/1/Bober_Dissertation_Druckfassung.pdf (abgerufen 13.02.2012).

Bundschuh, K. & Basler-Eggen, A. (2000): Gestützte Kommunikation (FC) bei Menschen mit schweren Kommunikationsbeeinträchtigungen. München

Crossley, R. (1997): Gestützte Kommunikation. Ein Trainingsprogramm. Weinheim

Nußbeck, S. (2000): Gestützte Kommunikation. Ein Ausdrucksmittel für Menschen mit geistiger Behinderung? Göttingen

Nußbeck, S. (2004): Gestützte Kommunikation – Eine Analyse von positiv bewerteten Untersuchungsergebnissen. In: Theis-Scholz, M. & Thümmel, I. (Hrsg.): Therapeutische Ansätze in der sonderpädagogischen Förderung – Trivialisierung oder Komplettierung? Eine kritische Auseinandersetzung. Weinheim, 121–145

Gesundheit

Gesundheit ist ein höchst schwieriger Begriff, weil er einerseits eine normative Zielvorgabe formuliert und andererseits von vielfältigen anderen Diskursen überdeterminiert wird. Für die normative Aufladung des Begriffs steht die Definition der Weltgesundheitsorganisation (WHO) von 1946, die Gesundheit »als Zustand des vollkommenen körperlichen, seelischen und sozialen Wohlbefindens« definiert. Da ein solcher Zustand kaum je erreicht werden kann, ist diese Definition auch in der Regel als nicht praktikabel angesehen worden. Gleichwohl zeigt sie, dass Aussagen über Gesundheit nicht auf eine Abwesenheit von Krankheit reduziert werden können und jeweils soziokulturell und historisch spezifische Vorstellungen vom »guten Leben« enthalten.

Die WHO ist aber nicht bei ihrer Definition von 1946 stehen geblieben und hat in der Ottawa Charta aus dem Jahr 1986 einen wichtigen zweiten Anlauf genommen, einen handlungsbezogen und gesellschaftspolitisch folgenreichen Gesundheitsbegriff zu formulieren. Die zentrale Formulierung dieser Charta lautet: »Gesundheit wird von Menschen in ihrer alltäglichen Umwelt geschaffen und gelebt: dort, wo sie spielen, lernen, arbeiten und lieben. Gesundheit entsteht dadurch, dass man sich um sich selbst und für andere sorgt, dass man in die Lage versetzt ist, selber Entscheidungen zu fällen und eine Kontrolle über die eigenen Lebensumstände auszuüben sowie dadurch, dass die Gesellschaft, in der man lebt, Bedingungen herstellt, die allen ihren Bürgern Gesundheit ermöglichen« (zit. nach Trojan & Stumm 1992).

Die Gesundheit wird von den Subjekten in der Moderne als ihr höchstes Gut betrachtet. War das nicht immer so? Gesundheit als Inbegriff für → Wohlbefinden, Glück oder erfülltes Leben ist ein moderner Begriff. In der Tradition des mittelalterlichen Christentums waren Gesundheit, Krankheit, Sterben und Tod Teil einer göttlichen Schöpfungsordnung. Gesundheit und Krankheit erhielten ihren Sinn in einer Ordnung der Dinge, die von Gott so eingerichtet war und auf die Menschen ohnehin wenig Einfluss nehmen können. Die Gesundheit des Einzelnen war kein persönliches Gut, sondern Ausdruck seiner Integration in die von Gott bestimmte Ordnung. Mit der entstehenden Neuzeit, die von Aufklärung, Industrialisierung und einem selbstbewussten Bürgertum geprägt war, kam es zu einem grundlegenden Wandel in der Schöpfungsordnung und der in ihr gegebenen menschlichen Handlungsmöglichkeiten. Gesundheit wird anfänglich nach wie vor als göttliche Fügung begriffen, aber sie erfordert zunehmend auch die Eigenleistung des Subjekts. Die Gottgefälligkeit des individuellen Lebens erweist sich zunehmend in einer sozialnützlichen Lebensweise. Gesundheit wird zum Gradmesser einer gott-gefälligen Lebensweise. Gesundheit ist nicht nur Schicksal, sondern Ausdruck eines individuellen Lebensstils. Sie ist gebunden an Mäßigkeit der Lebensführung, an einen sparsamen und effektiven Umgang mit Lebensressourcen und sie wird zunehmend mit Arbeitsfähigkeit gleichgesetzt. Arbeitsamkeit ist der Inbegriff einer methodischen Lebensführung. Die BürgerInnen unterliegen der Pflicht, alle ihre Energien für die Realisierung eines nützlichen Lebens zu mobilisieren. Mit der Säkularisierung wurden die Vorstellungen von Vollkommenheit und Glückseligkeit zunehmend mit irdischer Gesundheit gleichgesetzt. Gesundheit wurde zur zentralen Voraussetzung für die Realisierung diesseitiger Utopien. Mit der zunehmenden bürgerlichen Vorstellung der Selbstverantwortung für das eigene seelisch-körperliche Wohlbefinden verliert der Glaube an eine von Gott stabil geordnete Welt, in der auch Gesundheit und Krankheit vorbestimmt sind, an Bindekraft.

Der beschriebene Perspektivenwechsel von einer außerirdischen zu einer innerweltlichen Heilserwartung ist eng gekoppelt an den Aufstieg der modernen Medizin und den an sie geknüpften Erwartungen und Hoffnungen. Die erfahrungswissenschaftlich fundierte moderne Medizin und ihre Erfolge bestätigen die Grundüberzeugung des aufgeklärten bürgerliche Bewusstseins, das ein gezieltes Eingreifen in naturhafte und gesellschaftliche Prozesse für möglich und notwendig hält. Mit ihren unstrittigen Erfolgen hat die Medizin nicht nur den Beweis angetreten, dass menschliches Handeln dem »blinden Walten« des Schicksals und der Natur eine eigene handelnde Vernunft entgegensetzen kann, sondern sie ist zugleich zum Kristallisationskern der innerweltlichen Heilserwartungen geworden. Die dominierende Alltagsreligion ist die Gesundheit geworden und ihre Priesterschaft rekrutiert sich aus der Medizin. Die Kritik an den »Halbgöttern in Weiß« und ihrer »apostolischen Funktion« (Michael Balint) betont, dass die moderne Medizin den Menschen zwar aus der totalen Abhängigkeit von naturhaften Wirkmächten und Gefahren befreit habe, aber um den Preis einer erneuten Abhängigkeit von einer biomedizinisch-technischen Logik. Als Alternative zu ihr sei die Förderung einer Vorstellung von Gesundheit notwendig, die das aktive und selbsttätige Subjekt betont und dies auch gegenüber den Passivität fördernden Tendenzen der biomedizinisch-technischen Medizin. Eine Vielzahl von sozialmedizinischen und gesundheitspsychologischen Befunden rechtfertigen die Aussage, dass die eigentlichen Bedingungen für Gesundheit in spezifischen Lebensweisen zu sehen sind. Menschen sind permanent gesundheitlichen Risiken ausgesetzt und es ist erwiesen, dass ihr biologisches und ihr psychosoziales Immunsystem letztlich dafür entscheidend sind, welche Resistenz gegenüber spezifischen Gefährdungen und Risiken entwickelt werden kann.

Wenn man das Problem von Gesundheit und Krankheit so formuliert, führt das zu der Fragestellung: Was sind die Bedingungen dafür, gesund zu bleiben, wieder gesund zu werden oder trotz spezifischer chronischer krankheitsbedingter Lebenseinschränkungen »gut« zu leben. Ob kritische Lebensereignisse, akute oder chronische Belastungen (z. B. Tod der PartnerInnen, Scheidung, Verlust des Arbeitsplatzes oder der Wohnung, aber auch die vielen kleinen Ärgernisse und Pannen im Alltag) zu gesundheitlichen Einschränkungen führen, hängt wesentlich davon ab, wie solche Belastungen erlebt und verarbeitet werden können. Nicht jeder Stress macht krank, und was für die Eine oder den Einen ein belastendes Ereignis ist, stellt für die Andere oder den Anderen eine Herausforderung dar, in der sie oder er sich beweisen will.

Die Gesundheitsforschung hat sich lange Zeit kaum aus dem Krankheitsdiskurs lösen können und war deshalb auch pathogenetisch bestimmt. Mit dem Modell der »*Salutogenese*«, das von Aaron Antonovsky (1997) vorgelegt wurde, hat sich die Perspektive paradigmatisch verändert. Zunächst hat er sich von der binären Krankheits-Gesundheits-Logik distanziert und ein Gesund-krank-Kontinuum eingeführt. Sein Modell geht von der Prämisse aus, dass Menschen ständig mit belastenden Lebenssituationen konfrontiert werden. Der Organismus reagiert auf Stressoren mit einem erhöhten Spannungszustand, der pathologische, neutrale oder gesunde Folgen haben kann, je nachdem, wie mit dieser Spannung umgegangen wird. Es gibt eine Reihe von allgemeinen Widerstandsfaktoren, die innerhalb einer spezifischen soziokulturellen Welt als Potential gegeben sind. Sie hängen von dem kulturellen, materiellen und sozialen Entwicklungsniveau einer konkreten Gesellschaft ab. Mit organismisch-konstitutionellen Widerstandsquellen ist das körpereigene Immunsystem einer Person gemeint. Unter materiellen Widerstandsquellen ist der Zugang zu materiellen Ressourcen gemeint (Verfügbarkeit über Geld, Arbeit, Wohnung etc.). Kognitive Widerstandsquellen sind »symbolisches Kapital«, also Intelligenz, Wissen und Bildung. Eine zentrale Widerstandsquelle bezeichnet die Ich-Identität, also eine emotionale Sicherheit in Bezug auf die eigene Person. Die → Ressourcen einer Person schließen als zentralen Bereich seine zwischenmenschlichen Beziehungen ein, also die Möglichkeit, sich von anderen Menschen soziale Unterstützung zu holen, sich sozial zugehörig und verortet zu fühlen.

Antonovsky zeigt auf, dass alle mobilisierbaren »Widerstandsressourcen« in ihrer Wirksamkeit letztlich von einer zentralen subjektiven Kompetenz abhängt: Dem »Gefühl von Kohärenz«. Dieses Kohärenzgefühl ist ein zugleich kognitive und emotionale Prozesse thematisierendes Konstrukt. Es ist eine Art Vertrauen in die eigene Person und beinhaltet die Vorstellung, dass

1. die Anforderungen es wert sind, sich dafür anzustrengen und zu engagieren (Sinnebene);
2. die Ressourcen verfügbar sind, die man dazu braucht, um den gestellten Anforderungen gerecht zu werden (Bewältigungsebene);
3. die Ereignisse der inneren und äußeren Umwelt strukturiert, vorhersehbar und erklärbar sind (Verstehensebene).

In einer Fülle von Untersuchungen (vgl. dazu Höfer 2000; Bengel et al. 1998) hat sich dieses salutogenetische Modell als trag- und erklärungsfähiges Konstrukt erwiesen und es ist zugleich zu einem Basiskonzept für Strategien der Gesundheitsförderung geworden, auf dem auch eine alternativ gedachte Gesundheitspolitik aufgebaut werden kann (vgl. Trojan und Legewie 2001).

Heiner Keupp

Literatur

Antonovsky, A. (1997): Salutogenese. Zur Entmystifizierung der Gesundheit. Tübingen
Bengel, J.; Strittmatter, R. & Willmann, H. (1998): Was erhält Menschen gesund? Antonovskys Modell der Salutogenese – Diskussionsstand und Stellenwert. Köln
Faltermaier, T.; Kühnlein, I. & Burda-Viering, M. (1998): Gesundheit im Alltag. Laienkompetenz in Gesundheitshandeln und Gesundheitsförderung. Weinheim/München
Franke, A. (2006): Modelle von Gesundheit und Krankheit. Bern
Hurrelmann, K. & Laaser, U. (Hrsg.) (1993): Gesundheitswissenschaften. Handbuch für Lehre, Forschung und Praxis. Weinheim/Basel
Höfer, R. (2000): Jugend, Gesundheit und Identität. Studien zum Kohärenzgefühl. Opladen
Keupp, H. (1992): Gesundheitsförderung und psychische Gesundheit: Lebenssouveränität und Empowerment. In: Psychomed 4, 244–250
Keupp, H. (1997): Ermutigung zum aufrechten Gang. Tübingen
Schiffer, E. (2001): Wie Gesundheit entsteht. Salutogenese: Schatzsuche statt Fehlerfahndung. Weinheim
Trojan, A. & Legewie, H. (2001): Nachhaltige Gesundheit und Entwicklung. Leitbilder, Politik und Praxis der Gestaltung gesundheitsförderlicher Umwelt- und Lebensbedingungen. Frankfurt
Trojan, A. & Stumm, B. (Hrsg.) (1992): Gesundheit fördern statt zu kontrollieren. Frankfurt
Wilkinson, R. G. (2001): Kranke Gesellschaften. Soziales Gleichgewicht und Gesundheit. Wien/New York

Gesundheitserziehung

(siehe auch Gesundheit)

Gesundheit ist nicht einfach das höchste Gut, sondern ein hoher individueller und gesellschaftlicher Wert und eine der wichtigsten Voraussetzungen und Ressource zur Bewältigung der Anforderungen des Lebens. → Gesundheit stellt für alle Menschen ein wichtiges Element und Einflussfaktor auf Lebensqualität und eine wesentliche Voraussetzung für nicht eingeschränkte Partizipation am Leben in der Gesellschaft dar.

Menschen mit geistiger Behinderung haben aufgrund eines Risikos für gesundheitliche Beeinträchtigungen und den besonderen Anforderungen an die gesundheitliche Versorgung einen höheren Bedarf an Gesundheitsförderung. Ursachen für dieses Risiko bestehen bei Menschen mit geistiger Behinderung im erhöhten Auftreten zusätzlicher Gesundheitsstörungen und Krankheiten, Assoziierung spezifischer Syndrome mit spezifischen Krankheiten, häufigeres Vorliegen komplexer gesundheitlicher Beeinträchtigungen, ausgeprägtere Einschränkungen der Wahrnehmungsfähigkeit und der Kommunikationsfähigkeit bezüglich gesundheitlicher Beeinträchtigungen, fehlende soziale Netzwerke, Zugangsbarrieren zum Gesundheitssystem und eingeschränktere Möglichkeiten, allgemein verfügbare Informationen zu Gesundheitsaspekten und zu gesundheitsfördernden Verhalten aufzunehmen und umzusetzen (Haveman & Stöppler 2004).

Gegenwärtige fortschreitende Budgetierungszwänge im Gesundheitswesen und die fehlende Professionalisierung der Gesundheitsberufe in Form von Standardisierung der Ausbildungsberufe sowie Professionalisierung des Lehrpersonals verhindern eine wirksame Gesundheitserziehung. Davon sind insbesondere Menschen mit Behinderungen und sozialen Benachteiligungen betroffen (Friese 2004). Dieses Problem verschärft sich durch den Notstand der Altenpflege, der sich für alte Menschen mit geistiger Behinderung eklatant negativ auswirkt (Stöppler 2004).

In verschiedenen Epochen wandelte sich die Vorstellung von Gesundheit und Krankheit. In den letzten Jahrhunderten wurde der Gesundheitsbegriff aus medizinischer Perspektive geprägt und somit über Krankheit definiert (Franke & Möller 1993, 8).

Gesundheit ist mehr als die Abwesenheit von Krankheit; der umfassende Gesundheitsbegriff der World Health Organisation (WHO), demzufolge Gesundheit der Zustand völligen körperlichen, psychischen und sozialen → Wohlbefindens ist, bezieht bereits die subjektive Dimension des Wohlbefindens ein und geht über die Charakterisierung von Gesundheit durch biologisch-medizinische Kriterien hinaus. In dieser subjektiven Dimension des Wohlbefindens werden ebenfalls gesellschaftlich determinierte Wertmaßstäbe, Standards und Erwartungen wirksam.

Durch die Implementierung der sozialen und psychischen Dimension wurde die Definition der WHO für die Entwicklung der Gesundheitserziehung bedeutsam. Nach Antonovsky wird Gesundheit als dynamisches Gleichgewicht verstanden, das ausbalanciert werden muss (Salutogenese). Einflussfaktoren sind zum einen die Bedrohungen der Umwelt und zum anderen die Abwehrressourcen des menschlichen Individuums (Rauscher 1999).

Mit dem Wandel des Gesundheitsbegriffs geht auch ein Wandel der Ansichten zur Gesundheitserziehung einher. Während sich in der Mitte der 80er Jahre Gesundheitserziehung weg von der Krankheitsorientierung hin zu einer Ausrichtung an gesundheitsförderlichen Faktoren wandelte, die die individuellen → Ressourcen und Lebensverhältnisse in den Vordergrund rückten, wird seit den 90er Jahren des vorigen Jahrhunderts zunehmend von schulischer Gesundheitsförderung gesprochen, die die Gesundheitserziehung durch den Einbezug schulischer Kontextfaktoren erweitert. Bei der Orientierung am Modell der Salutogenese steht vor allem die psychosoziale Stärkung des Schülers im Gesamtsystem Schule im Zentrum (Rauscher 1999).

Die inhaltlichen Schwerpunkte der schulischen Gesundheitserziehung sind in den Richtlinien und Lehrplänen der Länder verankert und umfassen die Themenbereiche Hygiene/Zahngesundheitserziehung, Ernährungserziehung, Sexualerziehung/Aids-Prävention, Suchtprävention, Erste Hilfe, Sport und Bewegungserziehung (BZgA 2002, 92).

Aufgrund der zu berücksichtigenden gesellschaftlichen Entwicklungen und der aktuellen Lebenssituation der Schülerinnen und Schüler gewinnen Themen wie Stressvermeidung und -bewältigung, Konflikterkennung und -bewältigung, Prävention von umweltbedingten Erkrankungen (z. B. Allergien, Lärmschäden, Krebs) und von Infektionserkrankungen (z. B. Hepatitis B), Förderung eines gesunden Ernährungsverhaltens, Vermeidung von Unfällen, Umgang mit chronisch Kranken, Förderung des Nichtrauchens und Prävention des Arzneimittelgebrauchs/des Dopings an Bedeutung. In Bezug auf das Konzept der »Gesundheitsfördernden Schule« kann u. a. auf folgende Aspekte hingewiesen werden (BZgA, 2002, 19): Entspannungs-, Konzentrations- und Bewegungsübungen zur Stressbewältigung, Klassenraumgestaltung, Herstellung von gesunden Pausensnacks, »aktive Pause« mit der Gestaltung von Außengelände und Pausenräumen, Umgestaltung des Schulhofs, Rückenschule und Suchtprävention.

Diese Themen haben auch Relevanz für Schülerinnen und Schüler mit geistiger Behinderung, insbesondere unter Berücksichtigung der Prinzipien der Lebensbedeutsamkeit und Entwicklungsgemäßheit. Ein adäquates und differenziertes Modell zu den Aspekten der sog. Funktionalen Gesundheit (»Funktionsfähigkeit«) und ihrer Beeinträchtigungen liefert der von der Weltgesundheitsorganisation (WHO) erarbeitete Entwurf der Internationalen Klassifikation der Funktionsfähigkeit und Behinderung (ICIDH-2).

Gesundheitserziehung sollte möglichst früh beginnen; zentrales Ziel ist eine möglichst dauerhafte Verhaltensänderung und der Aufbau von Ressourcen, die der physischen, psychischen und sozialen Gesundheit des Einzelnen förderlich sind durch die Vermittlung von dem jeweiligen Lebenskontext entsprechenden Handlungskompetenzen.

Gesundheitserziehung soll fächerübergreifend bzw. interdisziplinär erfolgen und in die Fächer Sport, Haushaltslehre, Sozialkunde, Chemie, Physik, Technik/Arbeitslehre und Religion/Ethik eingebettet werden (BZgA 2002, 9). Impliziert werden sollten präventive, kurative und rehabilitative Aspekte, um einen Beitrag zur Verbesserung der → Lebensqualität und zur Förderung der Partizipationschancen bei Menschen mit geistiger Behinderung zu leisten.

Reinhilde Stöppler

Literatur

Bundeszentrale für gesundheitliche Aufklärung (BZgA) (2002) (Hrsg.): Schulische Gesundheitserziehung und Gesundheitsförderung. Köln (2. Auflage)
Franke, A. & Möller, H. (1993): Psychologisches Programm zur Gesundheitsförderung. München
Friese, M. (2004): Arbeit und Geschlecht in der Erziehungswissenschaft unter besonderer Berücksichtigung personenbezogener Dienstleistungsberufe. GendA... (Hg). http://www.gendanetz.de/files/document46.pdf.
Haveman, M. & Stöppler, R. (2004): Altern mit geistiger Behinderung. Grundlagen und Perspektiven für Begleitung, Bildung und Rehabilitation. Stuttgart
Kultusministerkonferenz (KMK) (1992): Zur Situation der Gesundheitserziehung in der Schule. Bericht der Kultusministerkonferenz vom 5./6. 11. 1992. Bonn
Rauscher, H. (1999): Gesundheitsförderung im Schulalltag. München
Stöppler, R. (2004): »Eisiger Winter« oder »Goldener Herbst«? Menschen mit geistiger Behinderung im Alter. In: Pflegezeitschrift, 3, 161–164

Gewalt

(siehe auch Trauma)

Gewalt kennzeichnet jeden vermeidbaren Angriff auf die menschlichen Grundbedürfnisse und das Leben im allgemeinen (Galtung 1997, 913) bzw. »die Manifestation von Macht und/oder Herrschaft, mit der Folge und/oder dem Ziel der Schädigung von einzelnen oder Gruppen von Menschen« (Theunert 1987, 40).

Menschen, die als geistig behindert bezeichnet werden, sind vielfach sowohl offener als auch verdeckter oder struktureller Gewalt ausgesetzt. »Strukturelle Gewalt« im Sinne von Ausbeutung, Penetration, Normierung, Marginalisierung und Fragmentarisierung (Galtung 1997, 913ff.) kann in jeglichen sozialen Situationen in Erscheinung treten. »Penetration, was soviel bedeutet wie dem Begünstigten einen Platz im Benachteiligten zu schaffen, wird kombiniert mit Normierung, durch welche dem Benachteiligten nur ein sehr begrenzter Blick auf die Dinge ermöglicht wird. Durch Marginalisierung gelingt die Ausgrenzung ..., kombiniert mit der Fragmentarisierung, sprich Vereinzelung ... – damit ist das zur Ausbeutung noch Fehlende hinzugefügt« (ebd. 916).

Im Kontext der sozialen Situation von Menschen, die als geistig behindert bezeichnet werden, und deren Familien ergeben sich erhöhte Risiken, sowohl offener als auch struktureller Gewalt ausgesetzt zu sein. Vor allem aber sind Menschen mit schwer(st)er Behinderung häufiger Hass ausgesetzt und sie sind besonders verletzlich (Sinason 2000, 224), vor allem dann, wenn sie sich nicht lautsprachlich äußern können.

Seit Anfang der 1970er Jahre sind die Auswirkungen institutioneller Gewalt auf die psychische Entwicklung durch die Studien totaler Institutionen (Goffman 1972) bekannt, wobei sich das ganze Spektrum schwerer Verhaltensstörungen von depressivem Rückzug, Mutismus, Selbstverletzungen, Aggressivität und Destruktivität als Resultat individueller Vergesellschaftung innerhalb totaler Institutionen nachweisen lässt (Jantzen 2002, 345). Dass geistige Behinderung häufig von (hospitalisationsbedingten) Verhaltensauffälligkeiten oder psychischen Störungen (Theunissen 2005) begleitet wird und neben der »konstitutiven Diagnose (oftmals, d.V.) ... eine psychiatrisch-psychotherapeutische Diagnose« (Jantzen 2002, 342) erfolgt, ist seit Mitte der 1980er Jahre hinlänglich bekannt.

Ferner werden seit einigen Jahren Zusammenhänge zwischen Verhaltensauffälligkeiten und Auswirkungen bei Opfern von Gewalt gesehen, so können beispielsweise schwere Verhaltensstörungen Folgen psychischer Traumatisierungen sein. Oftmals geht jedoch der »Zusammenhang zwischen traumatischen Symptomen und ihrem Auslöser verloren, die Symptome verselbständigen sich« (Herman 1993, 55f.).

Die Folgen von Gewalt wirken sich bei Menschen mit geistiger Behinderung häufig gravierender aus als bei nicht behinderten Menschen, da die Möglichkeiten der Abwehr- und Bewältigungsmechanismen in der Regel eingeschränkt sind (Hackenberg 2001, 3). Außerdem führen »schwer und/ oder dauerhaft wirkende Stressoren ... zu Veränderungen der Stressregulation«, so dass es zu schweren Störungen in Form eines Posttraumatischen Psychosyndroms oder einer → Depression kommen kann (Jantzen 2001; 2002, 344). Daher ist dem Verhältnis von psychisch höherer Verwundbarkeit und Gewalt nachzukommen.

Hierzu müssen Sozialisationsbedingungen beleuchtet werden, die auch familiale Situationen betreffen. So wissen wir (Ziemen 2002) um spezifische Probleme, die die soziale Situation von Familien mit einem geistig behinderten Kind betreffen. Nehmen wir das Beispiel der Diagnose, welche zwar Eltern häufig irritiert oder schockiert, noch gravierender sind aber zumeist die mit der Diagnosemitteilung einhergehenden »sozialen Regelverletzungen« im Sinne von Abwertungsprozessen der Familie und dem betroffenen Kind gegenüber einzuschätzen (ebd., 164ff.). Diese werden nicht selten zu einem stark belastenden Faktor, welcher ungünstige Auswirkungen auf die transaktionalen Beziehungen zwischen Eltern und Kind hat: Betroffene Eltern sind im Kontakt mit ihren Kindern intrusiver, übernehmen öfter die Initiative und kontrollieren häufiger (Jantzen 2002, 346). Damit ist innerhalb der Familie »nach der Realisierung struktureller Gewalt ... zu fragen wie sorgfältig zu analysieren, dass die Familien selbst sich in sozialen Feldern befinden, in deren Kontext sie dispositionellen Erwartungen ... und Zuschreibungen unterliegen, die sie gleichzeitig als ... strukturelle Gewalt erfahren« (ebd., 348).

Prozesse der Gewalt entstehen somit auf institutioneller, interindividueller, gemeinschaftlicher und gesellschaftlicher Ebene, und sie finden ihren Ausdruck in jeglichen Ausgrenzungs- und Isolierungspraktiken. Die Fragen des Menschenbildes, der Einstellung, der habituell repräsentierten Vorstellungen und Konstruktionen von »geistiger Behinderung« beeinflussen die Bereitschaft, demokratisch bzw. solidarisch zu handeln. Alles in allem ist daher »geistige Behinderung« unter dem Aspekt von »Gewalt« stets kritisch zu hinterfragen.

Kerstin Ziemen

Literatur

Galtung, J. (1997): Gewalt. In: Wulf, Ch.: Vom Menschen. Weinheim/Basel, 913–919
Goffman, E. (1972): Asyle. Frankfurt/M.
Jantzen, W. (2001): Krisenintervention bei Depressionen. In: Wüllenweber, E. & Theunissen, G. (Hrsg.): Handbuch Krisenintervention, Stuttgart, 190–212
Jantzen, W. (2002): Identitätsentwicklung und pädagogische Situation behinderter Kinder und Jugendlicher. In: Sachverständigenkommission 11. Kinder- und Jugendbericht. Band 4: Gesundheit und Behinderung im Leben von Kindern und Jugendliche. DJI, München, 317–394
Hackenberg, W. (2001): Missbrauchte Behinderte können sich nicht wehren. In: Geistige Behinderung, Heft 1, 3–13
Herman, J. L. (1993): Die Narben der Gewalt. München
Sinason, V. (2000): Geistige Behinderung und die Grundlagen menschlichen Seins. Neuwied
Theunissen, G. (2005): Pädagogik bei geistiger Behinderung und Verhaltensauffälligkeiten. Bad Heilbrunn (4. völlig überarb. u. erw. Aufl.)
Theunert, H. (1987): Gewalt in den Medien – Gewalt in der Realität. Leverkusen
Ziemen, K. (2002): Das bislang ungeklärte Phänomen der Kompetenz – Kompetenzen von Eltern behinderter Kinder. Butzbach-Griedel

H

Handlungsbezogenes Lernen

(siehe auch projektorientiertes Lernen)

Handlungsbezogenes Lernen verschafft Kindern, Jugendlichen und Erwachsenen mit geistiger Behinderung Lernmöglichkeiten, die ihnen vorrangig offen stehen und angesichts der für sie wichtigen Ziele am wirksamsten sind.

Im Idealfall ist *Handeln* ein motiviertes, zielgerichtetes, geplantes, kontrolliertes Verhalten oder seine Unterlassung. Motive sind Auslöser für Handeln. Ziele lenken die → Motivation in eine bestimmte Richtung, indem sie mögliche Endzustände zur Befriedigung eines Motivs in der Vorstellung vorwegnehmen. Der Handlungsplan ist das Bindeglied zwischen Zielentscheidung und psychomotorischer Aktivität zur Umsetzung des Ziels und die mentale Vorwegnahme der Techniken und Mittel zur Umsetzung des Zieles. Handeln ist kontrolliert, indem die Ergebnisse der Planausführung mit der Zielvorstellung fortlaufend und am Ende verglichen werden. Beim Handeln werden *psychische Funktionen* wie Wahrnehmen, Denken, Vorstellen, Speichern, Erinnern, Gefühle für die Zielerreichung eingesetzt, durch den Handlungsablauf integriert und damit geübt und gefördert. In den Phasen der Zielsetzung, der Planung und Kontrolle stehen kognitive Funktionen wie Wahrnehmen, Vorstellen, Erinnern im Vordergrund, in der Planrealisierung werden psychomotorische Aktivitäten mit kontrollierender → Wahrnehmung verbunden. → Emotionen wie Erwartung, Ehrgeiz, Erfolgsfreude, Enttäuschung, Frustration oder Stolz und Befriedigung begleiten die einzelnen Phasen.

Handlungsbezogenes Lernen lässt sich aus der Leitidee »Handlungsfähigkeit«, aus Einschränkungen der Handlungsmöglichkeiten dieser Schülergruppe und ihren vorherrschenden Lernmöglichkeiten begründen. *Handlungsfähigkeit* als eines der zentralen Bildungsziele umfasst auch den Aspekt der → Selbstbestimmung, wenn Entscheidungen zu treffen sind, die den eigenen Interessen und Wertvorstellungen entsprechen. *Einschränkungen* der Handlungsmöglichkeiten und der Selbstbestimmung von Menschen mit geistiger Behinderung sind Folge der Hirnfunktionsstörung und ungünstiger Sozialisationsbedingungen, wie mangelnde Planungsfähigkeit oder Impulsivität, Stereotypien und Verhaltensauffälligkeiten, mangelnde Umstellungsfähigkeit infolge eingeschränkter Erfahrungen, bloße Übernahme nicht verstandener Handlungsmuster, Verführbarkeit infolge mangelnder Ichstärke, eine reduzierte Selbsteinschätzung hinsichtlich behinderungsbedingter Grenzen und Vorurteile in der Bevölkerung sowie mangelndes Zutrauen bei Eltern und Erziehungspersonal in die Verselbständigungstendenzen des behinderten Menschen. Entwicklungspsychologische Entwürfe, welche die *Entstehung der Handlungsfähigkeit* beim Kind beschreiben, findet man bei Piaget und der Aneignungstheorie (Pitsch 2002). Danach bilden den Anfang von Handlungsfähigkeit nicht psychische Funktionen, sondern Handlungskerne oder sensomotorische Grundmuster als Kristallisationspunkte für Handlungsmuster, wenn Kindern zielbewusstes Verhalten unterstellt und als Handeln interpretiert wird.

Handeln lernt man durch Handeln in der realen Situation oder durch Probehandeln in realitätsnahen Lernsituationen ohne Realitätsdruck. Das schließt den Erwerb bestimmter Teilkompetenzen auf formalerer Ebene nicht aus, soweit sie für einen Handlungsvollzug erforderlich sind. *Handlungsbezogenes Lernen* vollzieht sich vor allem im Alltag einer Einrichtung. Dazu gehören u. a. die Selbstversorgung, das Herrichten und Einnehmen von Mahlzeiten, das Schmücken und Verändern von Räumen, Freizeitaktivitäten, das Wohntraining in einer Trainingswohnung. *Lehrstrukturformen* wie der → projektorientierte Unterricht und die handlungsbezogene Einzelförderung bei Schülerinnen und Schülern mit schwerer geistiger Behinderung vermitteln Handlungsfähigkeit. Auch in offenen Unterrichtsstrukturen werden Teilqualifikationen einer Handlung erworben (Köhnen & Roos 1999). Ein von Handlungen losgelöstes Training psychischer Funktionen erscheint wenig sinnvoll. Beispielhaft sei auf wenig realitätsnahe Trainingsprogramme zur → Wahrnehmungsförderung hingewiesen. Jede Handlung enthält in dem Maße Elemente der Wahrnehmungsförderung, wie sinnliches Erkennen gefordert wird (Fischer 1998).

Handlungsbezogenes Lernen hat *Grenzen* und reicht nicht aus, um alle Lernmöglichkeiten auszuschöpfen. Mit zunehmendem Alter und geringerer Schwere der geistigen Behinderung treten Lernweisen hinzu, die modellhafter, operationaler, abstrakter werden, z. B. beim Erlernen des Lesens und Rechnens, des Erfassens der Zeit. Erlebnisfähigkeit lässt sich nicht in gleichem Maße wie Handlungsfähigkeit operationalisieren und unterliegt in hohem Maße der Subjektivität.

Heinz Mühl

Literatur

Fischer, E. (1998): Wahrnehmungsförderung. Handeln und sinnliche Erkenntnis bei Kindern und Jugendlichen. Dortmund
Köhnen, M. & Roos, E. (1999): Vorhabenorientierte Freiarbeit. Dortmund
Mühl, H. (2004): Handlungsbezogener Unterricht. In: Erhard Fischer (Hrsg.): Welt verstehen – Wirklichkeit konstruieren. Unterricht bei Kindern und Jugendlichen mit geistiger Behinderung. Dortmund, 53–74
Pitsch, H.-J. (2002): Zur Entwicklung von Tätigkeit und Handeln Geistigbehinderter. Oberhausen.
Pitsch, H.-J. (2005): Zur Theorie und Didaktik des Handelns Geistigbehinderter. 2. Auflage, Oberhausen

Hauswirtschaft, Privathaushalt

Eine Begriffsbestimmung für Hauswirtschaft entwickelte der Internationale Verband für Hauswirtschaft (IVHW 1978). Es heißt hier: »Haushalte (Hauswirtschaft) nehmen grundlegende Aufgaben der Lebenserhaltung und Lebensgestaltung wahr. Die Erfüllung dieser Aufgaben beinhaltet die Nutzung, Erschließung und Bereitstellung materieller und menschlicher Ressourcen zum Wohle des Einzelnen, der Familie und anderer Lebensgemeinschaften sowie der Gesellschaft und der Volkswirtschaft« (zitiert nach Thiele-Wittig 1982, 272).

R. von Schweizer (2003, 15ff.) sowie B. Methfessel (2003, 105ff.) charakterisieren die Privathaushalte der Moderne als Institutionen einer familial zusammenlebenden Menschengruppe oder einer Einzelperson, die einem familialen Netzwerk angehört oder angehörte, die zusammen wohnen und wirtschaften, die aber auch über mehrere Wohnsitze verfügen und mehrere Generationen übergreifen können. Privathaushalte haben das Überleben zu sichern, die Persönlichkeitsbildung zu ermöglichen und ein Werte- und Regelsystem der Kultur des Zusammenlebens und Zusammenwirtschaftens zu erfinden, einzuüben und den Erfordernissen, Ressourcen, Wünschen und Zielen im Alltag immer wieder anzupassen und zwar stets im Spannungsfeld zwischen persönlichen Ansprüchen, verfügbaren Ressourcen und sich bietenden Handlungsspielräumen.

In der Theorie der »Neuen« Hauswirtschaft (postmoderne Hauswirtschaft) nach Piorkowsky (2006, 69ff.) werden Haushalte und Familien nicht als letzte Glieder in der Kette von der Urproduktion bis zum Konsum, sondern als grundlegende Akteure in Wirtschaft und Gesellschaft verstanden. Haushalte sind Produzenten bzw. Produktionsstätten von Humanvermögen – sowohl als Arbeitsvermögen wie auch als Vitalvermögen. Zu den traditionellen Haushalts- und Familienfunktionen werden neben der ökonomischen Funktion (Güterversorgung) besonders die Regenerationsfunktion (Entspannung) sowie die generative Funktion (Zeugung) und die Sozialisationsfunktion (Erziehung) gerechnet.

Das Lehr- und Forschungsgebiet sowie das Schulfach »Hauswirtschaft« werden in Deutschland unter verschiedenen Bezeichnungen, verschiedenen Ansätzen und verschiedenen Definitionen geführt. Konsens besteht darin, dass ein Studium der Hauswirtschaftswissenschaft/Haushaltwissenschaft(en) integrativ, interdisziplinär sowie verhaltens- und handlungsorientiert ist. In der Didaktik des Schulfaches hat sich seit den siebziger Jahren eine Unterrichtsform etabliert, die »Kopfarbeit« und »Handarbeit« gleichgewichtig verbindet und mit dem Ziel der Lebensvorbereitung der Schülerinnen und Schüler auch deren Selbstständigkeit, Verantwortungsbereitschaft und → soziales Lernen unterstützen will.

Neben aktuellen haushaltswissenschaftlichen Anforderungen ist das Unterrichtsfach aus erziehungswissenschaftlicher Perspektive kompatibel mit aktuellen Bildungsvorstellungen und -theorien (Bender 2000, 167).

Für junge Menschen mit (geistiger) Behinderung bedeutet der private Haushalt mit den Haushaltsmitgliedern und ihrer Fürsorge, der Wohnung, dem Wohnumfeld, aber auch deren Mangel, lebenspraktische Erfahrung. Das Lernen, insbesondere das Einüben von Handlungskompetenzen zur Haushaltführung für täglich wiederkehrende Verrichtungen (z. B. Einkauf, Nahrungszubereitung, Esskultur, Wohnkultur, alle Reinigungs- und Pflegemaßnahmen), orientiert sich an der Schülerpersönlichkeit in Abhängigkeit von der Schwere der Behinderung bzw. häufig auch der Mehrfachbehinderung. Haushälterische Bildung liefert für alle jungen Menschen (Schülerinnen/Schüler) mit Behinderungen einen Beitrag zur Lebensbefähigung, zur → Selbstbestimmung und Mitentscheidungsfähigkeit, mehr noch zum → »Erwachsenwerden«. Letzteres hängt nach Mühl (2007) davon ab, ob die Betroffenen, insbesondere Menschen mit kognitiven Beeinträchtigungen, wie Erwachsene betrachtet und als solche behandelt werden.

Christa Dietrich

Literatur

Bender, U. (2000): Wurzeln, Wandlungen und Wege: Praktisches Lernen in der Haushaltslehre im Spiegel eines interdisziplinären Dialogs zwischen Fachdidaktik und Erziehungswissenschaft. In: Hauswirtschaft und Wissenschaft 4

Methfessel, B. (2003): Wandel von Lebensstil und Lebensformen. In: Methfessel, B. & Schlegel-Matthies, K. (Hrsg.): Fokus Haushalt – Beiträge zur Sozioökonomie des Haushalts. Hohengehren

Mühl, H. (2007): Geistige Behinderung. In: Online Handbuch für Beratung, Förderung, Aus- und Weiterbildung. http://www.ausbildungberufchancen.de. 06. 02. 2007

Piorkowsky, M.-B. (2006): Neue Hauswirtschaft – Plädoyer für ein neues Paradigma für die dgh. In: Haushalt und Wissenschaft 2

Schweizer, R. v. (2003): Focus Haushalt – Herausforderungen für Bildung und Politik. Symposium (Kurzfassung) Münster

Thiele-Wittig, M. (1982): Aufgaben und Qualifikationsbedarfe für Haushaltswissenschaftler in Entwicklungsprojekten und internationalen Organisationen. In: Hauswirtschaft und Wissenschaft 30, 5

Heilpädagogik

Die Anfänge systematischer Heilpädagogik im 19. Jahrhundert waren kategorial organisiert. Sie galten zunächst der Erziehung gehörloser und blinder Kinder und wurden auch so bezeichnet. Dabei ging es um sensorische Einschränkungen, und es verwundert nicht, dass die Ausdehnung heilpädagogischer Erziehungsbemühungen, z. B. auch für geistig behinderte Kinder, an der Vorstellung sensorischer Schwächen Maß nahm. *Jean Itard*, der als Arzt mit gehörlosen Kindern gearbeitet hatte, begann 1802 ein Erziehungsexperiment mit *Victor,* einem »Wolfsjungen«, der sich den gängigen heilpädagogischen Kategorienbildungen entzog. Zentraler Bestandteil dieses Erziehungsprogrammes war die Stärkung der »schwachen Sinne« seines Zöglings (Lane 1985). Darin war Itard sowohl von seinen Erfahrungen mit gehörlosen Kindern wie auch vom englischen Sensualismus geprägt. Diese Vorstellungen, die Itard an seinen Schüler Séguin weitergab, verbinden sich mit einem ersten übergreifenden Begriff, der eine pädagogische Programmatik beinhaltet, die *Schwachsinnigenpädagogik*.

Die Terminologie der *Heilpädagogik* wurde zunächst vor allem im Umfeld der Erziehung geistig behinderter Kinder und Jugendlicher verwendet und in einem zweibändigen Lehrbuch von *Georgens & Deinhardt* (1861–63) disziplinär verortet. Er deutete zunächst auf die theologischen (seelisches Heil), medizinischen (körperliches Heil) und sozialpädagogischen Wurzeln (Kindeswohl) heilpädagogischen Wirkens und fordert die Zusammenarbeit der unterschiedlichen Professionen. Inhaltlich bleibt der Begriff vor allem auch deshalb schillernd, weil er nicht nur ein breites Spektrum von behinderungskategorial ausgerichteten Einzelpädagogiken mit unterschiedlichen institutionellen Anbindungen umfasste, sondern auch, weil ein *Heilen* im wörtlichen Sinne nicht das Ziel der Heilpädagogik sein konnte.

Der Einfluss institutioneller Anbindungen auf die Begriffsbildung zeigte sich exemplarisch im Begriff der »*Hilfsschulpädagogik*«, der sich mit dem massiven Ausbau der Hilfsschulen verband und für viele Jahre die Außenwahrnehmung der Heilpädagogik dominierte. Die Stärke solcher Begriffe ist andererseits eben auch ihre konkrete Anbindung an eine Institution.

Begrifflich bedeutsame Veränderungen begannen mit der Erscheinung von Heinrich Hanselmanns »*Grundlinien zu einer Theorie der Sondererziehung* (Heilpädagogik)« (Hanselmann 1941; vgl. Speck 2005, 52). In diesem Titel werden sowohl *Sondererziehung* wie auch *Heilpädagogik* genannt. Mit dem Begriff der Sondererziehung könnte der Autor die Befreiung der Pädagogik von ihren traditionellen Nachbardisziplinen der Medizin und Theologie angestrebt haben. In diesem Sinne der Lösung eines Autonomiekonfliktes wird auch das berühmte Diktum von Hanselmanns Schüler Paul Moor verstanden: »*Heilpädagogik ist Pädagogik, nichts anderes*« (1965, 273). In den 60iger Jahren wurde dann der Begriff der Heilpädagogik durch *Sonderpädagogik* abgelöst, was wohl auch mit dem Reiz der angloamerikanischen »*Special Education*« verbunden war. Konkurrierend dazu wurde der Begriff der *Behindertenpädagogik* von Ulrich Bleidick ins Spiel gebracht (Bleidick 1984). Im Rückgriff auf *Herbart* wird vorgeschlagen, Behinderung als Störung der Bildsamkeit und als Ausgangspunkt geeigneter Erziehungsmaßnahmen zu verstehen.

Die Termini der Sonderpädagogik wie auch der Behindertenpädagogik verbinden sich mit Nachteilen, die zunehmend sichtbar wurden. Mit dem »*Sonder*«-Pädagogikbegriff wird das Besondere von Menschen mit Behinderung gegenüber dem allen Menschen gemeinsamen Humanum betont. Der Begriff, so wird das im deutschen Sprachraum empfunden, impliziert und legitimiert sondernde Maßnahmen, die im Rahmen der aufkommenden *Integrationspädagogik* in scharfe Kritik geraten waren (Eberwein 1985). Dabei könnte sich die Vorstellung einer Integrationspädagogik im Rahmen einer stärker werdenden *Inklusionsdiskussion* erübrigen (Hinz 2002; Schnell & Sander 2004). Von einer Inklusionspädagogik wird bisher allerdings nicht gesprochen. Terminologisch wäre sie mit ähnlichen Problemen behaftet wie der Begriff der Integrationspädagogik. Es ist Aufgabe jeder Pädagogik, die → Inklusion ihrer Schüler zu befördern und der Gefahr stigmatisierender Exklusion vorzubeugen.

Der Vorschlag, von Behindertenpädagogik zu sprechen, verbindet sich neben dem Vorteil, die Spezifik des Arbeitsfeldes gut bestimmen zu können, mit dem Nachteil einer problematischen Fokussierung auf Behinderung und mit der Gefahr einer implizierten Ontologisierung von Behinderung. Dies steht im Widerspruch zu situativ-interaktiven Erklärungszugängen zum Problemkreis von Behinderung. Die Einflüsse ökologischer Theorieansätze, Leitprinzipien der → Integration und → Normalisierung, von Selbsthilfebewegungen und Empowermentansätzen haben das Selbstverständnis der Pädagogik für Menschen mit Behinderung tiefgreifend verändert und lassen sich in den Überbegriffen der Sonder- oder Behindertenpädagogik nur noch teilweise abbilden.

Terminologische Neuverortungen wurden zum einen im Rehabilitationsbegriff und zum anderen in einem neu begründeten Rückbezug auf den historischen Begriff der Heilpädagogik versucht. *Rehabilitationspädagogik* wurde als übergreifender Disziplin- und Professionsbegriff in der DDR verwendet. In der modernen Begründung für die Verwendung dieses Begriffs wird vor allem darauf hingewiesen, dass Rehabilitation als sozialrechtlicher Begriff alle medizinischen, berufsbildenden und sozialpädagogischen Maßnahmen umfasst, die das Bundessozialhilfegesetz (BSHG) vorsieht. Neben der sozialrechtlichen Vereinheitlichung der Begriffssysteme bietet die Verwendung des Rehabilitationsbegriffs auch die Chance, sich von der Dominanz (sonder-)schulischer Traditionen zu befreien. Dabei ist aber nicht zu übersehen, dass die Begriffe → Rehabilitation und Rehabilitationswissenschaften medizinisch besetzt sind.

Unter Bezug auf die etymologische Bedeutung von »heil« als »ganz« und im Sinne von »Glück« propagierte insbesondere Otto Speck (2003) eine Wiederbelebung des Begriffs der Heilpädagogik: »Heilpädagogik kann verstanden werden als eine spezialisierte Pädagogik, die von einer Bedrohung durch personale und soziale Desintegration ausgeht, und bei der es im Besonderen um die Herstellung oder Wiederherstellung der Bedingungen für eigene Selbstverwirklichung und Zugehörigkeit, für den Erwerb von Kompetenz und Lebenssinn, also um ein Ganz-werden geht, soweit es dazu spezieller Hilfe bedarf« (59).

Angesichts des terminologischen Verwirrspiels forderte Bleidick eine reflektierte Pragmatik im Umgang mit den Begriffen, die ihre Kontingenz einschließt: Contingit ut – es kann auch anders sein (Bleidick 1996, 36). Das ist für die Theoriebildung des Faches eine problematische, aber auch realistische Einschätzung. Auch in Zukunft werden verschiedene Begriffe konkurrieren und parallel verwendet werden. Vielleicht entspricht aber gerade auch die Kontingenz der Begriffe der unabdingbaren Offenheit (heil-)pädagogischer Reflexion.

Günther Opp

Literatur

Bleidick, U. (1984): Pädagogik der Behinderten. Berlin (5. Auflage)
Bleidick, U. (1996): Pädagogik der Behinderten: Ein Ausblick. In: Opp, G. & Peterander, F. (Hrsg.): Focus Heilpädagogik. München, 28–35
Eberwein, H. (Hrsg.) (1985): Behinderte und Nichtbehinderte lernen gemeinsam. Handbuch der Integrationspädagogik. Weinheim
Hinz, A. (2002): Von der Integration zur Inklusion – terminologisches Spiel oder konzeptionelle Weiterentwicklung. In: Zeitschrift für Heilpädagogik, 53, 354–361
Lane, H. (1985): Das wilde Kind von Aveyron. Berlin
Moor, P. (1965): Heilpädagogik. Bern
Schnell, I. & Sander, A. (Hrsg.) (2004): Inklusive Pädagogik. Bad Heilbrunn
Speck, O. (2003): System Heilpädagogik. München (5. Auflage)

Heilpädagogische Rhythmik

(siehe auch Psychomotorik)

Die heilpädagogische Rhythmik versteht sich als integratives Angebot, ausgerichtet auf die Entwicklung der Persönlichkeit durch musisch-kreative Aktivitäten. Sie orientiert sich am Bedürfnis des Menschen nach Bewegung und der damit verbundenen Erfahrung von Handlungskompetenz und Selbstwirksamkeit. Sie setzt → Musik, Stimme, Sprache und Materialien ein, um sinnlich-gestalterisch zu aktivieren und kreative Lernprozesse und Begegnungen zu ermöglichen. Musik strukturiert und begleitet Bewegung, erleichtert gemeinsames Tun und schafft einen kommunikativen Erlebnisraum. Einbezogen sind alle im Bereich heilpädagogischer Arbeit angesprochenen Kinder, Jugendlichen und Erwachsenen.

Rhythmik als heilpädagogisches Arbeitsprinzip geht zurück auf Maria Scheiblauer (1891–1968), Schülerin von Emil Jaques-Dalcroze. In Zusammenarbeit mit H. Hanselmann übertrug sie die Ideen von Dalcroze auf den heilpädagogischen Bereich und war als Dozentin für musikalisch-rhythmische Erziehung am Heilpädagogischen Seminar Zürich tätig.

Die von Scheiblauer vorgeschlagenen Übungsgruppen werden heute als Ordnungsübungen, Wahrnehmungs- und Konzentrationsübungen, Soziale Übungen, Begriffsbildungsübungen, Improvisations- und Phantasieübungen bezeichnet (vgl. u. a. Thaler-Battistini 1989, 71). Dimensionen des Lernprozesses umfassen Beziehung, Bewegung, Wahrnehmung, Gestaltung und Sprache/Ausdruck (Bühler & Thaler 2001). Sie können funktional, prozessorientiert oder gestalterisch verstanden werden und damit viele Aspekte der Persönlichkeitsbildung abdecken (Weiss 2006).

Frohne (1981, 128) nennt als einziges Lernziel, »in einen ständigen Prozeß des Austausches und der Bewegung zu kommen«, und spricht von Erfahrungsfeldern und erlebniszentriertem dialogischem Vorgehen. Aufbauend auf der Förderung der → Selbstwahrnehmung, Konzentration und → Aufmerksamkeit, Handlungs- und Ausdrucksfähigkeit sowie der Entwicklung innerer Vorstellungen erfolgt die Förderung der Fremdwahrnehmung, des Einfühlungs- und Abgrenzungsvermögens, der Flexibilität und Reaktionsfähigkeit, der Kommunikation und Interaktion sowie der Mitgestaltung von gemeinsamen Aufgaben.

In der Arbeit mit behinderten Menschen sind Aufgaben häufig in Bildern, Geschichten oder persönlichen Erlebnissen eingebettet, um das Erfassen alltagsorientierter Sinnzusammenhänge sowie die Partizipation der Teilnehmenden zu erleichtern.

Heilpädagogische Rhythmik entspricht mit ihrer Suche nach Entwicklungsmöglichkeiten der Ressourcenorientierung in der aktuellen heilpädagogischen Diagnostik, Förderung und Begleitung. Darüber hinaus hat Scheiblauer in der Gestaltung ihrer Übungen z. B. Angebote zur basalen → Wahrnehmungsförderung vorweggenommen, die einer auf Sinnerfassung ausgerichteten ganzheitlichen Förderung entsprechen und durch neuropsychologische Überlegungen bestätigt werden.

Gabriele Weiss

Literatur

Bühler, A. & Thaler, A. (2001): »Selber denken macht klug«. Rhythmik, ein gestalterisches Verfahren in der Heilpädagogik. Luzern

Frohne, I. (1981): Das Rhythmische Prinzip. Lilienthal

Thaler-Battistini, A. (Hrsg.) (1989): Rhythmik in der Heilpädagogik. Luzern

Weiss, G. (2006): Kreative Arbeit mit Musik und Bewegung – Heilpädagogische Rhythmik für Menschen mit und ohne Behinderungen. In: Theunissen, G. & Großwend, U. (Hrsg.): Kreativität bei Menschen mit geistigen und mehrfachen Behinderungen. Bad Heilbrunn

Hilfebedarf

Obwohl alltagssprachlich häufig synonym gebraucht, ist es wichtig, »Bedarf« zu unterscheiden von »Bedürfnis«. → Bedürfnisse können mit Rückgriff auf psychologische Theoriebildung allgemein definiert werden als subjektive und objektive Mängelzustände, die im Leben von Menschen in physischer, psychischer und sozio-kultureller Hinsicht entstehen und nach Befriedigung streben. Bedarfe können verstanden werden als konkretisierte Bedürfnisse. Der Zusammenhang, in dem individuelle Bedürfnisse zu Bedarfen werden, ist geprägt durch individuelle Faktoren, durch situative Bedingungen und nicht zuletzt durch sozialstaatliche Vorgaben. Nicht alle Bedürfnisse führen dazu, dass einzelne Menschen daraus einen konkreten Bedarf nach Unterstützung oder nach bestimmten Lebensumständen ableiten. Dies wird dann offensichtlich, wenn etwa Menschen mit Behinderungen in langjähriger institutioneller Betreuung gelernt haben, anspruchslos zu sein, mit bestimmten Mängeln zu leben und mit ungenügenden Lebensbedingungen zufrieden zu sein bzw. weitergehende Befriedigungsmöglichkeiten für ihre Bedürfnisse nicht kennen. Gerade in solchen Situationen wird deutlich, dass die Formulierung von konkreten Bedarfen einerseits an kognitive Voraussetzungen gebunden ist. Andererseits ist die Artikulationsmöglichkeit von konkreten Bedürfnissen auch abhängig davon, ob die situativen Kontexte diesbezüglich ermutigend oder eher repressiv sind. Hierin liegen Begründungen und Ansatzpunkte für heilpädagogische Konzepte des → Empowerment, die Menschen mit Behinderungen dabei unterstützen wollen, ihre Wünsche und Bedürfnisse angstfrei und informiert zu artikulieren und durchzusetzen (vgl. Theunissen & Plaute 2002). Dieser Zusammenhang gewinnt auch Bedeutung bei der Frage nach der Bestimmung von Lebensqualität. Hier wird davon ausgegangen, dass alleine die festgestellte subjektive Zufriedenheit eines Menschen mit Behinderung kein ausreichender Indikator für → Lebensqualität sein kann. Vielmehr müssen sozialökologische Standards der Lebensbedingungen, d. h. auch die fachlichen Standards der Unterstützungssysteme als Indikatoren für Lebensqualität unbedingt einbezogen werden (Beck 1996; Schwarte & Oberste-Ufer 2001).

Der Begriff »Hilfebedarf« gewinnt seine Bedeutung vor allem auch als sozialrechtliche Kategorie. Letztlich aus dem Sozialstaatsgebot unserer Verfassung leitet sich das Recht von Bürger/innen auf bedarfsgerechte Hilfeleistungen ab, die sie für ein würdevolles Leben benötigen, aber nicht anderweitig bekommen. Für Menschen, die als Bürger/innen sozialstaatliche Hilfen in Anspruchnehmen wollen, ist zunächst die formale Zuerkennung des entsprechenden »Status« erforderlich, der ihnen Zugang zu gemeinschaftlich finanzierten Sozialleistungen eröffnet. Diese Zuerkennung erfolgt über einen Antrag bei den jeweiligen Leistungsträgern. Für Leistungen des Sozialrechts ist dies z. B. der Status »behindert«, für Leistungen der Pflegeversicherung ist dies der Status »pflegebedürftig«. Die Tatsache, dass ein Mensch eine anerkannte Behinderung hat, sagt noch nichts über seinen individuellen Hilfebedarf aus. Auch der Status »geistig behindert« gibt keine näheren Hinweise auf den tatsächlichen Hilfebedarf eines Betroffenen, wie dies lange Zeit im Rahmen der Logik der stationären Unterbringung unterstellt wurde. Der individuelle Bedarf an Unterstützung, wie er sich in einer konkreten Situation eines Menschen mit Behinderung darstellt, aber ist Grundlage für den Inhalt, die Art und den Umfang von sozialen Leistungen und somit letztlich auch für die damit verbundenen Kosten. Diesen individuellen Hilfebedarf eines Menschen mit Behinderung festzustellen, ist somit nicht nur eine fachliche Aufgabe, die erforderlich ist, um Hilfen individualisiert erbringen zu können. Die Feststellung des individuellen Hilfebedarfs zur Gewährung und Finanzierung sozialer Hilfen ist ganz wesentlich auch eine staatliche Aufgabe, die über Verwaltungsverfahren zu leisten ist. Sie qualifiziert zu bewältigen, ist in der administrativen Praxis eine erhebliche Herausforderung. Die jeweiligen Leistungsgesetze enthalten Vorgaben, wie individuelle Bedarfe zu erheben sind und welcher Leistungsträger für welche Leistungen zuständig ist. Für die Behindertenhilfe besonders relevant ist das Sozialgesetzbuch XII (SGB XII). Zu verweisen ist auf § 9 SGB XII, wo auf die zentrale Bedeutung des Wunsch- und Wahlrechtes und der Betrachtung der Art des Bedarfs im Einzelfall eingegangen wird. Des Weiteren ist zu verweisen auf die Vorgaben von § 76, Abs. 2 SGB XII, wonach die Finanzierung von Leistungen in Einrichtungen über Maßnahmepauschalen »nach Gruppen für Leistungsberechtigte mit vergleichbarem Bedarf kalkuliert (wird)« (ebd.). Für die Bildung von solchen »Hilfebedarfsgruppen« wird meist auf eine von Metzler entwickelte Systematik zurückgegriffen (Metzler 1998), der zufolge nach einem 120 Punkte umfassenden System fünf Hilfebedarfsgruppen gebildet werden können, die nach Intensität des Hilfebedarfs gegliedert sind. Das Verfahren bezieht sich auf sieben Lebensbereiche: Alltägliche Lebensführung, individuelle Basisversorgung, Gestaltung sozialer Beziehungen, Teilnahme am kulturellen/gesellschaftlichen Leben, Kommunikation und Orientierung, Emotionale und psychische Orientierung und Gesundheitsförderung.

Anzumerken ist, dass die Zuordnung von Menschen mit Behinderung zu Gruppen mit vergleichbarem Hilfebedarf zwar einen Fortschritt darstellt gegenüber traditionellen, nicht weiter differenzierenden Verfahrensweisen, die das Vorliegen eines individuellen Hilfebedarfs mit dem Bedarf nach einem »Platz« in einer Einrichtung gleichsetzen. Fraglich ist aber, ob mit einem solchen System konkretisierte Bedürfnisse einzelner Menschen hinreichend individuell abgebildet werden können.

Als zentrale Herausforderungen bleiben die Aufgaben, wie individuelle Hilfebedarfe von Menschen mit Behinderung von einzelnen Sozialleistungsträger und trägerübergreifend angemessen, d. h. fachlich gestützt und unter Einbeziehung der Betroffenen ermittelt und festgestellt werden können. Dabei wird zu prüfen sein, inwieweit personenorientierte Hilfeansätze dadurch gefördert werden können, dass Hilfebedarfe vermehrt in Kategorien von »individuell benötigter Unterstützungszeit« ermittelt werden, die dann entsprechend der erforderlichen professionellen Voraussetzungen verpreislicht werden kann.

Johannes Schädler

Literatur

Metzler, H. (1998): Gutachten zur Ermittlung des Hilfebedarfs für Menschen mit Behinderung. Tübingen

Schwarte, N. & Oberste-Ufer, R. (2001): LEWO II – Lebensqualität in Wohneinrichtungen für erwachsene Menschen mit geistiger Behinderung. Ein Instrument für fachliches Qualitätsmanagement. Marburg

Theunissen, G. & Plaute, W. (2002): Handbuch Empowerment und Heilpädagogik. Freiburg

I

ICF (Internationale Klassifikation der Funktionsfähigkeit, Behinderung und Gesundheit)

(siehe auch geistige Behinderung, Disability)

Die Abkürzung »ICF« steht für die »Internationale Klassifikation der Funktionsfähigkeit, Behinderung und Gesundheit« der Weltgesundheitsorganisation (WHO), die im Mai 2001 von der 54. Vollversammlung der WHO als Nachfolgerin der »Internationalen Klassifikation der Schädigungen, Fähigkeitsstörungen und Beeinträchtigungen« (ICIDH) verabschiedet wurde. Eine deutschsprachige Ausgabe der ICF liegt seit Oktober 2005 vor (DIMDI 2005). Mit der Verabschiedung der ICF haben sich die Gesundheitsministerien der Mitgliedstaaten dazu verpflichtet, die ICF als konzeptuelle Grundlage für ihr Verständnis von Behinderungen und bei der Berichterstattung gegenüber der WHO zu verwenden.

Ein erster grundlegender Unterschied zwischen der ICIDH und der ICF besteht darin, dass in der ICF die Einheiten der Klassifikation keine Personen, sondern *Situationen* sind. Die ICF klassifiziert also nicht Personen, sondern sie beschreibt die gesundheitliche Situation einer jeden Person mittels Gesundheitsdomänen oder mit → Gesundheit zusammenhängenden Domänen. Darüber hinaus erfolgt die Beschreibung immer im Zusammenhang mit den *Kontextfaktoren*, die in Umwelt- und personbezogene Faktoren unterteilt werden. Die Auffassung, dass Funktionsfähigkeit und Behinderung eines Menschen eine *dynamische Interaktion* zwischen dem Gesundheitsproblem und den Kontextfaktoren darstellen, verdeutlicht die folgende Abbildung.

Dieser grundlegende Unterschied zeigt sich auch auf der sprachlichen Ebene. Während in der ICIDH mit »disability« die Dimension der Fähigkeitsstörung begrifflich gefasst wurde, wird der Begriff »disability« in der ICF als Oberbegriff zur Bezeichnung des Gesamtzusammenhangs der negativen Wechselwirkung zwischen einer Person mit einem Gesundheitsproblem und ihren Kontextfaktoren benutzt. Während der Behinderungsbegriff also zuvor nur eine Ebene innerhalb des Mehrebenenmodells der ICIDH bezeichnete, umfasst er nunmehr das Ganze der Behinderungs*situation*.

Der ICF liegt also ein *relationales* Verständnis von Behinderung und Funktionsfähigkeit zu Grunde, das durch die Integration zweier gegensätzlicher Erklärungsmodelle, nämlich des *medizinischen* und des *sozialen Modells*, zu Stande kommt (vgl. a. a. O., 24f.). Um diese beiden gegensätzlichen Perspektiven zu integrieren, verwendet die WHO in der ICF einen – im Vergleich zur ICIDH – erheblich erweiterten »bio-psycho-sozialen« Ansatz. Damit versucht sie »eine Synthese zu erreichen, die eine kohärente Sicht der verschiedenen Perspektiven von Gesundheit auf biologischer, individueller und sozialer Ebene ermöglicht« (a. a. O., 25). In diesem Zusammenhang ist hervorzuheben, dass die Komponenten der Funktionsfähigkeit und Behinderung in zweifacher Weise betrachtet werden können: »Zum einen können sie verwendet werden, um Probleme aufzuzeigen (z. B. Schädigungen, Beeinträchtigungen der Aktivität oder Beeinträchtigungen der → Teilhabe, zusammengefasst unter dem Oberbegriff *Behinderung*). Zum anderen können sie verwendet

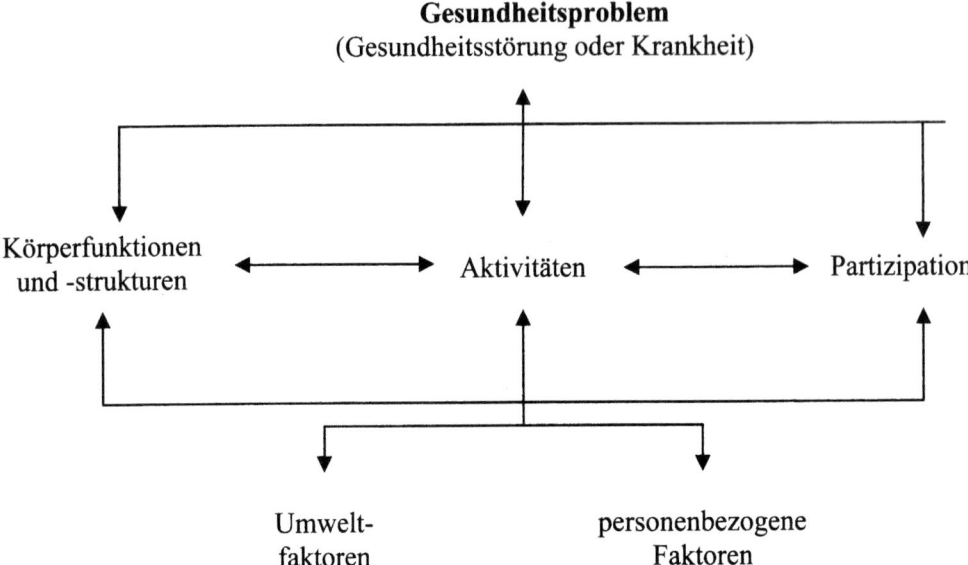

Abb. 1: Das bio-psycho-soziale Modell der ISC (2001) der WHO (vgl. DIMDI 2005, 23)

werden, um nicht-problematische (z. B. neutrale) Aspekte des Gesundheitszustandes und der mit Gesundheit zusammenhängenden Zustände aufzuzeigen (zusammengefasst unter dem Oberbegriff *Funktionsfähigkeit*)« (ebd.). Als ein zweiter grundlegender Unterschied zwischen ICIDH und ICF lässt sich daher festhalten, dass sich die ICIDH mit der ICF *von einer Klassifikation der »Krankheitsfolgen« hin zu einer Klassifikation der »Komponenten der Gesundheit«* weiterentwickelt hat.

Ein dritter grundlegender Unterschied zwischen der alten und der neuen WHO-Klassifikation besteht darin, dass es sich bei der ICF um eine defizit- *und* ressourcenorientierte Klassifikation handelt, während die ICIDH trotz der Einbeziehung der sozialen Beeinträchtigung eine defizitorientierte Klassifikation verkörpert. Der zentrale innovative Ansatzpunkt der ICF ist das *Partizipationskonzept*. Damit trägt die WHO dem Sachverhalt Rechnung, dass das Behinderungsproblem in Deutschland und anderen Ländern mit einem hoch entwickelten Gesundheitssystem sowie hohen Hygiene- und Ernährungsstandards in erster Linie ein *soziales Exklusionsproblem* darstellt. Dadurch wird nachhaltig anerkannt, dass die *erschwerte Partizipation am Leben der Gesellschaft* die »eigentliche Behinderung« darstellt und zum zentralen Ansatzpunkt der *rehabilitativen Hilfen* werden muss. Für das Hilfesystem lässt sich auf der makrostrukturellen Ebene die Forderung nach einer stärkeren »*Ambulantisierung*« ableiten, die sich als → *Regionalisierung* und → *Deinstitutionalisierung* der rehabilitativen Hilfen darstellt. Die Bedeutung des Partizipationskonzepts wird allerdings dadurch abgeschwächt, dass die Komponenten der Aktivität und der → Partizipation in einer Klassifikation zusammengefasst sind. Die zu geringe Beachtung der sozialen Dimension zeigt sich auch an der stärkeren Gewichtung der Körperfunktionen und -strukturen, die in der ICF zwei eigenständige Klassifikationen mit je acht Kapiteln umfassen, während die Klassifikation der Umweltfaktoren insgesamt nur fünf Kapitel enthält. Eine stärkere Gewichtung der Umweltfaktoren (Barrieren und Förderfaktoren) ist allerdings nicht nur wegen der quantitativen Ausgewogenheit zu fordern, sondern vor allem auf Grund der Tatsache, dass die Umweltfaktoren im Unterschied zu den meisten Schädigungen und Aktivitätseinschränkungen veränderbar sind.

Auf der mikrostrukturellen Ebene sollte mit dem Partizipationskonzept eine stärkere Würdigung der *psychischen personalen → Ressourcen* als bedeutendstem Rehabilitationspotenzial der Betroffenen einhergehen. Auch dieser Aspekt kommt in der ICF noch zu kurz (vgl. Lindmeier 2002/2003).

Christian Lindmeier

Literatur

Deutsches Institut für Medizinische Dokumentation und Information (DIMDI) (2005): Internationale Klassifikation der Funktionsfähigkeit, Behinderung und Gesundheit. Berlin [DIMDI 2005]

Lindmeier, Ch. (2002/2003): Rehabilitation und Bildung – Möglichkeiten und Grenzen der neuen WHO-Klassifikation der Funktionsfähigkeit, Behinderung und Gesundheit (ICF), Teil I und II. In: Die neue Sonderschule 47, 404–421 / Sonderpädagogische Förderung 48, 3–23

Identität, Selbstbild, Selbstkonzept

(siehe auch Selbstwahrnehmung)

Menschen mit so genannter geistiger Behinderung wird auch gegenwärtig häufig noch die Fähigkeit zur Identitätsbildung, speziell die Ausformung konkreter Identitätsbildungsstrategien abgesprochen (siehe Cloerkes 2001). Resultat dieser Auffassung wäre, den Personenkreis als »*identitätslos*« zu bezeichnen. Diese Grundhaltung resultiert aus der Sichtweise, Identität als zu erbringende Leistung des Individuums zu definieren (Erikson 2000; Krappmann 2000). *Identität* kann jedoch auch als *Form von Individualität* verstanden werden (Marquard & Stierle 1979), die sich über Selbst-Erfahrungen im Kontext sozialer Interaktionen ausprägt. Demzufolge besitzt jedes menschliche Individuum eine Identität, unabhängig von individuellen Voraussetzungen und Möglichkeiten zur Selbstreflexion, d. h. auch Menschen mit zugeschriebener geistiger Behinderung sind »identitätsfähig«. Inter- und intraindividuelle Differenzen existieren lediglich im Bereich des *Identitätserlebens*. Mit Identitätserleben ist die *bewusste Erfahrbarkeit und Auseinandersetzung mit dem Selbst* gemeint, die ihrerseits abhängig ist von persönlichen Voraussetzungen und Interessen (Schuppener 2006).

Speziell im Hinblick auf den Personenkreis von Menschen mit zugewiesener geistiger Behinderung ist zu vermuten, dass der Anteil unbewusster oder teilbewusster Identitätsstrukturen eine elementare Größe darstellt. Primäres Anliegen einer jeden Assistenz sollte es demnach sein, unbewusste Anteile der Identität ins Bewusstsein zu rücken (z. B. durch → *Biografiearbeit*). Dies kann über die Integration verschiedenster Lebenserfahrungen in das Erleben persönlicher Kontinuität und Konsistenz erfolgen. Rückt man das Relationsgefüge an Erfahrungen gezielt ins Bewusstsein, wird eine Syntheseleistung aktiviert, die letztlich das Erleben von Identität ermöglicht.

Forschungsergebnisse bestätigen, dass sich Menschen mit dem Etikett einer geistiger Behinderung im jungen Erwachsenenalter zunehmend mehr mit ihrer Situation bzw. mit ihren »Behinderungserfahrungen« auseinandersetzen. Aufgrund von möglicherweise reduzierter Verfügbarkeit (konstruktiver) Strategien zur Auseinandersetzung mit der Umwelt benötigen sie u. U. Unterstützung bei solchen identitären Auseinandersetzungen. Die subjektiven »*Behinderungserfahrungen*« müssen hier keinesfalls zur Erkenntnis einer »*behinderten Identität*« führen: Diese Erfahrungen wirken sich in Form von Be-Hinderungen aus, welche die betreffende Person autokompensatorisch und autoregulativ in ihr »Ich-Umwelt-System« integrieren muss (siehe Feuser 1996). Gelingt diese Form der »Integrität«, beinhaltet sie die Basis für eine weitere konstruktive Identitätsentwicklung. Demzufolge kann ein kausaler Wirkungszusammenhang von »Behinderungserfahrungen« und der Entwicklung einer »behinderten Identität« keinesfalls bestätigt werden. Im Gegenteil: »Behinderungserfahrungen« können Herausforderungen verkörpern, die letztlich zu einer *erarbeitenden Identität* (siehe Marcia 1980) führen. Wenngleich zum Erreichen dieses Identitätszustandes u. U. eine Form aktiver Unterstützung notwendig und hilfreich sein kann, ist dies dann ein relativ stabiler Zustand, der über den Weg einer konstruktiven Auseinandersetzung mit Problemsituationen und Krisen entstanden ist und eine *selbstbestimmte Identität* zur Folge hat (Schuppener 2006).

Saskia Schuppener

Literatur

Berger, P. (1973): Invitation to Sociology. New York

Cloerkes, G. (2001): Soziologie der Behinderten. Heidelberg

Erikson, E. H. (2000): Identität und Lebenszyklus. Frankfurt/M. (18. Auflage)

Feuser, G. (1996): »Geistig Behinderte gibt es nicht!« Projektionen und Artefakte in der Geistigbehindertenpädagogik. In: Geistige Behinderung 35, 1, 18–25

Frey, H.-P. & Hausser, K. (1987). Identität. Entwicklungen psychologischer und soziologischer Forschung. Stuttgart

Krappmann, L. (2000): Soziologische Dimensionen der Identität. Stuttgart

Marcia, J. E. (1980): Identity in adolescence. In: Adelson, J. (Ed.): Handbook of psychology. New York, 159–187

Marquard, O. & Stierle, K. (1979): Identität. München

Schuppener, S. (2005): Selbstkonzept und Kreativität von Menschen mit geistiger Behinderung. Bad Heilbrunn

Schuppener, S. (2006). Menschen mit »Behinderungserfahrungen« = Menschen mit einer »behinderten Identität«? In: Tagungsband zur Fachtagung »Psychologie und Geistige Behinderung« vom 29.09.-01. 10. 2005 in Heidelberg

Individuelle Hilfeplanung

(siehe auch Person-centered Planning)

Umfassend verstanden kann Individuelle Hilfeplanung als »Schlüssel zur Modernisierung der Behindertenhilfe« gelten (Schädler 2002; Rohrmann & Schädler 2010). Traditionell besteht die Antwort des professionellen Hilfesystems auf den Förder- und → Hilfebedarf eines Menschen mit geistiger Behinderung in einem »Platz« in einer stationären Einrichtung, d. h. in einem weitgehend standardisierten Versorgungsangebot. Beginnend mit dem Sonderkindergarten, über Sonderschule, Heim und Werkstatt für behinderte Menschen hat sich – trotz gegebener regionaler Unterschiede – in den vergangenen Jahrzehnten das (teil-)stationäre Modell der Erziehung und Versorgung von Menschen mit geistiger Behinderung in Sondereinrichtungen in Deutschland insgesamt verfestigt. In diesem Rahmen findet eine Planung des professionellen Angebots statt, wenn die Platzierung des betreffenden Menschen mit Behinderung in eine Einrichtung erfolgt ist. Allerdings ist in der Regel dann der Spielraum für individualisierte Hilfen durch stationäre Routinen, organisatorische Vorgaben und andere institutionelle Einschränkungen sehr begrenzt und die Möglichkeiten der → Selbstbestimmung in der Folge erheblich eingeschränkt.

Ziel eines zeitgemäßen Hilfekonzeptes muss es demgegenüber sein, dass Menschen mit geistiger Behinderung möglichst individualisierte Unterstützungsleistungen erhalten, die ihre Teilhaberechte achten. Unter der Prämisse des Selbstbestimmungsrechts hat das Sozialgesetzbuch IX spätestens seit 2005 dafür einen Rahmen gesetzt. Demnach ist es Aufgabe von Leistungen zur → Teilhabe für behinderte Menschen »die persönliche Entwicklung ganzheitlich zu fördern und die Teilhabe am Leben in der Gesellschaft sowie eine möglichst selbständige und selbstbestimmte Lebensführung zu ermöglichen oder zu erleichtern« (§ 4, Abs. 1 SGB IX).

Wenn aber Hilfen auf den konkreten Bedarf und die individuelle Situation von Menschen mit Behinderungen zugeschnitten sein sollen, dann sind standardisierte und pauschale Hilfeangebote ungeeignet. Statt umfassenden Hilfepaketen, die unabhängig von der Situation des einzelnen Nutzers konzipiert und erbracht werden, geht es um die Herstellung von Passgenauigkeit durch individuelle Hilfeplanung vor irgendwelchen Platzierungsentscheidungen.

Die vorliegenden Verfahren zur Individuellen Hilfeplanung in der Behindertenhilfe (Rohrmann & Schädler 2010) sind von ganz unterschiedlichen konzeptionellen Ansätzen beeinflusst. Zu nennen sind Instrumente, die in den 90er Jahren im Zuge der Diskussion um Grundlagen zur Personalbemessung entwickelt worden. Hier ist insbesondere der Integrierte Behandlungs- und Rehabilitationsplan (IBRP) der Aktion Psychisch Kranke im Bereich der Gemeindepsychiatrie bedeutsam, mit dem wesentliche Begriffsarbeit geleistet wurde. Dieser Ansatz verfolgt das Ziel, im Sinne des personenzentrierten Ansatzes alle bezogen auf eine einzelne Person notwendigen Hilfen in einen Planungsprozess zu integrieren. Kernbereiche des IBRP sind Erhebungsbögen zur Ermittlung des Hilfebedarfes, die von einem Fachdienst in Zusammenarbeit mit dem Klienten bearbeitet werden. Der so erarbeitete Hilfeplan ist die Grundlage für eine Hilfeplankonferenz, in der alle an der Hilfeleistung beteiligten Akteure und der/die Klient/in beteiligt sind. Eine gewisse Schwäche des IBRP liegt z. T. darin, dass eine trägerunabhängige Abklärung des Hilfebedarfs nur sehr eingeschränkt erfolgt, m.a. W. der Trägereinfluss auf die gewährte Form, Inhalt und Umfang der Hilfen recht groß bleibt. Zudem ist die Rolle der Sozialleistungsträger im IBRP nicht ganz hinreichend definiert.

Des Weiteren zu nennen sind die Ansätze aus dem Bereich der überörtlichen Sozialhilfeträger, die über die Vorgaben von § 58 SGB XII zur Erstellung eines Gesamtplans neue Formen individueller Fallsteuerung entwickeln wollen (BAGüöST 1999). Problematisch ist, dass sich die daraus abgeleiteten Verfahren zur Individuellen Hilfeplanung auf Sozialhilfeleistungen beschränken.

Konzeptionellen Einfluss auf die Diskussion um Individuelle Hilfeplanung hatte auch die Rezeption der US-amerikanischen Ansätze des → »Person-centered-planning« (O'Brien & O'Brien 1998). Aufgegriffen wurde dies in Deutschland unter dem Begriff der →»Persönlichen Zukunftsplanung«. Bei aller Wertschätzung dieses Konzepts ist jedoch kritisch anzumerken, dass kein Bezug zum wohlfahrtsstaatlichen und organisatorischen Rahmen des Hilfesystems hergestellt wird. Es kann nicht unberücksichtigt bleiben, dass individuell gewünschte Lebensformen mit sozialen Unterstützungsformen und damit mit Finanzierungsmechanismen verbunden sind. Ohne diese Verknüpfung gerät der Ansatz in Gefahr, als Planungsinstrument irrelevant zu werden.

Eine Zusammenführung verschiedener Diskussionslinien wurde durch das lebenslauforientierte Konzept der Individuellen Hilfeplanung versucht (Rohrmann u. a. 2001). Dieser Ansatz bemüht sich darum, Individuelle Hilfeplanung in ein Gesamtkonzept einzufügen, das die Perspektiven der Betroffenen, der Sozialleistungsträger und der Anbieter von Dienstleistungen verbindet und mit dem örtlichen Netzwerk Offener Hilfen für Menschen mit Behinderungen verknüpft. Angebote der Individuellen Hilfeplanung werden insbesondere im Zusammenhang mit der Bewältigung von Krisen oder Übergängen von im Lebenslauf gesehen, die mit Veränderungen des Hilfearrangements verbunden sind und deswegen erhöhte Ausgrenzungsrisiken beinhalten.

Es wird davon ausgegangen, dass in der Praxis Prozesse der Bedarfsermittlung und Planung kaum von der Erbringung der Hilfen getrennt werden, da sich Hilfebedarfe der Betroffenen meist mit der Zeit verändern und deswegen passende Arrangements der Hilfeangebote und Kooperationspartner immer wieder neu zu gestalten sind. Individuelle Hilfeplanung wird daher hier gesehen als prozesshafte Aufgabe, die in drei Bestandteile gegliedert werden kann:

- Assessment,
- administrative Bearbeitung des Antrags,
- Dienstleistungserbringung und Evaluation.

Der erste Schritt liegt in der unabhängigen Ermittlung des Hilfebedarfs in einem Assessment-Prozess zusammen mit der behinderten Person. Die Abklärung des Hilfebedarfs geschieht systematisch auf der Grundlage einer Erhebungsinstruments. Im Anschluss daran folgt die Beantragung der Kostenübernahme bei den zuständigen Sozialleistungsträgern. Dort erfolgt die administrative Bearbeitung des Antrags, d. h. die Erstellung des Gesamtplans und der Erlass eines Bescheides. Nach einer vorgenommenen Bewilligung der Anträge erfolgt die Auswahl der Anbieter durch die Nutzer sowie die Vereinbarung von Zielen und Dienstleistungen, d. h. die Umsetzungsplanung gemeinsam mit dem ausgewählten Dienst. Um zu gewährleisten, dass die vereinbarten Leistungen vereinbarungsgemäß erbracht und möglichst weitgehend zu den angestrebten Wirkungen führen, ist im Verlauf des Hilfeprozesses eine regelmäßige Überprüfung der Ergebnisse erforderlich (»Evaluation«), die wiederum zu einer Veränderung von Zielen und Maßnahmen führen kann. Die behinderten Menschen als Antragsteller und Nutzer von sozialen Hilfen und Dienstleistungen werden im Prozess der Hilfeplanung unterstützt durch eine/n unabhängigen Case-Manager/in (Unterstützungsmanager), dessen/deren organisatorische Verortung in verschiedener Form verwirklicht sein kann. Prinzipiell unterscheidbar ist eine trägernahe und eine verwaltungsnahe Verortung (vgl. hierzu Rohrmann u. a. 2001, 102ff.).

Individuelle Hilfeplanung wird in diesem Konzept zu einer übergreifenden und kontinuierlichen Aufgabe und bietet in der vorgeschlagenen Form den Nutzern sozialer Dienste, den Sozialleistungsträgern und den Anbietern von Hilfen einen gemeinsamen Handlungsrahmen.

Mittlerweile haben zahlreiche Sozialhilfeträger Verfahren zur Individuellen Hilfeplanung in ihre Antrags- und Bewilligungsprozeduren aufgenommen. Auch der Bundesgesetzgeber hat dort, wo es um innovative Ansätze geht, die Einführung von Individueller Hilfeplanung vorgeschrieben. Zu nennen sind insbesondere die Verordnung zur Durchführung des trägerübergreifenden → *Persönlichen Budgets* nach § 14 SGB IX oder auch die neuen Vorgaben zur Durchführung von umfassenden »Leistungsabsprachen mit den Leistungsempfängern nach § 12 SGB XII. In diesen Vorgaben erhält Individuelle Hilfeplanung eine doppelte Aufgabe: es soll ein individuelles Hilfearrangement zusammengestellt werden und dies soll verbunden werden mit einem darauf abgestimmten Finanzierungsarrangement.

Festzustellen ist, dass es bisher nur sehr ansatzweise gelungen ist, überzeugende Verfahren zu finden, die für diesen doppelten Zweck geeignet sind. Dies hat mit dem konzeptionellen Neuland zu tun, das damit betreten wird, aber auch mit neuen Anforderungen an personenbezogenes Arbeiten und mit den Kooperationsproblemen im gegliederten Rehabilitationssystem. Schon im Sozialhilfebereich alleine ist die Realisierung von Gesamtplänen ein erhebliches Problem, Rehabilitationsträger-übergreifend aber erscheint dies bisher noch äußerst schwierig.

Johannes Schädler

Literatur

BAGüS/Bundesarbeitsgemeinschaft der überörtlichen Träger der Sozialhilfe (1999): Empfehlungen zum Gesamtplan nach § 46 Bundessozialhilfegesetz, als Manuskript gedruckt, Münster (als Download verfügbar unter www.lwl.org/spur-download/bag/gesamtplan.pdf, Abruf vom 04. 07. 2006)

O'Brien, J. & O'Brien, L. (1998): A little book about person centered planning. Toronto

Rohrmann, A. u. a. (2001): AQUA-NetOH: Arbeitshilfe zur Qualifizierung örtliche Netzwerke Offener Hilfen für Menschen mit Behinderungen, Siegen, ZPE-Schriftenreihe Bd. 10

Rohrmann, A. & Schädler, J. (2006): Individuelle Hilfeplanung und Unterstützungsmanagement. In: Theunissen, G. & Schirbort, K. (Hrsg.) (2006): Inklusion von Menschen mit geistiger Behinderung. Zeitgemäße Wohnformen – Soziale Netze – Unterstützungsangebote. Stuttgart, 230–247

Schädler, J. (2002): Individuelle Hilfeplanung – Schlüssel zur Modernisierung der Behindertenhilfe. In: Greving, H. (Hrsg.) (2002): Hilfeplanung und Controlling in der Heilpädagogik. Freiburg, 171–192

Inklusion, Inclusion

Der Begriff der Inklusion (inclusion) spielt in Verbindung mit → Empowerment schon seit etwa 20 Jahren in der US-amerikanischen Behindertenarbeit eine prominente Rolle (Theunissen 2012). Hierzulande ist er seit der Ratifizierung der → UN-Behindertenrechtskonvention durch die Bundesregierung ein zentrales Leitprinzip der Behindertenarbeit. Inklusion steht für Nicht-Aussonderung, soziale und gesellschaftliche (unmittelbare) Zugehörigkeit. Diese gilt sowohl für den vorschulischen und schulischen Bereich (→ gemeinsame Erziehung, gemeinsames Lernen, inklusive Pädagogik) als auch für das → Wohnen, Leben und Arbeiten (→ Unterstützte Beschäftigung) im Erwachsenenalter und Alter (→ Unterstützter Ruhestand). Zudem beschränkt sich Inklusion nicht nur auf die gesellschaftliche Zugehörigkeit behinderter Menschen, sondern sie hat alle Bürger/innen eines → Sozialraums im Blick (Theunissen 2012). Im Unterschied zur → Integration, die sich als Zielkategorie (Input-Prinzip) definiert, setzt Inklusion Lebenswelten (Familie, Kindergarten, Schule, Stadtbezirke, Wohnsiedlungen, Arbeitsstätten etc.) voraus, in denen alle Menschen, mit oder ohne Behinderung, willkommen sind und die so ausgestattet sein sollten, dass jeder darin, mit oder ohne Unterstützung, sich zurecht finden, kommunizieren und interagieren, kurz sich wohlfühlen kann (Hinz 2002; 2006). Diese Vorstellung mutet visionär an, fußt jedoch auf einer rechtlichen Verankerung von gesellschaftlichen Teilhabeansprüchen und entspricht damit der Idee einer »inklusiven Bürgergesellschaft«. Diese ist durch die Sensibilisierung für soziale Verantwortung sowie durch → bürgerschaftliches Engagement (nachbarschaftliche Hilfe; informelle Unterstützungsleistungen) in die Pflicht zu nehmen, um Ausgrenzungsprozesse von (behinderten) Menschen zu verhindern und einen → Sozialraum mit Leben zu füllen (dazu Schwalb & Theunissen 2009; Theunissen & Schirbort 2010).

Georg Theunissen

Literatur

Hinz, A. (2002): Von der Integration zur Inklusion – terminologisches Spiel oder konzeptionelle Weiterentwicklung? In: Zeitschrift für Heilpädagogik H. 9, 354–361

Hinz, A. (2006): Integration und Inklusion. In: Wüllenweber, E.; Theunissen, G. & Mühl, H. (Hrsg.): Pädagogik bei geistigen Behinderungen. Stuttgart, 251–261

Schwalb, H.; Theunissen, G. (Hrsg) (2009): Inklusion, Partizipation und Empowerment in der Behindertenarbeit.

Theunissen, G. (2012): Lebensweltbezogene Behindertenarbeit und Sozialraumorientierung. Freiburg

Theunissen, G. & Schirbort, K. (Hrsg.) (2010): Inklusion von Menschen mit geistiger Behinderung. Stuttgart

Inklusive Pädagogik, inclusive education

(siehe auch Inklusion, gemeinsame Erziehung, gemeinsamer Unterricht)

Der Begriff Inklusive Pädagogik taucht in Deutschland um 2000 auf. Mit ihm wird zum einen der Anschluss an den internationalen englischsprachigen Diskurs hergestellt (vgl. Sander 2003; Hinz 2004), der bereits seit den 1980er Jahren in den USA und Kanada, aber auch in Großbritannien, Indien und Südafrika geführt wird. Zum anderen ist mit Inklusiver Pädagogik ein Verständnis der Erweiterung und Optimierung der → Integration verbunden (vgl. Sander 2003), indem die Heterogenität innerhalb von Lerngruppen in all ihren Dimensionen – Kulturen, sexuelle Orientierungen, Geschlechterrollen, soziale Milieus, Erstsprachen, Beeinträchtigung und mehr – wahrgenommen (vgl. Hinz 2004) und Vielfalt als positives Potenzial angesehen wird (Sapon-Shevin 2000). Eine breite Übereinstimmung mit der in den 1990er Jahren entwickelten »Pädagogik der Vielfalt« (Hinz 1993; Prengel 1993; Preuss-Lausitz 1993) lässt diese als deutsche Variante Inklusiver Pädagogik erscheinen (vgl. Hinz 2004). Sie richtet sich auf alle Mitglieder jeder Gruppe und distanziert sich von Zuschreibungen wie »sonderpädagogischer Förderbedarf« oder Behinderungskategorien, denn sie teilen die Menschheit in Gruppen mit unterschiedlichen Eigenschaften, provozieren verschiedene Erwartungen und diskriminieren damit die, denen z. B. »Förderbedarf« zugeschrieben wird (vgl. z. B. Mittler 2000, 10). Stattdessen wird ein Konzept favorisiert, demzufolge Barrieren für das Lernen und die → Teilhabe nicht in Personen verortet werden, sondern in allen Bereichen einer Situation: im Fall der Schule bei schulgesetzlichen Regelungen, Verordnungen, Bedingungen des Hauses, Ideen und Vorstellungen von Lehrern, didaktischen Fähigkeiten etc. Dieses Konzept ist auch Grundlage im »Index für Inklusion« (Boban & Hinz 2003), einem Selbstevaluationsmaterial für Schulen mit einer Vielzahl von Indikatoren und Fragen, die zum gemeinsamen Nachdenken über die Situation und nächste Schritte auf dem Weg zur → Inklusion anregen.

In der Folge der UN-Behindertenrechtskonvention nimmt die Debatte um inklusive Pädagogik massiv zu; hierbei nimmt die Präzision des Begriffs stark ab, indem Inklusion mehr und mehr zum Synonym von Integration wird und häufig in einem sonderpädagogischen Verständnis verhaftet bleibt. Dies fällt insbesondere bei Gutachten für mehrere Bundesländer auf, die die Umsetzung inklusiver Pädagogik primär – wenn nicht insgesamt – als Umorganisation sonderpädagogischer Förderung begreifen (vgl. z. B.

Klemm & Preuss-Lausitz 2011). Damit droht inklusive Pädagogik den größten Teil ihres Innovationspotenzials zu verlieren.

Ines Boban & Andreas Hinz

Literatur

Boban, I. & Hinz, A. (Hrsg.) (2003): Index für Inklusion. Lernen und Teilhabe in Schulen der Vielfalt entwickeln. Halle

Hinz, A. (1993): Heterogenität in der Schule. Integration – Interkulturelle Erziehung – Koedukation. Hamburg

Hinz, A. (2004): Vom sonderpädagogischen Verständnis der Integration zum integrationspädagogischen Verständnis der Inklusion!? In: Schnell, I. & Sander, A. (Hrsg.): Inklusive Pädagogik. Bad Heilbrunn, 41–74

Klemm, K. & Preuss-Lausitz, U. (2011): Auf dem Weg zur schulischen Inklusion in Nordrhein-Westfalen. Empfehlungen zur Umsetzung der UN-Behindertenrechtskonvention im Bereich der allgemeinen Schulen. Im Netz: http://www.gew-nrw.de/fileadmin/download/Schule/Schulpolitik/KK_UPL_Inklusion_NRW_2011.pdf

Mittler, P. (2000): Towards Inclusive Education. London

Prengel, A. (1993): Pädagogik der Vielfalt. Verschiedenheit und Gleichberechtigung in interkultureller, feministischer und integrativer Pädagogik. Opladen

Preuß-Lausitz, U. (1993): Die Kinder des Jahrhunderts. Zur Pädagogik der Vielfalt im Jahr 2000. Weinheim, Basel

Sander, A. (2003): Über die Integration zur Inklusion. St. Ingbert.

Sapon-Shevin, M. (2000): Because we can change the world. A Practical Guide to Building Cooperative, Inclusive Classroom Communities. Boston

Integration

Schon lange bildet »Integration« für die Sonderpädagogik einen Leitbegriff. Bereits die Teilhabe an Bildung wird als wichtiger Schritt zur gesellschaftlichen Integration gesehen. Es geht primär darum, Menschen mit Beeinträchtigungen ein Leben in der Gesellschaft zu ermöglichen – realisiert über den Weg separierter Bildungswege. Zu einer Kontroverse kommt es, seit eine Elternbewegung Integration nicht nur als Ziel, sondern auch als Weg proklamiert; alle Kinder und Jugendlichen haben demnach einen Anspruch auf den gemeinsamen Besuch von allgemeinen Kindergärten, Schulen und Freizeitgruppen sowie auf eine Arbeit auf dem allgemeinen Arbeitsmarkt und auf das Wohnen innerhalb der Gemeinschaft. Spezielle Institutionen enthalten ihnen wesentliche Grundrechte im Sinne freier Entscheidungsmöglichkeiten vor und sind daher illegitim. Hier ist Integration nicht mehr eine institutionelle Frage, sondern eine nach der Qualität von Prozessen in heterogenen Konstellationen (vgl. Reiser 1991) – und damit geht sie über den Rahmen von Sonderpädagogik hinaus.

Diese sehr unterschiedlichen Verständnisse bestehen bis heute weiter (vgl. Hinz 2004): Integration wird entweder als eine Variante innerhalb eines gestuften Systems sonderpädagogischer Förderung (Kaskaden-Modell) aufgefasst. Hier wird Integration zu einer selektiven Frage, da je nach dem Ausmaß von Differenz Integration in unterschiedlichem Maß realisiert werden kann und daher an ihre – je situativ definierten – Grenzen stößt. Damit wird Integrationsfähigkeit zu einer Eigenschaft von Personen und gerade Menschen, denen eine geistige Behinderung zugeschrieben wird, drohen aus integrativen Bemühungen herauszufallen. Oder aber Integration wird als ein letztlich bürgerrechtlich begründeter universeller Anspruch aller Menschen auf → Teilhabe in allen Lebensbereichen verstanden, der keine Ausnahme duldet (vgl. Feuser 1995). Hier wird Integration zu einer fundamentalen Frage, die mit gesellschaftlicher Realität und ihren Tendenzen zum Ausschluss in Konflikt gerät; damit stellt sich Integrationsfähigkeit als Frage an Systeme und Institutionen dar.

In den verschiedenen Praxisfeldern hat Integration – verstanden als Ziel und Weg – in unterschiedlichem Ausmaß Fuß gefasst: Während es in Kindertagesstätten zu einer weitgehenden Hinwendung zu integrativen Organisationsformen kommt, gilt dies in der Grundschule länderspezifisch in unterschiedlichem Maß und in den Sekundarstufen in geringer Ausprägung; in den Bereich von Wohnen, Freizeit und Arbeit finden sich ebenfalls Beispiele integrativer Konzeptionen und Praxis, es dominieren jedoch nach wie vor separierte Formen.

In der integrativen Praxis kommt es zudem häufig dazu, dass bereits die institutionelle Ebene der Beteiligung für Integration gehalten und die Frage der sozialen Beziehungen und der gemeinsamen kooperativen Tätigkeit vernachlässigt wird, so dass es u. U. bei einem Nebeneinander von zwei weiterhin bestehenden Gruppen bleibt: den normalen, dominierenden »Nichtbehinderten« und den doch letztlich abweichenden und nicht wirklich akzeptierten »Behinderten«. Diese Problematik der Qualität integrativer Praxis trägt zur verstärkten Hinwendung zum Konzept der → Inklusion bei.

Andreas Hinz

Literatur

Feuser, G. (1995): Behinderte Kinder und Jugendliche zwischen Integration und Aussonderung. Darmstadt

Hinz, A. (2004): Vom sonderpädagogischen Verständnis der Integration zum integrationspädagogischen Verständnis der Inklusion!? In: Schnell, I. & Sander, A. (Hrsg.): Inklusive Pädagogik. Bad Heilbrunn, 41–74

Hinz, A. (2006): Integration und Inklusion. In: Wüllenweber, H.; Theunissen, G. & Mühl, H. (Hrsg.): Pädagogik bei geistigen Behinderungen. Stuttgart, 251–261

Reiser, H. (1991): Wege und Irrwege zur Integration. In: Sander, A. & Raidt, P. (Hrsg.): Integration und Sonderpädagogik. St. Ingbert, 13–33

Integrationsfachdienste

(siehe auch Unterstützte Beschäftigung)

Integrationsfachdienste (IFD) sind soziale Dienste, die durch Beratungs- und Unterstützungsangebote an Arbeitnehmer mit Behinderung und an Arbeitgeber die Beschäftigungssituation von Schwerbehinderten nachhaltig verbessern sollen.

In Deutschland gibt es Integrationsfachdienste seit Ende der 80er Jahre. Der überwiegende Teil dieser zunächst auf Menschen mit geistiger oder psychischer Behinderung zugeschnittenen Dienste wurde von den Hauptfürsorgestellen (heute: Integrationsämter) finanziert. Trotz nachgewiesener Erfolge fanden die Integrationsfachdienste aber erst nach jahrelanger Diskussion im Jahr 2000 im Schwerbehindertengesetz eine gesetzliche Verankerung und wurden im Jahr 2001 durch das Sozialgesetzbuch IX (Kapitel 7 § 109–§ 115) endgültig institutionalisiert. Im Gesetzestext kommt zum Ausdruck, dass es einen Personenkreis mit besonderem Bedarf an arbeitsbegleitender Betreuung gibt, für den die Integrationsfachdienste unterstützend tätig werden sollen. Ziel der Arbeit von Integrationsfachdiensten soll deshalb sein, mehr Menschen als bisher den Übergang aus Schulen und → Werkstätten für behinderte Menschen zum allgemeinen Arbeitsmarkt zu ermöglichen. Zu den Personen, bei denen eine intensive Begleitung erforderlich ist, werden explizit Menschen mit geistiger oder seelischer Behinderung oder mit einer schweren Körper-, Sinnes- oder Mehrfachbehinderung gezählt. Mit diesem behinderungsübergreifenden Ansatz ist im Vergleich zu den Diensten der 80er- und 90er-Jahre eine erhebliche Ausweitung der Zielgruppe vollzogen worden, da davon ausgegangen wird, dass für Menschen mit allen Arten von Behinderung eine besonders betreuungsintensive Unterstützung bei der Aufnahme und Aufrechterhaltung eines regulären Beschäftigungsverhältnisses erforderlich sein kann.

Der IFD wird einzelfallbezogen von öffentlichen Leistungsträgern (Integrationsämtern, Rehabilitationsträgern) beauftragt. Sein Mandat umfasst den gesamten Unterstützungsprozess von der schulischen Vorbereitung über die Abklärung arbeitsrelevanter Fähigkeiten und die betriebliche Erprobung bis hin zur Anbahnung und Sicherung der Beschäftigung. Weitere Aufgaben des IFD sind die Beratung von Arbeitgebern, Schulen und Werkstätten für behinderte Menschen im Hinblick auf alle Fragen, welche die → berufliche Integration der betreuten Frauen und Männer betreffen. Zur Erfüllung dieser vielfältigen Funktionen ist der IFD auf ein komplexes Netz an Kooperationsbeziehungen angewiesen, das über Betriebe, Schulen und Werkstätten hinaus noch die Arbeitsagentur, die verschiedenen Auftraggeber sowie weitere Behörden und Einrichtungen (bspw. Kliniken) einbeziehen muss. Die Breite dieses Aufgabenspektrums macht deutlich, dass Integrationsfachdienste keine Vermittlungsdienste sind, sondern Instrumente der beruflichen Rehabilitation mit einer spezifischen Leistungsfähigkeit.

Für die professionelle Ausrichtung der Arbeit der Integrationsfachdienste hat sich eine Reihe von grundlegenden Arbeitsstandards herausgebildet, die mit dem Charakter der Aufgaben aufs Engste verknüpft sind. Dazu gehört insbesondere das Prinzip einer strikten Einzelfallorientierung, d. h. die Begleitung von Menschen mit Behinderung erfolgt als individuelle Betreuung und trägt dem jeweiligen Unterstützungsbedarf im Einzelfall Rechnung. Voraussetzung dafür ist ein tragfähiges Arbeitsbündnis und damit eine professionelle Vertrauensbeziehung zwischen dem Klienten und dem jeweiligen Mitarbeiter des Fachdienstes. Schließlich ist der Bezug aller Teilschritte und Unterstützungsformen auf die Zielvorstellung einer konkreten Beschäftigung auf dem allgemeinen Arbeitsmarkt notwendig. Hierbei hat sich die Übernahme von Arbeitsformen des Konzeptes der sogenannten → »Unterstützten Beschäftigung« außerordentlich bewährt.

Etwa seit dem Jahr 2004 sind die Integrationsfachdienste in allen 181 Arbeitsagenturbezirken Deutschlands flächendeckend als ortsnahes Angebot eingerichtet. Allerdings ist eine Zunahme der beruflichen Eingliederungschancen von Menschen mit geistiger Behinderung bislang ebenso wenig zu beobachten wie die Verbesserung der Übergangsmöglichkeiten aus Sonderschulen und Werkstätten für behinderte Menschen zum allgemeinen Arbeitsmarkt. Im Gegenteil: Durch die bisherige Finanzierungs- und Zuweisungspraxis, die hohe Fallzahlen honoriert, entsteht für die Integrationsfachdienste der Druck, möglichst viele arbeitslose Menschen mit Behinderung zu betreuen und zu vermitteln. Dadurch kam es zu einer erheblichen Verschiebung der Zielgruppe der IFD, die zur Folge hatte, dass die eigentlich vom Gesetzgeber intendierte Gruppe der Menschen mit einem besonderen Unterstützungsbedarf so gut wie nicht von den Integrationsfachdiensten betreut wird und vor allem aufwändigere Hilfen wie z. B. die Begleitung am Arbeitsplatz kaum angeboten werden. Eine der Ursachen hierfür ist in der während der Aufbauphase der Integrationsfachdienste bestehenden engen Bindung der Dienste an die Arbeitsämter zu sehen. Dies führte zu einer Reduktion der spezifischen Leistungsangebote der Integrationsfachdienste und zu einer Angleichung des professionellen Profils der IFD-Berater an das der Schwerbehindertenvermittler des Arbeitsamtes.

Durch 2004 verabschiedete Änderungen im SGB IX sollte dem entgegengewirkt und erreicht werden, dass die Begleitung von Schulabgängern gestärkt und Förderungsmöglichkeiten beim Übergang aus der WfbM zum allgemeinen Arbeitsmarkt verbessert werden. Dazu wurde die Strukturverantwortung für die Integrationsfachdienste von der Bundesagentur für Arbeit auf die Integrationsämter übertragen. In den einzelnen Bundesländern wird mit der Aufgabe der Neu- und Umstrukturierung der Arbeit der IFD zugunsten der im Gesetz benannten Zielgruppe jedoch sehr uneinheitlich umgegangen. Trotz identischer Rahmenbedingungen bestehen zwischen den einzelnen Ländern z. T. beträchtliche Unterschiede und nach wie vor zählen Menschen mit geistiger Behinderung weithin nicht zur Klientel der Integrationsfachdienste.

Rainer Trost

Integrative Körpertherapie, Gestalttherapie

Die Integrative Körpertherapie (häufig synonym mit Gestalttherapie) wurde von Besems und van Vugt (1983; 1988; 1989) Ende der 1970er Jahre als Psychotherapieform für Menschen mit Behinderung entwickelt. Ihre theoretische Grundlage bilden die Prinzipien der Gestalttherapie nach Fritz Perls (wie etwa Leib-Seele-Geist-Einheit, Hier- und Jetzt-Prinzip, Figur-Grund-Prinzip). Im Laufe der folgenden Jahre erwies sie sich gerade bei schwerst- und mehrfachbehinderten Menschen hinsichtlich eines Abbaus aggressiver und autoaggressiver Verhaltensweisen und einer Verbesserung sozialer Kommunikationsformen als erfolgreich. Daher findet sie heute viel Zuspruch.

Die Integrative Körpertherapie gilt als ein »ganzheitlicher« Ansatz, der den Mensch als Einheit von Leib, Seele und Geist versteht. Nach Ansicht von Besems und van Vugt wird ein Mensch mit Behinderung, der starke Stimmungsschwankungen hat, stabiler, wenn er regelmäßig körperliche Ruhe von außen bekommt (z. B. sitzend im Schoß von einem Mitarbeiter) und wenn seine → Aufmerksamkeit mit Wahrnehmungsübungen gefördert wird.

Ziele der Therapie nach Besems und van Vugt sind: (Wieder-)Herstellung des Kontakts zu sich selbst, adäquate körperliche Ausdrucksformen für Innerlichkeiten finden, Integration abgespaltener Persönlichkeitsmerkmale und ausgeblendeter Körperregionen, die eigenen Kräfte erfahren, Integration des Individuums in das soziale Feld, Begegnung als Auseinandersetzung mit anderen, sich als Beziehungspartner erleben, Identitätsbildung, Verantwortung übernehmen und Selbstheilungskräfte aktivieren.

Die Integrative Körpertherapie kann als Einzelarbeit oder auch in kleinen Gruppen mit festen Bezugspersonen durchgeführt werden. Sie besteht aus spezifischen, miteinander abgestimmten Übungen. Eine wichtige Übung ist z. B. das »Armkreisen«, die am Anfang und am Ende der Stunde durchgeführt wird. Weitere Übungen sind »Rollen verschiedener Körperteile und des ganzen Körpers«, das »Durchbewegen einzelner Körperteile«, die »Wippe«, das »Paket«, der »Bär«, das »Bett« und der »Stuhl«.

Neben der Wiederholung der Übungen gilt der »Führungswechsel« als ein wichtiges methodisches Prinzip, indem auch der Betroffene die Bewegungen mit seiner Bezugsperson durchführen soll. Dadurch soll er die Erfahrung machen, dass ihm etwas zugetraut wird und er auch etwas kann.

Kirsten Fath

Literatur

Besems, T. & van Vugt, G. (1983): Integrative Körpertherapie. In: Färber, H. (Hrsg.): Integrative Therapie mit geistig und psychisch behinderten Kindern und Jugendlichen. Dortmund

Besems, T. & van Vugt, G. (1988): Gestalttherapie mit geistig behinderten Menschen Teil 1. In: Geistige Behinderung 4, 1–24

Besems, T. & van Vugt, G. (1989): Gestalttherapie mit geistig behinderten Menschen Teil 2. In: Geistige Behinderung 1, 1–24

Intellectual Disabilities, intellektuelle Behinderung

Der Begriff »intellectual disabilities« gilt heutzutage bis auf den deutschsprachigen Raum weltweit als Leitterminus zur Kennzeichnung von Beeinträchtigungen, die hierzulande unter einer geistigen Behinderung oder schweren Lernbehinderung gefasst werden. Intellectual disabilities hat die älteren Begriffe wie mental retardation oder mental handicap abgelöst.

Bemühungen, den Begriff der intellectual disability als intellektuelle Behinderung in den deutschen Sprachraum einzuführen (Weber 1997) und damit den der geistigen Behinderung zu ersetzen, sind bislang gescheitert. Ein Grund dafür dürfte die mit dem Begriff der intellektuellen Behinderung einhergehende negative Konnotation und Diskriminierung betroffener Personen sein. An dieser Stelle ist Speck (1997, 255) zuzustimmen, wenn er darauf verweist, dass es letztlich nicht »euphemistische Austauschversuche von Bezeichnungen […] sind, die diskreditieren, sondern deren Benutzer und deren Einstellungen und latente Bewertungen!«

Wie beim älteren Begriff der mental retardation werden zur Kennzeichnung einer intellectual disability drei Aspekte herausgestellt: 1. Die Behinderung muss vor dem 18. Lebensjahr eingetreten sein. 2. Es muss eine nachweisbare funktionale Intelligenzbeeinträchtigung unterhalb eines IQ-Wertes von 75 vorliegen. 3. Es müssen nachweislich funktionale Einschränkungen im Bereich des sozial adaptiven Verhaltens vorliegen. Hierbei drängt sich zunächst der Eindruck eines bloßen Etikettenaustausches auf. Dieser ist in der Tat nicht von der Hand zu weisen, würden nicht Überlegungen und Anforderungen an die Aufbereitung einer intellectual disability geknüpft, die über die bisherige Bestimmung einer mental retardation hinausgehen (dazu Theunissen 2011, 39ff.). Das betrifft vor allem das Verständnis von Behinderung (disability). Unter Behinderung wird kein womöglich absolut feststehendes, statisches Merkmal einer Person, sondern ein situationsbezogenes, relationales, dynamisches und veränderbares Phänomen verstanden. Dabei findet eine Orientierung an moderne Positionen statt, wie sie unter anderem in der Behindertenrechtskonvention grundgelegt sind, wenn es heißt, »dass Behinderung aus der Interaktion zwischen Personen mit Beeinträchtigungen und einstellungs- und umweltbedingten Barrieren resultiert, die die volle und effektive gesellschaftliche Partizipation auf gleichberechtigter Basis mit anderen hindern« (Präambel [e]). Ähnlich wie bei der ICF sollen gleichfalls mit dem Begriff der intellectual disabilities keine Personen mit bestimmten Symptomen (einer Retardierung) klassifiziert, sondern Beziehungen zwischen Situationen und der Funktionsfähigkeit eines Menschen erfasst werden, um daraus Folgerungen für kontext- und personenbezogene Unterstützungsformen ziehen zu können.

Georg Theunissen

Literatur

Speck, O. (1997): Ist der Behinderungsbegriff ein heilpädagogischer Leitbegriff oder ein Hindernis für eine integrative Heilpädagogik? In: Die Neue Sonderschule, 4, 253–265

Theunissen, G. (2011): Geistige Behinderung und Verhaltensauffälligkeiten. Ein Lehrbuch für die Schule, Heilpädagogik und außerschulische Behindertenhilfe. Bad Heilbrunn (5. völlig neu bearbeitete Auflage)

Weber, G. (1997): Intellektuelle Behinderung. Wien

Intelligenz

(siehe auch Intelligenztests)

Intelligenz umfasst alle Prozesse, durch die ein Individuum Wissen über die Umwelt erwirbt. Dazu gehört das gesamte Spektrum der kognitiven Funktionen von → Aufmerksamkeit, → Wahrnehmung, → Gedächtnis, schlussfolgerndem Denken, Problemlösen und integrativen und kontrollierenden Prozessen, die unter dem Begriff der exekutiven Funktionen zusammengefasst werden. Pragmatisch lässt sich Intelligenz damit auch definieren als das, was → Intelligenztests messen. Von einigen Autoren wurde eine Erweiterung des Konzepts auf andere Entwicklungsaspekte wie »emotionale Intelligenz« oder »musikalische Intelligenz« vorgeschlagen, was sich in der Praxis aber nicht durchgesetzt hat (Torff & Gardner 2000).

Piaget (1966) ging zunächst von einem Stufenmodell der Intelligenzentwicklung aus. Er unterschied vier Stufen, die sensomotorische, anschaulich-repräsentationale, logisch-operationale und formale Intelligenz. Die einzelnen Stufen unterscheiden sich primär im Komplexitätsgrad der kognitiven Strukturen, d. h. der mentalen Operationen, die bei der Verarbeitung von Informationen ausgeführt werden. Die Entwicklung komplexerer intellektueller Fähigkeiten ist danach ein Reorganisationsprozess, der in erster Linie im Erwerb und der Steigerung der Effektivität von Bearbeitungsstrategien für Informationen besteht (Case 1985). Intellektuelle Entwicklungsfortschritte hängen von einer stimulierenden und unterstützenden Umgebung ab, in der das Kind Lernangebote und Hilfen zum Übergang in die »Zone der nächsten Entwicklung« (Wygotski 1964) erhält.

Moderne Theorien zur kognitiven und intellektuellen → Entwicklung gehen davon aus, dass es sich bei diesen Prozessen um multiple Komponenten eines Verarbeitungssystems handelt, die als mehr oder weniger eigenständige Einheiten unabhängig voneinander, aber nach gemeinsamen, zugrunde liegenden Prinzipien arbeiten. Ihre Entwicklung vollzieht sich nicht zeitgleich. Im Säuglings- und Kleinkindalter entwickeln sich die Aufmerksamkeits- und Wahrnehmungsfunktionen rasch, während in der späteren Kindheit und im Jugendalter die Entwicklung der höheren sprachlichen, räumlich-perzeptiven und exekutiven Komponenten im Vordergrund steht.

Individuelle Unterschiede in den intellektuellen Fähigkeiten erklären sich aus verschienen Merkmalen: Wissensbasis, Gedächtniskapazität, Effizienz der Repräsentation von Informationen, Geschwindigkeit bei der Informationsbearbeitung, Breite und Verfügbarkeit von Strategien bei der exekutiven Kontrolle des Prozesses. Höhere intellektuelle Fähigkeiten zeigen sich z. B. in differenzierten exekutiven Kontrollstrategien, einem Verständnis für Zusammenhänge höherer Ordnung, größerer Sorgfalt und Tiefe bei der

Verarbeitung von Informationen und größerer Flexibilität im Gebrauch verschiedener Strategien.

Anderson (1992) hat ein zweidimensionales Modell zum Verständnis des Erwerbs intellektueller Fähigkeiten entworfen, bei dem Grundkapazität (Arbeitsgeschwindigkeit, Größe des Arbeitsspeichers und Fähigkeit zur Hemmung irrelevanter Reaktionen) und einzelne Fähigkeitsmodule (räumliche Wahrnehmung, phonologische Enkodierung, syntaktisches Regelwissen, »Theory of Mind« u. a.) voneinander unterschieden werden. Ein solches Modell erweist sich als praxistauglich. Es erlaubt eine Integration von Befunden zu einer allgemeinen kognitiven Entwicklungsverlangsamung bei Menschen mit geistiger Behinderung wie auch – wie bei Kindern und Jugendlichen mit unterschiedlich genetischen Syndromen recht häufig – zu dissoziativen Entwicklungen, bei denen einzelne Funktionen wesentlich stärker beeinträchtigt sind als andere.

Klaus Sarimski

Literatur

Anderson, M. (1992): Intelligence and development: A cognitive theory. Oxford
Case, R. (1985): Intellectual development: Birth to adulthood. Orlando (dt.: Die geistige Entwicklung des Menschen. Heidelberg, 1999)
Piaget, J. (1966): Psychologie der Intelligenz. Zürich
Torff, B. & Gardner, H. (2000): The vertical mind – the case for multiple intelligences. In: Anderson, M. (Ed.): The development of intelligenz. Hove, 139–159
Wygotski, L. (1964): Denken und Sprechen. Stuttgart

Intelligenztests

(siehe auch Intelligenz)

Die Aufgaben von Intelligenztests sind so zusammengestellt, dass sie als repräsentative und zuverlässige Indikatoren der intellektuellen Fähigkeiten eines Kindes oder Erwachsenen gelten können und eine Vorhersage seines Leistungsvermögens in Situationen erlauben, die nicht unmittelbar im Test erfasst werden können, aber von intellektuellen Fähigkeiten abhängen. Auf der Basis der Testleistung wird quasi eine Wahrscheinlichkeitsschätzung des »wahren Wertes« vorgenommen, die einen möglichst geringen Messfehler haben sollte. Ursprünglich wurden Intelligenztests für Kinder entwickelt, um ihren Schulerfolg vorherzusagen und diejenigen Kinder zu identifizieren, die von den herkömmlichen Schulanforderungen überfordert zu werden drohten und einer Sonderschule zugewiesen werden sollten.

Damit Intelligenztests diesen Zweck erfüllen können, müssen sie den Kriterien der Objektivität, Reliabilität und Validität in hinreichendem Maße genügen. Die Schätzung wird dann hinreichend genau sein, wenn die Durchführung, Auswertung und Interpretation des Verfahrens unabhängig von der Person des Untersuchers (d. h. objektiv) sind, das Ergebnis über einen gewissen zeitlichen Abstand hinweg stabil (d. h. reliabel) und die Aufgabenauswahl tatsächlich tauglich (d. h. valide) zur Vorhersage ist.

In der Praxis der Behindertenhilfe hat die Verwendung von Intelligenztests als (alleinigem) Kriterium der Sonderschulzuweisung breite Kritik erfahren. Im Zuge der Veränderungen der schulpolitischen Landschaft hin zu einer Förderung integrativer bzw. inklusiver Schulformen werden sie diese traditionelle Funktion gänzlich verlieren. Weiterhin können sie aber grundsätzlich nützlich sein, um die Abweichung des Entwicklungsstandes von den alterstypischen Fähigkeiten zu quantifizieren und damit diejenigen Kinder zu identifizieren, deren → Entwicklung außerhalb der »normalen« Variationsbreite liegt und die deshalb einer besonderen Förderung bedürfen. Vor allem sind sie dann hilfreich zur Beschreibung individueller Förderbedürfnisse, wenn sie sich nicht auf die Ermittlung eines globalen Intelligenzquotienten beschränken, sondern die Beschreibung von → Stärken und Schwächen eines Kindes in einem Fähigkeitsprofil erlauben. Ein solches Fähigkeitsprofil erlaubt Schlussfolgerungen, bei welchen Aufgaben und Anforderungen ein Kind besonderer Hilfen bedarf und auf welchen Stärken die → Förderplanung aufbauen kann.

Die verfügbaren Intelligenztests sind unterschiedlich tauglich zur Erstellung solcher Fähigkeitsprofile. Die Kaufman-Assessment Battery for Children (K-ABC; Melchers & Preuß 2001) wird dem Anspruch an zeitgemäße Vergleichswerte und dem Ziel, möglichst viele Informationen über Teilaspekte der Informationsverarbeitung zu gewinnen, derzeit am besten gerecht. Sie orientiert sich an einem mehrdimensionalen Modell voneinander relativ unabhängiger, hierarchisch zusammenwirkender Prozesse der Informationsverarbeitung. Die Aufgaben sind in Skalen zum ganzheitlichen (simultanen) und einzelheitlichen (sequentiellen) Denken gruppiert; zusätzlich werden Fertigkeiten geprüft, die das Kind im Kindergarten oder in der Schule erworben hat. Sie erlauben eher als andere Verfahren die Identifikation von individuellen Problemen der Aufmerksamkeitskontrolle, Merkfähigkeit, simultanen Verarbeitung und Kontrolle über exekutive Funktionen.

Zeitgemäße Vergleichswerte liegen ebenfalls für den Hamburg-Wechsler-Intelligenztest (HAWIK-III) vor, der allerdings im Wesentlichen nur eine Unterscheidung in Verbal- und Handlungs-IQ, d. h. sprachgebundene und perzeptive Intelligenzleistungen erlaubt. Die Vergleichswerte der »Testbatterie für Geistigbehinderte« (TBGB) stammen dagegen aus dem Jahre 1969 und sind veraltet.

Bei Kindern und Jugendlichen mit zusätzlicher Hörbehinderung oder fehlender Sprachentwicklung sind sprachfreie Intelligenztests zu empfehlen, z. B. der non-verbale Intelligenztest von Snijders-Oomen (SON). Hier werden die Aufgaben primär über Demonstrationen und Gesten vermittelt und können vom Kind sprachfrei bearbeitet werden, so dass ihre Lösung nicht von seinen rezeptiven und expressiven sprachlichen Fähigkeiten abhängt. Auch dieses Verfahren erlaubt eine Profildarstellung von visuell-konstruktiven Fähigkeiten bzw. schlussfolgerndem Denkvermögen.

Klaus Sarimski

Literatur

Melchers, P. & Preuss, U. (2001): Kaufman-Assessment Battery for Children (K-ABC). Leiden
Sarimski, K. (2003): Psychologische Diagnostik. In: Neuhäuser, G. & Steinhausen, H.-Ch. (Hrsg.): Geistige Behinderung. Grundlagen, klinische Syndrome, Behandlung und Rehabilitation. 3. Auflage. Stuttgart, 55–70
Sarimski, K. & Steinhausen, H.-Ch. (2007): KIDS 2. Kinder-Diagnostik-Syndrom. Geistige Behinderung und schwere Entwicklungsstörung. Göttingen

Interdisziplinäre Frühförderung

(siehe auch Früherkennung, Frühdiagnostik, Frühbehandlung, sozialpädiatrische Zentren)

Die Interdisziplinäre Frühförderung ist ein seit über 30 Jahren bestehendes und gesellschaftlich anerkanntes System der frühen Hilfe für Kinder mit Behinderungen und Entwicklungsverzögerungen. Die Frühförderung (Early Childhood Intervention) bietet umfassende Hilfen für Kinder von der Geburt bis zur Einschulung an, um eine drohende oder bereits eingetretene Behinderung zum frühest möglichen Zeitpunkt zu erkennen oder die Beeinträchtigung durch gezielte Förder- und Behandlungsmaßnahmen zu kompensieren oder zu mildern. Die geförderten Kinder haben Wahrnehmungs- und Teilleistungsstörungen, Verhaltensauffälligkeiten, Sprachstörungen, schwerwiegende motorische Auffälligkeiten, sie sind sehgeschädigt bzw. blind, hörgeschädigt bzw. taub. Ein Drittel dieser Kinder sind geistig oder körperlich bzw. schwer mehrfach behindert. Die häufigsten Beeinträchtigungen liegen im Bereich Sprache und Motorik, das Durchschnittsalter liegt bei 3,5 Jahren.

Interdisziplinäre Frühförderstellen bieten auf der Grundlage eines ganzheitlichen Konzeptes und Vorgehens Komplexleistungen zur → Früherkennung, Diagnose, Förderung und Beratung an. Sie sind offene und niedrigschwellige Anlaufstellen für Familien, die sich ernste Sorgen um die → Entwicklung ihrer Kinder machen oder denen von fachlicher Seite Frühförderung empfohlen wurde. Neben der Kindförderung soll eine partnerschaftliche Zusammenarbeit mit den Eltern dazu beitragen, dass sie Klarheit über die Situation ihrer Kinder erhalten, Kompetenzen in der Erziehung hinzugewinnen und für die Gestaltung ihrer oft schwierigen Situation im familiären Zusammenleben Unterstützung erhalten. Die Leistungen der Frühförderstellen umfassen heil(pädagogische), sonderpädagogische, psychologische, psychosoziale und ärztliche Maßnahmen (Thurmair & Naggl 2000). Fachleute aus diesen Berufsgruppen wirken im Frühförderteam interdisziplinär zusammen und kooperieren mit weiteren Diensten und Einrichtungen. Die interdisziplinären Frühförderstellen arbeiten sowohl ambulant in den Einrichtungen wie auch mobil durch Hausbesuche in den Familien bzw. in den Kindergärten.

Organisation: In Deutschland gibt es mehr als 1.000 Einrichtungen, die Frühförderung für beeinträchtigte Kinder anbieten. Träger Interdisziplinärer Frühfördereinrichtungen sind zumeist die großen Verbände der Wohlfahrtspflege (Caritas, Diakonie, Lebenshilfe, etc.). Finanzgeber sind auch nach der gesetzlichen Verankerung der Interdisziplinären Frühförderung im Sozialgesetzbuch IX im Jahr 2001 (§ 30 SGB) die Städte und Landkreise sowie die Krankenkassen. Für die Eltern ist die Inanspruchnahme der Frühförderung kostenfrei. Die Frühförderung wird in den einzelnen Bundesländern inhaltlich und organisatorisch in unterschiedlicher Form angeboten (http://www.fruehfoerderung-viff.de). Ein Überblick über internationale Entwicklungen zur Frühförderung findet sich in Odom et al. (2003) und Soriano (2010).

Theorie: Das System der Interdisziplinären Frühförderung zeichnet sich durch fundierte theoretische und konzeptionelle Grundlagen aus, die das diagnostisch-therapeutische Handeln leiten. Einen wichtigen Anteil an dieser Entwicklung hatten in den 1970er Jahren system-ökologische Überlegungen, die zu einem Paradigmenwechsel von einer kind- bzw. defizitorientierten hin zur familienorientierten Frühförderung geführt haben (Bronfenbrenner & Morris 2006; Speck 2003). Die → Familie wird als ein dynamisches System gesehen, in dem das Interaktionsverhalten der Familienmitglieder in einem wechselseitigen Prozess beeinflusst wird. Die vielfältigen Determinanten der familiären Beziehungen, die Familienstrukturen und -hierarchien, die persönlichen Ressourcen der Familienmitglieder, der kulturelle Hintergrund der Familien rücken bei der Förderung in den Vordergrund. Die neuen transaktionalen Entwicklungsmodelle gehen davon aus, dass das individuelle genetische Potential nur in der Auseinandersetzung mit entsprechend entwicklungsförderlichen Umwelten phänotypisch zur Geltung gebracht werden kann ((Sameroff 2009). Heute gewinnen biopsychosoziale Entwicklungs-Modelle an Bedeutung. Es zeigt sich, dass es sensible Phasen bei der Gehirnentwicklung gibt, in deren Verlauf der Organismus in erhöhtem Maße auf bestimmte Umwelteinflüsse besonders reagiert. Es gibt somit Entwicklungsabschnitte, in denen spezifische Erfahrungen der Kinder von großer Bedeutung für das Entstehen neuronaler Strukturen sind, die die Basis für die Optimierung von Lernfortschritten bilden. Auch die Ergebnisse von Langzeitstudien zur Beschreibung von Risiko- und Schutzfaktoren sowie von → Vulnerabilität und → Resilienz spielen eine zentrale Rolle in der Frühförderung.

Prinzipien und Aufgaben: Auf der Grundlage dieser Entwicklungstheorien und praktischer Erfahrungen haben sich in der Frühförderung wichtige handlungsleitende Prinzipien herausgebildet (Peterander 2003): Ganzheitlichkeit, Familienorientierung, regionale und mobile Frühförderung, → Interdisziplinarität und Teamarbeit, Vernetzung, Soziale Eingliederung/Integration, Früherkennung, → Frühdiagnostik, → Frühbehandlung – Kindförderung und Kooperation mit Eltern.

Effektivität und Effizienz: Zahlreiche Studien machen wichtige Faktoren einer erfolgreichen Frühförderung transparent: längere Dauer der Förderung, höhere Intensität der Fördereinheiten, direkte Kindförderung kombiniert mit Eltern-Kooperation, eine breit angelegte und flexible Kindförderung, Kombination von ambulanter und mobiler Förderung, Individualisierung der kindbezogenen Förderung. Langzeitstudien zur Effizienz in den USA zeigen, dass jeder für die Frühförderung von Kleinkindern ausgegebene Dollar in der Zukunft vier, teils sogar sieben Dollar für die weitere Förderung/Unterstützung im Kindes- und Jugendalter erspart und darüber hinaus die Lebensqualität der Kinder und Familien erheblich erhöht.

Zukünftig gilt es über die bildungsökonomische Diskussion hinaus die Mehrdimensionalität des Werts der Frühförderung für Kinder, Familien und Gesellschaft transparent zu machen (Peterander 2006). Im Zuge der Weiterentwicklung des Qualitäts- und Wissensmanagements und der Effektivitätsanalysen wird die Entwicklung von computerbasierten, kennzahlgestützten Wertanalyse-Systemen zur Erfassung des Werts der Leistungen sozialer Einrichtungen eine wichtige zukünftige Aufgabe sein.

Franz Peterander

Literatur

Bronfenbrenner, U. & Morris, P.A. (2006): The Bioecological Model of Human Development. In: Lerner, R.M. (Ed.): Handbook of Child Psychology, Vol. 1 Theoretical Models of Human Development, 6th Edition. Wiley, Hoboken, 793–828

Odom, S. L. et al. (Eds.) (2003): Early Intervention Practices around the World. Baltimore

Peterander, F. (2003): Interdisziplinäre Frühförderung. In: Leonhardt, A. & Wember, F. B. (Hrsg.): Grundfragen der Sonderpädagogik. Weinheim, 686–701

Peterander, F. (2006): Der Wert der Frühförderung. In: Frühförderung interdisziplinär, 25, 4, 160–169

Sameroff, A.J. (Ed.) (2009): The Transactional Model of Development – How Children and Contexts Shape Each Other. American Psychological Association, Washington, DC.

Soriano, V. (2010): Frühförderung – Fortschritte und Entwicklungen 2005–2010. (www.european-agency.org)

Speck, O. (2003): System Heilpädagogik. München/Basel (5. Aufl.)

Thurmair, M. & Naggl, M. (2000): Praxis der Frühförderung. München/Basel

Interdisziplinarität

(siehe auch Transdisziplinarität)

Bei Interdisziplinarität handelt es sich um einen Begriff, der längst Eingang in die Alltagssprache gefunden hat und mittlerweile zur Bezeichnung gänzlich unterschiedlicher Phänomene herangezogen wird (z. B. interdisziplinäre Sportarten = kombinierte Sportarten; interdisziplinäres Studium = Studium in verschiedenen Wissenschaftsdisziplinen). So wundert nicht, dass in Wissenschaft und Praxis Interpretationen von Interdisziplinarität *zwischen »Vermittlungsinstanz zwischen Wissenschaftsdisziplinen«* oder *»eigenständigem Forschungsansatz«* oszillieren.

Vermittlungsinstanz zwischen Wissenschaftsdisziplinen: Der Begriff der Interdisziplinarität steht für den unverzichtbaren Anspruch innerhalb der verschiedenen Wissenschaftsdisziplinen, respektive in den Sozial- und Verhaltenswissenschaften, auf Austausch zwischen (= inter-) den verschiedenen Wissengebieten. Die Notwendigkeit dieses Austausches ist der Tatsache geschuldet, dass wissenschaftliche Disziplinen einem ständigen Prozess der Differenzierung und Spezialisierung unterworfen sind, die zwangsläufig zu einer partikularistischen Sichtweise führen und daran hindern, Problemsituationen in ihrer Komplexität zu erfassen.

Interdisziplinarität bedeutet jedoch nicht, die eigene Sichtweise aufzugeben, sondern diese in einen fachlichen Diskurs mit anderen einzubringen. Sie bleibt dabei auf eine geregelte Form der Kooperation angewiesen, bei der ein Problemsachverhalt ins Zentrum gestellt wird.

Interdisziplinarität als eigenständiger Forschungsansatz: Interdisziplinarität gründet zunächst in der Erkenntnis, dass die jeweilige disziplinäre Sicht der Dinge nicht die einzige sein kann. Sie fordert auf zum Verzicht auf einen Herrschaftsanspruch bei der Lösung von komplexen Problemstellungen.

Interdisziplinarität erfordert zum zweiten einen kommunikativen Prozess, innerhalb dessen jede der beteiligten Fachdisziplinen in einen Austausch mit anderen Sichtweisen eintritt, in dem gleichberechtigt verschiedene Erkenntnislinien, also wissenschaftliche Forschungskonstrukte, methodische Konzepte und fachspezifische Sichtweisen präsentiert werden.

Interdisziplinarität erfordert drittens → Kooperation mehrerer voneinander unabhängiger Fachdisziplinen als Mittel, um Konzepte einer gemeinsamen Forschung zu entwickeln.

Wenn dies gelingt, dann vermag der Diskurs Synergien im Blick auf ein Erkenntnisganzes freizusetzen. Interdisziplinarität gilt damit als semantische Klammer für ein umschriebenes wissenschaftliches Vorgehen und wird von der Vorstellung getragen, dass ein Austausch über Erkenntnisprämissen, Sichtweisen und methodische Konzepte ein gemeinsames Verfahren ermöglicht, zumindest jedoch das Zusammenführen von Erkenntnissen fördert, die aussagekräftiger und plausibler bei der Lösung von Problemen erscheinen als das jeweilige fachspezifische disziplinäre Vorgehen.

Der interdisziplinären Ansatz gründet in der Überzeugung, dass sich in der globalisierten Wissensgesellschaft von morgen Fortschritt in der Wissenschaft »an den Grenzen beziehungsweise an den Schnittstellen zwischen den Disziplinen« vollzieht (DFG 2004).

Die lediglich additive Aneinanderreihung von Erkenntnissen, die Synopse von Teilansichten wird demgegenüber als *»Multidisziplinarität«* bezeichnet.

Interdisziplinarität gilt im Kontext der Forschung und der Praxis der → Inklusion und Unterstützung von Menschen mit geistiger Behinderung als unverzichtbare Voraussetzung, die ganzheitliche Sicht auf Menschen mit Behinderungen nicht aus dem Auge zu verlieren und der Objektivierung von Menschen mit Behinderungen durch den partikularistischen wissenschaftlichen Zugang diverser Fachdisziplinen nicht Vorschub zu leisten.

Matthias Dalferth

Literatur

DFG (2004): Interdisziplinarität – Vernetzung. www.dfg.de

Intervention

Der Begriff der Intervention hat in den letzten Jahren insbesondere im Bereich der klinischen Psychologie eine inflationäre Verbreitung gefunden. Dennoch wird er nur selten definiert und kritisch reflektiert. Das macht ihn ideologieanfällig, wie folgende Aussage unschwer erkennen lässt: »Intervention: Dies ist der gezielte und direkte Eingriff in Lernprozesse, also z. B. der Versuch der Verhaltensänderung bei Verhaltensauffälligkeiten, Leistungsversagen u. a.« (Ulich 1999, 515). Ein solches Begriffsverständnis demonstriert ein Machtgefälle zwischen Klienten und Helfer und legt eine ausschließlich individuumzentrierte Praxis nahe. Diesem einseitigen Interventionsverständnis steht eine Begriffsbestimmung gegenüber, die sich auf ein *vermittelndes* Einschalten, Dazwischenkommen und Unterstützen bezieht. Diese Begriffsauslegung bedeutet weitaus mehr als ein bloßer Eingriff. Zudem ist sie wegbereitend für eine *systemische Sicht*, indem sie das Verhältnis von Betroffenen und Lebenswelt mit reflektiert. Folgerichtig können Interventionen auch auf die Beeinflussung eines Kontextes abzielen und beispielsweise Umkreispersonen die Veränderung ihres Verhaltens nahe legen (z. B. beim Konzept der → Positiven Verhaltensunterstützung).

Georg Theunissen

Literatur

Ulich, D. (1999): Pädagogische Psychologie. In: Asanger, R. & Wenninger, G. (Hrsg.): Handwörterbuch Psychologie. Weinheim, 512–516

Isolation, Vereinsamung

Mit dem Begriff »Isolation« werden unangemessene Lebens- und Tätigkeitsbedingungen von Menschen bezeichnet, durch die eine Teilhabe an den gattungsnormalen Lebensbedingungen und sozialen Beziehungen erschwert bzw. verunmöglicht wird. Isolation steht für ein Minimum an sozialen Kontakt wie auch für ein Höchstmaß an sozialer Distanz zwischen einem Individuum und/oder einer Gruppe. Somit skizziert Isolation eine wesentliche Seite der Behinderung, die in der reduzierten Möglichkeit der Aneignung des gesellschaftlichen Erbes zum Ausdruck kommt. Damit kennzeichnet Isolation ein Verhältnis zwischen dem einzelnen Menschen und der ihn umgebenden Umwelt, das sich durch Beeinträchtigungen der Tätigkeit auszeichnet. Isolation entsteht durch den Unterschied bzw. den Widerspruch zwischen der möglichen Tätigkeit des Einzelnen und den je gegebenen Möglichkeiten in einer konkreten Situation. Isolation wird zwar durch die gesellschaftlichen Verhältnisse und Bedingungen erzeugt, wirkt jedoch individuell dahingehend, dass unter den gegebenen Lebens- und Tätigkeitsbedingungen das stammesgeschichtlich bzw. individualgeschichtlich höchst mögliche Niveau der Tätigkeit nicht realisiert werden kann. Ausschlaggebend hierfür können innere bzw. äußere isolierende Bedingungen sein. Innere isolierende Bedingungen sind solche, die z. B. aus krankhaften Prozessen, Sinnesschäden, Bewegungsbeeinträchtigungen und Störungen des Zentralnervensystems resultieren. Durch sie verändern sich die Kommunikations- und Interaktionsprozesse des Menschen mit seiner Umwelt entscheidend. Äußere isolierende Bedingungen resultieren aus den je gegebenen sozialen Lebensbedingungen im Sinne der Vorenthaltung sozialer Erfahrungen, einer fehlenden Kooperation mit anderen Menschen und einer unzulänglichen Realitätskontrolle.

Norbert Störmer

Literatur

Jantzen, W. (1987): Allgemeine Behindertenpädagogik, Bd. 1: Sozialwissenschaftliche und psychologische Grundlagen. Weinheim und Basel

K

Kinder- und Jugendmedizin

Das Gebiet Kinder- und Jugendmedizin (Synonyme: Kinderheilkunde, Pädiatrie) umfasst die Erkennung, Behandlung, Prävention, Rehabilitation und Nachsorge aller körperlichen, neurologischen, psychischen und psychosomatischen Erkrankungen, Verhaltensauffälligkeiten, Entwicklungsstörungen und Behinderungen des Säuglings, Kleinkindes, Kindes und Jugendlichen von Beginn bis zum Abschluss seiner somatischen Entwicklung (i.d.R. bis zum vollendeten 18. Lebensjahr) einschließlich pränataler Erkrankungen, Neonatologie und der Sozialpädiatrie (Muster-Weiterbildungsordnung für Ärzte vom 25.6.2010).

Diese allumfassende Zuständigkeit wird differenziert durch sog. Schwerpunkte (Spezialisierungen innerhalb des Fachgebietes der Kinder- und Jugendmedizin: Kinder-Hämatologie und -Onkologie, Kinder-Kardiologie, Neonatologie, → Neuropädiatrie) sowie durch die Abtrennung des Gebiets → Kinder- und Jugendpsychiatrie und -psychotherapie mit einer eigenständigen Facharztweiterbildung.

Ziel der fünfjährigen Weiterbildung ist der Facharzt für Kinder- und Jugendmedizin (Synonym: Kinder- und Jugendarzt/-ärztin, »Kinderarzt/-ärztin«, Pädiater/in). Eine Herausforderung der Kinder-. und Jugendmedizin besteht in der ständigen Berücksichtigung des Lebens- und Entwicklungsalters und der damit erforderlichen Angemessenheit der diagnostischen und therapeutischen Techniken und Methoden. Es gibt zahlreiche mehr oder weniger differenzierte Einteilungen in Entwicklungsstadien. Gebräuchlich sind: Früh- und Neugeborene, Säuglinge (0–1/2 Jahr), Kleinkinder (1/2–2 Jahre) und Kindergartenalter (2–4 Jahre), Schulkinder (5–14 Jahre), Jugendliche (14–18 Jahre).

Die Deutsche Gesellschaft für Kinder- und Jugendmedizin e. V. (DGKJ) ist die wissenschaftliche Fachgesellschaft der Kinder- und Jugendmedizin in Deutschland. Sie versammelt 39 pädiatrische Spezialgesellschaften.

Klaus Hennicke

Kinder- und Jugendpsychiatrie

(siehe auch Psychiatrie)

Das Gebiet Kinder- und Jugendpsychiatrie und -psychotherapie umfasst die Erkennung, Behandlung, Prävention und Rehabilitation bei psychischen, psychosomatischen, entwicklungsbedingten und neurologischen Erkrankungen oder Störungen sowie bei psychischen und sozialen Verhaltensauffälligkeiten im Säuglings-, Kindes- und Jugendalter und bei Heranwachsenden auch unter Beachtung ihrer Einbindung in das familiäre und soziale Lebensumfeld (Weiterbildungsordnung der Bundesärztekammer).

1940 wurde die »Deutsche Gesellschaft für Kinderpsychiatrie und Heilpädagogik« in Wien gegründet. 1950 folgte in der BRD die Neugründung der Gesellschaft als »Deutsche Vereinigung für Jugendpsychiatrie«, in der DDR entstand die Sektion für Kinderneuropsychiatrie der Gesellschaft für Psychiatrie und Neurologie. Seit 2003 lautet der Name der (vereinigten) Fachgesellschaft »Deutsche Gesellschaft für Kinder- und Jugendpsychiatrie, Psychosomatik und Psychotherapie«. Der Titel »Facharzt für Kinder- und Jugendpsychiatrie und -psychotherapie« wurde 1993 mit der neuen Weiterbildungsordnung eingeführt. Die Bezeichnung löst den 1968 eingeführten Titel »Facharzt für Kinder- und Jugendpsychiatrie« ab. Die Weiterbildungszeit zum Facharzt beträgt 5 Jahre.

Als ärztliches Fachgebiet sind die Aufgaben der Kinder- und Jugendpsychiatrie Teil des Gesundheitssystems (SGB V). Das kinder- und jugendpsychiatrische Versorgungssystem stützt sich auf die Praxen der niedergelassenen Kinder- und Jugendpsychiater und auf die Kinder- und Jugendpsychiatrischen Fachkliniken, die fast alle über stationäre und teilstationäre (Tagesklinik) Behandlungsplätze sowie über eine Ambulanz (Institutsambulanz) verfügen. Kinder- und Jugendpsychiatrie und Psychotherapie ist eng verflochten mit den Versorgungsangeboten der Fachgebiete → Psychiatrie, → Psychotherapie und Kinderheilkunde sowie insbesondere mit dem Versorgungssystemen der Jugendhilfe (SGB VIII) und der → Eingliederungshilfe für Behinderte (SGB XII, SGB IX).

Grundlagenwissenschaft der Kinder- und Jugendpsychiatrie ist die Entwicklungspsychopathologie, ein interdisziplinäres wissenschaftliches Konzept zur Untersuchungen der Wechselwirkungen zwischen biologischen, psychologischen und sozialen Bedingungen bei der Entstehung von abweichendem, auffälligem und gestörtem Verhalten.

Dabei sind lineare Ursachen-Wirkungs-Vorstellungen längst ersetzt von komplexen zirkulären Entwicklungsmodellen psychischer Störungen. Dementsprechend folgt die Untersuchung und Feststellung der Auffälligkeiten dem Konzept der multidimensionalen Diagnostik. Mit vielfältigen Methoden wird die Lebenswirklichkeit des Klienten zu erfassen versucht (biologisch-körperliche, psychologische und soziale Bedingungen). Die Untersuchungsergebnisse werden in dem für das Fachgebiet verbindlichen »Multiaxialen Klassifikationsschema für psychische Störungen des Kindes- und Jugendalters« (MAS) auf sechs Achsen zusammengefasst, die die Komplexität der Problemsituation hinreichend abbilden. Die Verschlüsselung der → psychischen Störungen entspricht der Internationalen Klassifikation psychischer Störungen der WHO (ICD-10). Geistige Behinderung wird nicht mehr als psychiatrische Störung verstanden, sondern als wesentliche entwicklungsgeschichtliche Bedingung einer Person und auf einer eigenen Achse des MAS (Achse III Intelligenzniveau) codiert. Therapeutische Interventionen erfolgen ebenso auf unterschiedlichen Ebenen (Individuum, Familie, soziales Umfeld) mit unterschiedlichen Methoden (medizinisch-biologische, psychologisch-psychotherapeutische und beratende, heilpädagogische, familientherapeutisch-systemische sowie soziale Interventionen) (Multimodale Therapie). Im Durchschnitt aller Behandlungen werden bei 80% familienorientierte und 20% andere umfeldorientierte Maßnahmen, bei 40% psychotherapeutische Hilfen, bei 20% individuelle Übungsbehandlungen und bei ca. 10% medikamentöse Interventionen durchgeführt. Eine sehr große Bedeutung hat daher die Kooperation mit der Jugendhilfe (Hilfe zur Erziehung §§ 27–35 SGB VIII und Eingliederungshilfe für seelisch behinderte Kinder und Jugendliche § 35a SGB VIII) bzw. der Eingliederungshilfe für Behinderte (SGB XII, SGB XI). Mit der sog. »Sozialpsychiatrie-Vereinbarung« (seit 1994) konnte das Konzept der multimodalen Therapie auch versorgungspraktisch umgesetzt werden. Es ermöglicht die Honorierung multidisziplinärer Interventionen durch psychologische und pädagogische Berufsgruppen im Rahmen der ambulanten kassenärztlichen kinder- und jugendpsychiatrischen Versorgung. Die wissenschaftlichen, klinischen und versorgungspolitischen Fortschritte (seit der Psychiatrie-Enquête 1976) haben die Kinder- und Jugendpsychiatrie, auch durch die Integration psychologischer, psychotherapeutischer und pädagogische Konzepte und Methoden, zu einer anspruchsvollen, effektiven, interdisziplinären medizinischen Disziplin werden lassen.

Klaus Hennicke

Literatur

Deutsche Gesellschaft für Kinder- und Jugendpsychiatrie und Psychotherapie; Bundesarbeitsgemeinschaft leitender Klinikärzte für Kinder- und Jugendpsychiatrie und Psychotherapie & Berufsverband der Ärzte für Kinder- und Jugendpsychiatrie und Psychotherapie (Hrsg.) (2003): Kinder- und Jugendpsychiatrie und Psychotherapie in der Bundesrepublik Deutschland. Die Versorgung von psychisch kranken Kindern, Jugendlichen und ihren Familien. Stuttgart, New York. (Redaktion: Warnke, A. & Lehmkuhl, G.) (3. Aufl.)
Deutsche Gesellschaft für Kinder- und Jugendpsychiatrie und Psychotherapie; Bundesarbeitsgemeinschaft leitender Klinikärzte für Kinder- und Jugendpsychiatrie und Psychotherapie & Berufsverband der Ärzte für Kinder- und Jugendpsychiatrie und Psychotherapie (Hrsg.) (2003): Leitlinien zu Diagnostik und Therapie von psychischen Störungen im Säuglings-, Kindes- und Jugendalter. Köln (2. Aufl.)
Remschmidt, H. & Mattejat, F. (2003): Integratives Denken und Handeln in der Kinder- und Jugendpsychiatrie. Forum der Kinder- und Jugendpsychiatrie. Suppl. zu H. 2, 13 »Wege zur seelischen Gesundheit – integrative Versorgung in der Kinder- und Jugendpsychiatrie und Psychotherapie«. Vorträge vom WHO-Symposium am 15.11.02 in Stuttgart.

Kinder- und Jugendwohnen

Lebensorte für Kinder und Jugendliche mit (geistiger) Behinderung außerhalb der Familie können sein: Pflegefamilien, Internate, Heime der Kinder- und Jugendhilfe (SGB VIII) oder der Behindertenhilfe (SGB XII), aber auch psychiatrische Einrichtungen, Alten- oder Pflegeheime. Genaue statistische Angaben darüber, wie viele behinderte Kinder und Jugendliche an welchen dieser Orte leben, existieren nicht. Der themenbezogene fachwissenschaftliche Diskurs ist rudimentär. Thimm spricht deshalb im Hinblick auf die behindertenpädagogische und sozialpolitische Wahrnehmung der in Heimen der Behindertenhilfe lebenden Kinder und Jugendlichen von einer »vergessenen Minderheit« (Thimm & Wachtel 2002). Im Folgenden findet sich der Versuch einer knappen Situationsbeschreibung, die ausschließlich auf nichtrepräsentativen Untersuchungsergebnissen beruht: Schätzungen hinsichtlich der Anzahl der Kinder und Jugendlichen variieren zwischen 16.000 und 13.500, wobei offen bleibt, ob diese Zahlen den realen Bedarf widerspiegeln. Die Unterbringungsquote ist vom regionalen Angebot abhängig. Sie schwankt bezogen auf 10.000 Kinder und Jugendliche zwischen 4 (Hessen) und 17 (Baden-Württemberg). Die Mehrzahl der Heime ist überregional ausgerichtet und häufig kaum mit regionalen Angeboten vernetzt (Thimm & Wachtel 2002).

Nur ein geringer Teil aller Einrichtungen ist ausschließlich für Kinder und Jugendliche konzipiert. Diese Einrichtungen sind mit durchschnittlich ca. 30 Plätzen in der Regel deutlich kleiner als altersübergreifende Einrichtungen, in denen die Mehrzahl der Kinder und Jugendlichen lebt. Einer kritischen Betrachtung und in der Konsequenz auch einer stärkeren anwaltschaftlichen Verantwortung bedarf die häufig problematische Personalsituation (Beck 2002).

Hauptgründe für die Aufnahme in ein Heim liegen unabhängig vom Alter der Kinder in familiären Überlastungs- und Notsituationen. Sie stellt in der Regel keine Alternative dar, sondern den letzten Ausweg (Häußler et al. 1996). Die meisten Kinder und Jugendlichen leben nach ihrer Aufnahme meistens auf Dauer im Heim. Etwas mehr als ein Viertel der Kinder der Untersuchungsgruppe von Thimm wurde bereits im Alter bis sechs Jahre aufgenommen wurde. Generell ist die Heimunterbringung von Kindern und Jugendlichen mit geistiger Behinderung zu hinterfragen. Unzureichend geklärt ist allerdings die Frage, welche Bedingungen und Strukturen gemeindenaher Hilfen erforderlich sind, um Heimaufnahmen zu vermeiden (Thimm & Wachtel 2002).

Grit Wachtel

Literatur

Beck, I. (2002): Die Lebenslagen von Kindern und Jugendlichen mit Behinderung und ihrer Familien in Deutschland. In: Sachverständigenkommission 11. Kinder- und Jugendbericht (Hrsg.): Bd. 4: Gesundheit und Behinderung im Leben von Kindern und Jugendlichen. München, 175–315

Häußler, M.; Wacker, E. & Wetzler, R. (1996): Lebenssituation von Menschen mit Behinderung in privaten Haushalten. Baden-Baden

Thimm, W. & Wachtel, G. (2002): Familien mit behinderten Kindern. Wege der Unterstützung und Impulse zur Weiterentwicklung regionaler Hilfesysteme. Weinheim

Klinische Bilder

(siehe auch Ursachen aus medizinischer Sicht, Verhaltensphänotypen)

Geistige Behinderung ist im Rahmen von Syndromen vielfach mit körperlichen Anomalien, neurologischen Symptomen und → Verhaltensauffälligkeiten kombiniert. Bei der klinischen Untersuchung von Menschen mit geistiger Behinderung sind im Phänotyp unterschiedliche Bilder zu differenzieren, die vielfach auf eine bestimmte Ursache hinweisen.

Bei der Klärung von Ätiologie (Ursache) und Pathogenese (Entstehungsgeschichte) kommt dem klinischen Bild (körperliche Untersuchung, Nachweis von Anomalien, neurologisches Syndrom, Verhalten) eine wichtige Bedeutung zu, auch für die Abfolge der weiteren Untersuchungsschritte. So sind der von Genotyp und verschiedenen epigenetischen Faktoren bestimmte Phänotyp, die Ausprägung der geistigen Behinderung und damit verbundene Symptome zu erfassen.

Hier kann nur eine knappe Auswahl klinischer Bilder dargestellt werden. Zu Einzelheiten ist auf Atlanten und Datenbanken zu verweisen, in denen einzelne Syndrome genauer beschrieben und abgebildet sind.

- Durch Genmutationen verursachte Stoffwechselstörungen

Lesch-Nyhan-Syndrom (Häufigkeit 1 : 200.000 bis 300.000)

Als angeborene Störung des Nukleotidstoffwechsels führt ein Fehlen des Enzyms Hypoxanthin-Guanin-Phosphoribosyltransferase zu Hyperurikämie (wie bei Gicht) und vermehrter Ausscheidung von Harnsäure mit Steinbildung. Es kommt zu geistiger Behinderung unterschiedlicher Ausprägung (IQ 35 bis 60), zerebraler Bewegungsstörung mit Spastik und Dyskinesie (Choreoathetose) sowie schwer beeinflussbarer Automutilation. Der verantwortliche Gendefekt ist bei Xq26–27 lokalisiert. Die Erkrankung betrifft nur Knaben; ihre Mütter sind heterozygote Anlageträgerinnen, wenn nicht eine Neumutation entstand. Eine Harnsäurevermehrung wird in Blut und Urin nachgewiesen; an Erythrozyten bzw. Fibroblasten ist der Enzymdefekt zu identifizieren. Die Stoffwechselveränderung kann durch Gabe von Allopurinol beeinflusst werden, jedoch ohne Wirkung auf neurologische Symptome und Verhalten; das selbstverletzende Verhalten erfordert spezielle pädagogische Maßnahmen. Bei langsam progredientem Verlauf beträgt die Lebenserwartung 20 bis 30 Jahre.

Rett-Syndrom (Häufigkeit 1 : 10.000 bis 15.000 bei Mädchen)

Nach ungestörter Entwicklung werden erste Symptome im zweiten Lebenshalbjahr deutlich: Bereits erreichte Bewegungsfähigkeiten gehen verloren, Sprachverständnis, emotionaler Kontakt und verbale Äußerungen lassen nach. Das Kopfwachstum bleibt zurück, es entsteht eine sekundäre Mikrozephalie. Ziemlich charakteristisch sind stereotype Bewegungen der Hände mit »Wringen«, »Klappen«, »Kneten« oder »Waschen«, auch Zähneknirschen, Jaktationen und Hyperventilation. Die Hände werden nicht mehr zum Greifen und Spielen benützt. Mit sozialem Rückzug, fehlender Kommunikation und nachlassenden geistigen Fähigkeiten entsteht ein stark ausgeprägtes autistisches Verhalten. Häufig kommt es zu epileptischen Anfällen. Gleichgewichts- und Koordinationsstörungen behindern zunehmend Fortbewegung und Stehen, es resultiert Pflegebedürftigkeit. Trotz einer gewissen Stabilisierung ist die Lebenserwartung verkürzt. Das Syndrom wurde fast ausschließlich bei Mädchen beobachtet, wohl geschlechtsgebunden dominant vererbt. Eine Rolle spielt das MeCP2-Gen, das bei Xq28 lokalisiert und für die neurale Proteinsynthese wichtig ist. Möglichkeiten der Behandlung sind nicht bekannt. Über Musik und Gesang sowie durch heilpädagogische Maßnahmen ist das autistische Verhalten zu beeinflussen.

Sanfilippo-Syndrom (Häufigkeit 1 : 25.000 bis 100.000)

Die Mukopolysaccharidose Typ III (Sanfilippo) gehört zu den Störungen im Stoffwechsel der Glykosaminoglykane, wichtiger Bestandteile des Bindegewebes. Infolge eines autosomal rezessiv vererbten Enzymdefekts (Sulfamatsulfatase bei Typ A) kommt es zu vermehrter Ausscheidung von Heparansulfat und Speicherung in den Lysosomen, was Zellfunktionen im Skelett und Bindegewebe, aber auch in Leber, Milz und Nervensystem beeinträchtigt. Eine zunächst ungestörte Entwicklung wird im zweiten bis dritten Lebensjahr langsam; sprachliche Fähigkeiten lassen nach, starke Unruhe und Schlafstörungen treten auf. Allmählich verändert sich der Gesichtsausdruck durch Einlagerung ins Gewebe; der Kopfumfang nimmt zu, das Haar wird struppig. Ein vorgewölbter Bauch ist Folge der Vergrößerung von Leber und Milz. Hinweisende Skelettveränderungen zeigen Röntgenbilder von Schädel, Wirbelsäule und Thorax. Zu sichern ist die Diagnose durch Urinuntersuchung, mit dem Nachweis des Enzymdefekts und des Gens für Heparan-N-Sulfatase bei 17q25.3. Die Symptome sind langsam progredient, es resultieren → Demenz, schwere Körperbehinderung und Tod meist vor dem 20. Lebensjahr. Verschiedene Behandlungsversuche (Knochenmarkstransplantation, Enzymersatz, Gentherapie) waren bisher wenig erfolgreich.

Tuberöse Sklerose (Häufigkeit 1 : 30.000)

Das autosomal dominant vererbte neurokutane Syndrom (Bourneville-Pringle, Epiloia) führt zu Differenzierungsstörung vor allem in Geweben ektodermaler Herkunft. Bald nach der Geburt werden als typische Hautveränderungen depigmentierte blatt- oder lanzettförmige Flecken (white spots) beobachtet, als erste neurologische Symptome treten epileptische Anfälle (Blitz-Nick-Salaam-Krämpfe) neben einer verzögerten geistigen Entwicklung auf. Ein charakteristischer Hautausschlag auf den Wangen, das Adenoma sebaceum, entsteht im Schulalter mit kleinen Hauttumoren von orange-roter Farbe in schmetterlingsförmiger Anordnung. Später kommen Veränderungen am Rücken (Chagrainlederhaut) sowie Koenen-Tumoren an Finger- und Zehennägeln hinzu. Geistige Behinderung ist häufig; auch epileptische Anfälle, Gleichgewichts- und Bewegungsstörungen sind Folge der cerebralen Fehldifferenzierung. Bei bildgebender Diagnostik (CT, MRT) werden fast immer verkalkende Glianknötchen an den Ventrikelwänden nachgewiesen. Größere Tumoren erfordern operative Behandlung. Gliomatöse Wucherungen am Augenhintergrund beeinträchtigen das Sehvermögen. Weitere Symptome sind Veränderungen an den Nieren (Fehlbildungstumoren, Zysten) und im Herzmuskel (Rhabdomyom bei Neugeborenen), in Lungen und Knochen. Verantwortliche Gene (TSC 1 und 2) wurden bei 9q34 und 16p13.3 lokalisiert. Die Ausprägung des Tuberöse-Sklerose-Komplexes ist sehr unterschiedlich; bei schwerer Mehrfachbehinderung muss mit Progredienz gerechnet werden, wegen des Tumorrisikos sind regelmäßig Kontrollen nötig. Therapeutische Maßnahmen können nur Symptome beeinflussen.

- Chromosomenanomalien

Die Ausprägung klinischer Bilder, die durch Veränderungen der Zahl oder Struktur von Chromosomen entstehen, wird bestimmt durch eine Vielzahl von Genen und zusätzlichen Faktoren (→ Down-Syndrom).

Cri-du-chat-Syndrom (Katzenschrei-Syndrom) (Häufigkeit 1 : 20.000 bis 50.000)

Ursache ist eine Deletion des kurzen Arms von Chromosom 5. Betroffene Kinder kommen meist mit vermindertem Gewicht zur Welt und haben deutlich ausgeprägte Anpassungsschwierigkeiten. Auffallend sind Veränderungen am Schädel und im Gesicht: Kleiner, länglicher Kopf, rundes Gesicht, flache Nasenwurzel, weiter Augenabstand, schräge Lidachsen, abnorm modellierte Ohrmuscheln (Hypoplasie des Helix), großer Mund mit engem Gaumen, kleiner Unterkiefer. Häufig sind angeborene Herzfehler, seltener Anomalien der Nieren und des Genitale. An den Händen beobachtet man Vierfingerfurche und Klinodaktylie, auch Syn- und Oligodaktylie; Hüftdysplasie, Klump- und Plattfüße sowie Skoliose kommen vor. Charakteristisch ist das Schreien des Kindes, dem Miauen einer Katze täuschend ähnlich, Folge von Kehlkopfanomalie und funktioneller Störung. Die Entwicklung verläuft langsam, nur selten werden sprachliche Fertigkeiten ausgebildet, Bewegungen bleiben ungelenk. Die Stimme verändert sich allmählich, ist hoch und gepresst.

Fragiles-X-Syndrom (Häufigkeit 1 : 1.000 bei Knaben, 1 : 3.000 bei Mädchen)

Betroffen sind hauptsächlich Knaben, die gewisse körperliche Auffälligkeiten (längliches Gesicht, kräftige Ober- und Unterkiefer, große, oft abstehende Ohren; nach der Pubertät deutlich vermehrtes Hodenvolumen) haben, vor allem Sprachentwicklungsstörung und Verhaltensprobleme mit Hyperaktivität und Aufmerksamkeitsdefizit. Epileptische Anfälle treten nicht selten auf. Geistige Behinderung ist häufig, oft verbunden mit autistischen Verhaltensweisen (mangelnder Blickkontakt, vor allem bei Begrüßung), Neigung zu → Stereotypien und Autoaggressionen. Bei zytogenetischer Analyse unter speziellen Kulturbedingungen wird vermehrte Brüchigkeit des X-Chromosoms beobachtet (bei Xq27.3), die molekulargenetische Untersuchung zeigt das Fehlen des für die Bildung neuronaler Verbindungen wichtigen FMR 1- Gens. Dafür ist eine abnorme Vermehrung von Trinukleotid-Repeats bedeutsam (Basenpaare der Erbsubstanz DNS); wenn sie eine gewisse Zahl überschreiten, tritt das Syndrom auf, deshalb nehmen die Symptome im Verlauf von Generationen zu, sind auch Frauen betroffen und Vererbung von Vater auf Kinder möglich. Das Syndrom tritt in einer Häufigkeit von 1,7–6,2 % bei Männern mit geistiger Behinderung auf und ist von anderen, ebenfalls geschlechtsgebundenen Störungen abzugrenzen. Zur Behandlung wird Folsäure verabreicht, ohne dass eine entsprechende Stoffwechselstörung nachgewiesen ist. Entscheidend sind differenzierte heil- und sonderpädagogische Maßnahmen. Die genetische Beratung muss auf einer genauen molekulargenetischen Analyse beruhen.

Syndrom CATCH 22 (Häufigkeit 1:4.000)

Überzähliges Material des Chromosoms 22 führt zum Katzenaugensyndrom, bei dem Iriskolobom (Spalt in der Regenbogen-, mitunter auch Aderhaut des Auges) mit verzögerter statomotorischer und geistiger Entwicklung sowie variablen Anomalien einhergeht (kraniofaziale Dysmorphie, Herzfehler, Nierenanomalien, Analatresie).

Eine Deletion bei 22q11.2 führt zu verschiedenen Fehlbildungssyndromen, die als CATCH 22 zusammengefasst werden (Cardiac, Abnormal facies, Thymic hypoplasia, Cleft palate, Hypocalcaemia), je nach Ausdehnung der Deletion recht variabel.

Beim DiGeorge-Syndrom steht eine Thymushypoplasie bzw. -aplasie mit Immundefekt im Vordergrund; sind die Nebenschilddrüsen betroffen, resultiert eine Störung im Calziumstoffwechsel. Zusätzlich kommen kraniofaziale Dysmorphie und Herzfehler vor. Beim Velo-Kardio-Fazialen Syndrom (Shprintzen) werden geistige Behinderung oder Lernbehinderung beobachtet. Leitsymptome sind Gaumenspalte (manchmal von Schleimhaut bedeckt) und Herzfehler. Neben Kleinwuchs und Mikrozephalie beobachtet man enge Lidspalten, weiten Augenabstand, dysplastische Ohren, prominente Nase, Zahnfehlstellungen, kleines Kinn, schmale Hände und Füße, dichtes Haar, hypotone Muskeln, Leisten- und Nabelbrüche, Kryptorchismus. Die Entwicklung verläuft langsam. Bei heiserer Stimme machen sich Artikulationsschwierigkeiten bemerkbar, Teilleistungsstörungen sind häufig. Im späteren Alter kommen nicht selten psychotische Erkrankungen vor.

- Contiguous Gene Syndromes

Angelman-Syndrom (Häufigkeit 1 : 20.000)
Im Säuglingsalter fällt eine verzögerte statomotorische Entwicklung auf. Andere Symptome werden langsam deutlich und führen zwischen dem zweiten und vierten Lebensjahr zur Diagnose: Runder Schädel mit vermindertem Umfang und abgeflachtem Hinterhaupt, eingezogenes Mittelgesicht, tief liegende Augen, relativ breiter Mund mit oft vorgestreckter Zunge, auseinander stehende Zähne, kräftiger Unterkiefer mit spitzem Kinn. Zunehmend deutlich wird eine geistige Behinderung, vor allem die Entwicklung expressiver sprachlicher Fähigkeiten bleibt zurück. Laufen gelingt mit zwei bis drei Jahren, oft erst später, die ungelenken Bewegungen wirken »marionettenhaft«. Stereotypien und autistisches Verhalten kommen vor, Schlafstörungen sind häufig. Epileptische Anfälle und ein charakteristischer EEG-Befund fehlen nur selten (Blitz-Nick-Salaam-Krämpfe, Absence-ähnliche Zustände, große Anfälle). Sie sind unabhängig von Episoden heftigen Lachens, die immer wieder ohne ersichtlichen Grund auftreten und eher stereotypen Charakter haben. Ursache des Syndroms ist eine Deletion bei 15q11–12, wie bei Prader-Willi-Syndrom. Genetische Prägung spielt eine Rolle: Beim Angelmann-Syndrom ist das mütterliche, beim Prader-Willi-Syndrom das väterliche Chromosom betroffen; durch uniparentale Disomie fehlen die von der Mutter vererbten Gene, was einer Deletion entspricht. Mit der molekulargenetischen Analyse wird die Diagnose gesichert. Die Behandlung ist symptomatisch (Anfälle, Bewegungsstörung, geistige Behinderung, Verhalten).

Prader-Willi-Syndrom (Häufigkeit 1 : 10.000 bis 25.000)
Neugeborene haben Schluck- und Trinkschwierigkeiten, auch Störungen der Atem- und Temperaturregulation. Etwa bis zum 2. Lebensjahr besteht eine ausgeprägte Muskelschlaffheit (Hypotonie) mit überstreckbaren Gelenken und schwachen Muskeleigenreflexen. Die statomotorische Entwicklung ist langsam, geistige Behinderung wird zunehmend deutlich. Es kommt dann zu abnorm gesteigertem Appetit, rascher Gewichtszunahme und ausgeprägter Fettleibigkeit. Das Längenwachstum bleibt zurück. Äußere Merkmale helfen bei der klinischen Diagnose: Längliches Gesicht, schmale Stirn, mandelförmige Lidspalten, Schielen, dreiecksförmiger, meist offener Mund, kleine Hände und Füße, wenig entwickelte Genitalien. Nicht selten entsteht ein Typ II-Diabetes. Im Verhalten fällt neben einer heiteren Grundstimmung die Neigung zu affektiven Durchbrüchen auf; der gesteigerte Appetit kann nur schwer beherrscht werden und führt zu aggressiven bzw. dissozialen Handlungen. Stereotypien sind nicht selten. Bei unterschiedlichen kognitiven Fähigkeiten (IQ 20 bis 100) gibt es besondere Schwächen in rechnerischem Denken und visuomotorischen Funktionen. Die Sprache ist oft undeutlich, näselnd und schlecht artikuliert. Probleme bereiten vor allem unstillbarer Appetit und Impulsivität; frühzeitig eingeleitete, konsequente Diät und pädagogische Maßnahmen sind nötig. Ursache des Syndroms ist eine Veränderung bei 15q11–13 als Translokation oder interstitielle Deletion, die verschiedene Gene einbezieht. Der Abschnitt unterliegt genetischer Prägung, normalerweise werden nur die väterlichen Gene exprimiert, die bei Prader-Willi-Syndrom deletiert bzw. mutiert sind; durch uniparentale Disomie werden lediglich die mütterlichen Chromosomen weitergegeben. Man erhofft von einer Klärung der Appetitregulation wirksame therapeutische Möglichkeiten.

Smith-Magenis-Syndrom (Häufigkeit 1 : 25.000)

Die äußere Erscheinung ist eher unauffällig, der → Verhaltensphänotyp jedoch charakteristisch. Bei oft schwer ausgeprägter geistiger Behinderung beobachtet man Kleinwuchs und Mikrozephalie mit prominenter Stirn, schrägen Lidachsen, weitem Augenabstand, abnorm modellierten Ohrmuscheln, vorspringendem Kinn, plumpen Händen, Klinodaktylie, Vierfingerfurche, Syndaktylie. Lippen-Kiefer-Gaumenspalte, Herzfehler und Anomalien der Nieren kommen vor. Epileptische Anfälle sind nicht selten. Mittelohrschwerhörigkeit ist Folge häufiger Infektionen; mit einer tiefen, rauen Stimme werden kommunikative Fähigkeiten erworben. Die Kinder sind hyperaktiv, impulsiv und neigen zu aggressiven Reaktionen. Oft wird autistisches Verhalten beobachtet mit Selbstverletzung. Abbeißen von Finger- und Fußnägeln, Haarausreißen, Stecken von Gegenständen in Körperöffnungen. Schwere Schlafstörungen mit Jaktationen belasten die Familie. Eigenartige Stereotypen treten vor allem bei Erregung auf: Die Hände werden aneinander, die Arme an den Körper gepresst, als wollte man sich selbst umarmen, sind dabei oft in Kleidung verwickelt. Ursache des Syndroms ist eine Deletion bei 17p11.2; ein Gen für hereditäre Neuropathie liegt in der Nähe, was häufiges Auftreten von Lähmungen erklärt.

Williams-Beuren-Syndrom (Häufigkeit 1 : 10.000 bis 50.000)

Kennzeichnende klinische Symptome sind Kleinwuchs, Mikrozephalie und »Elfengesicht«: Kurze Lidspalten, sternförmiges Irismuster, Schielen, schmale Nasenwurzel, Stupsnase, Pausbacken, breite Lippen, meist offener Mund, Zahnanomalien, kleines Kinn, prominente Ohrläppchen. Im Säuglingsalter gibt es vor allem bei Hypercalzämie Ernährungsschwierigkeiten mit Erbrechen und Nierenfunktionsstörung. Die Kinder haben ein freundliches, drolliges Wesen, wirken durch leichte Koordinationsstörungen ungeschickt, mit breitbeinigem Gang auch ataktisch. Ihre Stimme ist tief und rau; sie sprechen viel, können aber Sachverhalte schwer darstellen. Geistige Behinderung ist unterschiedlich ausgeprägt (IQ 40 bis 80), schwach sind perzeptive und visuomotorische Leistungen. Ängstlichkeit und Geräuschempfindlichkeit, auch Distanzlosigkeit fallen auf. Häufig sind Herzfehler, vor allem Verengung großer Arterien (supravalvuläre Aortenstenose, periphere Pulmonalstenosen). Im Verlauf der Entwicklung ändern sich manche Symptome und Aussehen; Gelenkprobleme nehmen zu. Ursache des Syndroms ist eine Deletion bei 7q11.23 und betrifft ein für die Bildung von Bindegewebe wichtiges Elastin-Gen. Dass weitere Gene einbezogen sind, erklärt die Variabilität im Phänotyp.

- Exogen verursachte Syndrome

Rubeolen-Embryopathie (sporadisch vorkommend)

Bei einer Rötelnerkrankung der Mutter während der Schwangerschaft kann das Virus aufs Kind übergehen und zu Entwicklungsstörungen führen, unterschiedlich ausgeprägt je nach dem Zeitpunkt der Infektion. Bei der Embryopathie (Gregg-Syndrom) kommt es zu Trübung der Augenlinse (grauer Star, Katarakt), Innenohrschwerhörigkeit, Mikrozephalie und Herzfehler. Erfolgt die Infektion später (Fetopathie), entstehen entzündliche Veränderungen vor allem in Leber und Milz, Herz und Gehirn, auch Knochen- und Blutbildveränderungen.

Die Diagnose erfolgt durch serologisch-immunologische Untersuchungen und Virusnachweis. Wirksame Vorbeugung ist durch Impfung möglich.

Alkohol-Embryo-Fetopathie (Häufigkeit 1 : 350 bis 500)

Bei »Mangelgeburt« fallen kleiner Kopf und besondere Gesichtszüge auf: Schmale, auch schräge Lidachsen, weiter Augenabstand, tief sitzende Ohren, breite Distanz zwischen Nase und Oberlippe (Philtrum), schmales Lippenrot, kleines Kinn. Nicht selten sind Herzfehler und andere Organveränderungen, auch Anomalien des Skeletts (radioulnare Synostose) sowie der Handfurchen und -leisten. Die Entwicklung ist langsam, es kommt zu Kleinwuchs und Lernbehinderung bzw. geistiger Behinderung mit Hyperaktivität und Teilleistungsstörungen. Alkohol erreicht beim ungeborenen Kind relativ hohe Konzentration und kann noch nicht abgebaut werden, stört wichtige Wachstums- und Differenzierungsvorgänge. Je nach der Menge des Alkohols ist die Embryo-Fetopathie unterschiedlich ausgeprägt; meist ist die Mutter alkoholkrank. Geringe Konzentrationen sind wohl unschädlich, das Entstehen von »Alkoholeffekten« mit Hirnfunktionsstörung ist jedoch nicht auszuschließen.

- Geistige Behinderung und zusätzliche Symptome (Mehrfachbehinderung)

Da eine Hirnfunktionsstörung vorliegt, können neben der kognitiven (mentalen) Beeinträchtigung weitere Symptome auftreten, vor allem epileptische Anfälle (bei etwa 30%), zerebrale Bewegungsstörungen (bei etwa 25%) und psychische Auffälligkeiten (autistisches, aggressives, impulsives, hyperaktives, selbstverletzendes Verhalten). Seh- und Hörstörungen sowie Schwierigkeiten bei der Perzeption und sensorischen Integration sind nicht selten. Es ist notwendig, auf derartige zusätzliche Symptome zu achten (Komorbidität), da sie vielfach wirksam behandelt werden können.

Gerhard Neuhäuser

Literatur

Adler, G.; Burg, G.; Kunze, J.; Pongratz, D.; Schinzel, A. & Spranger, J. (Hrsg.) (1996): Leiber – Die klinischen Syndrome. Syndrome, Sequenzen und Symptomenkomplexe. München (8. Aufl.)
Baraitser, M. & Winter, R. M. (2001): Fehlbildungssyndrome. Bern (2. Aufl.)
Buyse, M. L. (ed.) (1990): Birth Defects Encyclopedia. Cambridge, Mass.
Neuhäuser, G. (2004): Syndrome bei Menschen mit geistiger Behinderung. Ursachen, Erscheinungsformen und Folgen. Marburg
Wiedemann, H.-R. & Kunze, J. (2001): Atlas der Klinischen Syndrome. Stuttgart (5. Aufl.)

Kompensation

Üblicherweise wird Kompensation mit einem Ausgleich von → Defiziten, Defekten oder funktionellen Störungen in Verbindung gebracht. Eine bloße Defizitorientierung findet in der Arbeit mit behinderten Menschen jedoch wenig Zuspruch. Soll die Chance von Kompensationshilfen und -strategien zur Bewältigung von Anforderungen des alltäglichen Lebens sowie zur Förderung psychischer Gesundheit nicht leichtfertig verspielt werden, bietet es sich an, einen Kompensationsbegriff zu nutzen, der den Ausgleich eines »objektiv oder wahrgenommenen Ungleichgewichtes zwischen verfügbaren Fähigkeiten und Umfeldanforderungen« beschreibt (Bäckman & Dixon 1992, 272). Dieser kann durch die »Investition von mehr Zeit und Anstrengung …, die Nutzbarmachung latenter Fähigkeiten (Stärken oder Ressourcen, G. T.) … oder Entwicklung neuer Fähigkeiten« (ebd.), veränderter Erwartungen oder Ziele erfolgen. In ähnlichen Bahnen bewegt sich Lurias Konzept der »funktionellen Adaption« (1963; auch 1998, 101f.), welches neuropsychologische Kompensations- und Reorganisationsmöglichkeiten beschreibt. Ferner spielt der Aspekt der Kompensation in dem von Baltes

(1996) beschriebenen Modell des »erfolgreichen Alterns« eine prominente Rolle, welches sehr wohl auch für die Arbeit mit älteren geistig behinderten Menschen anregend sein kann (Theunissen 2002).

Georg Theunissen

Literatur

Baltes, P. (1996): Über die Zukunft des Alterns: Hoffnung mit Trauerflor. In: Baltes, M. & Montada, L. (Hrsg.): Produktives Leben im Alter. Frankfurt
Bäckman, L. & Dixon, R. A. (1992): Psychological Compensation: A theoretical framework. In: Psychological Bulletin, Vol. 112, 259–283
Luria, A. R. (1963): Restoration of Function after Brain Injury. New York
Luria, A. R. (1998): Das Gehirn in Aktion. Einführung in die Neuropsychologie. Reinbek
Theunissen, G. (2002): Altenbildung und Behinderung. Bad Heilbrunn

Kompetenz, Kompetenzorientierung

(siehe auch Ressourcen, Stärken)

Der Kompetenzbegriff verweist sowohl auf (rechtliche) Zuständigkeit (worauf Menschen mit Körper- oder Sinnesbehinderungen großen Wert legen) als auch auf Fähigkeiten zur Lebensgestaltung eines sinnerfüllten Lebens (vgl. Theunissen 2005, 33f.). Diese zweite Sicht wird in der Pädagogik für Menschen mit geistiger Behinderung vor allem im Sinne einer Kompetenzorientierung verwendet. Ressourcenorientierung oder Stärken-Perspektive sind vergleichbare Begriffe, die eine Abkehr von der defizitorientierten Sicht anzeigen.

Vergleichbare Veränderungen der Sichtweisen finden sich auch in den Nachbarwissenschaften: In der Medizin tritt die Salutogenese (wie entsteht Gesundheit) neben die Pathogenese (wie entstehen Krankheiten). In der Psychologie werden nicht nur Risikofaktoren untersucht (was lässt Menschen scheitern), sondern zunehmend auch Faktoren der → Resilienz (was macht Menschen stark). Aufgrund solcher Entwicklungen trifft die herkömmliche Differenzierung immer weniger zu, Therapie sei für die Beseitigung von → Defiziten zuständig und Pädagogik für die Förderung von Kompetenzen.

Kompetenzorientierung bedeutet nicht, dass individuelle Unzulänglichkeiten gänzlich aus dem pädagogischen Blick- und Handlungsfeld treten. Ein ausgewogenes Beispiel bietet die American Association on Mental Retardation (AAMR 2002) in ihrem Assessment-Verfahren zur Feststellung einer geistigen Behinderung: → Stärken (»strengths«) und »Schwächen« (»weaknesses«) einer Person werden dabei genauso differenziert erhoben wie Stärken und Schwächen ihres Umfeldes.

Sprachlich drückt sich die Verlagerung der Betrachtung auf die positiven Aspekte einer Person dadurch aus, dass nicht mehr die Behinderung im Vordergrund steht (»Geistigbehinderte«), sondern der Mensch (»Menschen mit geistiger Behinderung«). Dabei handelt es sich nicht um euphemistische Sprachspiele im Sinne der »political correctness« (Barsch & Bendokat 2002), in denen »Behinderung« z. B. durch »Andersfähigkeit« lediglich schöngeredet werden soll. Vielmehr sind die neuen sprachlichen Konventionen die terminologische Manifestation eines grundlegenden Perspektiven- oder gar Paradigmenwechsels.

Eine kompetenzorientierte Sicht ist umso wichtiger, je schwerer die Behinderung ins Auge fällt und den Blick auf den zugehörigen Menschen verstellt. Unverzichtbar wird sie in Grenzbereichen menschlicher Existenz (z. B. → Anenzephalie, Koma), in denen maximale Defizite minimalen Kompetenzen gegenüberzustehen scheinen, so dass selbst das Menschsein in Frage gestellt wird (vgl. animalistisches und vegetabilistisches Menschenbild).

Harald Goll

Literatur

AAMR (2002): Mental retardation: Definition, classification, and systems of supports (10th ed.). Washington, DC.
Barsch, S. & Bendokat, T. (2002): Political Correctness in der Heilpädagogik. In: Zeitschrift für Heilpädagogik, 53, 11, 451–455
Goll, H. (1994): Vom Defizitkatalog zum Kompetenzinventar. In: Hofmann, Th. & Klingmüller, B. (Hrsg.): Abhängigkeit und Autonomie. Neue Wege in der Geistigbehindertenpädagogik. Berlin, 130–154
Theunissen, G. (1999): Zur Bedeutung von Stärken und Widerstandskraft. In: Zeitschrift für Heilpädagogik, 50, 6, 278–284
Theunissen, G. (2005): Pädagogik bei geistiger Behinderung und Verhaltensauffälligkeiten. Bad Heilbrunn (4., stark erw. Aufl.)

Komplexe Behinderung / komplexe Behinderung

In Abgrenzung zum Begriff der »komplexen Behinderung«, der vor einiger Zeit zur Beschreibung der Komplexität und zum Verständnis von geistiger Behinderung in die Fachdiskussion eingebracht wurde (Theunissen 1997) und heute nicht selten mit mehrfacher Behinderung oder schweren Beeinträchtigungen assoziiert wird, hat Fornefeld den Begriff der »Komplexen Behinderung« entwickelt und theoretisch begründet. Hierzu werden die vier grundlegende Aspekte herausgestellt (vgl. Fornefeld 2008, 51f):

- Der Begriff der Komplexen Behinderung bezieht sich auf eine *Gruppe* von Personen, die mit den selben Ausschlusskriterien belegt werden, trotz verschiedener psychiatrischer, medizinischer oder auch pädagogischer Individualbeschreibungen, z. B als schwerst-mehrfachbehindert, geistig behindert und psychisch krank, geistig behindert und verhaltensauffällig u. ä.
- Komplexe Behinderung ist *keine Definition* im engeren Sinne, sondern soll einer Personengruppe einen Namen geben, der nicht in wissenschaftlichen Fächergrenzen verbleibt.
- Mit dieser Namensgebung ist ein explizit *ethischer Anspruch* verbunden; sie soll die Gruppe anerkennen und aufwerten.
- Der Begriff erhebt den Anspruch, ein *komplexes Phänomen* der menschliches Seins zu benennen und zu beschreiben.

Fornefelds Herangehen ist ein konsequent phänomenologisches: über die Analyse von Lebensgeschichten arbeitet sie Merkmale heraus, die die Lebenssituation von Menschen mit Komplexer Behinderung kennzeichnen (ebd. 58); hier nur beispielhaft genannt: Sie bringen ihre Bedürfnisse unzureichend zum Ausdruck, haben meist keine Verbalsprache, sind in hohem Maße von Zuwendung abhängig, bekommen oft negative soziale Rollen zugeschrieben, sind besonders häufig von unkoordinierter Therapie und pädagogischer Intervention betroffen, sind häufig Gewalt- und Exklusionserfahrungen ausgesetzt, machen im

Laufe ihres Lebens oft Erfahrungen des Scheiterns u. a.

Eine reine Beschreibung wäre jedoch zu wenig; denn Komplexe Behinderung als »chaotische mannigfaltige Bedeutsamkeit« (ebd. 75) ist zusätzlich zum Phänomen Behinderung selbst immer noch hinsichtlich der subjektiven Deutungen und Wertung zu betrachten. Menschen mit Komplexen Behinderungen sind in starkem Maße abhängig von Bedeutungszuschreibungen Dritter (z. B. Fachpersonal), was die Komplexität ihrer Lebenswirklichkeit weiter erhöht. Der Begriff der Komplexen Behinderung ist also vor diesem doppelten Hintergrund seiner theoretischen Entwicklung nicht als abschließend definierbar zu betrachten: zu vielfältig ist das Phänomen selbst, aber auch die Möglichkeiten von Bedeutungszuschreibungen.

Deutlich wird, dass die von Fornefeld vorgetragene Begriffsfassung theoretisch anspruchsvoll und selbst komplex ist. Wie andere moderne Fassungen des Behinderungsbegriffes, wird Komplexe Behinderung nicht als ein Personenmerkmal (wie noch der Begriff der Schwerstbehinderung) konzipiert, sondern als eine Name für eine Personengruppe verstanden, deren Lebenswirklichkeit durch die üblichen Behinderungskategorien nur unzureichend erfasst wird.

Wolfram Kulig

Literatur

Fornefeld, B. (2008): Menschen mit Komplexer Behinderung – Klärung des Begriffes. In Fornefeld, B. (Hrsg.): Menschen mit Komplexer Behinderung. Selbstverständnis und Aufgaben der Behindertenpädagogik, München 2008, 50–81
Theunissen, G. (1997): Pädagogik bei geistiger Behinderung und Verhaltensauffälligkeiten. Bad Heilbrunn (2. Aufl.)

Kooperation

Der Begriff Kooperation findet sich in der Theorie, Forschung und Praxis mit Menschen mit zugeschriebener geistiger Behinderung meist in drei verschiedenen Konnotationen wieder:

1. *auf institutioneller Ebene*: z. B. schulische Kooperation (→ Kooperationsklassen, Kooperationsprojekte etc.), Kooperation verschiedener Einrichtungen (Wohneinrichtungen, Psychiatrische Kliniken, WfbM, Beratungsstellen etc.);
2. *auf personaler Ebene*: z. B. kollegiale Kooperation unter Lehrkräften (Teamarbeit), kooperative Zusammenarbeit verschiedener Fachkräfte (in Frühförderzentren, WfbM, Tagesförderstätten, Wohneinrichtungen etc.);
3. *auf individueller Ebene*: z. B. direkte Zusammenarbeit mit den Hauptpersonen.

Im schulischen Kontext (institutionelle Ebene) gibt es in Deutschland schon seit Anfang der 1970er Jahre kooperative Lösungen zur Eingliederung von Schülerinnen mit Förderbedarf im Schwerpunkt »geistige Eintwicklung«. Auch im außerschulischen Bereich existiert spätestens seit der sog. *Enthospitalisierung* die Forderung nach verstärkter kooperativer, interdisziplinärer Zusammenarbeit.

Eine wesentliche Voraussetzung für das Gelingen von Kooperation auf institutioneller Ebene ist u. a. eine *konstruktive Teamarbeit* (personale Ebene). Eine gelungene professionelle Teamarbeit ist zentral von der kooperativen Handlungskompetenz und Reflexionsbereitschaft der Beteiligten abhängig. Im Rahmen kooperativer Zusammenarbeit ist es demnach grundsätzlich wichtig, dass kein hierarchisches Gefälle zwischen den Teammitgliedern existiert, sondern die Entwicklung einer *gemeinsamen reflexiven Professionalität* (Opp 1998) im Vordergrund steht.

In den letzten Jahren hat sich auch die Praxis dialogisch-kooperativer Zusammenarbeit mit Menschen mit zugewiesener geistiger Behinderung (individuelle Ebene) zunehmend konzeptionell ausdifferenziert. Voraussetzung hierfür ist die Anerkennung eines *beidseitigen Expertentums* vom Professionellen und Hauptpersonen, was ein subjektorientiertes Menschbild beinhaltet und einen reflektierten »Ich-Du-Bezug« (→ *Unterstützung*) notwendig macht. Derartige Kooperationsstrukturen werden in unterschiedlichsten Formen individueller Hilfeplanungskonzepte, Lebensstilplanungen und kompetenzorientierter Förderansätze deutlich.

Übergeordnet lässt sich unter Kooperation das gemeinsame Leben, Spielen, Lernen, Arbeiten von Menschen mit und ohne »Behinderungserfahrungen« (horizontal-dialogisches Miteinander) verstehen: »Nichts wird für das zukünftige Überleben der Menschheit und das humane Zusammenleben der Menschen wichtiger und gleichzeitig richtiger sein, als das ›Lernen zu lernen‹ und solidarisch untereinander, um einer gemeinsamen Sache willen, kooperieren zu können« (Feuser 1989).

Saskia Schuppener

Literatur

Feuser, G. (1989): Allgemeine integrative Pädagogik und entwicklungslogische Didaktik. In: Behindertenpädagogik 28, 1, 4–48

Opp, G. (1998): Reflexive Professionalität. Neue Professionalisierungstendenzen im Arbeitsfeld der Kinder- und Jugendhilfe. In: Zeitschrift für Heilpädagogik 4, 49, 148–158

Kooperationsklassen, kooperativer Unterricht

Schon 1974 hat die Bildungskommission des Deutschen Bildungsrates »Kooperative Schulzentren« zur Eingliederung behinderter Schülerinnen und Schüler vorgeschlagen. Im Anschluss an Schulversuche haben einige Bundesländer Kooperationsklassen eingerichtet, u. a. Bremen, Baden-Württemberg, Brandenburg und Bayern. Beides hat sich in den »Empfehlungen zur sonderpädagogischen Förderung in den Schulen in der Bundesrepublik Deutschland« der Kultusministerkonferenz (1994) niedergeschlagen. Bei Kooperationsklassen bleiben die Klassen als eigenständige Organisationseinheiten der beteiligten Schulen bestehen und haben nur in bestimmten Fächern gemeinsamen Unterricht im Gegensatz zu Integrationsklassen, bei denen die Schülerinnen und Schüler mit sonderpädagogischem Förderbedarf ständig am Unterricht der allgemeinen Klasse teilnehmen. Einige Bedingungen erleichtern die Kooperation. Günstig ist die räumliche, jahrgangsbezogene Zuordnung von Klassen der beiden Schulen. Dadurch können altersorientierte Erfahrungen, Fähigkeiten oder Haltungen realitätsnäher vermittelt werden. Die Unterbringung mehrerer Klassen einer Schule für geistig Behinderte in einer allgemeinen Schule erleichtert Schwierigkeiten der Dezentralisierung. Die Ausstattung der Räume der Sonderschulklasse sollte den Standards in einer → Schule für geistig Behinderte entsprechen (Mühl 1997, 59ff).

Der → gemeinsame Unterricht in Kooperationsklassen ist wie in Integrationsklassen primär eine *didaktische* Aufgabe. Für den Einstieg eignen sich Unterrichtsprojekte und Fächer bzw. Lernbereiche, die Handlungsbezüge ermöglichen. Grundlage der Lehrplanung für den gemeinsamen Unterricht sind die Lehrpläne der beteiligten Schulen. Die Lehrkräfte und Schulen sollten über die Fächer und Inhalte des gemeinsamen Unterrichts selbstständig entscheiden können. Als geeignete Fächer erwiesen sich v. a. Sachunterricht, Bildende Kunst, Hauswirtschaft, Sport und Musik.

In *methodischer* Hinsicht werden Schülerinnen und Schüler mit unterschiedlichen Lernansprüchen und Fähigkeiten durch differenzierende Unterrichtsformen in gemeinsame Lernsituationen eingebunden. Für Schülerinnen und Schüler mit geistiger Behinderung hängt der Erfolg integrativ-kooperativer Lernformen davon ab, wie die geforderte Tätigkeit ihrem kognitiven und motivationalen Stand entspricht. Die Zusammenarbeit und der Dialog zwischen beiden Gruppen sind in gebundenen Situationen oft leichter herzustellen als in freien Phasen; behinderte Schüler erfahren in den letzteren häufiger Ablehnung. Dennoch wird insgesamt ein hohes Maß an → Normalisierung erreicht: nichtbehinderte Kinder arbeiten mit den behinderten im Unterricht zusammen, suchen sich aber andere Partner in der Freizeit (Grüning 2002; Sucharowski 1999).

Kooperatives Lernen hat im Vergleich zu Wettbewerb positive Auswirkungen auf die Akzeptanz der Schülerinnen und Schüler mit Behinderungen, die Vermittlung von prosozialen Haltungen bei den nichtbehinderten Schülerinnen und Schülern und die Beziehungen zwischen beiden Gruppen. Die positiven Auswirkungen lassen sich darauf zurückführen, dass es gegenseitige Hilfe fördert, die Beteiligten mehr Hilfe und Akzeptanz erfahren und das Einfühlen in die Rolle der Anderen und damit auch eine Differenzierung der Sicht der Anderen unterstützt (Berges 1996).

Kooperationsklassen können *Vorteile gegenüber der Sonderbeschulung* vorweisen: weniger → Isolation der behinderten Schülerinnen und Schüler, ihrer Eltern und der Sonderschulen, Kontakte und Zusammenarbeit zwischen beiden Schüler-, Eltern- und Lehrergruppen, Erwerb sonderpädagogischer Kompetenz für Lehrkräfte der allgemeinen Schule. Auf der Sekundarstufe können → Kompetenzen einer altersangemessenen Interaktions- und Kommunikationsfähigkeit erworben werden.

Vorteile *gegenüber Integrationsklassen* können sein: günstigere Realisierungschancen, Kontinuum gemeinsamer Aktivitäten bis hin zu gemeinsamem Unterricht, allmähliche Anbahnung gemeinsamer Unterrichtung, Bereitstellung integrativer Maßnahmen für alle Schülerinnen und Schüler mit geistiger Behinderung, Aufrechterhaltung der Ganztagsbeschulung, günstigere Möglichkeiten zur Hinführung und Eingliederung in das Erwachsenenleben.

Heinz Mühl

Literatur

Berges, M. (1996): Dimensionen der Integration bei kooperativem Unterricht. Frankfurt/M; Berlin; Bern; New York; Paris; Wien

Grüning, E. (Hrsg.) (2002): Gemeinsam lernen. Integrative Prozesse für Schüler im Förderschwerpunkt »Geistige Entwicklung«. Berlin

Mühl, H. (1997): Erfahrungen zur kooperativen Beschulung von Schülerinnen und Schülern mit geistiger Behinderung. In: Heinz Mühl u. a.: Lernen unter einem Dach. Schulische Integration durch Kooperation. Marburg, 9–66

Sucharowski, W. (Hrsg.) (1999): Wandel durch Annäherung. Integrative Effekte bei einem kooperativ organisierten Unterricht. Berichte aus der wissenschaftlichen Begleitforschung zum kooperativen Unterricht an allgemeinen Schulen und der Schule zur individuellen Lebensbewältigung in Bayern. Universität Rostock

Kreativität

Kreativität kennzeichnet heute nicht mehr nur ein Genie, sondern sie gilt als ein allgemein menschliches Potential. Allerdings wird sie nach wie vor bei Menschen mit Lernschwierigkeiten in Abrede gestellt. Dies ist einer einseitigen Begriffsauslegung geschuldet. Wenngleich es keine einheitliche Definition gibt, lässt sich über alle Differenzierungen hinweg ein gemeinsamer Nenner ausmachen, indem Kreativität, abgeleitet vom lateinischen »creare« (erschaffen, zeugen, ins Leben rufen), die »Erzeugung und Auswahl neuer, wertvoller Informationen« (Steinbuch 1971, 160) zum Ausdruck bringt. Dieser Aspekt sollte unter zwei Zugängen betrachtet werden: Aus der Perspektive des Subjekts und aus der Sicht der Gesellschaft. Im Idealfall sollte Kreativität sowohl für ihren Produzenten als auch für andere (Gesellschaft) neuartig und wertvoll sein. Es besteht jedoch die Tendenz, nur den gesellschaftlichen Referenzrahmen anzulegen und die Bedeutung der Kreativität für das einzelne Subjekt auszublenden. Dagegen wendet sich die neuere Kreativitätsforschung (Brodbeck), der es um ein subjektzentriertes Verständnis von Kreativität geht, das insbesondere für die Arbeit mit Menschen mit Lernschwierigkeiten konstitutive Bedeutung hat (Theunissen 2006). Freilich darf diese Position nicht »Verhinderungen von Kreativität« (v. Hentig) verkennen. Hierzu macht es Sinn, zwischen einem kreativen Potenzial und einer kreativen Performanze zu differenzieren. Dadurch gelingt es uns, (entwicklungshemmende) Situationen zu erfassen, in denen Betroffene hinter ihren Möglichkeiten bleiben; und zugleich lässt sich dadurch Kreativität *entwicklungsbezogen vom Menschen aus* erschließen (Theunissen & Großwendt 2006).

Georg Theunissen

Literatur

Brodbeck, K.-H. (1999): Entscheidung zur Kreativität. Darmstadt (2. Aufl.)
Hentig, H. v. (2000): Kreativität. Weinheim
Steinbuch, K. (1971): Kreative Produktion. In: Gross, H. (Hrsg.): Zukunft aus Kreativität. Düsseldorf, 159–184
Theunissen, G. (2006): Kreativität und geistige Behinderung. In: Theunissen, G. & Großwendt, U. (Hrsg.) a. a. O., 11–28
Theunissen, G. & Großwendt, U. (Hrsg.) (2006): Kreativität von Menschen mit geistigen und mehrfachen Behinderungen. Grundlagen – Ästhetische Praxis – Theaterarbeit – Kunst- und Musiktherapie. Bad Heilbrunn

Kretinismus

Kretinismus (aus dem franz. crétin »Schwachsinniger«) ist eine Bezeichnung für angeborene Entwicklungsstörungen, die durch einen Schilddrüsenhormonmangel bzw. durch eine Schilddrüsenunterfunktion hervorgerufen werden infolge einer unzureichenden Versorgung der Mutter mit Jod. Bis Ende des 19. Jahrhunderts in Regionen der Alpen und Pyrenäen endemisch verbreitet. Der »Kretin« wurde zum typischen Bild des geistig Behinderten: Minderwuchs, Skelettveränderungen, Schwerhörigkeit bis Taub(stumm)heit, klobige heraustehende Zunge, flache Nase, kurze Finger, Antriebsschwäche und mehr oder weniger stark ausgeprägte Intelligenzminderung. Mit Einführung der

Vorsorge mit Jodsalzen Anfang des 20. Jahrhunderts ist der Kretinismus in den entwickelten Ländern verschwunden. In Endemiegebieten sowie bei Verdacht auf eine Schilddrüsenunterfunktion gehört die Funktionsdiagnostik zur Schwangerenvorsorge dazu. Im Rahmen des Neugeborenenscreenings wird heute die Schilddrüsenfunktion routinemäßig untersucht (zusammen mit Prüfung auf Phenylketonurie PKU und Galactosämie).

Klaus Hennicke

Krisen

Das griechische Substantiv »krisis« bedeutet Beurteilung, Entscheidung, Urteil, Scheidung. In seiner lateinischen Verwendung bezieht sich »crisis« verstärkt auf Krankheiten und wird verbunden mit den zwei Bedeutungen Gefahr (Tod) und Chance (Leben, Heilung), was in der ursprünglichen medizinischen Verwendung als Wendepunkt oder Zuspitzung (bei einem Fieberanfall) eines Krankheitsverlaufs deutlich hervortritt.

Die vielen Bemühungen, den Terminus für fachliche Aufgaben und Fragestellungen nutzbar zu machen, haben zu unterschiedlichen Ergebnissen geführt. Auf der einen Seite sind vielfältige Bemühungen erkennbar, Krise anhand von definierten Merkmalen enger zu präzisieren. »Alle Krisen ähneln einander in bestimmten fundamentalen Merkmalen (universalistischer Ansatz)« (Mennemann 2000, zit. nach Wüllenweber & Theunissen 2001, 132). Auf diese Weise kann die fachliche Kommunikation präzisiert und die Abgrenzung zu anderen Problematiken ermöglicht werden. Demgegenüber stehen Ansätze, den Krisenbegriff weit zu fassen und ihn als Sammelbegriff für Störungen, Problemlagen und Konflikte verschiedenster Art zu verwenden.

Eine solche weite Fassung findet sich teilweise in der Heilpädagogik und Behindertenhilfe. Sie erscheint attraktiv, um scheinbare Gemeinsamkeiten bei unterschiedlichen Problemlagen anzuzeigen. Für einen fachlichen Diskurs ist ein solch weiter Oberbegriff jedoch nur eingeschränkt von Nutzen.

Seit den 1990er Jahren wird der Krisenbegriff auch im Zusammenhang mit geistiger Behinderung aufgegriffen und diskutiert. Leider wird der Begriff nur selten definiert verwandt, auch verharren viele Darstellungen auf einer subjektiven Position und suchen keinen Anschluss an den (inter)disziplinären Fachdiskurs. So wird häufig nicht zwischen Krisen, → Aggressionen, → Verhaltensauffälligkeiten oder → psychischen Störungen differenziert.

Um Missverständnisse zu vermeiden, ist es jedoch notwendig, den Krisenbegriff zu präzisieren. Zunächst gilt es festzustellen, dass Krisen weder an bestimmten Ursachen noch an bestimmten Symptomen festgemacht werden können. Daher muss eine teleologische Bestimmung an Hand von Merkmalen erfolgen. Wüllenweber (2000) konnte in seiner Studie drei Hauptmerkmale von Krisen bei Menschen mit geistiger Behinderung identifizieren:

- Starke individuelle und/oder soziale Belastung,
- Überforderung der individuellen und/oder sozialen → Ressourcen,
- Temporäre Dauer: Krisen sind weder zeitlich punktuelle Lebenssituationen, weshalb ein kurzzeitiger Erregungszustand keine Krise markiert. Zugleich sind Krisen an die Gegenwart gebunden, sie sind

aktuell und nicht von jahre- oder lebenslanger Dauer.

Krisen bei Menschen mit geistiger Behinderung zeichnen sich darüber hinaus durch eine vielgestaltige Symptomatik im Verhalten aus. In internaler Hinsicht werden v. a. soziale Distanzierung und in externaler Hinsicht v. a. Unruhe, Gereiztheit und besonders häufig Aggressionen deutlich. Hingegen treten Drogen- und Alkoholprobleme sowie Suizidalität in Krisen von Menschen mit geistiger Behinderung eher selten auf. Ein anderer Aspekt von Krisen bei Menschen mit geistiger Behinderung zeigt sich in der Bedeutung von körperlichen Schmerzen und Krankheiten. Nicht wenige können Schmerzen nicht lokalisieren oder nehmen Veränderungen ihres Gesundheitszustandes nicht wahr oder kommunizieren diese nicht. Es wurden mehrere Beispiele bekannt, in denen Änderungen im Verhalten bei Menschen mit geistiger Behinderung in Folge von unerkannten körperlichen Schmerzen und Krankheiten fälschlich als psychosoziale Krise interpretiert oder sogar als psychische Störungen fehldiagnostiziert wurden.

Als weiterer Aspekt tritt die Abfolge von mehreren Krisen hervor. Es kommt anscheinend über einen langen Zeitraum zu wiederkehrenden und akzelerierenden also auf einander folgenden und sich gegenseitig bedingenden Krisen. Dieser Umstand wurde teilweise als chronische Krise dargestellt. Die Differenzierung des Geschehens zwischen einer langfristig bestehenden Störung, z. B. einer Verhaltensauffälligkeit oder psychischen Störung, mit ihren unterschiedlichen Ausprägungen und einer Abfolge akzelerierender Krisen ist theoretisch darstellbar, diagnostisch jedoch äußerst schwierig. Als Grundvoraussetzung ist hierbei ein langfristig orientiertes und differenziertes Assessment anzusehen.

Wichtig ist die Abgrenzung zwischen Krisen, psychischen Störungen und Verhaltensauffälligkeiten (vgl. ausführlich Wüllenweber 2003). Die Termini Krise und Verhaltensauffälligkeit sind als Oberbegriffe und nicht als Diagnosen zu verstehen. Sie bezeichnen ein jeweils breites Spektrum unterschiedlichster Verhaltensprobleme sowie psychischer und sozialer Problematiken, die keine psychiatrische Diagnose im engeren Sinne beinhalten und daher nicht pathologisiert werden sollten. Krisen gründen in einer bedeutsamen Störung in der Lebenslage eines Menschen und sind nur von vorübergehender Dauer. Verhaltensauffälligkeiten wurden zusätzlich zur geistigen Behinderung aufgrund von Problemen in der Familie oder der Erziehung im Laufe der Biographie erworben oder erlernt. Sie sind meist von langer bis hin zu chronischer Dauer. Allein aus der Verhaltensbeobachtung lassen sich Krisen und Verhaltensauffälligkeiten häufig nur schwer teilweise gar nicht unterscheiden, weshalb sie häufig in einen Topf geworfen werden. Eine Unterscheidung ergibt sich jedoch durch die erwähnten Merkmale und Faktoren.

Psychische Störung ist ein Oberbegriff für verschiedenste Kategorien unterschiedlicher psychiatrischer Diagnosen. Psychische Störungen können von vorübergehender und auch von chronischer Dauer sein. Die Auswirkungen auf das Verhalten der Betroffenen unterscheiden sich i. d. R. aufgrund ihrer speziellen Ausprägung von Krisen.

Neben diesen Differenzierungen bedingen die verschiedenen Auffälligkeiten und Störungen unterschiedliche Hilfeformen:
- Psychische Störungen (Krankheiten) im Kontext geistige Behinderung erfordern eine psychiatrische Behandlung oder eine psychotherapeutische Hilfe. Auch pädagogische Hilfen können komplementär von großer Bedeutung sein.
- Verhaltensauffälligkeiten erfordern langfristige pädagogische Hilfen und Interventionen u. a. auf der Beziehungsebene und in der Lebensstrukturierung. Psychotherapeutische Hilfen können komplementär einbezogen werden. Die Möglich-

keiten einer psychiatrischen Behandlung sind begrenzt, können im Einzelfall jedoch sinnvoll sein.
- Psychosoziale Krisen erfordern eine zeitliche intensivierte Hilfe im Rahmen von pädagogischer Krisenintervention, für die inzwischen genügend Konzepte vorliegen. Psychotherapeutische Hilfen können miteinbezogen werden. Die Möglichkeiten einer psychiatrischen Behandlung sind auch hier eher begrenzt, können im Einzelfall jedoch sinnvoll sein.

Ernst Wüllenweber

Literatur

Theunissen, G. (Hrsg.) (2003): Krisen und Verhaltensauffälligkeiten bei geistiger Behinderung und Autismus. Stuttgart

Wüllenweber, E. (2000): Krisen und Behinderung. Bonn

Wüllenweber, E. (2003): Krisen und Verhaltensauffälligkeiten. Einleitende Bemerkungen zu den Leitbegriffen. In: Theunissen, G. (Hrsg.), 1–16

Wüllenweber, E. & Theunissen, G. (Hrsg.) (2001): Handbuch Krisenintervention. Band 1. Hilfen für Menschen mit geistiger Behinderung. Stuttgart

Wüllenweber, E. & Theunissen, G. (Hrsg.) (2004): Handbuch Krisenintervention. Band 2. Praxis und Konzepte zur Krisenintervention. Stuttgart

Krisenintervention

Das Thema Krisenintervention hat in den letzten zehn Jahren viel Interesse in der Behindertenhilfe erfahren. Die Sichtweisen auf die Krisenintervention sind dennoch heterogen geblieben. Vor allem in der Praxis wird Krisenintervention zumeist einseitig als Handeln in akuten Notlagen eines Menschen gesehen. Dieses enge Verständnis der Krisenintervention als rein pragmatischem Konzept entkoppelt sich vom programmatischen Konzept des Krisenbegriffs als einer längerfristigen, jedoch temporären kritischen Lebenslage (verbunden mit starker Belastung und Überforderung der individuellen Ressourcen). Bei einem weiteren Verständnis von Krisenintervention, ausgehend vom Krisenbegriff, umfasst die Krisenintervention über die Hilfe in akuten Notsituationen hinaus die längerfristig Krisenbegleitung mit ein.

Krisenintervention in der Behindertenhilfe akzentuiert sich funktional und disziplinär:

- Behindertenpädagogische Krisenintervention (vgl. Wüllenweber 2001),
- Krisenintervention als Krisenberatung (vgl. Wüllenweber 2007),
- Krisenintervention im Rahmen von Psychotherapie,
- Krisenintervention im Rahmen psychiatrischer Behandlung (vgl. Hennicke 2006).

Die verschiedenen Zugänge zur Krisenintervention sind in den letzten Jahren konzeptionell weiterentwickelt und teilweise, v. a. bei der behindertenpädagogischen Krisenintervention (Wüllenweber 2000), auch empirisch positioniert worden.

Quer zu dieser funktional-disziplinären Akzentuierung strukturiert sich die Krisenintervention in der Behindertenhilfe regional:

- Krisenintervention vor Ort: z. B. in der Familie, der Schulklasse, der Werkstatt oder der Wohngruppe,
- Mobile Krisenintervention: unter Einbeziehung regionaler Ressourcen, z. B. von spezifischen Fachkräften und Diensten,

- Stationäre Krisenintervention: z. B. in speziellen Gruppen, v. a. jedoch in der Psychiatrie.

Aufgrund der Komplexität vieler → Krisen und der dargestellten komplizierten Akzentuierungen und Strukturierung der Krisenintervention erfordert sie vielen Fällen eine interdisziplinäre Vernetzung. Auch in Hinblick auf diese Vernetzung sind empirische, theoretische und konzeptionelle Entwicklungen zu konstatieren. Diese interdisziplinäre Vernetzung erfordert nicht selten Koordination und Steuerung im Rahmen von Krisenmanagement. Als ein tragender Ansatz hat sich hier das Case Management gezeigt und teilweise etabliert.

Abschließend ist noch die Bedeutung der Krisenprävention im Sinne von Antizipation und vorbeugenden Interventionen sowie von Früherkennung und Vorbereitung zu betonen. Die Krisenprävention konnte, im Vergleich zum Krisenmanagement und v. a. zur Krisenintervention, keine so markante Weiterentwicklung aufweisen. Auch wenn die Bedeutung der Krisenprävention unstrittig ist, konnte diese Bedeutung bisher weder empirisch und theoretisch noch konzeptionell untermauert werden.

Ernst Wüllenweber

Literatur

Hennicke, K. (2005): Diagnostik im Rahmen von Krisenintervention. In: Stahl, B. & Irblich, D. (Hrsg.): Diagnostik bei Menschen mit geistiger Behinderung. Göttingen u. a., 429–439
Wüllenweber, E. (2000): Krisen und Behinderung. Bonn
Wüllenweber, E. (2001): Behindertenpädagogische Krisenintervention. In: Wüllenweber, E. & Theunissen, G. (Hrsg.): Handbuch Krisenintervention. Band 1. Stuttgart
Wüllenweber, E. (2007): Krisenberatung. In: Theunissen, G. & Wüllenweber, E. (Hrsg.): Zwischen Innovation und Tradition. Methoden und Konzepte in Heilpädagogik und Behindertenhilfe. Marburg

Kunst

(siehe auch Kreativität)

Wenngleich die Frage, was Kunst ist, wohl niemals eindeutig beantwortet werden kann, ist es heute nahezu unstrittig, dass Menschen mit Lernschwierigkeiten oder komplexer Behinderung Künstler bzw. bildhaft-künstlerisch tätig sein können. Nicht wenige Kunstexperten und -wissenschaftler im In- und Ausland (v. a. USA, Großbritannien, Frankreich) neigen dazu, entsprechende Arbeiten der sog. *Art Brut* (Dubuffet) oder *Außenseiter-Kunst* (outsider art) zuzuweisen (dazu Theunissen 2008). Beide Begriffe stehen für eine Kunst, die – so ihre Protagonisten – »ursprünglich« geblieben, nicht vor dem Hintergrund einer akademischen Aneignung kunstgeschichtlichen Wissens und künstlerischer Techniken, sondern quasi vorbildlos, aus einer selbst erarbeiteten und selbst erfundenen Ausdrucksform und »inneren Notwendigkeit« entstanden sei (Hassbecker 1987; Peiry 2005). Bei den Art Brut- oder Außenseiter-Künstlern handelt es sich aber keineswegs nur um Personen mit Lernschwierigkeiten, sondern um eine breit gefächerte Gruppe marginalisierter Menschen, z. B. um Analphabeten, Land- oder Hilfsarbeiter, einfache Bauern, Nichtsesshafte sowie (v. a.) Langzeitpatienten psychiatrischer Krankenhäuser. Diese Heterogenität signalisiert, dass es kein einheitliches bildnerischwerkhaftes Gepräge der Art Brut gibt: Daher sollte sie nicht als ein Stilbegriff missverstanden werden. Im Gegenteil: Art Brut ist ein authentisches Zeugnis einzelner, voneinander unabhängiger Persönlichkeiten, die Spielarten »unkonventioneller« Ausdrucksformen, ein Gemisch aus frühen Kritzeleien, Schemadarstellungen sowie elaborierten Figurationen, Themen und Lösungen zur Schau stellen, welche eng mit dem persönlichen Erfahrungsbereich verbunden sind und daher ohne biografische Kenntnisse kaum erschlossen werden können. Das Moment des »*Unkonventionellen*« (Richter), das durch originelle, kreative Neuschöpfungen zu Tage tritt, ist letztlich ein zentrales Markenzeichen vieler Kunstwerke von Menschen mit Lernschwierigkeiten (Theunissen 2004). Diese Einzigartigkeit, häufig repräsentiert durch ein heiteres, »unbekümmertes«, mit Begeisterung und Leidenschaft inszeniertes Spiel mit Formen und Farben, ist es, welches viele Betrachter fasziniert, fesselt und überzeugt: künstlerisch-kreative Fähigkeiten existieren unabhängig von → Intelligenz.

Georg Theunissen

Literatur

Hassbecker, E. (Hrsg.) (1987): Chichorro oder Art Brut und die Außenseiterkunst in der Kunst. Heidelberg
Peiry, L. (2005): Art Brut. Jean Dubuffet und die Kunst der Außenseiter. Paris
Richter, H.-G. (1997): Zur Bildnerei von Menschen mit geistiger Behinderung. In: Theunissen, G. (Hrsg.): Kunst, ästhetische Praxis und geistige Behinderung. Bad Heilbrunn, 62–87
Theunissen, G. (2004): Kunst und geistige Behinderung. Bildnerische Entwicklung, ästhetische Erziehung, Kunstunterricht und Kulturarbeit. Bad Heilbrunn
Theunissen, G. (Hrsg.) (2008): Außenseiter-Kunst. Außergewöhnliche Bildnereien von Menschen mit intellektuellen und psychischen Behinderungen. Bad Heilbrunn

Kunsttherapie

Seit den 1990er Jahren hat die Kunsttherapie ihren Platz in der Ausbildung von Kunst-, Sonder- und Heilpädagogen; zudem verzeichnet sie durch die Einbeziehung in den Katalog Therapeutischer Leistungen des Deutschen Rentenversicherungsbundes eine zunehmende Anerkennung im Leistungsangebot der Rehabilitationseinrichtungen.

Kunsttherapie *definiert* sich als ein innerpsychischer und sensu- wie psychomotorisch auswirkender Formbildungs- und Gestaltungsvorgang, der sich in der bildnerischen Formdynamik eines ästhetischen Mediums spiegelt und der dazu innere wie äußere Lebensverhältnisse so abbildet, dass diese im Behandlungs- und (alltäglichen) Unterstützungsprozess bearbeitbar und neu zentrierbar werden.

Historisch entdecken wir schon um 1800 bildnerisch therapeutische Arbeiten im Rahmen beschäftigungstherapeutischer Interventionen in französischen und deutschen psychiatrischen Anstalten. Bemerkenswert sind die Anregungen einer »heilenden ästhetischen Erziehung« als Paradigma der »Idiotenerziehung« von Georgens und Deinhardt (1861; 1863). Darauf wird bis heute im Rahmen der *heilpädagogischen Kunsttherapie* Bezug genommen, die mit Blick auf Menschen mit geistiger Behinderung in erster Linie basal-ästhetischer, ganzheitlichsinnesfördernder und entwicklungskompensierender Natur ist (Menzen 1990; 1994; Theunissen 2004). Daneben gibt es eine *klinisch-psychologische Kunsttherapie*, die sich deutungsorientiert oder biographischnarrativ auf psychoanalytisches bzw. tiefenpsychologisches Wissen und reorganisierend-restituierend auf neuropsychologische Erkenntnisse stützt (Menzen 1994; 2004a).

Neuerdings spielen nicht nur in heilpädagogischen, sondern ebenso in neurologischen und gerontopsychiatrischen Kontexten kunsttherapeutische Angebote eine prominente Rolle. Diesbezüglich hat sich ähnlich wie in der Arbeit mit geistig behinderten Personen eine polyästhetische, basaltherapeutische Praxis abgezeichnet: wie beim Werken der Männer, z. B. dem Erstellen eines Hauses aus Abfallmaterial, die vielen Aspekte der Wahrnehmung wichtig wurden; wie beim Backvorgang, an dem die Frauen beteiligt waren, das Riechen, das Tasten, das Anreichen, die Entscheidung beim Sehen, ob die Backwaren inzwischen gar waren (dazu Menzen 2004b). Alles in allem richtet somit die Kunsttherapie zu Beginn des 21. Jahrhunderts ihr Augenmerk auf die Verstörungen aller Lebensphasen – und erhält im Gesundheitssystem den entsprechenden Platz.

Karl-Heinz Menzen

Literatur

Georgens, J. D. & Deinhardt, H. M. (1861/1863): Die Heilpädagogik mit besonderer Berücksichtigung der Idiotie und der Idiotenanstalten. 2 Bde. Leipzig
Deutscher Rentenversicherungsbund (2006): KTL/ Klassifikation Therapeutischer Leistungen. Entwurf. Berlin
Menzen, K.-H. (1990): Kunsttherapie mit wahrnehmungsgestörten und geistig behinderten Menschen. In: Petzold, H. & Orth, I. (Hrsg.): Die neuen Kreativitätstherapien. Bd. 1. Paderborn, 499–514
Menzen, K.-H. (1994): Heilpädagogische Kunsttherapie. Freiburg
Menzen, K.-H. (2004a): Grundlagen der Kunsttherapie. München (2. Aufl.)
Menzen, K.-H. (2004b): Kunsttherapie mit altersverwirrten Menschen. München
Theunissen, G. (2004): Kunst und geistige Behinderung. Bad Heilbrunn

L

Lebenspraktische Bildung

Lebenspraktische Bildung und Erziehung ist ein zentraler Begriff der Geistigbehindertenpädagogik mit multiplem Bedeutungsgehalt. Der Begriff bezeichnet (1) aus der unmittelbaren Lebenswelt entnommene Lerninhalte, die für den Lernenden aktuell bedeutsam sind und zum Gegenstand sonderpädagogischer Förderung werden. Die Inhalte der lebenspraktischen Bildung resultieren aus der sach- und der sozialbezogenen Lebenswelt, die sich durch Reflexion (einschl. Erziehung) beim Lernenden konstituieren sollen. Darin enthalten sind Begegnungs- und Erlebensmöglichkeiten, die auf Lernbedürfnissen beruhen und Alltagsbezug besitzen. Lebenspraktische Bildung steht des Weiteren für (2) ein Grundprinzip didaktischen Vorgehens in der Fachpädagogik, das das vornehmlich ganzheitliche Lernen in Sach-, Sozial- und Wertzusammenhängen beabsichtigt. Diese didaktische Orientierung findet Begründung in den Lernverhaltensweisen. Tätigkeiten, die vollzogen werden, erleichtern sie zu verstehen. Lebenspraktísche Bildung realisiert sich für Schülerinnen und Schüler vor allem durch den → handlungsbezogenen Unterricht. In der didaktischen Gestaltung von lebenspraktischen Lernprozessen sind Formen der Hilfe durch → Unterstützung, Begleitung und Assistenz dem pädagogischen Vorgehen immanent. (3) Mit der Stufung und Akzentuierung lebenspraktischer Erziehung in *Lebenspraktisches Training* und *Lebenskundliche Orientierung* stellt Walburg (1971) ein Konzept sonderpädagogischer Förderung vor. Im Konzept gekennzeichnete Aufgabenbereiche umfassen Tätigkeiten der Selbstversorgung, der Selbsthilfe, Tätigkeiten mit Bezug zu Raum und Umwelt, zur Zeit, zur Natur und zur Technik. Das lebenspraktische Training zielt auf die Herausbildung fester Gewohnheiten, um Alltagshandlungen weitestgehend selbsttätig zu regeln. Die handelnde Person erfährt dabei sich selbst und ihre Umwelt. Zum Lerngegenstand werden Übungen der Selbstversorgung, der Ordnung im persönlichen Bereich, Tätigkeiten im häuslichen und außerhäuslichen Bereich sowie Funktionsübungen. Das Automatisieren von Handlungen durch Funktionsübungen sollte dabei nicht als isoliertes Training verstanden werden, sondern als Bestandteil alltagsbezogener Lernsituationen. Das in diesem Kontext häufig thematisierte verhaltensmodifikatorische Vorgehen wird zugunsten anderer Lernformen zurückgestellt. Die lebenskundliche Orientierung bezeichnet sowohl die weitere Orientierung im lebensnahen Raum, als auch die Orientierung im Hinblick auf eigene Lebensperspektiven. Die aus dem lebenspraktischen Training erwachsenen Lebensfertigkeiten erwecken weitere Bedürfnisse, die in diesem Zusammenhang auch als neue Orientierungen bezeichnet werden. In einem weiteren Konzept lebenspraktischer Bildung steht der Begriff *Alltag* für Menschen mit schwerer geistiger Behinderung im Mittelpunkt (Breitinger 1998). »Ein alltagnahes Förderkonzept gibt einer Anerkennung des Daseins, einer Vermittlung von zufrieden stellenden Augenblicken, einem vorbehaltlosen Angenommensein und der Gemeinsamkeit im Zusammen-Leben und Zusammen-Lernen viel Raum. Das alltagnahe Konzept sucht diese Momente zu sichern« (Breitinger 1998, 133–134). Eine pädagogisch-anthropologische Grundposition der Geistigbehindertenpädagogik wird damit im Kontext lebenspraktischer Bildung unterstrichen. In der Geschichte der Geistigbehindertenpädagogik nimmt die lebenspraktische Bildung einen bedeutenden Stellenwert ein. Zu- und Absagen an Menschen mit geistiger Behinderung und ihrem Bildungsanspruch waren mit Fragen der lebenspraktischen Bildung verknüpft. Seit den historischen Anfängen, Bildung von Menschen mit geistiger Behinderung zu thematisieren, wurden Aussagen zu Erfolgen, Konzepten, Prognosen am Gelingen lebenspraktischen Bildung diskutiert. (Lebens-)Praktisches Lernen ist »nicht geringerwertig gegenüber theoretischem Lernen zu sehen«; es hat eine »Grundlagenfunktion und ist nach *oben* offen« (Speck 1999, 198).

Eberhard Grüning

Literatur

Breitinger, M. (1998): Alltag und schwere geistige Behinderung. Würzburg
Speck, O. (1999): Menschen mit geistiger Behinderung und ihre Erziehung. München (9. Auflage)
Walburg, W.-R. (1971): Lebenspraktische Erziehung Geistigbehinderter. Berlin

Lebensqualität

»Lebensqualität« ist Gegenstand verschiedener Wissenschaftsdisziplinen, z. B. der Soziologie, Psychologie, Medizin, Ökonomie oder Philosophie. Korrespondierende Begriffe sind u. a. »Glück«, »(Lebens-)Zufriedenheit«, → »Wohlbefinden«, »Wohlfahrt«. Die Bedingungsfaktoren von Lebensqualität wurden u. a. im Kontext der Entwicklung des Wohlfahrtsstaats in den Industrieländern nach dem zweiten Weltkrieg im Rahmen der Wohlfahrts- bzw. Lebensqualität-Forschung untersucht (vgl. Beck 1994). Während anfangs *objektiv beobachtbare Indikatoren* zur Beschreibung und Bewertung der Lebensbedingungen im Vordergrund standen, findet seit den 1970er Jahren die *subjektive Einschätzung* der persönlichen Lebenslage zunehmend Beachtung. In Deutschland wurde die Bedeutung der subjektiven Perspektive erstmals in der Studie von Glatzer & Zapf (1984) zur Lebensqualität in der Bundesrepublik präzisiert: Lebensqualität wird als *Konstellation von objektiven Lebensbedingungen* (Einkommen, Wohnverhältnisse, Arbeitsbedingungen, Familienbeziehungen, soziale Kontakte, Gesundheit, soziale und politische Beteiligung) *und Komponenten des subjektiven Wohlbefindens* (z. B. Erwartungen, Hoffnungen, Glück, Kompetenzen, Unsicherheiten, Ängste, Einsamkeit, Konflikte) definiert. Objektiv identische Lebenslagen werden somit interindividuell unterschiedlich wahrgenommen und bewertet, abhängig von der individuellen Disposition, dem Lebensalter, dem Geschlecht, persönlichen Werthaltungen sowie biographischen und kulturellen Erfahrungen.

In der Arbeit mit Menschen mit Behinderung gilt das Konstrukt Lebensqualität seit den 1980er Jahren als *Orientierungsrahmen* für die *Planung und Evaluation der Hilfen*, zunächst in den anglo-amerikanischen Ländern. Lebensqualität ist ein offenes Konzept, das *objektive Bedingungen* und *subjektive Zufriedenheit* integriert, unter Berücksichtigung *persönlicher Werte und Ziele* (Felce & Perry 1997). Die objektive Einschätzung der Lebensbedingungen orientiert sich an den Rechten von Menschen mit Behinderung sowie den Leitideen und Standards der Behindertenhilfe. Gradmesser der subjektiven Einschätzung ist die persönliche Zufriedenheit unter den jeweils gegebenen Bedingungen. Die Zufriedenheit findet im subjektiven Wohlbefinden ihren Niederschlag. In der internationalen Lebensqualität-Forschung besteht Konsens darüber, dass acht *Kernbereiche* von zentraler Bedeutung sind: emotionales Wohlbefinden, zwischenmenschliche Beziehungen, materielles Wohlbefinden, persönliche Entwicklung, körperliches Wohlbefinden, → Selbstbestimmung, soziale → Inklusion, Rechte (Schalock 1996).

Seit Anfang der 1990er Jahre wird das Konstrukt Lebensqualität auch in Deutschland im Rahmen von Theoriebildung, Forschung und Qualitätsmanagement rezipiert (u. a. Beck 1994; Seifert et al. 2001; Schwarte & Oberste-Ufer 2001). Zur Konkretisierung der Bedingungsfaktoren und ihres Wirkzusammenhangs erweist sich der *mehrdimensionale ökologische Ansatz* als geeignet (Bronfenbrenner 1981). Er umfasst interne und externe Ressourcen, die u. a. auf der Ebene des Individuums und seines unmittelbaren sozialen und materiellen Umfelds sowie im Bereich des → sozialen Netzwerks und der infrastrukturellen Bedingungen in der Gemeinde angesiedelt sind, unter Einbeziehung des Makrosystems. Hinsichtlich der Bedeutsamkeit gegebener → Ressourcen für die individuelle Lebensqualität kommt auch hier der *subjektiven Wahrnehmung* ein besonderer Stellenwert zu. Nur das Individuum selbst kann beurteilen, was es für ein »gutes Leben« braucht und wie es seine Lebenssituation einschätzt. Vor diesem Hintergrund ist die → *Par-*

tizipation der Menschen mit Behinderung bei der Planung und Bewertung der Unterstützungsleistungen und bei der Weiterentwicklung der Strukturen des Rehabilitationssystems eine notwendige Voraussetzung für die Umsetzung der im SGB IX sozialrechtlich verankerten Leitkonzeptionen der Rehabilitation, Selbstbestimmung und gesellschaftliche Teilhabe (i. S. von Inklusion).

Monika Seifert

Literatur

Beck, I. (1994): Neuorientierung in der Organisation pädagogisch-sozialer Dienstleistungen für behinderte Menschen: Zielperspektiven und Bewertungsfragen. Frankfurt

Bronfenbrenner, U. (1981): Ökologie der menschlichen Entwicklung. Stuttgart

Felce, D. & Perry, J. (1997): Quality of life: the scope of the term and its breadth of measurement. In: Brown, R. I. (Hrsg.): Quality of life for people with disabilities. Models, research and practice. 2. Aufl. Cheltenham, 56–71

Glatzer, W. & Zapf, W. (Hrsg.) (1984): Lebensqualität in der Bundesrepublik. Objektive Lebensbedingungen und subjektives Wohlbefinden. Frankfurt

Schalock, R. L. (1996): Reconsiderung the conceptualisation and measurement of quality of life. In: Schalock, R. L. & Siperstein, G. N. (Hrsg.): Quality of life. Vol. I. Washington, 123–139

Schwarte, N. & Oberste-Ufer, R. (2001): LEWO II. Lebensqualität in Wohnstätten für erwachsene Menschen mit geistiger Behinderung. Ein Instrument für fachliches Qualitätsmanagement. Marburg

Seifert, M.; Fornefeld, B. & Koenig, P. (2001): Zielperspektive Lebensqualität. Eine Studie zur Lebenssituation von Menschen mit schwerer Behinderung im Heim. Bielefeld

Lebensstilplanung

(siehe auch Individuelle Hilfeplanung, Persönliche Zukunftsplanung, Person-centered Planning)

Aus der Kritik am Vorgehen und Ausrichtung der traditionellen → Förderplanung entstanden in den 1980er Jahren vor allem in den USA und Kanada erste alternative personenzentrierte Planungskonzepte, die in der (angloamerikanischen) Fachliteratur unter dem Begriff → »Person Centered Planning« zusammengefasst werden (z. B. Personal Futures Planning [Mount, Zwernik], Lifestyle Planning [O'Brien], Preference-Based Planning [Curtis, Dezelsky], MAPS und PATH [Falvey, Forest, Pearpoint, Rosenberg]). Demnach wird unter persönlicher Lebensstilplanung ein (erwachsenengemäßes) Konzept verstanden, bei dem Menschen (mit Lernschwierigkeiten) gemeinsam mit Bezugspersonen über ihre Lebenszukunft nachdenken, sich Lebensziele setzen und diese gemeinsam mit Unterstützern konkret umzusetzen versuchen (vgl. Doose 1997, 199). Die Veränderungswünsche und Anlässe zur Lebensstilplanung können sich dabei auf unterschiedliche Lebensbereiche und Lebensphasen beziehen, z. B. auf den Auszug aus dem Elternhaus in eine selbstbestimmte Wohnform, den Übergang von der Schule ins Arbeitsleben oder die Gestaltung einer partnerschaftlichen Beziehung. Die persönlichen Zielsetzungen können sowohl kurzfristig (für die nächsten Wochen), mittelfristig (für das nächste Halbjahr oder Jahr) als auch langfristig (für mehrere Jahre) angelegt sein (vgl. Theunissen 2005, 138).

Im Unterschied zur traditionellen Förderplanung steht bei der Lebensstilplanung der Mensch mit Lernschwierigkeiten mit seinen individuellen Stärken, Bedürfnissen, Wünschen, Träumen und Interessen im Mittelpunkt der Unterstützungsplanung. Im Sinne von → Empowerment gilt der Betroffene als Experte in eigener Sache. Damit unterscheidet sich das Konzept der Lebensstilplanung deutlich von Ansätzen der (traditionellen) Förderplanung, bei denen zumeist die sogenannten Professionellen (Mitarbeiter) Förderziele und Prozesse für die Betroffenen festgelegt und geplant hatten, ohne Möglichkeiten der Mitbestimmung bzw. Einflussnahme durch den Menschen mit Behinderung selbst. Mit der Orientierung an den Kompetenzen und Stärken eines Menschen sowie der uneingeschränkten Anerkennung des Erwachsenenstatus erteilt die Lebensstilplanung einer Defizitorientierung und dem Festhalten an einem lebenslangen Förderanspruch (im traditionellen Sinne) eine deutliche Absage (vgl. Theunissen 2005, 137).

Das inhaltliche und methodische Vorgehen der Lebensstilplanung weist deutliche Parallelen zur → Persönlichen Zukunftsplanung auf. Unterschiede zwischen den Konzepten ergeben sich insbesondere dann, wenn die Lebensstilplanung im institutionellen Rahmen wie z. B. in einer stationären Wohnform oder einer WfBM alternativ zur → individuellen Hilfeplanung durchgeführt wird und sich schwerpunktmäßig auf das späte Erwachsenenalter bezieht. Die Persönliche Zukunftsplanung erstreckt sich dagegen häufig auf Übergangsbereiche z. B. Schule und Arbeit. Die Umsetzung der persönlichen Lebensstilplanung erfolgt im institutionellen Rahmen in der Regel als Jahresplanung und enthält ähnlich wie die traditionelle Förderplanung eine Verlaufsdokumentation, mehrere Zwischenevaluationen (Teambesprechungen) und einen End- bzw. Jahresbericht (vgl. Theunissen 2005, 138). Folgt man dem theoretischen Anliegen und Ziel der Lebensstilplanung nach einem Mehr an Selbstbestimmung für den Einzelnen muss sowohl die Planung und Durchführung als auch die Dokumentation unter Mitbestimmung und Absprache des Betroffenen erfolgen. Konkrete Anregungen zur Durchführung und methodischen Gestaltung einer Lebensstilplanung finden sich bei Bensch & Klicpera (2003) sowie Doose (1997) und van Kan & Doose (2000). Für die Zusammenarbeit mit Menschen mit sehr hohem Unterstützungsbedarf und/oder mit erheblichen verbalen Kommunikationsschwierigkeiten schlägt Sanderson (2001) das Konzept einer »persönlich bedeutsamen Lebensstilplanung« (Essential Lifestyle Planning) vor, bei der zunächst wichtige Bezugs- bzw. Vertrauenspersonen durch genaue Beobachtungen und dialogische Begegnungen individuelle Bedürfnisse, Wünsche und Interessen der einzelnen Person erspüren bzw. erschließen sollen. An dieser Stelle wird eine ständige kritische Reflexion der eigenen Stellvertreterposition und den damit verbundenen Risiken (z. B. Machtmissbrauch) unbedingt notwendig.

Kerstin Schirbort

Literatur

Bensch, C. & Klicpera, C. (2003): Dialogische Entwicklungsplanung. In: Behinderte 2/2003, 42–51
Doose, S. (1997): Persönliche Zukunftsplanung im Übergang von Schule ins Erwachsenenleben. In: Wilken, E. (Hrsg.): Neue Perspektiven für Menschen mit Down-Syndrom. Hannover
Sanderson, H. (2001): Person Centered Planning. In: Lacey, P. & Ouvry, C. (eds.): People with Profound and Multiple Learning Disabilities. London
Theunissen, G. (2005): Pädagogik bei geistiger Behinderung und Verhaltensauffälligkeiten. Bad Heillbrunn (4. Auflage)
van Kann, P. & Doose, S. (2000): Zukunftsweisend. Peer Counseling & Persönliche Zukunftsplanung. Kassel

Lebensweltorientierung, Kontextorientierung

Der Begriff der Lebensweltorientierung (häufig synonym Kontextorientierung) verweist auf ein programmatisches Leitprinzip zeitgemäßer Heilpädagogik und Behindertenarbeit, welches in den 1980er Jahren quasi kontrapunktisch zu individuumzentrierten, in der Regel defizitorientierten Ansätzen in Bezug auf Förderung, Therapie, Interventionsmethoden etc. herausgestellt wurde (vgl. Theunissen 2000). Mit Blick auf systemökologische Erkenntnisse (vgl. Bronfenbrenner 1981) werden Menschen mit Lernschwierigkeiten oder komplexer Behinderung nicht als alleinige Adressaten der Heilpädagogik oder Sozialen Arbeit begriffen, sondern Gegenstand sind die Betroffenen mit ihren Bedürfnissen, Entwicklungsmöglichkeiten, Interessen und Rechten in ihrer Lebenswelt (Speck 2003). Dies bedeutet, dass bei allen Formen einer → Unterstützung, → Förderung, → Therapie o. ä. stets das soziale Bezugsfeld als autonomiehemmender oder -fördernder Faktor mitreflektiert und berücksichtigt werden muss. Erfolgreiches Arbeiten hängt demzufolge immer vom Verhalten und Interesse der sozialen Umwelt ab, welche sich nicht selten (mit-)verändern muss, wenn zum Beispiel psychosoziale Auffälligkeiten aufgelöst werden sollen (vgl. hierzu das Konzept der → Positiven Verhaltensunterstützung). Sämtliche Maßnahmen (Interventionen, heilpädagogische Angebote etc.) wie auch Aufgaben oder Ziele (z. B. gesellschaftliche → Teilhabe) erhalten ihre Bedeutung erst durch ihre Integrierung in lebensweltliche Zusammenhänge, wie sie der Betroffene als subjektiv bedeutsam einschätzt und erfährt. Ohne Berücksichtigung seiner Sicht und Stimme sowie ohne Mitarbeit der lebensweltlichen Systeme sind solche pädagogischen oder sozialen Intentionen zum Scheitern verurteilt. Dies gilt sowohl für primäre Lebenswelten wie Familie, Wohngruppe oder Schule als auch für lebensweltliche Bereiche wie Nachbarschaften, Freizeitstätten, Einkaufszentren, kulturelle Orte oder gesellschaftliche Normen, die jeweils unterschiedlich intensiv und reziprok auf die Entwicklung des Einzelnen wirken und von ihm beeinflusst werden (Bronfenbrenner 1981). Ist das Verhältnis dieser Lebensbereiche zueinander gespalten und stehen die einzelnen Systeme in krassem Widerspruch zu den Bedürfnissen, Entwicklungsmöglichkeiten, Interessen oder Rechten eines betroffenen behinderten Menschen, kommt es zu Unverträglichkeiten, die die Person in ihrer Identität und Lebensverwirklichung beschädigen können. Somit gehört es zu einem wichtigen (insbesondere auch präventiven) Anliegen der Heilpädagogik und Behindertenarbeit, soziale Kontexte von Menschen mit Lernschwierigkeiten in den Blick zu nehmen und offensiv für geeignete Lebensräume und Lebensqualität einzutreten. Von hier aus ergibt sich eine enge Verbindungslinie und Verschaltung der lebensweltbezogenen Behindertenarbeit mit der → *Sozialraumorientierung* (dazu ausführlich Theunissen 2012).

Georg Theunissen

Literatur

Bronfenbrenner, U. (1981): Ökologie der menschlichen Entwicklung. Stuttgart
Speck, O. (2003): System Heilpädagogik. München (5. Aufl.)
Theunissen, G. (2000): Wege aus der Hospitalisierung. Empowerment mit schwerstbehinderten Menschen. Bonn
Theunissen, G. (2012): Lebensweltbezogene Behindertenarbeit und Sozialraumorientierung. Freiburg

Leibpädagogik

Ausgehend von den ersten systematischen Ansätzen der Begründung einer Heilpädagogik bei schwerer geistiger Behinderung hat die Leibpädagogik als »basale Pädagogik« inzwischen auch in anderen pädagogischen Feldern an Einfluss gewonnen. Sie hat ihre philosophisch-anthropologische Grundlage in einer inzwischen breit entfalteten Leibphänomenologie, wie sie im Anschluss an E. Husserl besonders von M. Merleau-Ponty, H. Schmitz, B. Waldenfels und G. Böhme entwickelt wurde. Sucht man nach einer basalen → Anthropologie, die einen tragenden Grund für eine niemanden ausschließende, → inklusive Pädagogik gewährleisten kann, trifft man auf das Grundphänomen der Leiblichkeit (vgl. Gröschke 1997). »Leiblichkeit« meint zunächst ganz konkret den Menschen als »inkarniertes« Wesen »aus Fleisch und Blut«, als körperlich verfasstes Wesen; allerdings in der humanspezifischen dialektischen Spannung von »Körper, den man hat«, und »Leib, der man ist« (Plessner). Im phänomenologischen Verständnis bezeichnet Leiblichkeit das »primordiale«, existenzielle und nicht hintergehbare Grundverhältnis jedes Menschen zur Welt hin; eine personale Weise des »Zur-Welt-seins« (Merleau-Ponty); den intentionalen Spannungsbogen zur Welt hin, die deshalb immer zugleich eine gemeinsam geteilte, soziale und intersubjektive Welt ist; nicht nur »Umwelt«, sondern Mitwelt. Der Leib eines Menschen ist immer ein bewegter, aufnehmender, sich regender und darstellender Leib, so dass Leib, Wahrnehmung und Bewegung, sensorischer Eindruck und symbolischer Ausdruck eine phänomenale Einheit bilden. Für Menschen mit Beeinträchtigungen ihrer mentalen und/oder sprachlichen Ausdrucks- und Kommunikationsmöglichkeiten ist der Bezug auf ihre leibhaften Ausdrucks- und Darstellungsformen und -modalitäten umso wichtiger (»Körpersprache«: Gesten, → Gebärden, Mimik, Lautierungen). Die Förderung und Kultivierung dieser leiblichen Kompetenzen im Medium von Wahrnehmung, Bewegung, Berührung, Beziehung und Körperdialogen sind methodische Schwerpunkte einer basalen leiborientierten Heilpädagogik, einer ganzheitlich-integrativen Leibpädagogik als einer Pädagogik »vom Leibe her«. Basale Förderkonzepte, z. B. → Snoezelen, → Basale Stimulation und Kommunikation, Psycho- und Motopädagogik, sind methodische Realisierungsformen und Konkretionen einer solchen Leibpädagogik. Eine Anthropologie der Leiblichkeit ist ein notwendiges Korrektiv oder ein Gegenentwurf zur dominierenden rationalistisch halbierten Vernunftanthropologie, in deren Lichte Menschen mit einer »geistigen« Behinderung unausweichlich als »Defizitwesen« erscheinen.

Mit Leiblichkeit ist auch das Phänomenfeld der »Sinnlichkeit« (der Einheit der Sinne im Sinne einer »Ästhesiologie«; H. Plessner) eng verbunden. Im Anschluss an die Tradition der sensualistischen »physiologischen Methode« der französischen Heilpädagogik (E. Séguin) sind in diesem Zusammenhang auch aktuelle Konzepte einer umfassenden → Wahrnehmungsförderung und → »Ästhetischen Erziehung« (Theunissen) zu nennen.

Dieter Gröschke

Literatur

Böhme, G. (2002): Leibsein als Aufgabe. Tübingen
Fuchs, Th. (2000): Leib, Raum, Person. Entwurf einer phänomenologischen Anthropologie. Stuttgart
Gröschke, D. (1997): Praxiskonzepte der Heilpädagogik. Anthropologische, ethische und pragmatische Dimensionen. München (2. Aufl.)
Waldenfels, B. (2000): Das leibliche Selbst. Vorlesungen zur Phänomenologie des Leibes. Frankfurt

Leichte Sprache (aus der Sicht von People First)

Viele Menschen können Briefe und andere Texte nur schwer verstehen. Leichte Sprache ist eine Sprache, die jede und jeder verstehen kann. Leider ist es in Deutschland sehr oft so, dass man meint, wenn ich kompliziert mit vielen Fremdwörtern rede, dann weiß ich viel. Doch das macht es uns Menschen mit Lernschwierigkeiten und vielen anderen Menschen schwierig.

Wir von »Mensch zuerst« übersetzen schwere Texte in Leichte Sprache. Das heißt, wir benutzen keine Fremdwörter oder Fachwörter.

Wir schreiben kurze Sätze, schwierige Wörter werden erklärt.

Bilder helfen beim Verstehen. Und wir verwenden große und klare Schrift.

Wir hoffen, dass bald Anträge, Briefe und Gesetze in Leichter Sprache geschrieben werden, so dass diese von allen Menschen verstanden werden. Denn Leichte Sprache für alle gut.

Stefan Göthling

Lernbehinderung

Lernbehinderung: schulbezogene Behinderungskategorie zur Kennzeichnung eines schulischen Leistungs- und Verhaltensbildes unklarer Ätiologie, das vom noch tolerierten Leistungsspektrum der allgemeinen Schule so weit negativ abweicht, dass eine erfolgreiche Schulkarriere der Lernenden (überwiegend aus sozial benachteiligten Familien, überrepräsentativer Anteil an Lernern mit Migrationshintergrund) ohne sonderpädagogische Ressourcen als unrealistisch prognostiziert wird.

Der Begriff – 1960 im »Gutachten zur Ordnung des Sonderschulwesens« erstmalig erwähnt – führt zu einer Umbenennung der Hilfsschule in (Sonder)Schule für Lernbehinderte. Die neue Bezeichnung wird zunächst im medizinischen Verständnis der Hilfsschulpädagogik als *Synonym für »Intelligenzschwäche leichteren Grades«* konzeptualisiert (konditionalgenetischer Begriff). Eine neue Phase in der Theoriebildung beginnt, als Probleme des schulischen Lernens mit deprivierenden Entwicklungsbedingungen in Beziehung gebracht und *»als Folge sozio-kultureller Benachteiligung«* konzeptualisiert werden (Begemann 1970). Im Kontext interaktionistischer bzw. materialistischer Diskurse entstehen etwa zeitgleich Argumentationsfiguren, die Lernbehinderung als *Resultat von Etikettierungs- und Stigmatisierungsprozessen* (Werning & Lütje-Klose 2006, 59ff.) *bzw. »als Resultat gesellschaftlich erzeugter ungleicher Lernmöglichkeiten«* (Reichmann, Struwe & Müller 1984, 410, ref. ebd., 63) thematisieren. Die eher eindimensionalen Erklärungsmuster werden in den 1970er Jahren vom sogenannten *multifaktoriellen Ansatz* abgelöst. 1994 wird in den KMK-Empfehlungen zur sonderpädagogischen Förderung die Denkfigur der »Sonderschulbedürftigkeit« aufgegeben und die Option integrativer Beschulung explizit eröffnet. Der institutionsbezogen tradierte Begriff der Lernbehinderung wird durch den offeneren Begriff der *Beeinträchtigungen* des schulischen Lernens ersetzt.

»Bei Schülerinnen und Schülern mit Beeinträchtigungen des Lernens ist die Beziehung zwischen Individuum und Umwelt dauerhaft oder zeitweilig so erschwert, dass sie die Ziele und Inhalte der Lehrpläne der allgemeinen Schule nicht oder nur ansatzweise erreichen können. Diesen Kindern und ihren Eltern muss Hilfe durch Angebote im Förderschwerpunkt Lernen zuteil werden« (Empfehlungen zum sonderpädagogischen Förderschwerpunkt Lernen der Kultusministerkonferenz, 1. 10. 1999).

Kompatibel mit diesen bildungspolitischen Orientierungen werden Lernbeeinträchtigungen zunehmend aus systemisch-konstruktivistischer und aus ökosystemischer Perspektive reflektiert. Ob der Begriff der Lernbehinderung zukunftsfähig ist, wird innerhalb der Disziplin derzeit kontrovers diskutiert (Schröder 2005; Eberwein 1997).

Ute Geiling

Literatur

Begemann, E. (1970): Die Erziehung der soziokulturell benachteiligten Schüler. Hannover
Eberwein, H. (1997): Lernbehinderung – Faktum oder Konstrukt? In: Zeitschrift für Heilpädagogik, 48, 14–22
Schröder, U. (2005): Lernbehindertenpädagogik. Stuttgart (2. Aufl.)
Werning, R. & Lütje-Klose, B. (2006): Einführung in die Lernbehindertenpädagogik. München, Basel

Lernen, Lernfähigkeit, Lerntheorien

Das menschliche Lernen – praktisch bedeutsam in allen Bereichen des menschlichen Lebens – gehört zwar zu den klassischen Themen der Psychologie, ist aber auch in anderen wissenschaftlichen Disziplinen Gegenstand intensiver Forschungen (z. B. Schulpädagogik, Erwachsenenbildung, Sonderpädagogik, Soziologie, Neurophysiologie, Therapie, Werbung).

Alltagssprachlich wird Lernen meist schulbezogen reflektiert. Man denkt daran, dass Kinder in der Schule lernen müssen, und erinnert sich an das oft mühevolle, glücklicherweise manchmal auch lustvolle Erlernen von Fremdsprachen, mathematischen Beweisen, Gedichten usw. in der eigenen Schulzeit. Der psychologische Lernbegriff umfasst allerdings eine wesentlich breitere Bedeutungsspanne. Menschliche Lebenserfahrungen und Leistungen, soziale Kompetenzen, allgemeine und spezielle Begabungen, Einstellungen und Werthaltungen, auch isolierte Fertigkeiten, einfache Gewohnheiten und Handlungen zur Befriedigung primärer Lebensbedürfnisse sind ohne Lernprozesse nicht denkbar. Lernen beginnt schon im Mutterleib und vollzieht sich lebenslang. Aebli (1969, 173) hat in diesem Zusammenhang die menschliche Entwicklung als »Summe der Lernprozesse eines Menschen« bezeichnet. Die Gemeinsamkeit der Vielfalt von Lernphänomenen besteht darin, dass durch das Lernen individuelle Erfahrungen erworben werden, die zu verändertem Verhalten bzw. zu potentiell neuen Verhaltensmöglichkeiten führen (Mielke 2001, 12). Das durch Lernen aufgebaute Verhaltenspotenzial stellt eine relativ überdauernde Veränderung dar, auf die ein Beobachter hypothetisch schließen kann, wenn der Lerner das Lernergebnis (Veränderung interner Gedächtnisstrukturen) auch tatsächlich realisiert. Psychologen unterscheiden deshalb zwischen dem Lernergebnis und der »Lernleistung« (oder »Performanz«), die von einer Vielzahl interner (z. B. → Motivation) und externer Bedingungen abhängig ist (ebd. 13).

Aus Sicht der Einbindung der Konstrukte über das menschliche Lernen in unterschiedliche Strömungen der Psychologie können in grober Annäherung behavioristische Lerntheorien (mit einer Fokussierung auf beobachtbare Verhaltensänderungen und objektivierbare äußere Reize) von kognitionspsychologischen Theorien unterschieden werden. Letztere sind auf die internen Informationsverarbeitungsprozesse des Lerners gerichtet, wobei hier wiederum zwei zeitlich aufeinander folgende Erklärungsmodelle zu unterscheiden sind (Seel 2000, 19). Innerhalb des ersten Modells wird Lernen in Analogie zur Funktionsweise eines Computers *als Informationsverarbeitung* erklärt. Dieses Bild hat sich mittlerweile überlebt und ist durch die Metapher des *Lernens als Wissenskonstruktion* ersetzt worden (ebd.). Kognitionspsychologen beziehen allerdings Lernen nicht nur auf die Aneignung von Wissen, »sondern auf jede Komponente der Informationsverarbeitung – auf den graduellen Aufbau von Verhaltenssicherheit ebenso wie auf die Entwicklung von Angst, Interesse, Neigungen, die Befähigung zu planvollem Handeln und Problemlösen, auf den Erwerb sozialer und moralischer Kompetenz, auf die Entwicklung von Gewohnheiten und die Verfeinerung motorischer Fertigkeiten« (ebd.).

Der Unterschiedlichkeit der Lernphänomene kann man sich systematisierend annähern, wenn man Lernarten unterscheidend nebeneinander stellt. Lompscher und Giest (1996, 71f.) benennen vier, eng mit einander verzahnte Lernarten. *Sensomotorisches Lernen (1)* liegt vor, wenn Bewegungsabläufe erlernt werden – vom zielgerichteten Greifen nach einem Spielzeug, dem Erlernen von Schreibbewegungen bis zur Aneignung von Produktionsfertigkeiten im Leben Erwachsener – immer sind verschiedene Sinne beteiligt, die – miteinander und mit motorischen Abläufen verschmolzen – koordiniert werden müssen. Lernprozesse, mit denen Lerner Wissen über Ausschnitte der Welt und über sich selbst erwerben, werden dem *kognitiven Lernen (2)* zugeordnet, das auch zur Entwicklung von Lern- und Denkstrategien, zur Ausbildung kognitiver Fähigkeiten und zur Bewusstheit und Reflexion über das eigene Lernen führt. Kognitives Lernen ereignet sich, wenn sensorische Informationen aus dem Lernumfeld, bereits im → Gedächtnis gespeicherte und sprachlich vermittelte Informationen verarbeitet werden. Im Ergebnis dieser komplexen Vorgänge baut der Lerner individuelle Vorstellungen über die Welt auf, eignet sich Begriffe und Theorien an, schlussfolgert, urteilt und bewertet die Objekte und Erscheinungen auf seinem aktuellen Entwicklungsniveau. Im Prozess des → *sozialen Lernens (3)* entwickeln Menschen Urteile, Vorurteile und Wertungen über andere Personen und ihr Verhalten im sozialen Raum, Einstellungen zu sich selbst und zu den Mitmenschen, moralische Werte und Normen sowie Strategien zur Bewältigung sozialer Problemsituationen und Konflikte. Soziales Lernen ereignet sich im Medium der zwischenmenschlichen Beziehungen. Je nach theoretischem Kontext wird die bewusste, aktive Auseinandersetzung des Lernenden mit den sozialen Erscheinungen, die Nachahmung von Modellen, die verbale oder anschauliche Unterweisung (Erklärung, Agitation, Werbung usw.) oder auch die Verstärkung von sozial erwünschtem Verhalten durch die Entwicklungspartner als besonders bedeutsam im Prozess des sozialen Lernens angesehen. Das *affektiv-emotionale Lernen (4)*, so Lompscher und Giest (ebd.) weiter, betrifft die Ebene der Gefühle, Bedürfnisse und Motive. Auch diese psychischen Qualitäten sind als Ergebnis existentiell bedeutsamer Lernprozesse anzusehen, die sich im Zusammenhang mit Leistungsanforderungen (z. B. im System der Schule) blockierend oder förderlich auswirken und sich kontextbezogen weiter entwickeln.

Lernen ist ein *ganzheitlicher* Prozess – im tatsächlichen Lerngeschehen sind immer alle Lernarten (in traditionell pädagogischer

Sprache »Herz, Kopf und Hand«) beteiligt, wenn auch in unterschiedlicher Komplexität und Wechselwirkung. Es ereignet sich, wie besonders ökosystemische Theorien betonen, stets in einem sozialen Bezugsfeld, ist direkt oder indirekt in interaktive und kommunikative Zusammenhänge einer Gemeinschaft (Familie, Schulklasse, Peergruppe) eingebunden und wird dadurch beeinflusst.

Unter (sonder)pädagogischem Gesichtspunkt sind die Facetten des Lernens zu betonen, die die Subjektivität der lernenden Schülerinnen und Schüler in den Mittelpunkt der Aufmerksamkeit rücken und diese zum Ausgangspunkt didaktischer Überlegungen machen. Das Kind bzw. der Jugendliche ist stets als aktiv handelnde Person zu verstehen, die primär ihren inneren Strukturen folgt (individuell zu Verfügung stehenden Vorkenntnissen, Denk- und Verarbeitungsstrategien, Lernintentionen, aktuellen → Bedürfnissen). Ganz im Sinne der oben zitierten Annahme moderner kognitionspsychologischer Forschung ist Lernen (selbstredend auch das Lernen unter erschwerten Bedingungen) als konstruierende Tätigkeit des Kindes zu begreifen, das in soziale Interaktionen der konkreten Lebenskontexte eingebunden ist. »Damit ist Lernen als eine Auseinandersetzung zwischen dem Kind und der Umwelt mittels struktureller Kopplung zu verstehen. Lehrende und Lernende beggnen sich mit ihrer je eigenen Struktur und ihren subjektiven Theorien in einer ›Driftzone‹ und bauen eine Energiezone für Lernprozesse auf« (Schmetz 1999, 135, Bezug nehmend auf Maturana 1990 und Kösel 1995). Aus dieser Perspektive verschiebt sich die Aufgabe der Schule. Die Hauptaktivität der Lehrerin bzw. des Lehrers verlagert sich darauf, entsprechende Lernumgebungen zu gestalten, Lernprozesse anzuregen, zu unterstützen, zu aktivieren und zu begleiten. Diese Positionierung wird besonders ausgeprägt in systemisch-konstruktivistischen Denkansätzen vertreten. Sie ist tradiert in der Reformpädagogik und findet Entsprechungen in Kontexten der Kognitiven Psychologie, der psychoanalytischen Pädagogik, der Humanistischen Psychologie und der Kulturhistorischen Schule (Schmetz 1999). Wichtig ist in diesem Zusammenhang, dass »passende« Lernumgebungen vorbereitenden und Lernprozesse moderierenden Lehraktivitäten nicht pauschal polarisierend in Gegensatz zum lenkenden Belehren gestellt werden. Lehrerarbeit erfordert vielmehr das permanente Herstellen von Balancen (Prengel 1999) zwischen der Moderation kreativ-eigenständiger kindlicher Lernaktivitäten und der gelenkten Weitergabe kultureller Wissensbestände und Konventionen.

Ute Geiling

Literatur

Aebli, H. (1969): Die geistige Entwicklung als Funktion von Anlage, Reifung, Umwelt und Erziehungsbedingungen. In: Roth, H. (Hrsg.): Begabung und Lernen. Stuttgart
Giest, H. & Lompscher, J. (1996): Lernen im Unterricht. In: Leben, Lernen und Lehren in der Grundschule. Neuwied u. a., 69–93
Mielke, R. (2001): Psychologie des Lernens. Eine Einführung. Stuttgart
Prengel, A. (1999): Vielfalt durch gute Ordnung im Anfangsunterricht. Opladen
Schmetz, D. (1999): Förderschwerpunkt Lernen. In: Zeitschrift für Heilpädagogik, 4, 134–143
Seel, N. M. (2000): Psychologie des Lernens. München, Basel

Lernschwierigkeiten, Menschen mit Lernschwierigkeiten

(siehe auch geistige Behinderung, Mental Retardation)

Der Begriff Lernschwierigkeiten bzw. Menschen mit Lernschwierigkeiten ist ein von Betroffenen favorisierter Alternativbegriff zum Terminus → »geistige Behinderung«. Geprägt wurde der Begriff im anglo-amerikanischen Sprachraum (hier »People with Learning Disabilities« bzw. »People with Learning Difficulties«) durch Betroffenen-Bewegungen wie → People First. In Deutschland setzt sich insbesondere der Verein »Mensch zuerst – Netzwerk People First Deutschland« für die Abschaffung von »geistiger Behinderung« zugunsten dieser neuen Begrifflichkeit ein (vgl. Göthling, Schirbort & Theunissen 2006, 560). Wenngleich sie auf eine notwendige veränderte Sicht auf Menschen, die bislang als geistig behindert bezeichnet wurden, aufmerksam macht, führt sie innerhalb der fachlichen Diskussion und Praxis der Behindertenhilfe insbesondere auf Grund ihrer Unschärfe zu einigen Unklarheiten. Problematisch erscheint vor allem die ungenaue inhaltliche Abgrenzung von Begriffen wie Lernbeeinträchtigungen, Lernproblemen und → Lernbehinderung (vgl. Theunissen 2011, 38ff.).

Kerstin Schirbort

Literatur

Göthling, S.; Schirbort, K. & Theunissen, G. (2006): Netzwerk People First Deutschland – Zur Selbstvertretung von Menschen mit Lernschwierigkeiten. In: Wüllenweber, E.; Theunissen, G. & Mühl, H. (Hrsg.): Pädagogik bei geistigen Behinderungen. Ein Handbuch für Studium und Praxis. Stuttgart, 558–565
Theunissen, G. (2011): Geistige Behinderung und Verhaltensauffälligkeiten. Bad Heilbrunn (5. Auflage)
www.people1.de

M

Massage

Massagen sind üblicherweise bei inneren Erkrankungen, vegetativen Regulationsstörungen oder Erkrankungen des Bewegungsapparates indiziert. Da sie bekanntlich nicht nur atemanregend, tonusregulierend oder durchblutungsfördernd, sondern gleichfalls wohltuend und entspannend wirken, finden sie auch, vor allem sogenannte sanfte Formen wie die indische Babymassage nach Leboyer (2005), bei sehr schweren Behinderungen Anwendung. Einschlägigen Erfahrungen zufolge haben sie sich in der Arbeit mit schwerst mehrfachbehinderten Menschen gut bewährt und dies unter anderem auch zur Anbahnung und Unterstützung psychosozialer Prozesse.

Insgesamt existiert eine Vielzahl von unterschiedlichen Massagemethoden angefangen von der klassischen Massage, Leboyer-Massage über Manuelle Lymphdrainage bis hin zu asiatischen Massageformen.

In der Arbeit mit geistig behinderten Personen ist es besonders wichtig, die aufgrund einer Erkrankung indizierte Massagemethode speziell an die Person anzupassen.

Kirsten Fath

Literatur

Leboyer, F. (2005): Sanfte Hände – die traditionelle Kunst der indischen Babymassage. München

Sachse, J. (2000): Massage – Grundlagen und Indikationen. München

Mathematik, Rechnen

Mathematisches Denken wurde dem Menschen im Ergebnis der Evolution möglich. Mathematik hat ihren historischen Ursprung in der Auseinandersetzung mit Problemen der alltäglichen Lebensbewältigung im Zeitraum des Altertums. Mit den Erkenntnissen von Euklid (um 300 v. Chr.) und Pythagoras (570–ca. 510 v. Chr.) formierte sich Mathematik als Wissenschaft mit systematischen Strukturen. Insbesondere die mathematischen Erkenntnisse des 19. und 20. Jahrhunderts führten zu einer Stufung der Mathematik im Kontext Schule. Mathematik höherer Bildung wurde unterschieden vom Rechnen in elementareren Schulstufen.

Mit der zeitgleichen Neuformierung der Geistigbehindertenpädagogik in den sechziger Jahren des 20. Jahrhunderts fand der Begriff des Rechnens in der → Schule für geistig Behinderte Verwendung, um den Elementaranspruch in diesem Lernbereich zu verdeutlichen. Aus heutiger Sicht entspricht der Begriff nicht hinreichend dem Anliegen sonderpädagogischer Förderung, da dem allgemeinen Sprachgebrauch folgend, mit *Rechnen* vornehmlich der Bereich Arithmetik gleichgesetzt wird und somit andere Bereiche der Mathematik vernachlässigt werden, die für die Entwicklung mathematischen Denkens bedeutsam sind.

Gegenstand der Mathematik sind die auf Aussagen beruhenden axiomatischen Theorien, die das Operieren mit Begriffen erfordern. Begriffe entstehen im Ergebnis von Denkoperationen und können als logische Klassen und Klassifikationsregeln bezeichnet werden. Mathematik als Wissenschaft verwendet Begriffe in einem systematischen Aufbau, die eng mit den von Piaget gekennzeichneten Entwicklungsetappen des Denkens verbunden werden. Demnach entwickelt der Mensch bereits in der sensomotorischen Etappe räumliche Vorstellung und Objektpermanenz. Der Umgang mit Begriffen ist möglich, so dass sich mathematische Bildung bereits mit dem basalen Lernen vollzieht. Dazu zählen das Orientieren im Raum, das taktile und visuelle Wahrnehmen von Gegenständen, das Erfahren räumlicher Veränderung. Entwicklungsbezogen betrachtet sind diese Grundlagen Voraussetzungen pränumerischen Rechnens wie dem Bilden, Ordnen und Verändern von Mengen. Miessler und Bauer (1992) verweisen auf Ordnungsstrategien von Kindern mit geistiger Behinderung, wonach vornehmlich nach physikalischen Ähnlichkeiten der Objekte und funktionellen Eigenschaften geordnet wird, bevor mit Oberbegriffen und Satzäquivalenzen umgegangen werden kann. Grundlegende Ordnungskriterien ergeben sich aus Objektmerkmalen zur Farbe, Form, Größe, zum Material sowie deren Kombinationen, sofern sie individuell verfügbar sind. Das Erfassen von Objektstrukturen und die Invarianzfähigkeit stellen Grundlagen mathematischer Begriffsbildung dar. Der Gebrauch von Oberbegriffen (Familie, Obst, Geschirr u. ä.) dokumentiert Stufen generalisierten Denkens. Gelingen diese Prozesse, lässt sich über Zähltechniken vom gegenständlichen Zählen bis zum simultanen Erfassen von Elementen eine Kardinalzahl als Klassifikationsregel bilden. »Nach Piaget ist der Erwerb des Zahlbegriffs Teil der allgemeinen kognitiven Entwicklung, konstituiert aus der Erfahrung mit der Seriation und der Klassifikation von Gegenständen« (Stern 1998, 59).

In der Fachliteratur wird darauf verwiesen, dass der Gebrauch von Zahlen situationsbezogen helfen kann Anzahlen zu beschreiben, Reihenfolgen zu bestimmen, Größen zu bezeichnen, die Vielfachheit einer Handlung auszuweisen und auch Dinge zu benennen und zu unterscheiden. Dem Aufbau der Mathematik folgend können die Grundrechenoperationen unter Einbeziehung der gebräuchlichen Einheiten der Maße angebahnt werden. Diese Rechenfähigkeiten bedürfen jedoch einer Vielzahl von Teilprozessen, die komplexe Fähigkeiten der Informationsaufnahme, -verarbeitung, -speicherung und -wiedergabe erfordern. Mathematische Kompetenz entwickelt sich bereits ab dem frühen Entwicklungsalter auch inzident (zufällig). Stern widerlegt die Annahme Piagets, dass numerische Kompetenz ausschließlich als Entwicklungsfolge zu betrachten ist, verweist jedoch auch auf Untersuchungen bei Kindern mit »mentalen Defiziten – wie z. B. dem Down-Syndrom – die diese Kompetenz nicht inzident erwerben« (1998, 64). Die geistige Behinderung erschwert in diesen Prozessen die Geschwindigkeit der Informationsverarbeitung, die Vollzüge des Arbeitsgedächtnisses, die Selektion irrelevanter Reize, die Strategiefindung, die Steuerung und Kontrolle mentaler Prozesse beim Erwerb von Rechenfertigkeiten (Sarimski 2003). Mathematisches Denken ist nicht auf bestimmte Hirnareale zu lokalisieren, sondern beruht auf vielschichtigen neuronalen Netzverbindungen. Das Gehirn als Ganzes vollzieht mathematisches Denken. Es können so Vorstellungen entwickelt werden, die einen Zugang zu einer für das Individuum abstrakten Welt eröffnen. Derartige Erkenntnisse aus neuerer kognitionspsychologischer und neurologischer Sicht verleihen der Forderung nach einer Aneignung mathematischen Wissens auf der Grundlage des Ganzheitsprinzips Nachdruck (Dehaene 1999). Auch auf den Stellenwert der individuellen Bedeutsamkeit des Umgangs mit mathematischen Sachverhalten in diesem Prozess ist zu verweisen.

Untersuchungen zur Alltagsmathematik aus Sicht der Ethnomethodologie unterstreichen die Relevanz sozial-konstruktivistischer Ansätze des Lernens. Demnach stabilisieren handlungsbezogene Sinnzuschreibungen durch soziale Bezugsgruppen eigenes mathematisches Denken und Handeln. Sozialbedingungen können auch destabilisierend wirken. Sozial bedingte Normerwartungen beim Operieren mit Zahlen, die insbesondere bei Kindern zu »*Dressaten*« mit geringem Bildungswert führen, sollten vermieden werden (Speck 1999, 284). Das Operieren mit Zahlen ohne Mengenvorstellungen in lebenspraktischen Bezügen (z. B. Telefonieren, Erkennen von Linien bei Bus und Bahn, Haus- und Raumnummern) ist hingegen zu fördern. Hier handelt es sich überwiegend um Formen des Signalwort Lesens, die zwar die Erkenntnis zur Bedeutung von Zahlen in der Lebenswelt unterstützen können, aber weniger als mathematische Prozesse einzuordnen sind. Eine besondere Schwierigkeit der Aneignung mathematischen Wissens liegt nicht zuletzt darin begründet, dass die mathematische *Aussage*, als zentraler Begriff der Wissenschaftsdisziplin, nur wahr/richtig oder unwahr/falsch sein kann und somit keinen Raum subjektiver Interpretation in der Aneignung des Lerninhaltes lässt. Die individuelle Ausprägung von Bewältigungskomponenten dieser Prozesse lässt auf eine erforderliche individuelle Sicht mathematischen Lernens schließen. Die Heterogenität in der Entwicklung erfordert hier einen individuell begründbaren Zugang zu mathematischen Sachverhalten. Sonderpädagogische

Förderung anhand mathematischer Sachverhalte verfolgt somit die Ziele: Sich selbst in der explorierenden Umweltbegegnung zu erleben, Orientierungen und Bewältigungshilfen für die Teilhabe an der sozialen und gegenständlichen Umwelt zu geben, vornehmlich Kognition (Entdecken von Regelhaftigkeit, Analogien, Beziehungen, Generalisierbarem u. a. aus Lebenszusammenhängen) und Kommunikation (in verbaler oder handlungsbezogener Versprachlichung) durch mathematische Sachverhalte zu fördern.

In Anbetracht der engen Beziehung von Lern- und Geistigbehindertenpädagogik sind auch neuere Orientierungen in der Lernbehindertenpädagogik zu beachten, die »aktiventdeckendes Lernen und produktives Üben« für den Mathematikunterricht thematisieren. Die Zielabsichten sonderpädagogischer Förderung von Menschen mit geistiger Behinderung sind insgesamt darauf gerichtet, Mathematik als ein individuell anwendbares System zur Bewältigung lebenspraktischer Vollzüge zu entwickeln, wofür Bedingungen zu schaffen sind, die → Lernen als einen eigenaktiven Prozess effektiv ermöglichen. Aus der Fachwissenschaft Mathematik und den aus der besonderen Bedingungslage von Menschen mit geistiger Behinderung folgenden pädagogischen Positionen resultieren ein chronologisch am Fach orientiertes und zugleich ein strukturiertes und ganzheitliches Arbeiten im Mathematikunterricht. Dem didaktischen Modell von Entwicklungs- und Handlungsbezogenheit folgend, werden abweichend von der Systematik des Faches solche Inhalte zum Lerngegenstand, die herausfordern, Neues zu lernen (Speck 1999). Das Prinzip der Handlungsorientierung wird in der Fachliteratur jedoch nur als sinnvoll im Zusammenhang mit den Prinzipien der Problemorientierung, des aktiven Lernens und der Verinnerlichung erachtet. Förderung mathematischer Kompetenz heißt, ausgehend von episodischen Problemen im gemeinsamen Handeln Lösungsstrategien aufzuzeigen bzw. anzuregen, deren Reflexion vorzunehmen und Situationen bereitzuhalten, die zunehmend selbständiges Anwenden ermöglichen. Die Erweiterung mathematischer Kompetenz bei Menschen mit geistiger Behinderung ist über das Schulalter hinaus möglich. So gibt es empirische Befunde, wonach der Gipfel kognitiver Leistungsfähigkeit im dritten Lebensjahrzehnt und der der sozialen Kompetenz sogar darüber hinaus liegen. Diese Aspekte könnten den Zuwachs mathematischer Kompetenz im Erwachsenenalter erklären.

Eberhard Grüning

Literatur

Dahaene, S. (1999): Der Zahlensinn oder warum wir rechnen können. Basel
Miessler, M. & Bauer, I. (1992): Wir lernen denken – Neues Lernen mit Geistigbehinderten. Rheinbreitenbach (3. Auflage)
Sarimski, K. (2003): Kognitive Prozesse bei Menschen mit geistiger Behinderung. In: Irblich, D. & Stahl, B. (Hrsg.): Menschen mit geistiger Behinderung. Göttingen
Speck, O. (1999): Menschen mit geistiger Behinderung und ihre Erziehung. München (9. Auflage)
Stern, E. (1998): Die Entwicklung des mathematischen Verständnisses im Kindesalter. Lengerich

Mediation

Mediation (lat. Vermittlung) ist eine Methode der konstruktiven, gewaltfreien und außergerichtlichen Konfliktregelung, mit deren Hilfe Konfliktparteien unter Einbeziehung einer dritten Person (Mediator) selbst in schwierigen Streitfällen gemeinsam zu einvernehmlichen, zukunftsweisenden Lösungen kommen können.

Als Verfahren zur Bearbeitung und Beilegung von Konflikten wurde Mediation in den 60er und 70er Jahren vorwiegend in den USA entwickelt, fußt jedoch auf lang zurückreichenden Traditionen außergerichtlicher Konfliktbeilegung (vgl. Montada & Kals 2001, 2f.). Seit den 80er Jahren konnte sich Mediation auch in Deutschland in verschiedensten Bereichen etablieren, z. B. bei Trennungen und Scheidungen (Familienmediation), bei Schulkonflikten (Konfliktlotsen), bei Straftaten (Täter-Opfer-Ausgleich), bei Mietstreitigkeiten, bei Nachbarschaftskonflikten, bei Erbschaftskonflikten, bei Arbeitskonflikten, bei Konflikten in Organisationen und Institutionen, bei interkulturellen Konflikten, bei kommunalen und regionalen Konflikten wie Straßenbau, Bau von Großanlagen etc. (Umweltmediation, Verkehrsmediation).

Ein wesentliches Merkmal der Mediation ist die Einbeziehung eines oder mehrerer Vermittler (Mediatoren). Diese werden von den Konfliktparteien akzeptiert und verfolgen keine eigenen Interessen bei der Regelung des Konfliktes. Mediatoren sind zuständig für den Kommunikationsprozess. Sie ermöglichen es den Konfliktparteien in ein konstruktives Gespräch zu kommen, einander zuzuhören, die Konfliktpunkte herauszuarbeiten, die Konflikthintergründe zu erfassen und einvernehmlichen Regelungen zu finden. Dabei entscheiden allein die Konfliktparteien, worüber sie verhandeln, wie sie ihren Konflikt lösen und wie sie zukünftig miteinander umgehen wollen.

Mediatoren verhalten sich allparteilich, d. h. sie stehen auf der Seite aller Konfliktparteien, versuchen deren Anliegen zu verstehen und zu erläutern, unterbinden Manipulationsversuche und gleichen ggf. Machtgefälle aus. Im Gegensatz zum Streitschlichter machen sie keine eigenen Vorschläge zur Lösung.

Die Beteiligung an der Mediation beruht auf Freiwilligkeit, und sofern nichts anderes vereinbart wurde, sind die Gespräche vertraulich und nicht öffentlich.

Im Vergleich mit juristischen Lösungen eines Konfliktes ist Mediation meist kostengünstiger und weniger zeitintensiv. Außerdem verbleibt die Verantwortung für die Lösung bei den Konfliktparteien. Damit trägt Mediation zu einer Stärkung der Konfliktparteien und zu gegenseitiger Achtung und Empathie bei.

In der Arbeit mit geistig behinderten Menschen ist der Ansatz der Mediation erst ansatzweise zur Kenntnis genommen worden. Erste Erfahrungen ermutigen und zeigen auf, dass Mediation bei Menschen mit leichter geistiger Behinderung ein mögliches und sinnvolles Angebot zur Konfliktlösung sein kann (Theunissen 2005, 195ff.).

Claudia Hoffmann

Literatur

Besemer, C. (1998): Mediation – Vermittlung in Konflikten. Königsfeld (5. Aufl.)
Dulabaum, N. L. (1998): Mediation: Das ABC. Die Kunst, in Konflikten erfolgreich zu vermitteln. Weinheim
Montada, L. & Kals, E. (2001): Mediation. Lehrbuch für Psychologen und Juristen. Weinheim
Theunissen, G. (2005): Pädagogik bei geistiger Behinderung und Verhaltensauffälligkeiten. Bad Heilbrunn (4. Auflage)

Mehrfache Behinderung

Nach einer Erhebung von Fischer (1992) weisen Schülerinnen und Schüler mit geistiger Behinderung nicht selten zusätzliche Beeinträchtigungen der Sinnesorgane oder der Bewegungsfähigkeit auf. Im Allgemeinen bezeichnet man dies als Mehrfachbehinderung; seltener werden zusätzliche sprachliche Beeinträchtigungen oder Verhaltensstörungen als Mehrfachbehinderung interpretiert. Ein Teil der Schülerinnen und Schüler mit autistischer Störung können hier mit einbezogen werden, da bei ihnen häufig mehrere psychische Funktionen – soziale Interaktion, Wahrnehmung, Kommunikation und Sprache – gravierend beeinträchtigt sein können, die über das Ausmaß bei geistiger Behinderung deutlich hinausreichen.

Gemäß der Einteilung der Behinderung in der → ICF (WHO) nach Schädigung der Körperstruktur, der Beeinträchtigungen der Aktivität und der Teilhabe ist es in solchen Fällen angemessener, den Aspekt des Mehrfachen auf die Dimension der Aktivitätsbeeinträchtigung und nicht auf die der Schädigung oder der Teilhabe als Dimensionen der Behinderung zu beziehen. Es empfiehlt sich daher, von einer zwei- oder mehrfachen *Aktivitätsbeeinträchtigung* zu sprechen. Beeinträchtigungen psychischer Funktionen wie die der Kognition, der Wahrnehmung, der Psychomotorik, der sozialen Interaktion und der Kommunikation, die wesentlich zur geistigen Behinderung gehören, sollten nicht als mehrfache Aktivitätsbeeinträchtigung interpretiert werden. Schüler und Schülerinnen mit mehrfachen Funktionsbeeinträchtigungen befinden sich zunehmend nicht nur in der Schule für geistig Behinderte, sondern auch in Schulen für Körperbehinderte, deren Schülerschaft mittlerweile etwa zu einem Drittel aus Schülern und Schülerinnen mit geistiger Behinderung besteht, in Schulen für Sehgeschädigte mit einem ähnlich hohen Anteil und in wenigen Fällen in Schulen für Hörgeschädigte.

Zuweilen wird bei mehrfach aktivitätsbeeinträchtigten Menschen die Zuschreibung »schwerst mehrfachbehindert« verwendet. Diese Kennzeichnung ist insofern unzutreffend, als mit einer mehrfachen Aktivitätsbeeinträchtigung nicht immer der Zusatz »schwerst« gerechtfertigt ist, nämlich dann nicht, wenn beide Aktivitätsbeeinträchtigungen eine leichtere Ausprägung aufweisen. Andererseits überlappen sich die beiden Teilpopulationen »schwere geistige Behinderung« und »mehrfache Aktivitätsbeeinträchtigung« aber nicht völlig. Dem gemäß sind viele Menschen mit schwerer geistiger Behinderung mehrfach aktivitätsbeeinträchtigt, aber nicht alle.

Menschen mit zusätzlichen Aktivitätsbeeinträchtigungen verlangen neben der Intensivierung an Einzel- und Kleingruppenförderung auch eine Akzentverschiebung in den Inhalten hin zu basaleren und spezifischeren Inhalten. Um didaktische Konzepte für Schülerinnen und Schüler mit einer geistigen und einer körperlichen Behinderung hat sich Fröhlich (1991) verdient gemacht. Erste didaktische Ansätze für blinde Schüler und Schülerinnen mit geistiger Behinderung sind bei Klostermann (1996) zu finden. Umfassend macht der Sammelband von Fischer (2000) als Standardwerk auf die besondere pädagogische Situation des hier angesprochenen Personenkreises aufmerksam, thematisiert zentrale Aspekte der Diagnostik, des Unterrichts und der Lernorte. Weiterführende Impulse sind von dem an der Pädagogischen Hochschule Heidelberg 2002 durchgeführten Kongress zu theoriegeleiteten Fragen der sonderpädagogischen Praxis bei Kindern und Jugendlichen mit schweren und mehrfachen Beeinträchtigungen ausgegangen (Klauß & Lamers 2003).

Schüler und Schülerinnen mit autistischer Störung erfordern ein hohes Maß an spezifischen Kenntnissen und personellem Einsatz vor allem auch in der Einzelförderung. Man sollte versuchen, sie vor allem in Gruppen zu integrieren und ihre sozialen → Kompetenzen einschließlich ihrer kommunikativ-sprachlichen Möglichkeiten auszuweiten. Hier ist vor allem der Einsatz → Unterstützter Kommunikation hilfreich (Köhnen, Roos 2002).

Bei mehrfachen Aktivitätsbeeinträchtigungen und schwerer geistiger Behinderung tritt ein weiteres inhaltliches Problem auf. Solche Menschen benötigen zuweilen medizinische Versorgung und sind nicht selten pflegebedürftig. Dass jene von qualifiziertem medizinischen Personal oder unter deren Anleitung sichergestellt werden muss, ist keine Frage. Pflegemaßnahmen sollten den pädagogischen Intentionen der Verselbständigung, der Herstellung sozialer Beziehungen und der Förderung der Identitätsfindung nachkommen und daher von qualifiziertem pädagogischen Personal durchgeführt oder angeleitet werden (Bienstein & Zegelin 1995; Fröhlich, Bienstein & Haupt 1997). In diesem Zusammenhang ist es bedenklich, pädagogische Förderung immer mehr durch Therapie oder Therapien zu ersetzen. Dies gilt nicht für → Physiotherapie, → Logopädie und Beschäftigungstherapie.

Heinz Mühl

Literatur

Bienstein, Ch. & Zegelin, A. (Hrsg.) (1995): Handbuch Pflege. Düsseldorf

Fischer, E. (1992): Die schulische Förderung mehrfachgeschädigter Kinder und Jugendlicher mit geistiger Behinderung in der Bundesrepublik Deutschland. Hamburg

Fischer, E. (Hrsg.) (2000): Pädagogik für Kinder und Jugendliche mit mehrfachen Behinderungen. Lernverhalten, Diagnostik, Erziehungsbedürfnisse und Fördermaßnahmen. Dortmund

Fröhlich, A. (Hrsg.) (1991): Pädagogik bei schwerster Behinderung. Berlin

Fröhlich, A; Bienstein, Chr. & Haupt, U. (Hrsg.) (1997): Fördern – Pflegen – Begleiten. Beiträge zur Pflege- und Entwicklungsförderung schwerst beeinträchtigter Menschen. Düsseldorf

Klauß, Th. & Lamers, W. (Hrsg.) (2003): Alle Kinder alles lehren … Grundlagen der Pädagogik für Menschen mit schwerer und mehrfacher Behinderung. Heidelberg

Klostermann, B. (Hrsg.) (1996): Hand in Hand. Unterricht, Erziehung, Förderung und Therapie mit mehrfachbehinderten-sehgeschädigten Kindern. Würzburg

Köhnen, M. & Roos, E. (2002): Nichtsprechende Kinder reden mit. Unterstützte Kommunikation im Unterricht. Dortmund

Menschenbilder

Menschenbilder als Orientierungsrahmen: Menschen entwerfen »Bilder« immer dann, »wenn der zu beschreibende Sachverhalt zu komplex ist, als daß logische Erklärungsversuche zu dessen Erfassung genügen« (Fischer 1989, 270). Diese Komplexitätsreduktion ermöglicht es dem Menschen, subjektive Ordnung in das von ihm erlebte Chaos von Welt zu bringen. Dabei lassen sich zwei Bilder aufzeigen:

- *Distanzierende Menschenbilder* Die Behinderung und die mit ihr verbundenen »Besonderheiten« stehen im Vordergrund.
- *Inkludierende Menschenbilder* Der Mensch und seine Gemeinsamkeiten mit anderen Menschen stehen im Vordergrund.

Inkludierende Menschenbilder begreifen Verschiedenheit als eine Variante von »Normalität« und als Bereicherung menschlichen Zusammenlebens (»Es ist normal, verschieden zu sein«). Distanzierende Menschenbilder betonen dagegen die Abweichung, das »Anderssein«.

Idealistische Bilder: Menschen werden an gesellschaftlichen Idealen (z. B. Schönheit, Leistung, Konsum) gemessen, wie sie z. B. durch die Medien tagtäglich verbreitet werden. Im Lichte solcher Vollkommenheitsvorstellungen erscheinen Menschen mit Behinderungen als »Zerrbilder«. Gemäß dem Sprichwort »Ein gesunder Geist in einem gesunden Körper« werden dabei psychische und physische Qualitäten gleichgesetzt (psycho-physischer Parallelismus). Unsere Volksmärchen bieten eine Fülle von Beispielen: Die Hexe ist bucklig, der Teufel hinkt – aber die guten Menschen sehen immer gut aus.

Magische und religiöse Bilder: In verschiedenen Kulturen und Epochen wurden Menschen mit Behinderungen als Dämonen oder Teufel beschrieben. Auch glaubte man, Behinderungen würden von magischen Wesen verursacht. Beispielsweise herrschte im Mittelalter die Auffassung, behinderte Kinder seien durch einen Beischlaf mit einer Hexe oder einem Zauberer entstanden. Noch Luther sprach von »Wechselbälgen«, die der Satan gegen das gesunde Kind ausgetauscht hat. Oft wurde Behinderung als eine Strafe aufgefasst, die von den Göttern für die Übertretung eines Gebotes verhängt wurde. Nach dieser »Sündenstrafentheorie« trägt der Betroffene selbst oder ein Angehöriger die Schuld an der Behinderung.

Animalistische und vegetabilistische Bilder (Tier- und Pflanzenwesen): Aristoteles vertrat die Auffassung, menschliche Kinder seien tierische Organismen, die erst durch die Ausbildung der Vernunft zu Menschen werden. Individuen, die im Laufe ihrer Entwicklung die Fähigkeit zu rationalem Denken nicht ausbilden, können den Status des vollen Menschseins nicht erreichen und verharren daher auf einer animalischen Stufe. Die Gleichsetzung geistig behinderter Menschen mit Tieren ist bis in die heutige Zeit durchgängig belegbar. So lebten diese »Thiermenschen« z. T. bis ins ausgehende 20. Jahrhundert unter Bedingungen, die denen der Tierhaltung entsprachen. Darüber hinaus finden sich bis heute Bilder, die einen Status zuweisen, der noch unter dem eines Tieres liegt: Empfindungslos wie Pflanzen würden Menschen mit geistiger Behinderung »dahinvegetieren« (Goll 1998, 38–41).

Mechanistische Bilder: La Mettrie (18. Jh.) geht in seiner Abhandlung »Der Mensch als Maschine« davon aus, dass »der Mensch nichts als ein Tier ist oder ein Bündel mechanischer Federn« (zitiert nach Capra 1988, 114). Diese Vorstellung einer Mensch-Tier-Maschine-Analogie setzte sich in der Entwicklung der Verhaltenswissenschaften fort (z. B. Sechenow, Pawlow) und fand ihren Höhepunkt im Behaviorismus (z. B. Watson, Skinner). Grundannahmen mechanistischer Menschenbilder sind: (1) Der Mensch unterscheidet sich von anderen Tieren nur durch seine Verhaltensweisen, und (2) Lebewesen sind komplexe Maschinen, die sich von außen steuern lassen (Capra 1988, 186f). Mechanistische Vorstellungen finden sich bis heute im medizinischen Modell von geistiger Behinderung und den daraus abgeleiteten »Reparaturversuchen« von Defekten und → Defiziten.

Infantilistische Bilder (ewige Kinder): Infantilistische Bilder stellen einen Versuch dar, das unvorstellbare »Anderssein« von Menschen mit geistiger Behinderung durch den Vergleich mit wesentlich jüngeren, nicht behinderten Kindern vorstellbar zu machen: Der Mensch mit geistiger Behinderung ist auf einer frühen Entwicklungsstufe stehen geblieben und bleibt daher ein »ewiges Kind« (Wolfensberger).

Diese Auffassung ist in der Praxis noch sehr verbreitet: Eine Mutter zieht ihrem erwachsenen Sohn in aller Öffentlichkeit die Hose herunter, um zu sehen, ob das »Kind«

auch warme Unterwäsche trägt. Gängig sind auch die Anrede mit Vornamen und das ungefragte Duzen. Schon von außen ähneln manche Einrichtungen mit ihren bunten Schmetterlingen und lustigen Clowns eher einem Kindergarten als einem Wohnheim für Erwachsene.

Menschenbild und pädagogische Praxis: Unser Bild vom Menschen bestimmt unseren Umgang mit Menschen. Daher ist es notwendig, die eigenen Bilder und Vorstellungen der kritischen Reflexion zugänglich zu machen.

Harald Goll

Literatur

Capra, F. (1988): Wendezeit. München
Fischer, D. (1989): Menschenbilder in der Arbeit mit (geistig) behinderten Menschen. In: Geistige Behinderung 28, 4, 267–283
Goll, H. (1998): Menschenbilder über »Geistig Behinderte« in Geschichte und Gegenwart. In: Goll, H. & Goll, J. (Hrsg.): Selbstbestimmung und Integration als Lebensziel. Hammersbach, 32–60

Menschenrechte

Nachdem es in der Geschichte verschiedene politisch motivierte Entwürfe der Zusammenstellung allgemeiner Rechte jedes einzelnen Menschen mit jeweils regionaler Bedeutung gab, wurde im Jahr 1948 mit der Verabschiedung der »Erklärung der allgemeinen Menschenrechte« durch die Vereinten Nationen eine weltweit anerkannte Formulierung der Rechte gefunden, die jedem Menschen zustehen.

Diese Rechte stehen dabei unter den Grundsätzen der Universalität (d. h. sie gelten für jeden Menschen, aufgrund seines Menschseins) und der Unteilbarkeit (d. h. sie gelten für jeden in ihrer Gesamtheit).

Neben dieser allgemeinen Erklärung zählen der »Internationale Pakt über Bürgerliche und Politische Rechte« sowie der »Internationale Pakt über Wirtschaftliche, Soziale und Kulturelle Rechte« (beide 1966 von der UN-Vollversammlung verabschiedet) zu den zentralen Rechtsbestandteilen des Menschenrechtskanons. Daneben regelt eine Reihe von Konventionen die detaillierte Umsetzung der allgemeinen Menschenrechte für bestimmte Personengruppen (z. B. Genfer Flüchtlingskonvention, Rechte der Frau, Anti-Folter Konvention). Einerseits mag es begrüßenswert sein, dass die UN die Rechte bestimmter Personen in den Mittelpunkt rückt und auch einfordert, andererseits bleibt der Sinn fraglich, denn wenn die allgemeinen Menschenrechte tatsächlich als unteilbar und universell aufgefasst werden, ist die besondere Betonung der Rechte einzelner Gruppen nicht nötig.

Inhaltlich lassen sich in der Erklärung der allgemeinen Menschenrechte (die Artikel beziehen sich auf diese) drei Bereiche unterscheiden:

1. Allgemeine Freiheitsrechte, z. B. Recht auf Leben, Freiheit und Sicherheit (Artikel 3), Reisefreiheit (Artikel 13), Recht auf Eigentum (Artikel 17), Recht auf Gewissens- und Religionsfreiheit (Artikel 18), Meinungsfreiheit (Artikel 19) und Versammlungsfreiheit (Artikel 20)
2. Justizielle Rechte, z. B. Recht auf Gleichheit vor dem Gesetz (Artikel 7), Recht auf juristischen Beistand (Artikel 8), Recht auf Gelten der Unschuldsvermutung (Artikel 11)
3. Soziale Rechte, z. B. Recht auf Lebensstandard, soziale Sicherheit und medizinische Versorgung (Artikel 25), Recht auf

Bildung (Artikel 26) und Recht auf Teilhabe am Leben der Gemeinschaft (Artikel 27).

Während die ersten beiden Rechtsbereiche vor allem als subjektives Recht aufgefasst werden, das den Einzelnen vor den Übergriffen staatlicher Gewalt schützen soll, sind vor allem die sozialen Rechte auch »als objektive Rechte bzw. objektive Prinzipien der Ordnung des politischen Gemeinwesens« (Speck 2003, 154) interpretierbar. Dabei wird argumentiert, dass sich diese Rechte nur mit Hilfe bestimmter Umfeldbedingungen umsetzen lassen und sich deshalb aus den Menschenrechten selbst eine »Aufgabe der Daseinsvorsorge und der sozialen Sicherung« (ebd.) für Staat und Gemeinwesen ergibt.

Mit einer solchen Diskussion ist die erste zentrale Argumentationsfigur der Menschenrechte innerhalb der heilpädagogischen Diskussion benannt: (Geistige) Behinderung wird als ein Menschenrechtsproblem aufgefasst, um bestimmte sozialpolitische Forderungen zu legitimieren. Dabei wird argumentiert, dass bestehende Lebensbedingungen von Menschen mit Behinderung der Verwirklichung der Menschenrechte oftmals im Wege stehen (z. B. im Bezug auf freie Wohnortwahl, freie Berufswahl, das Recht auf Bildung, das Recht auf gesellschaftliche → Teilhabe) und eine Änderung der Verhältnisse hin zu mehr → Selbstbestimmung des Einzelnen und mehr → Mitbestimmung im Hinblick auf gesellschaftliche Fragen ein Gebot der Menschenrechte ist.

Als zweiter zentraler Diskurs kann der Bezug auf Menschenrechtsargumente innerhalb der heilpädagogischen Theoriebildung gesehen werden. Hier nehmen die Menschenrechte eine Position »als übergreifender und verbindender Bezugsrahmen (…) als universaler Leitbegriff« (Speck 2003, 153) ein. Innerhalb moderner sonderpädagogischer Theorien (z. B. Empowerment, vgl. Theunissen 2013) werden die Menschenrechte im Unterschied zu Bürgerrechten, die spezifischeren Charakter haben, als »letzter Garant« (ebd.) für den Schutz benachteiligter Minderheiten aufgefasst und dienen so zur ethischen Begründung pädagogischer Theorien. Dabei werden vor allem die oben genannten Ansprüche nach Universalität und Unteilbarkeit zugrunde gelegt, um den Menschenrechten innerhalb von Theorien einen axiomatischen (selbst nicht begründbaren) Status zuzuweisen. Sie dienen damit als Letztbegründungen pädagogischen Handelns in einer religiös und weltanschaulich pluralen Welt.

In der Politik gibt es Überlegungen, eine weitere Menschenrechtskonvention international zu etablieren, die sich explizit mit den Rechten behinderter Menschen auseinandersetzen soll. Der praktische und argumentative Nutzen einer solchen speziellen Konvention ist jedoch in Anbetracht der oben genannten Argumente fraglich.

Wolfram Kulig

Literatur

Speck, O. (2003): System Heilpädagogik – Eine ökologisch reflexive Grundlegung. München (5. Auflage)
Theunissen, G. (2013): Empowerment und Inklusion behinderter Menschen. Freiburg (3. Auflage)
http://www2.amnesty.de/ (für den Text der allgemeinen Menschenrechte)

Mental Retardation, Mental Handicap

Der Begriff Mental Retardation (ältere Parallelbezeichnung Mental Handicap) wird üblicherweise mit geistiger Behinderung übersetzt und war bis vor kurzem im angloamerikanischen Sprachraum geläufig. Er bezieht sich auf Personen mit signifikanten Schwächen in der → Intelligenz (bis zu IQ 70/75) und im sozialen Anpassungsverhalten. Diese Beeinträchtigungen müssen vor dem 18. Lebensjahr entstanden sein (Luckasson et al. 2002). Weltweit finden diese Bestimmungsmerkmale großen Zuspruch. Hierzulande wird allerdings geistige Behinderung enger gefasst (bis IQ 55/60). Die Tatsache, dass unter dem Begriff der Mental Retardation der Anteil an behinderten Personen größer ist, die sich sprachlich verständigen und für sich selber sprechen können, erklärt möglicherweise die Initiativen vieler Betroffener, die sich seit geraumer Zeit gegen den Begriff der Mental Retardation wenden (→ People First) und ihn durch Bezeichnungen wie »*People with Developmental Disabilities*« oder »*People with Learning Difficulties*« ersetzt wissen wollen (Theunissen 2011). In Großbritannien wurde ein entsprechender Begriffswandel mit »Learning Disabilities« vollzogen, und in den USA sowie weltweit in vielen anderen Staaten hat sich die Fachwelt auf →*Intellectual Disabilities* als neuen Leitbegriff verständigt. Darüber hinaus hat gleichfalls der Begriff →*Developmental Disabilities* den der Mental Retardation abgelöst. Für die hiesigen Verhältnisse könnte schlussfolgernd in Erwägung gezogen werden, gleichfalls auf den (inzwischen) diskriminierenden Begriff der → geistigen Behinderung zu verzichten und Bezeichnungen wie Menschen mit → Lernschwierigkeiten oder → komplexer Behinderung den Vorzug zu geben. Eine immer größer werdende Zahl an professionellen Fachleuten trägt dieser Entwicklung bereits Rechnung.

Georg Theunissen

Literatur

Luckasson, R. et al. (2000): Mental Retardation: Definition, Classification and System of Supports, Washington (AAMR) (10 th ed.)

Theunissen, G. (2011): Geistige Behinderung und Verhaltensauffälligkeiten. Ein Lehrbuch für die Schule, Heilpädagogik und außerschulische Behindertenhilfe. Bad Heilbrunn (5. völlig neu bearb. Auflage)

Mitbestimmung, Mitwirkung

(siehe auch Partizipation)

Mitbestimmung ist ein Begriff, der vorwiegend im Wirtschaftsbereich benutzt wird. Mitbestimmung regelt den Einfluss der Arbeitnehmer und ihrer Vertreter (Betriebsrat/Gewerkschaften) am Willens- und Entscheidungsprozess in Unternehmen. Darüber hinaus kann Mitbestimmung aber auch in anderen gesellschaftlichen Bereichen geregelt sein, wie in Institutionen, Verbänden und in der Kommunalpolitik. Mitbestimmung beschreibt das Zugeständnis von Entscheidungsbefugnissen an Personen, die zunächst keinen direkten Zugriff auf Entscheidungskompetenzen haben, obwohl sie von Entscheidungen betroffen sind. Mitbestimmung bewirkt, dass getroffene Entscheidungen qualifiziert und eher akzeptiert werden.

Zu unterscheiden ist zwischen Mitwirkung und Mitbestimmung. *Mitwirkung* umfasst das Informations-, Anhörungs- und Beratungsrecht. *Mitbestimmung* bedeutet, dass der formal mächtigere Part bestimmte Maßnahmen nur mit Zustimmung durchführen kann.

Mitbestimmung im Leben von Menschen mit intellektueller Beeinträchtigung ist ein noch vergleichsweise neues Recht. In den gesetzlichen Bestimmungen der Werkstättenmitwirkungsverordnung (SGB IX) und Heimmitwirkungsverordnung (Heimgesetz) geht es um genau geregelte Mitwirkung. Um Mitbestimmung im Leben von Menschen mit intellektueller Beeinträchtigung zu gewährleisten, gilt es, individuelle Beeinträchtigung möglichst vollständig durch leichte und anschauliche Sprache und Kommunikationserleichterung auszugleichen. Individuelle Mitbestimmungskompetenz kann durch eine grundsätzliche partizipative Pädagogik im Kindes- und Jugendalter angestrebt werden. Durch vielfältige Angebote der Teilhabe in Entwicklungs- und Entscheidungsprozessen von z. B. Konzepten, Vereinbarung zum Zusammenleben und Umgang mit Ressourcen etc. bis hin zur Mitbestimmung können individuelle Kompetenzen zur Wahrnehmung von Mitbestimmungsrechten vermittelt werden. Dies ist die Seite der individuellen Beeinträchtigung.

Behinderung hat aus der Sicht des »Forums behinderter Juristinnen und Juristen« aber auch eine gesellschaftliche Seite: Behinderung ist »jede Maßnahme oder Verhaltensweise, die Menschen mit Beeinträchtigung Lebensmöglichkeiten nimmt, beschränkt oder erschwert« (Roth 2000). Behinderung ist also keine ausschließlich individuelle Kategorie, sondern eine gesellschaftliche, nach dem Motto: »Behindert ist man nicht, behindert wird man!« In diesem Sinne bekommen Bestrebungen zur Barrierefreiheit und Zugänglichkeit eine neue Dimension. Wenn Mitbestimmung angeboten werden soll, müssen die Bedingungen beseitigt werden, die heute Menschen mit intellektueller Beeinträchtigung von Entscheidungsprozessen ausgrenzen. Dies sind neben anderen Phänomenen und Strukturen z. B. Schnelligkeit, Sprache und Kommunikationsformen (vgl. www.lebenshilfe-angesagt.de als Beispiel einer weitgehend barrierefrei gestalteten Website). In organisierten Kooperationen müssen die Bedingungen der Zusammenarbeit so geregelt sein, dass Menschen mit intellektueller Beeinträchtigung die Entscheidungsprozesse verstehen, kontrollieren und mitbestimmen können. Letztendlich geht es um Barrierefreiheit (vgl. Bundesvereinigung Lebenshilfe 2006).

Welche Gründe sprechen für Mitbestimmung? Für die Entwicklungs- und Sozialpsychologie können Gestaltungs-, Mitwirkungs- und Mitbestimmungsmöglichkeiten im eigenen Leben als wichtige Motoren menschlicher Handlungen angesehen werden. Wenn es diese Gestaltungsmöglichkeiten im Leben gibt, wird in der Regel auch die Motivation zum Engagement entwickelt. Anders herum formuliert: wenn Mitsprache und → Teilhabe verweigert wird, ist persönliche Resignation häufig die Folge. Resultat ist eine erlernte Hilflosigkeit. In den vergangenen Jahrzehnten wurde Menschen mit geistiger Behinderung zuwenig zugetraut. Sie wurden nicht selten überbehütet – in ihrem »wohlverstandenen Eigeninteresse«.

Die Wahrnehmung von Mitbestimmungsmöglichkeiten kann als ein guter Weg des → Empowerment (Selbstermächtigung) angesehen werden. Grundsätzlich haben alle Menschen mit intellektueller Beeinträchtigung die Kompetenz zur Mitbestimmung, wenn diese möglicherweise auch zunächst »nur« basal zum Ausdruck kommt. In jedem zwischenmenschlichen Dialog werden Präferenzen kommuniziert, die bei Berücksichtigung im Handeln von Unterstützern zur basalen Selbst- bzw. Mitbestimmung im Alltag werden können. Zu einem bestimmten Zeitpunkt entwickelte Kompetenzen zur Mitbestimmung können durch praktische Mitbestimmungserfahrungen zum Beispiel in der Zusammenarbeit mit anderen Menschen in Gremien und Selbsthilfegruppen noch wesentlich erweitert werden (Learning by doing, ständiges Lernen durch Praxis).

Durch die vermehrte Mitwirkung/Mitbestimmung betroffener Personen in den → Verbänden der Behindertenhilfe kann die Glaubwürdigkeit gegenüber der Politik erhöht werden. Z. B. die Lebenshilfe will als Selbsthilfeverband nicht nur die Selbsthilfe betroffener Eltern unterstützen, sondern auch die Selbsthilfe von Menschen mit intellektueller Beeinträchtigung. Seit einigen Jahren sind Menschen mit Behinderungen im Bundesvorstand der Lebenshilfe direkt durch einen Vertreter repräsentiert. Dieses Vorstandsmitglied hat in den letzten Jahren die Sichtweise behinderter Menschen auch bei Parlamentarierabenden in Berlin vertreten, an denen jährlich ca. 150 Bundestagsabgeordnete teilnehmen.

Im Rahmen von Diskussionen zum Qualitätsmanagement werden Menschen mit Beeinträchtigung oft als Nutzer/Kunden von Dienstleistungen angesehen. Wenn es gelingt, behinderte Menschen über ihre Wünsche und Forderungen in Bezug auf die Arbeit der Behindertenverbände oder ihrer Dienstleistungen zu befragen, so ist ein guter Rückkopplungsprozess zur stetigen Überprüfung ihrer Politik und ihrer Verbesserung in Gang gesetzt. Wie Rückmeldungen von Nutzern der Dienstleistungen in Mitbestimmungsprozessen die Organisationsentwicklung befruchten kann, belegen z. B. Erfahrungen der Lebenshilfe Schenefeld. Dort sind zwei Personen mit Behinderung im Vorstand vertreten, die Kontakt zu Betroffenen in Wohneinrichtungen halten. Aufgrund von Rückmeldungen wurde folgendes »kundennahes« Appartementkonzept entwickelt: in einem Haus gibt es mehrere kleine, Autonomie gewährleistende Wohnungen sowie ein Bistro, um sich zwanglos im Alltag treffen zu können.

Ulrich Niehoff

Literatur

Bundesvereinigung Lebenshilfe (2011): Barrierefreiheit für Menschen mit kognitiven Einschränkungen. Marburg
Wacker, E. u. a. (2005): Teilhabe – »Wir wollen mehr als nur dabei sein!« Marburg

Mobilitätsförderung, Verkehrserziehung

Mobilität, lateinisch mobilitas, bedeutet ursprünglich Beweglichkeit, Schnelligkeit, Gewandtheit und Veränderlichkeit. Mobilität ist ein zentrales Kennzeichen, Leitbild moderner Gesellschaften sowie Mittel und Weg zur Förderung individueller Lebensgestaltung und → Autonomie. Die Bewältigung von Mobilitätsanforderungen ist für Kinder und Jugendliche zur Selbstverständlichkeit geworden; sie weisen mit ihren Potentialen zum Radfahren und Zu-Fuß-Gehen, Bus- und Bahn-Fahren, Führerschein und Fahrbesitz eine vielseitige Mobilitätsbiografie und -sozialisation auf. Dagegen ist die Mobilitätsbiografie von Menschen mit geistiger Behinderung erheblich reduziert, sie beschränkt sich häufig auf passive Mobilität durch Hol- und Bringdienste der Eltern bis hin zu Fahrdiensten für Sonderschule, Wohnheim und WfbM (Stöppler 2003).

Zentrale Voraussetzung für die Bewältigung des Alltags in einer mobilen Gesellschaft und für die gesellschaftliche Integration von Menschen mit geistiger Behinderung stellt Mobilität dar, die eine selbstbestimmte Verknüpfung der Lebensbereiche Wohnen, Freizeit, Bildung und Arbeit ermöglicht. Die selbstständige Teilnahme am Straßenverkehr ist für viele Menschen mit geistiger Behinderung mit erheblichen Schwierigkeiten und Problemen verbunden, die durch eine nicht behindertengerechte Gestaltung der Verkehrswelt aber auch durch das Fehlen notwendiger Kompetenzen verursacht werden. Selbstständige und sichere Mobilität erfordert eine entsprechende Mobilitäts- und Verkehrserziehung.

Die *Begründung* der Mobilitäts- und Verkehrserziehung bei Menschen mit geistiger Behinderung lässt sich anhand der aktuellen sonderpädagogischen Leitideen des Normalisierungsprinzips, des Selbstbestimmten Lebens und der → Partizipation ableiten und erhält eine weitere Dimension aufgrund der gesetzlichen Grundlagen und nicht zuletzt in schulischer Sicht aufgrund der Empfehlungen der Kultusministerkonferenz (KMK).

Eine umfassende Konzeption für den Personenkreis der Menschen mit geistiger Behinderung legt Stöppler (2003) vor, in die auch die in den letzten Jahren erfolgte »Wende« der traditionellen Verkehrserziehung zu einer »Mobilitätserziehung« einfließt, die stärker als bisher alle Verkehrsteilnehmerinnen und -teilnehmer einbezieht, nicht motorisierte Verkehrsarten stärker berücksichtigt und aus ökologischer Sicht auf das Umwelt- und Gesundheitsbewusstsein eingeht.

Theoretische Grundlage stellt eine systemische bzw. ökologische Sichtweise des Straßenverkehrs mit seinen konstitutiven Systemkomponenten Verkehrsteilnehmer, -mittel, -wege und -regeln dar.

Eine entsprechende Mobilitäts- und Verkehrserziehung konkretisiert die Verkehrssituation in Bezug zur Art ihrer Verkehrsbeteiligung und zu ihren besonderen Lernsituationen. So wird in diesem Kontext die Vermeidung von – anhand tendenzieller Expositionsvariablen bestimmten – gefahren- und risikoreichen Situationen berücksichtigt. Zentrale Gegenstände der Mobilitäts- und Verkehrserziehung sind Verkehrssituationen aus der Lebenswelt der jeweiligen Schülerin und des jeweiligen Schülers.

Zentrales Anliegen der Mobilitäts- und Verkehrserziehung ist die Förderung *verkehrsrelevanter Kompetenzen*, die zur interaktiven Kompetenz im Straßenverkehr führen können. Als wesentliche Fähigkeiten zur sicheren Verkehrsteilnahme gelten nach Untersuchung der Verkehrspsychologie und Verkehrsophtalmologie folgende Bereiche:

– *Visuelle Wahrnehmung*, d. h. Aktivierung der Okulomotorik, Blickbewegungen im fovealen und parafovealen Bereich sowie Reaktion auf periphere Reize; Einsatz des Gesichts- und Blickfeldes durch Kombination und Koordination von Kopf- und Augenbewegungen, Kopf- und Blickbewegungen, konjugierte und cyclo-rotatorische Augenbewegungen und Vergenzbewegungen, Sehen in Blendungssituationen, Schätzen von Geschwindigkeiten und Entfernungen, Form-, Farb- und Größenwahrnehmung, Wahrnehmung der Stellung im Raum, Wahrnehmungskonstanz.
– *Auditive Wahrnehmung*, d. h. Erkennen, Differenzieren und Lokalisieren von Verkehrsgeräuschen, auditive Diskriminierung, Entfernungshören.
– *Aufmerksamkeit*, d. h. simultane und geteilte Aufmerksamkeit, Aufmerksamkeitswechsel und -fokussierung, Aufrechterhaltung der Aufmerksamkeitsspanne.
– *Reaktion*, d. h. angemessene Reaktions-, Entscheidungs- und Bewegungszeit auf z. B. optische und akustische Signale.
– *Gedächtnis*, d. h. Gedächtnisfähigkeit für visuelle, auditive, motorische etc. Inhalte.
– *Motorik*, d. h. stabile Haltungsregulation, Gleichgewichtsfähigkeit; Generalisierung des Bewegungsmusters »gehen«,

»Rad fahren« etc., Bewegungs- und Handlungsunterbrechung.
- *Kommunikation*, d. h. kontextangemessenes Verständnis von verbalen und insbesondere nonverbalen Mitteilungen, Aufnahme und Aufrechterhaltung des Blickkontaktes, Differenzieren und Erkennen von relevanten Verkehrszeichen.
- *Soziale Kompetenzen*, d. h. Erschließen von Handlungsabsichten und -motiven, Finden von Handlungsmöglichkeiten und Vorhersehen der Folgen, emotionale Perspektivenübernahme und Empathie, Verantwortlichkeitsattribution, moralisches Urteil, Verständnis sozialer Konventionen.
- *Kognition*, d. h. Antizipation und Bewältigung von Gefahren, Begriffsbildung von Verkehrswelt, Regelverständnis, Verkehrswissen.
- *Interaktion*, d. h. Koordination verkehrsrelevanter Handlungskompetenzen in komplexen Verkehrssituationen (Stöppler 2002).

Ziel der Mobilitäts- und Verkehrserziehung ist die Förderung der verkehrsrelevanten → Kompetenzen, die aufgrund möglicher Beeinträchtigungen bei Menschen mit geistiger Behinderung zunächst verkehrsunspezifisch trainiert werden können und sollen. Darauf aufbauend werden sie – den individuellen → Ressourcen und Entwicklungspotentialen entsprechend – zur Vorbereitung auf die Rolle des *Mitfahrers im Pkw, Fußgängers, ÖPNV-Benutzers, Radfahrers* modifiziert und spezifiziert (Hielscher & Stöppler 2002).

Reinhilde Stöppler

Literatur

Stöppler, R. (2002): Verkehrserziehung. Lernen konkret, 4
Hielscher, H. & Stöppler, R. (2002): Verkehrserziehung bei Menschen mit Behinderungen. Deutscher Verkehrssicherheitsrat (Hrsg.). Bonn
Stöppler, R. (2003): Mobilitäts- und Verkehrserziehung bei Menschen mit geistiger Behinderung. Bad Heilbrunn

Montessori-Pädagogik

Die italienische Ärztin Maria Montessori (1870–1952) entwickelte ab Beginn des 20. Jahrhunderts eine pädagogische Methode, die Elemente der → Geistigbehindertenpädagogik von Édouard Séguin (1812– 1880) aufnahm. Während sie von Séguin zahlreiche didaktische Materialien übernahm, orientierte sie sich in der Darstellung des kindlichen Entwicklungsprozesses und den daraus abgeleiteten methodischen Vorgaben eher an den kindorientierten, reformpädagogischen Sichtweisen der damaligen Zeit (Montessori 1984). Vorschläge für pädagogisches Handeln resultieren aus ihrer biologisch geprägten Entwicklungstheorie, die einerseits sensible Phasen beschreibt, andererseits auf die Selbstentfaltungs- und Selbststeuerungskräfte des Kindes rekurriert.

Trotz ihrer Wurzeln in didaktischen Konzeptionen der Bildung bei geistiger Behinderung betrachtete Montessori ihre Pädagogik zeitlebens als Modell für den Regelbereich. Geistig behinderte Kinder wurden in ihren Schriften eher als Beispiele für Defizite beim selbsttätigen Lernen angeführt.

Ein Rückgriff auf Montessoris Pädagogik in heilpädagogischen Kontexten erfolgte erst seit 1970 durch den Münchner Pädiater Theodor Hellbrügge im Zusammenhang mit der schulischen → Integration (Hellbrügge

1989). Die Wirksamkeit der Methode in heterogenen Gruppen von Integrationsklassen ließ einerseits den Blick auf die heilpädagogischen Wurzeln von Montessoris Methode fallen, andererseits rückte die von Montessori selbst vernachlässigte soziale Dimension ihrer Methode in den Vordergrund (Biewer 2001).

Eine erneute Aufarbeitung und Weiterentwicklung der Montessori-Pädagogik für den heilpädagogischen Bereich in den nachfolgenden Jahren wies auch auf die Möglichkeiten in Sonderschulklassen mit geistig behinderten Schülern (Biewer 1997) hin, wie auch in Gestalt der Montessori-Therapie auf die spezifischen Möglichkeiten im Bereich der Einzel- und Kleingruppenförderung sowie der Elternberatung.

Auf Kritik stieß ihre biologische Sichtweise der → Entwicklung, die soziale Faktoren weitgehend ausklammert. Als problematisch wurden auch Teilbereiche ihrer Materialien betrachtet. Der Aspekt der Selbststeuerung des Lernprozesses ist auf dem Hintergrund konstruktivistischer Lernmodelle aber wieder sehr aktuell.

Gottfried Biewer

Literatur

Anderlik, L. (1996): Ein Weg für alle! Leben mit Montessori. Montessori-Therapie und Heilpädagogik in der Praxis. Dortmund
Biewer, G. (1997): Montessori-Pädagogik mit geistig behinderten Schülern. Bad Heilbrunn (2. Aufl.)
Biewer, G. (2001): Vom Integrationsmodell für Behinderte zur Schule für alle Kinder. Neuwied, Berlin
Hellbrügge, T. (1989): Unser Montessori-Modell. Neuaufl. Frankfurt/M.
Montessori, M. (1984): Die Entdeckung des Kindes. Freiburg (7. Aufl.)

Motivation

Der Begriff Motivation bildet in einem weiten Begriffsverständnis eine Sammelbezeichnung für alle Versuche und Konstrukte, mittels deren das »Warum« menschlichen Verhaltens zu klären versucht wird. Für Bildung und Erziehung spielt die Unterscheidung zwischen einer eher intrinsischen und eher extrinsischen Motivation eine zentrale Rolle. Intrinsisch motivierte Verhaltensweisen als Prototyp eines selbst bestimmten Verhaltens beinhalten eher Neugier, Spontaneität, Exploration und Interesse an den unmittelbaren Gegebenheiten der Umwelt und ermöglichen Handlungen, deren Aufrechterhaltung keine externen Anstöße wie Versprechungen, Bekräftigungen, Drohungen oder Noten benötigt.

Im Unterschied zu früher wird heute bei Menschen mit geistiger Behinderung nicht grundsätzlich von defizitären, internen Motivationsstrukturen ausgegangen (Luxen 2003), sondern vielmehr von eigenen, häufig eingeschränkten Interessenbezügen. Gleichfalls wie nichtbehinderte Personen nehmen sie nämlich als »Gestalter ihrer Welt« und als »Akteure ihrer Entwicklung« in der Regel das wahr, was mit ihren Erfahrungen übereinstimmt, was für sie in einer Situation bedeutungsvoll erscheint und Sinn macht. Interessen werden ihnen dabei nicht durch eine geschickte Motivierung von außen als »Beweg-Gründe« auferlegt, sondern vielmehr durch Wertorientierungen und sach- und bedeutungsbezogene Anreize initiiert. Interessen können insofern als »Person-Umwelt-Beziehungen« bzw. »Subjekt-Gegenstands-Relationen« verstanden werden und entstehen zeitspezifisch, situativ, gegenstandsspezifisch und inhaltsrelevant »in der handelnden Auseinandersetzung mit bestimmten Bereichen des menschlichen Weltverhältnisses« (Schiefele, Hausser & Schneider 1979, 7f.). Von gesellschaftlichen Lebens- und Erziehungsbedingungen hängt es dabei ab, welche Interessen in je konkreten Lebenszusammenhängen entwickelt oder aber auch behindert werden.

Heilpädagogisch erscheint es geboten, Bildungs- und Erziehungsprozesse so zu planen und zu unterstützen, dass über einen personal vermittelten, subjektorientierten Zugang Handlungs- und Lernmöglichkeiten bereitgestellt werden, die an bereits erworbenen Interessen bzw. »Person-Umwelt-Beziehungen« anknüpfen und so zunehmend zu neuen Bezügen führen und soziale Wirklichkeiten erschließen helfen. Grundlegend und förderlich ist dabei, auch für eine sichere → Bindung und ausgeglichene emotionale Verfassung zu sorgen sowie Eigenaktivitäten und exploratives Verhalten (Neugierde) zu ermöglichen.

Erhard Fischer

Literatur

Luxen, U. (2003): Emotionale und motivationale Bedingungen bei Menschen mit geistiger Behinderung. In: Irblich, D. & Stahl, B. (Hrsg.): Menschen mit geistiger Behinderung. Göttingen, 230–267

Schiefele, H.; Hausser, K. & Schneider, G. (1979): »Interesse« als Ziel und Weg der Erziehung. In: Zeitschrift für Pädagogik 25, 1, 1–20

Motorik, motorische Beeinträchtigungen

(siehe auch Psychomotorik)

Unter dem Begriff der Motorik lassen sich nach Marhold (1965) die Gesamtheit aller Steuerungs- und Funktionsprozesse und das vielfältig sichtbare Ergebnis, die Bewegung, fassen. Motorische Funktionen und Prozesse können nicht unabhängig von der Person und Situation betrachtet werden, was sich u. a. in Wortverbindungen wie Senso- und → Psychomotorik ausdrückt.

Bei Menschen mit geistiger Behinderung finden sich häufig Einschränkungen im Hinblick auf motorische Grundeigenschaften (z. B. Koordination und Kondition). Nach Fediuk (1990) und anderen Autoren weisen nicht wenige geistig behinderte Kinder einen Rückstand in der Entwicklung ihrer motorischen Fähigkeiten und Fertigkeiten gegenüber nichtbehinderten Kindern auf. Es ist allerdings unklar, ob die Ursache für diesen Rückstand in der intellektuellen Beeinträchtigung oder in umweltbedingten Einflüssen wie etwa unzureichende Übungsmöglichkeiten liegt.

Prinzipiell gibt es jedenfalls keinen Unterschied im motorischen Lernen von geistig behinderten und nichtbehinderten Kindern. Der Aufbau von Bewegungsmustern und Bewegungsfähigkeiten geschieht allerdings verzögert (Irmischer 1999, 277). Verlauf und Niveau der motorischen Entwicklung hängen insgesamt von der Art und Schwere einer geistigen Behinderung ab, wobei mit der Komplexität der Aufgabe die Leistungsdifferenzen zunehmen (Schilling 1979, 318). Das Bewegungsverhalten von Menschen mit geistiger Behinderung ist häufig gekennzeichnet durch Beeinträchtigungen der Feinsteuerung, des dosierten Krafteinsatzes, des richtigen Timings und zusätzlich beobachteten Bewegungsstereotypien.

Zudem besteht oftmals eine zusätzliche Körperbehinderung in Form einer Bewegungsstörung. In Folge einer frühkindlichen Hirnschädigung kann es zu einer ICP (Infantile Cerebralparese) mit verschiedensten Erscheinungsformen wie etwa Spastik (Tetra-, Hemi-, Di-, Monoplegie), Athetose und Ataxie kommen. Die Bezeichnung Infantile Cerebralparese ist sehr gebräuchlich, wobei der Begriff der Parese bzw. Plegie ungenau ist, da es sich um eine sensomotorische Störung handelt (Bergeest 2000, 86). Allgemeine Merkmale der cerebralen Bewegungsstörungen sind abnorme Muskelspannung, gestörte Koordination von Bewegungsabläufen, pathologische Reflexe und assoziierte Reaktionen. Begleitstörungen sind häufig Kontrakturen, Skoliose, Hüftluxation, Spitzfuß sowie vegetative Beeinträchtigungen.

Grundsätzlich ist im Zusammenhang von motorischen Beeinträchtigungen bei Menschen mit geistiger Behinderung auf die wechselseitige Beeinflussung der verschiedenen Entwicklungsbereiche hinzuweisen. Einschränkung der Bewegungsfähigkeit beeinflusst die Fähigkeit zu lernen genauso wie die Fähigkeit mit der sozialen und materialen Umwelt in Kontakt zu treten und stellt somit eine Behinderung in der persönlichen Entfaltung dar.

Heutzutage nehmen bewegungstherapeutische Verfahren im Gesamtkonzept der Behandlung vieler motorischer Störungen einen wichtigen Platz ein. Der Erfolg dieser Maßnahmen ist neben dem Beginn, der Dauer und der Intensität der Unterstützung davon abhängig, wie gut es gelingt, die individuellen Kompetenzen und Vorlieben (bezogen auf alle Entwicklungsbereiche) in den therapeutischen Prozess und den Alltag zu integrieren. Im Rahmen interdisziplinärer Forschung gilt es, diese Konzepte weiter zu evaluieren und zu optimieren (Schmid 2003).

Kirsten Fath

Literatur

Bergeest, H. (2000): Körperbehindertenpädagogik. Bad Heilbrunn

Bös, K. & Mechling, H. (2003): Motorik. In: Röthig, P. & Prohl, R. (Hrsg.): Sportwissenschaftliches Lexikon. Schorndorf, 379–382

Fediuk, F. (1990): Bewegung, Spiel und Sport geistig Behinderter. Kassel

Irmischer (1999): Bewegung, Spiel und Sport für geistig Behinderte. In: Neuhäuser, G. & Steinhausen, H. (Hrsg.): Geistige Behinderung. Stuttgart, 275–281

Schilling, F. (1979): Bereich der Motorik. In: Bach, H. (Hrsg.): Handbuch der Sonderpädagogik. Band 5: Pädagogik der Geistigbehinderten. Berlin, 310–327

Schmid, I. (2003): Zum Einfluss spielorientierter Bewegungsangebote auf die Motorik erwachsener Menschen mit einer geistigen Behinderung und ihr Beitrag zur Förderung von Alltagskompetenzen. Dissertation, Philosophische Fakultät der Martin-Luther-Universität Halle-Wittenberg, http://sundoc.bibliothek.uni-halle.de/diss-online

Musik

Die »Verhaltensweise Musik« – Gesang, Spiel von Instrumenten und Körperpercussion – ist universal, auch wenn es nicht in allen Kulturen einen übergeordneten Begriff für die akustischen Ergebnisse dieser Tätigkeiten gibt. Eine Definition des Begriffes Musik im engeren Sinne ist bis heute nicht gelungen, jeder Versuch fokussiert lediglich Teilaspekte des Phänomens (Riethmüller 1997). Schallwellen, Ton, Klang und Geräusch sind das physikalische Basismaterial der Musik, ihre Parameter sind Tonhöhe,

Tondauer, Lautstärke und Klangfarbe. Mit ihnen entwickeln sich Melodie, Harmonie und Rhythmus. Akustische Phänomene werden erst durch ihre Wahrnehmung zu Musik: Musik entsteht in Folge der Definitionsmacht des Gehirns erst im Kopf des Menschen.

Der Ursprung der Musik wird in Zusammenhang mit emotionaler Lautgebung (Schrei, Klagelaut), Imitation von Tierlauten, Lockrufen, rhythmischen körperlichen Aktionen (Gehen, Klatschen), Arbeitsvorgängen, Entwicklung der Sprache und Bedürfnis nach Kommunikation gebracht. Musik ist Teil der Symbolwelt des Menschen, sie ist Mitteilung, Kommunikation, Interaktion (Suppan 1984). Musik wird berechtigterweise mit Emotion in Verbindung gebracht, ist das Hineinwachsen des Kindes in seine akustische Welt von → Emotionen und den damit verbundenen Lauten geprägt. Die kognitiven und sozialen Aspekte des Umgangs mit Musik finden in zunehmendem Maße Aufmerksamkeit (Bastian 2000). Die Tatsache der Plastizität des Nervensystems und die Bedeutung auditorischer Erfahrung für die Entwicklung des Gehirns (Birbaumer 1996) stärken die Argumentation für musikalische Frühförderung. Der intuitive elterliche Dialog mit dem Säugling ist im Anschluss an die pränatale akustische Erfahrung die erste musikalische Sozialisation, liegen diesem doch vielfach musikalische Momente zu Grunde (Papuosek 1994).

Die Vorbereitung von Kindern mit geistiger Behinderung auf die Teilhabe an der Musikkultur geschieht im *Musikunterricht*, der über die Strukturen und Ausdrucksmöglichkeiten des Objekts Musik informiert. Die *Fördersituation* definiert sich in Ergänzung hierzu am speziellen Förderbedarf des Einzelnen. Musik wird nun zum Mittel, das dazu beiträgt, Förderziele zu erreichen. Der Begriff → *Musiktherapie* wird im Zusammenhang mit Behinderung immer noch zu wenig differenziert benutzt. Sind musiktherapeutische Interventionen in speziellen Situationen selbstverständlich denkbar, so ist es doch im Sinne von Normalisierung und Inklusion, aktives und rezeptives Umgehen mit Musik nicht als »therapeutisches Musizieren«, sondern als Teilhabe an Musikkultur, als Teilbereich von Kulturarbeit und Musikpädagogik bei Menschen mit geistiger Behinderung zu definieren.

Irmgard Merkt

Literatur

Bastian, H.-G. (2000): Musik(erziehung) und ihre Wirkung. Mainz
Papousek, M. (1994): Vom ersten Schrei zum ersten Wort. Bern
Riethmüller, A. & Simon, A. (1997): Musiké – musica – Musik. In: Musik in Geschichte und Gegenwart. Sachteil 6. Kassel, 1196–1214
Suppan, W. (1984): Der musizierende Mensch. Mainz

Musikerziehung

Die bewusste und aktive Teilhabe aller Mitglieder der Gesellschaft an der Kulturerscheinung → Musik in Form von Rezeption und Produktion ist Ziel jeglicher Musikerziehung. *Erziehung zur Musik* meint die Information über Musik in all ihren Aspekten und Ausprägungen. *Erziehung durch Musik* meint Musik als Mittel zur Erreichung außermusikalischer Ziele. In der konkreten Situation sind diese beiden Aspekte nicht zu trennen: Ein Umgang mit Musik ist ohne »außermusikalische« Grundfunktionen wie Konzentration, auditive Wahrnehmung usw. nicht möglich.

Schulische Musikerziehung: Musikunterricht, konzipiert für die allgemeinbildenden Schulen, findet sich wieder in den Lehrplänen der Bundesländer für die Förderschulen Geistige Entwicklung. Gemeinsam ist allen Vorgaben die Orientierung an den vier Lernfeldern Hören/Musik/Umwelt, Stimme/Sprache/Singen, Instrumente/Musikmachen sowie Musik und Bewegung/Körpererfahrung. Festzustellen ist der Trend, Musik als körperlich erfahrbares und wirksames Phänomen zu sehen (Amrhein 2000). Die Realität der Musik in den Förderschulen ist nur ansatzweise untersucht. Eine Umfrage zum Musikunterricht an Sonderschulen in Nordrhein-Westfalen von 1999 zeigt, dass die Anzahl der fachfremd unterrichtenden Lehrerinnen und Lehrer doppelt so hoch ist wie die der Fachlehrer Musik. Fast alle Lehrerinnen und Lehrer setzen Musik auch interdisziplinär ein, etwa in Form von ABC-Liedern im Lese-Unterricht oder von Natur-Liedern in Sachkunde. Eine zunehmende Musikalisierung des Schullebens kann festgestellt werden (vgl. Merkt 1999).

Außerschulische Musikerziehung: Der Modellversuch »Instrumentalspiel mit Behinderten und von Behinderung Bedrohten« an der Musikschule Bochum in den Jahren 1979 bis 1983, angeregt von Werner Probst (Probst 1991), hat weitreichende Folgen: Heute unterrichten etwa 40% der Musikschulen Kinder und Jugendliche mit Förderbedarf im Instrumentalspiel. Das erforderliche Umdenken in Bezug auf musikalische Inhalte und Methodik wird von den Lehrenden als positiv auch für ihre Arbeit mit »nichtbehinderten« Schülerinnen und Schüler erlebt.

Das Bedürfnis nach Professionalität in der Musikerziehung bei Menschen mit Förderbedarf geistige Entwicklung hat zur Etablierung spezifischer Weiterbildungsangebote geführt. Musikschullehrer können sich über den Kurs »BlimBam«(Verband deutscher Musikschulen) für die Arbeit mit Menschen mit Behinderung qualifizieren. An der Universität Dortmund werden unter dem Stichwort »InTakt« Angebote für diejenigen gemacht, die bereits im rehabilitativen Bereich tätig sind. Die professionelle musikalische Arbeit versteht sich hier in Abgrenzung zur → Musiktherapie als musikalische Breitenbildung und als Ausdruck von Normalisierung und Inklusion.

Irmgard Merkt

Literatur

Amrhein, F. (2000): Bewegungs-, Wahrnehmungs-, Ausdrucks- und Kommunikationsförderung durch Musik. In: Merkt, I. (Hrsg.): Ein Lied für Christina. Regensburg, 25–40.

Merkt, I. (1999): Musik an Sonderschulen in NRW. Dortmund

Probst, W. (1991): Instrumentalspiel mit Behinderten. Mainz

Musiktherapie

Musiktherapie ist eine wissenschaftlich fundierte, praxisorientierte Disziplin. Sie bildet Schnittflächen mit angrenzenden Wissenschaftsbereichen, insbesondere der Medizin, Psychologie, Musikwissenschaft, den Gesellschaftswissenschaften sowie der Pädagogik und Heilpädagogik. Musiktherapie gehört in den Bereich der → Psychotherapie, denn ausgehend von einem Verständnis der bio-psycho-sozialen Ganzheit des Menschen werden psychologische Mittel zur Erreichung therapeutischer, rehabilitativer und präventiver Ziele eingesetzt.

Bedingt durch Wechselbeziehungen zwischen dem jeweils zugrunde gelegten Theorieansatz, der Indikationsstellung sowie den institutionellen Rahmenbedingungen und nicht zuletzt den Bedürfnissen und Eigenarten der beteiligten Menschen zeigt sich Musiktherapie in sehr vielfältigen Erscheinungsformen. Sehr verallgemeinert gilt für alle musiktherapeutischen Ansätze, dass durch die Rezeption, Produktion und Reproduktion von → Musik intrapsychische und interpersonelle Prozesse in Gang gesetzt werden, deren Wirksamkeit sich im Wahrnehmen, Erleben, Erkennen, Verstehen und im Handeln des Klienten entfalten. Die Musik hat darin die Funktion eines Mediums, gemeinsamen Bezugspunktes von Patient/Klient und Therapeut und unter Umständen auch eines Heilmittels bedingt durch ihre physiologischen Wirkungen.

Der Musikbegriff ist in der Musiktherapie sehr weit gefasst. Demzufolge ist Musik ein akustisches und zeitstrukturierendes Geschehen, das vom Menschen gestaltet ist. Diese Definition umschließt die einfache Melodie eines Kinderliedes, die komplexe harmonikale Struktur einer klassischen Symphonie, den Rhythmus eines afrikanischen worksongs, den Sound eines Blues ebenso wie die Kakophonie einer freien Improvisation.

Der Einsatz von Musik in der Musiktherapie folgt keinem monokausalen Wirkprinzip, sondern dient dazu, einerseits Störungen von Krankheitswert mit zu diagnostizieren und mit zu behandeln und andererseits → Ressourcen zu aktivieren. Der besondere Nutzen von Musiktherapie wird insbesondere in der Anregung zur → Kreativität und zur nonverbalen Kommunikation gesehen. Hierin liegt ein häufig genannter Vorteil von Musiktherapie, denn der Einsatz des Mediums Musik eröffnet einen psychotherapeutischen Zugang zu situativ oder dauerhaft nicht-sprachbegabten Klienten.

In der Arbeit mit geistig behinderten Menschen hat die Musiktherapie eine lange Tradition. Besonders zu nennen sind hier anthroposophische Musiktherapieansätze, aber auch der Einsatz von Musik in der heil- und sonderpädagogischen Arbeit. Während ursprünglich insbesondere Kinder und Jugendliche zu der hauptsächlich behandelten Klientel gehörten, sind in jüngerer Zeit Frühgeborene, Erwachsene, die eine Hirnschädigung erlitten haben, oder alte Menschen mit einer Demenzerkrankung in das Zentrum der Aufmerksamkeit gerückt. Musiktherapeutische Interventionen haben zum Ziel, die Auswirkungen der geistigen Behinderung auf das Erleben des jeweiligen Menschen und auf die Gestaltung seiner sozialen Kontakte positiv zu beeinflussen. Bei der Konzeptentwicklung sind die mit der Behinderung einhergehenden Besonderheiten in den Bereichen der → Wahrnehmung, der Phantasie, der Gefühlswelt, des Antriebsverhaltens und der Impulssteuerung, der motorischen Entwicklung, des Sprach-, Sozial und Lernverhaltens zu berücksichtigen. Gerade auch durch die neueren Erkenntnisse der Hirnforschung werden hier noch vielversprechende Forschungsergebnisse erwartet, die den Einsatz von Musik in der Behandlung und Rehabilitation untermauern.

Susanne Metzner

Literatur

DGMT (Hrsg.) (2000): Beiträge zur Musiktherapie. Musiktherapie und Geistige Behinderung, www.musiktherapie.de

Häußinger, L., Metzner, S. (2008): Geistige Behinderung und Depression: Chancen der musiktherapeutischen Behandlung. Saarbrücken

Schalkwijk, F. (1988): Musiktherapie mit Geistigbehinderten. In: Musiktherapeutische Umschau 9, 284–296

Thesen der Kasseler Konferenz (1998). In: Musiktherapeutische Umschau 19, 232–235

http://www.musiktherapie.de/fildeadmin/user-upload/medien/pdf/Literaturliste_MT_Heilpaed-KiJU.pdf

N

Nationalsozialismus

Der Nationalsozialismus war eine völkische, antisemitische und nationalrevolutionäre Bewegung, getragen und angeführt von der Nationalsozialistischen Deutschen Arbeiterpartei, deren Vorsitzender seit 1921 Adolf Hitler war. Nach Hitlers Ernennung zum Reichskanzler am 30. 1. 1933 und durch das Ermächtigungsgesetz vom 14. 3. 1933 wurde seine diktatorische Herrschaft auf »legalem« Wege eingeleitet. Im Zentrum der nationalsozialistischen Ideologie standen ein radikaler Antisemitismus sowie eine biologistisch begründete Rassenlehre, die die Überlegenheit der »arischen« Rasse und die Notwendigkeit der Erweiterung des Lebensraumes des deutschen Volkes propagierte. Beide Komponenten dieser Ideologie dienten der Legitimation des Unterwerfungs- und Vernichtungskrieges, der nach Jahren der Vorbereitung 1939 begann und nach außen und innen geführt wurde. Neben Juden wurden als innere Feinde Intellektuelle, Marxisten, Demokraten, Homosexuelle, Sinti und Roma, Künstler u. a. angesehen. Gegen diese, aber auch gegen Behinderte und chronisch Kranke, ging das System im Laufe der Jahre mit zunehmender Härte vor, da diese als Elemente der Zersetzung, der Degeneration und Entartung angesehen wurden. Neben biologischen Argumenten wurden von der Lobby der Eugeniker immer wieder auch Kosten als Begründung für das Vorgehen gegen (geistig-) behinderte Menschen angeführt; diese seien immense Ressourcen bindende »nutzlose Esser«. Für Hitler selbst stand die Erhaltung der »Volkskraft« und des Volkstums insgesamt im Vordergrund. Eine systematische Beseitigung der Schwächsten würde, so seine Überzeugung, zu einer Kräftesteigerung führen (vgl. Kershaw 2000, 352ff).

Der Kampf gegen die Gruppe der Behinderten begann mit dem »Gesetz zur Verhütung erbkranken Nachwuchses« vom 14. 7. 1933, dem Sterilisationsgesetz. Bis 1939 gab es Schätzungen zufolge 350.000 Zwangssterilisationen. Diese aber bildeten nur den Anfang. Kurz nach dem Beginn des 2. Weltkrieges am 1. September 1939 wurde auch die als »geheime Reichssache« eingestufte »Aktion T4« gestartet, die systematische Ermordung (Geistig-)Behinderter in Tötungsanstalten. Im NS-Jargon war die Rede von der »Vernichtung lebensunwerten Lebens«, von »Ballastexistenzen«, »Asozialen«, »Schwachsinnigen« und »geistig Toten«. Wie die Forschung zeigen konnte, bestand zwischen dem Euthanasieprogramm und dem Genozid an Juden und Sinti und Roma ein enger Zusammenhang. In den Tötungsanstalten der »Aktion T4« wurde die Industrialisierung des Mordens in den Gaskammern von Auschwitz erprobt (vgl. Friedlander 1997). Da die Geheimhaltung der Morde nicht in dem gewünschten Umfang gelang, kam es im August 1941 zu einer Einstellung der »Aktion T4«, der mindestens 70.000 Menschen zum Opfer gefallen waren. Jedoch hörte das Morden nicht auf, sondern wurde im Rahmen der sog. »wilden Euthanasie« dezentral fortgesetzt. Obwohl die Ermordung behinderter Neugeborener Priorität besaß, erstreckte sich die → »Euthanasie« auf alle Lebensalter.

Das Verhalten aus dem Lager der Hilfsschul- und Heilpädagogik in der Zeit des Nationalsozialismus erweist sich als überaus zwiespältig. Das Spektrum der Reaktionen auf die Selektions-, Ausgrenzungs- und Vernichtungspolitik der Nationalsozialisten reicht von williger Vollstreckungshilfe über defensives Mitmachen zum Zwecke der Verhinderung von Schlimmerem bis hin zu allerdings nur sehr vereinzeltem Widerstand (vgl. Brill 1994).

Markus Dederich

Literatur

Friedlander, H. (1997): Der Weg zum NS-Genozid. Von der Euthanasie zur Endlösung. Berlin
Hänsel, D. (2006): Die NS-Zeit als Gewinn für Hilfsschullehrer. Bad Heilbrunn
Kershaw, I. (2000): Hitler 1936–1945. Stuttgart
Klee, E. (1980): »Euthanasie« im NS-Staat. Die »Vernichtung lebensunwerten Lebens«. Frankfurt

Netzwerkarbeit

(siehe auch Soziale Netzwerke)

Als verlässlicher Verbund sozialer Beziehungen garantiert ein → soziales Netzwerk in Krisen-, Krankheits- und alltäglichen Lebenssituationen die Handlungsfähigkeit (Röhrle 1995) und bietet soziale Unterstützung in Phasen erhöhten Hilfebedarfs. Soziale Netzwerke unterscheiden sich »durch den Grad der Spontaneität bzw. Organisiertheit der Hilfen« und »die gezielte Professionalität angebotener Hilfen […] voneinander« (Eckert 2002, 29). Differenziert werden primäre Netzwerke (z. B. Familie), sekundäre Netzwerke (z. B. Vereine) und tertiäre Netzwerke (z. B. Ärzte), wobei die Grenzen hinsichtlich der (Semi-)Professionalität fließend verlaufen. Ihre Funktion bzw. Arbeit erstreckt sich u. a. von Beratung und Information bis hin zu Vernetzung, Kooperation und Öffentlichkeitsarbeit (Wagner-Stolp 2003). Netzwerkarbeit immanent ist häufig das Konzept des → Empowerment: Professionelle Hilfe soll »die bessere Wahrnehmung und Nutzung vorhandener lebensweltlicher Ressourcen fördern«, aber auch »Unterstützung leisten bei der Schaffung neuer Potenziale« (Keupp 2001, 328). Der Empowerment-Ansatz nicht-professioneller Netzwerkarbeit zeigt sich z. B. bei Selbsthilfegruppen. Zentral hierbei sind, neben → Teilhabe, lebensweltliche Formen des kommunikativen Handelns, die individuelle (Behinderungs-)Bewältigung, die Vermittlung identitätsstabilisierender und integrierender Momente sowie die Förderung einer gezielteren Nutzung professioneller Hilfen und Aktivierung neuer Unterstützungspotenziale (Beck 2001). In der BRD existieren zahlreiche Netzwerke, in deren Fokus Menschen mit geistiger Behinderung und deren Angehörige stehen. Vereinsstrukturell wird zwischen Behindertenhilfe und Behindertenselbsthilfe unterschieden (Wagner-Stolp 2003). Neben der Bundesvereinigung Lebenshilfe für Menschen mit geistiger Behinderung unterhalten auch die Spitzenverbände der Freien Wohlfahrtspflege Dienste und Einrichtungen der Hilfe für (geistig) behinderte Menschen (hier besonders Deutscher Caritasverband und Diakonisches Werk). Charakteristisch für Vereinigungen der Behindertenselbsthilfe ist die Mitgliedschaft und Interessenvertretung von (geistig) behinderten Menschen oder deren Angehörigen (ebd.), so auch bei der Lebenshilfe für Menschen mit geistiger Behinderung oder dem Bundesverband für Körper- und Mehrfachbehinderte. Daneben gibt es bundesweit zahlreiche Selbsthilfegruppen. Ferner wird Netzwerkarbeit für Menschen mit (geistiger) Behinderung und deren Angehörige in vielen Beratungsstellen geleistet

(z. B. → Peer Counseling oder psychosoziale Beratung), zudem findet sie in als auch mit Hilfe von Medien statt, z. B. anhand des Internet oder fachspezifischer Publikationen. Auch Berufsförderungswerke, → Integrationsfachdienste, → Werkstätten für behinderte Menschen u. v. a. m. zählen zum multiplen Netzwerk der Behinderten(selbst)hilfe. Kritisch anzumerken ist die vielerorts »mangelnde Koordination und Kooperation der Dienste« (Theunissen 2005, 9) und die bislang »zu wenig adäquate[n] Angebote, die sich auf Praxisberatung, psychosoziale Hilfen und Krisenintervention bei Menschen mit (geistiger) Behinderung beziehen« (ebd. 11f.). Auch sollten im Sinne der Netzwerkförderung dezentrale und integrativ arbeitende Einrichtungen favorisiert werden, um soziale Kontaktmöglichkeiten im Rahmen informeller Unterstützung für Familien mit behinderten Kindern nicht zu begrenzen (Engelbert 1999).

Katrin Pittius

Literatur

Beck, I. (2001): Selbsthilfe und Selbsthilfegruppen. In: Antor, G. & Bleidick, U. (Hrsg.): Handlexikon der Behindertenpädagogik. Stuttgart, 344–347
Eckert, A. (2002): Eltern behinderter Kinder und Fachleute. Bad Heilbrunn/Obb.
Engelbert, A. (1999): Familien im Hilfenetz. Weinheim, München
Keupp, H. (2001): Gemeindeorientierung. In: Antor, G. & Bleidick, U. (Hrsg.): Handlexikon der Behindertenpädagogik. Stuttgart, 326–329
Röhrle, B. (1995): Soziale Netzwerke und soziale Unterstützung. Weinheim.
Theunissen, G. (2005): Wandel in der Behindertenhilfe – Von der Versorgung zur Beratung. In: Heilpädagogik.de 2, 8–12
Wagner-Stolp, W. (2003): Elternselbsthilfe und Lebenshilfe – eine Beziehung, die in Spannung hält. In: Wilken, U. & Jeltsch-Schudel, B. (Hrsg.): Eltern behinderter Kinder. Stuttgart, 204–229

Neue Medien, Computer(programme)

Mit dem Terminus »Neue Medien« im pädagogischen Kontext werden heute weniger Computer als technische Geräte an sich beleuchtet als vielmehr die Möglichkeiten, die sich in der Nutzung von Computerprogrammen und tutoriellen Systemen, von Hypertexten und Hypermedien ergeben, um das Lernen an sich sowie die Inhalte im Unterricht ansprechend zu gestalten. Lern-, Diagnostik- und Spielsoftware wird zunehmend für den (erschwerten) Erwerb der Kulturtechniken und für Sachthemen eingesetzt. Dabei wird unterschieden in Software, die im traditionellen Sinne nur Übungen wiederholen können (drill and practice), und Software, die das Explorationsverhalten der Kinder anregen, eigenaktives Lernen zulassen und Schritt für Schritt in komplexe Sachzusammenhänge einführen (themengebundene CD-ROMs, Nachschlagewerke auf CD-ROM, Internet). Darüber hinaus kann der Einsatz neuer Medien im Unterricht mit Kindern und Jugendlichen mit dem Förderschwerpunkt kognitive Entwicklung aber auch eine kompensatorische Funktion einnehmen. Dies gilt insbesondere wenn motorische oder sensorische Beeinträchtigungen vorliegen und Ansteuerungshilfen, auditive Signale bei der Eingabe, visuelle Vergrößerungen auf dem Bildschirm, die Bedienung des Computers erst ermöglichen oder eine elektronische Sprachausgabe den Text vorliest.

Grundsätzlich bewegt sich der Einsatz neuer Medien in der Pädagogik und Rehabilitation von Menschen mit geistiger Behinderung auf vier Ebenen:

- Computerprogramme als neues Medium im Unterricht, um Lernen attraktiver und an die Anforderungen einer Informations- und Kommunikationsgesellschaft angepasster zu gestalten.
- Der Computer und andere elektronische Kommunikationshilfen als »Kommunikationsprothese«, um motorische oder sensorische Beeinträchtigungen mittels individuell angepasster technischer Hilfen und Ansteuerungssysteme zum Zweck des Lernens, des schriftsprachlichen oder des lautsprachlichen Kommunizierens zu kompensieren.
- Computerunterstützte Förderung
- Der Einsatz von Computerprogrammen im Rahmen von Förderdiagnostik und Assessment.

Ein partieller Einsatz spezifischer Lernsoftware im Unterricht mit Kindern mit dem Förderschwerpunkt kognitive Entwicklung kann aufgrund der hohen Arbeitsmotivation durchaus sinnvoll sein, zumal, wenn die Programme am Ende nicht die Fehler und Defizite des Lernenden noch einmal visualisieren. Jedoch sollte der Einsatz von Übungsprogrammen kritisch reflektiert und die Effektivität beobachtet werden. Denn der ständige Bezug zur realen Welt, die Erfahrung der sich verbrauchenden Farbe im Pinsel, die reale Auseinandersetzung mit der Schwerkraft, der Umgang mit Flüssigkeiten und Materialien, mit Zeit und Raum sind unabdingbare Voraussetzungen beim Einsatz neuer Medien, um den Bezug zur zweidimensionalen Abbildung auf dem Monitor herstellen zu können. Unter Beachtung dieser Entwicklungsaspekte kann der Einsatz neuer Medien vielfältige Lern-, Lebens- und Kommunikationserleichterungen bewirken sowie das individuelle Lern-, Explorations- und Kommunikationsverhalten unterstützen.

Jens Boenisch

Literatur

Boenisch, J. (2002): Einsatz neuer Medien im Unterricht mit körperbehinderten Kindern und Jugendlichen. In: Boenisch, J. & Daut, V. (Hrsg.): Didaktik des Unterrichts mit körperbehinderten Kindern. Stuttgart, 75–91
Von Loeper/ISAAC (Hrsg.) (2003): Handbuch der Unterstützten Kommunikation. Karlsruhe

Neuronale Plastizität

Neuronale Plastizität ist eine Prozess- und Systemeigenschaft von Nervensystemen, um in Reaktion auf neuronale Aktivitätsmuster, neuronale Verletzungen, Zelltod und Neurogenese ihre Selbstorganisation zu regulieren. Dies erfolgt auf der Ebene von Zellen, von Zellverbänden sowie größeren Hirnarealen. In der Diskussion werden erfahrungsunabhängige, erwartungsabhängige und erfahrungsabhängige Plastizität unterschieden.

Erfahrungsunabhängige Plastizität ist im Rahmen von Edelmans Theorie der neuralen Selektion als epigenetischer Prozess topologischer Selbstorganisation beschreibbar; so entwickeln Menschen mit Fehlbildungen (durch Strahlen, Umweltgifte, Chromosomenanomalien) trotzdem eine kohärente und kontingente Organisation ihrer nervalen Prozesse.

(Erfolgs-)Erwartungsabhängige Plastizität bezieht sich auf artspezifisch zu erwar-

tende Umwelteinwirkungen in sensiblen Phasen. An Zellverbänden des optischen Analysators bei Katzen zeigten Hubel und Wiesel, dass – entsprechend verschiedener Typen sensorischer Deprivation – eine Degeneration der benachteiligen Zellen erfolgte. Ein ähnliches »pruning« findet in der prägungsähnlichen Organisation früher → Bindung im Säuglingsalter und geschlechtsspezifischer Bindung in der Pubertät statt. In der Terminologie von Anochin (1978, 92ff.) handelt es sich um Prozesse der Systemogenese: Epigenetisch sich entwickelnde und bei minimaler Absicherung erstmalig schließende funktionelle Systeme finden nicht die entsprechenden äußeren sensorischen und sozialen Voraussetzungen ihrer Organisation.

Erfahrungsabhängige Plastizität realisiert sich auf verschiedenen Ebenen. Erst seit kurzem ist bekannt, dass in bestimmten Arealen des erwachsenen Gehirns (Hippocampus) Stammzellen existieren, die bei günstigen Aktivierungsbedingungen neue Zellen produzieren (Neurogenese). Im Bereich der kortikalen Repräsentation zeigen die Experimente von Merzenich (vgl. Edelman 1993, 189ff) die Umorganisation neuronaler Karten des sensomotorischen Kortex durch Erfahrung. Der wichtigste Mechanismus der Plastizität besteht jedoch in einem globalen kortiko-thalamischen System vielfältiger wechselseitiger Rückkoppelung (Edelman und Tononi 2004, 155ff.).

Auf zellulärer (synaptischer) Ebene realisiert sich Plastizität postsynaptisch auf der Basis von Langzeitpotenzierung (LTP) in lernenden, sich selbstorganisierenden Zellen und Zellverbänden, während auf präsynaptischer Ebene sich (stressabhängig) Veränderungen der Wirkungsgradeinstellung realisieren. Das Zusammenwirken beider Mechanismen sichert höchst dynamische sekundäre Repertoires (Edelman 1993, 259ff.). Diese arbeiten vielfältig parallel (»Degeneriertheit«; ebd. 84ff.) und sichern vielfältige Möglichkeiten von → Kompensation und Neubildung.

Wolfgang Jantzen

Literatur

Anochin, P. K. (1978): Beiträge zur allgemeinen Theorie des funktionellen Systems. Jena
Edelman, G. M. (1993): Unser Gehirn – Ein dynamisches System. München
Edelman, G. M. & Tononi, G. (2004): Gehirn und Geist. München

Neuropädiatrie

Neuropädiatrie ist ein Schwerpunkt der Weiterbildung im Gebiet der → Kinder- und Jugendmedizin. Im Anschluss an die fünfjährige Facharztausbildung zum Kinder- und Jugendarzt/-ärztin kann eine dreijährige Weiterbildung im Schwerpunkt Neuropädiatrie (synonym: Kinderneurologie) erfolgen. Neuropädiatrie umfasst sämtliche Störungen und Erkrankungen des zentralen Nervensystems (Gehirn, Rückenmark) und der peripheren Nervenleitungen sowie Störungen der Entwicklung (Entwicklungsverzögerungen) (→ Sozialpädiatrie) unterschiedlichster Ursachen. Insbesondere handelt es sich um folgende Störungsbereichen:

- Entwicklungsneurologie; Einschätzung der körperlichen und geistigen Entwicklung von gesunden und kranken Kindern, einschließlich der Beurteilung des voraussichtlichen weiteren Verlaufs

- Bewegungsstörungen: Ursachenklärung, individuelle Behandlungsstrategien in enger Zusammenarbeit mit den Physiotherapeuten (incl. Medikamente, gelegentlich auch OP).
- Anfallserkrankungen (Epilepsien): Diagnostik, Differenzialdiagnostik, Behandlung und psychosoziale Begleitung von chronisch anfallskranken Kinder- und Jugendlichen sowie
- zahlreiche unterschiedliche, häufig genetisch bedingten Störungen und Schädigungen in der Embryonal- und Fötalentwicklung.

In der Praxis werden diese Störungen und Entwicklungsverzögerungen zunächst vom kinderärztlichen Hausarzt diagnostiziert und einer speziellen Förderung zugewiesen (Frühförderung, Ergotherapie, Physiotherapie). Die Herausforderung besteht vor allem auch darin, den Entwicklungsstand oder das Entwicklungsalter der Kinder und Jugendlichen frühzeitig zu bestimmen, um entsprechende, angemessene Förder- und Therapiemaßnahmen einzuleiten.

Sollten sich darüber hinaus diagnostische und therapeutische Probleme ergeben oder sich ein erheblicher Entwicklungsrückstand zeigen, müssen diese Kinder dem Neuropädiater vorgestellt werden, der in der Lage ist, die (häufig genetischen) Ursachen der Entwicklungsverzögerung festzustellen und einem Störungsbild zuzuordnen sowie spezifische Fördermaßnahmen einzuleiten oder Behandlungen durchzuführen (insbesondere von zerebralen Krampfanfällen oder Epilepsien). Da viele intelligenzgeminderte Kinder an zusätzlichen körperlichen Beeinträchtigungen leiden (insbesondere Epilepsie sowie motorische und sensorische Beeinträchtigungen), empfiehlt sich immer eine gründliche neuropädiatrische Diagnostik.

Klaus Hennicke

Neurowissenschaften

Neurowissenschaften ist ein Sammelbegriff für biologische, psychologische und soziale Wissenschaften, die Aufbau und Funktion von Nervensystemen untersuchen bzw. deren Resultate reflektieren. Im engeren Sinne bezieht sich der Begriff auf biologische und klinisch-medizinische Zugänge. Da Neurowissenschaften aber Nervensysteme unter dem Aspekt der Anpassung an/Abstimmung mit der Umwelt untersuchen, sind sie auch im engeren Sinne Ort der psychologischen, sozialwissenschaftlichen und philosophischen Reflexion.

Vom Gegenstandsbereich her reichen die Zusammenhänge von der Evolution der Nervensysteme bis zum menschlichen Gehirn, von der Mikroebene (Entwicklungsgenetik, Zellphysiologie) bis zur Makroebene (funktionelle Anatomie und Physiologie des menschlichen Gehirns, Gehirn als soziales Organ), über zahlreiche Bindestrichwissenschaften (z. B. Neurobiologie, Neuroethologie, Neuroendokrinologie, Neuroimmunologie, Neuropsychologie, Neuropädagogik, Neuroökonomie, Neurotheologie) bis hin zur Neurophilosophie.

Die enorme Expansion der Neurowissenschaften hat außerwissenschaftliche und innerwissenschaftliche Ursachen. Außerwissenschaftlich sind es die Versprechungen für ein neues Verständnis von → Gesundheit und Krankheit, die damit erhofften Heilungsmöglichkeiten sowie massive ökonomische Interessen. Innerwissenschaftlich sind es eine Vielfalt neuer Forschungsmethoden, allerdings in seltsamem Kontrast zu einer unzureichenden Weiterentwicklung der Methodologie.

So werden im Manifest von elf führenden Neurowissenschaftlern (Manifest 2004) eine Reihe von neuen Methoden angeführt, welche die drei verschiedenen Ebenen des Gehirns in neuer Weise erforschbar und darstellbar machen. Wesentliche Fortschritte wurden dabei bezogen auf die untere Ebene (Zellen und Moleküle) sowie auf die oberste (Funktion größerer Hirnareale) erzielt, nicht aber bei der mittleren (Zellverbände von mehreren 1000 Zellen). Im Makrobereich gelang dies durch Techniken, die Gehirnprozesse nichtinvasiv räumlich wie zeitlich analysierbar machen. Bildgebende Verfahren wie Positronen-Emissions-Tomographie (PET) und funktionelle Magnet-Resonanz-Tomographie (fMRT) liefern gute räumliche bei fehlender zeitlicher Auflösung. Elektroenzephalograpie (EEG) bzw. Magnetencephalographie (MEG) gute zeitliche bei vergleichsweise schlechter räumlicher Auflösung. Dies ermöglicht, neben vielfältig benutzten invasiven Verfahren im Tierbereich, durch differenzierte experimentelle Designs den Rückschluss auf eine Vielzahl von Zusammenhängen von Gehirn und Verhalten.

So enorm die Forschritte auf dieser Ebene und der unmittelbar mit ihr einhergehenden Begriffsbildung sind, so rückständig ist andererseits die Methodologie im Sinne einer allgemeinen Theorie der Neurowissenschaften im Rahmen der Humanwissenschaften. Vorherrschend in der Diskussion ist ein Reduktionismus, der als Grenze der Vorhersagbarkeit von sozialem Verhalten lediglich die Komplexität des Gehirns selbst betrachtet (»genaueste Kenntnis über den Zustand aller 1015 beteiligten Synapsen«; Kommentar F. Rösler, Manifest 2004, 32), eine Annahme, die »nicht ausreichen kann, um die Natur von Bewusstsein und Subjektivität zu erklären« (Kommentar W. Prinz, Manifest, 2004, 35).

Und hierum geht der Streit, der in der Debatte um den »freien Willen«, aber auch um die Natur der → Emotionen, solche Wellen schlägt, dass unterschiedliche philosophische Konzeptionen ab dem Beginn der Neuzeit bemüht werden, um die eigene Position methodologisch zu untermauern.

Die Neurowissenschaftler des Manifestes, Roth und Singer, sind unmittelbar in diese Debatte involviert, argumentieren hier in der Regel auf der Basis einer Reduktion des Denkens auf die Materie der Hirnprozesse, oft verbunden mit einem Übergang in einen mehr oder weniger ausgeprägten Konstruktivismus. Freier Wille, aber ebenso andere höhere psychische Funktionen sind entweder subkortikalen, nicht durch das Bewusstsein beeinflussbaren subkortikalen Mechanismen geschuldet oder sie entstehen als Fiktion subjektiver Konstruktion möglicher Einflussmöglichkeiten des Bewusstseins. Soweit demgegenüber die Eigenständigkeit des → Geistes (Descartes »res cogitans«) gerettet werden soll, argumentieren die Philosophen meist auf der Ebene von Kants Transzendentalphilosophie, d. h. einer eingeborenen und nicht eliminativ auf Hirnprozesse rückführbaren Vernunft, welche über die formalen, für alle Menschen gleichen Vermögen des Verstandes konstruktiv in die sinnliche Erfahrung hineinwirkt.

Andere Neurowissenschaftler versuchen, die Eigenständigkeit des Geistes zu retten. So Libet (2004, 177ff.), der die Existenz subkortikaler Willensmechanismen experimentell aufdeckte, indem er eine neokortikale Eingriffsmöglichkeit in den subkortikalen »Willen« unmittelbar vor Realisierung der Handlung hervorhebt und diese dann spiritualistisch interpretiert. Hinter diesem »bewussten Veto« eines als frei gedachten Bewusstseins steht der freie Wille (vermutlich göttlicher Ursache).

Demgegenüber wird von Damasio in der Debatte um Emotionen Spinoza, der große Gegenspieler des Descartes bemüht, der philosophisch-methodologisch sowohl konstitutiv für das Denken der Psychoanalyse wie für das Denken der kulturhistorischen Tätigkeitstheorie ist.

Darüber hinaus gibt es zahlreiche Varianten eines Parallelismus, welcher geistige und Hirnfunktionen als nebeneinander, nicht ineinander überführbar, auf ewig getrennt erachtet.

Auf dem Hintergrund dieser völlig ungeklärten methodologischen Voraussetzungen der modernen Neurowissenschaften bleibt in der Tat die Frage nach der Begründung von Subjektivität und Bewusstsein in einer monistischen Position.

Wesentlicher Grundgedanke eines entsprechenden spinozanischen Zugangs ist es, den beseelten Körper in der Welt vor allem auch in seiner vierten Dimension, der Zeit zu denken. Psychisches und Körper werden als doppeltes Reflexionssystem zur Welt betrachtet. Der beseelte Körper bezieht sich auf die Welt. Seine erste Idee, die des eigenen Körpers, ist verknüpft mit einem vorausgesetzten System der → Bedürfnisse, sein Sein in der je spezifischen Existenz zu erhalten. Durch Auseinandersetzung mit der Welt entstehen die ersten Affekte. Es sind jene der Einwirkung der Welt auf den Körper, die der Geist in Form der Leidenschaften als Freude oder Unbehagen je nach seinen Bedürfnissen wahrnimmt. Durch geistig-körperliche Handlungen stellt der beseelte Körper sein Weltverhältnis nicht nur vorrangig über die bloße Wahrnehmung her (Kantianismus, Konstruktivismus Maturanas) sondern durch Handlungen, indem »der denkende Körper die Form (Trajektorie) seiner Bewegung im Raum aktiv aufbaut (konstruiert) entsprechend der Form (Konfiguration und Lage) eines anderen Körpers.« (Il'enkov 1994, 72).

Eben diese Auffassung findet sich im Freudschen Entwurf einer Psychologie von 1896 (und vergleichbar in der modernen Neuropsychoanalyse): Das Psychische wird als Raumzeitkontinuum, als Chronotop betrachtet, in welchem (motorische) und (emotionale) Besetzung aus der Vergangenheit in die Gegenwart wirken. In der Gegenwart (mit der Welt über Wahrnehmung und Bewegung verbunden) ist es im Hinblick auf zeitliche Realisation mit einem Raum möglicher Zukunft verbunden (Bewegungen des Geistes auf der Basis der Internalisierung von – libidinös besetzten – Handlungen).

Ein derartiges Raumzeitkontinuum neuropsychischer Prozesse wird auch durch Lurija (anknüpfend an Vygotskij bzw. Leont'ev sowie an die Neurophysiologie funktioneller Systeme von Anochin bzw. Bernstein) herausgearbeitet am Verhältnis von syntagmatischer und paradigmatischer Sprachrealisation am (frontalen) Zeitpol bzw. (postzentralen) Raumpol des Gehirns (1980). Ähnlich spielt dieser zeitliche (Bewegungs-) Aspekt im neuronalen Darwinismus von Edelman (unter Rückgriff auf den russischen Physiologen Bernstein) eine fundamentale Rolle für die Begriffsbildung (Globalkartierung).

Und für die Frage der dynamischen Lokalisation der Emotionen hat bereits der späte Vygotskij eine theoretische befriedigende Lösung vorgelegt (vgl. Jantzen 2005). Insofern wären die moderne Neurowissenschaften gut beraten, diese nicht nur erkenntnistheoretischen und ontologischen, sondern auch methodologischen Überlegungen erneut aufzugreifen, um ihre adäquate theoretische Struktur zu finden.

Wolfgang Jantzen

Literatur

Freud, S. (1950): Entwurf einer Psychologie. In: ders.: Aus den Anfängen der Psychoanalyse. Frankfurt/M., 297–384

Edelman, G. (1993): Unser Gehirn – ein dynamisches System. München

Il'jenkov, E. V. (1994): Dialektik des Ideellen. Münster

Jantzen, W. (2005): Die »Dominante« (Uchtomskij) als Schlüssel zu einer Theorie der dynamischen und chronogenen Lokalisation der Emotionen im Werk von L.S. Vygotskij. Behindertenpädagogik 44, 4, 395–340

Libet, B. (2005): Mind Time. Wie das Gehirn Bewusstsein fabriziert. Frankfurt

Luria, A. R. (1980): Sprache und Bewusstsein. Köln

Manifest, Das (2004): Elf führende Neurowissenschaftler über Gegenwart und Zukunft der Hirnforschung. Gehirn & Geist 6, 30–37

Normalisierung, Normalisierungsprinzip

Kaum ein anderer Reformimpuls hat die Praxis der Behindertenhilfe in den letzten Jahrzehnten so nachhaltig verändert wie das »Normalisierungsprinzip«. Unter der Maxime »Ein Leben, so normal wie möglich!« (Bank-Mikkelsen, Nirje, Wolfensberger) richtete sich diese Reformidee von Anfang an auf die Veränderung der strukturellen und institutionellen Lebens- und Betreuungsbedingungen in den Einrichtungen der Geistigbehindertenhilfe und nicht auf eine wie auch immer vorgestellte Anpassung, Korrektur oder »Heilung« der behinderten Menschen selbst. Allenfalls im Sinne der pädagogisch-anthropologischen Kernidee einer »Normalisation« im Erziehungskonzept von Maria Montessori, nach der jedes Individuum seinem eigenen inneren Entwicklungsplan folgen soll, als Akteur und »Gestalter seiner eigenen Entwicklung«, wäre eine solche Auslegung von »Normalisierung« zulässig. Ansonsten richtet sich das Normalisierungsprinzip als Reformkonzept konsequent auf Lebenslagen und Lebensverhältnisse von Menschen mit Behinderungen, auf Institutionen und Organisationsformen ihrer Betreuung und Unterstützung, inklusive der sozialpolitischen, sozialrechtlichen und -administrativen Rahmenbedingungen der Behindertenhilfe in einer konkreten gesellschaftlichen Situation. Ethisch und rechtlich gesehen findet das Normalisierungsprinzip (NP) seine Fundierung in der UN-Menschenrechtsdeklaration von 1948 (so bereits bei dem dänischen Juristen N. E. Bank-Mikkelsen 1959, der diese sozialpolitische Leitidee zum ersten Mal formulierte). Aus diesem Normalisierungsprinzip abgeleitete Normalisierungskonzepte als konkretisierte Reformprojekte in der Praxis der Behindertenhilfe sind Ergebnis und Ausdruck einer allgemeinen Menschen- und Bürgerrechtskultur, in die auch immer mehr vormals missachtete, benachteiligte, ausgeschlossene Menschengruppen, wie etwa Menschen mit geistiger Behinderung, einbezogen werden. Neben dem bereits erwähnten Bank-Mikkelsen haben der Schwede B. Nirje und der US-Amerikaner W. Wolfensberger wichtige Arbeit für die internationale Verbreitung dieser Reformidee geleistet. In Deutschland haben erstmals W. Thimm und Ch. von Ferber Ende der 1970er, Anfang der 1980er Jahre das Normalisierungsprinzip als praktisches Reformkonzept empirisch erprobt. Wichtige Impulse kamen auch aus der Psychiatrie-Enquête von 1975, die auf eklatante Missstände in der stationären Betreuung geistig behinderter Menschen aufmerksam machte und »Wege aus der Hospitalisierung« (Theunissen 2000) aufwies. Auf Fachkongressen (»Normalisierung, eine Chance für Menschen mit geistiger Behinderung«, Hamburg 1985; »Integration heute und morgen«, Düsseldorf, REHA 1989) wurden die ersten Bestandsaufnahmen normalisierungsorientierter Reformprojekte erhoben. Von Seiten der Sozialpolitik nahmen der Bericht der Bundesregierung (»Behinderte und Rehabilitation« 1989) sowie der Achte Jugendbericht von 1990 erstmals explizit Bezug auf das Normalisierungsprinzip. Besonders nach der deutschen Wiedervereinigung (ab 1990) erlangte das Normalisierungsprinzip zunehmende Bedeutung als sozialpolitische und sozialreformerische Leitidee zur Umstrukturierung in Feldern der Behindertenhilfe und Rehabilitation. Pragmatisch orientiert, unter Einklammerung seines sozialethischen und menschenrechtlichen Überbaus, kann man das Normalisierungsprinzip wie folgt bestimmen: »Normalisierung als Leitvorstellung für das sozialpolitische, das sozialadministrative, soziale und pädagogische Interventionssystem und als Zielperspektive dieser Interventionen besagt: Mitbürgerinnen und Mitbürger mit geistigen, körperlichen oder psychischen Beeinträchtigungen sollen ein Leben führen können, das dem ihrer nicht beeinträchtigten Mitbürgerinnen und Mitbürger entspricht. (In aller Kürze: ›Ein Leben so normal wie möglich‹). Dieses ist am ehesten erreichbar, wenn die dabei eingesetzten Mittel so normal wie möglich sind« (so Thimm 2005, 210). Bei der Umsetzung solcher Reformkonzepte in die Praxis der Behindertenhilfe gelten drei organisatorische Richtlinien: → Deinstitutionalisierung (z. B. → Enthospitalisierung), → Dezentralisierung (kleine, funktionell autonome Betreuungseinheiten) und → Regionalisierung (Gemeinwesenorientierung). Noch einmal Thimm: »Es bahnt sich ein Perspektivenwechsel an von einem Denken, Planen und Handeln, das vornehmlich auf Institutionen gerichtet ist, zu einem funktionsbezogenen Denken, Planen und Handeln, das von alters- und alltagsspezifischen Lebensvollzügen nicht behinderter Menschen ausgeht« (ebd., 210). Da es beim Normalisierungsprinzip letztlich um das Spannungsverhältnis von Individuum und Gesellschaft, Freiheit und Anpassung, → Selbst- und Fremdbestimmung geht, hat Wolfensberger eine rollentheoretische Fundierung des Normalitätsprinzips entwickelt. Rollen als »Backformen« individuellen Verhaltens in der Gesellschaft (Dahrendorf) vermitteln individuelle Handlungsspielräume mit sozialen und gesellschaftlichen Verhaltenserwartungen, Einstellungen und Normen. Wolfensberger verlangt eine umfassende »social role valorization«, d. h. eine Erweiterung und vor allem Aufwertung der sozialen Rollen für behinderte oder anderweitig sozial diskriminierte Menschen mit dem Ziel ihrer sozialen Anerkennung als gleichberechtigte Mitglieder der Gesellschaft und ihrer uneingeschränkten gesellschaftlichen → Teilhabe. Solche erweiterten Rollen und ihnen entsprechende komplementäre Rollenbezüge wären etwa die Rollen als Staatsbürger, Wähler, Kunde, Nachbar, Ehegatte und Eltern u. a. Aktuelle Themen, wie etwa → »Persönliches Budget«, »Kundenmodell und Assistenz« oder auch → Elternschaft für Menschen mit geistiger Behinderung wären Konkretisierungen dieses rollentheoretischen Ansatzes von Normalisierung. Für die weitere theoretische Fundierung des Normalisierungsprinzips wäre es auch sinnvoll und nützlich, eine am allgemeinen sozialethischen Prinzip der Gerechtigkeit orientierte Perspektive mit einer einzelfallorientierten, individualethischen Perspektive eines »guten und gelingenden Lebens in Gemeinschaft« zu vermitteln (vgl. Gröschke 1993, 2000). Die normative Leitidee einer Normalisierung der Lebensverhältnisse für Menschen, die von Diskriminierung und sozialer Benachteiligung betroffen sind, soll ihren Anspruch auf »persönliche Teilnahme am Leben in der Gesellschaft sowie eine möglichst selbständige und selbstbestimmte Lebensführung« (SGB IX) einlösen helfen. Mit dem Normalisierungsprinzip sind andere zentrale Handlungsprinzipien gegenwärtiger Behindertenhilfe eng verknüpft, wie etwa das Prinzip der Selbstbestimmung, der sozialen → Integration und des → Empowerment.

Dieter Gröschke

Literatur

Beck, I.; Düe, W. & Wieland, H. (Hrsg.) (1996): Normalisierung. Behindertenpädagogische und sozialpolitische Perspektiven eines Reformkonzepts. Heidelberg

Gröschke, D. (1993): Praktische Ethik der Heilpädagogik. Individual- und sozialethische Reflexionen zu Grundfragen der Behindertenhilfe. Bad Heilbrunn

Gröschke, D. (2000): Das Normalisierungsprinzip. Zwischen Gerechtigkeit und gutem Leben. Eine Betrachtung aus ethischer Sicht. In: Zeitschrift für Heilpädagogik 4, 134 – 140

Theunissen, G. (2000): Wege aus der Hospitalisierung. Bonn

Thimm, W. (Hrsg.) (2005): Das Normalisierungsprinzip. Ein Lesebuch zu Geschichte und Gegenwart eines Reformkonzepts. Marburg

O

Offene Hilfen

Der Paradigmenwechsel von der Fürsorge und Fremdbestimmung zu Selbstbestimmung, Partizipation und Inklusion erfordert grundlegende Veränderungen in der Art und Weise der Gestaltung von Hilfen für Menschen mit geistiger Behinderung. Im Gemeinwesen, sozusagen vor Ort, bedarf es einer verlässlichen und vernetzten Infrastruktur an ambulanten Diensten und anderen Angeboten, die flexible → Unterstützung im Alltag ermöglichen. Damit gewinnt ein neuer Typus von Hilfen an Bedeutung, die sog. »Offenen Hilfen«. Offene Hilfen werden als Oberbegriff verstanden für die Hilfen, die Menschen mit Behinderungen ein selbstbestimmtes Leben in individuell gewählten und verantworteten Lebensformen ermöglichen. Sie unterstützen behinderte Menschen dabei, Entscheidungen über Hilfeformen zu treffen und stärken ihre Regiekompetenz bei der Inanspruchnahme von Hilfen. Mit dem Begriff »Offene Hilfen« wird für eine Reihe innovativer Hilfeformen ein weiterreichender konzeptioneller Rahmen hergestellt. Unter Offenen Hilfen werden etwa gefasst: → Familienunterstützende/Familienentlastende Dienste, Frühförderung, Integrationshilfen in Kindergärten und Schulen, Dienste für unterstütztes Wohnen, Dienste für → Unterstützte Beschäftigung, integrative Freizeitangebote und Beratungsstellen.

Bei der konzeptionellen Entfaltung des Ansatzes der »Offenen Hilfen« wurde direkt an die sozialgesetzlichen Vorgaben des damaligen § 3a BSHG angeknüpft, die bekanntlich seit 1984 den prinzipiellen Vorrang ambulanter Hilfeleistungen vor stationärer Unterbringung im Bereich der Sozialhilfe festlegen. Mit dem Vorrang Offener Hilfen sollte der »Abschiebung« älterer oder behinderter Menschen aus ihrem Lebenskreis entgegengewirkt werden. Die sozialpolitische Leitformel »*ambulant vor stationär*« findet sich mittlerweile in ähnlicher oder gleicher Form in allen für Menschen mit Behinderungen relevanten Leistungsgesetzen und Rechtsgrundlagen des Rehabilitationsrechts etwa in § 19 SGB IX, in § 9 SGB XII oder in § 3 SGB XI. Zusammen mit der gesetzlichen Verpflichtung des Staates, bei der Gewährung von Leistungen die Besonderheiten des Einzelfalls zu beachten (Individualisierungsprinzip) und das »Wunsch- und Wahlrecht« der Empfänger von Sozialhilfeleistungen zu respektieren, wird darin eine programmatische Grundlage für einen neuen bürgerrechtlich orientierten Hilfeansatz gesehen (Rohrmann u. a. 2000; Schädler 2003).

Mit Offenen Hilfen sollen behinderten Menschen in verschiedenen Lebensbereichen und Lebensphasen, in denen ein Unterstützungsbedarf auftritt, individuell gestaltete Hilfen angeboten werden. Offene Hilfen sollen den von Behinderung Betroffenen ermöglichen, unabhängig von ihrem behinderungsspezifischen Unterstützungsbedarf einen möglichst »normalen«, weitgehend selbstbestimmten Alltag in ihrer angestammten bzw. gewünschten Lebenswelt aufrechtzuerhalten.

Aus dem Anspruch, konsequent alltags- und nutzerorientiert zu arbeiten, resultiert die Forderung an Offene Hilfen, ein flexibles Dienstleistungsangebot vorzuhalten. Damit sind Offene Hilfen nicht nur über bestimmte Leistungsangebote zu beschreiben, sondern durch eine spezifische Art des professionellen Umgangs mit dem → Hilfebedarf, die im Vergleich mit traditionellen Angeboten durch eine größere Offenheit und eine spezifische Nutzer- und Alltagsorientierung gekennzeichnet ist. Es kennzeichnet die sich daraus ergebende Struktur, dass den Nutzer/innen nicht komplexe und standardisierte Leistungspakete angeboten werden. Aus der Logik des Ansatzes der Offenen Hilfen heraus ist die Alternative zum Platz in einer Einrichtung nicht der Platz z. B. im Betreuten Wohnen, sondern ein individuell hilfreiches Arrangement, das aus ganz verschiedenen Elementen bestehen kann. Die entscheidende Aufgabe für Professionelle besteht in diesem Zusammenhang darin, den betreffenden behinderten Menschen bei der Planung, Zusammenstellung und Finanzierung seines Hilfearrangements zu unterstützen. Diese Arrangements können zum einem im Zeitverlauf variabel sein und bedürfen der regelmäßigen Überprüfung. Veränderungen im Hilfearrangement sind insbesondere dann zu erwarten, wenn Übergänge in andere Lebensphasen anstehen, wenn aufgrund persönlicher Entscheidungen die Lebensweise sich ändert oder wenn kritische Lebensereignisse (z. B. Tod eines Angehörigen) notwendige Veränderungen im Lebensalltag erfordern. Zum anderen ist es weder wünschenswert noch notwendig, dass alle Unterstützungskomponenten von einem einzigen Dienst oder überhaupt von einem Anbieter professioneller Behindertenhilfe erbracht werden. Für Offene Hilfen geht es also darum, ein auf die jeweilige Situation und die Bedürfnisse von Menschen mit Behinderungen hin zugeschnittenes Hilfeangebot zu entwickeln und dieses bei Veränderungen entsprechend anzupassen.

Damit sind Offene Hilfen einerseits konzeptionell auf eine *personenbezogene Hilfeplanung* angewiesen, die systematisch betrieben wird und mit der die Passung des Hilfearrangements regelmäßig überprüft und verbessert werden kann. Andererseits verweisen Offene Hilfen auf die Notwendigkeit einer qualifizierten örtlichen Angebots- und Teilhabeplanung, mit der sicherzustellen ist, dass die erforderlichen Hilfeangebote auch in angemessener Weise verfügbar sind.

Johannes Schädler

Literatur

Rohrmann, A. u. a. (2001): AQUA-NetOH. Arbeitshilfe zur Qualifizierung örtlicher Netzwerke Offener Hilfen für Menschen mit Behinderungen. ZPE-Schriftenreihe, Universität Siegen

Schädler, J. (2003): Stagnation oder Entwicklung in der Behindertenhilfe. Chancen eines Paradigmenwechsels unter Bedingungen institutioneller Beharrlichkeit. Hamburg

Öffentlichkeitsarbeit

Öffentlichkeitsarbeit hat zum Ziel, Interessen oder Anliegen öffentlich zu machen und eine positive Einstellung für sie zu erwirken. Öffentlichkeitsarbeit ist ein hoch professionelles Tätigkeitsfeld, in dem alle zur Verfügung stehenden Medien und Kommunikationstechniken eingesetzt werden, damit das gesetzte Ziel erreicht wird.

Hauptziel der Öffentlichkeitsarbeit im Feld der Lebensgestaltung von Menschen mit sog. geistiger Behinderung ist die positive Veränderung des Image, um damit eine Verbesserung ihrer Lebenssituation zu erreichen.

In der Öffentlichkeit herrscht immer noch die Vorstellung von Hilfsbedürftigkeit, Abhängigkeit und Bevormundung vor. Dieses Bild korreliert stark mit der realen Lebenssituation der betroffenen Menschen.

Seit geraumer Zeit wird auch ein anderes Bild kommuniziert. Demnach sind Menschen mit Behinderung gleichberechtigte Bürger. Selbstbestimmung und Ausleben der eigenen Fähigkeiten und Kompetenzen treten in den Vordergrund. Die notwendige Assistenz richtet sich auf die Stärkung der Position in der Gesellschaft.

Menschen mit Behinderung nehmen in dieser Vorstellung ihren Platz mitten in unserer Gesellschaft ein und gestalten diese mit. Dies betrifft Wohnen, Bildung, Arbeit, Beschäftigung sowie Freizeitgestaltung. Sie haben das Recht auf ein Leben im Gemeinwesen. Die neuere deutsche Gesetzgebung (SGB IX) setzt auf dieses Bild. Diesem Bild entsprechend wächst die Zahl derjenigen, die in der eigenen Wohnung leben, einige haben sogar einen Arbeitsplatz außerhalb beschützender Werkstätten oder gehen in integrativen Schulen mit nicht behinderten Mitschülern zum Unterricht. Es gilt, dieses Recht mit Öffentlichkeitsarbeit bekannt zu machen und alle Bürger für seine Umsetzung zu gewinnen. Dabei wird das neue Bild vermittelt.

Ohne Zweifel sind es die Menschen selbst, die ihre Anliegen und Interessen in der Öffentlichkeit vertreten sollen. Ihre Selbstvertretungsorgane stehen dabei an erster Stelle. Ihnen werden die zu Gebote stehenden Medien und Kommunikationstechniken sowie der notwendige personelle professionelle Support zur Seite gestellt. Die Aktion richtet sich in bundesweiten Medien an alle Mitbürger. Insbesondere werden Entscheidungsträger in Politik und Wirtschaft, in Arbeitgeberverbänden und Gewerkschaften, in Bildung, Schulwesen, Wohnungsbau, in der medizinischen Versorgung usw. angesprochen und gewonnen, dieses jeweils auf nationaler, regionaler und örtlicher Ebene. Die örtliche Ebene ist die der konkreten Lebenswelt der Menschen mit Behinderung. Hier richtet sich die Öffentlichkeitsarbeit intensiv auf → bürgerschaftliches Engagement und Netzwerkbildung.

Die Öffentlichkeitsarbeit aller anderen Agierenden im Feld der Lebensgestaltung von Menschen mit Behinderung ist logischerweise auch von den je eigenen Interessen geleitet und muss daher beurteilt werden nach dem Kriterium der Zweckdienlichkeit für die Interessen der Menschen mit Behinderung im Sinne der vollen → Teilhabe. Unter dieser Vorbedingung können sie zur Verbesserung des Image beitragen.

Theodorus Maas

Ökonomisierung

Unter Ökonomisierung lassen sich der Trend bzw. die Tendenz verstehen, ökonomische Normen, Werte und Praktiken auch in nichtökonomischen Systemen auf Kosten systemeigener Zielsetzungen und Werte zu priorisieren. Auf den Sozial- und Bildungsbereich bezogen bedeutet dies, dass dieser stärker als bisher von wirtschaftlichen Interessen und Zielorientierungen bestimmt werden soll. Die Gefahr dabei ist die, dass ihnen gegenüber Werte und Maßgaben der sozialen Hilfe und der Erziehung an Geltung einbüßen.

Einseitige Werteverschiebungen in den Systemen sind an sich nichts Neues. Zu denken ist an einstige Versuche einer *Medizinierung* oder *Theologisierung* der Heilpädagogik, an die *Soziologisierung* menschlicher Problemstellungen in den siebziger und achtziger Jahren oder an die verbreitete *Psychologisierung* pädagogischer Fragestellungen und Maßgaben unter dem Einfluss der Verhaltenspsychologie. Es handelt sich um eine Ideologie in dem Sinne, dass andere als die priorisierten ökonomischen Werte und Normen an Geltung verlieren und sich unterzuordnen haben gemäß der politischen Pauschalthese: Je besser es der Wirtschaft geht, desto mehr kann in das Sozialwesen investiert werden.

Eine einseitige Verschiebung der Orientierung und der Organisation der sozialen und pädagogischen Systeme ins Ökonomische ist seit der wirtschaftlichen Regression der neunziger Jahre zu beobachten. Unter dem Druck der finanziellen Engpässe wurden behinderte Menschen verstärkt unter dem Aspekt von *Kostenfaktoren* gesehen. Der Aspekt der Kostenreduzierung, des sparsamen Wirtschaftens und damit der betriebswirtschaftliche Faktor insgesamt, gewannen zunehmend an Bedeutung. In den Einrichtungen wurden vermehrt Fachleute der Betriebswirtschaft tätig.

Diese Akzentverschiebung fand ihren Ausdruck im Besonderen in einer *neuen Terminologie*. Ökonomische Begriffe verdrängten tradierte, facheigene Termini: Aus den Adressaten von Sozial- und Erziehungshilfe, den Kindern, Jugendlichen und Eltern, werden »*Kunden*«. Wenn es um produktionsfähige Menschen geht, werden sie zu »*Humankapital*«. Der *Marktwettbewerb* wird zum Leitprinzip der betriebswirtschaftlichen Umstrukturierung der Dienste und Einrichtungen. Im Widerspruch zum sozialen Prinzip wird dabei auch ein *Verdrängungswettbewerb* in Kauf genommen. Der *Markt* ist nicht sozial. Er selektiert erbarmungslos. Er kennt Gewinner oder Verlierer.

Die Forcierung und Verselbständigung ökonomischer Werte und Normen dürfte nicht ohne Auswirkungen auf das → Menschenbild und die Mentalitäten bleiben. In den Vordergrund könnte sich das Leitbild eines homo oeconomicus schieben, eines Menschen, der primär ökonomisch denkt. In den Hintergrund treten dabei die Unmittelbarkeit des zwischenmenschlichen Bezugs mit seinen Folgerungen für das individuelle pädagogische bzw. das soziale Handeln und das Bild des zoon politikon, des Menschen als eines von Grund auf *sozialen Lebewesens*. Eine primäre Orientierung an objektivierten Leistungsstandards, die aus dem Marktwettbewerb hervorgehen, widerspräche dem pädagogischen Ansatz, der von der Offenheit der menschlichen Entwicklung auszugehen hat und Individualisierung einfordert. Es kommt zu einer Ökonomisierung der Bildung, bei der der einzelne pädagogisch Tätige an professioneller Handlungsfreiheit verliert. Zudem erzeugt der für die ökonomisch orientierte Ermittlung und Sicherung von Leistungsnormen erforderliche Aufbau neuer Organisationsformen (Befragungen, Zertifizierungen etc.) neue Kosten, die die ursprünglich beabsichtigte Kostensenkung konterkarieren.

Otto Speck

Literatur

Speck, O. (1999): Die Ökonomisierung sozialer Qualität. Zur Qualitätsdiskussion in Behindertenhilfe und Sozialer Arbeit. München.

Oligophrenie

Terminologie und Konzept der Oligophrenie bzw. des Schwachsinns und seiner Ausprägungsformen *Idiotie, Imbezillität und Debilität* werden erstmalig durch die sich im 19. Jahrhundert in Frankreich (Pinel, Esqirol) und Deutschland (Kraeplin) entwickelnde Irrenkunde bzw. → Psychiatrie formuliert. Entgegen entwicklungsorientierten Ansätzen der ersten Heilpädagogen des 19. Jahrunderts (z. B. Kern, Saegert), später der in der »Konferenz für das Idiotenwesen« organisierten Anstaltsvertreter (Sengelmann, Barthold) erhalten die Oligophrenien in der psychiatrischen Klassifikation sehr bald eine deutlich *negative, defektorientierte Wertung*, verbunden mit Merkmalen wie Unheilbarkeit, Asozialität, Minderwertigkeit und Anstaltspflegebedürftigkeit. Diese psychiatrische Denkweise blieb prägend bis in die neueren psychiatrischen Lehrbücher und das Bürgerliche Gesetzbuch (Geschäftsfähigkeit, Betreuungsrecht). Erst seit den 1970er Jahren begann mit den neueren Sondereinrichtungen, einer modernen Behindertenpädagogik und vor allem der Kritik an psychiatrischer Unterbringung geistig behinderter Menschen eine Auseinandersetzung mit dem klassischen → *psychiatrischen Modell*.

Christian Bradl

Literatur

Bradl, Ch. (1991): Anfänge der Anstaltsfürsorge für Menschen mit geistiger Behinderung (»Idiotenanstaltswesen«). Frankfurt
Dreher, W.; Hofmann, Th. & Bradl, Ch. (Hrsg.) (1987): Geistigbehinderte zwischen Pädagogik und Psychiatrie. Bonn
Eggert, D. (1995): Individuelle Betrachtung ersetzt die »Oligophrenie-Diagnose«. Schloß Hoym (Hoymer Reihe)

P

Partizipation

(siehe auch Mitbestimmung, Teilhabe, Inklusion)

Partizipation (lat.: particeps: an etwas teilnehmend) kann übersetzt werden mit Begriffen wie Mitwirkung, → Mitbestimmung, Einbeziehung, Beteiligung. Partizipation wird in demokratisch-politischen Prozessen als Einbindung von Personen und/oder Organisationen (Vereinen, Parteien, Gewerkschaften, Kirchen) beschrieben. Frühzeitige Beteiligung (z. B. Bürgerbeteiligung) erhöht die Akzeptanz und Qualität von zu treffenden Entscheidungen und ist befördernd für eine demokratische Kultur.

In Bezug auf Menschen mit geistiger Behinderung werden durch Partizipation Beteiligungsprozesse an Entwicklungen und Entscheidungen in → Verbänden und Institutionen von Alltagssituationen bis zu strategisch-konzeptionellen Entscheidungen, aber auch darüber hinaus an politischen Sachverhalten beschrieben.

Ähnlich der Partizipation von Kindern und Jugendlichen in Parlamenten auf kommunaler bis auf europäischer Ebene und der Forderung von Menschen mit Psychiatrieerfahrung nach einem Trialog, in dem in Gesprächen zu dritt miteinander gesprochen wird (Betroffene, Angehörige und Professionelle), geht es auch für Menschen mit kognitiver Beeinträchtigung darum, durch partizipative Prozesse sicherzustellen, dass sie nicht ausgegrenzt werden von Entscheidungsprozessen und Einflussmöglichkeiten auf Entscheidungen haben, die sie betreffen. Pointiert zusammengefasst hat dies die englische Selbstbestimmt-Leben-Bewegung behinderter Menschen: »Nothing about me without me!«, oder deutsch: »Nichts über mich ohne mich!«

In partizipativen Prozessen können z. B. Konzepte und Regeln des Zusammenlebens im Lebensbereich Wohnen gemeinsam von Trägern, Professionellen und Nutzern entwickelt werden (vgl. Niehoff 2005a; 2005b).

Aktivisten aus der Selbstbestimmt-Leben-Bewegung sagen: »Nicht die Behinderung oder die Beeinträchtigung ist unser Problem, sondern es sind Respektlosigkeit, Diskriminierung, Unbeeinflussbarkeit von Lebensbedingungen und eine Gesellschaft, die uns ausgrenzt«.

Um ein würdevolles Leben in der Gesellschaft führen zu können, muss nicht allein die individuelle Beeinträchtigung beseitigt werden, sondern v. a. → Diskriminierung und Ausgrenzung. Dies sei an erster Stelle ein politisches und kein pädagogisches oder therapeutisches Problem. Die Aufgabe von Assistenten und Begleitern sei es deshalb nicht allein, pädagogische und/oder therapeutische Probleme zu lösen, sondern → Unterstützung im Alltag für ein normales, inklusives Leben zu geben und Foren zur Mitbestimmung/Partizipation einzurichten.

Ulrich Niehoff

Literatur

Niehoff, U. (2005a): Konzepte gemeinsam entwickeln! Bausteine zur Konzeptionsentwicklung gemeinsam mit geistig behinderten Menschen. In: Hähner, U. u. a.: Kompetent begleiten: Selbstbestimmung ermöglichen, Ausgrenzung verhindern! Marburg, 177–195

Niehoff, U. (2005b): »Am Freitag ist Putztag!«- Heimordnung als Spiegel des Menschenbilds. In: Hähner, U. u. a.: Kompetent begleiten: Selbstbestimmung ermöglichen, Ausgrenzung verhindern! Marburg, 197–219

Partnerschaft

(siehe auch Sexualität)

Menschen mit geistiger Behinderung haben weniger Gelegenheiten als nichtbehinderte Menschen, Freundschaften und Partnerschaften aufzubauen und zu pflegen. Eine wesentliche Einschränkung des Aufbaus von Freundschaften und Partnerschaften erfahren Menschen mit geistiger Behinderung in möglichen Beeinträchtigungen der Kommunikation, dem eingeschränkten Freizeitangebot und durch institutionelle Bedingungen räumlicher und organisatorischer Art sowie durch Reglementierungen seitens des Personals. Des Weiteren auch dadurch, dass sie sich oftmals selbst als reduziertes oder geschlechtsloses Wesen empfinden. Durch die jahrelang erfahrene Distanzierung und asexuelle Einstufung können Fixierungen an das → Stigma der Behinderung erfolgen (Wacker 1999).

Menschen mit geistiger Behinderung machen seltener die Erfahrung, dass jemand ihnen nicht aus professionellen oder verwandtschaftlichen Gründen, sondern ihnen ihrer selbst willen Aufmerksamkeit und Achtung schenkt (Stöppler 2004).

Auch bei Menschen mit geistiger Behinderung steht der Wunsch nach einer vertrauensvollen Beziehung sowie Hoffnungen auf Stärkung des Selbstwertgefühls, Sicherheit in der Lebensführung, Erhöhung der Aktivitätenentwicklung etc. im Vordergrund (Kiesow & Müller-Erichsen 1991). Des Weiteren kann eine Partnerschaft ein Statussymbol darstellen.

Eine Eheschließung bei Menschen mit geistiger Behinderung setzt die Geschäftsfähigkeit der Ehepartner voraus. Menschen mit geistiger Behinderung sind nach § 104 BGB geschäftsunfähig, wenn sie aufgrund ihrer Behinderung Erklärungen und Entscheidungen nicht mehr vernunftgeleitet treffen können. Zwar sind seit 1992 mit dem geltenden Betreuungsgesetz die diskriminierenden Regelungen über Entmündigung, Vormundschaft und Pflegschaft außer Kraft gesetzt; es besteht jedoch für Volljährige, die aufgrund einer psychischen Krankheit oder einer geistigen, körperlichen oder seelischen Behinderung ihre Angelegenheit nicht (mehr) selbst regeln können, der Erforderlichkeitsgrundsatz, durch das Vormundschaftsgericht einen Betreuer zu bestellen. Bei Ehewunsch ist im Einzelfall zu entscheiden. In einigen Einrichtungen der Behindertenhilfe wird versucht, Paaren eigene Wohnungen zu vermitteln und Kurse für ein Paartraining angeboten (Albeke 2004).

Partnerschaft stellt ein wichtiges Thema innerhalb sexualpädagogischer Bildungsangebote dar. Ziele einer interaktiv-kommunikativen Sexualerziehung sind, unterschiedliche Formen des Zusammenlebens (Partnerschaft, Ehe etc.) kennen zu lernen, Verantwortung für eine gleichberechtigte Partnerschaft zu übernehmen, Möglichkeiten des Kennenlernens von Bekannten, Freunden, Partnern, Möglichkeiten der Kontaktaufnahme und -pflege, Lösungsstrategien zu Streit- und Konfliktsituationen, Differenzieren zwischen verschiedenen Arten von sozialen Bindungen etc. Durchgängiger Bezugsrahmen sollte dabei das Thema Gefühle und Konflikte sein (Schmetz & Stöppler 2001).

Reinhilde Stöppler

Literatur

Albeke, K. (2004): »Ganz in Weiß mit einem Blumenstrauß ...« Ehe als Thema in der Sexualerziehung. In: Lernen konkret, 2, 16–17
Kiesow, H. & Müller-Erichsen, M. (1991): (...) die Sexualität unserer geistig behinderten Kinder bzw. der Frauen und Männer in unseren Heimen. In: Mohr, J. & Schubert, Ch. (Hrsg.): Partnerschaft und Sexualität bei geistiger Behinderung. Berlin, 16–25.
Schmetz, D. & Stöppler, R. (2001): Sexualpädagogische Bildungsangebote für Menschen mit geistiger Behinderung. In: VDS (Hrsg.): Entwicklung fördern – Impulse für Didaktik und Therapie, 2, 66–73. Würzburg
Stöppler, R. (2004): »Let's talk about sex ...«. Zur Theorie und Praxis der Sexualerziehung bei Menschen mit geistiger Behinderung. In: Lernen konkret, 2, 2–5.

Paternalismus

Kommt aus dem Lateinischen (Pater = Vater) und bezeichnet ursprünglich eine Herrschaftsform, die auch im außerfamiliären Bereich auf vormundschaftlichen Prinzipien fußt. Ein vormundschaftlicher »Herrscher« (i. S. Vater) entscheidet, was für den Beherrschten (Zögling, [unmündiges] Kind, Mensch mit Behinderung) und dessen Entwicklung gut ist und setzt diese Entscheidung auch gegen den Willen des »Beherrschten« um.

In der pädagogischen Arbeit mit Kindern und Jugendlichen ist eine solche Haltung grundlegend, da der implizite Zwangscharakter des Ansatzes mit der Zeit aufgelöst werden kann. Mit der Argumentation, dass das betroffene Kind später (mit erweitertem Selbst- und Weltverständnis) die Richtigkeit der Entscheidung einzusehen vermag und dieser »nachträglich« zustimmen würde, kann ein Handeln gegen den momentanen Willen des Kindes stets gerechtfertigt werden.

Diese Vorstellung war ebenso viele Jahrzehnte in der (Geistig-)Behindertenhilfe und Heilpädagogik handlungsbestimmend. Heute wird sie allerdings sowohl in der allgemeinen Pädagogik als auch in der Behindertenhilfe, hier vor allem mit Blick auf Erwachsene, kritisch gesehen. So wird die Gefahr konstatiert, dass eine paternalistisch angelegte Pädagogik, einen Menschen mit Behinderung dauerhaft seines Selbstbestimmungsrechtes berauben und ein letztlich nicht legitimierbares pädagogisches Herrschaftsverhältnis etablieren würde. Derlei Argumente werden insbesondere von Betroffenen hervorgebracht und durch moderne Konzeptionen wie → Empowerment gestützt (Theunissen & Plaute 2002, 30).

Es stehen ihnen allerdings Auffassungen aus dem Lager der Geistigbehindertenpädagogik gegenüber, die vor einer Überdehnung des Selbstbestimmungsgedankens warnen und damit doch Entscheidungsstrukturen im Sinne »einer Entscheidung für den Betroffenen« zu legitimieren versuchen. So ist es etwa für Mohr (2004, 32) grundsätzlich riskant, »einem (geistig behinderten) Menschen Entscheidungen zuzumuten, deren Folgen er nicht ermessen kann, zu deren Abwägung ihm die Kompetenzen fehlen oder die in seiner Wahrnehmung seinen Lebenshorizont nicht betreffen«. Mit dieser Argumentation (v. a. über Begriffe wie Verantwortung oder Fürsorge) werden paternalistische Gedanken letztlich perpetuiert, und es stellt sich die Frage, ob es mit dem Modell einer »reflexiven Assistenz« oder → Unterstützung (dazu Theunissen 2006) gelingt, den Paternalismus auch in der Geistigbehindertenarbeit durch modernere Konzepte zu ersetzen.

Wolfram Kulig

Literatur

Mohr, L. (2004): Ziele und Formen heilpädagogischer Arbeit. Luzern
Theunissen, G. & Plaute, W. (2002): Handbuch Empowerment und Heilpädagogik. Freiburg
Theunissen, G. (2006): Empowerment – als Konzept für die Behindertenarbeit kritisch reflektiert. In: Vierteljahresschrift für Heilpädagogik und ihr Nachbargebiete 3, 213–225

Peer Counseling

(siehe auch Beratung)

Unter Peer Counseling versteht man eine unabhängige Beratungsmethode von Betroffenen für Betroffene (vgl. Schirbort & Göthling 2006, 253). Innerhalb der Fachliteratur gibt es zum Begriff Peer Counseling unterschiedliche Definitionen. Zur inhaltlichen Beschreibung der Methode bietet sich der Definitionsversuch von van Kan (2000, 23) an: »Peer Counseling bedeutet, aktives Zuhören und die Fähigkeit der Problemlösung einzusetzen, um Menschen zu unterstützen, die uns ähnlich sind.« Van Kan weist dabei darauf hin, dass sich der Begriff »Peer Counseling« sowohl auf bestimmte Beratungstechniken als auch auf einen speziellen Zugang zu den Problemen und Herausforderungen ähnlich betroffener Menschen bezieht. Die Idee des Peer Counseling stammt aus dem angloamerikanischen Raum, wo sie im Zuge der Independent Living Bewegung in den 1970er Jahren entstanden ist. Im deutschsprachigen Raum gewinnt die Methode seit ca. 20 Jahren vor allem im Kontext der Zentren für Selbstbestimmtes Leben (ZSL) immer mehr an Bedeutung.

Peer Counseling greift wesentliche Elemente der klientenzentrierten Psychotherapie von C. Rogers auf. Eine wesentliche Grundannahme der Methode ist dabei das unbedingte Vertrauen in die Fähigkeiten aller Menschen, Probleme und Schwierigkeiten selbst zu lösen (→ Empowerment).

Dauer und Organisationsform (Einzel- oder Gruppenberatung) des Peer Counselings ergeben sich durch die Wünsche und Bedürfnisse der einzelnen Person. Innerhalb der Methode werden unterschiedliche (Beratungs-)Techniken angewandt:

- Aktives Zuhören
- Problemlösung
- Planung
- Körperbewusstsein
- Persönliches Wachsen (vgl. van Kan 2000, 35).

Im Zusammenhang mit der Beratung von Menschen mit Lernschwierigkeiten hat die Methode des Peer Counselings bislang relativ wenig Berücksichtigung erfahren. Erste Ansätze zeigen sich im Rahmen der Beratungsangebote des Vereins → »Mensch zuerst – Netzwerk People First Deutschland e. V.«. Stefan Göthling (Geschäftsführer des Vereins) weist in diesem Zusammenhang auf die Bedeutung des Peer Counseling auch für Menschen mit Lernschwierigkeiten hin: »Beratung von Betroffenen für Betroffene halte ich für sehr wichtig. Denn die Erfahrungen, die ich gemacht habe, kann ich ja einer anderen Person mit Lernschwierigkeiten viel besser und glaubwürdiger weitergeben. […] Für viele Betroffene ist es wichtig, dass sie mit Menschen reden können, die ähnliche Erfahrungen gemacht haben. Viele fühlen sich besser verstanden und sind schneller bereit, sich für bestimmte Dinge auch zu öffnen. Man kann voneinander und miteinander lernen und Erfahrungen austauschen« (Schirbort & Göthling 2006, 253). Gleichzeitig weist er darauf hin, dass »es sehr schwierig [ist], in die Einrichtungen oder in den Bereich der ambulanten Unterstützung der Träger hineinzukommen, weil ein Umdenken in vielen Bereichen noch nicht stattgefunden hat. Aber das ist auch ein neuer Weg für beide Seiten. Einrichtungen und Selbstbestimmt-Leben-Bewegung müssen sich dabei aufeinander zu bewegen« (ebd., 253f.).

Kerstin Schirbort

Literatur

Schirbort, K. & Göthling, S. (2006): Teilhabe und Unterstützung aus der Sicht Betroffener – am Beispiel der Position von Netzwerk People First Deutschland e. V. In: Theunissen, G. & Schirbort, K. (Hrsg.): Inklusion von Menschen mit geistiger Behinderung. Zeitgemäße Wohnformen – Soziale Netze – Unterstützungsangebote. Stuttgart

van Kan, P. & Doose, S. (2000): Zukunftsweisend. Peer Counseling & Persönliche Zukunftsplanung. Kassel

People First Deutschland

(siehe auch Mitbestimmung, Selbstvertretung)

Seit ca. 30 Jahren haben sich weltweit zahlreiche Selbstvertretungs- und Selbstbestimmungsgruppen von Menschen mit Lernschwierigkeiten (Self-Advocacy-Gruppen) unter dem Namen People First gegründet. Der Beginn der People First-Bewegung wird mit dem Entstehen einer People First Gruppe 1973 in Oregon (USA) in Zusammenhang gebracht (ausführlicher hierzu Theunissen 2013). Im Unterschied zur amerikanischen Self-Advocacy-Bewegung ist die People First-Bewegung in den deutschsprachigen Ländern relativ jung. Erste Initiativen von einzelnen politisch Aktiven entstanden in Deutschland in den 1990er Jahren, angeregt durch einen Bundeskongress der Lebenshilfe 1994 unter dem Titel »Ich weiß doch selbst, was ich will! – Menschen mit geistiger Behinderung auf dem Weg zu mehr Selbstbestimmung«. Die organisierte People First Arbeit begann 1997 mit dem Projekt »Wir vertreten uns selbst«, wobei die Leitung des Projektes damals noch nicht in der Hand der Betroffenen lag (vgl. Göthling, Schirbort & Theunissen 2006, 559). Am 03. 02. 2001 gründete sich der Verein »Mensch zuerst – Netzwerk People First Deutschland e. V.« als ein Verein von und für Menschen mit Lernschwierigkeiten (vgl. people1.de). »Im Unterschied zu dem Projekt ›Wir vertreten uns selbst‹ hatten nun wir, die Menschen mit Lernschwierigkeiten, das Sagen und nicht die Unterstützungspersonen. Denn wir waren zu dem Entschluss gekommen, dass Menschen mit Lernschwierigkeiten ja selbst die Expertinnen und Experten in eigener Sache sind und nicht unsere Unterstützungspersonen, die keine Lernschwierigkeiten haben« (Göthling zit. i. ebd., 560).

Zur Zeit hat der Verein »Mensch zuerst – Netzwerk People First Deutschland e. V.« ca. 200 Einzelmitglieder und 22 People First Gruppen (Selbstbestimmungs- und Selbstvertretungsgruppen) (vgl. people1.de). Stimmberechtigte Mitglieder im Verein können allerdings nur Menschen mit Lernschwierigkeiten werden. Menschen ohne Behinderung und Selbstbestimmungsgruppen von Menschen mit Lernschwierigkeiten können die Arbeit des Vereins als Fördermitglieder nur indirekt mitgestalten und haben keinen direkten Einfluss auf Entscheidung des Vereins. Neben den Vereinsmitgliedern wird die Arbeit des Vereins durch die Mitarbeiter der Zentrale (Geschäftsstelle) in Kassel maßgeblich mitbestimmt und koordiniert. Unterstützt werden die Mitarbeiter dabei durch angestellte Unterstützer.

Aufgabe und Ziel des Vereins ist es, »dafür einzutreten, die Möglichkeiten zur Selbstvertretung und Selbstbestimmung von Menschen mit Lernschwierigkeiten [...] und / oder Mehrfachbehinderung zu verbessern und deren Gleichberechtigung zu fördern« (people1.de). Zudem setzt sich der Verein für eine Abschaffung des diskriminierenden Begriffs »geistige Behinderung« ein. Die Mitglieder betonen in diesem Zusammenhang die Bedeutung der Anerkennung eines Erwachsenenstatus für Menschen mit Lernschwierigkeiten (vgl. Schirbort & Göthling 2006, 257). Zur Umsetzung seiner Ziele und Aufgaben führt der Verein Informationsveranstaltungen zum Thema Selbstbestimmung und Selbstvertretung für unterschiedliche Zielgruppen durch, bietet Weiterbildungen z. B. für Heimbeiräte und Werkstatträte an, organisiert Demonstrationen bzw. Protestaktionen und veröffentlicht Informationsmaterial und Bücher in → Leichter Sprache.

Kerstin Schirbort

Literatur

Göthling, S.; Schirbort, K. & Theunissen, G. (2006): Netzwerk People First Deutschland – Zur Selbstvertretung von Menschen mit Lernschwierigkeiten. In: Wüllenweber, E.; Theunissen, G. & Mühl, H. (Hrsg.): Pädagogik bei geistigen Behinderungen. Ein Handbuch für Studium und Praxis. Stuttgart

People1.de

Schirbort, K. & Göthling, S. (2006): Teilhabe und Unterstützung aus der Sicht Betroffener – am Beispiel der Position von Netzwerk People First Deutschland e. V. In: Theunissen, G. & Schirbort, K. (Hrsg.): Inklusion von Menschen mit geistiger Behinderung. Zeitgemäße Wohnformen – Soziale Netze – Unterstützungsangebote. Stuttgart

Theunissen, G. (2013): Empowerment und Inklusion behinderter Menschen. Freiburg (3. Auflage)

Persönliche Assistenz

Der Begriff der persönlichen Assistenz stammt aus der Selbsthilfe- und Selbstbestimmungs-Bewegung von Menschen mit Körper- und Sinnesbehinderungen (ForseA 2001; Frehe 1999; Steiner 2002). Dort ist er aus der Kritik an der »fürsorglichen Belagerung« (Keupp) und Pädagogisierung von Menschen mit Behinderungen im Erwachsenenalter und Alter hervorgegangen (dazu auch Theunissen 2005). Persönliche Assistenz bedeutet aus der Sicht Betroffener, dass Menschen mit Behinderungen quasi als Arbeitgeber fungieren, indem sie bestimmen, was eine assistierende Person (Helfer) tun soll. Assistierende Personen sind somit »Gehilfen« des behinderten Menschen. Selbstbestimmung und Kompetenzen (Zuständigkeiten) Betroffener als Experten in eigener Sache sowie die Umverteilung von Definitionsmacht bilden den fühlbaren Hintergrund des Modells der persönlichen Assistenz.

Georg Theunissen

Literatur

ForseA (Hrsg.) (2001): 20 Jahre Assistenz. Behinderte auf dem Weg zu mehr Selbstbestimmung, Ingelfingen (Broschüre; Selbstdruck)

Frehe, H. (1999): Persönliche Assistenz – eine neue Qualität ambulanter Hilfen. In: Jantzen, W. u. a. (Hrsg.): Qualitätssicherung und Deinstitutionalisierung. Berlin, 271–284

Steiner, G. (2002): Selbstbestimmt leben und Assistenz. In: Lenz, A. & Stark, W. (Hrsg.): Empowerment. Neue Perspektiven für psychosoziale Praxis und Organisation. Tübingen, 155–172

Theunissen, G. (2005): Von der Heilpädagogik zur Sozialen Arbeit? In: Behinderte 1, 30–42

Persönliches Budget

Mit der Einführung des SGB IX im Jahr 2001 stellt der Gesetzgeber Selbstbestimmung und Teilhabe an der Gesellschaft als wesentliche Leitprinzipien und Zielperspektiven für die Unterstützung von Menschen mit Behinderung heraus. Gleichzeitig spricht der Gesetzgeber den Betroffenen eine aktive Rolle als wahl- und entscheidungsfähige Nutzer innerhalb des Rehabilitationsgeschehens zu (vgl. § 9 SGB IX) und führt im § 17 SGB IX erstmals das Persönliche Budget als eine mögliche Form der Leistungserbringung ein. Damit greift er zugleich wesentliche Forderungen der Selbstbestimmungs- und Selbstvertretungsbewegung von Menschen mit Behinderung auf.

Bei dem Persönlichem Budget handelt es sich um einen (pauschalen) Geldbetrag, den Menschen mit Behinderung entsprechend ihres individuellen Unterstützungsbedarfes erhalten, um hiervon erforderliche Unterstützungsleistungen zur Teilnahme an der Gesellschaft in eigener Verantwortung auszusuchen, einzukaufen bzw. zu organisieren (vgl. projekt-persoenliches-budget.de). Der Betroffene selbst entscheidet darüber, von wem, wie, wo und zu welchem Zeitpunkt die Unterstützung erbracht werden soll (→ Persönliche Assistenz). Damit verschiebt sich das traditionelle Dreiecksverhältnis (Machtverhältnis) innerhalb der Sozialhilfe zugunsten der Nutzer sozialer Dienstleistungen (Budgetnehmer) (vgl. Schäfer; Schüller & Wansing 2005, 83f.; auch Lachwitz 2004, 7f.). Demnach handelt es sich bei dem Persönlichen Budget nicht um einen neuen Anspruch auf Rehabilitations- und Teilhabeleistungen, sondern vielmehr um eine alternative Form der Leistungserbringung zur Sachleistung (vgl. § 17 SGB IX), die im Unterschied zum bisherigen Rehabilitationssystem und seinen rechtlichen Grundlagen für die Betroffenen eine Vielzahl unterschiedlicher Entscheidungsspielräume bzw. -möglichkeiten mit sich bringt.

Ziel des Persönlichen Budgets ist die Erhöhung der Selbstbestimmungsmöglichkeiten und Steuerungschancen von Menschen mit Behinderung in Bezug auf ihre individuelle Lebensgestaltung (vgl. projekt-persoenliches-budget.de).

Die gesetzlichen Ausführungen zum Persönlichen Budget wurden im Zuge der Einordnung des Sozialhilferechts in des SGB XII im Jahr 2004 konkretisiert und ausgeweitet (§ 17 Abs. 2–6 SGB IX). Budgetfähige Leistungen sind demnach Leistungen, die sich auf alltägliche und wiederkehrende Bedarfe beziehen (§ 17 Abs. 2 Satz 4 SGB IX). Das Persönliche Budget kann als Geldleistung oder in Form von Gutscheinen erbracht werden (§ 17 Abs. 2 und 3). Als wesentlicher Grundsatz gilt dabei, dass das Budget bedarfsdeckend bemessen sein muss (§ 17 Abs. 3), wobei der Gesetzgeber an dieser Stelle einfügt, dass die Höhe des Persönlichen Budgets die Kosten aller bisher erbrachten Leistungen nicht überschreiten soll (ebd.). Um den Zugang zu Unterstützungsleitungen für die Betroffenen zu beschleunigen bzw. Abläufe zwischen den beteiligten Akteuren besser zu koordinieren, wird das Persönliche Budget von den beteiligten Leistungsträgern als trägerübergreifende Komplexleistung erbracht (§ 17 Abs. 2 SGB IX). Folgende Leistungsträger können an einem (trägerübergreifenden) Persönlichen Budget beteiligt sein: Gesetzliche Krankenversicherung, Bundesagentur für Arbeit, Gesetzliche Unfallversicherung, Gesetzliche Rentenversicherung, Kriegsopferversorgung, Kriegsopferfürsorge, Jugendhilfe, Sozialhilfe, Pflegeversicherung, Integrationsämter (vgl. § 17 Abs. 2 SGB IX). Genaue Regelungen zum Antragsverfahren, dem Verfahren zur Bedarfsfeststellung bzw. -bemessung sowie zu den Inhalten der Zielvereinbarung zwischen beauftragten Leistungsträger und Anspruchsberechtigten finden sich in der Budgetverordnung (Budget V) (vgl. BAR 2005; auch Lachwitz 2004).

Erste Ergebnisse wissenschaftlicher Begleitforschungen in Deutschland zeigen, dass die Mehrzahl der Budgetnehmer die Erfahrungen mit dem Persönlichen Budget trotz unterschiedlicher Schwierigkeiten und Probleme positiv bewertet (z. B. in Bezug auf die Kontrolle über das eigene Leben, Selbstbewusstsein, Lebensqualität). Dies deckt sich weitestgehend mit den Erfahrungsberichten aus anderen europäischen Staaten, in denen das Persönliche Budget bereits vor Jahren in die Sozialgesetzgebung aufgenommen wurde (z. B. Schweden, Niederlande [Personengebundenes Budget], Großbritannien [Direct Payment]) (vgl. Schäfers, Schüller & Wansing 2005, 86ff.).

Trotz der genannten positiven Erfahrungsberichte aus den Modellregionen sowie den grundsätzlichen Erwartungen und Ansprüche, die mit dem Persönlichen Budget verbunden werden, muss auf eine Vielzahl offener Fragen, Probleme und Risiken in der Umsetzung des Persönlichen Budgets verwiesen werden. Dies betrifft insbesondere Fragen nach dem Bedarfsfeststellungsverfahren (Mitwirkung bzw. Mitbestimmung der Antragsteller, Form des Verfahrens), der Bemessung und Höhe des Budgets, den Inhalten der Zielvereinbarung (Ziel- und Nachweiskontrolle) sowie Fragen zur Budgetunterstützung. Betroffene aller Selbstbestimmungs- und Selbstvertretungsbewegungen weisen zu Recht auf eine Gefahr der Zweck- und Zielentfremdung des Persönlichen Budgets hin: »Die Höhe des persönlichen Geldes muss sich immer nach dem individuellen Bedarf des Einzelnen richten und dabei zu jeder Zeit verwendbar sein. Das Persönliche Geld darf keine neue Sparmaßnahme sein. Wenn ich sage, ich gebe damit den Menschen mit Behinderung ein Recht auf Selbstbestimmung, auf Teilhabe, also auf ein selbstbestimmtes Leben, dann muss ich das auch ernst nehmen und ermöglichen und darf es nicht vom Geld abhängig machen. Das Persönliche Geld muss für alle Menschen mit Unterstützungsbedarf möglich sein, also auch für Menschen mit sehr hohen Unterstützungsbedarf« (Göthling zit. i. Schirbort & Göthling 2006, 261).

Will man den Zielen des Persönlichen Budgets nach mehr Selbstbestimmungsmöglichkeiten und Möglichkeiten der selbstverantwortlichen Gestaltung des eigenen Lebens für Menschen mit Behinderung gerecht werden, müssen Veränderungen im Denken und Handeln der Leistungsträger (Höhe des Budgets), Dienstleistungsanbieter (Öffnung und Erweiterung der Dienstleistungsangebote, neue Formen der Beratung) und der sog. Professionellen (von der Betreuung hin zur → Unterstützung, Assistenz) statt haben.

Kerstin Schirbort

Literatur

BAR – Bundesarbeitsgemeinschaft für Rehabilitation (2005): Vorläufige Handlungsempfehlungen »Trägerübergreifende Aspekte bei der Ausführung von Leistungen durch ein Persönliches Budget« vom 01. November 2004. (online) http://bar-frankfurt.de

Lachwitz, K. (2004): Mehr Chancen für ein selbstbestimmtes Leben? Das persönliche Budget in Fragen und Antworten. Chancen und Risiken einer neuen Leistungsform. Marburg

Schäfers, M.; Schüller, S. & Wansing, G. (2005): Mit dem Persönlichen Budget arbeiten. In: Bieker, R. (Hrsg.): Teilhabe am Arbeitsleben. Wege der beruflichen Integration von Menschen mit Behinderung. Stuttgart

Schirbort, K. & Göthling, S. (2006): Teilhabe und Unterstützung aus Sicht Betroffener – am Beispiel der Position von Netzwerk People First Deutschland e. V. In: Theunissen, G. & Schirbort, K. (Hrsg.): Inklusion von Menschen mit geistiger Behinderung. Zeitgemäße Wohnformen – Soziale Netze – Unterstützungsangebote. Stuttgart

www.projekt-persoenliches-budget.de

Persönliche Zukunftsplanung

(siehe auch Lebensstilplanung, Personzentrierte Planung)

Der Begriff der persönlichen Zukunftsplanung (PZP) leitet sich aus entsprechenden nordamerikanischen Entwicklungen des »person-centered planning« ab (vgl. O'Brien & O'Brien 2000; 2002) und findet seit den 1990er Jahren auch im deutschsprachigen Bereich zunehmend Verbreitung. PZP steht im Spannungsverhältnis zu allen Ansätzen einer → individuellen Hilfeplanung und bezeichnet einen Ansatz, der den betreffenden Menschen als aktiv Teilhabenden in den Mittelpunkt stellt und ausgehend von seinen Visionen und Träumen konkrete nächste Schritte ableitet (vgl. Boban & Hinz 1999; 2004). Damit ist PZP subjektzentriert, kompetenzorientiert, dialogisch und außerhalb institutioneller Strukturen verortet (vgl. Hinz 2005).

PZP findet unter der Regie der betreffenden Hauptperson bzw. ihres primär wichtigen sozialen Umfeldes statt; bereits die Einladung erfolgt auf informellen Wegen durch die Hauptperson und stellt oft den Auftakt zu regelmäßigen Unterstützerkreistreffen dar. Methodisch wird PZP getragen durch schrittweise Verfahren, die auf das soziale und kulturelle Kapital des Umfeldes setzen: Freunde, Bekannte und Verwandte – und insbesondere Gleichaltrige in vergleichbarer Situation – sind dabei mindestens ebenso wichtig wie professionelle Unterstützer (vgl. Boban 2003). Wenn die Hauptperson sich selbst zu ihren Wünschen und Träumen nicht äußern kann, erhalten der → Unterstützerkreis und hierin Gleichaltrige eine umso wichtigere Funktion (vgl. Boban 2005). In diesem Sinne ist eine zweifache → *Bürgerzentrierung* gegeben: bezogen auf die Hauptperson als Bürger mit dem Recht auf volle Teilhabe in einer inklusiven Gesellschaft und bezogen auf das Umfeld, das von Bürgern gebildet wird (vgl. Hinz & Kruschel 2012).

Den Methoden von PZP ist gemeinsam, dass sie durch ein Team von zwei Moderatoren angeleitet werden, von denen einer für den Fortgang des Gesprächs und einer für die Visualisierung zuständig ist. Sie gehen zudem von Visionen, Wünschen und Träumen für eine individuelle Zukunft aus, die angemessen entschlüsselt werden, und führen zu konkreten Schritten für die nächste Woche (vgl. hierzu Boban & Hinz 2004). Unterstützt werden können diese Prozesse durch weitere Materialien (vgl. Doose 1999).

Mittlerweile zeigen auch erste Untersuchungen im deutschsprachigen Raum, dass konkrete Veränderungen von Biographien erreicht werden können: So arbeitet ein junger Mann bei einem Rundfunksender als Gästebetreuer, eine junge Frau mit Down-Syndrom ist in einer privaten Kunstschule tätig – beide Ideen entstanden in ihren Zukunftskonferenzen (vgl. Boban & Hinz 2005, Lunt & Hinz 2011, Hinz, Friess & Töpfer 2012). Je umfänglicher der Unterstützungsbedarf, desto früher beginnen Eltern mit Überlegungen für PZP (vgl. Bros-Spähn 2007, Kluge 2007). Sie empfinden, dass die Sorge um die Zukunft nun nicht mehr nur auf ihren Schultern ruht, sondern sozial eingebunden durch ihr Umfeld mitgetragen wird. Zwischenzeitlich wird PZP auch im Rahmen von Institutionen genutzt; hierbei stellt sich die Herausforderung, das Potenzial dieses Ansatzes nicht durch institutionelle Begrenzungen so weit zu reduzieren, dass es nur noch um Lebensstilplanung innerhalb der Einrichtung geht. Neuere Untersuchungen zeigen demgegenüber, dass PZP auch für die Weiterentwicklung von Institutionen effektiv genutzt werden kann (vgl. Lunt & Hinz 2011, Hinz, Friess & Töpfer 2012).

Ines Boban & Andreas Hinz

Literatur

Boban, I. (2003): Person Centered Planning and Circle of Friends – Persönliche Zukunftsplanung und Unterstützerkreis. In: Feuser, G. (Hrsg.): Integration heute – Perspektiven ihrer Weiterentwicklung in Theorie und Praxis. Frankfurt am Main, 285–296

Boban, I. (2005): Netzwerkbildung durch Unterstützerkreise. In: Geiling, U. & Hinz, A. (Hrsg.): Integrationspädagogik im Diskurs. Auf dem Weg zur inklusiven Pädagogik? Bad Heilbrunn, 160–163

Boban, I. & Hinz, A. (1999): Persönliche Zukunftskonferenzen. Unterstützung für individuelle Lebenswege. Behinderte in Familie, Schule und Gesellschaft 22, 4/5, 13–23

Boban, I. & Hinz, A. (2004): Persönliche Zukunftsplanung mit Unterstützerkreisen – ein Schlüsselelement des Lebens mit Unterstützung. In: Verband Sonderpädagogik (Hrsg.): Grenzen überwinden – Erfahrungen austauschen. Würzburg, 9–17

Boban, I. & Hinz, A. (2005): Persönliche Zukunftsplanung mit Unterstützerkreisen – ein Ansatz auch für das Leben mit Unterstützung in der Arbeitswelt. In: Bieker, R. (Hrsg.): Teilhabe am Arbeitsleben. Wege der beruflichen Integration von Menschen mit Behinderung. Stuttgart, 133–145

Bros-Spähn, B. (2007): Melanies Unterstützerkreis – Erfahrungen aus fünf Jahren. In: Hinz, A. u. a.: Schwere Mehrfachbehinderung und Integration – Herausforderungen, Erfahrungen, Perspektiven. Marburg, 181–187

Doose, S. (1999): Persönliche Zukunftsplanung. In: Kan, P. v. & Doose, S. (Hrsg.): Zukunftsweisend. Peer Counceling & Persönliche Zukunftsplanung. Kassel, 71–134

Hinz, A. (2005): Persönliche Zukunftsplanung – eine Alternative zur institutionsorientierten Hilfeplanung. Fachdienst der Lebenshilfe 3, 1–10

Hinz, A., Friess, S. & Töpfer, J. (²2012): Neue Wege zur Inklusion – Zukunftsplanung in Ostholstein. Inhalte – Erfahrungen – Ergebnisse. Marburg

Hinz, A. & Kruschel, R. (2012): Bürgerzentrierte Planungsprozesse in Unterstützerkreisen. Praxishandbuch Zukunftsfeste. Düsseldorf (im Erscheinen)

Kluge, M. (2007): Felix – die Zukunft beginnt in der Grundschule, die Planung auch. In: Hinz, A. u. a.: Schwere Mehrfachbehinderung und Integration – Herausforderungen, Erfahrungen, Perspektiven. Marburg, 188–194

Lunt, J. & Hinz, A. (2011): Training and Practice in Person Centred Planning. A European Perspective. Stamford

O'Brien, J. & O'Brien, C. L. (Eds.) (²2000): A little book about Person Centered Planning. Toronto

O'Brien, J. & O'Brien, C. L. (Eds.) (2002): Implementing Person-Centered Planning. Voices of Experiences. Toronto

Persönlichkeitsstörungen, Psychopathie

(siehe auch psychische Störungen)

Bis vor kurzem waren in der → Psychiatrie und forensischen Begutachtung (dort z. T. bis heute) Begriffe wie »Psychopathen« oder »psychopathische Persönlichkeiten« geläufig, um Personen zu erfassen, die offensichtlich nicht als psychisch krank »im engeren Sinne« eingestuft werden konnten (Fiedler 2001, 20), aber als »seelisch abnorm«, »abartig«, »minderwertig« oder sozial deviant (z. B. gesellschaftsschädigend, asozial, verwahrlost, delinquent) wahrgenommen wurden. Ursächlich wurde dabei sehr einseitig auf Vererbungsfaktoren oder disharmonische Anlagen, häufig in Verbindung mit intellektuellen und moralischen Schwächezuständen, verwiesen; und zugleich wurde davon ausgegangen, dass solche »psychischen Entartungen« bei »Schwachsinn« kaum beeinflussbar seien (dazu Theunissen 2004, 265). Diese Vorstellungen waren gleichfalls viele Jahrzehnte im Lager der Heilpädagogik handlungsbestimmend.

Es ist das Verdienst der anti- und sozialpsychiatrischen Bewegungen, Ende der 1960er Jahre die dunklen Seiten dieses Psychopathie-Konzepts (v. a. Denunzierung, Stigmatisierung und Kasernierung Betroffener; Verquickung mit gesellschaftlichen Normen und Werten; Normanwendungsprozess) kompromisslos aufgezeigt und in kritischer Distanz zum → *psychiatrischen Modell* den Weg zu einer Neuorientierung freigemacht zu haben: Diese markiert einen »Perspektivenwechsel von Persönlichkeits*eigenschaften* in Richtung Persönlichkeits*störung*« (Fiedler 2001, 6), denen eine multikonditionale Entstehung nachgesagt werden, wobei ungünstige Sozialisations- und Entwicklungsbedingungen sowie Vulnerabilitäts-Stress-Bewältigungsaspekte neben genetischer Disposition (Bronisch 2003) eine prominente Rolle spielen. Nach ICD-10 oder DSM-IV werden spezifische Persönlichkeitsstörungen (z. B. paranoide, schizoide, schizotypische, anti- oder dissoziale, narzisstische, zwanghafte, dependente, passiv-aggressive, emotional instabile vom impulsiven Typ und Borderline-Typus) unterschieden (vgl. Fiedler 2001), die z. T. Ähnlichkeiten mit den klassischen Psychopathieformen aufweisen, weshalb das Konzept der Persönlichkeitsstörungen nicht unstrittig ist. Mit dem Schlüsselbegriff der Störung kommt jedoch eine neue Dimension ins Spiel, indem Entwicklungs- und Beziehungs- bzw. Interaktionsaspekte für die Einschätzung eines Persönlichkeitsstils und spezifischer Persönlichkeitsprobleme im Erwachsenenalter besondere Beachtung finden. Dabei geht es um stabil anmutende, lang andauernde Verhaltens- und Erlebensmuster, deren Entstehung häufig bis in die Kindheit zurückverfolgt werden kann.

Epidemiologischen Studien zufolge wird von Deb et al. (2001, 98) die Praevalenz von Persönlichkeitsstörungen in der Allgemeinbevölkerung mit 10 – 13% und bei Menschen mit intellektuellen Beeinträchtigungen (< IQ 75) mit 22–27% angegeben; dabei dürfte der Anteil an Personen aus einem sozial schwachen bzw. benachteiligten Milieu recht hoch sein. Allerdings sind verlässliche Daten schwer zu ermitteln, und es ist gleichfalls schwierig, Persönlichkeitsstörungen einwandfrei zu diagnostizieren, da fließende Übergänge zu »normalen Persönlichkeiten« (Fiedler 2001, 544) bestehen und im Einzelfall auch Grenzen zu einer psychischen Erkrankung (z. B. schizophrene Störung) verschwimmen können. Mit Blick auf geistig behinderte Menschen nennen Deb et al. (2001, 98f.) das Problem der Symptomüberlappung bei Persönlichkeitsstörungen, Verhaltensauffälligkeiten und intellektueller Behinderung. Zudem lässt sich aufgrund spezifischer Kommunikationsprobleme (unzureichende Selbstauskünfte) bei geistig schwer(st) behinderten Menschen die Diagnose »Persönlichkeitsstörungen« kaum stellen.

Im Gegensatz zur traditionellen Psychiatrielehre gelten jedoch heute Persönlichkeitsstörungen unabhängig einer intellektuellen Beeinträchtigung als therapierbar (Fiedler 2001); bei Menschen mit geistiger Behinderung scheinen am ehesten lebensweltbezogene Konzepte (Umfeldmaßnahmen) in Verbindung mit (behavioralen) psychotherapeutischen, psychoedukativen sowie heilpädagogischen Angeboten wirksam zu sein. Eine Psychopharmakotherapie kann bei Verstimmungs- und Angstzuständen, suizidaler Einengung, Sinnestäuschungen in Grenzbereichen zur Psychose, Impulsdurchbrüchen und Aggressivität hilfreich sein (Bronisch 2003).

Georg Theunissen & Albert Lingg

Literatur

Bronisch, T. (2003): Persönlichkeitsstörungen. In: Möller; H. J.; Laux, G. & Kapfhammer, H. P. (Hrsg): Psychiatrie und Psychotherapie. Berlin u. a. (2. Aufl.)
Deb, S. et al. (2001): Practice Guidelines for the Assessment and Diagnosis of Mental Health Problems in Adults with Intellectual Disability. Brighton
Fiedler, P. (2001): Persönlichkeitsstörungen. Weinheim (5. Aufl.)
Theunissen, G. (2004): Persönlichkeitsstörungen bei Menschen mit geistiger Behinderung als soziales Problem. In: Wüllenweber, E. (Hrsg.): Soziale Probleme von Menschen mit geistiger Behinderung. Stuttgart, 263–287

Person

Der Begriff der Person ist für die abendländische Philosophie und Ethik grundlegend. Er bringt zum Ausdruck, dass jedem Menschen, weil er Mensch ist, eine *unverlierbare Würde* zukommt. Diese seine Personen- oder Menschenwürde bildet die Basis des christlich-abendländischen → *Menschenbildes*. Ihr zu Grunde liegt die Gottebenbildlichkeit des Menschen als Geschöpf. Sie beansprucht unbedingte oder kategorische Geltung. Diese kommt u. a. in I. Kants Kategorischem Imperativ zum Ausdruck, wo der Selbstzweck jedes Menschen gegenüber jeglicher Herabwürdigung zu einem bloßen Mittel herausgestellt wird: »Handle so, dass du die Menschheit, sowohl in deiner Person als in der Person eines jeden anderen, jederzeit zugleich als Zweck, niemals bloß als Mittel brauchst.« Die Geltung der Personenwürde ist rechtlich durch Art. 1 (1) des Grundgesetzes geschützt, wo es heißt: »Die Würde des Menschen ist unantastbar. Sie zu achten und zu schützen, ist Verpflichtung aller staatlichen Gewalt.« Aus dieser Personenwürde und dem daraus folgernden unverfügbaren Eigenwert jedes Menschen, unabhängig von irgendwelchen Bedingungen, wurden die → *Menschenrechte* abgeleitet. Sie sind allein auf den *Menschen* bezogen.

Im Gegensatz dazu ist in jüngerer Zeit aus *naturalistisch-utilitaristischer* Sicht die absolute Geltung der Personen- oder Menschenwürde in Frage gestellt worden. Es war vor allem der in Princeton/USA lehrende Moralphilosoph Peter Singer, der mit der These Anstoß erregte, dass auch hoch entwickelten *Tieren* Personenwert zugesprochen werden könne, soweit sie, wie z. B. Schweine, Kühe und Hühner, über die Grundkriterien verfügten, die menschliches Leben konstituierten, also über Rationalität, Autonomie und Selbstbewusstsein, und die besser in der Lage seien, mit anderen zu kommunizieren als schwer behinderte Kinder. Ihnen könne daher die Personenwürde auch abgesprochen werden. Ein Down-Kind, heißt es beispielsweise, sei keine Person! Neugeborene mit schweren Behinderungen dürften demnach auch getötet werden, da es sich bei ihnen lediglich um biologisches Leben handle, das in sich sinnlos sei. Das hier zu Grunde gelegte Menschenbild gefährdet das Lebens- und Bildungsrecht geistig behinderter Menschen, weil es von bestimmten Grundbedingungen abhängig gemacht wird, die willkürlich festgelegt werden sollen.

Otto Speck

Literatur

Singer, P. (1984): Praktische Ethik. Stuttgart
Speck, O. (2005): Menschen mit geistiger Behinderung. Ein Lehrbuch zur Erziehung und Bildung. München (10. Aufl.)

Person-centered Planning; Personzentrierte Planung

Der Begriff der person-centered planning (Personzentrierten Planung) stammt aus Nordamerika und steht für eine Botton-up-Praxis in der Behindertenhilfe. Wurde viele Jahrzehnte die Behindertenarbeit als eine Top-down-Praxis realisiert, bei der Professionelle, Dienstleister, Kostenträger und Ämter das Leben von Menschen mit einer Behinderung maßgeblich bestimmten, geht es heute im Sinne der UN-Behindertenrechtskonvention um die »Stimme der Betroffenen«, indem Planungen und Entscheidungen über die eigene Lebenszukunft an die persönliche (Wahl-)Freiheit bzw. an das Recht auf Selbstbestimmung und Partizipation (Mitbestimmung) gebunden werden. Dies zu leisten versprechen Verfahren der Personzentrierten Planung, die quasi kontrapunktisch top-down-erstellten heilpädagogischen Förder-, Betreuungs- oder individuellen Hilfeplänen gegenüberstehen (dazu Theunissen 2012, Kap. V). Das betrifft vor allem die im Handlexikon aufgegriffene → *Persönliche Zukunftsplanung*, die mit dem Begriff der person-centered planning gelegentlich synonym benutzt wird, sowie für Instrumente der → *Lebensstilplanung*.

Des Weiteren wird unter dem Oberbegriff der Personzentrierten Planung die *group action planning* gefasst, die aus der Auseinandersetzung mit dem konventionellen Interventionsmodell bei Menschen mit einer (schweren) komplexen Behinderung und zusätzlichen Verhaltensauffälligkeiten hervorgegangen ist, bei Problemverhalten eine Verschaltung mit der → Positiven Verhaltensunterstützung aufsucht sowie sich den Leitgedanken des Empowerment und der Inklusion verschrieben hat (Turnbull & Turnbull 2001; 2011; auch Theunissen 2012, Kap. V). Die group action planning fokussiert fünf Aspekte:

(1) Bildung eines Unterstützerkreises
(2) Herstellung und Pflege positiver Beziehungen im Unterstützerkreis
(3) Aufgeschlossenheit gegenüber hohen Erwartungen
(4) Bereitschaft zur Lösung von Problemen
(5) Erfolge feiern und würdigen.

Grundsätzlich versteht sich die group action planning bei Menschen mit (schwerer) komplexer Behinderung nicht als kurzfristige Maßnahme, sondern als ein lebenslanges Programm. Zudem ist es von zentraler Bedeutung, dass von der behinderten Person bzw. ihrem gesetzlichen Vertreter ein persönliches Budget für alle rechtlich zustehenden Unterstützungsleistungen in Anspruch genommen werden kann. Ferner setzt die group action planning weniger auf professionelle Dienste als vielmehr auf ein informelles Unterstützungsnetzwerk, welches je nach Erfordernissen umfassende assistierende Hilfen der behinderten Person bieten soll. Damit werden hohe Erwartungen und Anforderungen (insbesondere Verlässlichkeit, wenn ein 24-Stunden-Dienst in Form von Rufbereitschaft und direkter Unterstützung zu bestimmten Tageszeiten sichergestellt sein muss) an die Netzwerker/innen geknüpft, die nicht selten Familienmitglieder sind und/oder aus einem Freundeskreis stammen. Dass es derart »starke Familien« gibt, sollte nicht in Abrede gestellt werden. Allerdings gibt es gleichfalls Familien mit einem behinderten Angehörigen, die sich unter ungünstigen sozialen Lebenslagen, sozialer Benachteiligung und Armut zurechtfinden müssen und selbst Unterstützung oder Entlastung benötigen. Daher sollten wir die group action planning wertschätzen, aber nicht unkritisch rezipieren und idealistisch erhöhen.

Die Personzentrierte Planung, wie sie sich in den USA (v. a. Kalifornien) schon seit geraumer Zeit als Wegweiser für Unterstützungsmaßnahmen etabliert hat (Theunissen 2012), findet gleichfalls bei betroffenen Personen Zuspruch, wenngleich aus dem Lager der Selbstvertretungsgruppen (People First; Self Advocates Becoming Empowered) kritisch vermerkt wird, dass mitunter die Ziele der Partizipation und Selbstbestimmung verfehlt würden (Ward & Tamor 2010). Daher wurde kürzlich unter der Regie von Menschen mit Lernschwierigkeiten (intellectual and developmental disabilities) in den USA ein Online-Fragebogen unter dem Namen »*My Plan*« entwickelt. Das Bemerkenswerte an diesem Instrument ist seine einfache Handhabbarkeit, Übersichtlichkeit und Fokussierung auf Aspekte, die aus der Sicht von Menschen mit Lernschwierigkeiten für ein würdevolles Leben (Lebensqualität) besonders wichtig sind. Der Fragebogen bezieht sich auf vier zentrale Bereiche:

(A) Zuhause/Wohnen (home)
(B) Arbeit (work)
(C) Gesundheit (health) und
(D) Leben in der Gemeinde (community).

Diese Bereiche sind jeweils durch fünf Fragenblöcke untergliedert:
(1) Wie ist es jetzt? (how is it now?)
(2) Was ist mir wichtig? (what is important to me?)
(3) Wie soll es meiner Meinung nach sein? (how do I want it to be?)
(4) Welche Unterstützung benötige ich? (what support do I need?) und
(5) Was sollte ich wissen bzw. lernen? (what do I need to learn?).

Die einzelnen Fragenblöcke enthalten jeweils 12 bis 29 Einzelfragen, die zumeist mit einem Antwortkästchen versehen sind, das bei Bejahung der jeweiligen Frage angeklickt werden muss. Nach Ward und Tamor ermöglicht »My Plan« über persönliche »Stärken, Bedürfnisse, Wünsche und Träume« nachzudenken und diese in Form von Entscheidungen über die eigene Lebenszukunft festzuhalten. Um zu eigenen Entscheidungen zu gelangen, sollte die einzelne Person sich nicht scheuen, mit anderen Menschen ihres Vertrauens über ihre Lebensziele und ihren Unterstützungsbedarf zu sprechen. Zudem bedürfen wie bei allen anderen Instrumenten der Personzentrierten Planung Menschen mit einer schweren komplexen Behinderung besondere Formen der Unterstützung (z. B. mit speziellen Arbeitsmitteln, Bildkarten) und advokatorischen Assistenz.

Das betrifft ebenso das von der Abteilung Soziales und Integration des Landschaftsverbandes Rheinland (LVR) konzipierte *Individuelle Hilfeplanverfahren* (LVR 2010) für ein Wohnen und Leben in der Gemeinde. Hierzu müssen zunächst Missverständnisse ausgeräumt werden, die mit dem Begriff der Individuellen Hilfeplanung einhergehen. Dieser Begriff wird heute gerne von Verwaltungen oder Kostenträgern benutzt, um einen Bedarf an individueller Hilfe zu ermitteln und die zur Bedarfsdeckung notwendigen Maßnahmen (Leistungen) festzusetzen. Jedoch »besteht keine eindeutige Klarheit darüber, wer den Individuellen Hilfeplan erstellt. Meistens wird der Individuelle Hilfeplan von den Trägern der Behindertenhilfe definiert und durchgeführt« (Lauer & Sadowicz 2009, 464). Diese Profizentrierung wird unter anderem vom Deutschen Verein (2009) unterstützt, wenn er nur eine »Einbeziehung« der Person (ebd., 9), nicht aber ihre Entscheidungskompetenz empfiehlt und nahelegt, dass »an der Beurteilung des Bedarfs und der Planung der Hilfen (...) unterschiedliche Berufsgruppen (...) wie zum Beispiel Ärzte/Ärztinnen, Heilpädagogen/

Heilpädagoginnen, Sozialpädagogen/Sozialpädagoginnen« (ebd., 15) mitwirken sollten. Eine solche Expertendominanz versucht der LVR als Deutschlands größter Träger der Sozialhilfe mit seinem Individuellen Hilfeplan (IHP) zu vermeiden, der mittlerweile in der 3. Version (IHP-3) vorliegt, die unter Berücksichtigung der UN-Behindertenrechtskonvention sowie der ICF zu einer sozialraumorientierten Planung weiterentwickelt wurde (LVR 2010). Ferner wird mit dem IHP-3 ausdrücklich auf die Möglichkeit hingewiesen, ein Persönliches Budget beantragen zu können.

Grundsätzlich bilden die Ziele der leistungsberechtigten Person den »alleinigen Ausgangspunkt der Hilfeplanung« (LVR 2010, 25). Zur Durchführung eines Hilfeplangesprächs sind regionale, eigens für Menschen mit Lernschwierigkeiten oder komplexer Behinderung zuständige Kontakt-, Koordinations- und Beratungsstellen (KoKoBe) vorgesehen (dazu Bradl & Küppers-Stumpe 2009, 72f.), deren Vertreter auch an der nachfolgenden Hilfeplankonferenz mitwirken sollen.

Wenngleich der vom LVR entwickelte Gesprächsleitfaden für die Hilfeplanung durch Offenheit imponiert, scheinen nicht wenige Menschen mit Lernschwierigkeiten damit überfordert zu sein (Weber & Pfeiffer 2011, 83f., 86ff., 93). Auch wenn sich Unterstützungsmanager (Vertreter von KoKoBe) oder andere Mitglieder der Gesprächsrunde weitestgehend zurückhalten sollen, besteht die Gefahr, dass sie beim Durchgang der Fragen allzu oft stellvertretend für die Person sprechen, so dass letztlich immer wieder ihre Einschätzungen zur Niederschrift kommen, die zudem durch die fachlichen Ergänzungen eine Bestätigung und noch zusätzliche Ausweitung oder Vertiefung erfahren können.

Dem Hilfeplangespräch und der IHP-Antragstellung folgt eine Hilfeplankonferenz, auf der geklärt werden soll, ob die erwünschten Unterstützungsmaßnahmen erforderlich sind, um die von der Person genannten Ziele zu erreichen. Außerdem wird geklärt, wie die Person die erforderliche Unterstützung erhalten kann. Eine vorgeschriebene sozialhilferechtliche Prüfung durch das Fallmanagement bzw. den LVR bildet den Hintergrund der Bestimmung aller notwendigen Leistungen sowie der Bewilligung ihrer Finanzierung. Dabei darf ein maximal zulässiges Budget nicht überschritten werden. Das bedeutet, dass im IHP festgehaltene persönliche Wünsche oder Ziele nicht bedingungs- und grenzenlos finanziert werden können. Das aber betrifft jedes Planungsverfahren und zeigt auf, wie wichtig ein gemeinsames und faires Verhandeln und Aushandeln von Ergebnissen ist, wenn Leitprinzipien moderner Behindertenarbeit nicht zur Scharlatanerie gerinnen sollen. Insgesamt betrachtet lässt sich auf der Grundlage einer Evaluationsstudie (Weber & Pfeiffer 2011) schlussfolgern, dass der LVR mit dem IHP-3 im Unterschied zu anderen IHP-Verfahren sowie den profizentrierten Empfehlungen des Deutschen Vereins (2009) auf dem besten Wege ist, der Behindertenrechtskonvention und einer zeitgemäßen Arbeit zu entsprechen.

Georg Theunissen

Literatur

Bradl, Ch.; Küppers-Stumpe, A. (2009): Gemeinwesenintegration und Vernetzung. In: Schwalb, H.; Theunissen, G. (Hrsg.): Inklusion, Partizipation und Empowerment in der Behindertenarbeit. Stuttgart, 57–75

Deutscher Verein für öffentliche und private Fürsorge e. V. (2009): Empfehlungen des Deutschen Vereins zur Bedarfsermittlung und Hilfeplanung in der Eingliederungshilfe für Menschen mit Behinderungen. Online: (Zugriff: 12.10.2011)

Lauer, U.; Sadowicz, K. (2009): Individuelle Hilfeplanung. In: Theunissen, G.; Wüllenweber, E. (Hrsg.): Zwischen Tradition und Innovation, Methoden und Handlungskonzepte in der Heilpädagogik und Behindertenhilfe. Marburg, 461–466

LVR – Landschaftsverband Rheinland (2010): IHP 3 Handbuch zur Individuellen Hilfeplanung, Dezernat Soziales und Integration. Online: app/resources/handbuchihp3.pdf (Zugriff: 1.6.2011)

Theunissen, G. (2012): Lebensweltbezogene Behindertenarbeit und Sozialraumorientierung. Eine Einführung in die Praxis. Freiburg

Turnbull, A.; Turnbull, R. (2001): Group Action Planning as a Strategy for Providing Comprehensive Family Support. In: Koegel, L. K.; Koegel, R. L.; Dunlap, G. (eds.): Positive Behavioral Support: Including People with Difficult Behavior in the Community, Baltimore (Brookes) (2. ed)

Turnbull, A.; Turnbull, R. (2011): Right Science and Right Results: Lifestyle Change, PBS, and Human Dignity. In: Journal of Positive Behavior Interventions, Vol. 13, 2, 69–77

Ward, N.; Tamor, L.: MyPlan: An On-line Person-Centered Planning Tool Developed for and by Self-Advocates, Workshop auf der TASH 35th Annual Conference, 9.12.2010 in Denver, CO

Weber, E.; Pfeiffer, A. (2011): Abschlussbericht zum Forschungsprojekt UMWIE-IHP »Umsetzung und Wirksamkeit Individueller Hilfeplanung in Einrichtungen und Diensten der Behindertenhilfe im Rheinland«, im Auftrag des LVR, Universität Koblenz-Landau

Pflege, Pflegebedürftigkeit

Die im alltäglichen Sprachgebrauch breite Verwendung des Begriffs Pflege (z. B. bei Krankenpflege, Denkmalpflege, Imagepflege) leitet sich aus der etymologischen Bedeutung im Sinne von »sorgen für« oder »betreuen« ab. Im wissenschaftlichen Sinne kann Pflege als therapeutischer, interpersonaler und somit sozialer Prozess beschrieben werden (Peplau). Neben der Linderung von Schmerzen und Leiden (F. Nightingale) im Kontext von Krankheit stehen die Förderung und Erhaltung von Gesundheit durch präventive Maßnahmen (Prophylaxe) im Zentrum des professionellen Pflegehandelns. Pflege wird als dynamischer Prozess verstanden, der auf Veränderung und Entwicklung ausgerichtet ist. Aufgabe der relativ jungen Pflegewissenschaft ist dabei die Formulierung von Theorien über professionelles Handeln. Wissenschaftstheoretisch entwickelt die Pflegewissenschaft ausgehend von vier zentralen terminologischen Theoriebestandteilen (Person, Gesundheit, Umwelt, Pflege) – dem sog. Metaparadigma – konzeptuelle Modelle, die durch spezifische Theorien untersetzt werden (vgl. Fawcett 1998). Die Verwendung und Abgrenzung der Begriffe Modell und Theorie ist jedoch uneinheitlich.

In dem für die Pädagogik besonders attraktiven Selbstpflegemodell nach Orem (1991) stellt autonomes Handeln in Form von Selbstpflege die zentrale Kategorie dar. Selbstpflege meint dabei die Ausführung erlernter, zielgerichteter Tätigkeiten zur Befriedigung existentieller Grundbedürfnisse. Diese sog. Selbstpflege-Erfordernisse (universelle, entwicklungsbezogene, gesundheitliche) werden vom Individuum durch Selbstpflegefähigkeiten und -tätigkeiten befriedigt. Kann das Individuum diesen Erfordernissen – beispielsweise bei einer geistigen Behinderung – entwicklungsbedingt nur eingeschränkt durch die Selbstpflegekompetenz nachkommen, entsteht ein Selbstpflegedefizit. Überschreitet der Bedarf an Selbstpflege die Kompensationsmöglichkeiten durch individuelle und soziale Ressourcen, begründet sich die Notwendigkeit professioneller Pflege. Die Kompensation des Defizits durch pflegerischen Maßnahmen kann dabei (teil-) kompensatorisch oder auch anleitend-/unterstützend sein.

Die Vermittlung von Selbstpflegekompetenzen durch fördernde, aktivierende Pflege wird als wichtige spezifische Aufgabe verstanden, um Selbstständigkeit und Selbstbestimmungsmöglichkeiten des Pflegebedürftigen zu unterstützen. Die gezielte Orientierung an → Bedürfnissen und Aktivitäten des täglichen Lebens stellt neben → Defiziten insbesondere auch individuelle → Ressourcen und → Kompetenzen heraus. Der Einbezug psychosozialer und pädagogischer Aspekte in moderne Pflegetheorien ermöglicht die ganzheitliche Wahrnehmung des Patienten als Subjekt, weg von einem Pflegeverständnis der Erbringung einer medizinischen Einzelleistung. Wenngleich in diesem Verständnis Pflege und Pädagogik ähnliche Ziele verfolgen, können Pflegeleistungen mit grundsätzlich unterstützendem Charakter spezifische pädagogische Lern- und Entwicklungsangebote nicht ersetzen (Bienstein & Fröhlich 1999).

Michael Schubert

Literatur

Fawcett, J. (1998): Konzeptuelle Modelle der Pflege im Überblick. Bern u. a.
Bienstein, Ch. & Fröhlich, A. (1999): Bildungsanspruch von Kindern und Jugendlichen mit schwersten Behinderungen. Fachdienst der Lebenshilfe. 3, 21–23.
Brandenburg, H. & Dorschner, S. (Hrsg.) (2006): Pflegewissenschaft 1. Bern u. a.
Orem, D. (1991): Nursing: Concepts of practice. St. Louis.

Pflegekonzepte

Der Begriff des Pflegekonzeptes wird im Rahmen des Begriffsgefüges der Pflegewissenschaft unterschiedlich verwendet.

In fachbezogenen Lexika oder Wörterbüchern werden Pflegekonzepte als »gedankliche Abstraktion der Wirklichkeit [beschrieben, M. S.], die durch Aussagen über Menschen, Umwelt, Gesundheit und Pflege einen pflegespezifischen Bezug haben und versuchen, auf theoretischer Ebene diese zu beschreiben« (Pschyrembel 2003, S. 391; ähnlich auch: Evers 1997, 29). Der Terminus findet dabei sowohl zu Beschreibung eines theoretischen Entwurfs als auch für die Darstellung einer ausgereiften Theorie Anwendung. Die uneinheitliche Begriffsverwendung für theoretische Konstrukte mit unterschiedlich starker Abstraktion von der Pflegepraxis trägt zusätzlich zur terminologischen Verwirrung bei. Aus diesem Verständnis von Pflegekonzept heraus wird der Terminus auch als Synonym zu Pflegemodell oder Pflegetheorie (→ *Pflege*) verstanden und verwendet, wenngleich Pflegekonzepte eher mit einem stärkeren Anwendungsbezug verbunden sind. Während Pflegetheorien prüfbare Aussagen innerhalb von Pflegemodellen darstellen, bilden Modelle und Konzepte auf verschiedenen Abstraktionsstufen die Pflegepraxis ab.

Insofern definiert Käppeli (1999) Pflegekonzepte als »Systematisierungen verschiedener im Alltag wahrnehmbarer Pflegephänomene«. Pflegekonzepte erfassen die Wirklichkeit derjenigen, die Pflege benötigen, ihre Wahrnehmung und ihre Befindlichkeit. Sie erfassen aber auch die Wirklichkeit der Pflegenden und beschreiben Begebenheiten, Phänomene und Probleme, die häufig in der Pflegearbeit vorkommen. Pflegekonzepte sind somit Aspekte, die das Erleben von Krankheit und das Erleben des Umfeldes in solchen Situationen durch den Betroffenen erfassen. Sie gehören hier aufgrund ihres geringen Abstraktionsniveaus und ihrem starken Bezug zur Pflegepraxis zu Theorien mit geringer Reichweite und können somit als situationsspezifische Theorien gelten. Käppeli und Kollegen (1999; 2000) konnten insgesamt 23 verschiedene Phänomene der Pflegepraxis als Pflegekonzepte herausarbeiten. Beispiele sind Angst, Hoffnung/Hoffnungslosigkeit, Verlust/Trauer, Einsamkeit, Selbstkonzept, Selbstpflegedefizit, Immobilität, Schlafstörung, Inkontinenz, Belastung von Angehörigen, Beeinträchtigung der verbalen Kommunikation, Bewältigung/→ Coping, → Stigma, Compliance/Non-Compilance und Humor.

Gemeinsamer theoretischer Ausgangspunkt aller Konzepte ist die Pflegepraxis, also spezifische Situationen, in denen pflegerisches Handeln durchgeführt wird. Das handlungstheoretische Selbstverständnis professionell Pflegender geht dabei über die Erbringung von medizinisch-pflegerischen Einzelleistungen hinaus und manifestiert sich in einem ganzheitlich-humanistischen Pflegeverständnis. Vor diesem Hintergrund sollen Pflegekonzepte eine theoriegeleitete Analyse komplexer Pflegesituationen durch die (professionelle) Pflegeperson ermöglichen.

Die differenzierte Analyse der Situation auf Grundlage von Pflegekonzepten geht dabei über die Wahrnehmung der Verhaltensebene deutlich hinaus. Der explizite Einbezug einer patientenorientierten Sichtweise durch die Berücksichtigung der *Subjektperspektive* kann die Erlebensebene des Betroffenen für die Pflegeperson strukturiert fassbar und nachvollziehbar machen. Insofern ermöglichen die mehrdimensionalen Pflegekonzepte eine Auseinandersetzung mit psychosozialen und emotionalen Aspekten des Krankheitserlebens. Die Ableitung spezifischer Interventionen aus der Analyse eines Pflegekonzeptes eröffnet ausgehend von

Pflegediagnosen die Möglichkeit der Aufstellung spezifischer Pflegeziele bei der Pflegeplanung, wobei die Zergliederung von spezifischen Pflegesituationen in einzelne Pflegekonzepte Bestandteil des Pflegediagnostikprozesses ist (ebd.).

Beispielhaft sei hier abschließend kurz die pflegewissenschaftliche Konzeptualisierung von *Stigma* nach Hartmann (2000) vorgestellt. Ausgehend von allgemeinen Begriffsdefinitionen (Goffman u. a.) werden zunächst mögliche Ursachen, Funktionen und Formen erarbeitet. Im Kontext von ›möglichen Stigmata in der Pflege‹ werden auch explizit Menschen mit geistiger Behinderung im pflegerischen Kontext in die Darstellung aufgenommen. Der dargestellten Ganzheitlichkeit des Ansatzes folgend werden anschließend Erleben und soziale Bedeutung einbezogen. Zudem erweitert die *Subjektperspektive* durch die Erarbeitung möglicher Umgangsformen mit einer Stigmatisierung durch den Betroffenen die normative Einschätzung des Verhaltens des Betroffenen. Über diese analytische Sichtweise hinaus schließen mögliche Pflegeinterventionen, also handlungspraktische Empfehlungen, die Konzeptualisierung ab. Aus pflegerischer Perspektive zählen zu diesen neben der Unterstützung in der Bewältigung (ressourcenorientiert), emotionale Unterstützung (positives Gesprächsverhalten) sowie Beratung (Informationsvermittlung). Zudem wird besonderes die Wichtigkeit einer spezifischen Anamnese als Teil der Pflegediagnostik herausgestellt. Ein lebensweltorientiertes Pflegeanamneseinstrument bezieht dabei sowohl Informationen aus Gesprächs- als auch aus Beobachtungspunkten mit ein, um die individuelle Erfahrungswelt zu erschießen.

Einen völlig anderen Anwendungsbereich findet der Begriff des Pflegekonzeptes im Bereich der institutionellen Versorgung pflegebedürftiger Menschen. Analog zu (pädagogischen) Einrichtungskonzepten in der Behindertenhilfe definieren Pflegekonzepte in Pflegeeinrichtungen ausgehend vom Leitbild der professionellen Pflegetätigkeit grundlegende Arbeitsansätze und Arbeitsziele.

Michael Schubert

Literatur

Evers, G. C. M. (1997): Theorien und Prinzipien der Pflegekunde. Berlin, Wiesbaden
Käppeli, S. (Hrsg.) (1999): Pflegekonzepte. Band 1 & 2. Bern
Käppeli, S. (Hrsg.) (2000): Pflegekonzepte. Band 3. Bern
Hartmann, M. (2000): Stigma. In: Käppeli, S. (2000) a. a. O.
Pschyrembel (2003): Wörterbuch Pflege. Berlin

Physiotherapie

Die Physiotherapie ist Bestandteil ärztlich verordneter physikalischer Therapie und nutzt Bewegung zu Heilungszwecken. Andere Verfahren wie →Massage, Elektro- und Hydrotherapie können unterstützend kombiniert werden. Voraussetzung für die Behandlung ist die Diagnose und der umfassende physiotherapeutische Befund.

Prophylaktische, therapeutische und rehabilitative Ziele sind Hilfen zur Entwicklung, zum Erhalt und zur Wiederherstellung von Funktionen im somatischen und physischen Bereich oder die Schulung von Ersatzfunktionen bei nicht rückbildungsfähigen Störungen (Ehrenberg & Haeusermann 1990, 1). Die angewandten Verfahren sind spezielle physiotherapeutische Techniken wie etwa Therapie nach Bobath, Vojta, PNF (proriozeptive neuromuskuläre Fazilitation) und Manuelle Therapie, die (sich) aus Alltagsbewegungen, Gymnastik und Sport für den Patienten dosierte Bewegungsformen entwickelt haben.

Während der Ausbildung lernt der zukünftige Physiotherapeut medizinische Anwendungsfelder der Physiotherapie wie Innere, Orthopädie, Gynäkologie usw. kennen, allerdings beinhaltet die Ausbildung keine Wissensvermittlung über Menschen mit geistiger und mehrfacher Behinderung. Ein Physiotherapeut, der in diesem Bereich tätig ist, muss sich selbstständig Fachwissen aneignen und eine Vorstellung entwickeln, wie dieser Mensch sich und seine Welt erlebt. Gerade bei Menschen mit geistiger Behinderung fällt es schwer, sie aktiv in die Behandlung einzubeziehen. Nach Mall (2006) wird ein Mensch mit geistiger Behinderung besser zur Kooperation in der Lage sein und von der Behandlung profitieren, je besser Anforderungen, Angebote oder Umgangsformen die Lebensweise berücksichtigen, die bei ihm im Vordergrund steht.

Bei Menschen mit geistiger Behinderung ist Physiotherapie aufgrund einer verzögerten Bewegungsentwicklung und Beeinträchtigungen der Koordination und Feinmotorik häufig indiziert. Aly (1999) zeigt z. B. auf, wie eine frühzeitige Behandlung bei Kindern mit Down-Syndrom wichtige Impulse setzen kann.

Die physiotherapeutische Versorgung ist im Schulalter meistens gut abgesichert, danach werden Verordnungen in der Regel nur über einen begrenzten Zeitraum ausgestellt, wobei gerade die Langzeitbehandlung von schwer mehrfach behinderten Erwachsenen eingebettet in ein Gesamtbetreuungskonzept sehr wirkungsvoll sein kann (vgl. Hämmerle 2002).

Kirsten Fath

Literatur

Aly, M. (1999): Das Sorgenkind im ersten Lebensjahr. Frühgeboren, entwicklungsverzögert, behindert – oder einfach anders? Ein Ratgeber für Eltern. Heidelberg

Ehrenberg, H. & Haeusermann, U. (1990): Grundlagen der Krankengymnastik. In: Cotta, H. u. a. (Hrsg): Krankengymnastik. Stuttgart, New York, 1–89

Hämmerle, L. (2002): Vier Jahre mit Delia: Bericht über eine Begegnung – Die physiotherapeutische Langzeitbehandlung einer schwer mehrfach behinderten jungen Frau. In: Zeitschrift für Physiotherapeuten 54, 3, 388–398

Mall, W. (2006): Sensomotorische Lebensweisen – Patienten mit »geistiger Behinderung« besser verstehen. In: Zeitschrift für Physiotherapeuten 58, 4, 325–338.

Positive Verhaltensunterstützung, Positive Behavioral Support

(siehe auch Psychotherapie)

Bis vor wenigen Jahren spielte die Verhaltenstherapie bzw. Verhaltensmodifikation im Umgang mit → Verhaltensauffälligkeiten und → psychischen Störungen bei Menschen mit Lernschwierigkeiten oder komplexer Behinderung eine prominente Rolle. In methodischer Hinsicht dominierten hierbei stringent angelegte Verstärkerprogramme, konsequenzorientierte und aversive Verfahren. Dieser Fokussierung werden heutzutage non-aversive behaviorale Ansätze gegenübergestellt, die in den USA unter dem

Stichwort »positive behavioral support« gefasst werden und sich im Unterschied zu den meisten anderen heilpädagogischen oder pädagogisch-therapeutischen Arbeitsformen zum Umgang mit Verhaltensauffälligkeiten nachweislich als wirksam erwiesen haben (Carr et al. 1999; Westling & Theunissen 2006; Theunissen 2011). Hierzulande sprechen wir von der Positiven Verhaltensunterstüzung, die mittlerweile ein breit angelegtes Konzept repräsentiert, das sich auf die Ebene einer Institution (z. B. Schule, WfbM), Gruppe und Einzelhilfe erstreckt (dazu ausführlich Theunissen 2011). Ein Grundgedanke der Positiven Verhaltensunterstützung besteht darin, im Interesse und möglichst mit einer betroffenen Person ein Konzept zu implementieren, welches sowohl durch Veränderung oder Nutzung von Umfeldvariablen wie auch unter Einbeziehung von → Stärken, → Bedürfnissen oder → Ressourcen eine umfassende und subjektiv bedeutsame Unterstützung anbieten kann. Kernstück ist hierbei das *funktionale Assessment*, welches auf der Annahme beruht, dass herausfordernde Verhaltensweisen (Verhaltensauffälligkeiten) für die betroffene Person bedeutsam sind, einen subjektiven Sinn bzw. eine Funktion haben, auch wenn sie für den Betreffenden und/oder seine Umwelt negative Konsequenzen nach sich ziehen. Vor dem Hintergrund dieser Grundannahme werden einerseits allgemeine Informationen (z. B. persönliche Stärken, Vorlieben, Lebensstil, Lebensbedingungen, alltägliche Situationen, zwischenmenschliche Beziehungen, soziale Ressourcen u. v. a.) ermittelt, die nicht unmittelbar mit dem beklagten Verhalten in Verbindung stehen. Andererseits werden Problemsituationen durch die Erfassung (1) von sog. hintergründigen Ereignissen oder Aspekten (wie zum Beispiel Schlafstörungen, körperliche Schmerzen), (2) von auslösenden Bedingungen, (3) des beklagten Verhaltens (konkreter Verhaltensauffälligkeiten) und (4) der Konsequenzen aufbereitet und im Hinblick auf die Funktion des herausfordernden Verhaltens analysiert. Dieser Schritt trägt zum Verstehen des Verhaltens und der Person bei (verstehende Diagnostik) und führt zur Formulierung von Arbeitshypothesen und Zielen für die Praxis. Zur entsprechenden Konzeptentwicklung werden fünf Handlungs- bzw. Interventionsbereiche in den Blick genommen: (1) Kontextverändernde Maßnahmen (z. B. Raumgestaltung, Arbeitsanforderungen, Arbeitsabläufe), (2) Programme zur Erweiterung des Verhaltens- und Handlungsrepertoires der Person (z. B. Neuerwerb von Verhalten, Problemlösungstraining, Bewältigungsmuster), (3) konsequenzorientierte Interventionen (z. B. Ignorieren, Verträge, Selbstmanagement, Selbstbekräftigung), (4) persönlichkeits- und lebensstilfördernde Maßnahmen (z. B. basale Angebote, ästhetische Praxis, stärkenorientierte Angebote, soziale Netzwerkförderung) und (5) Maßnahmen eines Krisenmanagements (vgl. Theunissen 2010; 2011; Theunissen & Paetz 2011). Insgesamt gilt die Positive Verhaltensunterstützung als ein vielversprechender Ansatz, der für die Arbeit in pädagogischen oder sozialen Kontexten (Unterricht, Wohngruppe, Arbeitsplatz) genutzt werden kann und an Bezugspersonen (Lehrer, Erzieher, Eltern) als zentrale Unterstützer adressiert ist.

Georg Theunissen

Literatur

Carr, E. G. et. al. (1999): Positive Behavior Support for People with Developmental Disabilities. Washington (AAMR)

Theunissen, G. (2010): Positive Verhaltensunterstützung. Marburg (3. erweiterte Auflage)

Theunissen, G. (2011): Geistige Behinderung und Verhaltensauffälligkeiten. Ein Lehrbuch für die Schule, Heilpädagogik und außerschulische Behindertenhilfe. Bad Heilbrunn (5. völlig neu bearbeitete Auflage)

Theunissen, G.; Paetz, A. (2011): Autismus. Neues Denken – Empowerment – Best Practice. Stuttgart

Westling, D. & Theunissen, G. (2006): Positive Verhaltensunterstützung – Positive Behavior Support. Ein US-amerikanisches Konzept zum Umgang mit Menschen mit geistiger Behinderung und herausfordernden Verhaltensweisen. In: Geistige Behinderung 4, 296–308

Prävention

Dem Präventionsbegriff wird in den Sozialwissenschaften, in der Pädagogik und auch in der Medizin eine überaus hohe Bedeutung zugemessen. Es wird allgemein anerkannt, dass »Vorbeugen besser ist als heilen«. Dieser übergroßen und einhelligen Bedeutungszuschreibung stehen kaum angemessene Präventionsprogramme gegenüber, vielleicht ein Grund, warum die Prävention (früher als »primäre Prävention« bezeichnet) die ihr zugedachte Rolle im Hilfespektrum nur zum Teil erfüllen kann.

Zunächst ist zu betonen, dass unter dem Oberbegriff Prävention zwei miteinander verbundenen jedoch eigenständige Zugangsweisen zusammengefasst werden:

- Antizipation und vorbeugende Intervention: Prävention bezeichnet die Antizipation bzw. gedankliche Vorwegnahme von (möglichen) Problemlagen und deren Vorbeugung, dies auch wenn diese Problemlagen noch nicht beobachtet werden können.
- Früherkennung und Zuvorkommen: Prävention bezeichnet zudem die Früherkennung erkennbarer Problemlagen und versucht deren Ausweitung durch entsprechende Interventionen zu verhindern.

In der Behindertenhilfe hat die Prävention eine geringere Bedeutung als oben festgestellt. Vielleicht hat dies damit zu tun, dass aus pädagogischer Perspektive keine Prävention in Bezug auf die Behinderung realisierbar erscheint.

Dennoch nimmt die Prävention eine bedeutende Position in Hinblick auf Folgeprobleme von geistiger Behinderung ein. Durch Prävention soll versucht werden, verschiedene Problematiken und Störungen zu verhindern, bevor sie akut werden oder sich ausweiten. Hierzu können gezählt werden:

- Krisen
- Verhaltensauffälligkeiten
- psychische Störungen.

Am Beispiel von → Krisen lässt sich die Prävention konkretisieren. Hier erscheint der Ansatz von Filipp (1983) hilfreich (vgl. ausführlich Wüllenweber 2000).

Die Autorin unterscheidet zwischen ereignis-, person- und kontextzentrierter Prävention:

- »Ereigniszentrierte Prävention ist besonders dort angezeigt, wo Lebensereignisse regelhaft oder mit hoher Wahrscheinlichkeit eintreten. Dies ist immer dort gegeben, wo Lebensereignisse aus sozialen und/oder biologischen Gründen nahezu universell und damit für die meisten Menschen auch zu antizipieren sind« (Filipp 1983, 225). Bei der ereigniszentrierten Prävention geht es darum, sich auf diese Lebensereignisse gedanklich und durch die Festlegung bestimmter Maßnahmen vorzubereiten.
- Personzentrierte Prävention: Bei der personzentrierten Prävention geht es um den Aufbau von Kompetenzen und Widerstandsfähigkeit gegen mögliche Krisen, bevor diese eingetreten sind. Die Bewältigungskompetenz für Krisen soll vorbereitend aufgebaut werden.

- Kontextzentrierte Prävention: Hier wird das soziale Umfeld ins Blickfeld der Prävention gerückt. Es geht um Fragen, wer wie wirkungsvoll helfen kann (z. B. Fragen bzgl. → sozialer Netzwerke und sozialer → Unterstützung).

Ernst Wüllenweber

Literatur

Filipp, S.-H. (1983): Krisenprävention. In: Silbereisen, R. K. & Montada, L. (Hrsg.) Entwicklungspsychologie. München, 220–230

Wüllenweber, E. (2000): Krisen und Behinderung. Bonn

Praxisberatung

(siehe auch Consulenten)

In der Behindertenhilfe findet der Beratungsansatz stetig mehr Aufmerksamkeit (vgl. Wüllenweber u. a. 2006). Dabei kommen unterschiedliche Formen der → Beratung zum Tragen:

- Beratung der Klientel (z. B. psychosoziale Beratung, Krisenberatung),
- Beratung der Angehörigen der Klienten (z. B. Erziehungsberatung der Eltern),
- Beratung der Mitarbeiter und Fachkräfte, die als Praxis- bzw. Fachberatung überschrieben wird.

Die Praxisberatung in der Behindertenhilfe lässt sich in verschiedene Unterformen differenzieren:

- Supervision: Die Supervision verfügt in der Behindertenhilfe über ein ausgesprochen hohes Ansehen hinsichtlich der Bearbeitung individueller, kooperativer oder pädagogischer Fragestellungen. Allerdings unterscheidet sich das praktische Angebot erheblich, es besteht ein erkennbares Stadt-Land- und West-Ost- Gefälle.
- Fallberatung: Additiv oder alternativ zur Supervision wird Fallberatung von pädagogischen und psychologischen Fachkräften bzw. Fachdiensten angeboten. Die Fallberatung wird als Regelangebot oder im Bedarfsfall einbezogen.
- Konzeptberatung und Organisationsberatung: Seltener kommen Konzept- und Organisationsberatung zum Einsatz. Aufgrund von Qualitätsentwicklung und organisatorischen Umstrukturierungen hat ihre Bedeutung in den letzten Jahren jedoch stark zugenommen.

Die Funktion der Praxisberatung ist heterogen, Schwerpunkte lassen sich auf folgenden Ebenen benennen:
- Kooperationsprobleme, u. a.:
  - Probleme in der Teamarbeit,
  - Konflikte zwischen Einrichtungsteilen,
  - Probleme in der Tätigkeit von Leitungen,
  - Vernetzungs- und Informationsprobleme.
- Personale Probleme, u. a.:
  - Überforderung einzelner Fachkräfte,
  - Berufskrisen und Burnout.
- Pädagogische Probleme, u. a.:
  - Fragestellungen zur Arbeit mit Gruppen,
  - Umgang mit Verhaltensauffälligkeiten,
  - Umsetzung von Selbstbestimmung und Empowerment,
  - Interaktions- und Beziehungsproblematiken zwischen Fachkräften und Klienten.

Die Praxisberatung in der Behindertenhilfe wird sowohl von internen, also beim jeweiligen Träger angestellten, wie von externen freiberuflich tätigen Fachkräften durchgeführt. Über die Vor- und Nachteile der beiden Formen (Kosten, Erreichbarkeit, Loyalität) ist viel diskutiert worden. Mehrheitlich scheint die externe Praxisberatung gewünscht.

Die verschiedenen Formen und Funktionen von Beratungen gestalten sich in der Behindertenhilfe nicht spezialisiert, grundsätzlich kommen die gleichen Methoden und Konzepte zum Tragen wie bei der Praxisberatung in anderen Funktionsbereichen wie z. B. in der Jugendhilfe.

Zu betonen ist die Bedeutung der Feldkompetenz, wobei die Behindertenhilfe als ein Berufs- bzw. Arbeitsfeld aufgefasst wird. Neben der entsprechenden Beratungsmethodik sollten Beratende über Feldkompetenz in folgenden Punkten verfügen:

- Kenntnisse über die grundlegenden theoretischen Orientierungen und den Fachdiskurs in der Behindertenhilfe, also v. a. über die Leitkonzepte Normalisierung, Integration, Inklusion und Empowerment,
- Kenntnisse über die verschiedenen Behinderungsformen, insbesondere Behinderungsbegriff, geistige Behinderung, Autismus, Verhaltensauffälligkeiten,
- Kenntnisse und möglichst Erfahrungen in der praktischen Arbeit in der Behindertenhilfe bzw. mit behinderten Klienten.

Diese Feldkompetenz erscheint v. a. bei der Supervison, Fallberatung und Konzeptberatung unverzichtbar.

Ernst Wüllenweber

Literatur

Wüllenweber, E. & Ruhnau-Wüllenweber, M. (2006): Pädagogische Beratung – ein bedeutender Ansatz für die heilpädagogische Arbeit mit Menschen mit geistiger Behinderung. In: Wüllenweber, E.; Theunissen, G. & Mühl, H. (Hrsg.): Pädagogik bei geistigen Behinderungen. Stuttgart, 428–435

Problemlösetraining, problem solving

Während Konzepte eines Problemlösungstrainings schon seit geraumer Zeit in der US-amerikanischen Geistigbehindertenpädagogik eine prominente Rolle spielen, finden sie hierzulande erst ansatzweise Beachtung (Theunissen 2002; 2011). Wehmeyer, Agran und Hughes (1999, 121) verstehen darunter ein spezielles pädagogisches Angebot, das zur Ausbildung von Denk- und Handlungsmustern beitragen soll, um Aufgaben, Anforderungen, Lebensereignisse, soziale Situationen, → Krisen oder Konflikte besser bewältigen zu können. Hiermit werden zugleich wichtige Voraussetzungen zur Gewinnung von mehr → Autonomie (Selbstbestimmung) sowie zu einer verbesserten Verfügung und Kontrolle über die eigenen Lebensumstände geschaffen. Dieser Aspekt kann in Anbetracht des inzwischen rechtlich kodifizierten Wunsches behinderter Menschen nach gesellschaftlicher → Partizipation und einem selbstbestimmten Leben nicht hoch genug eingeschätzt werden, weshalb das Problemlösungstraining als ein modernes, richtungsweisendes Konzept betrachtet kann.

Seine Bedeutung wird damit begründet, dass viele Menschen mit Lernschwierigkeiten oder einer komplexen Behinderung Schwierigkeiten haben, planvoll zu handeln, kognitive Strategien (innerer, verhaltenssteuernder Dialog; Selbstinstruktion) zur Bewältigung von Aufgaben anzuwenden, flexibel zu denken und zu handeln oder sich in unbekannten Situationen zurechtzufinden. Dadurch würde zugleich die Fähigkeit zur → Selbstbestimmung erheblich geschwächt (ebd., 122f.).

In Anlehnung an D'Zurilla und Goldfried (1971) lassen sich fünf aufeinander aufbauende Stadien eines Problemlösungstrainings unterscheiden, die Agran und Wehmeyer (1999) für die Arbeit mit Menschen mit Lernschwierigkeiten aufbereitet haben:

1. Problemorientierung
2. Problembeschreibung und -definition
3. Sammeln von alternativen Problemlösungen
4. Eine Entscheidung treffen
5. Umsetzung und Überprüfung.

Die einschlägigen Studien von Wehmeyer u. a. lassen den Schluss zu, dass das Problemlösungstraining im Hinblick auf einen Zugewinn von Autonomie effektiv ist und insbesondere Entscheidungsprozesse signifikant verbessern kann.

Georg Theunissen

Literatur

Agran, M. & Wehmeyer, M. (1999): Teaching Problem Solving to Students with Mental Retardation. Washington (AAMR)

D'Zurilla, T. J. & Goldfried, M. R. (1971): Problem solving and behavior modification. In: Journal of Abnomal Psychology, Vol. 78, 107–126

Theunissen, G. (2002): Altenbildung und Behinderung. Bad Heilbrunn

Theunissen, G. (2011): Geistige Behinderung und Verhaltensauffälligkeiten. Ein Lehrbuch für die Schule, Heilpädagogik und außerschulische Behindertenhilfe. Bad Heilbrunn (5. völlig überarb. Aufl.)

Wehmeyer, M. L.; Agran, M. & Hughes, C. (1999): Teaching Self-Determination to Students with Disabilities. Baltimore (2. ed.)

Problemverhalten

Die Bedeutung von kritischen Verhaltensweisen der Klienten in der Behindertenhilfe ist vielfältig thematisiert worden. Die zur Überschreibung dieser kritischen Verhaltensweisen einbezogenen Begriffe sind heterogen. Es wird v. a. gesprochen von Verhaltensauffälligkeiten, herausforderndem Verhalten, Verhaltensstörungen. In einzelnen Veröffentlichungen trifft man auch auf die Bezeichnung Problemverhalten. Diese Wortkreation leitet sich von der wörtlichen Übersetzung der englischsprachigen Bezeichnung »problem behavior« ab, sie ist in deutschsprachigen Fachkreisen nicht etabliert.

In seiner wörtlichen Bedeutung spricht gegen den Begriff Problemverhalten wenig. Anzumerken sind jedoch folgende Aspekte:

Es erscheint wenig sinnvoll, eine zusätzliche Begrifflichkeit dort einzuführen, wo es bereits etablierte Begriffe gibt und wo dennoch die Heterogenität der Bezeichnungen groß ist. Die in der Praxis der Behindertenhilfe oftmals und selbst in Veröffentlichungen undefinierte und subjektiv orientierte Verwendung der Begriffe ist nicht zu übersehen. Das Risiko weiterer Diffusion durch einen zusätzlichen Oberbegriff liegt auf der Hand, ein Vorteil aus der Einbeziehung einer weiteren neuen Bezeichnung ist nicht zu erkennen.

In der Praxis der Behindertenhilfe, v. a. in der Kommunikation mit Kostenträgern, haben sich v. a. die Begriffe Verhaltensauffälligkeit und herausforderndes Verhalten etabliert. Sie sind anerkannt und markieren einen besonderen Hilfebedarf. Durch den Wortbestandteil »Problem« kann der Eindruck entstehen, die mit dem Begriff angezeigten Herausforderungen seien eher marginal, die Bewilligung von spezifischen Hilfen könnte erschwert werden.

Ernst Wüllenweber

Literatur

Theunissen, G. (2011): Geistige Behinderung und Verhaltensauffälligkeiten. Bad Heilbrunn (5. Auflage)

Profession, Professionalisierung

Die erziehungswissenschaftliche Debatte um Profession und Professionalität hat verschiedene Bestimmungen einer Profession (als Grundbegriff der gesamten Diskussion) hervorgebracht. Zum Beispiel unterscheidet Cloerkes (2001, 179) zwischen (1) »Arbeit«, die verrichtet wird, um materielle Bedürfnisse zu befriedigen und als Existenzgrundlage dient; (2) »Beruf«, der mehr als Arbeit ist, eine Bedeutung als Statussymbol hat und seinen Sinnbezug aus einer speziellen Kombination von Kenntnissen, Erfahrungen und Fertigkeiten gewinnt; und (3) einer »Profession« als einer ganzheitlichen, in der Berufsausübung autonomen Tätigkeit, die sowohl am Wohl der Adressaten orientiert ist wie auch an der Loyalität gegenüber Organisationen, in deren Auftrag man tätig ist (vgl. auch Wüllenweber 2006).

Fasst man Profession als »strukturelle Kategorie« (Wüllenweber 2006), ist Professionalisierung als eine »prozessuale Kategorie« (ebd.) zu begreifen. Dabei ist nicht die Ausübung einer beruflichen Praxis gemeint, sondern die Entwicklung einer spezifischen Handlungskompetenz, die von der Struktur der professionellen Handlung selbst erfordert wird (dazu auch Dewe u. a. 1992).

Damit sich Profession entwickeln kann (also Professionalisierung stattfindet), müssen nach Combe und Helsper (1992) drei Merkmale gegeben sein: (1) systematisches Wissen und dessen Aneignung, (2) ein am Allgemeinwohl ausgerichteter Wertbezug bzw. Berufsethos und (3) autonome Standards bezüglich Ausbildung und Ausübung der Tätigkeit.

In der Heilpädagogik, besonders in der Arbeit mit Menschen mit geistiger Behinderung, ist die Diskussion um Professionalisierung nicht nur an die genannten Kriterien geknüpft, sondern stets auch mit einem bestimmten Verhältnis (besser: einer Einstellung) gegenüber den Klienten verbunden. Moderne Ansätze der Heilpädagogik rücken das Selbstbestimmungsrecht und auch die Selbstbestimmungsfähigkeit behinderter Menschen in den Vordergrund und machen die Akzeptanz dieses Selbstbestimmungsrechtes zur Grundlage jedes professionellen Umgangs mit den Betroffenen. Daraus zu schließen, die »richtige Einstellung« wäre bereits der erfolgreiche Weg zu einer Profession, wäre jedoch verfehlt. Aktuelle professionstheoretische Überlegungen von Rock (2001) machen vielmehr das Spannungsverhältnis zwischen Autonomie der Betroffenen und anderen (heil)pädagogischen Kategorien wie Verantwortung, Fürsorge, Förderung usw. als zentralen Aspekt von Professionalisierung in diesem Feld aus. Also nicht technokratisches Expertenwissen über den behinderten Menschen und seine Anwendung (auch nicht aus einem paternalistischen Gedanken heraus), sondern fachliches Wissen in Verbindung mit der Anerkennung des Selbstbestimmungsrechts eines Betroffenen bilden den Kernbereich heilpädagogischer Professionalität.

Wolfram Kulig

Literatur

Cloerkes, G. (2001): Soziologie der Behinderten. (2. Aufl.) Heidelberg
Combe, A. & Helsper, W. (1996): Einleitung: Pädagogische Professionalität. Historische und aktuelle Entwicklungstendenzen. In: Combe, A. & Helsper, W. (Hrsg.): Pädagogische Professionalität. Untersuchungen zum Typus pädagogischen Handelns. Frankfurt, 9–48
Dewe, B.; Ferchhoff, W. & Radke, F.-O. (1992): Auf dem Weg zu einer aufgabenorientierten Professionstheorie pädagogischen Handelns. In: Dewe, B.; Ferchhoff, W. & Radke, F.-O. (Hrsg.): Erziehen als Profession. Opladen, 7–20
Rock, K. (2001): Sonderpädagogische Professionalität unter der Leitidee der Selbstbestimmung. Bad Heilbrunn
Wüllenweber, E. (2006): Skizzen zu Fragen der Professionalisierung. In: Wüllenweber, E.; Theunissen, G. & Mühl, H. (Hrsg.): Pädagogik bei geistigen Behinderungen. Stuttgart, 520–530

Projektorientierter Unterricht

Konzepte wie Projektorientierter Unterricht, Projektunterricht oder Projektarbeit spielen in der allgemeinen, der integrationspädagogischen wie der sonderpädagogischen → Didaktik (z. B. bei geistig behinderten Schülern) eine prominente Rolle. Trotz deutlicher Unterschiede zwischen diesen Konzepten zeigen sich einige zentrale gemeinsame Bezugspunkte, die eine zusammenfassende Betrachtung und Einschätzung erlauben.

Projektunterricht dient dazu, ein gesellschaftlich relevantes Problem zu bearbeiten und dabei durch Erfahrungen zu lernen, und dies in Selbstorganisation der Lernenden. Die Schüler selbst sollen einen wichtigen Projektanlass finden, ein Projektziel, ein Ergebnis vereinbaren, das Vorgehen planen und durchführen, dabei Abweichungen vom Plan regulieren, das Projektergebnis bewerten und der Öffentlichkeit vorstellen.

Projektorientierter Unterricht orientiert sich an den von Gudjons (1992) beschriebenen Ablaufphasen und Merkmalen eines Projekts:

Phase 1: Eine für den Erwerb von Erfahrungen geeignete problemhaltige Sachlage auswählen. Viele geistig behinderte Schüler können wohl Probleme erkennen, benötigen aber bei deren Beurteilung häufig Unterstützung. Gudjons nennt drei Merkmale:

1. *Situationsbezug* fordert ein Thema aus dem unmittelbaren Leben der Schüler, damit sie an bisherige Erfahrungen leicht anknüpfen können.
2. *Orientierung an den Interessen der Beteiligten.* In der Arbeit mit geistig behinderten Schülern müssen solche Interessen oftmals vom Lehrer erst geweckt werden.
3. *Gesellschaftliche Praxisrelevanz.* Ein Projekt soll das Leben der Gesellschaft in der Zukunft verbessern (Gudjons 1992, 70). Erfahrungsgemäß können geistig behinderte Schüler am ehesten mit Hilfe des Lehrers und Anderer ein für sie selbst bedeutsames Problem bearbeiten.

Phase 2: Gemeinsam einen Plan zur Problemlösung entwickeln, erfordert zumeist die Kooperation von Schülern mit geistiger Behinderung mit ihren Lehrern. Gudjons nennt zwei weitere Merkmale:

1. *Zielgerichtete Projektplanung.* Ein Ziel ist zu vereinbaren, ein Ergebnis gedanklich vorweg zu nehmen, ehe der Weg zum Ziel mit allen notwendigen Tätigkeiten, Teilnehmern, Materialien, Möglichkeiten der Arbeitsteilung usw. geplant werden kann; auch dies müssen viele geistig behinderte Schüler erst mit Hilfe des Lehrers lernen.
2. *Selbstorganisation und Selbstverantwortung.* Beides sind Lernziele für den Unterricht mit geistig behinderten Schülern, nicht bereits erfüllte Voraussetzungen. Organisation und Verantwortung verteilen sich in je unterschiedlichem Ausmaß auf Schüler und Lehrer (Pitsch & Thümmel 2005).

Phase 3: Sich mit dem Problem handlungsorientiert auseinandersetzen meint die Ausführung des Plans in konkreter Tätigkeit. Geistig behinderte Schüler benötigen in der Regel einen Plan von geringerer Komplexität, der in Abfolge und sachlogischer Zuordnung überschaubar ist. Gudjons nennt zwei weitere Merkmale:

1. *Einbeziehen vieler Sinne.* Im Unterricht mit geistig behinderten Schülern kann und sollte wohl kaum anders gearbeitet werden.
2. *Soziales Lernen.* Projektarbeit als Arbeit in Gemeinschaft erfordert gegenseitige Abstimmung der Tätigkeiten, Rücksichtnahme, Kommunikation, Verlässlichkeit, Sorgfalt und vieles mehr, was es zu lernen gilt.

Phase 4: Die erarbeitete Problemlösung an der Wirklichkeit überprüfen meint die subjektive Bewertung des Projektergebnisses durch die Schüler selbst wie durch die »Öffentlichkeit«, der das Projektergebnis präsentiert wird. Gudjons nennt drei weitere Merkmale:

1. *Produktorientierung.* Ein Projekt führt zu einer Präsentation, Dokumentation, etwas Hergestelltem, Nützlichem mit »Gebrauchs- und Mitteilungswert« (Gudjons 1992, 75), der auch durch Projektfremde festzustellen ist.
2. *Interdisziplinarität.* Ein Problem in seinem komplexen Lebenszusammenhang zu begreifen erfordert, dass unterschiedliche Fach- und Sachbereiche ihre Beiträge einbringen, auch als Teamarbeit der Lehrkräfte; zudem erlaubt es, einen Sachverhalt als gemeinsamen Gegenstand aus mehreren unterschiedlichen Perspektiven zu betrachten.
3. *Grenzen des Projektunterrichts.* Ein Projekt muss für die Schüler jederzeit überschaubar bleiben, was den Umfang begrenzt, und erfordert zuweilen Kenntnisse, Fähigkeiten und Bereitschaften, deren Fehlen die Schüler erst im Projektverlauf feststellen. Dann ist die Ausführung zu unterbrechen, um Phasen neuen → Lernens einzuschieben. Projektorientierter Unterricht ist im Unterricht mit geistig behinderten Schülern »durch den eher systematisch aufgebauten Lehrgang« (Pitsch 2005, 260) zu ergänzen.

Die besonderen Lernvoraussetzungen geistig behinderter Schüler und ihre konkrete Lebenswirklichkeit liefern die Anknüpfungspunkte für Unterricht und binden die Themenwahl. Die notwendige Einübung in die Realität verlangt konkrete, gegenständliche Tätigkeit im *handlungsbezogenen Unterricht* (→ handlungsbezogenes Lernen; Pitsch & Thümmel 2005) oder in projektähnlicher Form, nicht aber in Großvorhaben. Projektunterricht erfordert Kompetenzen, denen sich Schüler mit geistiger Behinderung dadurch allmählich annähern können, dass sie lernen,

- Situationen und Bedingungsfaktoren zu erkennen und einzuschätzen;
- zu beurteilen, wie und womit Situationen zu bewältigen sind;
- Entscheidungen zu treffen und Vorhaben zu planen;

- ihr Handeln auf das Ziel hin zu steuern und eintretenden Veränderungen entsprechend anzupassen;
- ihre Tätigkeit und deren Ergebnisse kritisch zu überprüfen und Folgerungen daraus abzuleiten (Pitsch 2005, 266).

Wegen dieses Lernbedarfs wird im Unterricht mit geistig behinderten Schülern auf »Projekte« als Großmaßnahmen zumeist verzichtet, der Projektorientierte Unterricht orientiert sich aber an deren Ablauf und Anforderungen. Kernelemente wie etwa die Ablaufstruktur werden beibehalten, die Anforderungen an Komplexität, Selbstständigkeit, → Kompetenzen auf das je aktuelle Niveau der Schüler zurückgenommen. Und deshalb sprechen wir bescheiden vom *Projektorientierten* Unterricht.

Hans-Jürgen Pitsch

Literatur

Gudjons, H. (1992): Handlungsorientiert Lehren und Lernen. Schüleraktivierung – Selbsttätigkeit – Projektarbeit. Bad Heilbrunn/Obb (3. Auflage)

Pitsch, H.-J. (2005): Zur Theorie und Didaktik des Handelns Geistigbehinderter. Oberhausen (2. Auflage)

Pitsch, H.-J. & Thümmel, I. (2005): Handeln im Unterricht. Zur Theorie und Praxis des Handlungsorientierten Unterrichts mit Geistigbehinderten. Oberhausen

Psychiatrie, psychiatrische Versorgung

Psychiatrie umfasst die Erforschung, Diagnostik und Therapie → psychischer Störungen, Krankheiten sowie Behinderungen und ist ein *Teilgebiet der Medizin*. Da sie es allerdings mit dem Menschen und damit seiner körperlichen, geistig-seelischen und sozialen Dimension zu tun hat, steht sie zwischen den Geisteswissenschaften (z. B. Philosophie, Soziologie) und Naturwissenschaften (z. B. Genetik, Medizin). Wie in anderen medizinischen Disziplinen kam es auch in der Psychiatrie zu *Spezialisierungen* hinsichtlich Lebensalter (Kinder-, Jugendpsychiatrie, Gerontopsychiatrie), *speziellen Aufgaben* (forensische Psychiatrie, Psychosomatik) oder *Ausrichtungen* (biologische, psychodynamische Psychiatrie, Sozialpsychiatrie). Spezialisierungen tragen auch Gefahren in sich, indem einseitige Sichtweisen aufkommen, der Überblick verloren gehen oder der Handlungsbedarf in der Praxis übersehen werden kann.

Die *Geschichte der Psychiatrie* lehrt uns an Hand der verschiedenen Sichtweisen gestörten seelischen Verhaltens oder Erlebens, vor allem aber auch des sehr unterschiedlichen Umgangs mit kranken und behinderten Menschen, wie verhängnisvoll sich einseitige (ideologische) Ansichten auswirken können. Durch die ganze Psychiatriegeschichte hindurch zieht sich ferner der Streit der Somatiker (reduzieren seelische Veränderungen auf Vorgänge im Körper) und Psychiker (alles ist seelisch, auch der Körper unterliegt diesem Gesetz). Ferner begegnen wir unterschiedlichen Versuchen der Integration und Ausgrenzung (bis hin zur Vernichtung) psychisch kranker und behinderter Menschen. Viele Vorurteile gegenüber psychisch Kranken wie auch den Behandlern und damit befassten Institutionen lassen sich auch aus der Geschichte verstehen bzw. ableiten.

Moderne Psychiatrie sieht sich der *bio-psycho-sozialen-Drillingspraxis* (Kisker) verpflichtet, versucht also sowohl im naturwissenschaftlichen Erklären wie auch psychologischen Verstehen der Problematik und der Berücksichtigung sozialer Aspekte dem

Menschen und seiner Problematik gerecht zu werden. Der Schwerpunkt der Hilfsangebote wird mehr und mehr in den ambulanten Bereich verlegt, im stationären das Angebot spezialisiert und im Falle von notwendigen Zwangsbehandlungen der rechtliche Schutz der Betroffenen verbessert.

Viele Fortschritte in der Psychiatrie sind allerdings Menschen mit geistiger Behinderung lange Zeit nicht zugute gekommen, die meisten Reformer aber auch Antipsychiatrie wie Sozialpsychiatrie hatten zunächst andere »Patientengruppen« im Auge, wonach Menschen mit geistiger Behinderung noch lange »Stiefkinder der Psychiatrie« (Theunissen) blieben. Mangels Alternativen mussten nicht nur Menschen mit schwerer Behinderung, sondern auch jene mit im gegebenen Umfeld als störend empfundenen Verhalten über 100 Jahre lang in meist wenig zuträglichen Großkrankenhäusern leben, wo sie nicht selten in menschenunwürdigen Zuständen vegetierten, meist getrenntgeschlechtlich und ohne pädagogische Betreuung oder andere Förderung.

Erst nach der Psychiatrie-Enquete von 1975 in Deutschland und nach Inkrafttreten eines neuen Unterbringungsgesetzes in Österreich 1991 erfolgte nach und nach die → *Enthospitalisierung* der Menschen mit geistiger Behinderung, trug man also der Tatsache Rechnung, dass geistige Behinderung nicht als psychische Krankheit betrachtet werden darf und diese Menschen dem »Normalisierungsgrundsatz« nach in Wohngruppen mit pädagogischer Ausrichtung oder ambulant mit Assistenz zu betreuen sind. Auftrag der Psychiatrie wäre nun die Einbringung psychiatrisch-psychotherapeutischer Kompetenz in die neuen Systeme, wobei Beratung (auch in präventiver Hinsicht), Krisenintervention, Abklärung und Behandlung psychischer Störungen von Menschen mit geistiger Behinderung möglichst gemeindenah erfolgen sollten. Bei einer guten Zusammenarbeit zwischen Einrichtungen der Behindertenhilfe und einer mobilen psychiatrischen Dienstleistung, z. B. durch eine Psychiatrie-Ambulanz, kann eine stationäre Behandlung oder Unterbringung häufig vermieden werden (Lingg & Feurstein 2001). Ebenso bedarf es dann keiner speziellen Stationen für geistig Behinderte innerhalb einer psychiatrischen Klinik (ebd., 341). Andererseits haben Menschen mit geistiger Behinderung genauso wie jede andere Person ein Recht darauf, bei einer schweren psychischen Störung auch stationär behandelt zu werden. Solche (vorübergehenden) Maßnahmen sollten aber immer unter Beachtung und in → Kooperation mit der Lebenswelt eines Betroffenen sowie unter Einbeziehung heilpädagogischer Angebote im Rahmen einer psychiatrischen Behandlung erfolgen (Lingg & Theunissen 2000).

Albert Lingg

Literatur

Lingg, A. & Feurstein, P. (2001): Krisenintervention und Krisenprophylaxe – Erfahrungen von Lebenshilfe und Psychiatrie in Vorarlberg. In: Wüllenweber, E. & Theunissen, G. (Hrsg.): Handbuch Krisenintervention. Stuttgart, 338–343

Lingg, A. & Theunissen, G. (2008): Psychische Störungen und geistige Behinderung. Freiburg

Psychiatrisches Modell, medizinisches Modell

Unter dem Begriff des psychiatrischen Modells (synonym: medizinisches Modell) wird ein traditionelles Paradigma (Leitkonzept) gefasst, das jahrzehntelang sowohl die Heilpädagogik und Geistigbehindertenhilfe als auch andere Bereiche der Rehabilitation und Sozialen Arbeit maßgeblich bestimmt hat (Keupp 1972a;b; Theunissen 1992; 2012). Folgerichtig stand die Behindertenarbeit jahrzehntelang unter Obhut der → Psychiatrie. Dass das psychiatrische Modell Menschen mit Lernschwierigkeiten oder komplexer Behinderung mehr geschadet als genutzt hat (z. B. durch Dogmen wie der Bildungsunfähigkeit und der implizierten Zuarbeit für die Nazis), ist heute hinlänglich bekannt. Im Unterschied zur Kinder- und Jugendhilfe und Arbeit mit psychisch Kranken fand im Bereich der Geistigbehindertenhilfe erst recht spät (vor etwa 30 Jahren) eine tiefgreifende Auseinandersetzung mit dem psychiatrischen Modell statt. Über alle Differenzierungen hinweg lassen sich hierbei fünf zentrale Symptome herausstellen (genauere Ausführungen dazu Theunissen 2012):

1. Biologisch-nihilistisches Menschenbild
2. Individualistisch-disziplinierendes Behandlungsprinzip
3. Arbeits- und beschäftigungstherapeutischer Fehlansatz
4. Totale Institution und Hospitalisierung
5. Politische Botmäßigkeit und Alibifunktion.

Inzwischen gilt das psychiatrische Modell als weithin überwunden, wenngleich es in manchen klinisch und pflegerisch orientierten Einrichtungen für Menschen mit Lernschwierigkeiten oder komplexer Behinderung bis heute nachwirkt.

Georg Theunissen

Literatur

Keupp, H. (1972a): Psychische Störungen als abweichendes Verhalten. München
Keupp, H. (1972b): Das Krankheitsmythos in der Psychopathologie. München
Theunissen, G. (1992): Heilpädagogik und soziale Arbeit mit verhaltensauffälligen Kindern und Jugendlichen. Freiburg
Theunissen, G. (2012): Lebensweltbezogene Behindertenarbeit und Sozialraumorientierung. Eine Einführung in die Praxis. Freiburg

Psychische Störungen, psychische Krankheit

(siehe auch Verfahren zur Erfassung psychischer Störungen)

In der 10. Überarbeitung der von der WHO erstellten International Classification of Diseases (ICD-10) wird erstmals der Begriff der »Störung« verwendet, um problematische Ausdrücke wie »Krankheit« oder »Erkrankung« weitgehend zu vermeiden. »Störung« ist absichtlich kein exakter Begriff: Sie soll einen klinisch erkennbaren Komplex von Symptomen oder → Verhaltensauffälligkeiten anzeigen, der immer auf der individuellen und oft auch auf der sozialen Ebene mit der Belastung und Beeinträchtigung von Funktionen verbunden ist, der sich aber nicht einzig und allein auf der sozialen Ebene darstellt. Frühere Klassifizierungen stellten noch den ätiologischen Aspekt in den

Vordergrund, beschrieben also »Krankheiten«, wobei letztere in verschiedenen Ländern und durch verschiedene Schulen höchst unterschiedlich definiert wurden. Eine internationale Verständigung und vor allem auch der Austausch von Forschungs- und Behandlungsergebnissen war so nur sehr bedingt möglich. So gesehen macht dieses Beschreiben auf einer vorrangig deskriptiven Annäherung Sinn und erlaubt auch hinsichtlich Verlauf und Schweregrad der Störung ein exakteres Vorgehen. Ätiopathogenetische Elemente sind allerdings nach wie vor mitentscheidend, wenn etwa das Vorhandensein oder Fehlen einer hirnorganischen Beeinträchtigung oder der Einfluss psychotroper Substanzen zum Kriterium werden.

Wenngleich kritisiert werden kann, dass bis heute unter F 7 »Intelligenzminderung« im psychiatrischen Klassifizierungsschema erscheint, ist unstritig, dass Menschen mit geistiger Behinderung vielen Untersuchungen nach ein erhöhtes Risiko aufweisen, unter psychischen Störungen zu leiden, es also von Seiten des psychiatrischen Untersuchers gerade auch im Sinne einer »verstehenden Diagnostik« (Lingg & Theunissen 2008) falsch wäre, diesen Aspekt auszublenden. Die Skepsis aus dem Lager Heilpädagogik ist allerdings verständlich, indem Lehre und Praxis der Psychiatrie bis vor kurzem (bzw. aus manchen Lehrbüchern zu schließen leider bis heute) hinsichtlich psychischer Störungen bei Menschen mit geistiger Behinderung ausgesprochen defizitorientiert waren und ihre Befindlichkeits- oder Verhaltensstörungen vorschnell als »Komplikationen des Schwachsinns« abgehakt wurden. So kannte die alte Psychiatrie für Menschen mit geistiger Behinderung, deren Schweregrad sie in Debilität, Imbezillität und Idiotie einstufte, nur die Kategorien: erethisch (aufgeregt), torpide (stumpf-apathisch) und Pfropfpsychose (psychotische Verhaltensweisen). Menschen mit geistiger Behinderung wurden somit vor allem erlebnisreaktive Störungen, → Depressionen oder Psychosomatosen, letztlich schlichtweg eine emotionale Konfliktverarbeitung erst gar nicht zugestanden.

Das Erfassen von Befindlichkeitsstörungen (Ängsten, Phobien, depressiven oder wahnhaften Einstellungen) bei Menschen mit geistiger Behinderung ist allerdings häufig schwer fassbar, die Einbeziehung nächster Bezugspersonen, Angehöriger oder professioneller Helfer so noch vordringlicher und ein systemischer Zugang häufig hilfreich. Eine differenzierte → Diagnostik und damit auch erfolgreiche Behandlung scheitert noch heute oftmals an fehlender Zeit und schlechter Kommunikation. Damit wird vielen Betroffenen indizierte psychotherapeutische Unterstützung, aber auch pharmakologische (vor allem antidepressive) Behandlung vorenthalten.

Zwischen den psychischen Auffälligkeiten geistig behinderter und jenen nicht behinderter Menschen besteht kein prinzipieller Unterschied. Nichtsdestotrotz sind im Einzelfall spezifische Besonderheiten zu beachten (ebd., 50ff.; Bouras 2001; Deb et al. 2001); z. B. sind je nach Grad der kognitiven Beeinträchtigung eines geistig behinderten Menschen Wahnvorstellungen bei schizophrenen Störungen »einfacher« strukturiert (Meadows et al. 1991). Eine geistig behinderte Person sollte freilich weder – etwa durch vorschnelle oder unzulässige psychiatrische Diagnosen – vereinnahmt, noch – aus Furcht vor »Pathologisierung« oder »Psychiatrisierung« – um eine unter Umständen notwendige und hilfreiche medizinische oder psychologische Therapie gebracht werden.

Die Möglichkeiten der Diagnostik, einer prognostischen Einschätzung und der Auswahl bewährter Therapien haben sich in den letzten Jahrzehnten wesentlich erweitert. Organische Ursachen psychischer Störungen lassen sich durch die neuen bildgebenden Verfahren (Computer- und Magnetresonanztomographie), funktionelle Veränderungen durch spektroskopische Untersuchungen und Elektroenzephalogramm, entzündliche Veränderungen des zentralen Nervensystems durch verfeinerte serologische und Liquoruntersuchungen, Vergiftungen durch Serumspiegelbestimmungen oder Urintests erfassen. *Wichtigstes Werkzeug des Psychiaters bleibt allerdings der psychopathologische Status*, dessen Erhebung vor allem bei Personen, welche sich kaum oder nicht sprachlich verständigen können, besonderes Geschick und Einfühlungsvermögen verlangt (dazu Lingg & Theunissen 2008, 41).

In der klinischen Erfahrung trifft man auf immer wiederkehrende, typische »psychiatrisch-klinische Bilder«, die durch häufig im Verband auftretende Symptome, so genannte Syndrome, gebildet werden und keine enge Korrelation zu einer immer gleichen Ursache haben.

Die häufigsten Syndrome wären etwa:

1. Depressives Syndrom:
Traurig gedrückte Stimmungslage bis hin zu Unfähigkeit, Gefühle zu empfinden, Desinteresse, Freudlosigkeit, vegetative Störungen (Appetit, Schlaf, Libido), Denkhemmung, Grübeln, Antriebsstörungen, körperliche Missempfindungen und Suizidalität.

2. Manisches Syndrom:
Euphorische oder gereizte Stimmungslage, Antriebssteigerung, gehobenes Selbstwertgefühl, vermehrte Geldausgabe, Größenideen, reduziertes Schlafbedürfnis, Umtriebigkeit, Enthemmung, Rededrang und Ideenflucht.

3. Paranoid halluzinatorisches Syndrom:
Wahnideen, Halluzinationen, Gedankenausbreitung, -entzug oder -eingebung.

4. Katatones Syndrom:
Motorische Symptome wie Starre oder Erregung, Bewegungs- und Haltungsstereotypien, Echolalie, Echopraxie, Manierismen.

5. Hypochondrisches Syndrom:
Überzogene Krankheitsbefürchtungen, starke Selbstbeobachtung, ängstlich-klagsam-jammrige Stimmungslage.

6. Angstsyndrom:
Diffuse oder situationsbezogene Ängste, verbunden mit vegetativer Hyperaktivität.

7. Zwangssyndrom:
Ständig wiederholte, als sinnlos und quälend empfundene Gedanken, Impulse und (oder) Handlungen.

8. Hirnorganisches Syndrom:
Einschränkung kognitiver Funktionen mit Reduzierung der Denkleistung, des Gedächtnisses, der Aufmerksamkeit und Konzentration sowie Orientierungsstörungen.

9. Delirantes Syndrom:
Orientierungsstörungen, motorische Unruhe, vegetative Entgleisungen (Schwitzen, Zittern, Herzrasen). Optische, taktile und szenische Halluzinationen, Nesteln und Verwirrtheit.

10. Konversionssyndrom:
Im Vordergrund funktionelle motorische Störungen (auch Lähmungen) oder sensorisch-sensible Ausfälle (psychogene Blindheit, Schmerzlosigkeit oder Schmerzzustände), die zumeist demonstrativ appellativ angeboten werden, symbolische Bedeutung haben und mit sekundärem Krankheitsgewinn einhergehen können.

Erst die Zusammenschau von psychopathologischem Syndrom, den erhobenen Befunden sowie unter Berücksichtigung der Vorgeschichte und weiterer Beobachtung führen dann zur Diagnose oder Differenzialdiagnosen. Häufig kann zunächst nur eine Verdachtsdiagnose gestellt werden, weil die Zuordnung nicht aus dem Querschnitt der Momentaufnahme, sondern erst im weiteren Krankheitsverlauf oder Längsschnitt möglich wird. Außerdem handelt es sich selbstverständlich nicht um »reine« Krankheitseinheiten; Übergänge oder Kombinationen sind häufig.

Das ICD-10 kennt folgende *Hauptdiagnosen*, die ihrerseits wieder bis 5-stellig aufgeschlüsselt werden, womit eine wesentliche genaue Beschreibung des Zustandsbildes, Schweregrades und Verlaufs möglich wird:

F 0 Organische einschließlich symptomatischer psychischer Störungen.
F 1 Psychische und Verhaltensstörungen durch psychotrope Substanzen.
F 1 Schizophrenie, schizotype und wahnhafte Störungen.
F 3 Affektive Störungen.
F 4 Neurotische, Belastungs- und somatoforme Störungen.
F 5 Verhaltensauffälligkeiten mit körperlichen Störungen und Faktoren.
F 6 Persönlichkeits- und Verhaltensstörungen.
F 7 Intelligenzminderung.
F 8 Entwicklungsstörungen.
F 9 Verhaltens- und emotionale Störungen mit Beginn in der Kindheit und Jugend.

In der Praxis muss immer eine Individualdiagnose erstellt werden, wobei die Persönlichkeit des Kranken in ihrer Werdensgeschichte, ihrem lebensgeschichtlichen und situationsabhängigen, d. h. zugleich sozialen Kontext zu berücksichtigen ist.

Die Zusammenschau der Literatur macht deutlich, dass Menschen mit geistiger Behinderung *das ganze Spektrum psychischer Beeinträchtigungen* erleiden können. Die angegebenen Prävalenzraten unterliegen beträchtlichen Schwankungen, ihre Betroffenheit soll um den Faktor 2–3 gegenüber der Gesamtbevölkerung erhöht sein (Lingg & Theunissen 2008, 18; Deb et al. 2001, 5). Als wichtige Einflussvariablen gelten der Grad der Behinderung, das Ausmaß der Institutionalisierung, das Vorliegen einer → Epilepsie und das Alter. Aus den kognitiven und weiteren, speziell emotionalen Besonderheiten eines Menschen mit geistiger Behinderung resultiert naturgemäß eine Disposition oder Verletzlichkeit, die beim Versagen der Bewältigungsstrategien vor allem aber auch bei Überforderung in einem nicht zuträglichen Milieu zu einer psychischen Störung führen kann. Entsprechende Hilfen oder Behandlungsmöglichkeiten sind der einschlägigen Literatur (Bouras 2001; Lingg & Theunissen 2008) sowie mehreren Beiträgen im vorliegenden Handlexikon zu entnehmen.

Albert Lingg

Literatur

Bouras, N. (ed.) (2001): Psychiatric and Behavioural Disorders in Developmental Disabilities and Mental Retardation. Cambridge (2. edition)
Deb, S. et al. (2001): Practice Guidelines for the Assessment and Diagnosis of Mental Health Problems in Adults with Intellectual Disability. Brighton
Lingg, A. & Theunissen, G. (2008): Psychische Störungen und geistige Behinderung. Freiburg
Meadows, G. et al. (1991): Assessing schizophrenia in adults with mental retardation. In: British Journal of Psychiatry, Vol. 161, 686–691

Psychomotorik

Der Begriff Psychomotorik stellt sich in Wissenschaft und Praxis sehr vielfältig und inhaltlich heterogen dar, was in der Komplexität des Gegenstandes begründet liegt.

In der *Bewegungslehre* bezeichnet die Psychomotorik den Zusammenhang zwischen inneren psychischen Prozessen wie Wahrnehmung, Emotion, Motivation und äußerlich wahrnehm- und messbaren Bewegungen (Zimmermann & Kaul 1998).

In der *Motologie* wird unter Psychomotorik zum einen eine ganzheitliche Sichtweise vom Menschen (Einheit von körperlichen und seelischen Prozessen) verstanden; und zum anderen wird Psychomotorik als Sammelbegriff für Ansätze in der Tradition der psychomotorischen Übungsbehandlung nach E. J. Kiphard benutzt (Seewald 1997). Dieser Ansatz eignet sich besonders gut für Menschen mit geistiger Behinderung.

Kiphard u. a. begannen 1955 im klinisch-heilpädagogischen Kontext, entwicklungsverzögerte und motorisch auffällige Kinder über das Mittel der Bewegung in ihrer Gesamtentwicklung und Persönlichkeit zu unterstützen. Diese Arbeit war sehr ermutigend und fand im Laufe der folgenden Jahre auch in Heimen, Sonder- und Regelschulen Eingang. Es folgte die Entwicklung diagnostischer Instrumente wie etwa des Körperkoordinationstests (KTK) sowie des Trampolin-Körperkoordinationstests (TKT). Zudem wurden der Aktionskreis Psychomotorik und Ausbildungsgänge zum Motopäden und Motologen gegründet.

Ziel der Psychomotorik ist es, den Menschen (mit und ohne Behinderung) auf seinem individuellen Entwicklungsstand zu einer sinnvollen und kompetenten Auseinandersetzung mit sich selbst (Ich-Kompetenz) sowie mit seiner dinglichen (Sach-Kompetenz) und personalen Umwelt (Sozial-Kompetenz) zu befähigen. Im Vordergrund steht hierbei das Erleben von Eigenaktivität, Erfolgserlebnissen und Selbstwirksamkeit.

Die inhaltlichen Schwerpunkte bieten vielfältige Körper- und Bewegungs-, Sozial- und Materialerfahrungen. Das Besondere an der Psychomotorik ist der Einsatz attraktiver Übungsgeräte und die Entwicklung neuer Übungssituationen wie etwa das Rollbrett, Pedallo, das große Trampolin, Zirkus, Clown, Alltagsmaterialien und die Bewegungsbaustelle (Miedzinski 1989).

Unter dem Aspekt der Ganzheitlichkeit wird die Ausrichtung auf eventuell festgelegte Störungen der Haltung und Bewegung vermieden. Anstelle von funktions- und symptomorientierten Übungen soll der Mensch über Bewegung in all seinen Sinnen angesprochen werden, seinen Körper annehmen, mit ihm umgehen lernen und sich als ein wichtiges Element einer Gruppe erfahren. Die Psychomotorik vermittelt grundlegende Bewegungs- und Wahrnehmungsmuster, um sich später auch spezifischere, an Sportarten ausgerichtete Bewegungstechniken aneignen zu können. Der Leistungsgedanke ist auf die individuelle Bezugsnorm bezogen. Im Vordergrund stehen spielerische Angebote und Experimentieren sowie partnerschaftliches Lernen.

An dieser Stelle zeigt sich die große Übereinstimmung der Psychomotorik zu behindertenpädagogischen Leitprinzipien wie etwa Kompetenz- und Entwicklungsorientierung, Ganzheitlichkeit, Beziehungsgestaltung sowie Individualisierung.

Hölter (1992) erweiterte die Anwendung der Psychomotorik auf erwachsene Menschen, Philippi-Eisenburger (1991) auf ältere Menschen und Fath (2005) auf Menschen mit sehr schweren Behinderungen.

Kirsten Fath

Literatur

Fath, K. (2005): Verhaltensauffälligkeiten und Bewegungstherapie bei Menschen mit sehr schweren Behinderungen. Marburg
Fischer, K. (2001): Einführung in die Psychomotorik. München
Hölter, G. (1992): Mototherapie mit Erwachsenen. Schorndorf
Hünnekens, H. & Kiphard, E. J. (1960): Bewegung heilt. Gütersloh
Kiphard, E. J. (1998): Psychomotorik als »Meisterlehre«. In: Motorik 21, 3, 87–91
Mertens, K. (2002): Psychomotorik – Grundlagen und Wege der Förderung. Dortmund
Miedzinski, K. (1989): Die Bewegungsbaustelle. Dortmund
Philippi-Eisenburger, M. (1991): Bewegungsarbeit mit älteren und alten Menschen. Theorie und Praxis der Motogeragogik. Schorndorf
Seewald, J. (1997): Glossar zum Begriff Psychomotorik. In: Praxis der Psychomotorik 22, 4, 272
Zimmermann, K. W. & Kaul, P. (1998): Einführung in die Psychomotorik. Kassel

Psychopharmaka

Unter *Psychopharmaka* (Einzahl: Psychopharmakon) versteht man alle Arzneimittel, die gezielt für die therapeutische Beeinflussung gestörter psychischer Zustände verwendet werden. Ihr Hauptanwendungsgebiet sind → psychische Störungen (psychische Erkrankungen) und Befindlichkeitsstörungen.

Die Geschichte der Psychopharmaka im engeren Sinne beginnt in der Mitte des 20. Jahrhundert, als die ersten Antidepressiva und Neuroleptika synthetisiert und in die Anwendung am Patienten eingeführt wurden. Der erfolgreiche Einsatz der Psychopharmaka zur Behandlung und Rückfall-Prophylaxe psychischer Erkrankungen eröffnete wesentliche Entfaltungsmöglichkeiten für sozialpsychiatrische Entwicklungen.

Die Psychopharmaka können nach verschiedenen Aspekten aufgeteilt oder gegliedert werden. Die praktisch wichtigste Einteilung richtet sich nach den klinischen Haupteinsatzzwecken. Dieser Gliederung zufolge kann man unterscheiden:

- die Gruppe der *Neuroleptika* oder *Antipsychotika* (Arzneimittel, die psychotische Symptome positiv beeinflussen),
- die Gruppe der *Antidepressiva* (Arzneimittel, die depressive Zustände positiv beeinflussen),
- die Gruppe der *Sedativa*, *Anxiolytika* und *Hypnotika* (Arzneimittel, die Erregungszustände dämpfen, Angst lösen und den Schlaf fördern),
- die Gruppe der *stimmungsstabilisierenden Medikamente* (Phasenprophylaktika, Rezidivprophylaktika) (Arzneimittel, die Rückfälle affektiver Störungen verhindern),
- die Gruppe der *Psychostimulanzien* (Arzneimittel, die ausgewählte psychische Funktionen stimulieren),
- die Gruppe der *Nootropika* (inkl. Antidementiva) (Arzneimittel, die den Hirnstoffwechsel fördern und die verminderte Neurotransmission bei bestimmten dementiellen Zuständen steigern),
- die Gruppe der *Anticraving-Substanzen* (Arzneimittel, die das suchtbedingte Verlangen nach Suchtmitteln mindern).

Diese klinisch orientierte Gliederung hat ihre Grenzen, zumal die Entwicklung voranschreitet. So gehen die Einsatzgebiete (*Indikationen*) dieser Gruppen mittlerweile oft über die erwähnten Haupteinsatzzwecke hinaus. Beispielsweise werden Antidepressiva mit großem Erfolg zur Behandlung von Zwangsstörungen eingesetzt oder bestimmte Neuroleptika zur Behandlung von Tic-Erkrankungen.

Allen Psychopharmaka ist gemeinsam, dass sie auf die *Neurotransmittersysteme*, also die wesentlichen Träger der Informationsübertragung im Gehirn, einwirken. Die Mechanismen, mit denen Psychopharmaka auf die sog. Neurotransmission einwirken sind unterschiedlich: Manche Psychopharmaka fördern, manche hemmen die Produktion der Neurotransmitter, andere blockieren die sog. Rezeptoren (die Bindungsstrukturen, an denen die Neurotransmitter »andocken« müssen, um ihre Wirkung zu entfalten) oder den Abbau der Neurotransmitter usw.

Psychopharmaka haben wie alle Pharmaka (Arzneimittel) nicht nur erwünschte Wirkungen, sondern auch unerwünschte Nebenwirkungen. Dies liegt u. a. daran, dass Psychopharmaka – oft in Wechselwirkungen mit individuellen Dispositionen der Patienten – nicht nur ein, sondern mehrere Transmittersysteme beeinflussen. Die Forschung zielt deshalb darauf, möglichst selektiv wirkende Psychopharmaka zu entwickeln. Es gibt übrigens auch positive Nebenwirkungen.

Psychopharmaka sind aus dem Methodenrepertoire der Medizin, speziell der → Psychiatrie, nicht mehr wegzudenken. Sie sind ein wichtiger, unersetzlicher Eckpfeiler komplexer, sog. *multimodaler Therapiekonzepte*. Sie tragen damit zur psychischen Gesundheit, zur Lebensqualität und zur Teilhabe von Menschen mit psychischen Erkrankungen am gesellschaftlichen Leben bei.

Nur solche Medikamente sind im Einsatz am Patienten, die durch die zuständigen Behörden auf der Grundlage umfassender wissenschaftlicher Untersuchungen für den Arzneimittelmarkt zugelassen werden. Dabei wird nicht nur die *Zulassung* zum Arzneimittelmarkt überhaupt erteilt, sondern es werden auch die Einsatzgebiete (*Indikationen*) festgelegt. Wenn ein Arzneimittel außerhalb dieser zugelassenen Indikationen eingesetzt werden soll, sind bestimmte Voraussetzungen zu erfüllen. Es handelt sich dabei um einen sog. *Off-label-use*.

Es ist völlig unberechtigt, Psychopharmaka pauschal als »chemische Keule«, als »chemische Zwangsjacke« usw. zu denunzieren. Ebenso falsch ist es, in »Dämpfung« oder »Ruhigstellung« den Hauptzweck oder die Hauptwirkung von Psychopharmaka zu sehen. Dennoch gilt: Die akuten und die chronischen Nebenwirkungen der Psychopharmaka sind ein wichtiger Grund dafür, Psychopharmaka immer kritisch einzusetzen, vor allem nur dort, wo es keine Alternativen gibt. Leider werden im Allgemeinen – bei Menschen ohne und mit geistiger Behinderung – viel zu viele Psychopharmaka verordnet. Besonders die sog. Sedativa vom Benzodiazepin-Typ spielen auf Grund ihres Suchtpotentials eine problematische Rolle.

Michael Seidel

Literatur

Walden, J. & Calker, D. v. (2004): Psychopharmakologie. In: Berger, M. (Hrsg.): Psychische Erkrankungen. Klinik und Therapie. München, Jena, 111–160 (2. neu bearbeitete und erweiterte Aufl.)

Benkert, O.; Hippius, H., unter Mitarbeit von Wetzel, H.; Gründer, G. (1996): Psychiatrische Pharmakotherapie. Heidelberg u. a., Berlin (6. Aufl.)

Psychotherapie

Inzwischen gilt als unbestritten, dass bei Menschen mit geistiger Behinderung alle unterschiedlichen Formen → psychischer Störungen auftreten können. Darüber hinaus ist das Risiko, psychisch zu erkranken, bei ihnen selbst unter günstigsten Entwicklungsbedingungen wesentlich höher als bei nicht behinderten Menschen. Psychotherapeutische Angebote stehen für diese Personengruppe jedoch kaum zur Verfügung. Zum einen scheint die Möglichkeit einer psychotherapeutischen Behandlung fälschlicherweise noch immer hohe intellektuelle und verbale Kompetenzen vorauszusetzen, zum anderen stehen bisher einschlägig erfahrene Psychotherapeuten, wenn überhaupt, nur in einigen großen Einrichtungen der Behindertenhilfe zur Verfügung, nicht aber im öffentlichen Gesundheitswesen. Unter einer Psychotherapie soll hier die Veränderung des Erlebens, Denkens und Verhaltens mittels psychologischer Methoden verstanden werden.

Erst seit wenigen Jahren besteht in der Fachliteratur Einigkeit darüber, dass durch drei unterschiedliche Entwicklungen einschlägige theoretische Grundlagen und praktische Erfahrungen durchaus vorhanden sind:

- durch klassische Psychotherapieansätze, die auf Menschen mit geistiger Behinderung übertragen werden,
- durch die Entwicklung neuer Psychotherapieformen und
- durch therapeutische Arbeitsformen, die mit heilpädagogischen Vorgehenswesen verknüpft werden oder aus der Behindertenarbeit hervorgegangen sind (z. B. körperzentrierte Verfahren; → basale Stimulation).

Somit gibt es inzwischen eine große Methodenvielfalt, die eigentlich den unterschiedlichen Problemlagen gerecht werden könnte.

Eine differenzierte Darstellung zum Stand der Entwicklung der Psychotherapie bei Menschen mit geistiger Behinderung und verschiedener Therapieansätze findet sich in dem umfangreichen Übersichtsartikel von Stahl (2003, 591ff.). Aus Platzgründen können hier nur die wesentlichsten heraus gegriffen werden.

Die *Tiefenpsychologie*, das etwas mehr als 100 Jahre alte Theoriengebilde der Psychoanalyse, stellt den ältesten psychotherapeutischen Ansatz dar. Ihr grundsätzliches theoretisches Postulat besteht darin, hinter Symptomen (neurotischen Handlungen) eine in der Gegenwart unbewusste frühkindliche Störung (oft der sexuellen Entwicklung) zu erkennen. Durch spezielle Techniken soll es dem Klienten gelingen, die ursprünglichen Konflikte zu erkennen und diese aufzuarbeiten. Die Übertragung dieses Konzeptes auf Menschen mit geistiger Behinderung (dazu Heinemann & de Groef 1997) ist allein schon deshalb schwierig, weil die Sprache als Kommunikationsmedium über ein differenziertes Erleben bei möglichst hoher Introspektionsfähigkeit benutzt wird. Folgerichtig wurden bei der Übertragung dieses klassischen Therapieansatzes auf den speziellen Personenkreis verschiedene Modifikationen vorgenommen. Diese betreffen im Wesentlichen die Frequenz und Dauer der Therapiestunden (mehr Stunden von jeweils kürzerer Zeitdauer), den Ort der therapeutischen Behandlung (verstärkte Integration des Alltags als »Realraum«) und das Arbeitsbündnis, dessen gemeinsame Erarbeitung zu Beginn einer Therapie im Vordergrund steht, während es sonst eher als gegeben angesehen werden kann. Auch dem Bereich der Kinderpsychoanalyse werden methodische Anleihen entnommen, etwa die Nutzung des → Spiels als therapeutischer Zugangsweg. Wahrscheinlich wird von Menschen mit geistiger Behinderung der Therapeut eher als Realperson erlebt und weniger als »Übertragungsobjekt«.

In der *Verhaltenstherapie* oder *Verhaltensmodifikation* (dazu Margraf 2000) wird dagegen nicht auf unbewusste Persönlichkeitsanteile zurückgegriffen, sondern der Schwerpunkt auf das konkret beobachtbare Verhalten gelegt. Dieser Therapieansatz beruft sich darauf, experimentell-naturwissenschaftlich gewonnene Gesetze des → Lernens (Klassisches Konditionieren, Operantes/Instrumentelles Konditionieren, Modelllernen) umzusetzen. Es wird angenommen, dass jedes Verhalten, auch sog. »auffälliges«, nach diesen Lerngesetzen erworben wird und dass das Ziel einer psychotherapeutischen Methode damit das Umlernen oder Neulernen von Erlebnis- oder Verhaltensweisen ist. Der Grund dafür, über viele Jahre hinweg nur in der Verhaltenstherapie eine angemessene Psychotherapiemethode für Menschen mit geistiger Behinderung zu sehen, lag sicher darin, Methoden der Lerntheorie gerade bei solchen Menschen anwenden zu wollen, bei denen Lernbeeinträchtigungen so offensichtlich sind. So fanden zahlreiche Methoden des Lernens durch operantes Konditionieren nahezu kritiklos Anwendung. Erst der zunehmende Einsatz aversiver Techniken (sog. Bestrafungstechniken im weitesten Sinne) bei Verhaltensproblemen und psychischen Störungen führte zu einer massiven Kritik an diesem Ansatz. Das hohe Ausmaß an Manipulationsmöglichkeiten, ein zu technizistisches Vorgehen und der Verzicht auf eine ganzheitliche Sichtweise des Menschen drängten daher die klassische Form der Verhaltenstherapie vor einigen Jahren in den Hintergrund. Das Vordringen moderner, kognitiver Ansätze zur Verhaltensselbststeuerung in der Verhaltenstherapie lässt sich bisher in der Arbeit mit geistig behinderten Menschen so gut wie nicht feststellen; vermutlich, weil viele von ihnen nicht über die sprachlichen Voraussetzungen verfügen, die dafür für erforderlich gehalten werden.

Zu weiteren relevanten psychotherapeutischen Ansätzen (Gestalttherapie, Personzentrierte Therapie, Systemische Therapie usw.) muss aus Platzgründen auf die einschlägige Literatur verwiesen werden (z. B. Stahl 2003; Lingg & Theunissen 2008).

Bei allen Überlegungen, wann psychotherapeutische Methoden einzusetzen sind oder nicht, ist es notwendig, auch *Indikationen* (Grund zur Anwendung) und *Kontraindikationen* (Ausschluss der Anwendung eines bestimmten Verfahrens) mit zu bedenken. Allerdings muss auch davor gewarnt werden, vorschnell und zu umfassend allein schon durch die Übernahme von Begriffen wie z. B. »Indikation« einen rein somatischen Krankheitsbegriff ohne weitere Modifikation auf die psychischen Erlebens- und Verhaltensdimensionen zu übertragen. Im Rahmen einer möglichen Therapieindikation kann im Wesentlichen als belegt gelten, dass die Psychoanalyse die jeweilige Gesamtproblematik tendenziell positiv beeinflusst, aber weniger zu einer Besserung des allgemeinen Wohlbefindens und zu einem Zuwachs an sozialer Handlungskompetenz beiträgt. Davon abgesehen wirkt sich aber auf jeden Fall die Beziehungsarbeit des Therapeuten günstig aus. Der personzentrierte Ansatz dagegen wirkt in der Regel weniger auf die Hauptsymptomatik, er scheint aber eher das allgemeine (subjektive) Wohlbefinden zu verbessern. Die Effekte der Verhaltenstherapie gelten als am besten gesichert und beziehen sich auf sehr unterschiedliche Störungsbereiche. Ihre Stärke liegt in der besonderen Berücksichtigung der Problembewältigungsperspektive (dazu Grawe, Donati & Bernauer 2001, 739ff.). Bezüglich möglicher Kontraindikationen von Psychotherapie liegen kaum verallgemeinerbare Befunde vor. Während noch vor wenigen Jahren ein mangelndes Sprachniveau oder eine zu geringe Introspektionsfähigkeit Kontraindikationen zur Psychotherapie darstellten, gilt dies heute wegen adaptierter Methoden und möglicherweise auch wegen veränderter Erwartungen der Therapeuten so nicht mehr. Inzwischen sind so gut wie keine Ausschlusskriterien für die Anwendung einzelner psychotherapeutischer Methoden bei verschiedenen psychischen Erkrankungen formuliert. Dies erstaunt umso mehr, als man bei der insgesamt eher geringen Anzahl durchgeführter Psychotherapien bei Menschen mit geistiger Behinderung vermuten könnte, es lägen bei diesem Personenkreis massive Kontraindikationen vor. Dem ist jedoch nicht so. Vielmehr ist mit Müller-Hohagen (1996, 74) zu vermuten, dass sich diese Kontraindikationen »vor allem in den Köpfen von uns Nichtbehinderten befinden«.

Ausgehend von der Erkenntnis, dass nicht etwa die Nutzung, sondern die Nicht-Nutzung einer Psychotherapie bei psychischen Störungen zu den größeren Kosten führt (Grawe, Donati & Bernauer 2001, 681), ist zu hoffen, dass sich in Zukunft die psychotherapeutische Versorgung von Menschen mit geistiger Behinderung nachhaltig verbessern wird. Bis heute besitzen allerdings erst wenige, am ehesten Diplom-Psychologen, die in (großen) Behinderteneinrichtungen tätig sind, das dafür erforderliche psychotherapeutische Know-how. Diese Fachdienste müssten deshalb – möglichst eingebunden in ein Netzwerk → offener Hilfen – einen regionalen Kompetenztransfer leisten, um mit ihren speziellen Kenntnissen und Erfahrungen zur Verbesserung der → Lebensqualität geistig behinderter Menschen, die gemeindeintegriert wohnen oder leben möchten, beizutragen.

Burkhard Stahl

Literatur

Grawe, K.; Donati, R. & Bernauer, F. (2001): Psychotherapie im Wandel. Von der Konfession zur Profession. Göttingen (5., unveränderte Auflage)
Heinemann, E. & de Groef, J. (Hrsg.) (1997): Psychoanalyse und geistige Behinderung. Mainz
Lingg, A. & Theunissen, G. (2008): Psychische Störungen und geistige Behinderung. Freiburg
Margraf, J. (Hrsg.) (2000): Lehrbuch der Verhaltenstherapie. Band 2: Störungen und Glossar. Berlin (2., vollständig überarbeitete und erweiterte Auflage)
Müller-Hohagen, J. (1996): Indikationen und Kontraindikationen in der Psychotherapie mit geistig behinderten Menschen. In: Lotz, W.; Stahl, B. & Irblich, D. (Hrsg.): Wege zur seelischen Gesundheit für Menschen mit geistiger Behinderung – Psychotherapie und Persönlichkeitsentwicklung. Bern u. a., 62–75
Stahl, B. (2003): Psychotherapie und psychologische Beratung geistig behinderter Menschen. In: Irblich, D. & Stahl, B. (Hrsg.): Menschen mit geistiger Behinderung – Psychologische Grundlagen, Konzepte und Tätigkeitsfelder. Göttingen, 591–645

Pubertät

Der Begriff »Pubertät« stammt aus dem lateinischen Wort »pubertas«, d. h. »Geschlechtsreife«. Pubertät meint die Reifezeit, den Wechsel vom Kind zum Jugendlichen und den Eintritt in das Erwachsenenalter.

Der Beginn der Pubertät liegt bei Kindern in Mitteleuropa zwischen dem 8. und 16. Lebensjahr. Seit Mitte des 19. Jahrhunderts werden Daten über die Geschlechtsreife bei Mädchen erhoben. Sie waren 1860 durchschnittlich 16,6 Jahre alt bei ihrer ersten Menstruation. Heute sind die meisten Mädchen mit 11 oder 12 Jahren geschlechtsreif. Auch bei Jungen wurde eine deutliche Vorverlagerung der Pubertät gegenüber früheren Generationen festgestellt. Doch der bislang bekannte Reifeabstand zu den Mädchen von ca. zwei Jahren ist nicht mehr vorhanden (Kluge 2006). Andererseits verzögert sich die soziale Reife bei vielen Jugendlichen durch längere Schul- und Ausbildungszeiten. Zudem ermöglicht der liberale Umgang in der Erziehung den Jugendlichen Privilegien hinsichtlich → Partnerschaften und Sexualität, die Generationen zuvor undenkbar waren.

Während der Pubertät sendet die Hypophyse große Mengen an Hormonen aus mit der Folge eines auffallenden körperlichen Reifungsprozesses. Zusätzlich vollzieht sich eine bedeutende geistig-seelische Veränderung der Persönlichkeit. Diese Prozesse verlaufen bei jedem Kind unterschiedlich, so dass von einem typischen Pubertätsverlauf nicht gesprochen werden kann. Vielfalt, Unterschiedlichkeit, aber auch Unsicherheit in der Orientierung kennzeichnen die Lebenssituation der Jugendlichen. Auf Grund der hormonellen Veränderung kann es bei Mädchen und Jungen zu Störungen und auffälligem Verhalten kommen (z. B. Essstörungen oder aggressives Verhalten).

Kinder und Jugendliche lernen von Vorbildern, z. B. den Eltern, aber auch von Idolen aus Fernsehen und Zeitschriften. Vielfältige Identifikationsangebote schaffen Freiräume, können aber auch die einzelnen Jugendlichen überfordern und als Zwang erlebt werden, sich aus einer »Fülle von Möglichkeiten« entscheiden zu müssen. Das gilt auch für die Suche nach einer sexuellen Identität. Viele Kinder fühlen sich in dieser

Phase belastet, manchmal überlastet und das führt zu verständlichen Reaktionen wie Trotz, Lust an Auseinandersetzungen, Nachlässigkeiten in der Körperhygiene und bei der Kleidung oder auch zu seltsamen Geschmacksorientierungen. Die Gefühlswelt wechselt von »himmelhoch jauchzend, zu Tode betrübt«. Darunter leiden nicht nur Familienleben und soziales Umfeld, sondern häufig auch die schulische Leistung.

Im Allgemeinen ist bei Kindern mit einer Behinderung keine abweichende körperliche Entwicklung in der Pubertät festzustellen. Bei wenigen Behinderungsformen kommt es z. B. zum Minderwuchs der Genitalien, fehlender Genitalbehaarung, Ausbleiben der Regelblutung oder des Samenergusses. Während die körperliche Entwicklung altersentsprechend verläuft, ist die seelisch-geistige Entwicklung verlangsamt. Die körperliche Reife entspricht meist nicht der affektiven und emotionalen Entwicklung und den Möglichkeiten der kognitiven Verarbeitung. Dadurch können zusätzliche Probleme entstehen: die Kinder werden nicht als Jugendliche wahrgenommen, ihnen werden sexuelle Gefühle abgesprochen oder besondere Triebhaftigkeit zugeschrieben.

Die Pubertät bewirkt die Ablösung von bislang wichtigen Bezugspersonen, was meist mit großer emotionaler Auseinandersetzung erfolgt. Doch sind diese Auswirkungen nicht auf die Behinderung zurückzuführen, sondern auf die normalen Veränderungen in der Pubertät. Die Akzeptanz der eigenen Beeinträchtigung oder Behinderung und die Auseinandersetzung mit den eigenen Einschränkungen können sehr belastend sein.

Auch Jugendliche und Erwachsene mit intellektuellen Beeinträchtigungen können lernen, ihre sexuellen Wünsche zu kontrollieren. Vielleicht benötigen sie dafür mehr Zeit. Bei schweren Beeinträchtigungen kann es vorkommen, dass sich erst im Erwachsenenalter die Fähigkeit herausbildet, ein individuelles Sexualleben zu entwickeln, was oftmals mit einer erstaunlichen »Nachreifung« der Persönlichkeit einhergeht.

Beate Martin & Joachim Walter

Literatur

Grob, A. & Jaschinski, U. (2003): Erwachsen werden. Entwicklungspsychologie des Jugendalters. Weinheim
Kluge, N. (2006): Pubertät – immer früher geschlechtsreif. In: Studien zur Sexualwissenschaft und Sexualpädagogik. Forschungsstelle für Sexualwissenschaft und Sexualpädagogik. Universität Landau.
pro familia – Bundesverband (Hrsg.) (2001): Sexualität und geistige Behinderung, Frankfurt/M. (2. überarb. Aufl.)

Q

Qualität, Qualitätsentwicklung

Der Begriff Qualität bezieht sich auf den Wert oder die Güte eines Gegenstandes, z. B. einer Ware, oder einer Leistung, z. B. eines Organismus oder einer Maschine. Im Unterschied zur Quantität, die eine Menge meint, sind Qualitäten streng genommen nicht messbar; sie werden eingeschätzt und bewertet, wobei auch Teilquantitäten gewisse Aufschlüsse geben können. Der in der gegenwärtigen Diskussion verwendete Begriff

Qualität stammt ursprünglich aus dem Wirtschaftssektor und ist unter dem Druck einer Verknappung der öffentlichen Mittel auch auf den Sozialbereich übertragen worden. Hier soll er dazu beitragen, dass durch eine stärkere Beachtung des Prinzips der Wirtschaftlichkeit im Zusammenhang mit einer Straffung der Arbeitsstrukturen die Qualität der Sozialleistungen auch im Falle einer Kostenreduzierung nicht Schaden nimmt. Laut § 78b SGB VIII bzw. § 76 SGB XII ist die Übernahme von Kosten vom Abschluss von Qualitäts(entwicklungs)vereinbarungen abhängig.

Ein weiterer Grund für die gegenwärtige Forcierung des Qualitätsbegriffes liegt in der strukturellen Entwicklung des Sozialwesens, auch des Bildungswesens. Der quantitative Ausbau von immer mehr und immer stärker spezialisierten Diensten hatte zu einer Zersplitterung geführt, die die Qualität der Einzelleistungen gefährdete. Im Schulbereich war durch internationale Befunde eine Minderung der Schulleistungen, nicht zuletzt bedingt durch gesellschaftliche Veränderungen, festgestellt worden. Generell sind Wirtschaft, Staat und Öffentlichkeit an mehr Transparenz und Effizienz der sozialen und pädagogischen Dienstleistungen interessiert. Die Konsequenz ist eine institutionalisierte Überprüfung (Evaluation) der Qualität, die wiederum eine weit gehende Normierung bzw. Standardisierung und insgesamt mehr Kontrollen zur Sicherstellung des Qualitätsniveaus bedingt. Die Überprüfung der eigenen Qualität soll im Übrigen auch dem – wirtschaftlich nützlichen – Wettbewerb der Einrichtungen untereinander dienen.

Da Qualität als ein *komplexer* oder *ganzheitlicher* Begriff weithin nur subjektiv einschätzbar und nur begrenzt mit Messmethoden überprüfbar ist, beziehen sich Maßnahmen zur Bewertung oder Evaluation bzw. zur Verbesserung der Qualität auf Teilaspekte und Einzelnormen, vor allem auf solche, die sich operationalisieren lassen. In der Praxis wird zwischen *Struktur-, Prozess- und Produktqualität* unterschieden. Qualitätsbedingende Teilelemente der *Strukturqualität* wären u. a. die personelle Ausstattung (Qualifikationsniveau und Anzahl der Mitarbeiter), die materielle und räumliche Ausstattung (Arbeitsmittel, Arbeitsräume u. dergl.), aber auch die formulierte Grundkonzeption (Menschenbild, Zielsetzungen, Teil-Konzepte). Die *Prozessqualität* wird u. a. von der realen Anwendung fachlicher Konzepte und Methoden bestimmt, von personalen Faktoren, wie Einstellungen, Werthaltungen, Engagement, Kooperationsfähigkeit, und von sächlichen Gegebenheiten, wie Zeitaufwand pro Kind oder Organisationsablauf. Die *Produkt- oder Ergebnisqualität* lässt sich bis zu einem gewissen Grad aus erreichten Zielvorgaben, wie Schulleistungen, Schulabschlüssen, verbesserten Verhaltensweisen oder Therapieerfolgen ermitteln. Die einzelnen Qualitätsteile bedingen einander. Aus ihnen geht die Gesamtqualität eines Dienstes oder einer Schule in Bezug auf eine Verbesserung oder Stabilisierung der → Lebensqualität der Klienten oder Schüler hervor.

Otto Speck

Literatur

Peterander, F. & Speck, O. (Hrsg.) (2004): Qualitätsmanagement in sozialen Einrichtungen. München (2. Aufl.)

Qualitätssicherung, Evaluation, Nutzerkontrolle

Neben der Qualitätsentwicklung müssen sich soziale Systeme wie Einrichtungen der Behindertenhilfe mit Fragen zur Qualitätssicherung auseinandersetzen. Um zu geeigneten Konzepten oder Angeboten im Interesse von Menschen mit Behinderungen zu gelangen, ist der gegenwärtige Trend von Behinderteneinrichtungen, Top-down-Modelle eines Qualitätsmanagements zu nutzen (z. B. TQM; ISO …), das Qualitätsentwicklung als Aufgabe von Profis betrachtet, gänzlich ungeeignet. Notwendig sind Konzepte und Instrumente, die auf demokratischer Basis allen Betroffenen eine Stimme verleihen. Genau dies verspricht das von Fetterman et al. (1996; 2001) entwickelte, in den USA preisgekrönte Modell der *Empowerment Evaluation*, das hierzulande erst ansatzweise zur Kenntnis genommen worden ist. Hierbei handelt es sich um einen »offenen, demokratischen Gruppenprozess« (Fetterman 2001, 89), der jedem Betroffenen (dazu zählen behinderte Personen gleichfalls wie Mitarbeiter, Einrichtungsleiter, gesetzliche Betreuer, Lehrer, Eltern, Verwaltungspersonen …) die Chance gibt, gehört zu werden, eine Evaluation aktiv mitzugestalten sowie bei der Entwicklung zukünftiger Aufgaben oder Vorhaben mitzuarbeiten und mitzubestimmen. Im Prinzip geht es darum, dass betroffene Menschen »sich selbst helfen und ihr eigenes Programm durch Selbst-Evaluation und Reflexion verbessern« (ebd., 3). Dabei wird davon ausgegangen, dass Entwicklungen oder Veränderungen von Institutionen wie auch Lösungen sozialer Probleme wirkungsvoller und dauerhafter sind, wenn sie von allen involvierten Personen vorgeschlagen und getragen werden. Empowerment-Evaluationen, die in der Regel phasenmäßig angelegt sind, gibt es mittlerweile in unterschiedlichsten Bereichen (z. B. Schulen, Behörden, Kommunen, Suchthilfe, Gesundheitsdienste, AIDS-Hilfe, Stiftungen).

Dem Evaluationsbeauftragten kommt als Koordinator, Zuhörer, Berater, Wegbereiter (facilitator), kritischer Prozessbegleiter und Vermittler eine Schlüsselfunktion zu. Seine Aufgabe besteht darin, den Evaluationsprozess so zu unterstützen, dass alle Beteiligten gemeinsam zu Veränderungen, konzeptionellen Weiterentwicklungen und Perspektiven zukünftigen Arbeitens gelangen können. Hierzu soll er sicherstellen, dass Regeln der Fairness eingehalten werden und alle Beteiligten mit ihren Interessen und Sichtweisen zu Wort kommen. Gemeinsame und fortwährende Lernprozesse können dabei zum Abbau von Vorurteilen, Barrieren oder auch institutionellen Unzulänglichkeiten sowie zu verbesserten Strukturen, einem gegenseitigen Verständnis, mehr Transparenz und einer Corporate Identity beitragen.

Nichtsdestotrotz sollten Grenzen nicht unerwähnt bleiben, die dort bestehen, wo sich Teilnehmer der Offenlegung ihrer Position und einer konstruktiven Mitarbeit verweigern, indem sie zum Beispiel andere zu bestimmen oder zu kontrollieren versuchen. Dies wäre ein Beleg für ein mangelndes Interesse an kollaborativer und demokratischer Partizipation. Ferner muss damit gerechnet werden, dass nicht wenige Menschen mit geistiger Behinderung sich überfordert fühlen oder erhebliche Schwierigkeiten haben, ihre Positionen angemessen zu vertreten. Eine Möglichkeit besteht darin, sie im Rahmen des Evaluationsgeschehens (ggf. mit Hilfe → Unterstützer Kommunikation) so zu befähigen und zu stärken, dass sie sich angemessen einbringen können. Das wäre eine pädagogische Aufgabe des Evaluationsbeauftragten. Anderenfalls könnten Vertrauenspersonen (z. B. gute Freunde, Assistenten) als »Übersetzer« mit advokatorischer Funktion einbezogen werden. Eine solche

Rolle darf natürlich nicht für eigene Interessen missbraucht werden. Des Weiteren operiert auch die Empowerment Evaluation wie jede andere Form des Qualitätsmanagements unter bestimmten Rahmenbedingungen, die womöglich der Stein des Anstoßes sind und zum Thema gemacht werden. Hierzu bietet sie allerdings eher als herkömmliche Verfahren die Möglichkeit des politischen Protests sowie eine gemeinsame Suche nach Veränderungen und Entwicklungsperspektiven unter gegebenen Bedingungen.

Eine weitere Möglichkeit, → Qualität einer Einrichtung zu prüfen und zu verbessern, bieten sogenannte *Nutzerkontrollen* (Gromann 1998; BV Lebenshilfe 2000), auf die Menschen mit Lernschwierigkeiten gegebenenfalls gezielt vorbereitet werden müssen. In der Regel liegen Nutzerkontrollen Fragebögen zugrunde, die unterschiedlichste Themen aus der Lebenswelt, z. B. dem Wohnalltag behinderter Menschen aufgreifen. In der Praxis hat sich gezeigt, dass Nutzerkontrollen wenig Sinn machen, wenn die Fragen nicht in einfacher Sprache gehalten werden, uneindeutig bzw. unverständlich sind, wenn die Befragungsergebnisse vonseiten der Institutionen nicht in Evaluations-Zirkeln gemeinsam mit den betreffenden behinderten Menschen lösungsorientiert aufbereitet werden und wenn keine Kontinuität auf dem Gebiete Qualitätskontrolle und – sicherung unter Beteiligung der Betroffenen gepflegt wird.

Georg Theunissen

Literatur

BV Lebenshilfe e. V. (Hrsg.) (2000): Praxismaterial Fachfragen. Nutzerorientierung – wie geht das im Alltag? Marburg
Fetterman, D. M. (2001): Foundation of Empowerment Evaluation. Thousand Oaks (Sage)
Fetterman, D. M.; Kaftarian, S. J. & Wandersman, A. (eds.) (1996): Empowerment Evaluation. Knowledge and Tools for Self-Assessment & Accountability. Thousands Oaks (Sage)
Gromann, P. (1998): Nutzerkontrolle als Element der Qualitätssicherung für das System der Hilfen für Menschen mit geistiger Behinderung. In: Theunissen, G. (Hrsg.): Enthospitalisierung ein Etikettenschwindel? Bad Heilbrunn, 94–108

R

Regionalisierung

Regionalisierung von Diensten richtet sich auf Sozialräume, die mit Gemeinde, Stadt, Stadtteile oder Region umschrieben werden. Wie in der Gesundheits-, Jugend- und Sozialhilfe allgemein sollen in einer *regionalisierten Behindertenhilfe* alle Menschen mit Behinderung, unabhängig von Art oder Umfang ihrer Behinderungen, individuell erforderliche Hilfen in einem von ihnen selbst bestimmten Lebensraum *wohnortnah* erhalten. Dafür muss jede Region eine entsprechende soziale Infrastruktur vorhalten, d. h. ein System miteinander vernetzter Hilfen unter → Kooperation aller beteiligten Träger. Insofern ist die Regionalisierung der Behindertenhilfe die Gegentendenz zur tradierten Zentrierung und Aussonderung behinderter Menschen in *überregionalen* Großeinrichtungen.

Im Zuge des sog. Paradigmenwechsels haben *regionale Leitbegriffe* auch in die Behindertenhilfe Eingang gefunden: Gemeindeorientierung, Sozialraumbezug, Stadtteilarbeit, → Community Care, Gemeinwesenarbeit, → Netzwerkarbeit, → Inklusion, → bürgerschaftliches Engagement. Die größte Herausforderung liegt dabei in der → Dezentralisierung großer Behinderteneinrichtungen und im Aufbau individueller Unterstützung (Assistenz) und Wohnformen.

Träger der Behindertenhilfe erhalten eine *regionale Versorgungsverantwortung bzw. -verpflichtung*, allen Menschen mit Behinderungen erforderliche Wohnformen und Hilfeangebote in regionaler Kooperation vorzuhalten, um die Segregation von Menschen mit schweren und mehrfachen Behinderungen oder zusätzlichen Verhaltensproblemen in überregionalen Einrichtungen (»Schwerstbehindertenzentren«) zu vermeiden.

Auf staatlicher Ebene kommt dabei den *Kommunen, Landkreisen und Kommunalverbänden* eine entscheidende Bedeutung für regionale Behindertenplanung, Hilfesteuerung und Finanzierung zu. Aufgrund zunehmender Finanzierungsprobleme der → Eingliederungshilfe wurden in den letzten Jahren wirksame *regionale Steuerungsinstrumente* entwickelt (Hoffmann-Badache 2005). So sollen in *Regionalkonferenzen* die Rahmenplanungen regionaler Behindertenhilfe unter allen Beteiligten abgestimmt und Zielvereinbarungen getroffen werden. Mit einer → individuellen Hilfeplanung sollen Wünsche, Hilfebedarf und Leistungsansprüche von Leistungsempfängern, Art, Umfang und Qualität der angebotenen Dienste von Trägern und schließlich die Leistungsentgelte der Kostenträger transparenter werden. In den *Hilfeplankonferenzen* sollen die Hilfepläne vorgestellt und mit regionalen Anbietern und Kostenträgern verhandelt werden. Mit einer Finanzierung ambulanter Leistungen durch *Fachleistungsstunden* soll die Assistenz für behinderte Menschen in eigenen Wohnungen erheblich ausgebaut werden. *Regionale Beratungsangebote* für Menschen mit geistiger Behinderung sollen diesen Prozess begleiten. Erforderlich ist dabei auch eine Neuorganisation der zuständigen Sozialbehörden z. B. in Form eines *regionalen Fallmanagements*.

Christian Bradl

Literatur

Beck, Iris & Greving, H. (Hrsg.) (2011). Gemeindeorientierte pädagogische Dienstleistungen. Stuttgart

Bradl, Ch. & Küppers-Stumpe, A. (2009): Gemeinwesenarbeit und Vernetzung. In: Schwalb, H. & Theunissen, G. (Hrsg.): Inklusion, Partizipation und Empowerment in der Behindertenhilfe. Stuttgart, 57–75

Rehabilitation

Das Verb »rehabilitieren« wurde vereinzelt im 16. und häufiger im 18. Jahrhundert aus dem Französischen entlehnt (franz. rehaliter) und in der Rechtsprechung eingesetzt; im Sinne von jemands Unversehrtheit wiederherstellen, ihn (wieder) zu einem Amte tauglich machen (re = wieder, habilis = tauglich, fähig, geeignet). Das Substantiv »Rehabilitation« (mittellateinisch: rehabilitatio = Wiederherstellung) wurde aus dem gleich lautenden französischen Wort im Sinne der Wiederherstellung der staatsbürgerlichen Ehrenrechte ebenfalls in der Rechtsprechung übernommen.

Erst in neuerer Zeit wurde der Begriff auf medizinische und soziale Sachverhalte übertragen.

In der DDR war der Begriff der Rehabilitation zentral bei der Organisation und Durchführung der Arbeit mit Menschen mit Behinderungen. Zunächst herrschte ein enger Rehabilitationsbegriff vor, der sich eher an einem biologischen Ursache-Wirkungs-Modell orientierte und medizinisch akzentuiert war (vgl. Hübner 2000, 83f). Später um 1960 wurden das Maßnahmenspektrum und der Begriff erweitert: »Rehabilitation ist die zweckgerichtete Tätigkeit eines Kollektives in medizinischer, sozialer und ökonomischer Hinsicht zur Erhaltung, Wiederherstellung und Pflege der Fähigkeiten des Menschen, aktiv am gesellschaftlichen Leben teilzunehmen« (ebd., 85). Diese grundlegende Begriffbestimmung hatte bis in 1980er Jahre in der DDR Gültigkeit.

Im Zuge der Entwicklung eines Systems rehabilitativer Hilfen, deren Gesamtorganisation dem Ministerium für Gesundheitswesen unterstand, wurde auch die Rehabilitationspädagogik (Parallelbegriff → Heil- oder Sonderpädagogik) als ein wissenschaftliches Fachgebiet universitär etabliert. Diese Fachbezeichnung ist bis heute mancherorts geläufig, zudem wird inzwischen auch gerne von Rehabilitationswissenschaften (als interdisziplinärer Terminus) gesprochen.

Im modernen Sozialrecht (mit dem SGB IX »Rehabilitation und Teilhabe behinderter Menschen« als Grundlage) wird Rehabilitation im Sinne der Wiedereingliederung in verschiedene Lebensbereiche begriffen; dabei werden drei wesentliche Bereiche unterschieden:

- die medizinische Rehabilitation versucht die gesundheitlichen Schäden, die aus Krankheit oder Unfall entstanden sind, zu heilen oder zu mildern;
- die berufliche Rehabilitation versucht über verschiedene Maßnahmen (z. B. Umschulungen), betroffene Menschen ins Erwerbsarbeitsleben zu (re)integrieren. In diesem Bereich sind wesentlich die Integrationsämter tätig;
- die soziale Rehabilitation soll dem betroffenen Menschen ein Leben in der Gemeinschaft ermöglichen (z. B. die Eingliederungshilfe nach § 53 und § 54 SGB XII)

Träger dieser verschiedenen Leistungen (sog. Leistungsträger) sind: die Arbeitsagentur, die Krankenkassen, die gesetzliche Unfallversicherung, die gesetzliche Rentenversicherung, die Träger der Kriegsopferversorgung und der Kriegsopferfürsorge, die Jugendhilfe, die Sozialhilfe und die Integrationsämter.

Wolfram Kulig

Literatur

Hübner, R. (2000): Die Rehabilitationspädagogik in der DDR – Zur Entwicklung einer Profession. Frankfurt/M

Sozialgesetzbuch IX u. XII

Rehistorisierung

Der Begriff Rehistorisierung geht auf Basaglia (1974) zurück und wurde von Jantzen (1996; 2005) im Rahmen der rehistorisierenden Diagnostik weiterentwickelt. »Historisieren« erklärt der Duden als »das Geschichtliche betonen, anstreben«, »re« kommt aus dem Lateinischen und ist mit »zurück« zu übersetzen. Entsprechend beschreibt die rehistorisierende Diagnostik einen Urteil- und Entscheidungsprozess, der das Ziel der Wiedergewinnung der biographischen Dimension eines Menschen als Basis für pädagogisch-therapeutische Unterstützung verfolgt. Rehistorisierung beinhaltet die stringente Bearbeitung der Frage, wie in dem Prozess der → Diagnostik systematisch Erklärungswissen so aufgebaut werden kann, dass die Entwicklung eines Menschen im Spiegel seines Lebens und Erlebens zu erklären und verstehen ist. Die rehistorisierende Diagnostik beschränkt sich nicht darauf zu beschreiben, wie eine Person ist. Vielmehr will sie erklären und verstehen, warum diese Person sich unter den ihr gewährten Entwicklungsbedingungen so entwickelte. Welche Gründe liegen ihrem So-Sein zugrunde, welche Ereignisse sind im Verlauf der Lebensgeschichte dafür verantwortlich, dass diese Person so geworden ist? Die Beantwortung dieser diagnostischen Problem- und Fragestellungen mündet in den Prozess des Verstehens, so dass auf dieser Grundlage in der Konkretisierung der Lebensbegleitung der betroffenen Personen, die Bedingungen und Voraussetzungen für ihre Partizipation zu schaffen sind. Rehistorisierung beinhaltet in dem diagnostischen Prozess die Übergänge vom Erklären zum Verstehen zum pädagogischen Handeln.

Dieser Prozess der Rehistorisierung verlangt Erklärungswissen, das sich insbesondere auf die kulturhistorische Schule und der Tätigkeitstheorie sowie auf die Erkenntnisse von Basaglia bezieht. In diesem Verständnis äußern sich demnach in allen höheren psychischen Funktionen genetisch die sozialen Beziehungen des Menschen. Der Prozess der Entwicklung der Persönlichkeit zeigt sich darin, dass die Persönlichkeit durch das, was sie für andere bewirkt, zu dem wird, was sie ist, d. h. alle höheren psychischen Funktionen sind sozialer Natur.

Grundsätzlich wird die Beeinträchtigung eines Menschen nicht als etwas »Pathologisches«, nicht als »Defekt« im Sinne des medizinischen Modells verstanden. Sie ist als individuelle Ausgangsbedingung im Mensch-Umwelt-Verhältnis zu erfassen, vor dessen Hintergrund sich die sinnhafte und systemhafte Entwicklung des Psychischen eines Menschen in rückgekoppelter Wechselwirkung mit seiner Umwelt ereignet. Dieser Prozess der → Entwicklung des je einzelnen Menschen ist stets abhängig von den ihm gewährten sozialen Entwicklungsbedingungen, d. h. von seinen Randbedingungen.

Behinderung ist eine soziale Konstruktion, die hergleitet und begründet wird aufgrund der durch die Beeinträchtigung eines Menschen veränderten Randbedingungen. Die Beeinträchtigung eines Menschen ist von seiner Behinderung als soziale Kategorie zu unterscheiden. Das, was im sozialen Kontext einer Person als Folge ihrer Beeinträchtigungen resultiert und physisch, psychisch und sozial sichtbar wird, ist als ein folgerichtiges Ergebnis der Entwicklung dieser Person unter den für sie gewährten Bedingungen zu entschlüsseln. Nicht die Beeinträchtigung, sondern die Randbedingungen unter Einbeziehung der ökonomischen und sozialpolitischen Verhältnisse entscheiden darüber, ob und wie diese Person in ihrer Persönlichkeitsentwicklung behindert wird.

Der Prozess der Behinderung beschreibt eine doppelte Realität. Einerseits ist z. B. von einer humanbiologisch-organisch, neurophysiologischen oder sozialen Beeinträchtigung eines Menschen auszugehen, die andererseits im »Feld der Macht« zum sozialen Ausschluss bzw. zur sozialen Ächtung führen kann. In der rehistorisierenden Diagnostik ist diese doppelte Realität ideologisch und dialektisch zu dechiffrieren. Die ideologische Entschlüsselung meint, nicht der »Defekt« oder die sogenannte Pathologie eines Menschen, sondern die Person in ihren sozialen Austauschverhältnissen steht im Vordergrund, d. h. Behinderung ist nicht der Ausgangspunkt der Entwicklung eines Menschen, sondern dessen Resultat. Die dialektische Entschlüsselung umfasst die Klärung der Auswirkung der Beeinträchtigung eines

Menschen auf seine Persönlichkeitsentwicklung.

Rehistorisierende Diagnostik hat demnach nicht primär die Beeinträchtigung eines Menschen zum Gegenstand, sondern die Auswirkungen dieser Beeinträchtigungen auf die Randbedingungen. Rehistorisierende Diagnostik fragt, welcher Art ist die veränderte Ausgangssituation im Verhältnis zu den Menschen und zur Welt? Die Beantwortung dieser Frage erfolgt über die Syndromanalyse (vgl. Luria 1992). Das Syndrom beschreibt die individuellen Ausgangsbedingungen der Entwicklung eines Menschen. In der Entschlüsselung des Kerns der Beeinträchtigung durch die Syndromanalyse wird der Hintergrund erarbeitet, vor dem die durch die Beeinträchtigung bedingte radikal veränderten Randbedingungen in dem Prozess der Rehistorisierung als eine Situation der sozialen → Isolation für den betroffenen Menschen erklärbar und verstehbar wird. Das heißt, dass die Lebensgeschichte eines Menschen so darzustellen und zu begründen ist, als hätte sie auch unsere sein können.

Rehistorisierung ist insofern zwingend an die Sicherstellung einer diagnostischen Begegnung gebunden, die dies im sozialen Verkehr zwischen Diagnostiker und Diagnostiziertem leistet. Daraus ergibt sich die Notwendigkeit einer fachlichen Qualifikation der diagnostisch handelnden Personen. Um die Lern- und Lebensfelder der Menschen, die beeinträchtigt sind und behindert werden, zu erklären bzw. um verstehende Zugänge überhaupt herstellen zu können, bedarf es einerseits entwicklungspsychologischer, entwicklungspsychopathologischer, neuropsychologischer, neurophysiologischer und sozioökonomischer Einsichten und andererseits der Erkenntnis, dass die sozialen und psychischen Fähigkeiten der Diagnostiker gleichermaßen den Prozess der Rehistorisierung beeinflussen. Jantzen (2005) verweist diesbezüglich in ganz besonderer Weise im Sinne der persönlichen Verantwortung auf eine lebenslange wissenschaftliche Selbstentwicklung der Diagnostizierenden, und es ist ihm vor diesem Hintergrund im vollen Umfang beizupflichten: »Es kommt darauf an, sich zu verändern ...«.

Willehad Lanwer

Literatur

Basaglia, F. (1974): Was ist Psychiatrie. Frankfurt/M.
Jantzen, W. (2005): »Es kommt darauf an, sich zu verändern ...« Zur Methodologie und Praxis rehistorisierender Diagnostik und Intervention. Gießen
Jantzen, W. & Lanwer-Koppelin, W. (1996): Diagnostik als Rehistorisierung. Methodologie und Praxis einer verstehenden Diagnostik am Beispiel schwer behinderter Menschen. Berlin
Luria, A. R. (1992): Das Gehirn in Aktion. Einführung in die Neuropsychologie. Reinbeck

Religionsunterricht, evangelisch/katholisch

1. *Religion ist eine grundlegende Dimension menschlichen Daseins und gesellschaftlichen Zusammenlebens.* Darum gehört sie auch zum Bildungsauftrag einer Schule, die sich einer ganzheitlichen Bildung verpflichtet weiß. Das Bildungswesen leistet mit der Thematisierung dieser Dimension einen Beitrag zur Persönlichkeitsbildung der Schüler/innen. Der Religionsunterricht versucht, den Schülern und Schülerinnen mögliche religiöse Dimensionen in ihrem Leben aufzuzeigen; er geht davon aus, dass Schule nicht nur die Aufgabe des Funktionstrainings, sondern auch die Aufgabe personaler

Sinnhilfe und Identitätsfindung hat. Die Schüler/innen werden auf diese Weise befähigt, auch in Sachen Religion Kompetenzen zu erwerben und von ihrem Recht auf positive Religionsfreiheit (Art. 4 GG) Gebrauch zu machen.

2. In *rechtlich-organisatorischer Hinsicht* kann die Thematisierung dieser Dimension in der Schule ganz unterschiedlich organisiert sein, wie ein Blick auf Europa zeigt. Dabei gilt es zu bedenken, dass Religion immer nur als konkrete Gestaltung greifbar ist. Im Geltungsbereich des Grundgesetzes der Bundesrepublik Deutschland ist Art. 7,3 GG, wonach Religionsunterricht konfessionsbezogen zu erteilen ist, maßgebend. Je nach Länderregelung können Schüler/innen zum Religionsunterricht der jeweils anderen Konfessionen bzw. auch bekenntnislose Schüler/innen zum Religionsunterricht zugelassen werden. Auf evangelischer Seite geht man davon aus, dass die konfessionelle Bindung der Lehrkraft zur konfessionellen Ausrichtung des Unterrichts ausreicht. Auf katholischer Seite sieht man die konfessionelle Trias (Inhalte, Lehrende und Lernende) als erforderlich an. In der alltäglichen Praxis der → Schule für geistig Behinderte haben sich aber vielfältige ökumenische Kooperationen (konfessionell-kooperativer Religionsunterricht) entwickelt.

3. *Es ist normal, verschieden zu sein* – diese Wendung bringt den notwendigen Perspektivwechsel (»Behinderung mit anderen Augen sehen«) gut auf den Begriff. Dabei ist es sowohl aus pädagogischen als auch aus theologischen Gründen geboten, vom Kompetenzansatz auszugehen. Nach dem Verständnis des christlichen Glaubens ist der Mensch zum Ebenbild Gottes geschaffen. D.h. konkret: jedem Kind und Jugendlichen ist sein Personsein zugeschrieben; das gilt unabhängig von und vor aller Leistung. Gottes Anrede, die den Menschen als Person qualifiziert, begründet den unvergleichlichen Wert und die Würde eines jeden Menschen, die nicht verlorengehen können. Im Blick auf die Kinder und Jugendlichen mit Behinderungen ist es daher konsequent, im Sinne einer »Pädagogik der Vielfalt« (A. Prengel) Gleichheit und Verschiedenheit als Ausgangsbasis zu erkennen; dies gilt auch im Blick auf eine integrative Unterrichtsgestaltung. (Zum Weg der Religionspädagogik hin zur Integrationspädagogik siehe Adam 2004 und Pithan 2002).

4. *Evangelische/Katholische Bemühungen um Lehrpläne* hatte 1969ff. der Aufbau von Schulen für geistig behinderte Kinder ausgelöst – mit guten Ergebnissen. Bei dieser Lehrplanentwicklung war die Frage des sprachlichen Zugriffs auf religiöse Inhalte ein besonderes Problem. Viel früher als in anderen Bereichen wurde die Bedeutung von Ritus und Symbol sowie nonverbaler Kommunikation erkannt. Auch die Elementarisierung der Inhalte steht in diesem Bereich vor ihrer größten Herausforderung. Der »Grundlagenplan für kath. Religionsunterricht an Schulen für Geistigbehinderte« (München 1999) ist eine gute Ausgangsbasis für die Lehrplanentwicklung in den Ländern. Evangelischerseits ist der »Lehrplan für den fachorientierten Unterricht Ev. Religionslehre« (München 1987 sowie Hannover 1988) ebenso vorbildlich.

Der bayerische »Lehrplan Förderschwerpunkt Geistige Entwicklung« (München 2003, 120ff.) zeigt, wie weitgehend identische Lehrpläne für ev. und kath. Religion erarbeitet werden können. Die vier gemeinsamen Lernbereiche des Religionsunterricht sind hier: Geborgen sein – Gott erfahren / Angenommen sein – Jesus, Freund und Begleiter / Leben und Handeln – Kraft aus dem Geist Jesu / Wahrnehmung der Welt – Freude über die Schöpfung. Die Formulierungen lassen erkennen, dass die Pläne erfahrungsorientiert vorgehen und sich vom Grundsatz leiten lassen, dass religiöses Lernen sich an den Bedürfnissen, Interessen und Fähigkeiten der Kinder mit Behinderungen orientiert. Religionsunterricht (1) will das Selbstvertrauen und die Lebenszuversicht stärken, wobei die vorbehaltlose Annahme eines jeden Menschen nach christlichem Verständnis im unbedingten Ja Gottes begründet ist, (2) will ein gelingendes Miteinander fördern, wobei Jesu Verhalten ein Modell für den Umgang darstellt, (3) leitet zur Achtung der Welt als Schöpfung an und (4) will zum verantwortungsvollen Handeln im Geiste Jesu motivieren.

Ein wichtiger Baustein des Lernens ist das Feiern von persönlichen, schulischen und religiösen Anlässen im Verlauf des Schuljahres. Eine ganzheitliche Gestaltung von Feiern und Festen ermöglicht allen Schülern und Schülerinnen in individuell angemessener Weise das Dabeisein und die aktive Teilnahme.

5. Von der Integration zur Inklusion: Aus dem Verständnis des Menschen als Ebenbild Gottes folgt: Der Religionsunterricht ist Anwalt dafür, dass Menschen mit dem Förderschwerpunkt Geistige Behinderung zu einer unverkürzten Sicht ihrer selbst als Person finden können und dass ihnen die größtmögliche Teilhabe am gesellschaftlichen Leben ermöglicht wird. Mit der Perspektive der Inklusion wird die Dimension der Nicht-Aussonderung und der unmittelbaren gesellschaftlichen Zugehörigkeit von Menschen mit Behinderungen verstärkt (UN-Konvention über die Rechte von Menschen mit Behinderungen, Art. 24,1). Die darin enthaltene Vision stellt auch für den Religionsunterricht die zentrale Herausforderung des nächsten Jahrzehnts dar (vgl. Theo-Web 2011).

Gottfried Adam

Literatur

Adam, G. (2004): Von der Hilfsschul- zur Integrationspädagogik. Stationen eines Weges. In: Elsenbast, V. u. a. (Hrsg.): Wissen klären – Bildung stärken. 50 Jahre Comenius-Institut. Münster, 229–248

Adam, G.; Kollmann, R. & Pithan, A. (Hrsg.) (1988–1998): Dokumentationsbände der Würzburger Religionspädagogischen Symposien, Bd. 1–6, Münster: Comenius-Institut

Pithan, A. u. a. (Hrsg.) (2001ff.): Forum für Heil- und Religionspädagogik, 1ff. Münster: Comenius-Institut

Pithan, A.; Adam, G. & Kollmann, R. (Hrsg.) (2002): Handbuch Integrative Religionspädagogik. Gütersloh

Theo-Web. Zs. für Religionspädagogik (2011): 10. Jg., H. 2: Thema: Schulartspezifische oder inklusive Religionspädagogik?, 25ff., 51ff., 155ff.

Pithan, A.; Schweiker, W. (Hrsg.) (2011): Evangelische Bildungsverantwortung: Inklusion. Ein Lesebuch. Münster

Resilienz

(siehe auch Coping, Vulnerabilität)

Unter Resilienz versteht man ganz allgemein den Prozess und die Fähigkeiten erfolgreicher Entwicklung im Sinne subjektiven Wohlbefindens und sozialer Integration angesichts riskanter Entwicklungsvoraussetzungen oder herausfordernder Lebensumstände. Über Jahrzehnte rankten sich die pädagogischen Diskurse um die Folgen familiärer Risiken für Kinder. Dieser Fokus auf Risiken und Defizite verschleierte die Chance, die Kinder offensichtlich haben, um sich gegen die Risiken in ihren Lebenswelten zu behaupten. Es waren insbesondere die Ergebnisse der *Kauai-Studie* (Werner & Smith 1982), durch die Resilienzvorstellungen befördert wurden. Die deutliche Mehrzahl der Hochrisikokinder, die in dieser Studie begleitet wurden, entwickelten die erwarteten, vielfältigen Probleme in ihrer Lebensbewältigung. Überraschend war das Ergebnis, dass etwa ein Drittel der Kinder, die in vergleichbar riskanten Lebenswelten aufwuchsen, nicht nur in ihrer Kindheit- und Jugendzeit unauffällig blieben, sondern auch zu erfolgreichen und optimistischen Erwachsenen heranwuchsen (Werner & Smith 1992; 2001). Eine lineare Entwicklungsprognose für Kinder auf der Grundlage signifikanter Risikokonstellationen ist danach nicht möglich.

Die Risiken lebensweltlicher Einflüsse können offensichtlich durch gegenläufige Prozesse moderiert eventuell auch neutralisiert werden. Auf der Grundlage dieser Forschungsergebnisse hat man unterschieden zwischen *Risikofaktoren* und *schützenden Faktoren*, die die → Vulnerabilität des Kindes und die Auftretenswahrscheinlichkeit späterer psychischer Auffälligkeiten bestimmen. Grundlegend wird unterschieden in schützende Einflüsse im Kind (z. B. einfaches Temperament, eine mindestens durchschnittliche Intelligenz, entwickeltes Selbstwertgefühl) und in den kindlichen Lebenswelten (z. B. stabile Beziehung zu mindestens einer Bezugsperson vor allem in den ersten zwei Lebensjahren, sinnstiftende Erfahrungen, Einbindung in Gemeinschaften). Obwohl Resilienz sicher auch auf genetischen Einflüssen beruht, können wichtige resilienzfördernde Eigenschaften auch in Lernprozessen erworben werden. Resilienzvorstellungen werden inzwischen in einer Life-span-Perspektive auf alle Lebensabschnitte angewendet.

Die Wirkungen schützender wie auch gefährdender Prozesse scheinen nicht »direkt«, sondern durch weitere Einflussfaktoren moderiert zu werden, wobei insbesondere ihre Kumulation bedeutsame Effekte zeigt. Im Überblick der Ergebnisse vielfältiger Resilienzstudien zeigt sich eine überraschende Flexibilität menschlicher Entwicklung. Vergleichbare Ausgangsbedingungen können unterschiedliche Erlebens- und Verhaltensergebnisse (*Multifinalität*) hervorbringen und umgekehrt können unterschiedliche Bedingungen vergleichbare Entwicklungsresultate (*Equifinalität*) generieren (Rutter 2002). Dabei zeigt sich eine große Bedeutung der Qualität früher Bindungs- und Beziehungsangebote für die weitere Entwicklung.

Im angloamerikanischen Sprachraum wurde in den letzten Jahren versucht, auf Resilienzvorstellungen basierende *Stärkenansätze* auch in sozialpolitischen Programmen für die Familien-, Schul- und Gemeindearbeit zu entwickeln (Benard 2004). Biographische Risiken und Belastungserfahrungen werden in solchen Arbeitsansätzen als individuelle Entwicklungspotentiale verstanden und umgedeutet. In den Arbeitsfeldern der Geistigbehindertenpädagogik haben Resilienzvorstellungen bis jetzt noch wenig Raum gegriffen. Sie betreffen vor allem den Frühförderbereich, die Frage des familiären → Copings und der Erziehungsstile im Umgang mit einem behinderten Kind. Zu achten ist insbesondere auf die Vermeidung negativer Kettenreaktionen und auf Zugänge zu qualitativ angereicherten Lebenswelten, die soziale Einbindungen ermöglichen, Räume für positive Selbsterfahrungen und Selbstbestimmung bieten und soziale Unterstützung sicherstellen.

Günther Opp

Literatur

Benard, B. (2004): Resiliency. What we have learned. San Francisco

Opp, G. & Fingerle, M. (2006): Was Kinder stärkt. München

Rutter, M. (2000): Resilience reconsidered: Conceptual considerations, empirical findings, and policy implications. In: Shonkoff, J. P. & Meisels, S. J. (Hrsg.): Handbook of early childhood intervention. Cambridge, 651–682

Sroufe, A., Egeland, B., Carlson, E. A., Collin, W. A. (2005): The development oft the person. New York

Werner, E. E. & Smith, R. (1982): Vulnerable but invincible: A longitudinal study of resilient children and youth. New York

Werner, E. E. & Smith, R. (1992): Overcoming the Odds. High Risk Children from Birth to Adulthood. New York

Werner, E. E. & Smith, R. (2001): Journeys from childhood to midlife: Risk, resilience and recovery. Ithaca, New York

Ressource, Ressourcenaktivierung

Im alltagssprachlichen Gebrauch wird Ressource häufig synonym mit Wörtern wie Reserve, Speicher, Vorrat, Rücklage oder Hilfsmittel verwendet. In diesem Sinne könnte zum Beispiel ein Fußballtrainer gegenüber einem jungen Talent kritisch anmerken, es hätte seine Ressourcen nicht voll abgerufen bzw. ausgeschöpft. In der Schlussphase, so könnte der Trainer an seine Mannschaft appellieren, müssten die Spieler noch einmal alle Ressourcen mobilisieren.

Von der Alltagsebene abgewandt hat der Begriff Ressource längst in den Praxisfeldern der sozialen Arbeit wie auch in unterschiedlichen (Teil-)Disziplinen der Sozialwissenschaften Einzug gehalten. »Ressource« kann hier als ein Bündel von Möglichkeiten und Hilfsquellen angesehen werden, die einem Individuum zur Bewältigung von Situationen im Leben und im Alltag zur Verfügung stehen und genutzt werden können. Ein solches Bündel kann z. B. bestehen aus: spezifischen Wissensvorräten, bestimmten Fähigkeiten (bspw. Konfliktfähigkeit, Beziehungsfähigkeit, Kritikfähigkeit, Fähigkeiten der Abweichung, der Konformität, Nonkonformität, der Perspektivenübernahme, der Perspektiventriangulation, der Selbstreflexion, der biographischen Arbeit etc.), Stärken, einer besonderen Ausdauer oder Kraft, motivationalen Bereitschaften, Sinnzuschreibungen, Techniken, Strategien, Inszenierungen und/oder (quasi gestalterisch-künstlerischen) Kreativitäten, Verhaltensroutinen, Religiosität und Glauben, einem individuell-wesenhaften bzw. markanten Aussehen, einem spielerischen Einsetzen von Rollen, einer offensiv-energischen oder auch bescheiden-zurückhaltenden Art des In-Erscheinungtretens, wie auch in der Haltung oder Einstellung gegenüber bestimmten (Lebens-) Themen.

In der erziehungswissenschaftlichen und soziologischen Biographieforschung wird z. B. danach gefragt, welche Ressourcen (z. B. in Form von Strategien) ein Mensch zur Wahrnehmung, Überwindung und Be- und Verarbeitung einer in der Struktur konditional angelegten hartnäckigen Krise mit hohem Erleidenspotenzial (einer »Verlaufskurve«; dazu Schütze 1981/89-103, 1995) wirksam einsetzen kann. Gleiches gilt für individuelle, in der Struktur zumeist intentional verankerte und vom Subjekt ausgehende Aktivitäten der Entwicklung, Planung und Umsetzung von eigenen Ideen, Handlungs- und/oder biographischen Entwürfen, und nicht zuletzt auch im Rahmen von mehr oder weniger für das Individuum selbst überraschenden Prozessen der biographischen Veränderung und Wandlung, die eine ungeahnte Erweiterung von Handlungs- und Orientierungsmöglichkeiten evozieren können. Fast prototypisch für eine solche ressourcenbasierte Lebensentwicklung steht »Anton Reiser«, Protagonist und Hauptfigur des Romans von Karl-Philipp Moritz (1785). In einem anderen Fall ist die charismatischen Figur des »Kapitän Ahab« in Herman Melvilles »Moby Dick« (1851) zum Scheitern verurteilt, weil absolut keine (äußerlich-logistischen, personalen, physischen, psychischen und schließlich auch keine kollektiv-symbolischen) Ressourcen mehr vorhanden sind (sprich Material, Nahrung, Leibeskräfte, Einsehen in das Scheitern,

Kommunikation, Strategien des Entkommens), die das tragische Schicksal der Schiffsbesatzung und schließlich auch den grausamen Tod ihres von Hass, → Paternalismus und Fanatismus getriebenen Kapitäns noch hätten aufhalten können.

Einflussreich ist der Begriff Ressource ebenso im Rahmen des Empowerment-Konzepts als Wegweiser zeitgemäßer Behindertenarbeit, Gemeindepsychologie und -psychiatrie, der modernen klinisch-psychologischen und psychosozialen Praxis wie auch in der Stress-, Coping- und Bewältigungsforschung sowie in der Psychotherapieforschung vertreten (hier Grawe & Grawe-Gerber 1999; Schemmel & Schaller 2003; Schiepek & Cremer 2003; Herriger 2006/87ff). Die Autoren Schiepek und Cremer betrachten Ressourcen vor allem als »aktive Konstruktionsleistungen«, die man nicht nur ›hat‹, sondern die man aktiviert, wahrnimmt und sie »in Abhängigkeit von den jeweils relevanten Lebenszielen bzw. den das jeweilige Lebensstil-Szenario bestimmenden, affektiv geladenen Themen [entwickelt]« (Schiepek & Cremer 2003/178 und 183). Auf der Basis der Erfüllung menschlicher Grundbedürfnisse lehnt sich Herriger an vier von Trösken und Grawe (2003) herausgearbeitete Ressourcenpotenziale an (Bedürfnis nach 1. Orientierung und Kontrolle; 2. Lustgewinn; 3. sozialer Bindung; 4. Selbstwertschutz) und erweitert jene bedürfnistheoretische Fokussierung auf den Ressourcenbegriff um den Aspekt der »Verwirklichung von Lebenszielen und Identitätsprojekten« (Herriger 2006/89). Häufig spielt gerade in beratenden Sozialberufen die Suche, manchmal auch die (Wieder-)Entdeckung von Ressourcen und/oder Handlungsmöglichkeiten eine Rolle, wenn diese dringend benötigt werden, z. B. um Probleme im Beruf, in der Familie oder Partnerschaft in den Griff zu bekommen. Eine solche (manchmal auch ungeahnte) Ressourcenermittlung und -aktivierung kann u. a. Gegenstand eines Arbeitsbündnisses zwischen Klient und einer professionell beratenden Person (Sozialarbeiter, Psychologe, Psychotherapeut etc.) darstellen. Hintergrund ist die systematische Verstrickung bzw. das Involviertsein des Betroffenen in jene dominante krisenhafte Situation, durch die ihm der Zugang zu den eigenen Ressourcen verschüttet ist bzw. erschwert oder gar unmöglich wird. Der Ressourcenbegriff wurde auch im Rahmen von Beratungsanalysen, speziell bei der interaktiven (einer Ordnung unterlegenen) Herstellung von Beratungs- und/oder überhaupt Gesprächssituationen durch die Ethnomethodologie, die Soziolinguistik und die Konversationsanalyse methodologisch und methodisch fruchtbar gemacht. Ressourcen können hier z. B. zum Einsatz gelangen durch systematische Missachtung oder Aufrechterhaltung der Bedingungen und Regeln der Organisation des praktischen Alltagshandelns, wie sie insbesondere von Garfinkel (1967, 1989; später auch Nothdurft 1984, 1994) untersucht worden sind.

Nicht selten wird der Ressourcen-Ansatz in Einklang mit der so genannten → *Stärken-Perspektive* gebracht (z. B. bei Theunissen). Ein feiner Unterschied besteht jedoch darin, dass der Begriff Ressource breiter angelegt ist und dass das Ressourcemodell das Bild eines handelnden Individuums und seine aktive Auseinandersetzung mit spezifischen Lebensumständen, Lebensbedingungen und auch Lebensveränderungen in den Blick nimmt. Die Stärken-Perspektive scheint sich hingegen überwiegend auf das unmittelbare Zusammenspiel von individuellen und sozialen Ressourcen zu konzentrieren (Saleebey 1997), wobei hierzu die Resilienzforschung und die Salutogenesekonzeption (Antonovsky 1997) wichtige empirische wie auch grundlagentheoretische Fundamente liefern. Für den Bereich der (Geistig-)Behindertenhilfe, das soll zum Abschluss noch angemerkt werden, gibt es hinsichtlich des Ressourcenbegriffes (noch) keine eigenständige Theorie- oder Konzeptgestalt.

Vico Leuchte

Literatur

Antonovsky, A. (1997): Salutogenese. Zur Entmystifizierung der Gesundheit. Erweiterte deutsche Ausgabe von A. Franke. Tübingen
Garfinkel, H. (1967): What is Ethnomethodologie? In: Ders.: Studies in Ethnomethodology. New York, 1–34
Garfinkel, H. (1989): Bedingungen für den Erfolg von Degradierungszeremonien. In: Luhmann, N. (Hg.): Legitimation durch Verfahren. Frankfurt/M., 31–40
Grawe, K. & Grawe-Gerber, M. (1999): Ressourcenaktivierung. Ein primäres Wirkprinzip der Psychologie. Psychotherapie, 2, 63–69
Herriger, N. (2006): Reise in die Stärke: Werkzeuge einer Praxis des Empowerment. In: Ders.: Empowerment in der Sozialen Arbeit. Stuttgart, 86–180
Nothdurft, W. (1984): »... äh folgendes Problem äh ...«. Die interaktive Ausarbeitung »des Problems« in Beratungsgesprächen. Dissertation an der Universität Tübingen. Tübingen
Nothdurft, W. (1994): Herstellung von Beratungssituation. In: Nothdurft, W. & Reitemeier, U. & Schröder, P.: Beratungsgespräche. Analyse asymmetrischer Dialoge. Tübingen, 20–87
Saleebey, D. u. a. (1997): The Strenght Perspective in Social Work Practice. New York
Schemmel, H. & Schaller, J. (Hg.): Ressourcen. Ein Hand- und Lesebuch zur therapeutischen Arbeit. Tübingen
Schiepek, G. & Cremer, S. (2003): Ressourcenorientierung und Ressourcendiagnostik in der Psychotherapie. In: Schemmel, H. & Schaller, J. (Hg.): Ressourcen. Ein Hand- und Lesebuch zur therapeutischen Arbeit. Tübingen, 147–192
Schütze, F. (1981): Prozeßstrukturen des Lebensablaufs. In: Matthes, J.; Pfeifenberger, A. & Stosberg, M. (Hg.): Biographie in handlungswissenschaftlicher Perspektive. Kolloquium am SFZ der Universität Erlangen. Nürnberg, 67–156
Schütze, F. (1995): Verlaufskurven des Erleidens als Forschungsgegenstand der interpretativen Soziologie. In: Krüger, H.-H. & Marotzki, W. (Hg.): Erziehungswissenschaftliche Biographieforschung. Opladen, 116–158
Trösken, A. & Grawe, K. (2003): Das Berner Ressourceninventar. Instrumente zur Erfassung von Patientenressourcen aus der Selbst- und Fremdbeurteilungsperspektive. In: Schemmel, H. & Schaller, J. (Hg.): Ressourcen. Ein Hand- und Lesebuch zur therapeutischen Arbeit. Tübingen, 195–223

S

Sachkunde, Sachunterricht

›Sachkunde‹ bzw. ›Sachunterricht‹ geht zurück auf die von F. A. Finger (1808 – 1888) beschriebene ›Heimatkunde‹ als das Bekanntwerden mit der mittelbaren Umwelt des Wohnorts und als geografische Propädeutik, gestützt auf durch Lehrwanderungen erworbene ›Anschauung‹ der Schüler. Hierzu gehörten auch naturkundliche und geschichtliche Lerninhalte, soweit sie mit der Erfahrungswelt der Schüler in Beziehung standen (Walburg 1982, 20). Über die Einbindung in den Gesamtunterricht sollten diese Lerninhalte mit anderen Schulfächern vernetzt werden. Kritik richtete sich gegen die lokale Gebundenheit, das Abgleiten in ländliche Idylle und die »Überbetonung des Besonderen« (ebd., 21), was zum Versuch der Verwissenschaftlichung im ›Sachunterricht‹ führte (Deutscher Bildungsrat 1970). Daran wiederum wurde die Nichtberücksichtigung der alltäglichen Lebenserfahrungen der Schüler in ihrer Umwelt kritisiert.

Begriffe aus dem Heimat- und Sachkundeunterricht wie ›Anschaulichkeit‹, ›Selbstständigkeit‹, ›Lebensnähe‹ usw. sind auch auf die Förderschule geistige Entwicklung

(FöSgE) übertragbar (Walburg 1982, 25), eingebunden in das Gesamtkonzept des Unterrichts, innerhalb dessen sich Schüler mit Inhalten ihrer unmittelbaren Lebenspraxis auseinandersetzen. Walburg (1982, 22) spricht von »Lebensorientierung«, die zusammen mit basaler Sachinformation als Lernziel einer elementaren Sachkunde in der FöSgE gelten kann. ›Informationen‹ betreffen kognitive Inhalte, die zum Emotionalen des ›Erlebens‹ hinzutreten müssen. ›Anschaulichkeit‹ schließlich soll vordringlich durch aktive konkrete Tätigkeit der Schüler gewährleistet werden, etwa in handlungsorientiertem Unterricht.

Die FöSgE folgt bei der didaktischen Anordnung ihrer Lerninhalte häufig der Entfaltung kindlicher Handlungsräume vom Körpernahen ins weitere Umfeld (Pitsch 2002; Kapitel ›Heimat‹ im Lehrplan Bayern 2003; Pitsch & Thümmel 2011), womit auch die sich ausweitenden Räume der Aneignung von Geografie, Gesellschaft, Natur und Technik beschrieben werden können bis hin zu globalen Perspektiven (Kerncurriculum Niedersachsen 2007) oder zu kosmischen Räumen (Schurad et al. 2002). Auch neuere Konzepte setzen am kindlichen Nahraum an und knüpfen daran sowohl topologisches (eigene Wohnung, Haus, Straße, Umgebung) wie soziales (Familie, Nachbarn, Postbote, Polizist) und naturbezogenes Lernen (Haustiere; Blumen und Pflanzen in Wohnung und Garten), weiten zum näheren Umfeld aus (Dorf, Stadtviertel, öffentliche Einrichtungen und Verkehr, ein eigenes Kapitel im Lehrplan Bayern 2003), zu deren Kennenlernen Ausflüge, Wanderungen, Unterrichtsgänge und Schullandheimaufenthalte empfohlen werden (Sekretariat 1980). Mit der räumlichen Ausweitung differenzieren sich auch die Bereiche naturkundlichen Lernens aus in ›Natur und Umwelt‹, ›Tiere‹, ›Pflanzen‹, ›Wetter‹ (Walburg 1982, 55–57) mit engem Bezug zu den in der unmittelbaren Begegnung erlebbaren Merkmalen, unmittelbarem Nutzen und Schaden, Fürsorge- und Pflegemaßnahmen, Gefahrenvermeidung und Bewusstwerden zyklischer Zeit. ›Technik‹ findet sich im Kerncurriculum Niedersachen (2007), ›Medien‹ im Lehrplan Bayerns (2003).

Die anfängliche regionale Orientierung beruht auch auf der Forderung an die FöSgE, genau diese regional-einmaligen, nicht allgemein gültigen Bedingungen als Standortkonzept in ihren Lehrplan einzuarbeiten (Horvath 1990). Dies führt zu einer doppelten Differenzierung: zwischen den 16 Bundesländern mit je eigenen Richtlinien oder Lehrplänen und den einzelnen Schulen je nach den Besonderheiten des Schuleinzugsgebiets. Überregional gültige Lerninhalte könnten in ein für alle Bundesländer verbindliches Kerncurriculum eingehen.

Diese Entwicklungen haben auch die Erarbeitung einer wissenschaftsbasierten Didaktik des Sach(kunde)unterrichts für die FöSgE bislang mit erschwert, was als Mangel beklagt und inzwischen in einzelnen Bereichen aufgearbeitet wird (Seitz 2005; Niedersachsen 2007). Versuche, ein für alle Schüler der FöSgE in allen Bundesländern verbindliches »Kerncurriculum« (Blumenstock 2002) zu erarbeiten, sind noch nicht unternommen worden. Neben Niedersachsen (2007) haben Schurad et al. (2002) einen Vorschlag für ein Curriculum Sachunterricht für die FöSgE vorgelegt, der sich auf die Übertragung und zeitliche Streckung eines Grundschul-Lehrplans stützt, inhaltlich stärker kognitiv ausgerichtet ist und auch das weitere bis globale Umfeld berücksichtigt. Zum Lernbereich ›Heimat‹ finden sich Hinweise zu ›Verkehr – Orientierung‹ und ›Einkauf – private Versorgung‹, nicht jedoch zu einer Geografie-Propädeutik; der Lernbereich ›Natur‹ wird in die Teilbereiche ›Pflanzenwelt‹, ›Tierwelt‹ und ›Naturphänomene‹ gegliedert, zu denen wiederum stufenbezogene Hinweise gegeben werden, die ebenfalls das Anforderungsniveau der Sekundarstufe noch nicht erreichen. Der Lehrplan Bayern (2003) bietet ausführliche Anregungen zu

›Natur‹, ›Verkehr‹ und ›Medien‹ mit deutlicher Öffnung hin zu anspruchsvollerem Lernen.

Sachkunde und Sachunterricht bleiben hinsichtlich der Förderschule geistige Entwicklung auch für die Zukunft ein einladendes Forschungs- und Arbeitsfeld.

Hans-Jürgen Pitsch

Literatur

Bayern, Staatsministerium für Unterricht und Kultus (2003): Lehrplan für den Förderschwerpunkt geistige Entwicklung. München: Hintermaier
Blumenstock, L. (2002): Ein Kerncurriculum im Sachunterricht?! In: Böttcher, W. & Kalb, P. E. (Hrsg.): Kerncurriculum. Was Kinder in der Grundschule lernen sollen. Weinheim, Basel, 198–207
Deutscher Bildungsrat (1970): Strukturplan für das Bildungswesen. Bonn
Horvath, J. (1990): Der schuleigene Lehrplan. Lernen konkret 9, H. 3, 1–20
Lehrpläne der deutschen Bundesländer über den Deutschen Bildungsserver: http://www.bildungsserver.de/Bildungsplaene-Lehrplaene-der-Bundeslaender-fuer-allgemeinbildende-Schulen-400.html [15.10.2012]
Niedersachsen, Kultusministerium (2007): Kerncurriculum für den Förderschwerpunkt geistige Entwicklung. Schuljahrgänge 1 – 9. Hannover. Erreichbar unter http://db2.nibis.de/1db/cuvo/datei/kc_foe_geistige_nib.pdf [15.10.2012]
Pitsch, H.-J. (2002): Zur Entwicklung von Tätigkeit und Handeln Geistigbehinderter. Oberhausen
Pitsch, H.-J. & Thümmel, I. (2011): Zur Didaktik und Methodik des Unterrichts mit geistig Behinderten. Oberhausen (4. Aufl.)
Schurad, H.; Böckerinck, M.; Fischbach, M.; Forck, G.; Konitz, S.; Musiol, V.; Schulte, W.: Schumacher, W. & York-Friedhoff, C. (2002): Curriculum Sachunterricht für die Schule für Geistigbehinderte. Oberhausen
Seitz, S. (2005): Zeit für inklusiven Sachunterricht. Hohengehren
Sekretariat der Kultusministerkonferenz (1980): Empfehlungen für den Unterricht in der Schule für Geistigbehinderte (Sonderschule). Neuwied
Walburg, W.-R. (1982): Lebenspraktische Förderung bei Geistigbehinderten II. Kurseinheit 1: Lebenskundliche Orientierung. Studienbrief 3514 der FernUniversität, Hagen.

Savants, Inselbegabung

Schon vor über 200 Jahren wurden Kinder beobachtet, die mit außergewöhnlichen Fähigkeiten, sog. Inselbegabungen, auf künstlerisch-bildnerischem, musikalischem und rechnerischem Gebiet imponierten, zugleich jedoch in ihrer Sprache, Denkfähigkeit und selbstbestimmten Lebensführung stark beeinträchtigt waren. J. Langdon Down bezeichnete diese Kinder als »idiots savants« (gelehrte Idioten). Auf Grund der begrifflichen Diskriminierung wird heute nur noch von Savants gesprochen. Damit sind in erster Linie geistig behinderte und autistische Personen mit Spezialbegabungen gemeint. Neurologisch betrachtet wird eine atypische Organisation des Gehirns vermutet: Schwächen in der linken Hemisphäre (zuständig für sprachliche Äußerungen) und quasi als Kompensation besondere Stärken der rechten Hemisphäre (z. B. räumliche und visuelle Wahrnehmungsfähigkeiten). Eine solche rechtshirnige Stärke, vermutlich in Form einer Überfunktion im rechten Scheitellappen (Ramachandran 2003, 68), wird auch bei hochbegabten »Wunderkindern« (Winner) diskutiert (Theunissen & Schubert 2010).

Georg Theunissen

Literatur

Ramachandran, V. (2003): Eine kurze Reise durch Geist und Gehirn. Reinbek
Sacks, O. (2000): Eine Anthropologin auf dem Mars. Reinbek
Theunissen, G. & Schubert, M. (2010): Starke Kunst von Autisten und Savants. Freiburg
Winner, E. (1998): Hochbegabt. Mythen und Realitäten von außergewöhnlichen Kindern. Stuttgart

Schizophrenie, wahnhafte/psychotische Störungen

(siehe auch psychische Störungen)

Bei schizophrenen (auch als wahnhaft oder psychotisch bezeichneten) Störungen handelt es sich um eine Gruppe in Schweregrad und Erscheinungsbild äußerst verschiedenartiger Krankheitsbilder, charakterisiert vor allem durch Zerfahrenheit im Denken, in der Wahrnehmung, Stimmung und im Verhalten (Moldzio 2004). Lange als »dementia praecox« (vorzeitige Verblödung) prognostisch resignativ eingeschätzt, stellte E. Bleuler (1911) diese bzgl. der Allgemeinbevölkerung mit einer Prävalenz von ca. 1% relativ häufigen Störungen in ein anderes Licht, indem er mit dem Ausdruck »Schizophrenie« eine Spaltung der Persönlichkeit postulierte und neben konstitutionellen erstmals auch psychodynamische Faktoren berücksichtigte. Außerdem betrachtete er viele Symptome als »Abwehr- und Rettungsversuch« der gesund gebliebenen Persönlichkeit. Diese Sicht hat sich gehalten, wenngleich unterschiedlichste Auffassungen (Schizophrenie-Konzepte) anzutreffen sind. Von wahnhaften Störungen (früher Paranoia) sprechen wir, wenn ein chronischer Wahn ohne weitere bei Schizophrenie vorkommende Symptome vorliegt.

Nach heutigem Stand der Forschung wird keine einheitliche Ursache angenommen, sondern ein Zusammenwirken verschiedener Faktoren biologischer und psychosozialer Natur. Die Vorstellungen gehen in die Richtung, dass genetische Faktoren, zerebrale Schäden und psychosoziale Faktoren einen Einfluss auf die prämorbide Entwicklung haben, die zu einer besonderen → *Vulnerabilität* als prädisponierendem Faktor für ein späteres Erkranken führe. Zur psychotischen Dekompensation kommt es dann beispielsweise unter Stress. Der weitere Verlauf hängt vom Grad der Labilität sowie dem Vorhandensein oder Fehlen stabilisierender (Neuroleptika, günstiges Umfeld, adäquate Selbsteinschätzung und Belastung) Faktoren ab.

Zu Beginn einer Schizophrenie bzw. im akuten Stadium treten häufig so genannte *positive Symptome* (Halluzinationen, Wahnbildungen, Denkzerfahrenheit, Parathymie, psychomotorische Erregung und katatone Phänomene) auf, die von *negativen Symptomen* (Affektverflachung, Verarmung des Antriebs, der Sprache und des sozialen Kontaktes) unterschieden werden. Letztere sind von depressiven Verstimmungen, Hospitalisierungssymptomen oder Nebenwirkungen von Neuroleptika zu unterscheiden. Die schizophrene Erkrankung kann episodenhaft verlaufen, heilt in einem Drittel der Fälle sozial aus, rezidiviert in einem weiteren Drittel in Schüben und nimmt in etwa einem Drittel einen chronischen Verlauf mit Residualbildung. Diese ist meist durch Kontaktangst, sozialen Rückzug, verminderte kognitive Belastbarkeit und Gefühlsunsicherheit charakterisiert. Dauern die an sich für die Schizophreniediagnose geforderten Beeinträchtigungen unter 1 Monat an, wird eine schizophrenieforme Störung diagnostiziert (ICD-10).

Je nach Stadium und Schweregrad der Krankheit sind verschiedene Behandlungsschwerpunkte zu setzen. Im akuten Schub steht üblicherweise die Behandlung mit Neuroleptika (Zielsymptome: Erregung, Halluzinationen, Wahn, Denkstörungen) im Vordergrund, unterstützt durch → Psychotherapie. Nach Abklingen des akuten Stadiums ist Aktivierung, Sozio- und Psychoedukation angezeigt. Eine neuroleptische Langzeitbehandlung vermag das Rezidivrisiko deutlich zu reduzieren, moderne Neuroleptika liegen hinsichtlich Nebenwirkungen und damit Lebensqualität günstiger als die über Jahrzehnte verfügbaren und v. a. auch motorisch einschränkenden Vorgänger.

In der → Psychiatrie herrscht breiter Konsens, dass Menschen mit Lernschwierigkeiten (geistiger Behinderung) genauso wie Nichtbehinderte an einer Schizophrenie erkranken können. Die Prävalenzrate reicht von 1,3% bis 3,7% (Deb et al. 2001, 32; auch Lingg & Theunissen 2008, 74). Die Ursachen sind vermutlich ähnlich wie in der Allgemeinbevölkerung, wenngleich bei geistig behinderten Menschen erhöhte Risikofaktoren (Geburtskomplikationen, genetisch, chronischer Stress) bestehen. Ebenso unterscheiden sich schizophrene Störungen bei Menschen mit geistiger Behinderung in ihrem Verlauf und im klinischen Bild nicht wesentlich von jenen Nichtbehinderter, in Ausgestaltung weisen sie allerdings je nach Grad der kognitiven Beeinträchtigung Besonderheiten auf (Meadows et al. 2001). So sind Wahnbildungen und Sinnestäuschungen häufig vergleichsweise »einfach« und selten systematisiert. Hinzu kommen sprachliche Verständigungsprobleme (z. B. unzureichende Selbstauskünfte in Bezug auf Symptome, mangelnde Introspektionsfähigkeit), welche die Diagnostik erheblich erschweren (dazu Deb et al. 2001; Lingg & Theunissen 2008). Unter einem IQ von 45 kann die Diagnose bei stark reduzierten Ausdrucks- und Kommunikationsmöglichkeiten kaum bzw. nicht mit Sicherheit gestellt werden. Bei geistig schwer(st) behinderten Personen werden eher »atypische« Psychosen diagnostiziert, die durch hyperaktives, destruktives, stereotypes oder selbstbeschädigendes Verhalten gekennzeichnet sind.

Albert Lingg & Georg Theunissen

Literatur

Bleuler, E. (1911): Dementia praecox oder die Gruppe der Schizophrenien. Leipzig, Wien
Deb, S. et al. (2001): Practice Guidelines for the Assessment and Diagnosis of Mental Health Problems in Adults with Intellectual Disability. Brighton
Internationale Klassifikation psychischer Störungen Kapitel V. (1992). Hrsg. v. Dilling, H.; Mombour, W. & Schmidt, M. H. Bern, Göttingen, Toronto
Lingg, A. & Theunissen, G. (2008): Psychische Störungen und geistige Behinderung. Freiburg
Meadows, G. et al. (1991): Assessing schizophrenia in adults with mental retardation. In: British Journal of Psychiatry, Vol. 161, 686–691
Moldzio, A. (2004): Schizophrenie – eine philosophische Erkrankung? Würzburg

Schmerzen

Menschen mit Behinderungen erleiden in ihrem Leben immer wieder Schmerzen, wie andere Menschen auch: ein angeschlagener Kopf, Zahnweh, ein Biss auf die Lippe, Magenkrämpfe oder auch Menstruationsschmerzen bei Mädchen und Frauen. Schmerz ist ein Begleiter im menschlichen Leben.

Schmerzen können aber auch durch eine Behinderung (funktionelle Beeinträchtigung) und das zu Grunde liegende Krankheitsbild entstehen: der Schmerz einer Spastik, ein tiefer Muskelschmerz, der erheblich sein kann. Refluxstörungen bei Menschen mit sehr schweren, mehrfachen Beeinträchtigungen erzeugen heftigste Schmerzen. Indirekt hängen Schmerzen mit einer Behinderung zusammen, wenn sie die Folgen, z. B. eines besonderen Verhaltens sind: selbstverletzende Verhaltensweisen, intensive Unachtsamkeit, Verschlingen zum Essen ungeeigneter Objekte etc.

Der organische Schmerz wird in der Fachliteratur vom psychologischen Leid unterschieden. Hier soll nur über den Schmerz informiert werden.

Schmerz selbst erfährt eine Unterteilung (Fischer 2011, 522) in eine sensorisch-diskriminative Komponente (wo, wie stark, welcher Art), eine kognitiv-evaluative Komponente (Frage nach Ursache und Folge) sowie eine affektiv-motivationale Komponente.

Schmerz ist eine individuell-subjektive Größe, Schmerz kann nicht objektiv gemessen werden. Gleiche Ursachen (Wunden, Krankheiten …) können sehr unterschiedliche Schmerzen verursachen.

Eine kognitive Einschränkung wirkt sich unmittelbar auf die gesamte Schmerzwahrnehmung aus: schon die Lokalisierung eines Schmerzes setzt ein funktionierendes Körperselbstbild voraus, die Intensität des Schmerzerlebens hängt auch mit der Erinnerung und dem Vergleich bekannter Schmerzen zusammen, die Schmerzvermeidung knüpft an Ursache-Wirkung-Einsichten an. Der Umgang mit dem Schmerz selbst (Schmerzmanagement) erfordert planendes Handeln unter belastenden Umständen.

Neben einer pflegerischen oder medizinischen Behandlung ist es die »palliative Pädagogik«, die den Schmerz für den betroffenen Menschen benennbar macht, die signalisiert, dass die Not des Schmerzes Resonanz erfährt, dass jemand »da« ist. Menschen brauchen Hilfe bei der Erkundung des eigenen Schmerzes: was kann/darf ich bewegen, was nicht. Was kann ich berühren, was nicht. Wie sollte ich liegen/sitzen, wie besser nicht? Auch die Linderung des Schmerzes durch medizinische Maßnahmen muss pädagogisch begleitet werden: »Jetzt ist es besser, du hast vorhin eine Tablette bekommen.« »Es tut nicht mehr so weh, du liegst ja auch ganz toll ruhig da …«

Ursache-Wirkungs-Erfahrungen können pädagogisch gestaltet werden und helfen so der weiteren Schmerzbewältigung.

Ohne eine solche Begleitung bleibt vielen Menschen oft nur der Ausweg massiv selbstschädigenden Verhaltens, Schreien oder auch depressiver Rückzug, da sie der Umgang mit den eigenen Schmerzen überfordert.

Andreas Fröhlich

Literatur

Belot, M. (2009): Der Ausdruck von Schmerz bei mehrfachbehinderten Personen: Evaluation von Schmerzzeichen bei Jugendlichen und Erwachsenen mit Mehrfachbehinderung. In Maier-Michalitsch, N. (Hrsg.): Leben pur: Schmerz bei Menschen mit schweren und mehrfachen Behinderungen. Düsseldorf

Fischer, Th. (2011): Schmerz. In: Pflege heute, Lehrbuch für Pflegeberufe. München

Fröhlich, A. (2012): Schmerzen bei Kindern mit schwersten Behinderungen. In Zeitschrift für Heilpädagogik 04/12

Schiltenwolf, M., Herzog, W. (Hrsg.) (2011): Die Schmerzen. Würzburg

Schule für Geistigbehinderte, Schule für praktisch Bildbare, Schule für individuelle Lebensbewältigung, Förderschule, Schule mit dem Förderschwerpunkt geistige Entwicklung

(siehe auch Förderzentrum)

Auch noch nach der NS-Zeit wurden Kinder und Jugendliche mit geistiger Behinderung in Deutschland als nicht (schul-) bildungsfähig von Schulen ausgeschlossen, vereinzelt in »Hilfsschulklassen« geduldet oder in hortähnlichen Einrichtungen bzw. Tagesstätten betreut.

In Orientierung an Vorbildern im Ausland entstanden erst nach Gründung der Elternvereinigung »Lebenshilfe« im Jahre 1958 allmählich schulische Einrichtungen, in Hessen 1961 zunächst »Sonderschulklassen für Geistigbehinderte«, später Schulen für praktisch Bildbare. In Bayern wurde 1965 über einen Sonderschulerlass die »Schule für Geistigbehinderte« gleichwertig in die Reihe der anderen Sonderschulen aufgenommen. Festzuhalten ist, dass die Schule für Geistigbehinderte vor allem aus der Situation einer vorenthaltenen Bildung bzw. aus dem Scheitern von Erziehungsversuchen in allgemeinen Schulen entstanden ist und das Ergebnis eines zähen Ringens der betroffenen Eltern und einiger engagierter Fachleute darstellt. Auch die Aufnahme aller Schüler – unabhängig von Art und Schwere der Behinderung – musste hart erkämpft werden und noch heute wird in manchen Bundesländern mehrfach- und schwerstbehinderten Kindern vereinzelt die Aufnahme verwehrt.

Heute heißt die Schulform in Folge der KMK-Empfehlungen in den meisten Bundesländern »Schule mit dem Förderschwerpunkt geistige Entwicklung«, eine Bezeichnung, die den umstrittenen Begriff → geistige Behinderung vermeiden und nicht → Defizite beschreiben, sondern vielmehr »programmatisch« den besonderen Erziehungs- und Förderbedarf betonen möchte (zur Kritik vgl. Fischer 2004). Daneben existieren andere, weniger separierende Möglichkeiten der Beschulung, zum einen in Abteilungen anderer Sonder- bzw. Förderschulen (Fischer 1995) sowie in übergreifenden sonderpädagogischen → Förderzentren, zum anderen auch in kooperativer oder vermehrt vereinzelt auch in integrativer bzw. inklusiver Form in allgemeinen Schulen.

Die Schule für Geistigbehinderte ist allerdings noch immer die Einrichtung, in der weiterhin der größte Teil der Kinder und Jugendlichen mit geistiger Behinderung in der Bundesrepublik beschult wird. Während die Förderquote im Schwerpunkt »geistige Entwicklung« am jeweiligen Altersjahrgang insgesamt zwischen 1999 und 2002 von 0,713% auf 0,788% anstieg (in absoluten Zahlen insgesamt von 65587 auf 70451 und speziell in Sonderschulen von 63725 auf 68470), sinkt gleichzeitig der Anteil der Schüler in allgemeinen Schulen aus dieser Gruppe von 2,84% auf 2,81% (in absoluten Zahlen bedeutet dies einen leichten Anstieg von 1.862 auf 1.981).

Nach dem Förderschwerpunkt Lernen (Schule für Lernbehinderte) ist diese Schulform weiterhin die am zweitstärksten besuchte Sonderschulform.

Im Rahmen des Leitziels »Selbstverwirklichung in sozialer Integration« wird intentional eine alle Entwicklungsbereiche umfassende → Erziehung und Unterrichtung angestrebt. Konkret geht es zum einen um die Vermittlung funktionsbezogener → Kompetenzen (in der Wahrnehmung, Motorik, Kognition oder Kommunikation) und um eine aktive Lebensbewältigung (in Bereichen wie Essen, Trinken, Körperhygiene u. a.), vor allem aber um eine umfassende Persönlichkeitsbildung (Selbständigkeit, wirklichkeitsnahe Selbsteinschätzung, emotionale Stabilität, Leistungsbereitschaft u. a.).

Was diesen Schultyp in vielen Bundesländern organisatorisch und strukturell gegenüber anderen Schulformen auszeichnet und von diesen, je nach standortbezogener Ausprägung, unterscheidet, sind u. a. Angebote im Bereich der Frühförderung und schulvorbereitender Gruppen, eine Ganztagsbeschulung, eine Verlängerung des Schulbesuchs von 9 auf 12 Jahre (mit der Option der Verlängerung in begründeten Fällen), eine Stufung in Unter-, Mittel-, Ober- und Werk- bzw. Abschlussstufe (in Bayern Grundschul-, Hauptschul- und Werkstufe), wohnlich gestaltete Klassenzimmer als Orte zum → Lernen und Leben, relativ kleine Klassenfrequenzen, Einsatz von Personal mit unterschiedlichen Ausbildungen und Schwerpunktsetzungen (Sonderschullehrer, pädagogische und therapeutische Fachkräfte, Werkmeister u. a.) und eine relativ eigenständige Werkstufe mit der besonderen Zielsetzung, über allgemeine Bildungsangebote hinaus auf nachschulische Lebenswelten vorzubereiten. Was Klassenfrequenzen, Qualität der Lehrerversorgung, Mindestausstattung und andere »Standards« betrifft, sind bundesweit erhebliche Unterschiede zu beobachten, mit Tendenzen einer Verschlechterung infolge von Sparmaßnahmen.

Das Schulleben und Art und Qualität des Unterrichts können je nach Schulstufe, Schülerzusammensetzung und Zielstellungen sehr unterschiedlich sein, orientieren sich aber vor allem an den Lernbedürfnissen und Voraussetzungen der jeweiligen Schüler mit ihren unterschiedlichen lebensgeschichtlichen Vorerfahrungen und Interessen. Daraus ergibt sich die Notwendigkeit, auch individuelle Erziehungs- und Förderpläne zu erstellen.

Weitere besondere, das Leben und Lernen in der Schule für Geistigbehinderte bestimmende handlungsleitende Prinzipien sind: Orientierung nicht nur am Alter, sondern vor allem am Entwicklungsstand und an der individuellen Entwicklungslogik der einzelnen Schüler; eine besonders intensive Individualisierung und Differenzierung der Angebote; Ganzheitlichkeit als Versuch ein überschaubares Lernen in »Sinnganzen« und konkreten Alltagssituationen zu ermöglichen; → handlungsbezogenes Lernen, aber auch eine Strukturierung und Elementarisierung von allzu komplexen und abstrakten Bildungsinhalten; besondere basale wie auch therapeutisch ausgerichtete Angebote für Schüler mit mehrfachen und schweren Behinderungen.

Als große Herausforderungen stellen sich derzeit das Erfordernis, die soziale Isolation der eigenen Einrichtung und ihrer Mitglieder durch mehr Kontakte mit der Bevölkerung und der Gemeinde und eine engere → Kooperation mit allgemeinen Schulen zu überwinden sowie die Gefahr, dass diese Einrichtung zu einer »Restschule« für mehrfach und schwer behinderte Schüler werden könnte (Mühl 1995).

Erhard Fischer

Literatur

Fischer, E. (1995): Lernorte – wo Schüler mit geistiger Behinderung lernen und leben. In: Lernen konkret 14, 2, 2–7
Fischer, E. (2004): Förderschwerpunkt Geistige Entwicklung. In: Zeitschrift für Heilpädagogik 55, 3, 109–113
Fischer, E. (2005): Vorhaben und Unterrichtseinheiten – Lehren und Lernen im Förderschwerpunkt geistige Entwicklung. Dortmund
Mühl, H. (1995): Hat die Schule für Geistigbehinderte noch eine Zukunft? In: Lernen konkret 14, 3, 25–30

Selbstbestimmung, Autonomie

Selbstbestimmung ist anthropologisch und ethisch gesehen Ausdruck von Freiheit. Sie bedeutet Unabhängigkeit von → Fremdbestimmung in psycho-physischer, biologischer, sozialer, wirtschaftlicher und politischer Hinsicht. Der Mensch ist von Natur aus darauf angelegt, sein Leben selbst zu steuern und zu gestalten, d. h. selbstständig zu werden, um (relativ) autonom leben zu können. Er sollte die Fähigkeit entwickeln können, sein Tun und Handeln selbst zu wählen und zu verantworten, auch wenn er in mancher Beziehung (sozial) abhängig bleibt. Menschen mit geistiger Behinderung galten rechtlich gesehen über Jahrhunderte hinweg als nicht fähig, ihre Angelegenheiten selbst zu besorgen, ihre Selbstbesorgung zu erlernen und wurden deshalb laut Bürgerlichem Gesetzbuch (BGB) ständiger Überwachung und Fürsorge unterstellt. Unter psychologischem und sozialem Aspekt wurden sie als *total abhängig* von fremder Hilfe definiert. Ihre pädagogische → Betreuung und Belehrung zielte vor allem auf passives, nachahmendes Lernen oder Anlernen ab.

Eine pädagogische und soziale Wende trat erst mit den sichtbar werdenden Fortschritten im Bereich der pädagogischen Förderung und der sozialen Eingliederung ein, im Besonderen dann unter dem Einfluss des aus Skandinavien stammenden → »Normalisierungsprinzips« sowie der amerikanischen »Independent Living-Bewegung«. In Deutschland entwickelte sich daraus die »Autonom-Leben«-Bewegung, die zwar vor allem von Menschen mit körperlichen Behinderungen getragen wurde, von der aber auch Folgerungen für die Lebensführung von Menschen mit geistiger Behinderung abgeleitet werden konnten. Ein Leben, so normal wie möglich, d. h., so autonom wie möglich, führen, bedeutete, es wie Andere möglichst selbstständig bzw. unabhängig gestalten können, ein Leben, das auch den eigenen Interessen und Fähigkeiten entspricht und eine → Teilhabe am sozialen und öffentlichen Leben ermöglicht. Seitdem gilt Selbstbestimmung als ein Leitziel aller Begleitung und Hilfe für Menschen mit geistigen Behinderungen. In den KMK-Empfehlungen für die Schule für Geistigbehinderte (1980) wurde erstmals deren pädagogischer Auftrag darin gesehen, diese Kinder und Jugendlichen »zur Selbstverwirklichung in sozialer Integration zu führen«.

Die Bedeutung von Selbstbestimmung oder Autonomie für den Menschen ist eine grundlegende und umfassende. Sie ist zutiefst darin begründet, dass er sein Leben über sein Selbst (griech.: autos), über eigene Erkenntnis und Erfahrung und über seinen eigenen Willen zu führen hat. Seine Verhaltensmuster sind im Gegensatz zum Tier nicht genisch programmiert und festgelegt, sondern gehen aus der Wechselwirkung zwischen biologisch Gegebenem und interaktional Erlebtem hervor. Dabei spielt das Bewerten des Erfahrenen eine entscheidende Bedeutung. Was auch immer der Einzelne in einer bestimmten Situation wahrnimmt, etwa was ein Anderer tut, was das eigene Tun bewirkt oder was einem widerfährt, es wird vom Einzelnen bewertet, z. B. ob es für ihn vorteilhaft, schädlich oder belanglos ist. Dieses Bewerten, das für die Entwicklung der eigenen Handlungsmuster und Wertmaßstäbe wichtig ist, erfolgt durch eine eigene Instanz, die auch als *Selbst* bezeichnet wird. Je mehr dieses in Aktion treten und sich bewähren kann, je mehr ein Kind selbsttätig, aktiv werden und Erfahrungen mit sich und anderen bzw. mit seiner Sachumwelt sammeln kann, desto stabiler entwickeln sich eigene → Identität, Handlungsbereitschaft und Perspektivität für das Kommende. Umgekehrt wird diese Entwicklung gehemmt oder verhindert, wenn Kinder, wie es früher gerade bei einer geistigen

Behinderung vielfach der Fall war, lediglich angeleitet, kontrolliert oder gar abgerichtet werden, ihr Selbst also nicht in Anspruch genommen und gefördert wird. Die Quantität und Qualität des Erlernten ist umso größer, je mehr ein Kind Gelegenheit hat, sein Selbst ins Spiel zu bringen. Dies gilt insbesondere auch für die Entwicklung seiner ethischen Grundhaltungen und Bewertungsmaßstäbe. Es sollte erleben können, dass das eigene Werten, Wollen, Urteilen und Handeln von den Anderen anerkannt und beachtet wird, wenn es gut und recht ist, bzw. dass es nicht missachtet oder nur unterdrückt wird, wenn es fehlerhaft ist.

Das Selbst entwickelt sich nicht von selbst. Es bedarf – gerade im Falle einer mentalen Behinderung – einer unterstützenden und Halt gebenden Umwelt. In der Erziehung erlebt das noch weithin hilflose Kind zunächst ein relativ großes Maß an Fremdbestimmung. Es ist von der Natur her so angelegt, dass es sich zunächst willig am Anderen orientiert, ihn nachahmt und ihm folgt, um aber allmählich auch fähig zu werden, selbst auszuwählen, etwas anzunehmen oder abzulehnen. Wesentlich für den Aufbau oder die Konstruktion guten und rechten Verhaltens ist neben dem moralischen Vorbild der Eltern oder seiner sonstigen Erzieherinnen und Erzieher die emotionale → Bindung zu ihnen. Sie ebnet dem Kinde die eigene Bindung an Werte, Regeln und Normen. Autonomie bedeutet im Eigentlichen Selbsteinbindung in das, was allgemein als gut und recht gilt. Sie hat nichts mit Willkür zu tun und darf auch nicht mit einem Laissez faire oder mit Gleichgültigkeit gegenüber den Folgen verwechselt werden. Sie beinhaltet immer auch Verantwortung für Andere. Im Falle einer geistigen Behinderung wäre es umgekehrt fatal, wenn man die Erziehung zur Selbstständigkeit mit einem weitestgehenden Sich-selbst-Überlassen dieser Menschen verwechselte. Verunsicherungen des Verhaltens müssten die Folge sein. Je besser die Erziehung zur Autonomie oder Selbstbestimmung zusammen mit der Eingliederung in eine tragfähige Gemeinschaft gelingt, desto selbstständiger kann der Erwachsene mit einer geistigen Behinderung werden.

Otto Speck

Literatur

Bundesvereinigung Lebenshilfe (Hrsg.) (1996): Selbstbestimmung. Kongressbeiträge. Marburg

Selbstverletzendes Verhalten, Autoaggression

(siehe auch Aggression)

Im deutschsprachigen Raum hat sich der deskriptive Begriff »Selbstverletzendes Verhalten« (SVV) im Vergleich mit anderen, mehr theoretischen Begriffen wie Automutilation, Autodestruktion, Autoaggression oder Selbstschädigung durchgesetzt. SVV ist zum Suizid und zu indirekten selbstdestruktiven Akten, wie alle Formen von Drogenmissbrauch, auch Nikotin- und Alkoholsucht, Verwahrlosung, Selbstvernachlässigung, Schönheitsoperationen und Modetrends, wie z. B. Piercings oder Brandings, abzugrenzen.

Bei der Definition von SVV bei Menschen mit geistiger Behinderung ist die von Mühl et al. (1996, 25) viel zitiert: »SVV von Personen mit geistiger Behinderung ist ein gegen den eigenen Körper gerichtetes beobachtbares Verhalten, das rhytmischen und stereotypen Charakter haben kann und in der Regel mit hoher Geschwindigkeit abläuft, häufig eine Stimulation des propriozeptiven, vestibulären und/oder kinästhetischen Wahrnehmungsbereichs bewirkt und dem eigenen Körper physische Verletzungen und/oder extreme Reizung zuführt und aus der Sicht des Betroffenen sinnvoll zu sein scheint.«

Ganz entscheidend ist hierbei die Erwähnung des Sinngehalts der Handlung für die jeweilige Person. SVV ist nicht einfach durch eine »Wesensbedingtheit« des behinderten Menschen zu erklären, ohne Bezug zur Umwelt und auch zum eigenen Selbst, sondern hat für den Menschen mit geistiger Behinderung, wie für andere nichtbehinderte Personen auch, appellativen Charakter. In diesem Zusammenhang ist auch die Stimulation der verschiedenen Wahrnehmungsbereiche ganz wichtig, auf die besonders bei sinnesgeschädigten behinderten Menschen immer wieder verwiesen wird.

Die selbstverletzenden Akte einer Person können alle Körperregionen betreffen. Vor allem bei Menschen mit geistiger Behinderung ist jedoch der Kopf Ziel der Handlung. Nach Rohmann und Hartmann (1988) schlägt 78% der untersuchten Personen sich an den Kopf oder mit dem Kopf an harte Gegenstände. Diese zum Kopf gerichtete Handlungsweise zeigte sich in einem vergleichbaren Ausmaß bei einer niederländischen Untersuchung (Haveman & Reijnders 1998) – häufig aber in Kombination mit anderen Formen von SVV.

Die häufigsten Topografien von SVV sind außerdem: Augen/Ohren drücken oder stechen, an den Lippen reißen, Haare ausreißen, Zähne knirschen, Gegenstände in Körperöffnungen stecken, extremes Trinken, Essen ungenießbarer Gegenstände (Pica), Luftschlucken, Essen von Kot oder Erbrochenem, auf den Boden werfen, Zwicken/Reiben/Kratzen und Wiederkäuen (Ruminieren). Es gibt noch viele andere Verhaltensweisen, die normalerweise den Körper nicht schädigen, wenn sie aber gesteigert auftreten als SVV gelten können.

Auffällig bei Menschen mit geistiger Behinderung im Vergleich mit Menschen mit → psychischen Störungen (z. B. Borderline Syndrome, Essstörungen, Psychosen, Depressionen) ist die scheinbare Abwesenheit der Intention und der Verzicht auf scharfe Werkzeuge wie z. B. Rasierklingen und Messer (Mühl et al. 1996, 28). Ob dies aus Unkenntnis geschieht oder vielleicht ein Zugangsproblem ist, bleibt ungeklärt.

Bei einer niederländischen Untersuchung bei geistig behinderten Bewohnern mit SVV im Heimbereich (N = 1168) wurden im Durchschnitt vier Formen von SVV gefunden mit einer Streubreite von 1 bis 13 (Nissen & Haveman 1997). Mehr als 90% aller Personen, die sich selbst verletzen, zeigen, auch andere → Verhaltensauffälligkeiten (z. B. Fremdaggression, Schreien, Stereotypien).

Schätzungen gehen davon aus, dass in Deutschland ca. 0,6–0,75% der Gesamtbevölkerung von offener Selbstverletzung und ca. 2% der Patienten in Krankenhäusern von heimlicher Selbstverletzung betroffen sind (Schmeissler 2000, 38). Scharfetter (1992) kommt nach angloamerikanischen Studien zu einer Auftretenshäufigkeit von unter 1%, Pattison und Kahn (1983) gehen von einer Auftretensrate von 0,4–1,4% in der Allgemeinbevölkerung aus (zit. n. Wiebel 2001, 20). Das Verhältnis von Frauen zu Männern liegt bei 2 zu 1. In der Allgemeinbevölkerung sind besonders häufig Personen mit einer Essstörung (25–40%), Patienten mit einer Borderline Störung (13%) und männliche Gefängnisinsassen (6,5%) gefährdet, wobei hier die Motive für eine Selbstverletzung wohl sehr unterschiedlich liegen (Wenglein et al. 1996, 137).

Für die Prävalenz von SVV bei Menschen mit geistiger Behinderung schwanken die Angaben beträchtlich. Man kann aber anhand der verschiedenen epidemiologischen Untersuchungen davon ausgehen, dass die

Prävalenzrate für Menschen mit geistiger Behinderung 10 bis 20 Mal höher liegt als für die Gesamtbevölkerung. Dies bedeutet ein Prozentsatz von 6–15%.

Nicht nur das Alter, der Behinderungsgrad, die Wohnsituation, die therapeutische und personelle Ausstattung einer Einrichtung, die Aufnahmepolitik einer Institution, sondern auch engere und weitere Definitionen von SVV, die Erfassung aller selbstverletzenden Verhaltensweisen, genauso wie die Methode der Erfassung (Interview, Fragebogen) spielen eine Rolle für die Erklärung der sehr unterschiedlichen Ergebnisse der einzelnen Prävalenzuntersuchungen.

Einigkeit besteht darin, dass Personen mit einer schweren geistigen Behinderung häufiger SVV zeigen. Eine wichtige, noch ungeklärte Frage ist, ob der Grad der geistigen Behinderung tatsächlich der relevante Faktor ist oder ob eher andere Phänomene, die in einem engen Zusammenhang mit dem Grad der geistigen Behinderung stehen, wie z. B. Behinderungen im Seh-, Hör- und Bewegungsbereich und kommunikative Fähigkeiten, das Auftreten von SVV bestimmen.

Es gibt eine Reihe unterschiedlicher Ansätze, die alle versuchen, das Verhalten der Selbstverletzung zu erklären. So gibt es, neben Annahmen, die davon ausgehen, dass das Verhalten erlernt ist oder der Selbststimulation dient, auch solche, die das Verhalten entwicklungspsychologisch betrachten oder organische Ursachen wie z. B. Schmerz oder Juckreiz als Grund für das Verhalten in Betracht ziehen. Auch gibt es bei Menschen mit geistiger Behinderung einige Syndrome, bei denen die Auftretenshäufigkeit von SVV erhöht ist. Hierbei handelt es sich u. a. um das Lesch-Nyhan-, Cornelia-de-Lange-, Fragiles-X-, Beuren- und Rett-Syndrom.

Bei Menschen, die autistisch oder mutistisch sind oder nur ein sehr geringes Sprachvermögen haben, können kommunikative Aspekte das SVV erklären. Nicht zuletzt spielen auch die Umwelt- und Lebensbedingungen eine entscheidende Rolle, wenn diese für den Menschen mit SVV nicht adäquat sind und seine → Bedürfnisse, z. B. in einem großen Heim, nicht wahrgenommen werden.

Meindert Haveman

Literatur

Haveman, M. J. & Reijnders, R. J. (1998): Epidemiologie van zelfverwondend gedrag. In: Duker, P. C. & Didden, R. (Hrsg.): Behandelingsstrategien bij zelfverwondend gedrag. Houten, 1–26

Mühl, H.; Neukäter, H. & Schulz, K. (1996): Selbstverletzendes Verhalten bei Menschen mit geistiger Behinderung. Bern

Nissen, J. M. & Haveman, M. J. (1997): Mortality and avoidable death in people with severe self-injurious behaviour results of a Dutch study. In: Journal of Intellectual Disability Research 41, 3, 252–257

Rohmann, U. & Hartmann, H. (1988): Autoaggression. Grundlagen und Behandlungsmöglichkeiten. Dortmund

Schmeissler, S. (2000): Selbstverletzung. Symptome, Ursachen, Behandlung. Münster

Wenglein, E. (1996): Selbstvernichtung. Göttingen

Wiebel, B. (2001): Selbstverletzendes Verhalten im Kindes- und Jugendalter – ein Systemansatz. Dissertation. Philips-Universität Marburg, Fachbereich Psychologie

Selbstvertretung, Self-Advocacy, Selbstvertretungsgruppen, People First

(siehe auch Mitbestimmung, People First Deutschland)

Der Begriff Selbstvertretung wird innerhalb der fachlichen Diskussion weitgehend synonym zum Begriff »Self-Advocacy« verwendet. Beide Begriffe stehen für eine Selbstbestimmungs- bzw. Selbsthilfebewegung von Menschen mit Lernschwierigkeiten (geistiger Behinderung). Zum Begriff Self Advocacy bzw. Selbstvertretung gibt es innerhalb der Fachliteratur keine allgemeingültige Definition. Zur inhaltlichen Annäherung an den Begriff bietet sich an dieser Stelle die Definition der zweiten nordamerikanischen People-First-Konferenz von 1991 an: »Self-Advocacy handelt von unabhängigen Gruppen behinderter Menschen, die sich gemeinsam für Gerechtigkeit einsetzen, indem sie einander helfen, ihr Leben zu führen und gegen Diskriminierung zu kämpfen. Uns wird gezeigt, wie man Entscheidungen, die unser Leben betreffen, fällt, damit wir unabhängiger sein können. Man informiert uns über unsere Rechte, aber während wir unsere Rechte kennen lernen, lernen wir auch etwas über unsere Pflichten. Die Art und Weise, in der wir lernen, für uns selbst zu sprechen, ist die gegenseitige Unterstützung und die gegenseitige Hilfe beim Erwerb von Selbstvertrauen, auszusprechen, an was wir glauben« (Theunissen 2013).

Inspiriert von den Entwicklungen in Schweden, wo bereits 1970 Betroffene eigene Freizeitclubs organisiert hatten (vgl. Theunissen 2013), fand die Idee der Selbstvertretung von Menschen mit Lernschwierigkeiten Anfang der 1970er Jahren zunehmend Verbreitung in Kanada, den USA und Großbritannien. In diesen Ländern haben sich Selbstvertretungsgruppen von Menschen mit Lernschwierigkeiten inzwischen gut etabliert.

Der eigentliche Beginn der Self-Advocacy-Bewegung wird mit dem Jahr 1973 in Verbindung gebracht, als sich in Oregon (USA) eine Selbstvertretungsgruppe organisierte, die sich den Gruppennamen People First gab (vgl. ebd.).

In Europa finden sich politisch wirksame Selbstvertretungsgruppen neben Großbritannien insbesondere in Schweden, den Niederlanden, Österreich und Deutschland (→ People First Deutschland). Die People First Bewegung in Großbritannien hat mittlerweile eine europäische Dachorganisation (»Europe People First«) auf den Weg gebracht (vgl. Theunissen 2013).

Hinsichtlich ihrer Organisationsformen lassen sich die einzelnen Self-Advocacy-Gruppen bzw. Selbstvertretungsgruppen folgenden Modellen zuordnen:

- *Trägerintegriertes Modell*

Selbstvertretungsgruppen, die innerhalb von Wohneinrichtungen, Tagesstätten oder Werkstätten für behinderte Menschen aktiv sind und einen Teil des Dienstleistungssystems bzw. -angebotes darstellen.

- *Unterabteilungsmodell*

Selbstvertretungsgruppen, die einer bereits existierenden Vereinigung oder Organisation angeschlossen sind.

- *Autonomes Modell*

Selbstvertretungsgruppen, die unabhängig von Verbänden, Einrichtungsträgern oder Institutionen agieren.

- *Koalitionsmodell*

Selbstvertretungsgruppen, die mit bestehenden Selbst-Hilfe-Gruppen wie z. B. der Selbstbestimmt-Leben-Bewegung kooperieren.

Kerstin Schirbort

Literatur

Theunissen, G. (2013): Empowerment und Inklusion behinderter Menschen. Freiburg (3., erw. Auflage)

Selbstwahrnehmung

(siehe auch Identität)

Wesentlich für Selbstwahrnehmungen sind einerseits Beobachtungen des eigenen Verhaltens und andererseits die das Verhalten begleitenden Umstände und Erlebnisse. Aus dem Erkenntnisgewinn dieser beiden Ebenen setzt sich die Wahrnehmung unserer eigenen Person zusammen (Bem 1993). Über die Selbstwahrnehmung von Menschen mit zugeschriebener geistiger Behinderung gibt es nur wenige Aussagen. Die Entwicklung des Selbst wird für diese Personengruppe in unterschiedlichen Altersphasen meist wie folgt generalisiert (siehe Evans 1998): Während in der frühen Kindheit noch von grundlegenden Entwicklungsparallelen zwischen Kleinkindern mit und ohne so genannte geistige Behinderung hinsichtlich der Selbstwahrnehmung auszugehen ist, wird im Schulalter bereits von Entwicklungsverzögerungen berichtet, da bei Schülerinnen mit Förderbedarf im Schwerpunkt »Geistige Entwicklung« verzerrte und überhöhte Selbsteinschätzungen festgestellt wurden, die bei Kindern ohne Behinderungsetikett eher im Vorschulalter anzusiedeln sind. Erst ab der Adoleszenz werden jedoch ungünstige Selbstwahrnehmungen und Selbstkonzepte bei Jugendlichen mit zugewiesener geistiger Behinderung vermutet (aufgrund angenommener verstärkter Andersartigkeitserfahrungen und Stigmatisierungserlebnisse), die im Erwachsenenalter eine Verfestigung erfahren. Diese Vermutungen sind jedoch bislang noch unzureichend bestätigt, teilweise sogar widerlegt worden (Schuppener 2005a). Vor dem Hintergrund von Forschungsergebnissen muss vielmehr davon ausgegangen werden, dass Menschen mit so genannter geistiger Behinderung zu differenzierten und positiven Wahrnehmungen ihrer eigenen Person in der Lage sind (Schuppener 2005a,b).

Es existiert ein kausaler Wechselwirkungszusammenhang zwischen der Selbstwahrnehmung eines Individuums und der Akzeptanz und Anerkennung (= Fremdwahrnehmung) Außenstehender (siehe Bem 1993): Eine verstärkte Transparenz und Fokussierung der Selbstwahrnehmungsstrukturen von Menschen mit zugeschriebener geistiger Behinderung kann in einem ersten Schritt (= *Mikroebene*) dazu beitragen, multiple Fremdbilder über Menschen, die wir geistig behindert nennen, zu prüfen, zu verändern, zu verwerfen. In einem zweiten Schritt hat diese »Validierung« fundamentale Auswirkungen auf das dialogische Miteinander (= *Mesoebene*), indem tiefgreifendere, enthierarchisierte → Begegnungen und Kommunikationen zwischen Menschen mit und ohne Behinderungserfahrungen stattfinden können. Und in einem dritten Schritt (= *Makroebene*) wird damit das Recht von Menschen mit dem Label einer geistiger Behinderung auf gesamtgesellschaftliche Teilhabe gestärkt, was perspektivisch zur Etablierung inklusiver Denk- und Handlungsstrukturen beiträgt.

Saskia Schuppener

Literatur

Bem, D. J. (1993): Theorie der Selbstwahrnehmung. In: Filipp, S.-H. (Hrsg.): Selbstkonzeptforschung. Probleme, Befunde, Perspektiven. Stuttgart, 97–127

Evans, D. W. (1998): Development of the self-concept in children with mental retardation: Organismic and contextual factors. In: Burack, J. A.; Hodapp, R. M. & Zigler, E. (Eds.): Handbook of Mental Retardation and Development. Cambridge, 462–489

Schuppener, S. (2005a): Selbstkonzept und Kreativität von Menschen mit geistiger Behinderung. Bad Heilbrunn

Schuppener, S. (2005b). Selbstkonzepte von Menschen mit geistiger Behinderung – Empirische Befunde und Implikationen für Praxis, Theorie und Forschung. In: Heilpädagogische Forschung XXXI (4), 166–179

Sensomotorische Lebensweisen

Sensomotorische Lebensweisen bezeichnet ein »Verständniskonzept« für Menschen, die mit der Bezeichnung »geistig (schwer) behindert« assoziiert werden. Es dient zur inhaltlich differenzierten Darstellung der Grundlagen menschlicher → Entwicklung, mit Fokus auf die Alltagsrealität der betroffenen Menschen und derer, die mit ihnen umgehen, angeregt durch die Erkenntnisse Piagets über die Anfänge der intellektuellen Entwicklung (»sensomotorische Phase«), wie sie von Affolter, Prekop und Haisch übernommen und weiter entwickelt worden sind, ergänzt durch Einsichten zur Persönlichkeitsentwicklung (z. B. Erikson, Mahler) und Ergebnisse der modernen Säuglingsforschung (z. B. Papoušek, Stern) und Neuropsychologie (z. B. Bauer). Sein Anliegen ist ein hermeneutisches: Angestrebt wird zum einen, die spezifischen Lebensthemen dieser Menschen nachvollziehbar zu benennen und inhaltlich auszudifferenzieren, zum andern herauszustellen, dass diese Themen allen Menschen als Basis ihrer Persönlichkeit zu eigen sind, um damit Verständnis und Empathie zu erleichtern (Menschen mit geistiger Behinderung als »ganz normale Menschen«). Daraus ergeben sich Konsequenzen für die Gestaltung des Umgangs mit ihnen, für Lebensraumgestaltung und die Planung spezifischer Angebote.

In der Darstellung werden die Themen der einzelnen, auf einander aufbauenden Lebensweisen (das »Haus der Persönlichkeit« als Analogie) mit der Formulierung von »Erwartungen« verknüpft, die ihren Kerninhalt griffig und nachvollziehbar benennen: (1) *Einheit in Beziehung – Sicherheit – Vertrauen:* »Es ist gut, dass ich da bin – ich bin in Sicherheit geborgen.« (2) *Überleben – Sicherung der Vitalfunktionen:* »Ich werde mit dem Nötigen für Leib und Seele gut versorgt.« (3) *Sich im Körper und in Bewegung erleben:* »Ich entdecke meinen Körper und seine Möglichkeiten, erlebe mich lustvoll in Bewegung.« (4) *Die Umwelt mit den Sinnen entdecken:* »Ich bin offen für Neues, kann mit meinen Sinnen genießen.« (5) *Eigene Wirksamkeit erleben:* »Ich kenne mich aus und habe Einfluss, meine Gewohnheiten werden respektiert.« (6) *Sich einbringen und teilhaben:* »Ich stelle mich dar und werde wahrgenommen, ich bin einbezogen und finde Modelle für mein Handeln.« Mit dem letzten benannten Thema (7), *Sich mitteilen und sich einfühlen:* »Ich teile inneres Erleben mit, beziehe mich auf Erfahrungen, kann mich in andere einfühlen«, wird der Übergang zu Lebensweisen markiert, die den sensomotorisch dominierten Umgang mit sich und der Umwelt verlassen.

Winfried Mall

Literatur

Bauer, J. (2005): Warum ich fühle, was du fühlst – Intuitive Kommunikation und das Geheimnis der Spiegelneurone. Hamburg

Affolter, F. (1992): Wahrnehmung, Wirklichkeit und Sprache. Villingen-Schwenningen (3. Aufl.)

Erikson, E. H. (1966): Identität und Lebenszyklus. Frankfurt a. M.

Haisch, W. (1988): Kognition, dargestellt an der Entwicklung der sensomotorischen Intelligenz. In: Schermer, F. J. (Hrsg.): Einführung in Grundlagen der Psychologie. Würzburg

Mahler, M.; Pine, F. & Bergmann, A. (1980): Die psychische Geburt des Menschen – Symbiose und Individuation. Frankfurt a. M.

Mall, W. (2003): Sensomotorische Lebensweisen – Wie erleben Menschen mit geistiger Behinderung sich und ihre Umwelt? Heidelberg (2. Aufl.)

Papoušek, M. (1994): Vom ersten Schrei zum ersten Wort. Anfänge der Sprachentwicklung in der vorsprachlichen Kommunikation. Bern

Piaget, J. (1969): Das Erwachen der Intelligenz beim Kinde. Stuttgart

Prekop, J. (1990): Förderung der Wahrnehmung bei entwicklungsgestörten Kindern. In: Bundesvereinigung Lebenshilfe (Hrsg.): Hilfen für geistig Behinderte – Handreichungen für die Praxis I. Marburg

Stern, D. (1979): Mutter und Kind – Die erste Beziehung. Stuttgart

Im Internet: http://www.sensomotorische-lebensweisen.de

Sexualassistenz, Sexualbegleitung

Im Diskurs um Sexualität und (geistige) Behinderung blieb die Frage der Sexualassistenz für Menschen, die Unterstützung benötigen, um ihre Sexualität entwickeln und leben zu können, lange Zeit ausgespart. Die aktuelle Fachdiskussion unterscheidet zwischen passiver und aktiver Sexualassistenz sowie der Sexualbegleitung.

Passive Assistenz kann beinhalten, über sexuelle Praktiken aufzuklären und zu beraten, aber auch konkrete Voraussetzungen für die Gestaltung individueller Sexualität zu schaffen, z. B. durch das Bereitstellen von sexuellen Hilfsmitteln und Stimulantia (Vibratoren, Pornografie) oder die Vermittlung von Sexualkontakten zu Prostituierten.

Aktive Assistenz meint alle Formen von Unterstützung, bei denen AssistentInnen in eine sexuelle Situation handelnd einbezogen sind, z. B. durch manuelle Hilfe zur Selbstbefriedigung, das praktische Ausprobieren eines Hilfsmittels oder die Assistenz für Paare, die miteinander Sex haben wollen.

Sexualbegleitung meint aktive Sexualassistenz gegen Honorar durch professionelle Dienste oder Personen, die häufig aus pädagogischen oder pflegerischen Berufen kommen, oder oft auch behindertenpädagogisch geschulte, ehemalige Prostituierte sind. Vorläufer dieser Spezial-Dienste sind SAR (»Stiftung alternative Beziehungsvermittlung«) in den Niederlanden und Sensis in Wiesbaden. Inzwischen entstanden in der Schweiz und Deutschland weitere Initiativen, die eine Ausbildung für SexualbegleiterInnen (auch: »SexualassistentInnen«, »BerührerInnen«) anbieten.

Zur Beantwortung der Frage, ob einem Menschen mit geistiger Behinderung Sexualassistenz angeboten werden soll, können folgende Kriterien benannt werden:

- Auch ein Mensch mit geistiger Behinderung sollte sich für ein Angebot der Sexualassistenz selbst entscheiden. Der Wunsch muss nicht sprachlich kommuniziert worden sein, aber ohne die grundsätzliche Fähigkeit zu einer persönlichen Willensäußerung kann keine Sexualassistenz vermittelt werden, die wiederum durch eine grundlegende → Sexualpädagogik vorbereitet sein sollte.

- Dem Prinzip »So wenig wie möglich, soviel wie nötig …« sollte Rechnung getragen werden. Das beinhaltet auch den Vorrang passiver vor aktiver Sexualassistenz in Verbindung mit dem Grundsatz der »Hilfe zur Selbsthilfe«. Ein klassisches Beispiel ist, einem Menschen mit geistiger Behinderung, der offenbar alleine den Weg nicht findet, Techniken der Selbstbefriedigung zu vermitteln. Dazu mögen Anschauungsmaterial und Medien geeignet und ausreichend sein, jedoch ist vorstellbar, dass erst eine Form von aktiver Sexualassistenz zu einem Lernerfolg führt.
- Die freiwillige und reflektierte Entscheidung des/der Assistenz Gebenden für Sexualassistenz wird vorausgesetzt.

Weitgehende Einigkeit besteht in der Fachdiskussion darüber, dass *aktive* Sexualassistenz durch MitarbeiterInnen, die in einem direkten Pflege- oder Betreuungskontakt zu einem behinderten Menschen stehen, aufgrund des bestehenden Macht- und Abhängigkeitsverhältnisses problematisch ist. Hinzu kommen juristische Restriktionen, insbesondere aufgrund der §§ 174a und 174c StGB (vgl. pro familia 2005). Daher wird bei aktiver Sexualassistenz in Einrichtungen der Behindertenhilfe zu einer externen Assistenz bzw. Sexualbegleitung geraten.

Die Grenze zwischen grundlegender Sexualaufklärung und passiver Sexualassistenz ist fließend, weshalb Sexualassistenz auch als konsequente Umsetzung aktiver Sexualpädagogik diskutiert wird (Walter 2004). Allerdings kann oft auch zwischen passiver und aktiver Assistenz nicht eindeutig getrennt werden. Wenn einerseits Sexualassistenz berufsethisch (noch?) nicht als selbstverständlicher Teil der betreuend-assistierenden oder pflegerischen Arbeit betrachtet wird (wie z. B. Essen reichen oder Hilfe bei der Intimhygiene), so ist andererseits ebenso unstrittig, dass Sexualassistenz nicht nur abgelehnt werden kann, ohne alternative Lösungen zu suchen. Wenn Menschen mit geistiger Behinderung Sexualassistenz bedürfen, um ihre Sexualität entwickeln und leben zu können, so folgt daraus für MitarbeiterInnen der Behindertenhilfe die Verpflichtung zur Auseinandersetzung mit Fragen der Sexualität und Sexualpädagogik und die Suche nach Möglichkeiten der Sexualassistenz.

Kalle Krott & Joachim Walter

Literatur

pro familia (Hrsg.) (2005): Expertise. Sexuelle Assistenz für Frauen und Männer mit Behinderungen. Frankfurt

Walter, J. (Hrsg.) (2004): Sexualbegleitung und Sexualassistenz bei Menschen mit Behinderungen. Heidelberg

Sexualität

Sexualität ist eine Lebensenergie, ein kulturell geformtes Phänomen, dessen Definition nur in Annäherung gelingen kann. Sexualität ist Körperlust, die Genitalien sind dabei oft im Spiel. Sexualität ereignet sich in Leib, Seele und Geist; Psyche und Soma, Bewusstes und Unbewusstes, Rationalität und Emotionalität sind im sexuellen Geschehen unauflöslich aufeinander bezogen.

Sexualität ist divers – sie speist sich aus vielfältigen Quellen, kennt unterschiedliche Ausdrucksformen und ist in verschiedenster Hinsicht sinnvoll (vgl. Sielert 2006). Sie zeigt sich als Einheit des Widersprüchlichen wesenhaft anarchisch und formt sich biografisch immer einzigartig aus, manchmal unaufspürbar für eine Orientierung suchende Analyse.

Es können vier voneinander unabhängige und miteinander in Beziehung stehende Aspekte von Sexualität identifiziert werden:

»*Lustaspekt*: Lust wird als eigenständiger Wert von Sexualität anerkannt und stellt eine wesentliche Triebkraft des menschlichen Lebens dar.

Beziehungsaspekt: Sexualität stiftet und vertieft Beziehungen, wächst in Beziehungen und stellt einen Code zur Kommunikation der Intimität in der Bezogenheit von Ich und Du dar.

Identitätsaspekt: In der Sexualität geben und empfangen wir Selbstbestätigung; Frau- bzw. Mann-Sein, Begehren und Begehrtwerden sind zentrale Momente der Identitätsentwicklung.

Fruchtbarkeitsaspekt: Sexualität kann das Leben auf allen Ebenen befruchten, zur Zeugung bzw. zum Empfangen von Kindern führen und zur liebenden Verbundenheit mit unseren Mitmenschen und künftigen Generationen beitragen. Dieser Aspekt der Fruchtbarkeit ist mehr als physische Fortpflanzung und kann auch unabhängig von ihr gegeben sein.

In jedem dieser Aspekte ist auch sein Gegenpol enthalten: Unlust und Ekel, Einsamkeit und Beziehungskonflikte, Infragestellung der eigenen Identität und Begrenzung der Fruchtbarkeit sind ebenso Aspekte des sexuellen Erlebens« (Valtl & Sielert 2000). Sexualität wird gelernt, ist gesellschaftlich geprägt und wird sozial gestaltet. Im (postmodernen) Idealfall verwirklicht sich in den individuellen sexuellen Biografien das Recht auf Selbstbestimmung auf der Grundlage der respektvollen Achtung des Anderen. Die Geschichte des gesellschaftlichen Umgangs mit (den Sexualitäten von) Menschen mit intellektueller Beeinträchtigung und/oder körperlichem Handicap ist jedoch eine Geschichte der vielfältigen Behinderung ihrer Sexualitäten und macht eine oft einschränkende Besonderheit ihres sexuellen Lebens aus. Im Regelfall ist davon auszugehen, dass die körperliche Sexualentwicklung bei Menschen mit Lernschwierigkeiten altersentsprechend verläuft, unabhängig von ihrer kognitiven Beeinträchtigung (vgl. Walter 2004).

Durch alle Zeiten und Kulturen wurde und wird Sexualität interpretiert, bewertet und normiert. Sexualität ist immer Gegenstand ideologischer, politischer, wissenschaftlicher, populärer Streits: Solo-, Homo-, Jugend-, Alters- oder Nonsexualität, Perversion, Macht, Hass und Gewalt, Geschlechtervielfalt, Handicap, Verrücktheit und »Normalität«, Tabu und Befreiung, Intimität und Veröffentlichung, Gesundheit, »Misslingen« und Operation, Romantisierung, Dramatisierung und Sublimierung, Statistik, Traum und Trauma, Liebeszauber, Routine oder Warencharakter – das Schillernde des Sexuellen bewegt und fordert heraus (vgl. Schmidt 2004; Sigusch 2005a/b).

In ihrem Alltagsleben spüren Menschen mit und ohne Behinderung – mehr oder weniger – die spannenden Zusammenhänge zwischen Sexualität, Sinnlichkeit, Erotik, Leidenschaft und Liebe. Und sie kennen die Abhängigkeiten sexueller Ereignisse von inneren Gestimmtheiten, äußeren Anreizen, Überraschungen, Widrigkeiten und Besonderheiten des Lebensverlaufs.

»Sexualität ist, was wir daraus machen« (Offit 1979) – eine Definition, die auf die Vielfalt der Sexualität hinweist wie auf ihre individuelle Gestalt. Das mag verunsichern, zu ersparen ist die Unsicherheit im sexuellen Leben jedenfalls nur zum Preis ihrer einseitigen Zurichtung.

Frank Herrath & Joachim Walter

Literatur

Offit, A. (1979): Das sexuelle Ich. Stuttgart
Schmidt, G. (2004): Das neue DerDieDas. Über die Modernisierung des Sexuellen. Gießen

Sielert, U. (2006): Einführung in die Sexualpädagogik. Weinheim/Basel
Sigusch, V. (2005a): Sexuelle Welten. Zwischenrufe eines Sexualforschers. Gießen
Sigusch, V. (2005b): Neosexualitäten. Über den kulturellen Wandel von Liebe und Perversion. Frankfurt/New York
Valtl, K.; Sielert, U. (Hg.) (2000): Sexualpädagogik lehren. Weinheim/ Basel
Walter, J. (Hg.) (2004): Sexualität und geistige Behinderung. Heidelberg

Sexualpädagogik

(siehe auch Sexualität, Sexualbegleitung/Sexualassistenz)

Sexualpädagogik als Forschungs- und Anwendungsfeld thematisiert die absichtliche oder unabsichtliche Einflussnahme auf die psychosexuelle Entwicklung von Menschen in allen Lebensphasen. Dabei steht insbesondere die Bedeutung von Sexualität für Emanzipationsprozesse und → Selbstbestimmung für Menschen – mit und ohne Behinderung – im Vordergrund.

Aufgabe sexualpädagogischer Praxis (häufig auch als Sexualerziehung oder Sexualaufklärung beschrieben) ist es, Menschen auf ihrem Weg zu sexueller Selbstbestimmung und Verantwortung zu begleiten und zu unterstützen.

Die Sexualpädagogik befand sich im deutschsprachigen Raum vor allem in den 1980er und 1990er Jahren sowohl theoretisch als auch praktisch in einem »sich beschleunigenden Professionalisierungsprozess« (Sielert & Valtl 2000) und ist inzwischen als Teilbereich der Erziehungswissenschaften anerkannt. Die sich in den Anfangszeiten der Sexualpädagogik parallel entwickelnden Stränge einer repressiven, neutralen und politisch-emanzipatorischen Richtung sind heute im wissenschaftlichen Kontext weitgehend abgelöst von einer humanistisch-emanzipatorisch ausgerichteten Sexualpädagogik, die »größtmögliche Selbstbestimmung« und »Achtung vor dem Leben anderer« als handlungsleitende Prinzipien ausweist (vgl. Sielert 2005).

Die beschriebene Entwicklung lässt sich auch für die sonderpädagogische Sexualpädagogik feststellen, wenn auch mit zeitlicher Verzögerung. Die früher umfassende Tabuisierung von Sexualität in der Behindertenhilfe und die überkommenen Vorurteile gegenüber der Sexualität von Menschen mit Behinderung (übersteigerte Triebhaftigkeit bzw. Fehlen sexueller Bedürfnisse) führten dazu, dass repressive sexualpädagogische Konzepte lange Zeit bestimmend für Theorie wie Praxis blieben.

Dies hat sich inzwischen geändert. Sexualität wird heute als selbstverständliches Grundrecht von Menschen mit Behinderung deklariert (Walter 2005). Größtmögliche Selbstbestimmung auch in der Sexualität wird als zentrales Prinzip pädagogischer Arbeit postuliert (Specht 2003). Heute steht nicht mehr die Anerkennung sexueller Bedürfnisse von Menschen mit Behinderung im Fokus sexualpädagogischer Überlegungen, sondern weitergehende Fragestellungen zur Umsetzung des ethischen Rechtes auf Sexualität wie etwa Sexualbegleitung/Sexualassistenz oder Aspekte der → Elternschaft von Menschen mit Behinderung.

In vielen Einrichtungen der Behindertenhilfe wurden sexualpädagogische Konzeptionen erarbeitet, die die besonderen Lebensumstände von Menschen mit Behinderung berücksichtigen. Nicht anders als bei Menschen ohne Behinderung sind zentrale Themen Körper- und Sexualaufklärung, Beziehung und → Partnerschaft, Verhütung und Kinderwunsch, Sinnes- und Körperwahrnehmung sowie sexualisierte Gewalt.

Mehr als bei Menschen ohne Behinderung hängt der Erfolg sexualpädagogischer Initiativen von der Art der Vermittlung ab, so z. B. beim Reden über Sexuelles in einem Aufklärungs- oder Beratungsgespräch oder bei der Auswahl geeigneter Methoden für ein sexualpädagogisches Projekt (vgl. Bundesvereinigung Lebenshilfe 2005). Die Beachtung folgender Prinzipien hat sich bewährt:

- Einfachheit (z. B. durch die Verwendung »leichter Sprache«),
- Lebendigkeit (z. B. durch die Bevorzugung spielerischer Methoden),
- Multi-Sinnlichkeit (z. B. durch den Einbau kreativer Elemente),
- Wiederholung (z. B. durch ein regelmäßiges Gesprächsangebot),
- Anschaulichkeit (z. B. durch den Einsatz von Bild-Medien),
- Be›greif‹barkeit (z. B. durch Gegenstände zum haptischen Erleben).

Sexualpädagogik geschieht entsprechend nicht »nebenbei«. Professionelles Handeln erfordert fundiertes Wissen (Fachkompetenz) und zielgruppenspezifische methodisch-didaktische Fähigkeiten (Methodenkompetenz). Insbesondere ist auch die Überprüfung der eigenen Standpunkte und Wertvorstellungen (Selbstkompetenz) wichtig, um nicht unreflektiert zu handeln und um Selbstbestimmungsprozesse kompetent und angemessen begleiten zu können.

Sexualpädagogische Qualifizierungen können einen entscheidenden Beitrag leisten, um die beschriebenen Kompetenzen zu erwerben. Praxisorientierte Fort- und Weiterbildungen für pädagogisch Tätige werden inzwischen von einigen Einrichtungen der Behindertenhilfe, von Pro Familia sowie vom Institut für Sexualpädagogik (ISP) angeboten.

Ralf Specht & Joachim Walter

Literatur

Bundesvereinigung Lebenshilfe (Hrsg) (2005): Sexualpädagogische Materialien für die Arbeit mit geistig behinderten Menschen. Weinheim (4. Aufl.)
Sielert, U. & Valtl, K. (Hrsg.) (2000): Sexualpädagogik lehren. Didaktische Grundlagen und Materialien für die Aus- und Fortbildung. Weinheim
Sielert, U. (2005): Einführung in die Sexualpädagogik. Weinheim
Specht, R. (2003): Sexualfreundlichkeit. Hindernisse und Herausforderungen sexualpädagogischen Handelns. In: Orientierung 2, 16–18
Walter, J. (Hrsg.) (2005): Sexualität und geistige Behinderung. Heidelberg (6. Aufl.)

SIVUS-Methode

SIVUS (schwed.: Social Individ via Utveckling Samverkan) bedeutet soziale und individuelle → Entwicklung durch gemeinschaftliches Handeln (Walujo & Malmström 1991) und bezieht sich auf eine Methode, die aus Schweden stammt. Sie wurde von Walujo und Mitarbeitern entwickelt und zunächst in der zweiten Hälfte der 1970er Jahre in einer Tagesstätte für Erwachsene, die als geistig behindert gelten, erprobt. Positive Erfahrungen führten in der Folge zu einer bemerkenswerten Verbreitung der SI-

VUS-Methode zunächst in Tagesstätten der skandinavischen Länder, später dann auch in Tageszentren oder Werkstätten für geistig behinderte Menschen in Holland, Österreich und in der Schweiz. Hierzulande gibt es erst wenige → Tages- oder Wohnstätten, die auf SIVUS zurückgreifen.

Die SIVUS-Methode geht davon aus, dass prinzipiell alle Menschen entwicklungsfähig sind und sich Entwicklung stets in sozialen Beziehungen, durch Kommunikationen mit anderen, im Austausch mit der dinglichen Welt und über sinnstiftende Tätigkeit (die Arbeit) vollzieht. SIVUS erfordert eine systematische Vorgehensweise. »Der Begleiter unterstützt die Menschen mit geistiger Behinderung dabei, ihre Situation durch immer selbständigeres Handeln besser wahrzunehmen und zu beeinflussen« (Walujo & Malmström 1991, 159). Die Tätigkeit in der Gruppe umfasst, die Arbeit und Aktivität vorzubereiten, den Plan durchzuführen und das Resultat zu beurteilen. Dazu sind vier Fähigkeiten erforderlich: soziale Fähigkeit, Planungsfähigkeit, Arbeitsfähigkeit, Beurteilungsfähigkeit. Mit zunehmender Selbständigkeit nimmt die Unterstützung der Begleiter ab. Verschiedene Sozialformen gelten als gesellschaftlich relevant, insofern werden fünf Entwicklungsstufen vorgeschlagen: Individualstufe (allein agieren), Paarstufe (zu zweit agieren), Gruppenstufe (in der Gruppe agieren), Intergruppenstufe (Zusammenarbeit zwischen den Gruppen), Gesellschaftsstufe (außerhalb der Institution) und sich in unterschiedlichen integrativen Prozessen (bezüglich Wohnen, Arbeit, Freizeit) zu orientieren und zurechtzukommen (ebd. 159ff.).

In der Gesamtbetrachtung ist die SIVUS-Methode eine an den Personen und deren Möglichkeiten orientierte Arbeitsweise, der die Idee zu Grunde liegt, die individuellen Fähigkeiten in gemeinschaftlichem Kontext zu entwickeln, wobei das Verhältnis zwischen Unterstützer und Betroffenem reflektiert und ggf. verändert wird.

Kerstin Ziemen

Literatur

Janssen, Ch. (1997): Das SIVUS-Konzept in der Arbeit mit Wohngruppen. In: Geistige Behinderung 1, 40–55
Walujo, S. & Malmström, C. (1991): Grundlagen der SIVUS-Methode. Reinhardt

Snoezelen

Snoezelen (sprich »snuzelen«) ist eine Wortschöpfung aus »snuffelen« (schnüffeln, schnuppern) und »doezelen« (dösen, schlummern). Es wurde in den 70er Jahren in den Niederlanden in Einrichtungen für schwerst behinderte Menschen entwickelt.

Über die erste »Mikro-Theorie« zum Snoezelen berichten 1966 die beiden amerikanischen Psychologen Cleland und Clark (223). Ad Verheul und Jan Hulsegge griffen in den 70er Jahren diese Gedanken auf und bieten seitdem in den Niederlanden das Snoezelen als so genannte »spontane Aktivität« bei schwerstmehrfach behinderten Menschen an (Hulsegge & Verheul 1997).

Vordergründig ist Snoezelen mit einem Raum (meist »weißer Raum«) verbunden, in dem ganz unterschiedliche Geräte (Licht-, Klang- und Tonelemente, Aromen und Musik) die speziell initiierten Wahrnehmungseffekte erzeugen. Snoezelen ist → Therapie und → Förderung zugleich und wird in allen Entwicklungsstufen (Kleinkind bis betagte Menschen) eingesetzt. Die aktuelle Forschung bindet an diese Gerätelandschaft neue pädagogisch-methodische Angebote (Mertens 2004; 2005).

In Deutschland gibt es zurzeit (Stand 2006) um die 1.300 Snoezelenräume, vorrangig in Einrichtungen für geistig behinderte Menschen und für Senioren, ebenso in Hospizen und Kliniken, in Kindergärten und Schulen. Das spezielle, ansprechende Ambiente mit seinen besonderen Licht- und Klangeffekten sowie unterschiedlichen Lagerungsmöglichkeiten hat eine positiv stimulierende Wirkung auf die Psyche, es löst → Emotionen aus, zum Beispiel Wohlbehagen, innere Ruhe, Zufriedenheit, Gelassenheit oder Freude und lässt neue Kräfte sammeln. Die unter didaktisch-methodischen Aspekten geordneten Angebote tragen dazu bei, sich zu erinnern, Vergleiche zu ziehen und sich (neu) zu organisieren. Inzwischen liegen zahlreiche Studien über die Wirkungsweise vor. Die in 25 Jahren weltweit gemachten Erfahrungen werden seit den 1980er Jahren zusammengefasst und ausgewertet (http://www.isna.de).

Aufgrund des heterogenen Nutzerkreises kommen die Unterstützer aus den verschiedensten Berufszweigen, wie der Ergo- und Physiotherapie, der Musiktherapie, der Psychologie sowie aus unterschiedlichen pädagogischen und medizinischen Fachgebieten. Seit den 1990er Jahren ist das Snoezelen in 16 Nationen verbreitet.

Krista Mertens

Literatur

Cleland, Ch. C. & Clark, Ch. M. (1966/1967): Sensory deprivation and aberrant behaviour among Idiots. In: American Journal of mental deficiency, 213–225

Hulsegge, J. & Verheul, A. (1997): Snoezelen – Eine andere Welt. Marburg (6. Auflage)

Mertens, K. (2002): SNOEZELEN – ein neues Konzept innerhalb der Betreuung von älteren Menschen – unter besonderer Berücksichtigung einer Demenz. In: praxis ergotherapie 15, 3, 145–148

Mertens, K. & Verheul, A. (Hrsg.) (2003): Snoezelen. Viele Länder – viele Konzepte. ISNA, Berlin

Mertens, K. (2004): »Snoezelen« – eine Einführung in die Praxis. Dortmund (2. Auflage)

Mertens, K. u. a. (2005): SNOEZELEN – Anwendungsfelder in der Praxis. Dortmund

http://www.isna.de

Sozial adaptives Verhalten

Im Zuge der Kritik an der ausschließlichen Verwendung von → Intelligenztests zur Bestimmung einer geistigen Behinderung wurden in den letzten Jahren Defizite in sozial adaptiven Kompetenzen als zweites, gleichermaßen bedeutsames Kriterium zur Definition der geistigen Behinderung aufgenommen (vgl. Definition der American Association for Mental Retardation). Sozial adaptive Kompetenzen umfassen die Fähigkeiten eines Kindes, Jugendlichen oder Erwachsenen zur Bewältigung von Alltagsaufgaben in den Bereichen: Kommunikation, Selbstversorgung, soziale Fähigkeiten, Leben zu Hause, Teilnahme am öffentlichen Leben, Selbstbestimmung, Gesundheit und Sicherheit, schulische Fertigkeiten, Freizeitgestaltung und Arbeit (Holtz 1994).

Das Konzept der sozial adaptiven Kompetenz versteht sich als entwicklungsabhängig; die Zahl und Komplexität der Fertigkeiten wächst im Laufe der Zeit, wenn das Individuum älter wird und neue Situationen kennen lernt. Es ist bereichsspezifisch, d. h. gliedert sich in die genannten Teilkompetenzen und impliziert, dass ein Individuum → Stärken in einem Bereich und bedeutsame Schwächen in anderen Bereichen haben kann. Es ist kulturabhängig und situationsspezifisch, d. h. das Spektrum der zu erlernenden adaptiven Kompetenzen wird von den Eltern, Lehrern und Gleichaltrigen in Abhängigkeit von ihren jeweiligen kulturellen Bezügen bestimmt und variiert mit der jeweiligen Lebenssituation des Individuums (Harrison 1990).

Unter den verschiedenen Teilbereichen adaptiver Fähigkeiten haben die sozialen Fähigkeiten zur Gestaltung positiver Beziehungen zu anderen Kindern, Jugendlichen und Erwachsenen eine besondere Bedeutung für die Lebensqualität von Menschen mit geistiger Behinderung. Sie lassen sich in sozial-kognitive Prozesse und Kompetenzen zur emotionalen Selbstregulation gliedern. Dazu gehören z. B. die Fähigkeit, seine Aufmerksamkeit und Interessen mit einem sozialen Partner abzustimmen, die Handlungen des Anderen zu beobachten und aufzugreifen, eigene Wünsche mitzuteilen, soziale Absichten zu erkennen und Zusammenhänge zu verstehen, eigene Handlungsimpulse und Emotionen in kritischen Situationen zu kontrollieren und Lösungsvorschläge für soziale Konflikte zu machen (Hay et al. 2004).

Diese Fertigkeiten entwickeln sich bei Kindern mit Lernbeeinträchtigungen oder geistiger Behinderung wesentlich später und unvollständig (Sarimski 2005). Ihre Einschränkungen in sozialen Fähigkeiten erschweren die Beteiligung am gemeinsamen Spiel, am Unterricht und an Aktivitäten in der Freizeit. Weniger Gelegenheiten zur Partizipation an sozialen Aktivitäten reduzieren ihrerseits wiederum die Möglichkeiten, sich soziale → Kompetenzen anzueignen. Dies gilt insbesondere, wenn die sozialen Kontakte weitgehend auf Menschen mit Behinderungen beschränkt sind und keine positiven Verhaltensmodelle in inklusivem Setting beobachtet werden können.

Klaus Sarimski

Literatur

Harrison, P. (1990): Mental retardation, adaptive behavior assessment, and giftedness. In: Kaufman, A. (Ed.): Assessing adolescent and adult intelligence. Boston, 533–585

Hay, D.; Payne, A. & Chadwick, A. (2004): Peer relations in childhood. In: Journal of Child Psychology and Psychiatry 45, 84–108

Holtz, K.-L. (1994): Geistige Behinderung und soziale Kompetenz. Heidelberg

Sarimski, K. (2005): Psychische Störungen bei behinderten Kindern und Jugendlichen. Göttingen

Soziale Arbeit, social work, Sozialarbeit, Sozialpädagogik

Unter dem Begriff Soziale Arbeit werden seit den 1990er Jahren – in Angleichung an die Begrifflichkeiten angloamerikanischer Länder (social work) – die traditionellen Disziplinen Sozialpädagogik und Sozialarbeit subsummiert. Die unterschiedlichen Entwicklungslinien von Sozialarbeit und Sozialpädagogik gelten zwar als historisch begründbar, jedoch lässt sich heute weder in theoretischer noch in praktisch-methodischer Hinsicht eine Trennung weiter rechtfertigen.

Soziale Arbeit gilt
- als wissenschaftliche Disziplin (Sozialarbeitswissenschaft),
- als Profession (SozialpädagogInnen, SozialarbeiterInnen),
- als Arbeitsfeld in den verschiedensten gesellschaftlichen Bereichen (s. u.),
- als Form der Sozialpolitik in postmodernen Gesellschaften.

Soziale Arbeit als *wissenschaftliche Disziplin* zeichnet sich aus durch → Transdisziplinarität, da sie verschiedene Ansätze und Sichtweisen der sogenannten Bezugswissenschaften (Soziologie, Psychologie, Pädagogik, Recht, Biologie, Philosophie, Ethnologie, Ökonomie etc.) integriert.

Unter Sozialer Arbeit als → *Profession* werden vor allem direkte und indirekte Dienstleistungen verstanden, die als Reaktion auf einen Hilfebedarf von Einzelpersonen oder Gruppen zu verstehen sind, mit dem Ziel, sie (wieder) zu befähigen, auf ihre soziale Lage Einfluss zu nehmen.

Soziale Arbeit zielt im Einzelnen auf die

- Überwindung von materiellen, sozialen und psychischen Einschränkungen,
- Behebung von Situationen des Mangels,
- Verringerung von Erfahrungen des Leidens,
- Bewältigung von Situationen des Alltags,
- Verminderung sozialer Ungleichheit und
- Verbesserung von Teilhabechancen und → Inklusion.

Während Soziale Arbeit sich ursprünglich als Reflex auf soziale Notlagen aufgrund der Industrialisierungsfolgen im 19. Jahrhundert wie Armut, Krankheit, Not, soziale Ausgrenzung entwickelte und sich vornehmlich außerhalb von Institutionen und Familien um Stabilisierung der Lebenslagen von Menschen bemüht zeigte, sind die *Arbeitsfelder* und Adressaten der Sozialen Arbeit heute nicht mehr ausschließlich die klassischen Randgruppen oder Personen, die sich in defizitären Lebenslagen befinden oder in → Krisen geraten sind.

Soziale Arbeit gilt heute als eigenständiger Teil einer *Sozialpolitik*, die in sämtlichen Lebensbereichen von der frühen Kindheit bis ins späte Erwachsenenalter – nicht nur außerhalb, sondern auch in Familien (z. B. Familienhilfe) und in Institutionen (z. B. Schulsozialarbeit) – nicht nur reaktiv, sondern auch präventiv, durch unmittelbare Dienstleistungen als auch durch das Erschließen von → Ressourcen zur Selbstrealisierung der Bürger

und zur Verbesserung der → Lebensqualität beiträgt. Insofern hat sie einen erheblichen Bedeutungszuwachs erfahren, der unter anderem auch die Behindertenhilfe erfasst hat und ihre bisherige, zum Teil starre Fixierung auf heilpädagogische (Handlungs-) Konzepte sinnvoll zu ergänzen, ja zu überwinden verspricht (dazu Theunissen 2005).

Dabei vermittelt sie zwischen individuellen Bedürfnislagen und gesellschaftlichen Möglichkeiten: Sie verbessert durch persönliche, umweltbezogene und materielle Hilfen, Bildung, Erziehung, soziales Kompetenztraining und → Empowerment, aber auch durch Vermittlung von sozialer Unterstützungen die Partizipationschancen in der Gesellschaft, sie fördert, optimiert und kontrolliert soziale Dienste und Einrichtungen, unterstützt die Zusammenarbeit mit allen beteiligten Personen und Organisationen und nimmt schließlich Einfluss auf sozialräumliche Entwicklungen und Lebensbedingungen, um die Lebenslagen ihrer Adressaten zu verbessern und Eigenkräfte zu fördern, damit Individuen und Gruppen in ihren Lebenswelten selbstverantwortlich handeln können.

Soziale Arbeit bedient sich dabei nicht mehr allein der klassischen Methoden. Einzelfallhilfe, Gruppenarbeit, Gemeinwesenarbeit wurden ergänzt und differenziert durch sozialpädagogische Beratung, street-work, Case management, → Netzwerkarbeit, → Erlebnispädagogik, Soziales Management, Sozialmarketing, Sozialplanung, Supervision u. v. m. Sozialpädagogisches Handeln ist somit von Methodenpluralismus gekennzeichnet.

Matthias Dalferth

Literatur

Schilling, J. (2005): Soziale Arbeit. Geschichte, Theorie, Profession. München, Basel
Otto, H.-U. & Thiersch, H. (Hrsg.) (2001): Handbuch Sozialarbeit/Sozialpädagogik. Neuwied
Theunissen, G. (2005): Von der Heilpädagogik zur Sozialen Arbeit? In: Behinderte 1, 30–42

Soziale Konflikte

Angesichts der Häufigkeit und Unausweichlichkeit von sozialen Konflikten erscheint es verwunderlich, dass die Thematik in der Pädagogik generell und insbesondere im Kontext der Behindertenhilfe so wenig behandelt wird. Die aus dem Umgang mit sozialen Konflikten resultierenden pädagogischen Probleme sind nämlich vielfältig und teilweise komplex. Soziale Konflikte ergeben sich in der Behindertenhilfe in vielfältiger Weise: Zwischen Klienten, zwischen Klienten und Fachkräften, zwischen Eltern und Angehörigen der Klienten und den Klienten sowie zu Fachkräften und auch zwischen Fachkräften. Die Häufigkeit und der Umgang mit sozialen Konflikten bestimmen zentral das Miteinander der Personen und die Atmosphäre. Soziale Konflikte resultieren aus einem Gegensatz zumindest einer Unvereinbarkeit zwischen mindestens zwei Personen. Dieser Gegensatz kann sich ergeben 1. in den Intentionen (Menschen suchen in der gleichen Situation unterschiedliche Absichten zu realisieren), 2. im Verhalten (ein Mensch ist mit dem Verhalten bzw. dem Auftreten einer anderen Person nicht einverstanden) und 3. in der Beziehung (Antipathie, Enttäuschung, Kränkung, etc.). Beziehungskonflikte haben nicht selten einen Ausgangspunkt in unbewältigten Intentions- oder Verhaltenskonflikten. Dies verdeutlicht, dass nicht das Auftreten von Konflikten, sondern der destruktive Umgang mit diesen das fachlich Entscheidende ist.

Soziale Kompetenz wird stark mit der Konfliktfähigkeit eines Menschen in Verbindung gebracht. Dabei wird davon ausgegangen, dass ein Mensch ein breites Spektrum an Reaktionen in Konflikten bzw. im Konfliktverhalten zur Verfügung hat. Hier setzt ein wichtiger Punkt für die Behindertenhilfe an: Menschen mit geistiger Behinderung verfügen nicht selten nur über wenige, in Einzelfällen sogar nur über ein Muster im Konfliktverhalten, z. B. weinen, wegrennen, schlagen.

Ernst Wüllenweber

Literatur

Wüllenweber, E. (2012): Soziale Konflikte als pädagogisches Problem. Hamburg (3. Auflage)

Soziale Netzwerke

(siehe auch Netzwerkarbeit, bürgerschaftliches Engagement)

Mit dem Begriff Soziales Netzwerk wird das Geflecht sozialer Beziehungen zwischen einzelnen Personen, Gruppen oder Institutionen bezeichnet. Das Netzwerkkonzept hat seinen Siegeszug in den 80er Jahren des vergangenen Jahrhunderts angetreten. Es steht in mehrfacher Beziehung für die Reflexion tiefgreifender gesellschaftlicher Veränderungen und bietet zugleich die Chance, die Folgen dieser Strukturveränderungen auf die sozialen Bezüge zu operationalisieren. Die Fülle der Forschung und Diskurse zu sozialen Netzwerken lässt sich in fünf Themenkomplexen ordnen:

(1) Auf dem Weg zur Netzwerkgesellschaft
In der groß angelegten Analyse der gesellschaftlichen Transformationen der Weltge-

sellschaft von Manuel Castells (2001) werden die neuen hochflexiblen Netzwerkkonfigurationen des Wissens und des Kapitals herausgearbeitet. Castells rückt den elektronischen Kommunikationsmöglichkeiten ins Zentrum seiner Globalisierungstheorie. Sie hätten zum Entstehen einer »Netzwerkgesellschaft« geführt, die nicht nur weltweit gespannte Kapitalverflechtungen und Produktionsprozesse ermöglichen würde, sondern auch kulturelle Codes und Werte globalisiert. Für Castells bedeutet diese Netzwerkgesellschaft eine qualitative Veränderung in der menschlichen Erfahrung. Die Entstehung der »Netzwerk-Gesellschaft« steht für eine höchst ambivalente Entwicklung. Sie umschreibt einerseits eine globalisierte Weltgesellschaft, die ungeheure Gestaltungsräume eröffnet, traditionelle Grenzziehungen überschreitet und ungeahnte ökonomische Potentiale schafft. Andererseits ist es eine unberechenbare Gesellschaft, die in ihrer »Raum-Zeit-Kompression« bislang vertraute Identitätsformationen, Wissensbestände, Berufsbilder und Kulturtechniken in Frage stellt.

(2) Zur Geometrie sozialer Beziehungen: Die Netzwerkmethode

Die Netzwerkmetapher liefert ein Bild, in dem die Knoten jeweils die Untersuchungseinheit (Personen, Gruppen oder Institutionen) darstellen, während die Linien die Beziehungen zwischen ihnen symbolisieren (vgl. Jansen 1999; Straus 2002). In der Regel werden soziale Netzwerke von einer spezifischen Person ausgehend dargestellt (das sind die individuumszentrierten Netzwerke). Aufgenommen werden nicht nur durch das Individuum direkt realisierte Beziehungen und Kontakte, sondern auch solche, die potentiell über Personen herstellbar sind, zu denen man in Kontakt steht. Meist beschränken sich die erhobenen Netzwerkmuster auf Beziehungen, die durch Primärgruppen und die wichtigsten Alltagssektoren (wie Nachbarschaft, Arbeitswelt, Schule oder Freizeit) gebildet werden. Häufig werden Netzwerke auch unter spezifischen Handlungszielvorgaben rekonstruiert. Das am meisten thematisierte ist das Unterstützungsnetzwerk, aber auch kommunale Machtstrukturen oder Kommunikationsmuster werden in Gestalt von Netzwerken abgebildet. Beim Vergleich der visuellen Gestalt unterschiedlicher Netzwerke sind typische Konfigurationen identifizierbar, die zur dimensionalen Charakterisierung sozialer Netzwerke verwendet werden. Werden gegebene Beziehungsmuster zur Bewältigung ganz unterschiedlicher Ziele und Angelegenheiten genutzt, wird ein soziales Netzwerk als multiplex bezeichnet. Haben die Personen, zu denen ein Individuum Beziehungen pflegt, auch untereinander Kontakt, so lässt sich diese Beziehungsgestalt auf der Dimension Dichte abbilden. Ein Netzwerk wird als segmentiert bezeichnet, wenn sich Kontakte, die in spezifischen Lebensbereichen (z. B. in der Berufswelt oder im Freizeitbereich) bestehen, kaum überschneiden. Diese formalen Struktureigenschaften sozialer Netzwerke haben besondere Aufmerksamkeit bei graphentheoretisch arbeitenden Sozialwissenschaftlern gefunden. Die spezielle Eignung der formalisierbaren Netzwerkmerkmale zur Weiterverarbeitung durch methodisch komplexe Verfahren hat dem Netzwerkkonzept in spezifischen sozialwissenschaftlichen Szenen zweifellos das Interesse gesichert. Immer bedeutsamer wird aber die methodische Perspektive einer qualitativen Netzwerkanalyse, die durchaus auch die Visualisierungschancen der Darstellungsmethodik nutzt, aber einerseits den Subjekten auch eigene Darstellungsmöglichkeiten ihres Beziehungsgefüges anbietet und andererseits in einem diskursiven Prozess auch die subjektive Bedeutung der Figurationen oder einzelner Beziehungselemente ausführen lässt (vgl. Hollstein & Straus 2006).

(3) Unterstützungs-Netzwerke für alltägliche Identitätsarbeit

Einen besonderen Stellenwert hat das Netzwerkkonzept in der Gemeindepsychologie und in der → sozialen Arbeit erhalten. Da geht es um die aktive Förderung von sozialen → Ressourcen, die Menschen benötigen, um die Handlungsaufgaben in ihrer Lebenswelt und im Beruf und ihre Identitätsarbeit bewältigen zu können (vgl. Keupp et al. 2006). In traditionellen Gesellschaften leben Menschen in engmaschigen sozialen Netzwerken. Der Prozess reflexiver Individualisierung, in dem sich unsere Gesellschaft befindet, löst traditionelle Ligaturen immer stärker auf. Infolgedessen muss jedes einzelne Subjekt an dem sozialen Kitt der Beziehungsmuster selbst arbeiten. Menschen mit geistiger Behinderung, deren soziale Netzwerke zumeist schwach entwickelt sind, brauchen hierzu in der Regel Unterstützung.

Anstelle traditionsbestimmter Lebenswege entstehen »Möglichkeitsräume« selbstgewählter Kontakt-, Bekanntschafts-, Freundschafts- und Nachbarschaftsbeziehungen. Das Subjekt steht aber auch unter dem Zwang, diesen Gestaltungsraum zu füllen und zu strukturieren.

(4) Soziales Kapital durch bürgerschaftliches Engagement
Netzwerke lassen sich auch als der substantielle Kern des »sozialen Kapitals« bezeichnen. Dieser Begriff ist von James S. Coleman in die Bildungsforschung eingeführt worden. Darunter versteht er: »Soziales Kapital ist das gesamte Sortiment an gesellschaftlichen Mitteln, auf die ein Individuum zurückgreifen kann, um mit ihrer Hilfe ein Ziel zu erreichen. Diese gesellschaftlichen Hilfsquellen bestehen aus Vertrauen (und der Vertrauenswürdigkeit, auf der dieses gründet), dem Netz an Verpflichtungen, die man, wenn nötig, in Anspruch nehmen kann, dem allgemeinen Einvernehmen, das effiziente Zusammenarbeit ermöglichen, und anderen in sozialen Beziehungen verankerten Aktivposten« (1996, 99). Dieser Kapitaltyp ist einerseits sehr eng an die ökonomischen Ressourcen gebunden und andererseits begründet er das Lebenschancenpotential einer Person oder Gruppe. Für die Entstehung des sozialen Kapitals gerade in einer enttraditionalisierten Gesellschaft ist das → bürgerschaftliche Engagement von großer Bedeutung. Vor allem Robert Putnam (2001) hat aufgezeigt, dass die Förderung von sozialem Kapital für Bildungschancen, Gesundheit und demokratische Lebensformen von elementarer Bedeutung ist.

(5) Netzwerke als Basis von Selbstorganisation und Empowerment
Der gesellschaftliche Modernisierungsschub, der vor allem seit den 1970er Jahren den gesellschaftlichen Grundriss der Bundesrepublik nachhaltig verändert hat, hat in Form neuer sozialer Bewegungen und Initiativen auch eine selbstaktive Gestaltungskraft hervorgebracht. Für viele neue Probleme des Alltags gab es in den traditionellen Strukturen keinen Lösungsvorrat, auf den man einfach hätte zurückgreifen können. Die Selbsthilfebewegung hat eine Fülle von sozialen Experimentierbaustellen geschaffen, in denen alternative Lebens- und Hilfeformen entwickelt und erprobt wurden. Durch diese Netzwerkbildung sind neue Handlungsressourcen entstanden und im Empowermentprinzip ist die gezielte Förderung solcher Ressourcen zum neuen professionellen Handlungsprinzip erhoben worden (vgl. Otto & Bauer 2005).

Heiner Keupp

Literatur

Castells, M. (2001): Das Informationszeitalter I: Die Netzwerkgesellschaft. Opladen

Coleman, J. S. (1996): Der Verlust sozialen Kapitals und seine Auswirkungen auf die Schule. In: Leschinsky, A. (Hrsg.): Die Institutionalisierung von Lehren und Lernen. 34. Beiheft der Zeitschrift für Pädagogik. Weinheim, 99–106

Hintermair, M.; Lehmann-Tremmel, G. & Meiser, S. (2000): Wie Eltern stark werden. Soziale Unterstützung von Eltern hörgeschädigter Kinder. Eine empirische Bestandsaufnahme. Hamburg

Hollstein, B. & Straus, F. (Hrsg.) (2006): Qualitative Netzwerkanalyse. Wiesbaden
Jansen, D. (1999): Einführung in die Netzwerkanalyse. Grundlagen, Methoden, Anwendungen. Opladen
Keupp, H. et al. (2006): Identitätskonstruktionen. Das Patchwork der Identitäten in der Spätmoderne. Hamburg (3. Aufl.)
Keupp, H. & Röhrle, B. (Hrsg.) (1987): Soziale Netzwerke. Frankfurt
Otto, U. & Bauer, P. (Hrsg.) (2005): Mit Netzwerken professionell zusammenarbeiten. Bd. I: Soziale Netzwerke in Lebenslauf- und Lebenslagenperspektive. Tübingen
Putnam, R. D. (Hrsg.) (2001): Gesellschaft und Gemeinsinn. Sozialkapital im internationalen Vergleich. Gütersloh
Straus, F. (2002): Netzwerkanalysen. Gemeindepsychologische Perspektiven und Methoden für Forschung und Praxis. Wiesbaden

Soziale Probleme

Der Ansatz »Soziale Probleme« eröffnet den Blick für den Zusammenhang zwischen sozialen, politischen und gesellschaftlichen Prozessen einerseits mit Lebensproblemen von Individuen andererseits (vgl. Markowetz 2006). Der Terminus löst individuelle Problemlagen aus der Vereinzelung und macht sie als Gruppenprobleme einer bestimmten Population, zum Beispiel von geistig behinderten Menschen, sichtbar. Soziale Probleme werden durch die Lebensumstände der betroffenen Menschen bzw. Personengruppe determiniert, nur bei einer einfachen Betrachtung handelt es sich um individuelle bzw. personale Probleme. Bei eingehender Analyse treten die Probleme jedoch quantitativ und qualitativ so vergleichbar zu Tage, dass sie sich zu einem Oberbegriff zusammen ziehen lassen und zugleich eine gemeinsame Verursachung in sozialen und gesellschaftlichen Zusammenhängen aufweisen.

Im Buch »Soziale Probleme von Menschen mit geistiger Behinderung« (Wüllenweber 2004) wird erstmals der Versuch unternommen, unterschiedlichste Lebensthemen als charakteristische Problemlagen von Menschen mit geistiger Behinderung, und damit als soziale Probleme, zu beschreiben und zu analysieren. Diese Lebensthemen lassen sich in fünf Hauptthemen mit verschiedenen Unterthemen differenzieren:

1. Geschlecht und geistige Behinderung; Sexualität; Liebe, → Partnerschaft, Ehe und Kinderwunsch; Elternschaft; Sexuelle Gefährdungen.
2. Einsamkeit; → Ablösung vom Elternhaus.
3. Gewalt und Delinquenz in Bezug auf geistige Behinderung: Strukturelle → Gewalt; Gewalt gegen Menschen mit geistiger Behinderung; → Delinquenz und Kriminalität von Menschen mit geistiger Behinderung.
4. Gesundheit: Ausgrenzungen aus dem medizinisch-psychiatrisch-psychotherapeutischen Versorgungssystem; Suchtprobleme (Alkoholismus); → Verhaltensauffälligkeiten: → psychische Störungen.
5. Stigmatisierung, Fremdbestimmung, Ausgrenzung: Leben mit dem → Stigma »geistig behindert«; Soziale Abhängigkeit und → Fremdbestimmung; Soziale Ausgrenzung und Abwertung in der Kommunikation; das Problem des Fremdverstehens; Berufsausbildung und Arbeit; Leben in Gruppen und Einrichtungen.

Deutlich wird ein sehr breites Spektrum weitgehend unterschiedlicher, teilweise jedoch aufeinander bezogener und sich gegenseitig mitbedingender sozialer Probleme als Ausdruck und Ergebnis der komplexen Lebenslage von geistig behinderten Menschen.

Ernst Wüllenweber

Literatur

Markowetz, R. (2006): Menschen mit geistiger Behinderung zwischen Stigmatisierung und Integration. In: Wüllenweber, E.; Theunissen, G. & Mühl, H. (Hrsg.): Pädagogik bei geistigen Behinderungen. Stuttgart, 142–159

Wüllenweber, E. (Hrsg.) (2004): Soziale Probleme von Menschen mit geistiger Behinderung. Stuttgart

Soziales Lernen, Soziales Kompetenztraining

Der aus den 1970er Jahren stammende Begriff Soziales Lernen wurde insbesondere in der Lernpsychologie durch Bandura (1979) geprägt. In der allgemeinen Pädagogik sind mit dem Sozialen Lernen Geltungsansprüche und Zielforderungen verbunden, die sich auf den Unterricht und die Erziehung beziehen. Das beinhaltet vor allem die Erwartung von bestimmten positiven Verhaltensweisen, die den jeweiligen gesellschaftlichen Ansprüchen entsprechen. Bei dem Begriff Soziales Lernen geht es aber nicht nur um eine ausschließliche Anpassung, sondern auch um eine Mitgestaltung der Gesellschaft.

Soziales Lernen bildet die Voraussetzung für den Erwerb sozialer Kompetenz. Der in einer Vielzahl von Bedeutungen stehende bzw. verwendete Begriff → Kompetenz (lateinisch: competere) wurde insbesondere in der Kommunikationswissenschaft durch Chomsky (1962) und in der Motivationspsychologie durch White (1959) geprägt. Letzterer bestimmte den Begriff soziale Kompetenz wesentlich mit und verstand darunter das Ergebnis von Entwicklungen grundlegender Fähigkeiten, die vom Individuum selbst hervorgebracht werden. Mehrere Definitionsversuche folgten. Zusammenfassend ist ihnen gemein, dass sie soziale Kompetenz als (alters)adäquate und situationsangemessene Anwendung eigener Fähigkeiten und Fertigkeiten zum Zweck der Auseinandersetzung mit der bzw. Anpassung an die Umwelt begreifen (Fiedler 2007). Dennoch haben die teilweise verschiedenen Auslegungen des Begriffs soziale Kompetenz seine Brauchbarkeit deutlich eingeschränkt.

Wenngleich heutzutage bei Menschen mit geistiger Behinderung soziale Kompetenzen nicht mehr gänzlich infrage gestellt werden, ist ihr Ausmaß umstritten (vgl. ebd.). In der Regel werden Menschen mit geistiger Behinderung (erhebliche) Defizite im Bereich sozialer Kompetenzen nachgesagt, die durch gezielte → Interventionen, soziale Lern- und Trainingsprogramme abgebaut oder kompensiert werden sollen. Moderne Ansätze versuchen hingegen ein an den → Stärken orientiertes Soziales Lernen in den Blick zu nehmen. Damit sollte möglichst frühzeitig begonnen werden, und es sollte zudem lebenslang fortgesetzt werden, um Möglichkeiten einer Selbstverwirklichung in sozialer Bezogenheit und gesellschaftlicher Inklusion zu unterstützen. Entsprechende Lern- oder Trainingsprogramme haben allerdings hierzulande keine Tradition – war doch der hiesigen Heilpädagogik die gezielte Förderung sozialer Kompetenzen von Menschen mit geistiger Behinderung viele Jahrzehnte weithin fremd (Theunissen 2011, 272). Im Unterschied dazu stoßen wir im angloamerikanischen Sprachraum auf eine Fülle an sozialen Lern- und Trainingsprogrammen (social skills training), die sich in der Arbeit mit geistig behinderten Menschen bewährt haben (vgl. Fiedler 2007). Die meisten Ansätze, die sich hierzulande finden lassen, stammen entweder als Therapieangebote u. a. für Menschen mit Lernschwierigkeiten konzipiert aus dem klinisch-psychologischen

Bereich oder als Programme zum Sozialen Lernen aufbreitet aus der allgemeinen Vorschulerziehung, Schulsozialarbeit oder Sozialpädagogik.

Konzepte, die auch für die Arbeit mit geistig behinderten Menschen als tragfähig betrachtet werden, basieren häufig auf lerntheoretischen Prinzipien und Methoden (Petermann, Bandemer & Mayer 1987) mit entsprechenden, anfänglich umfassenden Verhaltensbeobachtungen, um gezielte Übungen (Rollenspiele) planen und entwickeln zu können. Günstig scheint es zu sein, wenn die Programme eine abgestimmte Zusammenstellung verschiedener Übungen und Aktivitäten wie beispielsweise gelegentliche freie Spielaktivitäten (z. B.: Interaktionsspiele und Sketche), Wahrnehmungsübungen (z. B.: anhand bildlicher Arbeits-, Spiel- und Fördermaterialien), soziale Rollenspiele gekoppelt mit Videofeedback und Videoanalyse (z. B.: das Nachspielen von Alltags- und/oder Konfliktsituationen bis hin zum Einstudieren gewünschter alternativer Verhaltensweisen), ggf. dazwischengeschaltete Entspannungsübungen (z. B.: progressive Muskelentspannung nach Jacobson, Autogenes Training), Transferübungen (z. B.: das Einüben erlernter Verhaltensweisen in realen Lebenssituationen) sowie projektorientierte Angebote (z. B.: Theaterprojekt, Foto- oder Videoprojekt) und begleitend die Einbeziehung und Arbeit mit wichtigen Bezugspersonen beinhalten (Theunissen 2011; Nestler & Goldbeck 2009). Darüber hinaus wird als Sozialform zumeist die Partner- oder Gruppenarbeit ausgewählt. Für gewöhnlich besteht eine durchschnittliche Gruppe aus sechs bis acht Personen. Die Zeitdauer und Intensität liegt üblicherweise zwischen drei und sechs Monaten. Bei Menschen mit geistiger Behinderung bietet sich jedoch häufig ein längerer Zeitraum an, da sich immer wieder gezeigt hat, dass nachhaltige Verhaltensänderungen eher durch längerfristige Maßnahmen erzielt werden können. Zudem sollte ein soziales Kompetenztraining keinem starren Ablaufschema entsprechen, sondern intracurricular in den jeweiligen Kontext eingebettet werden und sich an der natürlichen Lebenswelt der betreffenden Menschen mit geistiger Behinderung orientieren.

Dörte Fiedler

Literatur

Bandura, A. (1979): Sozial-kognitive Lerntheorie. Stuttgart
Fiedler, D. (2007): Soziale Kompetenz bei Menschen mit geistiger Behinderung. Bad Heilbrunn
Nestler, I. & Goldbeck, L. (2009): Soziale Kompetenz. Weinheim/Basel
Theunissen, G. (2011): Geistige Behinderung und Verhaltensauffälligkeiten. Bad Heilbrunn (5. Auflage)
White, R. (1959): Motivation reconsidered: The concept of competence. In: Psychological Review, 66, 297–333

Sozialpädiatrie

Die Sozialpädiatrie ist eine übergreifende Querschnittswissenschaft in der Kinderheilkunde und Jugendmedizin (Pädiatrie) und bisher nicht als eigenständiger Schwerpunkt innerhalb des Gebiets der Kinder- und Jugendmedizin ausgewiesen. Sie befasst sich allgemein mit den Bedingungen für Gesundheit und Entwicklung im Kindesalter sowie mit deren Störungen und Auswirkungen:

- Entwicklungsverzögerungen (neurologische Störungen, Intelligenzminderungen)

- Rehabilitation von Kindern und Jugendlichen mit langfristigen Beeinträchtigungen der gesundheitlichen, psychischen, geistigen und sozialen Entwicklung.

Die Sozialpädiatrie wird deutlich vom (neuro-)pädiatrischen Konzepten und Denkweisen dominiert und konnte bisher die nach eigenem Selbstverständnis behauptete Zuständigkeit auch für die psychosozialen und psychiatrischen Störungen und Beeinträchtigungen von Kindern in der Praxis nicht einlösen.

Klaus Hennicke

Sozialpädiatrische Zentren

(siehe auch Interdisziplinäre Frühförderung)

Sozialpädiatrische Zentren (SPZ) sind Einrichtungen zur ambulanten Behandlung, Förderung und Rehabilitation behinderter und von Behinderung bedrohter Kinder und Jugendlicher von Geburt bis zum 18. Lebensjahr, in denen neben der medizinischen und therapeutischen Beurteilung auch eine psychosoziale Betreuung stattfinden soll. SPZ werden als »ärztlich geleitete, interdisziplinär arbeitende Einrichtungen zur ambulanten Versorgung von Kindern mit Entwicklungsstörungen und Behinderungen« definiert (§ 43a SGB V), die ärztliche und nichtärztliche Leistungen umfassende sozialpädiatrische Behandlungen anbieten, fachübergreifend arbeiten und mit weiteren Berufsgruppen in und außerhalb der Klinik kooperieren (Neuhäuser & Steinhausen 2003; Schlack, von Kries & Thyen 2009). Die Aufgaben der SPZ umfassen Krankheitsfrüherkennung, -diagnostik und -behandlung sowie → Rehabilitation und soziale → Integration. Sie betreuen vorrangig Kinder, die wegen Art, Schwere oder Dauer ihrer Erkrankung von niedergelassenen ÄrztInnen oder interdisziplinären Frühförderstellen nicht behandelt werden können. Die Zentren sollen »mit den Ärzten und den Frühförderstellen eng zusammenarbeiten« (§ 119 Nr. 3 SGB V). Aufgrund der stärkeren medizinischen Orientierung wird in den SPZ von »Frühtherapie« bzw. »Entwicklungs-Rehabilitation« gesprochen (Hellbrügge 1981).

Anfang der 1970er Jahre wurde mit dem Kinderzentrum in München das erste SPZ gegründet, seit 1989 ist es in Deutschland zur Neugründung von über 100 Sozialpädiatrischen Zentren gekommen. Die Organisationsstrukturen sind recht unterschiedlich, zumeist handelt es sich um in Kliniken integrierte bzw. assoziierte Einrichtungen, deren Träger neben den Krankenhausbetreibern auch karitative Organisationen sein können. SPZ arbeiten ausschließlich nach Überweisung von niedergelassenen Vertragsärzten, vor allem Haus- bzw. Kinderärzten.

Franz Peterander

Literatur

Neuhäuser, G. & Steinhausen, H.-Ch. (2003): Medizinische Maßnahmen. In: Neuhäuser, G. & Steinhausen, H.-Ch. (Hrsg.): Geistige Behinderung. 3. Aufl. Stuttgart, 213–231

Hellbrügge, Th. (1981): Klinische Sozialpädiatrie. Berlin

Schlack, H. G., von Kries, R. & Thyen, U. (Hrsg.) (2009): Sozialpädiatrie: Gesundheitswissenschaft und pädiatrischer Alltag. Berlin

Sozialraum, Sozialraumorientierung

Der Begriff Sozialraum wie auch seine pädagogisch-konzeptionelle Ausformulierung Sozialraumorientierung trägt seine frühen Wurzeln in der Gemeinwesenarbeit (Addams 1910), in der Fallarbeit (Richmond 1917, 1922) und in der Stadtsoziologie (insbesondere im Umfeld der frühen Chicago-Soziologie, Thomas & Znaniecki 1918/1922; Park 1928; Park & Burgess & McKenzie 1925) unter den komplexen Entwicklungen und Problemen der amerikanischen Gesellschaft um die Jahrhundertwende (vgl. hier die klassischen ethnographischen Forschungsmonographien über Einwanderung, rasant anwachsende Großstätte, z. B. Chicago, soziale, kulturelle, ethnische Segregation, organisierte Banden- und Straßenkriminalität, Arbeitslosigkeit, Armut, Vororte und Slums, über das Leben der Gelegenheitsarbeiter sowie der Land- und Stadtstreicher, ›Hobos‹, Scheckbetrüger, Obdachlosen, Prostituierten etc.). Hier schienen die sozialen Probleme teilweise so gravierend, dass die soziale Arbeit Jane Addams im »Hull-House« und Mary Richmonds Praxis des »Social Case Work« womöglich nicht umhin kamen, »die Konzentration auf das Individuum durch die [sozialbeziehungsgebundene, Anm.: d. Verf.] Arbeit mit seiner Umwelt« (Richmond 1922/98) auszuweiten. Gleichermaßen einflussreich auf die Sozialraum-Konzeption sind Arbeiten zur Sozialökologie (Bronfenbrenner 1981), zur lebensweltorientierten sozialen Arbeit (Thiersch 1992), zur neueren Gemeinwesenarbeit (Hinte 2001; Hinte & Treeß 2007; Oelschlägel 2004) und zum Empowerment (Herriger 2006; Theunissen 2009).

In Deutschland ist der Ansatz der Sozialraumorientierung zunächst im Rahmen der Kinder- und Jugendhilfe aufgenommen und aufbereitet worden (Hinte, Litges & Springer 1999; Hinte 2001; Hinte & Treeß 2007).

Wenig später hat das Sozialraumkonzept auch Eingang in anderen Arbeitsfeldern sozialer Dienste gefunden; in der Arbeitsmarkt- und Beschäftigungspolitik (Stöcken & Stremlau 2009), in der interkulturellen Arbeit (Straßburger & Bestmann 2008), in der Engagementförderung (Fehren 2008), in der Altenhilfe und Altenarbeit (Engel 2001; Dörner 2007) sowie im Quartiersmanagement (Grimm, Hinte & Litges 2004). Mittlerweile wird der Begriff Sozialraum relativ unspezifisch von der Politik als geographische Verwaltungskategorie definiert und dimensioniert. Aber auch in den Diskussionen der Fachdisziplinen besteht kein einheitliches Begriffsverständnis. Der Begriff Sozialraum und die Sozialraumkategorien bleiben weitgehend unscharf, manchmal auch unreflektiert, womöglich auch deshalb, weil hier eine Affinität und Nähe zu anderen sozialtheoretischen Konzepten, Begriffen und Diskurssträngen wie Lebenswelt, Lebensraum, Nahraum, Stadtteil, Netzwerk usw. besteht. Begriffliche Ausfachung und Verwendung scheinen hier häufig in Überschneidungen zu geraten.

Den Mitarbeitern am Institut für Stadtteilbezogene Soziale Arbeit und Beratung (ISSAB, Universität Essen) steht der Verdienst zu, ein Fachkonzept Sozialraumorientierung entwickelt zu haben, im welchem sie die Aufmerksamkeit nicht allein nur auf die Einzelpersonen und auf ihren individuellen Hilfebedarf lenken, sondern die Bedeutung der Stärken und Ressourcen von Gemeinden oder denen eines Stadtteils samt seiner Bewohner hervorheben. In fünf Kernprinzipien versucht das so genannte ›Essener Sozialraumkonzept‹, den personenbezogenen Ansatz mit einer sozialökologischen Perspektive in Verbindung zu bringen und damit den »Fall im Feld« (Hinte 2001) zu kontextualisieren. Ausgehend von der Orientierung an den Bedürfnissen und am

Willen des einzelnen Menschen (1) tritt die aktivierende Arbeit (Betroffenen- bzw. Fallaktivierung) vor die Betreuung (und damit der Fallerhaltung bzw. Fallkonservierung) (2). Das heißt jedoch nicht, dass die Fallarbeit zugunsten der Sozialraumorientierung, wie es der Name irritierender Weise suggeriert, aufgegeben wird. Das Konzept fängt beim Menschen bzw. seinen Interessen und Wünschen an, nicht beim Raum. Denn es macht einen »qualitativen Unterschied, ob man sich vom Blickwinkel der vorhandenen Institutionen aus zum Gemeinwesen hin orientiert [›top down‹; Anm.: d. Verf.] oder ob die Ausgangsbasis die Familien und die lokalen Gemeinden sind, bei denen die Verantwortung liegt und bleibt und die von Diensten und Einrichtungen in ihrer eigenen Verantwortung unterstützt werden [›bottom up‹; Anm. d. Verf.]« (Wegner-Schneider 2011, 48). Sozusagen ›bottom up‹ soll der Mensch oder eine Gruppe entscheiden, wie er/sie leben möchte, woraufhin die Bedingungen und Strukturen zugeschnitten werden sollten. Dabei wird das Eingebundensein des Menschen in den sozialen Raum und seine Ressourcen (Nachbarschaften, Interaktionssituationen, Natur, Plätze, Straßen, Cafés, Geschäfte etc.) stark berücksichtigt (3). Überhaupt scheint das gesamte Konzept mit der Entfaltung bzw. Nichtentfaltung einer sozialen und kulturellen Beteiligungs- und Interaktionskultur zu stehen bzw. fallen. Aktivitäten sind zielgruppen- und bereichsübergreifend angelegt (4). Sie sollen u. a. die Kooperation, Vernetzung und Integration unterschiedlicher Akteure und Akteursgruppen fördern (unterschiedliche soziale Dienste, Professionelle, Ehrenamtliche, bürgerliches Engagement, Aktionen, Projekte etc.) (5). Eine wesentliche Kritik kommt aus der Stadtsoziologie. Häußermann und Siebel geben zu bedenken, dass räumliche Nähe nicht automatisch Nachbarschaft im Sinne sozialer Beziehungen stiftet. Vielmehr, so argumentieren die Autoren, beruhen soziale Beziehungen auf deren »Freiwilligkeit und Qualität« (Häußermann & Siebel 2004, 115), die durch Aufnahme, Gestaltung und Pflege jener sozialen Beziehungen und/oder Beziehungskonstellationen immer wieder hervorgebracht, variiert, modifiziert und/oder ggf. bearbeitet werden müssen.

Unter der Präambel »Selbstbestimmung, Partizipation und Teilhabe am Leben« (Kernpunkte von Inklusion, UN-Behindertenrechtskonvention) wurde das Sozialraumkonzept für das Arbeitsfeld der Behindertenhilfe (hier DHG 2008) vor allem von Franz und Beck (2007) sowie von Seifert (2010; 2011) fruchtbar gemacht. Integrative Wohngemeinschaften, Mehrgenerationenhäuser oder Wohnformen für Menschen mit unterschiedlichem Unterstützungsbedarf konnten hier bereits einen Erfahrungsvorschub leisten, ohne vom Konzept Sozialraumorientierung Gebrauch gemacht zu haben. Seifert diagnostiziert für den Behindertenbereich, dass nach wie vor das »Hilfesystem ein Sondersystem [sei], in dem die stationäre Einrichtungen dominieren, […] die Zahl behinderter Menschen in Pflegeeinrichtungen mit Versorgungsvertrag nach SGB XI in den letzten Jahren angestiegen [sind] und differenzierte Sozialraumanalysen bei der Planung und Entwicklung von wohnbezogenen Angeboten in der Behindertenhilfe bislang keine Tradition [haben]« (Seifert 2011, 75, 76 und 79). Die Verknüpfung der pädagogisch-methodischen Prinzipien des Fachkonzeptes hat aber auch sozial-, institutions- und verwaltungspolitische Konsequenzen vor allem im Hinblick auf die Art und Weise der Finanzierung und Steuerung. Auch hier zeigen sich lediglich modellhafte, bisweilen noch unausgegorene Realisierungsvorstellungen, zumindest im Bereich der Behindertenhilfe. So fehlt es an Ideen und Erfahrungen, wie man den Adressaten nach seiner Bedürfnis- und Interessenlage im Rahmen der Raumförderung verorten möchte? Ferner drängt sich die Frage auf, inwiefern behinderte Menschen (geistig behinderte und mehrfach schwerstbehinderte

Menschen) überhaupt in Sozialraumplanungen einbezogen werden können? Bekanntermaßen fällt es im Hinblick auf Partizipation und Teilhabe aus den unterschiedlichen Gründen heraus schon schwer, behinderte Menschen an der individuellen Hilfeplanung zu beteiligen. Ziel eines solchen raumbezogenen Finanzierungsmodells (festes Budget/ pro Raum) soll es idealtypischer Weise sein, »die problematische Fallfinanzierungslogik über Fachleistungsstunden oder Tagessätze [zu überwinden] mithilfe pauschaler, raumbezogener Abrechnungsverfahren, die finanzielle Anreize [zu] schaffen, um Fälle zu verhindern (oder frühzeitiger und kostengünstiger zu intervenieren) statt sie zu erhalten« (Fehren 2011, 451; dazu auch Hinte 1999). In der Praxis scheint jedoch die Sozialraumbudgetierung noch in den Kinderschuhen zu stecken und droht in ihren Möglichkeiten und Potenzialen, z. B. durch verdeckte finanzielle Umlageversuche, unterlaufen zu werden. So würde man der Sozialraumorientierung die theoretische und praktische Legitimation rauben, wenn man lediglich die personenbezogene Finanzierung um ein paar Prozent erhöht und eben jene Prozente mehr oder weniger unbemerkt für eine Sozialraumfinanzierung einsetzt. Will sich die Sozialraumorientierung als eigenständige pädagogisch-praktische Konzeption etablieren, muss sie, allen Schwierigkeiten zum Trotz, in der Lage sein, eigene Finanzierungsmodelle zu erproben und durchzusetzen.

Vico Leuchte

Literatur

Addams, J. (1910): Twenty Years at Hull-House. Urbana/Illinois

Bronfenbrenner, U. (1981): Die Ökologie der menschlichen Entwicklung. Stuttgart

DHG (Deutsche Heilpädagogische Gesellschaft e. V.) (Hg.) (2008): Sozialraumorientierung in der Behindertenhilfe. Dokumentation der DHG-Tagung 03.-05.12.2007. Bonn

Dörner, K. (2007): Leben und Sterben, wo ich hingehöre. Dritter Sozialraum und neues Hilfesystem. Neumünster

Engel, P. (2001): Sozialräumliche Altenarbeit und Gerontologie. Opladen

Fehren, O. (2008): Wer organisiert das Gemeinwesen? Berlin

Fehren, O. (2011): Sozialraumorientierung sozialer Dienste. In: Evers, A. & Heinze, R. G. & Olk, T. (Hg.): Handbuch Soziale Dienste. Wiesbaden, 442–457

Franz, D. & Beck, I. (2007): Umfeld- und Sozialraum-Orientierung in der Behindertenhilfe. Empfehlungen und Handlungsansätze für Hilfeplanung und Gemeindeintegration. Hamburg

Grimm, G., Hinte, W. & Litges, G. (2004): Quartiersmanagement – Eine kommunale Strategie für benachteiligte Wohngebiete. Berlin

Häußermann, H. & Siebel, W. (2004): Stadtsoziologie. Eine Einführung. Frankfurt/M.

Herriger, N. (2006): Empowerment in der Sozialen Arbeit. Stuttgart

Hinte, W. (1999): Fallarbeit und Lebensweltgestaltung – Sozialraumbudgets statt Fallfinanzierung. In: Institut für soziale Arbeit (ISA) (Hg.): Soziale Indikatoren und Sozialraumbudgets in der Kinder- und Jugendhilfe. Soziale Praxis, 20, 82–94

Hinte, W (2001): Fall im Feld. In: Socialmanagement 6, 2001, 10–13

Hinte, W. & Litges, G. & Springer, W. (1999): Vom Fall zum Feld: Soziale Räume statt Verwaltungsbezirke. Berlin

Hinte, W. & Treeß, H. (2007): Sozialraumorientierung in der Jugendhilfe. Weinheim

Oelschlägel, D. (2004): Selbstständig in der Lebenswelt – der Beitrag der Gemeinwesenarbeit. (www.ash-berlin.eu/hsl/docs/3025/selbststaendigkeit.pdf; Stand: 21.5.2011)

Park, R.E. (1928): The Marginal Man. Chicago

Park, R.E., Burgess, E.W. & McKenzie, R.D. (1925/1987): The City. Suggestions for Investigation of Human Behaviour in the Urban Environment. Chicago

Richmond, M. (1917): Social Diagnosis. New York

Richmond, M. (1922): What is Social Case Work? New York

Seifert, M. (2010): Das Gemeinwesen mitdenken – Herausforderungen für die Behindertenhilfe. In: Stein, A., Krach, S. & Niediek, I. (Hg.): Integration und Inklusion auf dem Weg ins Gemeinwesen. Bad Heilbrunn, S. 32–50

Seifert, M. (2011): Inklusiv wohnen – Annäherung aus sozialräumlicher Perspektive. In: Kulig, W., Schirbort, K. & Schubert, M. (Hg.): Empowerment behinderter Menschen. Theorien, Konzepte, Best-Practice. Stuttgart, 75–85

Stöcken, G. & Stremlau, M. (2009): Sozialraumorientierung und Quartiersarbeit: Beschäftigungsorientiertes Fallmanagement am Beispiel des Jobcenter Kiel. In: Theorie und Praxis Sozialer Arbeit, H. 4, 269–275

Straßburger, G. & Bestmann, S. (2008): Praxishandbuch für sozialraumorientierte interkulturelle Arbeit. Hrsg. von der Senatsverwaltung für Bildung, Wissenschaft und Forschung. Bonn

Theunissen, G. (2009): Empowerment und Inklusion behinderter Menschen. Eine Einführung in Heilpädagogik und Soziale Arbeit. Freiburg i.B.

Thiersch, H. (1992): Lebensweltorientierte soziale Arbeit. Aufgaben der Praxis im sozialen Wandel. Weinheim

Thomas, W.J. & Znaniecki, F. (1918–1922/1974): The Polish Peasant People in Europe and America. 2 Bd., Chicago

Wegner-Schneider, C. (2011): Teilhabechancen international – Das CBR-Konzept. In: Fink, F. & Hinz, T. (Hg.): Inklusion in Behindertenhilfe und Psychiatrie. Freiburg i.B.

Special Olympics

(siehe auch Sport)

Special Olympics International ist weltweit die größte Sportbewegung für Menschen mit intellektueller Behinderung. Die Organisation wurde 1968 in den USA von Eunice-Kennedy-Shriver (Schwester von John F. Kennedy) gegründet und ist heute in über 160 Ländern vertreten.

Special Olympics Deutschland e.V. wurde 1991 als gemeinsame Initiative der großen deutschen Sportorganisationen und der Behindertenhilfe gegründet mit dem Ziel, die erfolgreiche Idee von Special Olympics in die jeweiligen Einrichtungen und Vereine zu tragen. Die olympische Leitmaxime »Dabei sein ist alles« steht bei Special Olympics im Mittelpunkt. Hier wird ein Sportkonzept vertreten, welches möglichst vielen Menschen mit intellektueller Behinderung die Teilnahme an nationalen und internationalen Sportveranstaltungen ermöglichen möchte. Durch das Anbieten von Training und Wettbewerben auf regionaler, nationaler und internationaler Ebene soll Menschen mit intellektueller Behinderung auf unterschiedlichem Leistungsniveau die Möglichkeit geboten werden, sich sportlich zu betätigen. Dafür werden die Athleten zuvor in leistungshomogene Startgruppen eingeteilt, die den Sportlern vor dem Hintergrund ihres subjektiven Leistungsvermögens die gleichen Chancen für die erfolgreiche Teilnahme am Wettkampf einräumen sollen.

Special Olympics sieht seine Aufgabe sowohl im sozialintegrativ orientierten Breitensport als auch im Spitzensport für hochbegabte Leistungssportler mit intellektueller Behinderung. Die Idee von Special Olympics wird in dem so genannten Eid der Athleten verdeutlicht: »*Let me win! But if I can not win, let me be brave in the attempt!*« (Special Olympics Oath).

Mit diesem Konzept erreichte diese Sportorganisation auch in Deutschland hohe Teilnehmerzahlen an Sportwettkämpfen für eine Zielgruppe, die lange Zeit vom vereinsorganisierten Behindertensport vernachlässigt wurde.

Im Unterschied zu Special Olympics werden innerhalb der Sportbewegung der *Paralympics* ausschließlich Angebote im Hochleistungssport für Menschen mit Behinderung offeriert. Die hierfür zuständige Sportorganisation innerhalb der paralympischen Bewegung ist der Weltsportverband für Menschen mit intellektueller Behinderung (INAS-FID: International Sports Federation for Persons with Intellectual Disability). Im Leistungssportkonzept von INAS-FID ist eine Einteilung in unterschiedliche Leistungsklassen, wie beispielsweise bei Special Olympics, nicht vorgesehen. INAS-FID verfolgt grundsätzlich das Ziel, Athleten mit intellektueller Behinderung die Teilnahme am internationalen Behindertenhochleistungssport zu ermöglichen. Dafür bietet INAS-FID offene Wettkämpfe im Leistungssport für Menschen mit intellektueller Behinderung an.

Special Olympics und Paralympics sind zwei unterschiedliche internationale Sportorganisationen mit unterschiedlichen Konzepten des Behindertensports, die sich offiziell nicht als Konkurrenten betrachten.

Steffen Roth

Spiel, Spielförderung

»Das Spiel ist der Weg der Kinder zur Erkenntnis der Welt, in der sie leben!« (Maxim Gorki 1954).

Viele Autoren betonen die bedeutende Stellung des Spiels für die Entwicklung des »Homo Ludens«. Verschiedene wissenschaftliche Theorien setzen sich mit der Frage nach dem Einfluss des Spiels auf die menschliche → Entwicklung und den Zusammenhang zwischen Spielentwicklung und Spielverhalten auseinander.

Psychoanalytische Spieltheorien analysieren, dass das Kind nicht verarbeitete Erlebnisse im Spiel symbolisch zur psychischen Bewältigung aktiviert. Spiel dient als Trieb-, Phantasie- und Ersatzbefriedigung, als Angstabwehr und als Regression (vgl. Hering 1979). Im Kontext der Geistigbehindertenpädagogik werden oftmals entwicklungspsychologische Theorien kontrovers diskutiert. In Anlehnung an Bühler verknüpft Piaget (1969) die Spielkategorien Übungs-, Symbol- und Regelspiel mit den Phasen der kognitiven Entwicklung. Ein weiterer Ansatz stellt die motivationspsychologische Theorie (Heckhausen 1974) dar, die insbesondere den »Aktivierungszirkel« als Triebkraft des Spiels, als lustvolle Spannung liefert. Sozialisationstheoretische Ansätze (Smilansky 1974) fokussieren, dass Kinder durch kompensatorisches Spieltraining und -programme im Rahmen des Sozialisationsprozesses entstandene Defizite ausgleichen können. Rollentheoretische Ansätze (Kluge 1980) betonen die Bedeutung des Rollenspiels zur Einübung und Vorwegnahme sozialer Rollen. Der phänomenologische Ansatz (Scheuerl 1990) fokussiert das Wesen des Spiels in seinen Erscheinungsformen.

Eine mögliche Einteilung erfolgt durch die Klassifikation nach Struktur (Funktions-, Symbol-, Rollen-, Regelspiel), Inhalt (Glücksspiel, Wettkampfspiel), Spielmaterial (Würfel, Karten, Computer), Handlungstyp (laufen, springen), Sozialform (Einzel-, Parallelspiel, Gruppenspiel), Alter (Kinder-, Erwachsenenspiel), Ort (Wald-, Tischspiele), Thematik (Ökologie-, Bereicherungspiele).

Das Spielverhalten von Kindern und Jugendlichen mit geistiger Behinderung unterscheidet sich nicht von dem Nichtbehinderter; es können lediglich Probleme in den Bereichen der Spielaktion, Spielpartner, Spielregeln, des Spielmaterials und der Spielidee auftreten (Krenz 1991). Diese möglichen Probleme bedürfen einer besonderen Modifikation der Spiele.

Spielförderung ist unter den Aspekten der Förderung des Spielens (Spielen als Lernziel) und der Förderung durch das Spiel zu betrachten. Die Aufgabe der Spielförderung besteht dann darin, mit Hilfe des Spiels bestimmte Lernziele zur Förderung kognitiver, motorischer, sprachlicher, emotionaler und sozialer Kompetenzen zu realisieren.

Im Bereich der → Freizeit sollten die Kohärenzen von Spielförderung und Freizeit, die vor allem in Freiwilligkeit, Selbstbestimmung und Zweckfreiheit zu sehen sind, berücksichtigt werden.

Spiel und Spielen sollten als wesentliche Unterrichts- und Freizeitbereiche einen festen Platz in der Förderung und Freizeitgestaltung haben.

Reinhilde Stöppler

Literatur

Gorki, M. (1954): Über die Jugend. Berlin

Heckhausen, H. (1974): Motivationsanalysen. Berlin
Hering, W. (1979): Spieltheorie und pädagogische Praxis. Zur Bedeutung des kindlichen Spiels. Düsseldorf
Kluge, N. (1980): Spielpädagogik: Neuere Beiträge zur Spielforschung und Spielerziehung. Bad Heilbrunn
Krenz, A. (1991): Spiele(n) mit geistig behinderten Kindern und Jugendlichen. Spielimpulse zum Erleben von Spaß und Kommunikation und notwendige Hinweise für eine Spieldidaktik unter sonderpädagogischer Sicht. Wehrheim
Piaget, J. (1969): Nachahmung, Spiel und Trauma. Weinsberg
Scheuerl, H. (1990): Das Spiel. Band 1. Untersuchungen über sein Wesen, seine pädagogischen Möglichkeiten und Grenzen. Weinheim
Smilansky, S. (1974): Wirkungen des sozialen Rollenspiels auf benachteiligte Vorschulkinder und Anleitung zum sozialen Rollenspiel. In: Flitner, A. (Hrsg.): Das Kinderspiel. München

Sport, sportliche Aktivität

(siehe auch Special Olympics, Psychomotorik)

In der individuellen Entwicklung ist die Bewegung eine wesentliche Voraussetzung, seinen Körper und seine Umwelt wahrzunehmen, um sich entsprechend seiner Entwicklungsbedingungen zu entfalten. Bewegung und → Wahrnehmung sind eng miteinander verbunden, sie können auch als Einheit verstanden werden, die eine Voraussetzung für eine ganzheitliche Mensch-Umweltbeziehung darstellen. Kinder haben einen natürlichen Drang, sich zu bewegen. Durch frühzeitige Bewegungserfahrungen und Bewegungserlebnisse entwickeln sich die Sinneswahrnehmung und fundamentale Bewegungsmuster wie gezieltes Greifen, aufrechte Körperhaltung, Schaukeln, Balancieren, Stützen oder Klettern. Somit ist die Bewegung eine wichtige Kommunikationsform und häufig der Schlüssel zum Kind, da über freudvolle Handlungssituationen und die kindliche Spielwelt ein günstiger Zugang gefunden werden kann.

In der Förderpraxis von Menschen mit geistiger Behinderung wird häufig diese Einheit von Wahrnehmung und Bewegung nicht realisiert (Fischer 2003). Die Annahme, ein gezieltes Sinnestraining fördere durch eine additive Stimulation die Wahrnehmungsfähigkeit und damit auch die Grundfunktionen der kindlichen Persönlichkeit, greift zu kurz. Erst die Einbettung von → Wahrnehmungsförderung in den Kontext von Handlungssituationen, die vom Individuum erkundet und gelöst werden können, entsprechen einer eher ganzheitlichen Vorgehensweise.

In der motorischen → Früherkennung und Frühförderung ist diese Entwicklungsperspektive auch Ausgangspunkt des motologischen Ansatzes von Kiphard (1980). Die Zielrichtung ist eine Förderung und Erziehung durch Bewegen, Erleben und Handeln. Als drei wesentliche Aufgabenbereiche gelten (1) die räumliche Orientierung und die Steuerung der eigenen Bewegung (Körpererfahrung), (2) das Erkennen der gegenständlichen Welt in ihrer Bedeutung (materiale Erfahrung) und (3) die soziale Kommunikation (Sozialerfahrung). Dieser motologische Ansatz ist das eigentliche Kernkonzept der motorischen Frühförderung und umfasst vielfältige Anregungsbedingungen, spielerische Umsetzungen, aber auch diagnostische Konzepte im Umgang mit Menschen mit körperlichen oder geistigen Beeinträchtigungen.

Das Förderkonzept der Bundesvereinigung Lebenshilfe (1993) zu Bewegung, Spiel und Sport geistig Behinderter umfasst die gesamte Bandbreite von der basalen Bewegungsförderung bis hin zur Entwicklung einer sportlichen Handlungsfähigkeit: (1) Körperwahrnehmung und Körperbeherrschung, (2) Raum- und Geländeorientierung, (3) Umgang mit Spiel- und Sportgeräten, (4) Anpassung an Rhythmen und Bewegung, (5) Anpassung an Partner und Kooperation mit Partnern.

Andere Programme setzen beispielsweise an der Gesundheitsförderung an. Der oft mangelnden Fitness und den motorischen Schwächen wird durch gezielte Bewegungsprogramme entgegen gewirkt. Ein weiterer Ansatzpunkt ist die soziale Kompetenz. Über sportliche Aktivitäten soll die Kontaktaufnahme verbessert, Regeln geübt und verinnerlicht werden, um insgesamt das Miteinander in der Gruppe zu stärken. Ein weiterer und z. T. umstrittener Bereich ist der des Trainierens, Wettkämpfens und Leistens. Folgt man der Zielrichtung eines »Sport für alle«, dann sollte, entsprechend einer individuellen Passung, die gesamte Bandbreite sportlicher Aktivität auch für Menschen mit geistiger Behinderungen nutzbar sein.

Den Leistungsbegriff hat zum Beispiel Haas (1987) mit seinem Konzept »Fördern durch Fordern« aufgegriffen. In einer leistungsorientierten Didaktik für Menschen mit geistiger Behinderung versucht er den Ansatz der Motologie mit dem einer an den Sportarten orientierten Sporterziehung (z. B. Schwimmen und Rollschuhlauf) zu verbinden. Eine nach trainingswissenschaftlichen Prinzipien konzipierte Fachdidaktik stellt Adolph (1981) in vier Schwerpunkten vor: psychomotorische Schulung, Prävention von Bewegungsmangelkrankheiten, Erhöhung sozialer Kompetenz und Verbesserung des emotionalen Ausdrucks. Dabei gibt sie zahlreiche Beispiele zur Koordinations- und Rhythmusschulung, zum Fitnesstraining, aber auch zum Umsetzen im Schwimmunterricht. Erwachsene mit geistiger Behinderung in Werkstätten (WfbM) werden gezielt von Kapustin, Ebert und Scheid (1992) angesprochen. Bei vielen Betroffenen zeigen sich vermehrt motorische Defizite, eine verminderte motorische Lernfähigkeit und ein besonderes Angewiesensein auf das »Üben«. Die Zielperspektiven → Gesundheit/Fitness, Erlebnis-, Gemeinschafts- und Handlungsfähigkeit sollen durch regelmäßige Bewegungsaktivitäten und im Rahmen von Spielfesten eingelöst werden. In einem spaß-, erlebnis- und handlungsorientierten Ansatz zeigt Sowa (1994), dass in einem differenzierten Sportangebot für Menschen mit geistiger Behinderung auch Sporttreiben in heterogenen Sportgruppen möglich ist.

Der Leistungsaspekt wird in unterschiedlichster Form auch in den Programmen der Sportverbände aufgegriffen. Der Deutsche Behindertensportverband (DBS) bietet in seinen Vereinen zahlreiche breitensportliche Aktivitäten an und bildet Übungsleiter in seinem Ausbildungscurriculum aus. Über den DBS können auch die Bedingungen für das Deutsche Sportabzeichen für Menschen mit Behinderungen in der Behinderungsklasse J (Geistige Behinderung) abgelegt werden (DBS, 2003). Seit 2000 liegen die offiziellen Sportabzeichenbedingungen für Menschen mit geistiger Behinderung vor. Gefordert ist dabei ein regelmäßiges Training, um die alters- und geschlechtsbezogenen Leistungsbedingungen zu erfüllen.

Die Verbesserung des individuellen Leistungsvermögens und regelmäßiges Training sind auch Zielstellungen von → Special Olympics. Die nationalen und internationalen Wettbewerbe finden innerhalb homogener Leistungsgruppen, d. h. nur mit Sportlern vergleichbarer Leistungsstärke statt. Nicht nur der Sieger, sondern jeder Athlet wird für seine individuelle Leistung geehrt. Teilnehmen können auch schwerbehinderte Personen im sog. Motor Activity Training.

Aber auch Leistungssport auf nationalem und internationalem Niveau wird von Menschen mit geistiger Behinderung betrieben. In Deutschland gibt es derzeit drei Landesleistungszentren, die sich speziell dem Spitzensport widmen. In dem seit 2002 bestehenden Talentförderprojekt im Landesleistungszentrum Schleswig-Holstein (Norderstedt bei Hamburg) wird beispielsweise folgendes Trainingskonzept erfolgreich umgesetzt: (1) Jeder Athlet führt zu Hause ein individualisiertes Trainingsprogramm mit den Schwerpunkten Kraft, Koordination und Beweglichkeit durch, (2) ein Leistungstraining wird als arbeitsbegleitende Maßnahme in der jeweiligen Einrichtung (i. d. R. WfbM) absolviert, (3) einmal monatlich findet ein gemeinsames Kadertraining statt, (4) einmal jährlich wird ein mehrtägiger Trainingslehrgang für alle Kaderathleten durchgeführt.

Der Leistungssport und auch die besonderen Leistungen der Athleten mit geistiger Behinderung werden allerdings in der Öffentlichkeit weniger wahrgenommen als der Leistungssport von Menschen mit Körperbehinderung. Das Internationale Paralympische Commitee (IPC) ist der internationale Dachverband für den Spitzensport von Menschen mit Behinderungen, die International Sports Federation for Persons with Intellectual Disability (INAS-FID) der zuständige Weltsportverband für Athleten mit geistiger Behinderung. 2006 wurde vom IPC festgelegt, dass Athleten mit geistiger Behinderung nicht bei den Paralympics 2008 in Peking starten dürfen, mit der Begründung, dass von den entsprechenden Sportverbänden noch keine eindeutige Klassifikation einer → geistigen Behinderung vorläge. Dies hat einer klaren Ausgrenzung der Athleten mit geistiger Behinderung entsprochen (Theunissen & Franz 2006). Bereits bei den Paralympics 2004 in Athen durften sie nicht starten, da vier Jahre zuvor in Sydney die spanische Basketballmannschaft ihre Goldmedaille durch Betrug erschlichen hatte. Damals waren Spieler angetreten, die, wie sich später herausstellte, keine Kriterien einer geistigen Behinderung (intellectual disability) erfüllten. 2009 wurden durch das IPC die Teilnahmebedingungen soweit geändert, dass Athleten mit geistiger Behinderung zumindest in den Disziplinen Leichtathletik, Tischtennis und Schwimmen bei den Paralympics 2012 in London wieder zugelassen sind.

In wissenschaftlichen Analysen zur sportlichen Aktivität hat sich gezeigt, dass Menschen mit geistiger Behinderung insgesamt in ihrer Fitness von einer Förderung profitieren, darüber hinaus, entsprechend der Schwere ihrer Behinderung, sich durch ein gezieltes, leistungsorientiertes Training extrem in ihrer Leistungsfähigkeit steigern können (Fediuk 1990; Wegner 2001). Eine individuelle Passung ist die Voraussetzung, um die eigenen Potenziale entwickeln zu können. Dies bedeutet aber auch → »Teilhabe« im Sinne eines »Sports für alle«, um generell durch sportliche Aktivität das Leben von Menschen mit geistiger Behinderung zu bereichern.

Manfred Wegner

Literatur

Adolph, H. (1981): Sport mit geistig Behinderten. Ein didaktisch-methodisches Gesamtkonzept mit praktischen Lehr- und Übungsbeispielen. Bad Homburg

Bundesvereinigung Lebenshilfe (Hrsg.) (1993): Position zu Bewegung, Spiel und Sport geistig Behinderter. Marburg, A1 1–11

Deutscher Behinderten-Sportverband (2003): Deutsches Sportabzeichen für Menschen mit Behinderungen. Duisburg

Fischer, K. (2003): Bewegung, Spiel und Sport für geistig Behinderte. In: Neuhäuser, G. & Steinhausen, H.-C. (Hrsg.): Geistige Behinderung. Stuttgart, 271–283

Fediuk, F. (1990): Bewegung, Spiel und Sport Geistig Behinderter. Zielgruppenanalyse unter besonderer Berücksichtigung motorischer Fähigkeiten. Kassel

Haas, P. (1987): Fördern durch Fordern. Dortmund

Kapustin, P.; Ebert, N. & Scheid, V. (Hrsg.) (1992): Sport für Erwachsene mit geistiger Behinderung. Aachen

Kiphard, E. J. (1980): Motopädagogik. Dortmund

Sowa, M. (1994): Sport ist mehr. Eine Untersuchung zur Selbständigkeitsförderung von Menschen mit geistiger Behinderung in heterogenen Sportgruppen. St. Ingbert

Theunissen, G. & Franz, S. (2006): Begrenzung oder Entgrenzung. Zur Sinnhaftigkeit von Definitionen geistiger Behinderung im Spitzensport von Menschen mit Behinderung. Expertise im Auftrag der BV Lebenshilfe e. V. Marburg. Halle 2006 (Martin-Luther-Universität)

Wegner, M. (2001): Sport und Behinderung: Zur Psychologie der Belastungsverarbeitung im Spiegel von Einzelfallanalysen. Schorndorf

Sprache

Sprache ermöglicht es Menschen, Gefühle, Wünsche und Gedanken auszudrücken. Mit Sprache können wir andere warnen, informieren, um etwas bitten. Wir können an jemanden appellieren, etwas versprechen, uns entschuldigen. Wir können unsere Freude, unseren Schmerz, unsere Trauer ausdrücken (*Emotionaler Ausdruck*). Mit Sprache können wir etwas über uns und andere oder über Sachen sagen. Wir können Informationen erfragen und lernen so täglich Neues dazu. Wir erstellen Berichte und halten Fakten fest (*Darstellungsfunktion*).

Sprache hilft uns, unser Handeln und Denken zu begleiten, zu unterstützen und zu strukturieren. Insbesondere bei schwierigen Aufgaben nutzen wir Sprache, um Problemlösungen sprachlich zu begleiten (*Werkzeug des Denkens*). Über Sprache erfassen wir den Alltag, strukturieren die komplexe Welt, die uns ohne Sprache zum Teil verschlossen bleibt. Mit Sprache versuchen wir, die Kontrolle über die Realität zu behalten oder zu gewinnen. Wir können mit Sprache spielen und über Sprache reflektieren (*Metasprache*). Wir können mit anderen über Belangloses sprechen (z. B. schönes Wetter heute), um den Kontakt herzustellen oder aufrechtzuerhalten (*Soziale Interaktion*). Die basale Fähigkeit, mit Menschen Kontakt aufzunehmen, zu kommunizieren, steht ganz am Anfang des Lebens und bleibt bis ins hohe Alter erhalten, selbst bei einer starken sprachlichen (z. B. bei nichtsprechenden Menschen) oder kognitiven Beeinträchtigung.

Sprache ist Teil unserer Kultur und Teil unserer persönlichen → Identität. Über Sprache grenzen wir uns ab, signalisieren die Zugehörigkeit zu einer Gruppe oder öffnen uns für andere Gruppen (*Ausdruck der Identität*). Sprache nutzen und Sprachfunktionen realisieren können, bedeutet mehr Selbstbestimmung und Teilhabe.

Sprache als *differenziertes Symbolsystem* realisiert sich in verschiedenen Zeichengestalten. Diese von der Sprachgemeinschaft vereinbarten Zeichen-Kombinationen, die sich auf einen Gegenstand oder Sachverhalt beziehen, haben eine technisch-physikalische Seite (*Form*) und eine inhaltliche Seite (*Inhalt*). Sprache ist hörbar (gesprochen, gesungen) und sichtbar (geschrieben, gebärdet, vom Mund abgesehen oder als Fingeralphabet), aber auch ertastbar und fühlbar (*taktile Kommunikation*, z. B. Braille- und Lorm-Systeme, gestaltete Buchstaben). Intakte Sinnesorgane sind eine Grundvoraussetzung, um Sprache optimal aufnehmen zu können. Liegt eine Einschränkung der Sinnesorgane vor, müssen und können Ersatz-Zeichensysteme (Schulte 1980) oder alternative Kommunikations-Systeme (Otto & Wimmer 2005) eingesetzt werden.

Soll Kommunikation gelingen, müssen Regeln als Konventionen der Sprachgemeinschaft für das Sprechen *(Phonetik u. Phonologie)*, das Schreiben (*Phonem-Graphem-Korrespondenz-Regeln),* die Grammatik, d. h. die Anordnung der Wörter im Satz, also den Satzbau *(Syntax)*, die Wortbildung *(Morphologie)* und die Abstimmung der einzelnen Wörter im Satz beachtet werden (Crystal 1993; Miller 1993). Kinder erproben spielerisch den Umgang mit den einzelnen Bedeutungs-Bausteinen *(Morphemen)*, aus denen sich Wörter zusammensetzen. Sie »worten« kreativ ihre Welt (z. B. »Strauch-Zaun« für Hecke oder »entheiraten« für sich scheiden lassen), wenn ihnen die Wörter *(Lexik)* der Erwachsenen noch fehlen. Mit der Zeit lernen sie, in welchen Zusammenhängen man welche Wörter wie einsetzen kann (z. B. schwanger oder trächtig). Sie lernen die Bedeutung von Wörtern und Sätzen kennen *(Semantik)* und erweitern täglich ihr *mentales Lexikon*. Die Fähigkeiten, Fertigkeiten und Kenntnisse auf verschiedenen *Sprachebenen – Phonetik-Phonologie, Grammatik (Morphologie und Syntax), Bedeutung/Inhalt (Lexik und Semantik) –* entwickelt sich unterschiedlich schnell (Störungen des Spracherwerbs siehe unter Sprachtherapie). *Sprach-Produktion* (Sprechen, Schreiben, Gebärden, Einsatz technischer Geräte wie z. B. Powertalker etc.) wie die Aufnahme und Verarbeitung von Sprache, *Sprach-Rezeption* (Hören, Lesen u. Sehen, Fühlen), sind hoch komplexe Prozesse, mit denen sich *Neurobiologie* und *Neuropsychologie* beschäftigen (Suchodeletz 2001).

Wenn wir Sprache gebrauchen, folgen wir vielen Regeln, ohne diese formulieren zu können. Wir beachten Normen und Konventionen, aber auch ungeschriebene Gesetze für bestimmte Kommunikationssituationen. Wir wissen, wann und wo (*kommunikativer Rahmen*) wir was (*Handlung, Thema*), wem (*Kommunikationspartner*), wie (*Kommunikationsmodus*, z. B. Sprechen, Schreiben, → Gebärden), in welcher Sprache, in welchem Sprachregister (*Code*, z. B. Umgangssprache, Standardsprache, Fachsprache) mitteilen *(Pragmatik)*.

Wir haben sprachliche Verhaltensmuster entwickelt und passen unsere Sprache an die (sprachlichen) Fähigkeiten unserer Kommunikationspartner an. So sprechen wir mit kleinen Kindern langsamer, deutlicher, betonter und wiederholen Wörter, wählen kurze Sätze. Für Menschen mit Funktionseinschränkungen der Sinnesorgane oder der Kognition optimieren wir Sprache adressatenbezogen: Wir drücken mit anderen Wörtern und anderen Satzstrukturen, aber auch mit anderen Zeichensystemen vergleichbare Inhalte aus (Schlenker-Schulte 2002).

Christa Schlenker-Schulte

Literatur

Crystal, D. (1993): Die Cambridge Enzyklopädie der Sprache. Frankfurt/M.
Miller, G. A. (1993): Wörter – Streifzüge durch die Psycholinguistik. Heidelberg
Otto, K. & Wimmer, B. (2005): Unterstützte Kommunikation. Ein Ratgeber für Eltern, Angehörige sowie Therapeuten und Pädagogen. Idstein
Schlenker-Schulte, C. (2002): Lesen und Verstehen – Barrierefreie Lehr- und Lernmaterialien. Texte für Menschen mit besonderem Unterstützungsbedarf. In: Fitzner, T. (Hrsg.): Medienkompetenz

für Lernschwächere. Eine Fachtagung. Band 2. Stuttgart

Schulte, K. (1980): Sprechlehrhilfe PMS. Information des Phonembestimmten Manualsystems zur Sprechtherapie und Artikulation. Texte zur Film- und Video-Dokumentation. Heidelberg

Suchodoletz, von W. (Hrsg.) (2001): Sprachentwicklungsstörung und Gehirn. Neurobiologische Grundlagen von Sprache und Sprachentwicklungsstörungen. Stuttgart

Sprachtherapie, Logopädie

Sprachtherapie (Logopädie) umfasst Prävention, Prophylaxe, Diagnostik und Therapie von Kommunikationsstörungen und Schluckstörungen (*Dysphagien*) und kann als Heilmittel verordnet werden. Sprach-, Sprech-, Redefluss-, Stimm- und Schluckstörungen (kurz: Sprachstörungen) können das Sprachverständnis und/oder die Sprachproduktion betreffen. Die jeweiligen Ursachen sind vielfältig und die Ausprägungen unterschiedlich. Ziel der Sprachtherapie ist es, Menschen mit isolierten oder komplexen Störungen auf allen Altersstufen zur Kommunikationsfähigkeit zu führen, Betroffene und Angehörige zu beraten und die Kommunikationspartner über unterstützende Verhaltensweisen zu informieren. Grundsätzlich können Menschen mit geistiger Behinderung von jeder Sprachstörung betroffen sein. Zentral sind Störungen des Spracherwerbs, aber auch Redefluss- und Stimmstörungen sind nicht selten. Nichtsprechen, obwohl Sprechen möglich ist (*Mutismus*), und sprachliche Besonderheiten bei *Autismus* sind ein weiteres Problem. Exemplarisch werden Störungen des Spracherwerbs bei Menschen mit → Down-Syndrom und geistiger Behinderung in den Blick genommen.

Sprachproduktion – Sprechen
Das Sprechen als motorische Höchstleistung erfordert das reibungslose Zusammenspiel von verschiedenen Organen, die wir primär für die Nahrungsaufnahme brauchen: Lippen, Zunge, Kiefer, Gaumensegel, Kehlkopf (*Artikulationsorgane*):

»Je nachdem, ob die Zunge beim Sprechen beteiligt ist, wo und wie die Zunge im Mundraum liegt, ob der Mund geschlossen oder mehr oder weniger weit geöffnet ist, ob die Muskulatur mehr oder weniger gespannt ist, ob die Luft durch den Mund oder durch die Nase entweicht, ob mit Stimme oder ohne Stimme und ob lang oder kurz gesprochen wird, erhalten wir verschiedene Konsonanten« (Schlenker-Schulte, Schulte & Botzenhardt (1988, 14).

Es verwundert nicht, dass die Artikulation insbesondere von Menschen mit Down-Syndrom schwer zu verstehen ist: Die geringe Körperspannung und die schlaffe Muskulatur ist auch im Bereich der Mundmotorik ausgeprägt (*Orofaziale Dysfunktion*). Fehlt der Mundschluss, sind Lippen, Zunge, Gaumensegel schlaff und wenig beweglich, dann fehlt der Lautbildung (*Artikulation*) die Präzision, die erforderlich ist, damit die Laute (*Phone*) als Sprachlaute (*Phoneme*) in ihrer unterscheidenden Funktion wahrgenommen werden können. Die Beweglichkeit der Artikulationsorgane muss trainiert, die Muskulatur gekräftigt und Spannung aufgebaut werden. Hier setzt die *Myofunktionelle Therapie* (z. B. Kittel 2001) oder die *Orofaziale Regulationstherapie* nach Morales (1991) an. Sollen Laute zu Wörtern und Sätzen verbunden werden, so steigert sich der Schwierigkeitsgrad: Auf Wort- und Satzebene müssen Akzentuierung

(Lautstärke-, Dauer-, Zeit- und Grundton-Variation) und die Einhaltung von Sprechpausen beachtet werden (z. B. Schlenker-Schulte, Schulte & Botzenhardt 1988).

Sprachproduktion – Grammatik und Wortschatz
Die Entwicklung des Wortschatzes gehört zu den sprachlichen Stärken. Der Wortschatz (insbesondere Inhaltswörter) wächst bis ins Erwachsenenalter. Zur Verständigung werden vorwiegend Inhaltswörter, nur wenige Funktionswörter (*Artikel, Präpositionen, Pronomen, Konjunktionen*) genutzt. So entsteht eine Art Telegrammstil. Eine der Hauptschwierigkeiten ist die Produktion von komplexen Sätzen und der Erwerb und Gebrauch *morphosyntaktischer Fähigkeiten*. Da Parallelen von sprachlichen Entwicklungsproblemen von Kindern mit einer spezifischen Sprachentwicklungsstörung (bei normaler Intelligenz) und Kindern mit Down-Syndrom nachgewiesen wurden, können Förderansätze aus der Therapie von spezifischen Sprachentwicklungsstörungen in modifizierter Form übernommen werden.

Sprachverständnis
Grundsätzlich ist das Sprachverständnis besser ausgeprägt als die Fähigkeit, → Sprache zu gebrauchen. Um Kindern mit Down-Syndrom optimale Wahrnehmungsmöglichkeiten von Sprache zu geben, muss man beachten, dass »sie besser verstehen, was sie sehen als was sie hören« (Wilken 1997, 4). Möglicherweise ist dies auch mit eingeschränktem Hörvermögen zu erklären. Visuelle Angebote und alternative Kommunikationsformen sind sinnvoll auch weil die Verarbeitung von Sprachlauten verzögert ist. Schriftsprache kann bis zu einem gewissen Grad vermittelt werden, wenn dies in motivierenden Kontexten und direkter Zuwendung erfolgt (Oelwein 1998 & Schlenker-Schulte 2005). Der Spracherwerb, der mit dem Frühdialog zwischen Mutter und Kind (Horsch 2004) beginnt und sich in der Interaktion mit anderen Menschen weiter *(Soziablität/Interaktion)* entwickelt, stellt für Kinder mit geistiger Behinderung eine große Entwicklungsherausforderung dar. Die Kinder müssen früh kompetent gestützt werden, damit das zentrale menschliche Bedürfnis nach Kommunikation sprachliche Ausdrucksmittel bekommt. Denn die Folge fehlender sprachlicher Ausdrucksmöglichkeiten kann Aggression gegenüber Anderen und sich selbst oder Rückzug und Isolation sein. Das Kind muss den Werkzeugcharakter von Sprache täglich erfahren, damit Sprache in ihren vielfältigen Formen für das Kind Sinn macht. Zwar sind Kinder mit Down-Syndrom in ihren Möglichkeiten, eine komplexe Syntax zu entwickeln, begrenzt – Untersuchungen zeigen, bezogen auf das erreichte Sprachniveau, eine breite Varianz –, doch ist ihre Sprache entwicklungsfähig.

Christa Schlenker-Schulte

Literatur

Horsch, U. (Hrsg.) (2004): Frühe Dialoge. Früherziehung hörgeschädigter Säuglinge und Kleinkinder. Ein Handbuch. Hamburg
Kittel, A. M. (2001): Myofunktionelle Therapie. Idstein
Morales, R. C. (1991): Die Orofaziale Regulationstherapie. München
Oelwein, P. L. (1998): Kinder mit Down-Syndrom lernen lesen. Ein Praxisbuch für Eltern und Lehrer. Zirndorf
Schlenker-Schulte, C.; Schulte, K. & Botzenhardt, R. (1988): Sprechspiele mit hörgeschädigten Kindergartenkindern. Rhythmische Sprechgliederung durch Phonemübergreifende Merkmale. Villingen-Schwenningen
Schlenker-Schulte, C. (2005): Faszination Dialog – interaktional-kommunikatives (Sprach-)Lernen mit Dialog-Journalen. In: Kaul, T. & Jann, P. (Hrsg.): Kommunikation und Behinderung. Villingen-Schwenningen, 229–245
Wilken, E. (1997): Sprachförderung bei Kindern mit Down-Syndrom. Berlin

Stärken, Stärken-Perspektive

(siehe auch Ressource)

Die Orientierung an Stärken und Aktivierung von → Ressourcen gilt heute als ein zentrales Wirkprinzip der Psychotherapie (Grawe & Grawe-Gerber 1999). Daraus kann und sollte für die Arbeit mit geistig behinderten Menschen Kapital geschlagen werden (Eggert 1997; Lingg & Theunissen 2008; Theunissen 2011). Untersuchungen zufolge ist es fruchtbarer, an dem anzusetzen, was eine Person kann, als ihr ständig Probleme vor Augen zu führen. Dieser Stärken-Philosophie haben sich Menschen mit Behinderungen (Masefield 2006) sowie prominente (Human-)Wissenschaftler wie zum Beispiel Oliver Sacks (1995; 2000) verschrieben, dessen Verdienst es ist, der breiten Öffentlichkeit »kreative« Stärken geistig behinderter und autistischer Menschen vor Augen zu führen, die einst von der Medizin oder Rehabilitation als »hoffnungslose Fälle« abgeschrieben wurden. Der Begriff der Stärken wird in der einschlägigen Literatur (Saleebey 1997) mit Wörtern wie Lebenskraft, Lebensenergie, positive Eigenschaften, Fähigkeiten, Talente, → Kompetenzen, Ressourcen, Potenziale oder Kapazitäten in Verbindung gebracht. Neben individuellen Faktoren werden aber auch *Umfeld-Stärken* wie z. B. kulturelle und familiäre Bräuche, tragfähige soziale Netze, günstige infrastrukturelle Bedingungen u. a. mit in den Blick genommen und konzeptionell berücksichtigt. Mit dieser Fokussierung versucht die Stärken-Perspektive als methodisches Instrument des Empowerment-Konzepts über eine bloße individuumzentrierte Ressourcenaktivierung hinauszugehen und Erkenntnissen aus der Resilienzforschung und dem Modell der Salutogenese Rechnung zu tragen. Diese besagen, dass ein Konzept zur Förderung psychischer → Gesundheit und individuellen → Wohlbefindens vor allem dann tragfähig ist, wenn es das Zusammenwirken individueller und sozialer Stärken in den Blick nimmt und aus der Synergiewirkung dieses Zusammenspiels Kapital für die Praxisgestaltung schöpft.

Georg Theunissen

Literatur

Eggert, D. (1997): Von den Stärken ausgehen ... Dortmund

Grawe, K. & Grawe-Gerber, M. (1999): Ressourcenaktivierung. Ein primäres Wirkprinzip der Psychotherapie. In: Psychotherapeut, Vol. 44, 63–73

Sacks, O. (1995): Der Mann, der seine Frau mit einem Hut verwechselte. Reinbek

Sacks, O. (2000): Eine Anthropologin auf dem Mars. Reinbek

Lingg, A. & Theunissen, G. (2008): Psychische Störungen und geistige Behinderung. Freiburg

Masefield, P. (2006): Strength: Broadsides from Disability on the Arts. London

Saleebey, D. (ed.) (1997): The Strengths Perspective in Social Work Practice. New York (2. ed.)

Theunissen, G. (2005): Geistige Behinderung und Verhaltensauffälligkeiten. Bad Heilbrunn (5., stark veränderte und erweiterte Auflage)

Sterbebegleitung

Der Begriff »Sterbebegleitung« umfasst inhaltlich die Aspekte des »Sterbegeleites« und des »Sterbebeistandes«. Unter »Sterbegeleit« wird ein aktives und hilfreiches Mitgehen im Leiden und in der Auseinandersetzung mit dem Sterben verstanden, während »Sterbebeistand« etwas eher Statisches, das Beistehen und das Einstehen für den Sterbenden charakterisiert (Mennemann 1998, 178).

Sterbebegleitung in diesem Sinne ist geprägt vom humanistischen Menschenbild und berücksichtigt die Individualität und die Ganzheitlichkeit des Menschen. Sie orientiert sich an den physischen, psychischen und sozialen Bedürfnissen der Sterbenden, zu denen die »Freiheit von Schmerzen, Bewahrung der Würde und des Gefühls persönlicher Werthaftigkeit, Kommunikation und Interaktion mit wichtigen Bezugspersonen sowie deren Zuwendung« gehören können (Wittkowski 1990, 122).

Sterbebegleitung bei Menschen mit geistiger Behinderung kann von Mitarbeitern der Wohneinrichtung, von Angehörigen oder auch von Ehrenamtlichen eines Hospizes geleistet werden. Grundlegende Voraussetzung ist eine vertrauensvolle Beziehung, die durch einen kontinuierlichen Kontakt sich entwickeln kann oder aufrechterhalten wird (Wittkowski 1990, 162f.). Einfühlendes Verstehen hilft zu erfassen, was der Sterbende möchte, was er braucht und was ihm gut tut (z. B. Halten der Hände, Massage, Nähe, Ruhe, Rückschau auf sein Leben, Antworten auf seine Fragen). Zudem wird dem Sterbenden ermöglicht, seine zum Teil heftigen und auch widersprüchlichen Gefühle (Angst, Wut, Verzweiflung, Traurigkeit, Erleichterung) bezüglich seines bevorstehenden Todes auf seine Art und Weise zu äußern.

Nach Möglichkeit sollte das »personale Umfeld des Sterbenden« (Wittkowski 1990, 162), Angehörige, Freunde, Bekannte oder Mitbewohner des sterbenden geistig behinderten Menschen (sofern dieser es wünscht) informiert und einbezogen werden, um Isolation zu vermeiden und Abschiednehmen zu ermöglichen.

Nicht zuletzt gilt es, den sterbenden Menschen soweit wie möglich an den ihn betreffenden Entscheidungen zu beteiligen, hinsichtlich der Schmerzbekämpfung, lebensverlängernder Maßnahmen, Verlegung in ein Hospiz o. ä. Dies setzt eine dem Informationsbedürfnis des Sterbenden entsprechende Mitteilung der Diagnose und der Prognose voraus. Bei Menschen mit geistiger Behinderung, die nicht oder nur wenig verbal kommunizieren, können assistierende Hilfen beispielsweise bezüglich der medizinischen Versorgung notwendig sein, um beispielsweise eine angemessene Schmerzlinderung bzw. Schmerzfreiheit zu gewährleisten (z. B. Führen eines Schmerzprotokolls).

Menschen mit geistiger Behinderung am Ende ihres Lebens nicht allein zu lassen, sondern sie zu begleiten, ihnen beizustehen, stellt für Angehörige und Mitarbeiter eine Herausforderung dar und bedeutet immer auch Auseinandersetzung mit Leid und der eigenen Endlichkeit.

Claudia Hoffmann

Literatur

Mennemann, H. (1998): Sterben lernen heißt leben lernen. Sterbebegleitung aus sozialpädagogischer Perspektive. Münster

Rest, F. (1998): Sterbebeistand, Sterbebegleitung, Sterbegeleit. Handbuch für Pflegekräfte, Ärzte, Seelsorger, Hospizhelfer, stationäre und ambulante Begleiter. Stuttgart (4., überarb. Aufl.)

Wittkowski, J. (1990): Psychologie des Todes. Darmstadt

Stereotypien

(siehe auch Tics, Zwänge, Enthospitalisierung)

Stereotypien sind gleichförmig wiederkehrende Abläufe im Bereich von Bewegungen, Haltung, des Aufenthaltes, von Sprache und Lautäußerungen, Verhalten, Handlungsstereotypien usw. Deshalb kann man sie als *Bewegungs-, Haltungs-, Sprach-, Verhaltensstereotypien* oder *Stereotypien des Ortes des Aufenthaltes* benennen.

Wesentlich an Stereotypien ist, dass sie in sich wenig variieren, sondern mehr oder minder gleichförmig auftreten. Sie sind meistens situations- und kontextunabhängig, manche Stereotypien treten allerdings nur oder hauptsächlich in bestimmten Situationen auf, sind also situations- oder kontextabhängig.

Stereotypien treten als Symptom verschiedener → psychischer Störungen (z. B. Katatonie), neurologischer Erkrankungen (z. B. bei → Epilepsie als Anfallsphänomene), bei Menschen mit → Autismus oder – zumeist schwerer – geistiger Behinderung auf.

Stereotypien stehen erscheinungsbildlich den → *Zwängen* und den → *Tics* nahe. Sie dürfen aber damit nicht verwechselt werden – obwohl dies im Alltag leider oft geschieht.

Komplexere stereotype Handlungsabläufe werden auch manchmal als *Rituale* bezeichnet. Stereotypien werden – anders als Zwänge – im Allgemeinen, vor allem von betroffenen Menschen mit geistiger Behinderung, nicht bemerkt oder gar beklagt.

Es ist völlig sinnlos, für alle Stereotypien eine umfassende, einheitliche Erklärung finden zu wollen. Bei Epilepsien sind Bewegungs- oder Lautäußerungsstereotypien Ausdruck einer Störung der hirnelektrischen Aktivität bestimmter Hirnareale. Bei katatonen Schizophrenien liegt vermutlich eine Desintegration der Handlungs- und Impulssteuerung zugrunde. Bei Menschen mit Autismus dienen Stereotypien wahrscheinlich wenigstens teilweise der Selbststimulierung oder der Abschirmung gegenüber subjektiv empfundener Reizüberflutung. Bei Menschen mit geistiger Behinderung werden Stereotypien manchmal als Möglichkeiten der Erregungsableitung, der Spannungsabfuhr oder der Reaktion auf mangelnde Stimulation deutbar.

Es gibt also Stereotypien, die eine *Ursache* in krankhaften Zuständen haben, andere, die eine *Funktion* erfüllen. Es gibt auch Kombinationen davon oder Veränderungen im Längsschnitt, wenn z. B. im Wege von Konditionierungen positive Effekte von Stereotypien zu ihrer *Chronifizierung* geführt haben.

Für die Gruppe der Menschen mit geistiger Behinderung wurden wiederholte Untersuchungen zu Form, Topographie und zum Kontext von Stereotypien vorgelegt (vgl. Rojahn 2000).

Michael Seidel

Literatur

Peters, U. H. (1990): Wörterbuch der Psychiatrie und medizinischen Psychologie. München, Wien, Baltimore (4., überarbeitete und erweiterte Auflage)

Rojahn, J. (2000): The stereotyped behavior scale: psychometric properties and norms. Res. Dev. Disabil. 21, 437–454

Stigma, Stigmatisierung

Der Stigma-Ansatz des amerikanischen Soziologen Goffman ist von der deutschen Heil- und Sonderpädagogik (Bleidick, Hohmeier, Thimm) in den 1970er Jahren mit großer Zustimmung aufgenommen worden. Er stellt inzwischen ein Stück theoretischen Selbstverständnisses dar, letztlich ein Konstitutivum: »Ein Individuum, das leicht in gewöhnlichem sozialen Verkehr hätte aufgenommen werden können, besitzt ein Merkmal, das sich der Aufmerksamkeit aufdrängen und bewirken kann, daß wir uns bei der Begegnung mit diesem Individuum von ihm abwenden, wodurch der Anspruch, den seine anderen Eigenschaften an uns stellen, gebrochen wird. Es hat ein Stigma, das heißt, es ist in unerwünschter Weise anders, als wir es antizipiert hatten« (Goffman 1975, 13). Wörtlich können wir unter Stigma ein Zeichen oder ein Brandmal verstehen – ein Zeichen, das in den Körper geschnitten oder gebrannt wurde, um den Menschen zum Beispiel als Sklaven oder Verbrecher zu brandmarken (vgl. ebd., 9). Dieser Prozess verläuft nach dem Prinzip der Attribuierung. Unter Stigma ist nun speziell ein Attribut zu verstehen, das die aktuale soziale Identität einer Person herabsetzt, indem auf seiner Grundlage die virtuale soziale → Identität als negativ besetzt erscheint. Ein Stigma ist also jedes Merkmal, das eine Person in ihrer Wahrnehmung durch andere Menschen so herabsetzt, dass die aktuale von der virtualen sozialen Identität dieser Person in negativ bewerteter Weise abweicht. Ob eine Eigenschaft diskreditierend ist, hängt vom Individuum und von der Situation der Interaktion ab: »Ein und dieselbe Eigenschaft vermag den einen Typus zu stigmatisieren, während sie die Normalität eines anderen bestätigt, und ist daher als ein Ding an sich weder kreditierend noch diskreditierend« (ebd., 11). Goffman führt generell drei Typen von Stigmata an, die alle drei von Bedeutung für Selektion und Ausgrenzung von Behinderten sein können. Den ersten Typus benennt er als »abominations of the body« und er versteht darunter alle sichtbaren Deformationen des Körpers wie Körperbehinderungen, Missbildungen oder Entstellungen. Als zweiten Typus führt er »blemishes of individual character« an. In Bezug auf die Stigmatisierung behinderter Menschen ist hier → geistige Behinderung oder verminderte Intelligenzleistung zu nennen; darüber hinaus gehören zu diesem Typus aber auch Gefängnisaufenthalte, Sucht bzw. Abhängigkeiten, Homosexualität, Arbeitslosigkeit, Selbstmordversuche oder auch radikales politisches Verhalten. Schließlich nennt Goffman eine dritte Gruppe von Stigmata, er spricht hier von »tribal stigma«, dazu gehören Rassenzugehörigkeit, Nationalität oder Religion (vgl. Forster 2002, 78). In der heilpädagogisch-soziologischen Literatur hat man sich nun darauf konzentriert, die »Identitätsschädigung« im Hinblick auf eine Bewältigung bzw. Aufhebung (vgl. Krappmann, Thimm, Frey in Cloerkes 1997, 154–169) zu betrachten. Dazu stellt Cloerkes generell die Frage, ob eine Identitätserziehung das leisten kann: »Die Vorschläge zur praktischen Umsetzung der Identitätserziehung sind ebenso vage wie die Präzisierung dessen, was Identität als Erziehungsziel eigentlich ist« (Cloerkes 1997, 159).

Rudolf Forster

Literatur

Cloerkes, G. (1997): Soziologie der Behinderten. Eine Einführung. Heidelberg

Forster, R. (2002): Von der Ausgrenzung zur Gewalt. Bad Heilbrunn

Goffman, E. (1975): Stigma. Über Techniken der Bewältigung beschädigter Identität. Frankfurt/M.

Subjektzentrierung

Unter Subjektzentrierung ist die Ausrichtung verschiedenster Theorie-, Forschungs- und Praxisbezüge an der subjektiven Sichtweise bzw. der intraindividuellen Selbst- und Weltsicht einer Person mit zugewiesener geistiger Behinderung zu verstehen. Speziell in pädagogischen und psychologischen Arbeitsfeldern ermöglicht eine Subjektorientierung einen authentischeren, verstehenden und dialogischen Zugang besonders auch zu Menschen mit schweren und mehrfachen Behinderungszuschreibungen.

Der Personenkreis von Menschen mit dem Label einer geistiger Behinderung wird stets aus multiplen Fremdperspektiven beschrieben; eine wirkliche Ausrichtung an der Innenwelt von Menschen, die wir als geistig behindert definieren, fehlt weithin (Schuppener 2005a,b). Mittlerweile wird eine Fokussierung der Subjektperspektive von Personen mit diesem Etikett vereinzelt jedoch begrifflich und konzeptionell deutlich: Im Kontext Schule spricht Fischer (2004) von einer *subjektorientierten Didaktik*; analog hierzu lassen sich auch die Grundzüge einer *subjektorientierten Diagnostik* ableiten (siehe Schuppener 2005c). Eine Planung, Durchführung und Evaluation von Unterricht, Förderung und Therapie wird gemäß einer Subjektzentrierung verstärkt unter zentraler Einbeziehung der »Hauptpersonen« vorgenommen, was u. a. durch Methoden und Materialien der → *Persönlichen Zukunftsplanung* erfolgen kann. Diese Methoden implizieren nahezu zwangsläufig eine Steigerung der subjektiven Sinnhaftigkeit, den ein Entwicklungs- und Lernprozess für die betreffende Person hat.

Auch innerhalb von forschungsorientierten Zugängen mit Menschen mit so genannter geistiger Behinderung gibt es Ansätze, die subjektzentriert ausgerichtet sind: Im Rahmen einer *Inklusiven Forschung* (siehe Walsmley & Johnson 2003) werden Menschen mit zugewiesenen kognitiven Beeinträchtigungen in alle Phasen eines Forschungsprozesses (Planung, Durchführung, Evaluation) miteinbezogen. Damit ist sowohl eine zentrale inhaltliche wie auch methodische Ausrichtung an der Lebenswirklichkeit der Betreffenden gewährleistet.

Saskia Schuppener

Literatur

Fischer, E. (2004): Welt verstehen – Wirklichkeit konstruieren. Unterricht bei Kindern und Jugendlichen mit geistiger Behinderung. Dortmund

Schuppener, S. (2005a): Selbstkonzept und Kreativität von Menschen mit geistiger Behinderung. Bad Heilbrunn

Schuppener, S. (2005b): Inklusive Voraussetzungen für eine Förderung lebenspraktischer Kompetenzen von Menschen mit geistiger Behinderung. In: Geistige Behinderung 44, 4, 275–285

Schuppener, S. (2005c): Förderdiagnostik und Förderpläne im Kontext schulischer Integration. In: Moser, V. & von Stechow, E. (Hrsg.): Lernstands- und Entwicklungsdiagnosen. Bad Heilbrunn, 175–190

Walmsley, J. & Johnson, K. (2003): Inclusive Research with People with Learning Disabilities. Past, Present and Future. London

Sucht, Abhängigkeitssyndrom

(siehe auch psychische Störungen)

Der Begriff Sucht hat seine etymologischen Wurzeln im althochdeutschen Wort »siech« für »krank«. Deshalb ist das Wort Sucht oft Begriffsbestandteil in älteren Krankheitsbezeichnungen (z. B. Gelbsucht, Fallsucht). Heute wird der Begriff *Sucht* oder *Suchtkrankheit* im Deutschen meist verwendet, um das Phänomen der *Abhängigkeit* zu bezeichnen.

Die Internationale statistische Klassifikation der Krankheiten und verwandter Gesundheitsstörungen (ICD-10) der Weltgesundheitsorganisation verwendet anstelle des Begriffs Sucht den Begriff Abhängigkeitssyndrom.

Abhängigkeitssyndrome können sich auf *verschiedene Substanzen* bzw. *Substanzgruppen* beziehen: Alkohol, Tabak, Koffein, Medikamente (zumeist Sedativa, Hypnotika, Psychostimulanzien und Schmerzmittel), Lösungsmittel (Schnüffeln), illegale Drogen.

Es können kombinierte Abhängigkeiten – auch als Polytoxikomanie bezeichnet – bestehen.

Das Gemeinsame dieser *stoffgebundenen Abhängigkeiten* ist die unmittelbare Einwirkung der Substanzen auf den Organismus und schließlich die nachhaltige Veränderung der organismischen Funktionen bis hin zu u. U. lebensbedrohlichen Entzugssyndromen (z. B. Alkoholdelir) und Organschäden (z. B. Leberzirrhose). Deshalb entwickeln sich im Rahmen stoffgebundener Abhängigkeiten sowohl *psychische* als auch *körperliche Abhängigkeit*. Daraus resultieren auch die Schwierigkeiten der therapeutischen Beeinflussung manifester Abhängigkeitssyndrome und deren Rückfallneigung.

Körperliche Abhängigkeit manifestiert sich bei Entzug der Substanz in Entzugssymptomen, *psychische* Abhängigkeit im starken, überwältigenden Verlangen nach der Substanz (bzw. dem süchtigen Verhalten). An der körperlichen Abhängigkeit sind psychische Komponenten beteiligt, an der *psychischen* Abhängigkeit umgekehrt biologische Mechanismen. Die Substanzen bzw. Substanzklassen besitzen unterschiedliche Potentiale für körperliche und psychische Abhängigkeit.

In den letzten Jahren spricht man häufig auch von *nichtstoffgebundenen Abhängigkeiten* (z. B. Spielsucht, Internetsucht). Bei ihnen steht die psychische Abhängigkeit im Mittelpunkt. Trotzdem sind auch bei ihnen körperliche Prozesse beteiligt. Dabei spielen Lern- und interne Belohnungsmechanismen eine Rolle, in die beispielsweise das körpereigene System der sog. endogenen Opioide (Endorphine) und seine Stimulierung eingebunden sind. Daraus erklärt sich die Stärke der Bindung an (nichtstoffgebundenes) süchtiges Verhalten.

Wenn Stärke und Häufigkeit des Substanzgebrauchs zwar schon gesundheitliche Schädigungen bewirken, aber noch kein Abhängigkeitssyndrom vorliegt, handelt es sich um *Missbrauch*.

In der Entwicklung von Abhängigkeit und auch ihrer Aufrechterhaltung spielen körperliche Dispositionen, psychologische und soziale Faktoren zusammen. Man nimmt heute an, dass sich genetische und psychosoziale Faktoren in ihrer Bedeutung die Waage halten (vgl. Mann et al. 2004). Die Bedeutung genetischer Faktoren – in vielen Studien belegt – bedeutet nicht, dass Abhängigkeit (Sucht) vererbt wird, sondern dass bei familiären Belastungen ein besonderes Risiko in der organismischen Disposition des Betreffenden liegt.

Bestimmte Persönlichkeitsfaktoren begünstigen die Ausbildung einer Abhängigkeit. Aber die Vorstellung, dass es eine sog.

Suchtpersönlichkeit gäbe, hat sich nicht bestätigt. Ebenso ist die Annahme falsch, dass bestimmte Persönlichkeitsmerkmale sicher vor Abhängigkeit schützen.

In der Anfangsphase von Missbrauch spielen die Verfügbarkeit entsprechender Substanzen, deren Erreichbarkeit inklusive Finanzierbarkeit eine entscheidende Rolle, natürlich auch soziale Verführungssituationen, Gruppendruck in peer-groups usw.

Menschen mit geistiger Behinderung sind wie alle anderen Menschen grundsätzlich mit der Gefahr konfrontiert, von Substanzen abhängig zu werden. Die Erfahrung lehrt, dass dieses Problem zunimmt. Allerdings gibt es wenig wissenschaftliche Literatur hierzu.

Dass sich das Problem der Abhängigkeit von Menschen mit geistiger Behinderung in Deutschland noch relativ in Grenzen hält und vor allem auf Tabak und Alkohol – nicht auf illegale Drogen – konzentriert, hängt wohl auch damit zusammen, dass ihnen im Allgemeinen nur begrenzte finanzielle Mittel zur Verfügung stehen.

Michael Seidel

Literatur

Dilling, H.; Mombour, W. & Schmidt, M. H. (Hrsg.) (1991): Internationale Klassifikation psychischer Störungen. ICD-10 Kapitel V (F). Klinisch diagnostische Leitlinien. Bern, Göttingen, Toronto

Mann, K.; Gann, H. & Günthner, A. (2004): Suchterkrankungen. In: Berger, M. (Hrsg.): Psychische Erkrankungen. Klinik und Therapie. 2. neu bearbeitete und erweiterte Aufl. München, Jena, 389–452

Supported Living, unterstütztes Wohnen

Das Supported Living (unterstützte Wohnen) stammt aus Nordamerika und zählt heute zu dem von Menschen mit Lernschwierigkeiten (geistiger Behinderung) favorisierten Modell eines selbstbestimmten, häuslichen Wohnens (Theunissen 2012, 70, 168ff.). Während es in den USA auf dem besten Wege ist, das Leben in Wohngruppen abzulösen (ebd., 171; auch 2013), befindet es sich hierzulande erst in blassen Anfängen. Stichwortartig lassen sich folgende Merkmale des Supported Living nennen:

(1) Eine behinderte Person lebt entweder alleine oder mit einer anderen Person (z. B. Lebenspartner oder mit einem nichtbehinderten ›(Unter)Mieter‹ [roommate]) in einer eigenen Wohnung. Ein sogenannter roommate kann zugleich ein Unterstützer des behinderten Menschen sein (dazu Theunissen 2013).

(2) Die betreffende Person ist Mieter oder Eigentümer einer Wohnung. Gegebenenfalls teilen sich zwei Personen die Miete. Damit besteht anstelle des traditionellen Dienstleistungspakets »Wohnen und Betreuung aus einer Hand« eine Trennung von Wohnung und Unterstützung.

(3) Die betreffende Person (stellvertretend der gesetzliche Betreuer) sucht sich einen Dienstleister (z. B. aus der Behindertenhilfe) für assistierende Hilfen aus.

(4) Es entspricht der Philosophie des Supported Livings, dass die betreffende Person größtmögliche Wahl-, Entscheidungs- und Kontrollmöglichkeiten über Belange ihres Wohnens hat.

(5) Dieses Recht auf (größtmögliche) → Selbstbestimmung gilt unabhängig der Schwere einer kognitiven Beeinträchtigung. Anders gesagt: Es würde der Rechte-Perspektive und → Inklusion (gesellschaftlichen

Zugehörigkeit) widersprechen, würden Menschen mit hohem Unterstützungsbedarf vom Supported Living ausgeschlossen.

(6) Im Unterschied zum sogenannten Ambulant Betreuten Wohnen (dazu Kräling 2010) gibt es im Supported Living keine Einschränkungen in der Anzahl wöchentlicher Fachleistungsstunden bzw. in den Unterstützungsleistungen (ebd., 108), die »Rund-um-die-Uhr« erfolgen können. Denkbar ist dabei ein »Unterstützungsmix« von professionellen und informellen Helfern (dazu Theunissen 2012, 303ff.).

(7) Um das Supported Living zu implementieren, bedarf es einer → Personzentrierten Planung im Kontext eines → Unterstützerkreises und eines → Unterstützungsmanagements (dazu ausführlich Theunissen 2012, 150ff.; 2013).

(8) Es entspricht der Idee eines »inklusiven Sozialraumes«, wenn im Rahmen des Supported Livings (z. B. über ein → Persönliches Budget) nicht nur Dienstleister der Behindertenhilfe, sondern ebenso vorhandene »Regelsysteme« (z. B. sozialpsychiatrische [Krisen-]Dienste) in Anspruch genommen und darüber hinaus informelle Unterstützungsformen durch nichtbehinderte Bürger/innen in der Gemeinde (z. B. Nachbarschaftshilfe) eruiert und mobilisiert werden (Netzwerkförderung; → bürgerschaftliches Engagement).

(9) Um eine Einbettung des Supported Living im Gemeinwesen zu erreichen, bedarf es sozialer Aufklärungs-, → Öffentlichkeits- und auch Lobbyarbeit – diese vor allem im Interesse von Menschen mit Lernschwierigkeiten, die nicht für sich selber sprechen können.

Zusammengefasst lässt sich im Sinne der → Behindertenrechtskonvention der Vereinten Nationen festhalten, dass mit dem Supported Living jede behinderte Person die Möglichkeit hat, für sich selbst zu entscheiden, wo, wie und mit wem sie leben will, welche Unterstützung sie benötigt und wer ihr assistieren soll. Dieses Konzept verlangt in vielerlei Hinsicht ein Umdenken im Verständnis der Dienstleistungen: Es muss grundsätzlich anerkannt werden, dass Menschen mit Behinderungen ein Recht auf ein eigenes Zuhause und eine selbstbestimmte Lebensgestaltung haben. Daraus ergeben sich Konsequenzen für das professionelle Beziehungsverhältnis, wie es die »neue Kultur der → Unterstützung« im Sinne von → Empowerment (Theunissen 2009) verlangt.

Georg Theunissen

Literatur

Kräling, K. (2010): Ambulant vor stationär? Chance oder Risiko? In: Theunissen, G.; Schirbort, K. (Hrsg.): Inklusion von Menschen mit geistiger Behinderung. Stuttgart, 103-115

Theunissen, G. (2009): Empowerment und Inklusion behinderter Menschen. Freiburg

Theunissen, G. (2012): Lebensweltbezogene Behindertenarbeit und Sozialraumorientierung. Eine Einführung in die Praxis. Freiburg

Theunissen, G. (2013): Leben mit Autismus in den USA. Empowerment und Inklusion am Beispiel von Kalifornien/ Los Angeles. Stuttgart

T

Tagesstätten, Tagesförderstätten, day centers

Tagesstätten sind Einrichtungen der → Eingliederungshilfe nach § 53f SGB XII für Menschen mit schweren und mehrfachen Behinderungen im Erwachsenenalter und zählen zu den teilstationären Maßnahmen im Rahmen der Erweiterten Hilfen nach § 92, Abs. 8 SGB XII. Es gibt keine Mindestanforderungen als Aufnahmekriterium, der hohe → Hilfebedarf und der Ausschluss der Werkstattfähigkeit steht für den Kostenträger im Vordergrund. Die Altersspanne reicht von 16 Jahren bis zum Rentenalter oder im Einzelfall darüber hinaus.

Tagesstätten, auch Tagesförderstätten genannt, sind in der Regel Einrichtungen unabhängig von → Werkstätten für behinderte Menschen (WfbM) und haben den Anspruch, nicht unterhalb, sondern gleichberechtigt neben den WfbM zu existieren. Rechtlich sind sie den Fördergruppen oder dem Schwerstbehindertenbereich unter dem Dach der WfbM gleichgestellt. Ihre Nutzer haben aber keinen Arbeitnehmerstatus, sind nicht sozialversichert und erhalten somit keine EU-Rente (Westecker 2005, 2).

Tagesstätten bieten altersadäquate und individualisierte (Arbeits-)Angebote und haben sich in aller Regel einem Verständnis von → Arbeit verschrieben, das weit gefasst wird und einem menschlichen Grundbedürfnis entspricht, »sich handelnd in der Welt zu bewegen, etwas Sinnvolles zu gestalten und sich an gemeinsamem Schaffen zu beteiligen« (Speck 1998, 10). Dementsprechend bildet die Arbeit in Verbindung mit Mahlzeiten und pflegerischen Aktivitäten ein wichtiges tagesstrukturierendes Moment. Im Arbeitsprozess steht das gemeinsame Tätigsein im Vordergrund. Hierzu werden Produkte oder Dienstleistungen entwickelt sowie in möglichst kleinteilige und einfache Arbeitsschritte aufgegliedert, um eine breite Beteiligung der Betroffenen zu erreichen. Arbeit ist jedoch nicht alles: »Ein Mensch muss frei von Schmerz, Unwohlsein und Hunger sein, um sich an Aktivitäten zu beteiligen. Ein Mensch muss sich in seiner Umgebung sicher und vertraut fühlen, um offen für eine Beschäftigung zu sein. In diesem Sinne ist die Grundversorgung inklusive der Pflegehilfen die Basis für jede/n behinderte Mitarbeiter/in. Ergänzt wird diese durch Entspannungsübungen, Gespräche, Bewegungsangebote, Pausengestaltung und Teilhabe am öffentlichen Leben« (Westecker 2005, 5).

Zwischen den Institutionen WfbM und Tagesstätte sollen Übergänge bestehen, am besten durch Kooperationsformen, eine Öffnung oder Durchlässigkeit der unterschiedlichen Einrichtungen. Behinderte Mitarbeiter/innen erhalten so die Möglichkeit, sich weiterzuentwickeln, den Arbeitsplatz zu wechseln und sich über eine Qualifizierung auch eine größere Wahlmöglichkeit an Arbeitsbereichen zu erschließen (Lelgemann 1999, Wunder 2002). Übergänge finden jedoch äußerst selten statt. Dies kann kritisiert werden und signalisiert einen Diskussionsbedarf in Bezug auf die Frage nach geeigneten institutionellen Rahmenbedingungen und Angeboten für Menschen mit schweren und mehrfachen Behinderungen (Theunissen 2005, Lelgemann 1999).

Mathias Westecker

Literatur

Lelgemann, R. (1999): Gestaltungsprozesse im Bereich der beruflichen Rehabilitation für Menschen mit sehr schweren Körperbehinde-

rungen als Herausforderung der Werkstätten für Behinderte und Tagesförderstätten. Aachen
Speck, O. (1998): Arbeit für Menschen mit geistiger Behinderung. In: Orientierung, 1, 5–10
Theunissen, G. (2005): Lebensperspektiven ohne Erwerbsarbeit – Arbeitsmöglichkeiten und tagesstrukturierende Maßnahmen für schwerst mehrfachbehinderte Menschen. In: Bieker, R. (Hrsg.): Teilhabe am Arbeitsleben. Stuttgart, 335 – 346
Westecker, M. (2005): Wir wollen im Arbeitsleben mehr als nur dabei sein. Vom Recht auf Arbeit in Tages(förder)stätten für Menschen mit schweren und mehrfachen Behinderungen. In: Bundesvereinigung Lebenshilfe: WfbM-Handbuch, 13. Ergänzungslieferung, Marburg, E 9, 1–8
Wunder, M. (2002): Tätigkeit und Teilhabe von Menschen mit schwerer und mehrfacher Behinderung am Arbeitsleben. In: Bundesvereinigung Lebenshilfe (Hrsg.): Wir gehören dazu! Lebenshilfe und Menschen mit schwerer geistiger und mehrfacher Behinderung. Marburg, 52–61

TEACCH, Treatment and Education of Autistic and Related Communication Handicapped Children

(siehe auch Autismus)

Der sog. TEACCH-Ansatz stammt von E. Schopler und Mitarbeitern, die in den späten 1960er Jahren aus Forschungsarbeiten über autistische Entwicklungsstörungen und deren Behandlungsmöglichkeiten ein pädagogisch-therapeutisches Programm konzipierten, das in der Folge durch die »Divison TEACCH« weiterentwickelt wurde und zunächst in North Carolina (USA) landesweite Bedeutung erfuhr, inzwischen aber auch in vielen US-Staaten und westlichen Industrienationen (z. B. skandinavische Länder) Verbreitung gefunden hat.

Das TEACCH-Konzept sieht vor, über eine entwicklungsorientierte Diagnostik Menschen mit → Autismus »passgenaue« Hilfen und Unterstützung zu einem selbstständigen und unabhängigen Leben im Rahmen ihrer Möglichkeiten zu bieten. Dieses Ziel gilt für sämtliche Lebensabschnitte, insbesondere für den vorschulischen und schulischen Bereich, für die Berufsvorbereitung und Eingliederung in den Arbeitsmarkt und für das Wohnen im Erwachsenenalter. Eine wichtige Richtschnur bildet dabei die Rechte-Perspektive (autistische Menschen als »gleichgestellte Bürger«), wie sie durch Integration, Inklusion und Partizipation als Paradigmen moderner Behindertenarbeit zum Ausdruck gebracht wird.

Davon ausgehend sollen heilpädagogische oder therapeutische Methoden in der Arbeit mit autistischen oder auch anderen »kommunikationseingeschränkten«, z. B. geistig behinderten Menschen stets subjektzentriert und kontextbezogen entwickelt werden. Um zu einer angemessenen Förderung zu gelangen, bedarf es einer »ganzheitlichen und funktionellen« Entwicklungs- und Verhaltensdiagnostik (Schopler u. a. 2000; 2004), deren Mittel herkömmliche Verfahren (→ Intelligenztests, Entwicklungsgitter, Performance-Skalen u. ä.), Verhaltensbeobachtungen in strukturierten und freien Spiel- und Lernsituationen und Gespräche mit Bezugspersonen (Eltern) sind. Grundsätzlich sollen Stärken und Schwächen erfasst und in kontextuellen und funktionellen Entwicklungszusammenhängen aufbereitet werden. Durch die entwicklungsorientierte, funktionelle Einschätzung des Verhaltens sollen wichtige Informationen für die Planung einer heilpädagogischen Förderung oder Therapie gewonnen werden.

Dies alles sollte in enger Kooperation mit den relevanten Bezugspersonen (Eltern, Lehrern, Erziehern, Unterstützern) geschehen. Die Notwendigkeit und Form einer respektvollen Zusammenarbeit und guten Abstimmung zwischen den sozialen Bezugssystemen (Familie, Schule, Arbeitsstätte, Wohneinrichtung) gilt als wichtige Voraussetzung für eine erfolgreiche Arbeit mit den betreffenden behinderten Menschen. Diese setzt an den durch die Entwicklungs- und Verhaltensdiagnostik ermittelten individuellen → Stärken an, die es sowohl in einer Strukturierung (Visualisierung) des Umfeldes (Klassenzimmer; Wohngruppe, Arbeitsstätte) als auch in einer individuellen Entwicklungsförderung zu nutzen gilt. Hierzu sollen für jeden Betroffenen spezielle Hilfsmittel (Materialien) erarbeitet werden, die ihm hilfreich sein können, sich in der Welt besser zu orientieren, um möglichst ohne Unterstützung durch andere Personen dauerhaft auszukommen. Zwar können Strukturen bzw. visuelle Hilfen unterschiedlichste Formen annehmen, sich im Laufe der individuellen Entwicklung verändern, die Funktion (z. B. das Verständnis und die Durchschaubarkeit von Umweltzusammenhängen) und das Ziel (Hilfe zu mehr Selbstständigkeit und Prävention von Verhaltensproblemen) bleiben allerdings unverändert.

Alles in allem handelt es sich beim TEACCH-Ansatz um ein Curriculum, das den Rahmen einer Förderung oder Therapie absteckt, aber nicht um eine eng umschriebene Methode. Wenngleich das TEACCH-Konzept in der Arbeit mit autistischen Menschen immer mehr Zuspruch erfährt, sollte es aber nicht als ein »Allheilmittel« betrachtet werden. Denn bis heute gibt es keinen Ansatz, der sich als Erfolgsrezept für die Arbeit mit autistischen Menschen generalisieren ließe. Zudem haften mit der Vernachlässigung des »emotionalen Faktors«, der intrinsischen Motivation und individuellen Kreativität dem TEACCH-Konzept auf handlungspraktischer Ebene Probleme an, die insbesondere auch bei der Arbeit mit geistig behinderten Menschen beachtet werden müssen.

Manuela Paul

Literatur

Division TEACCH (ed.) Links im Internet unter www.teacch.com
Häußler, A. u. a. (2003): SOKO Autismus. Gruppenangebote zur Förderung Sozialer Kompetenzen mit Menschen mit Autismus. Dortmund
Schopler, E. (1995): Parent Survival Manual. A guide to crisis resolution in autism and related developmental disorder. New York
Schopler, E.; Lansing, M. & Waters, L. (1990): Übungsanleitungen zur Förderung autistischer und entwicklungsbehinderter Kinder. Dortmund
Schopler, E. & Mesibov, G. (Eds.) (1995): Learning and Cognition in Autism. New York
Schopler, E. u. a. (2000): Förderung autistischer und entwicklungsbehinderter Kinder. Entwicklungs- und Verhaltensprofil für Jugendliche und Erwachsene. Dortmund
Schopler, E. u. a. (2004): Förderung autistischer und entwicklungsbehinderter Kinder. PEP-R Entwicklungs- und Verhaltensprofil. Dortmund
Theunissen, G. & Paetz, H. (2011): Autismus. Neues Denken – Empowerment – Best-Practice. Stuttgart

Teilhabe

(siehe auch Partizipation, Inklusion)

»Inklusion-Rechte werden Wirklichkeit«, so war der Weltkongress von Inclusion International überschrieben, den die Bundesvereinigung Lebenshilfe im Juni 2010 in Berlin ausgerichtet hat. Damit ist profiliert worden, dass Inklusion und Teilhabe nicht nur das vergleichsweise passive »Dabei-sein« oder Teilnahme meint. Teilhabe bringt grundsätzlich Einfluss auf die Gestaltung von Lebensumständen mit sich, seien dies nun für Menschen mit kognitiven Beeinträchtigungen ihre alltäglichen Lebensbedingungen in den Einrichtungen der Behindertenhilfe oder auch als Bürger im Gemeinwesen. Gesellschaftliche Teilhabe und Selbstbestimmung werden im SGB IX als die grundlegenden Ziele im Zusammenleben mit behinderten Menschen gesehen, die Behindertenrechtskonvention der Vereinten Nationen sichern diese Rechte als einfaches Bundesgesetz. Der Gesetzgeber räumt Menschen mit Behinderungen prinzipiell den Status von gleichberechtigten Bürgern im Gemeinwesen ein, wenn er das Recht auf die Nutzung von gesellschaftlichen Regelstrukturen betont.

Volle gesellschaftliche Teilhabe ist weitgehend identisch mit → Inklusion. Sie umfasst die Möglichkeit, ein Leben trotz individueller Beeinträchtigung zu leben, das dem nicht behinderter Bürger entspricht. Hilfe würde immer dort gewährt, wo andere Bürger auch leben (Kindergarten, Schule, Beruf, Wohnen und Freizeit).

Der Begriff Teilhabe stellt sozusagen eine Teilmenge der Inklusion dar. Inklusion ist realisiert, wenn Menschen mit Beeinträchtigungen alle gesellschaftlichen Systeme nutzen können, sie also nicht mehr auf gesonderte Systeme angewiesen sind wie Werkstätten und Wohnstätten.

Teilhabe ist zweifellos vermehrt anzustreben. Teilhabe kann sich schon innerhalb des Hilfesystems für Menschen mit Beeinträchtigungen realisieren, Inklusion außerhalb.

Ulrich Niehoff

Literatur

IMEW (2008): Teilhabe von Menschen mit geistiger Behinderung am Leben in der Kommune; Berlin

Teilhabeplanung, Örtliche Teilhabeplanung

›Behinderung‹ – so folgt aus der UN-Behindertenrechtskonvention (UN BRK) – ist nicht als Eigenschaft einer Person zu verstehen, sondern als Einschränkung ihrer Teilhabemöglichkeiten. Diese Einschränkungen ergeben sich aus einer Wechselwirkung zwischen funktionalen Beeinträchtigungen einer Person und fehlenden Kompensationsmöglichkeiten bzw. Barrieren in ihrer Umgebung. Der Blick auf die Behinderung erweitert sich dadurch zu einem Blick auf die gesellschaftlichen Bedingungen und auf die Bedingungen des öko-sozialen Raums, in dem eine Person lebt und sich entwickelt. Aus einem solchen Behinderungsverständnis leiten sich Aufgaben ab, die den gesellschaftlichen und kulturellen Alltag insgesamt betreffen. Artikel 9 der UN-BRK formuliert diesen Zusammenhang so:

»Um Menschen mit Behinderungen eine unabhängige Lebensführung und die volle Teilhabe in allen Lebensbereichen zu ermöglichen, treffen die Vertragsstaaten geeignete Maßnahmen mit dem Ziel, für Menschen mit Behinderungen den gleichberechtigten Zugang zur physischen Umwelt, zu Transportmitteln, Information und Kommunikation, einschließlich Informations- und Kommunikationstechnologien und -systemen, sowie zu anderen Einrichtungen und Diensten, die der Öffentlichkeit in städtischen und ländlichen Gebieten offenstehen oder für sie bereitgestellt werden, zu gewährleisten« (Art. 9, Abs. 1 UN BRK).

›Inklusion‹ als Leitbegriff der Behindertenrechtskonvention hat vielfältige Aktivitäten zur Entwicklung eines inklusiven Gemeinwesens auf die lokalpolitische Agenda gesetzt. Je weniger Barrieren Menschen mit Beeinträchtigungen im Alltag und im Lebenslauf vorfinden, umso weniger wirken sich die individuellen Einschränkungen behindernd auf ihre Teilhabechancen aus. Die Verpflichtung der Kommunen zur allgemeinen Daseinsvorsorge nach Art. 28 GG beinhaltet die Verantwortung, die Durchsetzung der Teilhaberechte behinderter Menschen im Gemeinwesen zu unterstützen. In diesem Zusammenhang bildet sich ein Konzept von örtlicher Teilhabeplanung heraus (Rohrmann & Schädler 2009; Lampke, Rohrmann & Schädler 2011). Als Handlungskonzept blickt dieser Ansatz auf das Gesamtgeschehen in einer Kommune, das durch staatliche und zivilgesellschaftliche Anstrengungen so zu gestalten ist, dass institutionelle Ausgrenzungen möglichst vermieden werden. Das Konzept der örtlichen Teilhabeplanung steht für einen lernorientierten und partizipativen Prozess, in dem sich unter politischer Federführung der Kommune die örtlichen Akteure auf den Weg machen, die Zielsetzung eines inklusiven Gemeinwesens unter den Bedingungen ihrer spezifischen Örtlichkeit zu verwirklichen.

Das Planungsmodell der Örtlichen Teilhabeplanung kann idealtypisch in mehrere Schritte gegliedert werden. Zunächst soll in einem öffentlichen Diskussionsprozess eine inhaltliche Verständigung über die Planungsziele hergestellt werden. Orientiert an der UN BRK soll diskutiert werden, was die Vorstellung eines ›Inklusiven Gemeinwesens‹ für die jeweilige Kommune bedeutet. Hierbei sind insbesondere vier Dimensionen bedeutsam: barrierefreie öffentliche Infrastruktur, inklusionsorientierte soziale Dienste, Aktivierung und Empowerment von Menschen mit Behinderung und Prozesse zur Sensibilisierung der allgemeinen Öffentlichkeit für Rechte und Diskriminierungsrisiken von Menschen mit Behinderungen. Auf dieser Grundlage sollen nach dem Lebensphasenmodell (Kindheit, Jugend, Erwachsene, Alter) sogenannte Ist- und eine Soll-Analysen erstellt werden. Die Ergebnisse der örtlichen Analysen sowie Empfehlungen zur Weiterentwicklung sollen in Planungsforen beraten werden. Die Ergebnisse dieser Beratungen sind zu einem Aktionsplan zusammenzustellen, der den politischen Gremien der Kommune zur Abstimmung vorgelegt wird. Gemäß dem zyklischen Verständnis des Planungsmodells ist die Umsetzung des Aktionsplans in der Folge wiederum selbst Teil des eingeleiteten Veränderungsprozesses. Eine zentrale Herausforderung in der örtlichen Teilhabeplanung ist es, sicherzustellen, dass insbesondere Menschen mit Behinderungen und ihre Selbstvertretungsorganisationen in die einzelnen Planungsschritte wirksam eingebunden sind. Hierfür kann auf neue fachliche Konzepte der Aktivierung und des Empowerments zurückgegriffen werden.

Örtliche Teilhabeplanung für und mit Menschen mit Behinderungen ist als Teil übergreifender kommunaler Sozialplanung zu sehen. Je besser es gelingt, Teilhabeplanungsprozesse erfolgreich zu gestalten, umso wirksamer kann die Entwicklung einer partizipativen örtlichen Planungskultur unterstützt werden, die den sozialen Zusammenhalt aller Bewohnerinnen und Bewohner eines Gemeinwesens fördert.

Johannes Schädler & Albrecht Rohrmann

Literatur

Lampke, D.; Rohrmann, A. & Schädler, J. (Hrsg.) (2011): Theorie und Praxis örtlicher Teilhabeplanung mit und für Menschen mit Behinderungen. Wiesbaden

Rohrmann, A.: Kommunale Teilhabeplanung als Möglichkeit der Partizipation von Menschen mit Behinderungen. In: Newsletter Wegweiser Bürgergesellschaft, H. 8,. 1–7. Online verfügbar unter http://www.buergergesellschaft.de/fileadmin/pdf/gastbeitrag_rohrmann_100430.pdf, zuletzt geprüft am 28.01.2011.

Rohrmann, A.; Schädler, J.; Wissel, T.; Gaida, M. (2010): Materialien zur örtlichen Teilhabeplanung für Menschen mit Behinderungen. ZPE-Schriftenreihe. Online verfügbar unter http://www.uni-siegen.de/zpe/forschungsnetzwerke/teilhabeplanung/materialien_zur_teilhabeplanung.html?lang=de (28.01.2011)

Schädler, J. (2010): Örtliche Teilhabeplanung für Menschen mit Behinderung als strategische Sozialplanung. In: Hartwig, J. (Hrsg.): Strategische Steuerung kommunaler Sozialpolitik. Berlin, 78–98

Therapie

Wie der Begriff der → Förderung, so fand in den letzten Jahren gleichfalls der Therapiebegriff im Bereich der Arbeit mit Menschen mit Lernschwierigkeiten (geistiger Behinderung) einen inflationären Gebrauch. Nicht selten wurde aus Malen – Kunsttherapie, aus Schwimmen – Schwimmtherapie, aus Tanzen – Tanztherapie, aus Reisen – Urlaubstherapie, aus Musizieren – Musiktherapie etc. Zum einen war es das Verhalten von Kostenträgern, das Einrichtungen oftmals dazu veranlasste, ein pädagogisches Angebot zu einem therapeutischen umzuetikettieren. In dem Falle waren nämlich Kostenträger häufig bereit, mehr bzw. zusätzliche Fördermittel zur Verfügung zu stellen. Diese Situation hat sich heute jedoch weitgehend geändert. Zum anderen sahen und sehen vor allem heilpädagogische Fachkräfte durch eine Therapeutisierung der pädagogischen Praxis die Chance, ihren professionellen Status zu liften und mehr Prestige zu gewinnen. Hierbei stoßen wir jedoch nicht selten auf einen unreflektierten Gebrauch des Therapiebegriffs (dazu Haeberlin 2005, 14f.). So scheint Therapie nach wie vor ein verheißungsvolles Modewort zu sein, das aber häufig mit einem eng gestrickten, klinisch-medizinischen Helfersetting assoziiert wird, an den hohe Erwartungen geknüpft werden. Unreflektiert bleiben dabei spezifische Implikationen, insbesondere die Gefahr der Verdinglichung Betroffener als Behandlungsobjekte, ihre Exklusion aus lebensweltlichen Kontexten sowie die Ignoranz von Selbst- und Mitbestimmungsmöglichkeiten. Therapie definiert sich abgeleitet vom griechischen »therapeia« als »Dienen und Pflegen«; und das bedeutet, dass ein bloßes Bestimmen, Anweisen oder gar Beherrschen einer Therapie abträglich ist. Dies zu ignorieren ist ein Fehler mancher Handlungskonzepte oder Methoden, die in der Geistigbehindertenarbeit gerne als therapeutische bezeichnet werden. Die Frage stellt sich, ob es überhaupt sinnvoll und notwendig ist, alt hergebrachte pädagogische Anliegen als therapeutische umzuetikettieren. Immerhin hat sich die moderne Heilpädagogik einer Helferphilosophie verschrieben, die das Dienen (Assistieren, Unterstützen) ernst nimmt und somit dem therapeutischen Handeln im ursprünglichen Sinne weithin entspricht.

Georg Theunissen

Literatur

Haeberlin, U. (2005): Grundlagen der Heilpädagogik. München

Tics

(siehe auch Zwang, Stereotypien)

Unter *Tics* versteht man allgemein rasch sich wiederholende, unwillentliche Bewegungsabfolgen in einem Muskel oder einer Muskelgruppe ohne einen deutlichen Bewegungszweck. Beispiele sind: Blinzeltic, Gesichtstic, Schnüffeltic, Räuspertic, Hustentic, Belltic usw. (nach Peters 1990, 530).

»Tics sind rasche, nicht zweckgebundene, intermittierende, oft stereotype unwillkürliche Kontraktionen funktionell zusammengehörender Muskelgruppen, welche zu Bewegungen (motorische Tics) oder zu Lautäußerungen (vokale Tics) führen. Sie treten normalerweise plötzlich auf und sind kurz (klonische Tics) oder langsam und andauernd (dystone Tics)« (Rolak 2001, 264).

Typisch ist die kurzzeitige willentliche Unterdrückbarkeit. Häufig tritt vor der Ausführung der Tics ein Spannungsgefühl auf, das nach der Ausführung der Tics einem kurzzeitigen Gefühl der Erleichterung weicht. Manche Personen erleben die Tics als willkürliche, von einem Drang zur Bewegungsausführung ausgelöste Bewegungen. Gerade das zuletzt erwähnte Merkmal des übermächtigen Drangs zur Bewegungsausführung belegt deutlich die Beziehung des Tic-Komplexes zur Zwangssymptomatik. Tics werden im Allgemeinen vom Betroffenen selbst bemerkt und natürlich auch als störend und peinlich empfunden.

Menschen mit geistiger Behinderung sind aber zu solcher → Selbstwahrnehmung oder ihrer Mitteilung möglicherweise nicht in der Lage.

Michael Seidel

Literatur

Peters, U. H. (1990): Wörterbuch der Psychiatrie und medizinischen Psychologie. 4. überarb. u. erweit. Aufl. München, Wien, Baltimore

Rolak, L. A. (2001): Fragen und Antworten zur Neurologie. »Neurology Secrets«. Dt.-sprachige Ausg. 1. Aufl., übers., hrsg. und ergänzt von H. Wiendl. Bern, Göttingen

Transdisziplinarität

(siehe auch Interdisziplinarität)

Unter Transdisziplinarität ist die übergreifende Zusammenarbeit der Fachvertreter verschiedener wissenschaftlicher Disziplinen zu verstehen, die sich *einem gemeinsamen Grundverständnis von Wissenschaft* verpflichtet wissen und dies als gemeinsamem

Ausgangpunkt betrachten. Die → Kooperation der einzelnen wissenschaftlichen Disziplinen wird damit erweitert durch die Besinnung auf ein gemeinsames Ziel unter Zugrundelegung eines gemeinsamen axiomatischen Systems.

Transdisziplinarität – als höchste Stufe der geregelten Zusammenarbeit zwischen den wissenschaftlichen Disziplinen (Jansch 1972, 105) – gilt als terminologische Erweiterung und Spezifizierung des Sammelbegriffs → Interdisziplinarität und folgt einem veränderten Verständnis von wissenschaftlichen Erkenntnisproduktion und wissenschaftlicher Praxis.

Voraussetzung für Transdisziplinarität bildet zunächst der fachbezogene Erkenntnisgewinn (z. B. in Heilpädagogik, Psychologie, Soziologie, Sozialarbeit), der einfließt in einen gleichberechtigten Diskurs mit sämtlichen daran beteiligten Disziplinen.

Der transdisziplinäre Austausch zum Zweck eines komplexeren Erkenntnisgewinns gilt dabei als Prozess des herrschaftsfreien Dialogs und vollzieht sich auf verschiedenen Ebenen:

Er setzt voraus, dass man sich einem gemeinsamen Ziel verpflichtet weiß, dies definiert und gemeinsam verfolgt. Dies erfordert, dass eine gemeinsame Sprache gesprochen wird oder man sich auf Begrifflichkeiten einigt bzw. diese definiert, die für alle Disziplinen als eindeutig, valide und transparent zu gelten haben. Dies erfordert prinzipiell Bereitschaft zur Relativierung eigener fachspezifischer Auffassungen und gewohnter Begrifflichkeiten zu Gunsten des gemeinsamen Zieles, eines gemeinsamen Vorhabens.

Transdisziplinarität bleibt jedoch nicht auf den innerwissenschaftlichen Austausch und Dialog beschränkt. Das Überschreiten disziplinärer Grenzen wird vor allem bei Problemlagen erforderlich, die im außerwissenschaftlichen Bereich entstanden sind, in gesellschaftlich relevanten Bereichen der Ökonomie, der Ökologie, der Lebenswelten, in Politik, Religion usw. angesiedelt sind, eine systemische Sichtweise und eine möglichst komplexe Erfassung relevanter problemkonstituierender Faktoren erforderlich machen.

So könnte z. B. dem Ziel der Verbesserung der Lebenssituationen von Menschen mit Behinderungen Rechnung getragen werden, indem der transdisziplinäre Austausch in eine einheitliche Problemdefinition, Zielbestimmung und einen Katalog von Entwicklungsvoraussetzungen oder -hindernisse mündet, und zur Lösung dieses gesellschaftlichen Problems transdisziplinär Lösungsstrategien erwogen und entwickelt werden.

Diese Vorgehensweise wäre überfällig bei den immer noch von Fachdisziplinen (Theologie, Pädagogik, Soziologie, Psychologie ...) geprägten Sichtweisen der Menschen mit Behinderungen, die gegenwärtig noch – je nach disziplinärem Vorverständnis – changieren zwischen stigmatisierender Feststellung von Normabweichungen und lapidaren Verhaltensbeschreibungen.

Matthias Dalferth

Literatur

Jansch, E. (1972): Toward Interdisciplinarity and Transdiciplinarity in Education and Innovation. In: Interdisciplinarity Problems of Teaching and Research in Universities (Hrsg.): Center of Educational Research and Innovation, Paris, OECD 97–121

Trauer, Trauerarbeit

Mit Trauer bezeichnet man das schmerzliche Wahrnehmen von Verlusten v. a. den Verlust von engen Bezugspersonen, aber auch von Dingen, Lebenszielen, Idealen, körperlicher Unversehrtheit etc. und die damit verbundenen Reaktionen. Auch die Geburt eines Kindes mit einer Behinderung oder die Mitteilung einer diesbezüglichen Diagnose kann Trauerreaktionen auslösen, die denen beim Verlust eines nahe stehenden Menschen ähnlich sind.

Trauer kann sich je nach Verlust und Umstände des Verlustes, insbesondere beim Tod eines geliebten Menschen äußern in teils widersprüchlichen Gefühlen wie z. B. Traurigkeit, Zorn, Angst, Hilflosigkeit, Verlassenheit, Sehnsucht, Erleichterung, Schuld und Selbstbeschuldigung, in körperlichen Empfindungen wie z. B. Zugeschnürtsein der Kehle, Mundtrockenheit, Leeregefühl im Magen, Atemlosigkeit, in Wahrnehmungen wie z. B. Nichtwahrhabenwollen, Verwirrung, Halluzinationen, und in Verhaltensweisen wie Schlaf- und Appetitstörungen, soziales Sichzurückziehen, Meiden von Erinnerungen, Überaktivität, Weinen, Beisichtragen von Gegenständen und Aufsuchen von Orten, die an den Verstorbenen erinnern (Worden 1997, 28ff.).

Trauer ist nicht nur eine Reaktion, sondern ein aktiv zu gestaltender Prozess, für den S. Freud in seiner Schrift »Trauer und Melancholie« den Begriff »Trauerarbeit« prägte. Worden (1997, 19ff.) formulierte vier Traueraufgaben, die während des Trauerprozesses zu bewältigen sind, nämlich 1. Verlust als Realität akzeptieren, 2. Trauerschmerz erfahren, 3. Anpassung an eine veränderte Umwelt, in der der Verstorbene fehlt, und 4. gefühlsmäßige Ablösung vom Verstorbenen und emotionale Energien in eine andere Beziehung investieren.

Dauer und Intensität der Trauer sind nicht festgelegt und hängen von vielen Faktoren ab, z. B. von der Art und Weise des Todes, der Art der Beziehung zum Verstorbenen, der Persönlichkeit des Trauernden, der emotionalen und sozialen Hilfe für die Hinterbliebenen.

Die Lebensumstände geistig behinderter Menschen haben Auswirkungen auf ihren Umgang mit Verlust und Trauer. Auch wenn sie vielleicht den Begriff Tod (noch) nicht verstehen, empfinden sie Verlust und Trauer, wenn ihnen nahe stehende Menschen ihr Leben nicht mehr begleiten (Luchterhand & Murphy 2001, 29). Manche drücken ihre Gefühle eingeschränkter oder anders aus, als es als alterstypisch gilt. Einige äußern ihre Trauer sehr intensiv, bei anderen lässt sich vielleicht erst anhand von veränderten Verhaltensweisen erahnen, wie sehr ein Verlust sie bewegt.

Menschen mit geistiger Behinderung sollten über einen sie betreffenden Todesfall informiert werden und an den Abschiedszeremonien (z. B. Beerdigung) teilnehmen können. Sie brauchen Zeit, Gelegenheit und ggf. auch Ermutigung, ihre Gedanken und Gefühle zu äußern.

Der Tod eines nahe stehenden Menschen kann Erinnerungen an frühere Verluste hervorrufen oder mit anderen Verlusten verknüpft sein (z. B. der durch den Tod der Eltern bedingte Umzug in eine Wohneinrichtung bedeutet u. U. auch den Verlust des bisherigen Lebensumfeldes). In diesen Konstellationen kann häufig die notwendige Trauerarbeit nur mit Unterstützung bewältigt werden.

Claudia Hoffmann

Literatur

Goldbrunner, H. (1996): Trauer und Beziehung. Systemische und gesellschaftliche Dimensionen der Verarbeitung von Verlusterlebnissen. Mainz

Luchterhand, C. & Murphy, N. (2001): Wenn Menschen mit geistiger Behinderung trauern. Vorschläge zur Unterstützung. Weinheim, Basel

Worden, J. W. (1987): Beratung und Therapie bei Trauerfällen. Ein Handbuch. Bern, Stuttgart, Toronto

Trauma, posttraumatische Belastungsstörung

(siehe auch psychische Störungen)

Ein Trauma (griech.: Wunde, Verletzung) beschreibt eine durch Gewalteinwirkung verursachte (psychische) Verletzung des Menschen. Traumata bedrohen den Menschen in seinem Selbstbezug und wirken direkt auf die psychophysische Struktur des Individuums sowie auf seine sozialen Bindungen und Wertevorstellungen. »Traumatische Ereignisse schalten das soziale Netz aus, das dem Menschen gewöhnlich das Gefühl von Kontrolle, Zugehörigkeit zu einem Beziehungssystem und Sinn gibt« (Herman 1993, 53). Traumata sind »immer von Gefühlen intensiver Angst, Hilflosigkeit, Kontrollverlust und drohender Vernichtung begleitet« (ebd. 54). Sie sind durch die Erfahrung charakterisiert, dass man weder flüchten oder sich wehren kann. In der Folge kann sich eine *Posttraumatische Belastungsstörung* als unmittelbare sowie längerfristige psychische Verarbeitung des Traumas entwickeln, deren Symptome durch eine zentrale Dialektik gekennzeichnet sind (ebd. 72ff). Sie treten häufig phasenweise abwechselnd auf und werden durch ein erhöhtes Erregungsniveau aufrechterhalten.

Übererregung bezeichnet Symptome eines erhöhten Erregungsniveaus wie Schlafstörungen, Reizbarkeit, Konzentrationsschwierigkeiten etc. und kennzeichnet damit eine ständige psychophysische Erwartungshaltung, erneut mit der Gefahr des Traumas konfrontiert zu werden.

Intrusion benennt »ungewollt sich aufdrängende Erinnerungen und Gedanken an das traumatische Ereignis« (ebd. 56). Der situative Zusammenhang des Traumas zerfällt häufig in einzelne Erinnerungsfetzen, die in Form »intensiver Gefühle und deutlicher Bilder« (ebd. 59) erinnert werden. So finden Verknüpfungen zwischen aktuellen Situationen, die einzelne Aspekte des Traumas (Farbe, Geruch etc.) beinhalten, und dem erlebten Trauma statt (Flashback). Das Wiedererleben des Traumas kann neben Erinnerungen auch über Träume und Handlungen eintreten. Ein oftmals beobachtbarer Wiederholungszwang kann als das Bedürfnis, die mit dem Trauma erfahrene Ohnmacht bzw. ganze Themen oder Aspekte desselben wiederzubeleben und damit zu bewältigen, interpretiert werden.

Konstriktion schließlich kennzeichnet einen distanzierten Bewusstseinszustand, der einer emotionalen »Erstarrung« bis hin zur Gleichgültigkeit ähnelt. Er dient der Vermeidung von jeglichen Erinnerungen an das Trauma und tritt meist schon im Moment des Erlebens auf. Konstriktion stellt einen Versuch dar, »übermächtige Emotionen« abzuwehren. Dies wirkt zunächst als Abwehrstrategie entlastend, verhindert aber langfristig eine Verarbeitung und Integration der traumatischen Inhalte und trägt zu einem chronisch erhöhten Erregungsniveau und andauernder Angst, Wachsamkeit bei. »Traumatische Ereignisse bewirken tiefgreifende und langfristige Veränderungen in der physiologischen Erregung, bei Gefühlen, Wahrnehmung und Gedächtnis« (ebd. 55).

Sie brechen in die subjektiven Sinnstrukturen und ins individuelle Gedächtnis ein und bringen neue Tätigkeitsmuster in Form psychischer Umbildungen hervor.

Therapeutische Konzepte sind heute vielfältig, beinhalten aber alle die von Herman genannten drei Phasen: Sicherheit wiedergewinnen, Rekonstruktion und Wiedererinnerung des Traumas sowie Wiederanknüpfung ans Leben. Der therapeutische Prozess ist im Kern mit Anerkennung verbunden: »Erst wenn die Wahrheit anerkannt ist, kann die Genesung des Opfers beginnen« (ebd. 9).

Die Abhängigkeit der Wirkung, der Bewältigung eines traumatischen Ereignisses wird auf die Persönlichkeitsstruktur vor dem Eintreten des Ereignisses, den Zeitpunkt des ersten Eintretens und auf die Dauer zurückgeführt. Auch auf die Dimension einer stützenden, wenn auch nicht im realen Sinne helfenden, emotional zugewandten Bezugsperson, die eine gewisse emotionale Eindeutigkeit und damit, für eine Person in traumatischen Lebenszusammenhängen, hohe Sicherheit und Orientierung bietet, wird hingewiesen.

Jemand, der auch in Extremsituationen fähig ist, soziale → Bindungen aufrecht zu erhalten, sei es nun real oder imaginär, scheint eher mit Stresssituationen umgehen zu können. Daher sind diejenigen, die ohnehin in »ungünstigen« Lebenszusammenhängen leben müssen, besonders gefährdet, mit Stresssituationen weniger gut umgehen zu können. Ihnen stehen in der Regel weniger Lösungsstrategien zur Verfügung, sie sind eher »starr vor Angst« und orientierungslos vor einer neuen, ungewohnten und beängstigenden Situation.

So merken Sinason und Jantzen an, dass sich psychiatrische Störungen in Proportion zur Schwere der Behinderung erhöhen, denn »Spuren von Gewalt« (und damit auch Traumatisierung) sind überall vorhanden; sei es nun als familiäre, institutionelle oder strukturelle Gewalt. Insofern kommt Jantzen zu dem Schluss, dass »auch in Populationen, wo keine Pathologie aufzuspüren ist, Gewalt alle jene psychischen und körperlichen Symptome hervorbringen kann, welche traditionell der Wirkung von Defekten zugeschrieben wurden« (Jantzen 1998, 86). Verarbeitungsformen von schwerer Gewalt und misslingender bzw. fehlender Bindung finden sich daher »auf allen Niveaus sogenannter geistiger Behinderung« (ebd. 15). Sie korrelieren eng mit verschiedenen neuropsychologischen Veränderungen, die im Kern unter Bedingungen von Stress und Traumatisierung entstehen. Insofern können schon die von Spitz beschriebenen hospitalisierten Säuglinge als traumatisiert verstanden werden. Sinason geht entsprechend davon aus, dass ein Trauma »nicht nur Bilder schafft, die an Behinderung erinnern, sondern reale Behinderung« (2000, 65).

Dagmar Meyer

Literatur

Herman, J. L. (1993): Die Narben der Gewalt. Traumatische Erfahrungen verstehen und überwinden. München

Jantzen, W. (1999): Rehistorisierende Diagnostik als Kern von Qualitätssicherung und Qualitätsentwicklung. In: Schmetz, D. & Wachtel, P.: Entwicklungen, Standorte, Perspektiven. Sonderpädagogischer Kongress 1998. Materialien. Würzburg, 80–90

Sinason, V. (2000): Geistige Behinderung und die Grundlagen menschlichen Seins. Neuwied

U

Unterrichtsmethoden

Unterricht mit geistig behinderten Schülern richtet sich nach den jeweils gültigen Lehrplänen oder Richtlinien, die in schuleigenen Konzepten konkretisiert und modifiziert werden. Schul-, Unterrichts- oder Fachbereichskonzepte steuern das längerfristige pädagogische Handeln, während das kurzfristige Handeln mit Hilfe von Methoden gestaltet wird. »Methoden sind strukturierte Verhaltensvorschriften zur Lösung eines Problems« (Pitsch 2006, 485) und unterscheiden sich von Konzepten durch die Spezifizierung der zu bearbeitenden Inhalte und die geringere zeitliche Reichweite. »Methode« und »Konzept« sind die beiden Pole eines Kontinuums mit fließenden Übergängen und nur schwierig voneinander zu trennen.

Methoden dienen der Vermittlung spezifischer Inhalte, die ihrerseits an Entwicklungsstand und -möglichkeiten der Schüler zu orientieren sind. Methoden dienen so unterschiedlichen Aufgaben wie dem Aufbau einer Beziehung bis hin zur Vermittlung von Weltwissen und zur Förderung schülereigener Autonomie. Zudem zielen Methoden in zwei Richtungen: zum einen auf die unmittelbare Beeinflussung der Schüler, zum zweiten auf die mittelbare (mediale und ökologische) Beeinflussung durch planmäßige Gestaltung der Lernumwelt und der darin vorfindlichen Materialien (Pitsch 2003, 230; 2005, 54). Nachfolgend wird versucht, das methodische Instrumentarium für den Unterricht mit geistig behinderten Schülern entlang der beiden miteinander verbundenen Linien »zunehmende Komplexität der Lernaufgabe« und »abnehmende Steuerung durch den Lehrer« an vier zentralen Lernaufgaben zu ordnen.

Lernaufgabe: Mit Menschen kooperieren
Kooperation beginnt mit dem Dulden des Anderen und führt über die Synchronisation der Tätigkeiten beider bis zur wechselseitigen Koordination. Dem Aufbau einer Beziehung dienen der enge körperliche Kontakt und das Sich-miteinander-Bewegen (→ *Basale Kommunikation)*. Gestützt auf diese Beziehung kann der Erwachsene am Körper des Kindes notwendige Handlungen *(Pflegehandlungen)* vornehmen oder Bewegungen initiieren *([kranken]gymnastische Behandlung)*. Nur noch Teile des kindlichen Körpers werden berührt, wenn das Kind bei der Ausführung von Handlungen geführt wird *(Führen)*. Löst sich der Körperkontakt, kann der Lehrer dem Schüler einen Handlungsablauf vorführen *(Modell-Vorgabe)*, den dieser imitiert *(Lernen am Modell)*, oder *Anweisungen* auf symbolischer Ebene (durch Bilder, Gesten, insbesondere aber durch Sprache) vermitteln, welche der Schüler in eigene Tätigkeit übersetzt *(verbale Instruktion)*. Sprachliche Instruktionen können allmählich verkürzt werden, bis ein einziges Schlüsselwort zur Auslösung einer Tätigkeit ausreicht.

Kooperieren wird auch im → Spiel gelernt, vor allem in *Rollenspielen*, bei denen Schüler sich in die Perspektive eines Anderen hineinversetzen müssen. Rollenspiele ermöglichen → *Soziales Lernen* und können in *Regelspiele* übergehen, deren Ablaufvorschriften (Regeln) zunächst von Anderen übernommen, dann verändert und schließlich selbst festgelegt werden.

Kooperation ist zweiseitig; auch der Schüler beeinflusst den Lehrer. Nicht nur Beeinflussungen *(Anweisungen, Aufforderungen)* gilt es zu lernen, sondern auch diese abzulehnen oder zu modifizieren, wobei schülereigene Reflexivität zur Geltung kommt: Variationen der Ausführung, zeitliche Verzögerungen, Materialwechsel, auf welche der Erwachsene flexibel zu reagieren hat. Zur Interaktion mit dem Lehrer muss die Interaktion mit anderen Schülern (und anderen Erwachsenen) hinzutreten. Sich-gegenseitig-Dulden ist die Voraussetzung zum Sich-gegenseitig-Helfen und zur *arbeitsteiligen Zusammenarbeit*. Fördermethoden können hier *Partnerarbeit* und *Gruppenarbeit* sein, die nicht mehr an bestimmte Inhalte gebunden sind. Zum Aufbau einer stärkeren Bindung an andere Schüler können auch Formen des → *Lernens an Stationen*, der *Freiarbeit* oder projektähnliche Vorhaben (→ projektorientierter Unterricht) nützlich sein.

Lernaufgabe: Wahrnehmen
Wahrnehmen ist das Aufnehmen, Filtern, Bewerten, Verarbeiten von Reizen aus dem Körper wie aus der Umwelt und schließt Speicherung und Reaktion ein. *Habituation* dient dabei dem Ausblenden bedeutungsloser Reize, wodurch die Aufnahme neuer und bedeutungsvoller Reize möglich wird. Im *basalen Förderbereich* sind Reize vom Lehrer direkt zu setzen, über Hautkontakt, Bewegung des Körpers bzw. der Gelenke, visuelle, auditive, olfaktorische, gustatorische Stimulation, wozu sich im Werkzeugkoffer *Basale Stimulation* vielfältige Anregungen finden. Auch durch *Förderpflege* bzw. *Aktivierende Pflege* können unterschiedliche Reize in gewohnten Alltagssituationen vermittelt werden, wobei mehrere Reize zu koordinierter Wahrnehmung zu verbinden sind. Ausdrücklich solcher Integration von Einzelstimuli dienen die Übungen der *Sensorischen Integration*. Seine → *Wahrnehmung* üben und verbessern kann der Schüler auch in vom Lehrer entsprechend gestalteten Umgebungen, deren unergiebigste in → *Snoezelen*-Installationen besteht, die nur wenige motorische Reaktionen evozieren.

Günstiger sind arrangierte Situationen wie das *Ereignisangebot* bzw. die *Erlebniseinheit* als Möglichkeit zu komplexer Wahrnehmung und zur Schaffung von Antizipationen künftiger Ereignisabfolgen und zur Sicherung der simultanen Aufnahme von Reizen über unterschiedliche Modalitäten *kombinierte Arrangements*. Kleine, der Körpergröße angepasste Rauminstallationen wie der *Kleine Raum* provozieren vor allem taktile, visuelle und auditive Wahrnehmungen durch spontane Eigenbewegungen des Kindes.

Eigenbewegungen beruhen auf angeborenen Reflexen und Bewegungsprogrammen und werden durch *positive Verstärkung* und *Übung* gebrauchsfähig und zu immer komplexer werdenden Bewegungsmustern ausgeformt. Als generell einsetzbare Fördermethode gilt hier das *instrumentelle* oder *operante Konditionieren* durch Verstärkung. Operantes Lernen beruht auf der Selbstorganisation des Kindes, dessen eigenem Willen zum Tätigsein und auf den bereits angeeigneten Kompetenzen. Diese Selbstorganisation kann durch unterschiedliche Verfahren gefördert werden: Das *intensive Führen* zielt auf die taktile Wahrnehmung, fördert aber auch die Wahrnehmung von Reiz- und Bewegungsfolgen (serielle Wahrnehmung), von Tätigkeitsabläufen und dient dem *Aufbau funktioneller Systeme*. Dem Lernen auslösender Signale dient das *Passive Angebot* mit seinen Vorankündigungen nachfolgender Ereignisse, damit dem Aufbau einer Erwartung und der Generierung von Plänen. Eingebunden in Alltagssituationen erweitert sich das Vorgehen zur *Basalen Aktivierung* und zum *Integrierten Lernen*. Auf ein ausgewähltes Materialangebot konzentriert sich das *Gebundene Aktionsfeld*, das materialangemessene funktionale Tätigkeiten des Schülers provozieren will, im Gegensatz zum *Freien Aktionsfeld*, bei dem die angebotenen Materialien die unterschiedlichsten Tätigkeiten zulassen.

Lernaufgabe: Die Dinge gebrauchen und verändern
Die Dinge um uns herum gebrauchen zu lernen erfordert den Aufbau von gezieltem und gesteuertem Bewegungsverhalten, Einsicht in die Funktion der Dinge und deren spezifischen Verwendungszweck. Dies erfordert Tätigkeit, und Tätigkeit verändert ein Stück Welt.

Einfache Veränderungen von Welt entstehen durch Aneinanderreihen und Aufstapeln, durch *Bauen*, zunächst ungezielt, dann immer planhafter auf ein gewünschtes Endprodukt bezogen. Ebenso produktorientiert ist das *Basteln*, bei dem das Lernen des Gebrauchs von Werkzeugen im Vordergrund steht. Sind Werkzeugfähigkeiten und Materialkenntnisse vorhanden, gewinnen Vorlagen, Modelle, Pläne als handlungsleitende Instrumente an Bedeutung und führen zum *Konstruieren*. Konstruieren wird gefördert durch das *Auseinandernehmen (Analyse)* und *Wiederzusammensetzen (Synthese)* von kleinen Geräten, durch die *Objekterkundung*. Auseinandernehmen kann auch Zerstörung bedeuten: bei der Zubereitung von Nahrung, beim Zusägen eines Brettes, beim Zuschneiden eines Stoffs. Aus dem Zerstörten entsteht dann durch weitere Bearbeitung (z. B. Kochen) und geschicktes Zusammenfügen etwas gewünschtes Neues, eine Mahlzeit *(Hauswirtschaft)*, ein Werkstück *(Werkunterricht)* oder eine Kleidungsstück *(Textilarbeit)*. Die Lern- und Anwendungsbereiche weiten sich zusehends aus, zeigen aber methodisch gleiche Strukturmerkmale.

Die Abfolge einer Tätigkeit kann durch *Lernen Schritt für Schritt* angeeignet werden, durch Verkettung einzelner Tätigkeitseinheiten *(chaining)* zu geschlossenen *Handlungsschemata*. Mehrere Schritt für Schritt erworbene Schemata werden durch die *Aufgabenfolge* in einer sachlogischen Reihe miteinander zu einer *einheitlichen Handlung* verbunden. Mehrere bis sehr viele so erlernte Handlungen können durch den *Lehrgang* zu einer umfassenderen Kompetenz in einem weiteren Tätigkeitsfeld verbunden werden. Diese drei Lernarrangements sind sehr stark vom Lehrer gesteuert und bieten der Schülerautonomie nur wenig Entfaltungsmöglichkeiten.

Lernaufgabe: Selbstbestimmung
Ausdrücklich der Förderung der Entfaltungsmöglichkeiten der Schülerautonomie dienen Arrangements, welche Entscheidungen der Schüler provozieren: hinsichtlich der Festlegung des Ziels der Tätigkeit, der Auswahl von Materialien und Werkzeugen, der Wahl von Arbeitspartnern, der Festlegung von Reihenfolgen und der Verwendung verfügbarer Zeit. Unter dem Sammelbegriff »*offener Unterricht*« zählen hierzu vor allem die *Tagesplan- und Wochenplanarbeit*, Wahldifferenzierungen in der *Gruppenarbeit*, das *Lernen an Stationen*, die *Freiarbeit, handlungsorientierter Unterricht, Projektarbeit* bzw. *projektorientierter Unterricht*.

Hans-Jürgen Pitsch

Literatur

Pitsch, H.-J. (2003): Zur Didaktik und Methodik des Unterrichts mit Geistigbehinderten. Oberhausen (3., überarb. u. erw. Auflage)

Pitsch, H.-J. (2005): Zur Methodik der Förderung der Handlungsfähigkeit Geistigbehinderter. Oberhausen (2. Aufl.)

Pitsch, H.-J. (2006): Verfahren, Konzepte, Methoden – Hilfen für die Förderung geistig Behinderter. In: Wüllenweber, E.; Theunissen, G. & Mühl, H. (Hrsg.): Pädagogik bei geistigen Behinderungen. Ein Handbuch für Studium und Praxis. Stuttgart, 485–500

Unterstützerkreis, Circle of Supports, Circle of Friends

(siehe auch Persönliche Zukunftsplanung)

Der Begriff Unterstützerkreis taucht im Zusammenhang mit dem Ansatz → Persönlicher Zukunftsplanung verstärkt im deutschen Sprachraum auf. Gemeint ist damit ein informeller Kreis von Menschen, der sich die Unterstützung eines Menschen in gemeinsamer Verantwortung teilt (vgl. Boban 2003a). Ihm gehören in der Regel Menschen aus dem familiären und weiteren sozialen Umfeld der Hauptperson an, es können jedoch auch Professionelle sein, die sich in veränderter Berufsrolle an solchen Gruppierungen beteiligen (vgl. Boban 2005).

Unterstützerkreise haben eine Schlüsselfunktion für Persönliche Zukunftsplanung, denn sie sind es, die der Hauptperson individuelle Wahrnehmungen über sie rückmelden und gemeinsam mit ihr die unterschiedlichsten Ideen, Vorstellungen, Träume für eine inklusive Zukunft formulieren (vgl. Boban 2003a). Sie bilden das Rückgrat der Kontinuität, das dazu verhilft, dass Zukunftsplanung nicht eine einmalige Veranstaltung im Leben eines Menschen bleibt, sondern tatsächlich zu Ergebnissen führt – die die wesentlichen Qualitäten der Visionen enthalten.

Die Qualität eines Unterstützerkreises zeigt sich in einer großen Vielfalt seiner Mitglieder, die ihre unterschiedlichen Perspektiven in den gemeinsamen Reflexions- und Planungsprozess einbringen; besonders wichtig sind die Gleichaltrigen mit ihrer Nähe zur Perspektive der Hauptperson. Zudem wird Qualität darin deutlich, dass der Unterstützerkreis sich weder der Dominanz einer bestimmten Person unterwirft, noch quasi an der Hauptperson vorbeiplant (vgl. Boban 2003b). Er ist sich bewusst, dass die Hauptperson Vorschläge und Ideen aufnehmen und verwerfen kann. Wichtig ist die Moderation durch ein Zweierteam, das als »facilitator« den gemeinsamen Prozess »leicht macht« und ihn dokumentiert (vgl. Falvey u. a. 2000, Boban 2006).

Ines Boban & Andreas Hinz

Literatur

Boban, I. (2003a): Person Centered Planning and Circle of Friends – Persönliche Zukunftsplanung und Unterstützerkreis. In: Feuser, G. (Hrsg.): Integration heute – Perspektiven ihrer Weiterentwicklung in Theorie und Praxis. Frankfurt/M., 285–296

Boban, I. (2003b): Aktiv zuhören, was Menschen möchten. Unterstützerkreise und Persönliche Zukunftsplanung. Zur Orientierung 4, 42–45

Boban, I. (2005): Netzwerkbildung durch Unterstützerkreise. In: Geiling, U. & Hinz, A. (Hrsg.): Integrationspädagogik im Diskurs. Auf dem Weg zur inklusiven Pädagogik? Bad Heilbrunn, 160–163

Boban, I. (2006): Moderation persönlicher Zukunftsplanung in einem Unterstützerkreis – »You have to dance with the group!« In: Burtscher, R. & Doose, S. (Hrsg.): Die individuelle Zukunftsplanung und Zukunftskonferenz. Methoden – Erfahrungsberichte – Reflexion. Marburg (im Druck).

Falvey, M.; Forest, M.; Pearpoint, J. & Rosenberg, R. L. (^{2}2000): All my Life's a Circle. Using the Tools: Circles, MAPS & PATHS. Toronto

Unterstützte Beschäftigung, Supported Employment

(siehe auch Integrationsfachdienste)

»Unterstützte Beschäftigung«, die deutsche Übersetzung des Begriffs »Supported Employment«, bezeichnet ein Konzept, das zum Ziel hat, Menschen mit Behinderung, die ohne intensive individuelle Unterstützung keinen Zugang zum allgemeinen Arbeitsmarkt finden würden, in reguläre Beschäftigungsverhältnisse zu vermitteln. Entstanden in den 80er Jahren in den USA hat dieser Ansatz seitdem weltweite Verbreitung und im Laufe der letzten fünfzehn Jahre auch in Deutschland wachsende Publizität und Akzeptanz gefunden. Das Konzept war anfangs zentriert auf Menschen mit geistiger Behinderung, fand später aber auch Anwendung für Menschen mit Körperbehinderung oder psychischer Behinderung. Fazit der mittlerweile über zwanzigjährigen in- und ausländischen Erfahrungen mit diesem Ansatz ist die Erkenntnis, dass Menschen mit Behinderung, die zuvor als nicht oder nur schwer vermittelbar galten und wahrscheinlich eine → Werkstatt für behinderte Menschen besucht hätten, auf dem allgemeinen Arbeitsmarkt integriert werden können, sofern sie geeignete Unterstützung erhalten. In einer neuen Studie konnte z. B. Doose (2006) überzeugend belegen, dass sich Frauen und Männer mit geistiger Behinderung sehr erfolgreich und auch dauerhaft in regulären Beschäftigungsverhältnissen bewähren, wenn sie durch Fachkräfte betreut werden, die sich am Konzept der Unterstützten Beschäftigung orientieren. Rund zwei Drittel der von ihm untersuchten Menschen mit Lernschwierigkeiten konnten ein sozialversicherungspflichtiges Arbeitsverhältnis stabil und langfristig, d. h. fünf Jahre und länger, aufrechterhalten.

Das Verständnis von Unterstützter Beschäftigung, das sich im Laufe der Jahre durchgesetzt hat, lässt sich mit folgenden sechs Kernelementen definieren: (1) *Berufliche und soziale Integration:* Unterstützte Beschäftigung ist mehr als die Vermittlung eines Arbeitsplatzes und hat die zentrale Intention, zur sozialen → Integration von Menschen mit Behinderung beizutragen. Menschen mit Behinderung werden dabei als Menschen mit Fähigkeiten verstanden und es geht darum, ihnen Möglichkeiten für die individuelle Weiterentwicklung und die Entfaltung eigener → Kompetenzen bieten. Damit steht Unterstützte Beschäftigung in engem Zusammenhang mit Forderungen nach Gleichberechtigung, → Teilhabe und → Selbstbestimmung und will im Sinne von → Empowerment daran mitwirken, dass Menschen mit Behinderung ihr Leben in den üblichen gesellschaftlichen Zusammenhängen meistern können. (2) *Bezahlte, reguläre Arbeit:* Durch Unterstützte Beschäftigung sollen Menschen mit Behinderung befähigt werden, bezahlte Tätigkeiten auszuüben, die gesellschaftlich notwendig sind und sonst von Nichtbehinderten verrichtet werden würden. Es geht also ausdrücklich nicht um eine Form beschützter oder therapeutischer Beschäftigung, sondern um Arbeitsplätze auf dem ersten Arbeitsmarkt, an denen Menschen mit Behinderung mit nicht behinderten Kollegen zusammenarbeiten und in alle Aktivitäten des Arbeitslebens wie z. B. Pausen, Personalversammlungen, Feiern, etc. einbezogen sind. Mit dem Ausüben einer wirtschaftlich verwertbaren, sinnvollen → Arbeit ergibt sich zugleich auch der Anspruch auf eine angemessene Entlohnung. Dies schließt die Möglichkeit ein, dass eventuelle Minderleistungen durch eine Anpassung des Lohnes an die Produktivität oder eine Lohnkostensubventionierung ausgeglichen werden. (3) *Individualisierung der Unterstützung:* Art, Intensität und Dauer der

Unterstützung werden in hohem Maße auf die spezifischen Bedürfnisse der einzelnen Männer und Frauen mit Behinderung abgestimmt. Es gibt kein allgemeines Programm, das mehr oder weniger unterschiedlos auf alle Klienten angewandt werden kann, vielmehr resultieren Art und Ausmaß der Unterstützung bei der Planung der beruflichen Zukunft, der Arbeitsplatzsuche, der Einarbeitung, Qualifizierung und bei der Lösung von Problemen am Arbeitsplatz aus den individuellen Bedürfnissen und Kompetenzen eines Menschen mit Behinderung. (4) *Erst platzieren, dann qualifizieren:* Ein markantes Merkmal Unterstützter Beschäftigung ist die Veränderung der traditionellen Reihenfolge von Ausbildung bzw. Qualifizierung und Arbeit. Unterstützte Beschäftigung betont, dass insbesondere Menschen mit geistiger Behinderung am besten in realen Erfahrungsfeldern lernen und es für sie oft schwierig ist, Lernerfolge in eine andere Umgebung zu übertragen. Es hat sich deshalb bewährt, in Umkehrung des gängigen Prinzips von »Erst qualifizieren, dann platzieren« Menschen mit Behinderung nach sorgfältiger Prüfung, ob ein bestimmter Arbeitsplatz ihren Fähigkeiten und Interessen entspricht, mit Hilfe eines Arbeitsbegleiters oder »Job Coachs« an diesem Arbeitsplatz zu qualifizieren. Dabei wird den Anforderungen, Materialien und Qualitätskriterien, die in der betrieblichen Realsituation bestehen, Rechnung getragen. Eine vorausgehende Vorbereitung des Menschen mit Behinderung ist damit allerdings nicht völlig ausgeschlossen. (5) *Keine zeitliche Begrenzung der Unterstützung:* Das Konzept sieht vor, Hilfen für Menschen mit Behinderung am Arbeitsplatz nicht zeitlich zu befristen. Zwar gilt der Grundsatz, jeden nur soweit zu betreuen und zu begleiten, wie nötig, dies kann aber ebenso bedeuten, eine kontinuierliche, im Einzelfall sogar auf Dauer tägliche Unterstützung zu bieten. In der Alltagspraxis – und dies gilt auch für die derzeitige Situation in Deutschland – wird bislang aber davon ausgegangen, dass vermittelte Menschen mit Behinderung nach einer Phase intensiver Unterstützung bei der Einarbeitung nach und nach die Anforderungen am Arbeitsplatz selbstständig bewältigen können und die Assistenz durch eine Fachkraft deshalb sukzessive ausgeblendet werden kann. (6) *Offenheit für alle Menschen mit Behinderung:* Ausdrückliches Anliegen des Konzeptes ist es, Menschen jeden Alters und mit allen Arten und Graden von Behinderung zu unterstützen. Niemand soll ausgeschlossen werden, alle Personen sollen die Möglichkeit erhalten, in ein Beschäftigungsverhältnis integriert zu werden. Dass dies grundsätzlich möglich ist, belegen vorliegende Erfahrungs- und Forschungsberichte. Dennoch handelt es sich hier um einen bis heute kontrovers diskutierten Aspekt, denn in der Praxis zeigt sich, dass im Mittelpunkt der beruflichen Integrationsbemühungen vor allem leistungsfähigere Menschen mit leichteren Behinderungen stehen.

Die praktische Umsetzung dieser konzeptionellen Leitlinien obliegt im Rahmen Unterstützter Beschäftigung Fachkräften, ohne deren Initiative im Hinblick auf die Akquisition von Arbeitsplätzen und ohne deren Unterstützung für Menschen mit geistiger Behinderung eine Integration auf dem allgemeinen Arbeitsmarkt nicht realisierbar ist. Dabei hat sich eine Reihe von Arbeitsschritten bewährt, die als zentrale Bestandteile des Prozesses der → beruflichen Integration gelten können: An die Erstellung individueller Fähigkeitsprofile zur Beurteilung arbeitsbezogener Kompetenzen schließt sich eine systematische Suche nach Arbeitsplätzen an. War diese erfolgreich, so wird eine differenzierte Arbeitsplatzanalyse und eventuell eine Arbeitsplatzanpassung durchgeführt. Während in der Regel mehrwöchiger Arbeitserprobungen und begleiteter Praktika erfolgt die Unterstützung und Qualifizierung am Arbeitsplatz in Form eines »Training on the Job«. An deren Ende steht der Abschluss eines Arbeitsvertrages und damit der Beginn eines regulären Beschäftigungsverhältnisses. Damit endet die Unterstützung der Menschen mit Behinderung aber noch nicht: Auch wenn sich das Arbeitsverhältnis stabilisiert hat, steht idealerweise ein Fachberater sowohl dem Arbeitnehmer als auch dem Arbeitgeber für Nachbetreuung und – falls erforderlich – Krisenintervention zur Verfügung.

Die Erwartung allerdings, dass sich in Deutschland mit der ab dem Jahr 2000 erfolgten flächendeckenden Einrichtung von → Integrationsfachdiensten das Konzept der Unterstützten Beschäftigung breit durchsetzen würde und sich damit auch die Chancen der beruflichen Integration für Menschen mit geistiger Behinderung spürbar verbessern würden, hat sich bislang nicht erfüllt. Es sind nach wie vor zahlreiche Projekte, regionale Initiativen – unter denen die Hamburger Arbeitsassistenz eine besondere Rolle einnimmt – und auch eine Reihe von Werkstätten für behinderte Menschen, die mittels Unterstützter Beschäftigung Menschen mit geistiger Behinderung in Arbeitsverhältnisse auf dem allgemeinen Arbeitsmarkt begleiten.

Rainer Trost

Literatur

Doose, S. (2006): Unterstützte Beschäftigung. Integration auf lange Sicht. Marburg

Unterstützte Kommunikation

Unterstützte Kommunikation (UK) ist der deutschsprachige Terminus für Augmentative and Alternative Communication (AAC). Ziel dieses international etablierten Fachgebietes ist die Erweiterung der kommunikativen Möglichkeiten von Menschen, die sich nur schwer verständlich über Lautsprache mitteilen können oder über gar keine Lautsprache verfügen. Die (fehlenden) Artikulations- und Kommunikationsmöglichkeiten werden entweder durch individuelle Kommunikationssysteme *ergänzt* (augmentative communication) bzw. *ersetzt* (alternative communication). Mit dieser Zielstellung tritt der Begriff Unterstützte Kommunikation in drei unterschiedlichen Kontexten auf: 1) als Oberbegriff für pädagogisch-therapeutische Interventionen, 2) als Bezeichnung für ein interdisziplinäres Fachgebiet und 3) als Verständigungsprozess mit Mitteln und Methoden der UK. Dieses Konzept verfolgt u. a. den Anspruch, »nichtsprechende Menschen aus ihrer kommunikativen Isolation zu befreien und dafür zu sorgen, dass Kommunikation für sie nicht zu einem permanenten Frustrationserlebnis wird« (Braun in V. Loeper & ISAAC 2003, 01004.001). Nicht verstanden zu werden ist jedoch häufig eine über viele Jahre hindurch erfahrene Lebenssituation, die bei den einen zu einem fast vollständigen kommunikativen Rückzug führt, bei anderen Menschen ohne (verständliche) Lautsprache zu aggressivem oder selbstverletzendem Verhalten. Dies ist insbesondere in Wohnheimen für Menschen mit (geistiger) Behinderung, Tagesförderstätten oder Werkstätten für Menschen mit Behinderungen zu beobachten. Die Einführung von UK führt hier nicht selten auch zum Abbau von aggressivem Potenzial.

Von Tetzchner & Martinsen (2000, 79ff) schlagen für eine Einteilung von unterstützt kommunizierenden Personen drei Gruppen vor: 1) Menschen, für die *UK ein Ausdrucksmittel* darstellt, um die große Kluft zwischen dem eigenen Sprachverständnis und der Fähigkeit, sich mit Lautsprache auszudrücken, zu überwinden (z. B. Menschen mit schwerer Dysarthrie/Dysarthrophonie bzw. Anarthrie). 2) *UK als Unterstützung beim (Laut-) Spracherwerb* sowie 3) *UK als Ersatzsprache* für Menschen, die weder Lautsprache verstehen noch auf Lautsprache angemessen reagieren können. Aufgrund dieses sehr heterogenen, vom Kleinkind bis ins hohe Alter umfassenden Personenkreises von Menschen mit geistiger und/oder Körperbehinderung einschließlich der Menschen mit schwersten Behinderungen wird in der Unterstützten Kommunikation immer wieder betont: Für jede nichtsprechende Person muss ein *individuelles Kommunikationssystem* erarbeitet werden, um die behinderungsspezifischen Möglichkeiten der Kommunikation vor dem Hintergrund der Entwicklung, Lebenserfahrung, Peergroup, Familie und dem sozialen Umfeld sowie der eigenen Sprachkompetenz anzupassen.

UK konstituiert sich aus verschiedenen Ansätzen und Methoden zur Diagnostik, Interventionsplanung und Förderung. Grundlage des Konzeptes ist eine wertschätzende und vorbehaltlose Haltung der Bezugspersonen, der Pädagogen und Therapeuten gegenüber der Person ohne Lautsprache entsprechend dem Verständnis der humanistischen Psychologie. Vor diesem Hintergrund werden die individuellen Kommunikationsmöglichkeiten im Sinne eines kompetenzorientierten Zuganges bei der betreffenden Person evaluiert und das soziale Umfeld auf dessen Möglichkeiten zur Verbesserung der kommunikativen Isolation beraten. Die Anwendung von UK ist an keine bestimmten kognitiven, kommunikativen oder sensorischen Voraussetzungen gebunden, sondern ist ebenso bei schwerstbehinderten wie bei nichtsprechenden Menschen ohne kognitive, Sinnes- oder motorische Beeinträchtigungen anwendbar. Kommunikationsförderung nach dem Ansatz der UK ist somit bereits auf den ersten Stufen der Sprachentwicklung möglich (prä-intentionales, intentionales, symbolisches Stadium).

Das Kommunikationssystem in der UK besteht aus den 1) körpereigenen Kommunikationsformen wie Gestik, Mimik, Zeige- und Blickbewegungen, → Gebärden und individuellen Lauten, 2) körperfernen, nichtelektronischen Kommunikationshilfen (Tafeln, Ordner) mit Symbolen, Fotos, Schriftzeichen etc. sowie 3) körperfernen elektronischen Kommunikationsformen (sog. Talker, PC-basierte Programme mit Sprachausgabe, einfache elektronische Kommunikationsgeräte).

Zur Einführung von UK in Frühförderung, Familie, Schule und nachschulischen Institutionen hat es sich als sehr nützlich erwiesen, wenn die nichtsprechenden Kinder oder Jugendlichen nicht nur mit einer Kommunikationstafel oder einem sog. Talker versorgt werden, sondern das gesamte Umfeld mit den Symbolen und Ikonen entsprechend gestaltet wird. Benutzt ein Kind beispielsweise PCS-Symbole auf seiner Kommunikationstafel, so sollten auch die Schränke, Schubladen, Regale, Türen, Möbel und Wände im Haus mit den gleichen Symbolen beklebt sein, damit das Kind die Bedeutung der Symbole im Alltag erfährt (vgl. Boenisch 2004).

Darüber hinaus können Kinder mit verzögerter Sprachentwicklung bereits in der Frühförderung spezifische *Gebärden* einsetzen, die auf die Bedürfnisse und anatomischen Körperverhältnisse von Vorschulkindern ausgerichtet sind. Weitere Methoden der Kommunikationsförderung, die sowohl in der Frühförderung als auch in der schulischen und nachschulischen Lebensphase eingesetzt werden, sind *PECS* (Picture Exchange Communication Symbols), → *TEACCH* und → *Gestützte Kommunikation*. Für Menschen mit schwersten Behinderungen wird zudem die → *Basale Kommunikation* in Betracht gezogen.

Elektronische Kommunikationshilfen können bereits ab dem 2. Lebensjahr eingesetzt werden. Im spielerischen Umgang mit den Geräten wirken vor allem die lautsprachliche Kontrolle und das Feedback des sozialen Umfeldes schon sehr früh unterstützend auf die Sprachentwicklung des Kindes. Ähnlich wie beim frühen Einsatz von Gebärden erleben die Kinder mit sog. Talkern sehr schnell, dass ihre Äußerungen Gehör finden, dass sie mit der Lautsprache (Sprachausgabe des Gerätes) nicht nur sprechen können, sondern sich auch selbst korrigieren, mit Sprache spielen, kurze und lange Sätze bilden und Grammatik erwerben können. Kommunikation kann als lustvoll, witzig, spontan, befriedigend, erlösend, motivierend, aktivierend oder auch störend, beleidigend oder nervend erlebt werden. Gerade die vielen Wiederholungen durch die Gerätebenutzung sowie das innere Mitsprechen der Begriffe begünstigen die Begriffsbildung. Einige Kinder lernen über diesen Weg sogar das Sprechen bzw. besser zu artikulieren.

Als bisher noch nicht gelöstes Problem ist der systematische Aufbau von Kommunikationstafeln und -büchern sowie der Seiten auf elektronischen Kommunikationshilfen zu nennen. Bisher bieten nur wenige Kommunikationshilfen ein linguistisch ausgereiftes Konzept für eine grammatikalisch korrekte Kommunikation. Die Bedeutung von Kern- und Randvokabular wurde in der deutschen Literatur bisher kaum beachtet (Boenisch 2004). Erste Untersuchungen zu diesem Thema zeigen jedoch, dass Kinder mit erheblichen motorischen und kognitiven Beeinträchtigungen nicht nur Substantive, sondern alle Wortarten (Adjektive, Adverbien, Artikel, Personalpronomen, Präpositionen, Verben etc.) für ihre Alltagskommunikation nutzen. Inhalts- und Funktionswörter sind bis heute nicht selbstverständlich auf Kommunikationstafeln (oder elektronischen Kommunikationsoberflächen) appliziert. Als Folge ist eine Einschränkung in der Sprachentwicklung und in der Alltagskommunikation zu erwarten.

Schon anhand der hier nur skizzierten Ansätze wird deutlich, dass UK kein in sich abgeschlossenes Konzept darstellt. Vielmehr geht es um die Nutzung aller Kommunikationsmöglichkeiten, die dem Ziel der erfolgreichen Partizipation am gesellschaftlichen Leben dienen. Hierunter fällt dann auch die Nutzung der → *neuen Medien* wie E-Mail, Internet, Chat etc. Die vielfältigen technischen Ansteuerungshilfen ermöglichen auch bei schwerster motorischer Behinderung eine Bedienung elektronischer Kommunikationshilfen und PC. Daher ist die Möglichkeit zu kommunizieren nicht eine Frage der (Schwere der) Behinderung, sondern oft eine Frage der Positionierung und Ansteuerung, eine Frage der Schaffung unterstützender Bedingungen durch das soziale Umfeld, eine Frage der diagnostischen Möglichkeiten und Kompetenzen der Pädagogen und Therapeuten, vor allem aber auch eine Frage nach der Bereitschaft des pädagogisch-therapeutischen Teams und der Familie, sich auf die individuellen Kommunikationsmöglichkeiten der betreffenden Person einzulassen.

Das Problembewusstsein für dieses Fachgebiet entstand bereits in den 1980er Jahren, als Fotos, Zeichen, Symbole und Gebärden sowie Bliss-Symbole und erste elektronische Kommunikationshilfen im Unterricht bei Menschen mit geistiger und körperlicher Behinderung eingesetzt wurden. Mit der 1990 gegründeten ISAAC – Gesellschaft für Unterstützte Kommunikation e.V. als Mitglied der *International Society for Augmentative and Alternative Communication* und der Herausgabe einer eigenen Fachzeitschrift hat sich UK als Förderkonzept an vielen Institutionen etabliert. Untersuchungen zur kommunikativen Situation von Menschen ohne Lautsprache an Schulen für Menschen mit dem Förderschwerpunkt geistige Entwicklung haben gezeigt, dass zwischen 24% und 60% der Schüler an dieser Schulform einen Bedarf an Unterstützter Kommunikation hat. Gleichzeitig besteht jedoch weiterhin ein hoher Ausbildungsbedarf an Unterstützter Kommunikation.

Jens Boenisch

Literatur

Boenisch, J. (2004): Erstellung und Aufbau von Kommunikationstafeln – in Frühförderung, Schule, Werkstatt, Wohnheim und Familie. In: Unterstützte Kommunikation 2, 5–11

Braun, U. & Kristen, U. (2004): PECS und TEACCH – zwei alltagstaugliche Konzepte zum Einsatz von grafischen Symbolen. In: Unterstützte Kommunikation 2, 12–16

Von Loeper & ISAAC (2003): Handbuch der Unterstützten Kommunikation. Karlsruhe

Von Tetzchner, S. & Martinsen, H. (2000): Einführung in die Unterstützte Kommunikation. Heidelberg

Unterstützter Ruhestand

»Unterstützter Ruhestand« war ein Modellprojekt, das in den Jahren 2001 – 2004 unter Federführung des Landesverbandes für Körper-und Mehrfachbehinderte NRW e. V. an den Standorten Köln und Münster durchgeführt wurde. Das Projekt wurde von der Westfälischen Wilhelms-Universität Münster wissenschaftlich begleitet. Ziel des Modellprojekts war es, Unsicherheiten und regressiven Veränderungen, die durch die Situation des Übergangs in den Ruhestand bei Menschen mit Behinderungen (v. a. geistiger Behinderung) entstehen könnten, frühzeitig und präventiv zu begegnen. Menschen mit Behinderungen sollten durch eine gezielte Vorbereitung lernen, die Regie für ihre neue Lebensphase selbst zu übernehmen. Die Teilnehmer des Projekts waren ältere Menschen mit Behinderungen, die kurz vor ihrem Wechsel in den Ruhestand standen. Methodisch lehnte sich das Projekt an das Case Management (→ Unterstützungsmanagement) an. Im Assessment wurden Daten zu Interessen, biografischen Erfahrungen, Kompetenzen, Kontakten und Wünschen erhoben, die die Basis für die Planung und die praktische Begleitung (Monitoring) vor und während des Übergangs in den Ruhestand und eine zeitlang danach bildeten. Die Evaluation und Re-Evaluation schlossen den Coaching-Prozess ab. Begleitet wurden die Teilnehmer von Pädagogen, die sie durchschnittlich über einen Zeitraum von 6 bis 9 Monaten 1 bis 2 Mal in der Woche unterstützten. Auf der Basis des »Empowerment«-Ansatzes stand für die Teilnehmenden mehrheitlich der Aufbau einer sinngebenden, individuellen, selbstbestimmten und gemeinwesenorientierten Gestaltung des Ruhestands im Mittelpunkt. Dabei ging es konkret um den Erhalt, Aus- und Aufbau von sozialen und persönlichen Netzwerken, das Erlernen einer eigenaktiven und selbstständigen Gestaltung des Tages/der Woche durch praktische Erprobung von verschiedenen Möglichkeiten im direkten sozialen Umfeld und/oder öffentlichen Raum sowie um den Erhalt und Ausbau von Kompetenzen.

Jutta Hollander

Unterstützung

(siehe auch Assistenz, Persönliche Assistenz)

Begriffe wie Unterstützung oder → Assistenz stehen heute für eine neue Kultur des Helfens, die sich von einem → Paternalismus, einer »fürsorglichen Belagerung« (Keupp) oder Betreuungsphilosophie verabschiedet hat. Beide Begriffe werden im Folgenden synonym benutzt. Dabei orientieren wir uns einerseits an begriffliche Auslegungen für die handlungspraktische Ebene (Theunissen 2009) und andererseits an der etymologischen Herkunft und Wortbedeutung von Assistenz (abgeleitet aus dem Lat. assistentia); demnach ist eine Assistenz gleichbedeutend mit einer Unterstützung, einer Mithilfe oder einem Beistand (Duden 1997, 48).

Vor diesem Hintergrund gibt es ein zielgruppenbezogenes Unterstützungs- oder Assistenz-Modell (dazu Theunissen 2009), das Aufgaben und Rollen differenziert und definiert (z. B. Netzwerk-Unterstützer; Ressourcen-Mobilisierer; Unterstützungsmanager; Facilitator oder facilitatorische Assistenz; dialogische Assistenz; Vertrauensperson, Fürsprecher oder advokatorische Assistenz; sozial integrierende Assistenz; konsultative Assistenz; lernzielorientierte Assistenz; intervenierende Assistenz), die über die → Persönliche Assistenz hinausgehen. Das betrifft u. a. auch das von betroffenen Menschen selbst formulierte Ziel von Unterstützung: ein »Erreichen von mehr Selbstbestimmung, Eigenverantwortung und möglicher Selbständigkeit« (Puschke & Orbitz 2000, 80). Wichtige Anregungen, die zu diesem Modell geführt haben, sind Grundüberzeugungen aus der Empowerment-Philosophie, Rechte-Perspektive und Inklusionsdebatte (Herriger 2006; Ramcharan et. al. 2002). Zudem sind Wünsche und Vorstellungen, wie sie von Menschen mit Lernschwierigkeiten an die Fachwelt herangetragen werden, berücksichtigt worden. Zugleich soll mit diesem Modell auch ein Beitrag zur Professionalisierung der Arbeit mit Menschen geleistet werden, denen Lernschwierigkeiten oder eine komplexe Behinderung nachgesagt werden. Wenngleich das hier favorisierte Modell die bisherige durch Begriffe wie → Betreuung oder → Begleitung erzeugte Handlungsdiffusität zu überwinden verspricht und neue Horizonte professionellen Handelns in den Blick nimmt, die der traditionellen Heilpädagogik weitgehend fremd waren (z. B. konsultative oder advokatorische Assistenz; Partizipationsmöglichkeiten Betroffener), kann es nur dann tragfähig sein, wenn es auf eine Bevormundung verzichtet und sich mit dem Problem des → Paternalismus, der Macht, mit Machtfallen bzw. stillen Verführungen zum Mächtigsein selbstkritisch auseinandersetzt. Anders gesagt: Jede Form der Unterstützung oder Assistenz bedarf einer beständigen selbstkritischen Reflexion des Handelns, soll der Konzeptwechsel in der Helferkultur mehr sein als eine bloße, euphemistische Rhetorik.

Georg Theunissen

Literatur

Duden (1997): Etymologie. Das Herkunftswörterbuch der deutschen Sprache, Bd. 7. Mannheim

Herriger, N. (2006): Empowerment in der Sozialen Arbeit. Stuttgart (3. erw. Auflage)

Puschke, M. & Orbitz, A. (2000): Was ist Unterstützung für Menschen mit Lernschwierigkeiten in Abgrenzung zu Assistenz? In: Verein für Behindertenhilfe e. V. (Hrsg.): Tagungsbericht Von der Betreuung zur Assistenz? Fachtagung in Hamburg 8.–11. Mai 2000, 79–81

Ramcharan, P. et. al. (eds.) (2002): Empowerment in Everyday Life. Learning Disability. London (3 rd Impression)

Theunissen, G. (2009): Empowerment und Inklusion behinderter Menschen. Freiburg (2. erw. Aufl.)

Unterstützungsmanagement, Case Management

Nicht selten haben wir es in der Behindertenhilfe mit einer mangelnden oder unzureichenden Koordination, Vernetzung und → Kooperation von Diensten zu tun. Hinzu kommt das Problem der Überforderung mancher hilfe- oder ratsuchender Personen, sich im Geäst der verschiedenen Dienstleistungsangebote zurechtzufinden und eine adäquate Auswahl zu treffen. Das Wissen um derlei Probleme hat zur Entwicklung eines Ansatzes geführt, der unter dem Stichwort des »*Case Managements*« bekannt geworden ist, welches aus der angloamerikanischen Arbeit stammt und inzwischen auch hierzulande immer mehr Zuspruch findet (Wendt 1992; 1999). Wenngleich das Wort »case« nicht für ein betroffenes Individuum, sondern für problematische Situationen stehen soll, bevorzugen wir die Parallelbezeichnung »Unterstützungsmanagement«, um Missverständnisse und Gefahren der Verdinglichung Betroffener zu einem »Fall« zu vermeiden. Unter einem Unterstützungsmanagement wird im Anschluss an Wendt »die Organisation einer ganzheitlichen sozialen Hilfe durch die Mobilisierung, das Engagement und die Vernetzung von Unterstützungsressourcen« (Herriger 2002, 88f.) verstanden. Damit sollen durch ein Unterstützungsmanagement sowohl geeignete Dienstleistungsangebote und Formen informeller sozialer Unterstützung eruiert, mobilisiert und koordiniert als auch die Arbeit professioneller Dienstleistungsanbieter und verschiedener Institutionen vernetzt, abgestimmt und gesteuert werden. Ziel ist es, widersprüchliche Zielsetzungen durch Verbände- oder Trägerinteressen zu vermeiden, informelle und formelle Hilfen zu vernetzen und einen transparenten, passgenauen und eben ganzheitlichen Unterstützungsprozess zur gesellschaftlichen Teilhabe im Sinne von Inklusion zu realisieren. In diesem Sinne lässt sich das Unterstützungsmanagement auch als »*community living management*« (Kisthardt) bezeichnen, so wie es im Empowerment-Konzept favorisiert wird sowie »im Rahmen der community care reforms verbindlich eingeführt« (Hansen 2005, 111) wurde. In der Regel wird ein Unterstützungsmanagement in sechs Stadien unterschieden:

- Klärung des Anliegens und der Zuständigkeit
- Assessment
- Zielvereinbarung und Planung
- Umsetzung
- Evaluation
- Auflösung.

Bislang gibt es dazu erst wenige Erfahrungsberichte im Bereich der Behindertenhilfe. Bei einigen Beispielen handelt es sich in erster Linie um Konzepte, die an Menschen mit Lernschwierigkeiten (leichter geistiger Behinderung) und → psychischen Störungen oder herausfordernden Verhaltensweisen (→ Verhaltensauffälligkeiten) adressiert sind. Hier hat das Unterstützungsmanagement vor allem die Aufgabe, Formen einer Zusammenarbeit zwischen Einrichtungen und Trägern der Behindertenhilfe und psychiatrischen Hilfesystemen zu koordinieren und zu verbessern sowie ein gemeindeintegriertes Leben sicher zu stellen (v. Laake 1999; Oliver et. al. 2005; Martin et. al. 2005). Darüber hinaus gibt es freilich eine breite Palette an weiteren Möglichkeiten, die zum Beispiel → Persönliche Zukunftspläne für ein Leben im Erwachsenenalter oder Alter, Wünsche nach Veränderungen im Hinblick auf Wohn- und Arbeitsmöglichkeiten, Enthospitalisierungs- oder Ausgliederungsprozesse, einen Wechsel von einem Heim in ein ambulant betreutes Wohnen oder auch ein Angebot zur Krisenintervention tangieren. Eine zentrale Frage, die für den Erfolg eines Unterstützungsmanagements von nicht unerheblicher Bedeutung ist, bezieht sich auf die

Benennung und Befugnisse eines Unterstützungsmanagers. So hängt vieles davon ab, ob und inwieweit ein Unterstützungsmanager »über ein eigenes Budget verfügt und ein eigenes Kontraktmanagement durchzuführen in der Lage ist« (Hansen 2005, 114). Konzepte, bei denen Mitarbeiter aus Wohngruppen oder Wohneinrichtungen als Unterstützungsmanager fungieren und damit in einer »Doppelfunktion« tätig sind, bedürfen einer sehr sorgfältigen Reflexion (dazu Theunissen 2010). Günstiger scheint es zu sein, ein Unterstützungsmanagement als eine träger-, verbands- oder einrichtungsunabhängige bzw. übergreifende Steuerungsinstanz zu implementieren, wie sie beispielsweise soeben vom Landschaftsverband Rheinland mit dem sogenannten *Koordinations-, Kontakt- und Beratungsangebot* für die Arbeit mit Menschen mit Lernschwierigkeiten geschaffen wurde (dazu Bradl & Küppers-Stumpe 2009).

Georg Theunissen

Literatur

Bradl, Ch.; Küppers-Stumpe, A. (2009): Gemeinwesenintegration und Vernetzung. In: Schwalb, H.; Theunissen, G. (Hrsg.) Inklusion, Partizipation und Empowerment in der Behindertenarbeit. Stuttgart, 57–75

Hansen, E. (2005): Das Case/Care Management. In: Neue Praxis 2, 107–125

Herriger, N. (2002): Empowerment in der Sozialen Arbeit. Stuttgart (2. erw. Aufl.)

Hoffmann-Badache, M. (2005): Neue Wege der Hilfen für Menschen mit Behinderung. In: Deutsche Heilpädagogische Gesellschaft e. V. (Hrsg.): Chancen für Menschen mit Behinderung in der Krise des Sozialstaats? Tagungsbericht November 2004. Bonn, Düren, 28–34

Kisthardt, W. (1997): The strengths model of case management. In: Saleebey, D. (ed.): The Strengths Perspective in Social Work Practice. New York (2nd. ed.), 97–114

Laake, van M. (1999): Erfahrungen mit einem Casemanagement-Projekt. In: Petry, D. & Bradl, C.: Multiprofessionelle Zusammenarbeit in der Geistigbehindertenhilfe. Bonn, 205–222

Martin, G. et al. (2005): An exploratory study of assertive community treatment for people with intellectual disability and psychiatric disorders: conceptual, clinical, and service issues. In: Journal of Intellectual Disability Research, Vol. 49, 7, 516–524

Oliver, P. C. et al. (2005): Randomized controlled trial of assertive community treatment in intellectual disability: the TACTILD study. In: Journal of Intellectual Disability Research, Vol. 49, 7, 507–515

Theunissen, G. (2010): Beratung – Krisenintervention – Unterstützungsmanagement. In: Theunissen, G. & Schirbort, K. (Hrsg.): Inklusion bei Menschen mit geistiger Behinderung. Stuttgart (2. Auflage).

Wendt, W. (1992): Das Unterstützungsmanagement als Muster in der methodischen Neuorientierung von Sozialarbeit. In: Soziale Arbeit, 2, 44–50.

Wendt, W. (1999): Case Management im Sozial- und Gesundheitswesen. Freiburg.

Ursachen geistiger Behinderung (medizinische Aspekte)

(siehe auch Klinische Bilder)

Geistige Behinderung ist keine Diagnose im medizinischen Sinn, sondern beschreibt als Syndrom eine gegenüber der Norm begrenzte kognitive Leistungsfähigkeit (Minderung der → Intelligenz, IQ unter 70) mit eingeschränkten sozialen Kompetenzen (ICD-10, F 70– 79). Zugrunde liegen vielfach Hirnfunktionsstörungen bzw. eine Beeinträchtigung zerebraler Funktionssysteme; Veränderungen können mit geeigneten Methoden nachweisbar sein (z. B. durch bildgebende Verfahren), sich aber auch nur phänomenologisch äußern bzw. mit neuropsychologischen Methoden erfassen lassen.

Bei der engen Wechselbeziehung von biologisch-konstitutionellen und umweltabhängigen Faktoren während der Entwicklung des Nervensystems hat geistige Behinderung vielfach komplexe Ursachen. Es spielen mehrere Faktoren eine Rolle, auch wenn einigen oder einem wesentliche Bedeutung zukommt, z. B. der Trisomie des Chromosoms 21 bei Down-Syndrom bzw. einer sensorischen Deprivation bei schwerer Vernachlässigung. Bedeutsam für die Ausprägung des Syndroms ist oft weniger die Art einer Schädigung (Noxe), sondern der Zeitpunkt ihres Einwirkens; Lokalisation und Ausdehnung der Läsion bzw. im Verlauf der weiteren Entwicklung mögliche Reparationsvorgänge spielen ebenfalls eine Rolle, abhängig von Umwelteinflüssen, auch von pädagogischen und fördernden Maßnahmen.

Beim Aufklären der Ätiologie (Ursache) und Pathogenese (Entstehungsgeschichte) einer geistigen Behinderung sind neben Hinweisen aus der Vorgeschichte (Familienanamnese, Entwicklung mit Risikosituationen bzw. Schädigungsmöglichkeiten) vor allem klinische Befunde bedeutsam, die bei der körperlichen und neurologisch-psychiatrischen Untersuchung erhoben werden; die so gewonnenen Informationen (Anomalien, neurologische Symptome, Auffälligkeiten im Verhalten) bestimmen die Notwendigkeit und Abfolge weiterführender Spezialuntersuchungen. Mit verschiedenen Methoden der bildgebenden Diagnostik, vor allem durch Magnetresonanztomographie, kann die Struktur des Gehirns beurteilt werden, sind Fehlbildungen und Differenzierungsstörungen nachzuweisen. Bestimmte cerebrale Funktionen werden mit Hilfe der Elektroenzephalographie bzw. mit Ableitung sensorisch evozierter Potentiale erfasst. Stoffwechselstörungen können mit bestimmten biochemischen Analysen bei der Untersuchung von Blut, Urin oder Liquor sowie an Gewebekulturen (Hautfibroblasten) nachgewiesen werden. Zum Nachweis von Immunveränderungen, die z. B. als Folge von Entzündungen auftreten, gibt es verschiedene serologische Verfahren. Große Bedeutung haben neben den zytogenetischen die molekulargenetischen Analysen, mit denen Chromosomenveränderungen, vielfach auch verantwortliche Gene und ihre Produkte festzustellen sind. Die genaue Kenntnis des im Entwicklungsverlauf wichtigen genetischen Programms dürfte in Zukunft eine neue Einteilung der Ursachen erfordern, die derzeit noch am besten nach der Entstehungszeit gruppiert werden.

Pränatale Ursachen einer geistigen Behinderung
Während der vorgeburtlichen Entwicklung können ungünstige Anlagefaktoren (Genmutationen, Chromosomenaberrationen) und/oder beeinträchtigende Umwelteinflüsse zu einer Störung der sich nach einem bestimmten Plan vollziehenden Entwicklungsvorgänge führen. In der Embryonalperiode (erstes Trimenon der Gravidität) entstehen Fehlbildungen und Strukturabweichungen, bei Einwirkung von Noxen in den folgenden sechs Monaten der Schwangerschaft (Fetalperiode) Differenzierungsstörungen mit vor allem histologisch fassbaren Veränderungen bei Ausbildung der Zellschichten des Gehirns bzw. Verknüpfung der Neurone durch axodendritische Verbindungen und Synapsen (Kontaktstellen).

Genmutationen, Veränderung einzelner Gene, die in der DNS-Sequenz der Erbsubstanz (Desoxyribonukleinsäure) auf den Chromosomen lokalisiert sind, haben meist Enzymdefekte zur Folge, Fehlen, Mangel oder Funktionsverlust bestimmter für Stoffwechselprozesse wichtiger chemischer Verbindungen. Es resultieren Störungen des Aminosäuren-, Kohlenhydrat-, Fett- bzw. Lipid-, Nukleotid- oder Mineralstoffwechsels. Sie werden vielfach autosomal oder geschlechtsgebunden rezessiv, selten dominant vererbt, folgen den Mendel'schen Gesetzen (Wiederholungsrisiko 25 bzw. 50%) und machen sich bald nach der

Geburt, manchmal aber auch erst Jahre später durch fortschreitende Funktionsstörungen bemerkbar. Das Beispiel Phenylketonurie zeigt, wie durch frühe Diagnose mit dem Nachweis eines vermehrten Phenylalaninblutspiegels (Guthrie-Test bei allen Neugeborenen) und unverzüglich eingeleiteter phenylalaninarmer Diät normale Entwicklung zu erreichen ist.

Bei *Chromosomenanomalien* beobachtet man eine Vermehrung oder Verminderung der Zahl oder Struktur von Autosomen (Chromosom 1 bis 22) bzw. Gonosomen (XX bzw. XY). Es resultieren unterschiedlich ausgeprägte Anomalien bzw. Fehlbildungssyndrome mit einer Störung des Körperwachstums (meist Kleinwuchs) und vielfach auch geistiger Behinderung. Durch molekulargenetische Technik sind bei »contiguous gene syndromes« auch geringe Strukturveränderungen zu erfassen.

Verschiedene *exogene, von außen kommende Schädigungen* können das Kind während der vorgeburtlichen Entwicklung treffen; je nach dem Zeitpunkt des Einwirkens einer Noxe entstehen dann Fehlbildungen oder Differenzierungsstörungen (Embryo- bzw. Fetopathie). Gehen Virusinfektionen, vor allem Röteln, Zytomegalie oder HIV, von der Mutter auf das Kind über, werden wichtige Entwicklungsvorgänge gestört. Als toxische Substanz führt Alkohol zu einem Fehlbildungssyndrom; auch von einigen Medikamenten ist bekannt, dass sie ungünstig für das ungeborene Kind sind (Phenytoin und Valproat, Hormone, Cumarine). Ionisierende Strahlen (Röntgen) können ebenfalls exogene Schäden verursachen, wenn eine bestimmte Dosis überschritten wird. Es ist zu erwarten, dass weitere teratogene Noxen bekannt werden, zumal auch ihre Kombination in Betracht gezogen werden muss.

Bei *multifaktorieller Verursachung* wirken genetische Faktoren und Umwelteinflüsse zusammen, jeweils in unterschiedlicher Kombination und mit einem Schwellenwerteffekt. Dies gilt für Neuralrohrdefekte, gegen Ende der 4. Schwangerschaftswoche entstehende Fehlbildungen des Rückenmarks, die Spina bifida (»offener Rücken«), oft mit Hydrozephalus zur Folge haben. Genetische Faktoren bedingen ein etwas vermehrtes Wiederholungsrisiko (3–5%), als exogener Faktor ist ein Mangel an Folsäure nachgewiesen, weshalb die Einnahme von 0,4 mg/Tag vor und bis zu sechs Wochen nach der Empfängnis angeraten wird. Auch eine »idiopathische« geistige Behinderung, bei der keine anderen Ursachen nachzuweisen sind, kann multifaktoriell verursacht sein.

Nicht immer gelingt trotz all der heute verfügbaren Methoden zum Nachweis von Ursachen die Klärung der Ätiologie; je nach Wertung von anamnestischen Daten betrifft dies etwa 30–40% entsprechend untersuchter Kinder mit geistiger Behinderung.

Perinatale Ursachen geistiger Behinderung
Komplikationen beim Geburtsvorgang (abnorme Lage des Kindes, vorzeitige Ablösung der Plazenta, lange Dauer, instrumentelle Entbindung), die zu einer Sauerstoffminderversorgung oder Verletzung des Gehirns führen, können bleibende Folgen haben. Die geburtshilflichen Maßnahmen sind sorgfältig zu analysieren (Haftpflichtanspruch bei »Kunstfehler«). Durch eine hypoxisch-ischämische Enzephalopathie (Hirnerkrankung infolge Sauerstoffmangel) entstehen akute Symptome mit Bewusstseins- und Atemstörungen, Krämpfen und Lähmungen; geht Hirngewebe zu Verlust, resultieren nicht selten Bewegungsstörungen und geistige Behinderung. Eine Schädigung durch Vermehrung des gelben Blutfarbstoffs Bilirubin bei Blutgruppenunverträglichkeit ist heute weitgehend zu verhindern.

Frühgeborene Kinder sind wegen der Unreife aller Gewebe und noch wenig ausgebildeter Abwehrkräfte gefährdet. Dies betrifft besonders sehr kleine Kinder mit einem Geburtsgewicht von weniger als 1000 g bei Schwangerschaftsdauer unter 28 Wochen.

Als Folge von Hirnblutungen kann ein Hydrozephalus entstehen, durch Sauerstoffmangel werden besonders Nervenbahnen, aber auch Zellen der Hirnrinde geschädigt, was Bewegungsstörungen und geistige Behinderung bei sekundärer Mikrozephalie zur Folge hat. Auch Veränderungen an den Sinnesorganen (Netzhauterkrankung der Frühgeborenen, Schwerhörigkeit) sind häufig.

Postnatale Ursachen geistiger Behinderung
Alle Schäden, die das Gehirn treffen und bleibende Folgen hinterlassen, können auch eine geistige Behinderung verursachen: Schädel-Hirn-Verletzungen, vor allem als Misshandlungsfolge im Säuglings- und Kleinkindalter oder nach Verkehrsunfällen; entzündliche Erkrankungen (Enzephalitis, Meningoenzephalitis) durch Viren, Bakterien, Protozoen, Pilze, Prionen; Tumoren, bei deren operativer Entfernung oder Nachbehandlung Schäden nicht zu vermeiden sind; Sauerstoffmangelzustände, z. B. nach Ertrinkungsunfällen; Durchblutungsstörungen. Je jünger ein Kind ist, umso ausgeprägter sind entstehende Folgen.

Ursachenspektrum bei leichter und bei schwerer geistiger Behinderung
In verschiedenen Statistiken wird deutlich, dass bei leichten Formen geistiger Behinderung die multifaktoriell bedingten Ursachen überwiegen, während bei schweren vor allem pränatale Ursachen bedeutsam sind. Durch bessere Möglichkeiten der Geburtshilfe und neonatalen Intensivmedizin haben sich perinatale Ursachen verringert.

Konsequenz der ätiologischen Diagnose
Der Nachweis verantwortlicher Ursachen wird oft als wenig bedeutsam für den einzelnen Menschen mit geistiger Behinderung angesehen; um notwendige fördernde bzw. pädagogische Maßnahmen zu planen, sind hauptsächlich Funktionsstörungen bedeutsam. Trotzdem bestimmt ein »Kausalitätsbedürfnis« die Suche nach Ursachen; werden sie festgestellt, ist unberechtigten Schuldgefühlen oder Schuldzuweisungen zu begegnen. Bedeutsam ist die Diagnose immer für die Entwicklungsprognose und wegen der möglichen genetischen Implikationen, mitunter auch für spezielle therapeutische Maßnahmen.

Gerhard Neuhäuser

Literatur

Dykens, E. M.; Hodapp, R. M. & Finucane, B. M. (2000): Genetics and Mental Retardation Syndromes. A New Look at Behavior and Interventions. Baltimore
Irblich, D. & Stahl, B. (Hrsg.) (2005): Diagnostik bei Menschen mit geistiger Behinderung. Ein interdisziplinäres Handbuch. Göttingen
Neuhäuser, G. (2004): Syndrome bei Menschen mit geistiger Behinderung. Ursachen, Erscheinungsformen und Folgen. Marburg
Neuhäuser, G. & Steinhausen, H.-Chr. (Hrsg) (2003): Geistige Behinderung. Grundlagen, klinische Syndrome, Behandlung und Rehabilitation. Stuttgart (3. Aufl.)
Rieß, O. & Schöls, L. (Hrsg.) (2002): Neurogenetik. Molekulargenetische Diagnostik neurologischer und psychiatrischer Erkrankungen. Stuttgart (2.Aufl.)

Ursachen geistiger Behinderung (soziale Aspekte)

Neben den → medizinischen und genetischen Ursachen geistiger Behinderung beeinflusst auch eine Reihe sozialer Faktoren dieses Phänomen (Luckasson et al. 2002). Es ist offensichtlich, dass dabei neben ungünstigen familialen Milieufaktoren, Sozialisationseinflüssen, sozialer Benachteiligung und Armut sowie institutioneller Hospitalisierung soziale Mechanismen der Zuschreibung, Kennzeichnung und Bewertung eine Rolle spielen, die einen nicht zu unterschätzenden Einfluss auf das Leben der Betroffenen haben und deshalb in der theoretischen Reflexion nicht ausgeklammert werden dürfen.

Ein klassischer Ansatz zur Erfassung sozialer Zuschreibungsmechanismen wird von Goffman (1974) in seiner Stigmatheorie entfaltet. Ein → Stigma ist eine Eigenschaft, die in einer bestimmten Relation bezüglich der Realität zu einem Ausgrenzungsgrund wird, zu einem »diskreditierenden Stereotyp«. Solche Merkmale können z. B. rassische Merkmale, physische Deformationen oder intellektuelle Einschränkungen sein, die dann dazu führen, dass von einer Person nur noch diese Merkmale wahrgenommen werden und alle anderen Eigenschaften dahinter zurücktreten (z. B. »der Krüppel«, »der Neger« oder »der Idiot«).

Goffman beschreibt also einen sozialen Mechanismus, der aufgrund von Abweichungen von einer gesellschaftlichen Norm Ausgrenzung herbeiführt, und zwar durch die selbst nicht betroffene Mehrheit. Speck (2003) hat diesen Ansatz für die Heilpädagogik aufgegriffen und betont, dass ein Stereotyp im beschriebenen Sinne die → Identität des Menschen beschädigt und verändert; insofern ist eine Stigmatisierung als eine Teilursache des Gesamtphänomens der geistigen Behinderung zu sehen.

Ähnliche Überlegungen finden sich bei Wolfensberger, der bei seiner theoretischen Weiterentwicklung des Normalisierungsprinzips ebenfalls soziale Aspekte geistiger Behinderung diskutiert. Ausgehend von der Frage nach dem gesellschaftlichen Umgang der Menschen miteinander, kommt er zu dem Schluss, dass die Abwertung gesellschaftlicher Gruppen »viel mehr auf die Vorstellung der sie ablehnenden Umwelt zurückzuführen [ist,] als auf das tatsächliche Wesen der Abgelehnten selbst« (Wolfensberger 1986, 48). Im Rahmen derartiger Bewertungen werden Menschen in verschiedenen soziale Rollen eingeteilt und diese mit Hilfe eines »Vokabulars rollenbezogener Eigenschaften« (ebd. 49) in eine Rangfolge gebracht, die mit allgemeinen Wertvorstellungen zusammenhängt. Dabei stehen nach Wolfensberger »angesehene« soziale Rollen (Staatsbürger, Ehemann, Arbeitgeber, Angestellter …) »minderwertigen« sozialen Rollen (Trottel, Trinker, Vagabund …) gegenüber.

Wie eine Person gesehen wird (also welcher sozialen Rolle sie zugeordnet wird), bestimmt in diesem Ansatz maßgeblich, wie sie von anderen Menschen behandelt wird und inwieweit ihr Zugänge zu → Ressourcen erleichtert oder erschwert werden.

Im Gegensatz zur soziologischen Analyse Goffmans bemüht sich Wolfensberger explizit um eine pädagogische Schlussfolgerung aus diesen Erkenntnissen und schlägt einen Arbeitsansatz vor, der sich an der Rollentheorie orientiert. Seiner Auffassung nach sollen sich pädagogische Bemühungen an einer Aufwertung (valorisation) der sozialen Rollen orientieren, indem einerseits »sozialen Images« verbessert werden (also die Sicht der Umwelt auf die ausgegrenzten Menschen geändert wird), und andererseits die → Kompetenzen des Einzelnen gestärkt werden.

Wenn auch Wolfensberger nicht explizit von Ursachen geistiger Behinderung spricht, so vermag doch seine Rollentheorie entscheidende Aspekte der sozialen Seite des Phänomens zu beleuchten und soziale Mechanismen zur (ab)wertenden Sicht auf bestimmte Personengruppen zu erhellen.

Neben diesen klassischen Ansätzen gibt es auch in der modernen Diskussion Überlegungen geistige Behinderung als ein sprachliches Konstrukt, als das Produkt einer bloßen Zuschreibung durch Dritte aufzufassen; so etwa Feuser (2000), der zu zeigen versucht, dass geistige Behinderung nicht existiere, sondern eine derzeitige Realität bezeichne, die sich durch »Barbarei und Herrschaft über eine Population von Menschen« auszeichne, »in Bezug auf die wir nicht bereit sind, sie als das zu sehen, was sie sind – nämlich unter ihren Bedingungen effizient lernende, logisch denkende und kompetent handelnde Menschen« (Feuser 2000, 162). Da sich für Feuser »aus Sicht der Evolution des Lebens keinen individuellen Sachverhalt geben kann, der mit dem Begriff der ›geistigen Behinderung‹ adäquat bezeichnet werden könnte« (ebd.), ist geistige Behinderung für ihn ein rein sprachliches Konstrukt ohne eine empirische Entsprechung.

Auch wenn die Argumente von Feuser es nahe legen, geistige Behinderung als eine reine Zuschreibung bzw. Konstruktion zu betrachten, erscheint eine derartige Verkürzung der Ursachendiskussion auf soziale Komponenten nicht sinnvoll (darauf weist bereits Speck bei seiner Diskussion des Stigmamodells hin, vgl. Speck 2003, 224). Vielmehr sollte sich die moderne Heilpädagogik bemühen, alle derzeitig bekannten Einflüsse auf geistige Behinderung in ihre Modelle zu integrieren und sowohl soziale als auch medizinische Ursachen zu berücksichtigen (z. B. im → ICF Modell der WHO oder im Ansatz der AAMR; dazu Luckasson 2002).

Wolfram Kulig

Literatur

Goffman, E. (1974): Stigma. Frankfurt/M.
Luckasson, R. et. al. (2002): Mental Retardation: Definition, Classification, and System of Supports. Washington (AAMR) (10th ed.)
Speck, O. (2003): System Heilpädagogik – Eine ökologisch reflexive Grundlegung. München (5. Auflage)
Wolfensberger, W. (1986): Die Entwicklung des Normalisierungsprinzips in den USA und Kanada. In: Bundesvereinigung Lebenshilfe (Hrsg.): Normalisierung – eine Chance für Menschen mit geistiger Behinderung. Große Schriftenreihe Bd. 14. Marburg/Lahn, 45–62
Feuser, G. (2000): »Geistige Behinderung« im Widerspruch. In: Greving, H. & Gröschke, D. (Hrsg.): Geistige Behinderung – Reflexionen zu einem Phantom. Bad Heilbrunn, 141–165

V

Validation

Validation ist sowohl eine Grundhaltung und als auch eine Methode im Umgang und in der Kommunikation mit sehr alten, desorientierten Menschen. Sie wurde von Naomi Feil (geb. 1932) in den USA auf Grund ihrer langjähriger Erfahrungen mit diesem Personenkreis und Bezug nehmend auf Theorien und Konzepte der Tiefenpsychologie und der Humanistischen Psychologie entwickelt. Sie differenziert vier Stadien der Desorientierung und entwickelte für diese spezifische Validationstechniken.

Validieren bedeutet wertschätzen, etwas als wertvoll oder gültig erachten. An → Demenz erkrankte Menschen werden angenommen, wertgeschätzt und vorbehaltlos akzeptiert. Sie werden nicht korrigiert und es wird nicht versucht, sie in die Realität zurück zu holen. Die Aussagen der dementen Menschen werden als gültig (valide) und sinnvoll betrachtet vor dem Hintergrund, dass sie sich in diesen Momenten in einer – meist sehr weit – zurück liegenden Phase ihres Lebens befinden. Sie äußern Gedanken, Gefühle und Absichten, die der Realität der damaligen Situation entsprechen. Feil geht davon aus, dass desorientierte alte Menschen eine Art »Vergangenheitsbewältigung« betreiben, dass sie

Offengebliebenes und Bedrückendes aufarbeiten. Bei der Anwendung von Validation können bestimmte Techniken hilfreich sein, z. B. das längere Halten des direkten Blickkontaktes, das Herstellen von Nähe und Berührung, das Beachten und das Sprechen mit → Emotionen, das Stellen von W-Fragen (wer, was, wie, wann, wo), das Verbalisieren der Erlebnisinhalte und Ausdrucksformen und das Wiederholen von individuell bedeutsamen »Schlüsselwörtern«. Unterstützt durch einen empathischen und akzeptierenden Zuhörer können desorientierte alte Menschen jahrelang unterdrückte Gefühle äußern, so dass deren Intensität abnimmt und sie weniger belastend sind. Ihnen wird ermöglicht, am Ende ihres Lebens das zu sagen, was sie noch mitzuteilen haben. Ihre Identität und Würde werden bewahrt. Sie gewinnen Sicherheit und Selbstwertgefühl, werden ruhiger und zufriedener. Umstritten und problematisch ist jedoch die psychotherapeutisch-tiefenpsychologische Deutung der sprachlichen Inhalte unter Verwendung eines festgelegten Symbolverständnisses, z. B. Griff als Symbol für Penis, Tasche als Symbol für Vagina (hierzu Feil 1992, 51f.).

Für Pflege- und Bezugspersonen kann Validation hilfreich sein, um sich der Welt der desorientierten Menschen zu nähern und mögliche Gründe für ihr Verhalten zu verstehen. Dies gilt auch für die Arbeit mit Menschen mit geistiger Behinderung und Demenz.

Modifiziert wurde die von Feil entwickelte Methode der Validation in Deutschland durch Nicole Richard. In ihrer als »Integrative Validation« (IVA) bezeichneten Methode wird z. B. auf Fragetechniken und tiefenpsychologische Deutungen verzichtet. Daran anknüpfend schlägt Theunissen (2012) für die Arbeit mit geistig behinderten und dementen Personen das Modell der »validierenden Assistenz« vor.

Claudia Hoffmann

Literatur

Feil, N. (1992): Validation. Ein neuer Weg zum Verständnis alter Menschen. Wien
Feil, N. (2004): Validation in Anwendung und Beispielen. Der Umgang mit verwirrten alten Menschen. München
Feil, N. & de Klerk-Rubin, V. (2005): Validation. Ein Weg zum Verständnis verwirrter alter Menschen. 8. Aufl. München
Theunissen, G. (2012): Lebensweltbezogene Behindertenarbeit und Sozialraumorientierung. Freiburg

Verbände, Organisationen

Das Feld der Hilfen für Menschen mit geistiger Behinderung in Deutschland wird wesentlich geprägt durch bundesweit organisierte Verbände, die innerhalb und außerhalb der Freien Wohlfahrtspflege (Boeßenecker 2006) verortet sind und meist über Mitgliedsorganisationen auch auf örtlicher und auf Landesebene vertreten sind. Im Folgenden werden lediglich die im engeren Sinne für Menschen mit geistiger Behinderung relevanten Organisationen beschrieben. Neben ihrer jeweiligen weltanschaulichen Ausrichtung oder ihrem spezifischen Verbandsprofil nehmen die Verbände für sich ein »doppeltes Mandat« in Anspruch: zum einen sehen sie sich als anwaltschaftliche Vertreter der Interessen der Betroffenen und zum anderen als Vertreter der Träger von Einrichtungen und Diensten der Behindertenhilfe.

Die Tradition der großen kirchlichen Spitzenverbände Diakonie und Caritas reicht zurück ins 19. Jahrhundert. Der Vorläufer des heutigen Diakonischen Werkes der Evangelischen Kirche in Deutschland gründete sich 1849 initiiert von Heinrich v. Wichern (1808 – 1881) als »Innere Mission«. Nicht zuletzt über zahlreiche Anstaltsgründungen im Rahmen der so genannten »Rettungshausbewegung« gelangte der Verband vergleichsweise rasch in konzeptioneller und politischer Hinsicht zu nationaler Bedeutung. Die ca. 30000 kleineren und größeren Mitgliedsorganisationen sind rechtlich und wirtschaftlich selbstständig. Der Bereich der Behindertenhilfe ist innerhalb der Gesamtorganisation als Fachverband organisiert, dem »Bundesverband Evangelische Behindertenhilfe (BEB)« mit Sitz in Stuttgart. Insgesamt gesehen werden von den Einrichtungen und Diensten, die im BEB organisiert sind, ca. 50% aller Menschen mit Behinderungen in Deutschland betreut.

Der Deutsche Caritasverband (DCV) wurde 1897 in Köln auf Initiative von dem Priester Lorenz Wertmann (1858 – 1921) als Zusammenschluss katholischer Sozialeinrichtungen gegründet. In kurzer Zeit schlossen sich zahlreiche katholische Anstalten dem Verband an, die ihre konzeptionelle Entwicklung stark von Ordenstraditionen und klösterlichen Orientierungen geprägt waren. Der DCV ist gegliedert in Diözesan-Caritasverbände und örtliche Caritasverbände, die ebenfalls rechtlich selbstständig und in allen Feldern der → Sozialen Arbeit aktiv sind. Im Verhältnis zu anderen Spitzenverbänden der Freien Wohlfahrtspflege ist der DCV der größte Verband, im Bereich der Behindertenhilfe werden in Caritasträgerschaft mit insgesamt ca. 20% jedoch weniger behinderte Personen betreut als von BEB-Einrichtungen. Wie der BEB so besteht auch im Caritasbereich ein Fachverband, Caritas Behindertenhilfe und Psychiatrie e. V. (CBP), der in dieser Form 2001 aus drei Einzelverbänden heraus gegründet wurde. Der CBP hat seinen Sitz in Freiburg.

Im Verband für anthroposophische Heilpädagogik, Sozialtherapie und Soziale Arbeit e. V. mit Sitz in Echzell-Bingenheim ist der bundesweite Dachverband von 194 anthroposophischen Einrichtungen in Deutschland, zu denen seit 1994 auch die Einrichtungen der Camphill-Bewegung gehören. Ein Teil dieser Einrichtungen bzw. Lebensgemeinschaften wurde bereits in den 1920er Jahren gegründet und versuchte unmittelbar die Leitgedanken der anthroposophischen Heilpädagogik Rudolf Steiners (1861 – 195) umzusetzen. Die Mitgliedsorganisationen des Verbandes sind ebenfalls rechtlich und wirtschaftlich selbstständig. Einer Untersuchung aus den 90er Jahren zu Folge werden knapp 3% aller Menschen mit Behinderungen, die wohnbezogene Hilfen in Anspruch nehmen, von anthroposophischen Trägern betreut.

Die Bundesvereinigung Lebenshilfe für Menschen mit geistiger Behinderung wurde 1958 in Marburg als Elternorganisation gegründet, die Alternativen zu traditionellen Pflege und Betreuung von Menschen mit geistiger Behinderung in zentralisierten → Anstalten schaffen wollte. Angeregt auch durch Vorbilder in anderen europäischen Ländern, insbesondere aus Skandinavien wurde ein Konzept familienorientierter, teilstationärer Hilfen entwickelt. Die bundesweit rasch sich gründenden zahlreichen Orts- und Kreisverbände der Lebenshilfe setzten sich erfolgreich für eine Umsetzung des teilstationären Ansatzes ein, dem sich konzeptionell bald auch andere Träger anschlossen (vgl. Schädler 2003, 77ff.). Geschaffen wurde ein Netz von Frühförderstellen, Sonderkindergärten, Sonderschulen, → Werkstätten für Menschen mit Behinderungen, gruppengegliederte Wohnheime, → Familienentlastende Dienste und Freizeitangebote. Die Lebenshilfe versteht sich als Elternorganisation, als Trägerverband und als Fachverband. In den 1980er und 1990er Jahren wurde innerverbandlich die Diskussion um integrative Erziehung von Kindern mit geistiger Behinderung intensiv geführt. In der Folge entstanden vor allem im Vorschulbereich zahlreiche integrative Einrichtungen. Die Diskussion um Selbstbestimmung und Selbstvertretung von Menschen mit geistiger Behinderung bewirkte zum einen eine Öffnung der Lebenshilfe hin zu Offenen Hilfeformen und zum anderen die Initiierung von einigen Selbstvertretungsgruppen sowie die aktive Einbeziehung von Menschen mit geistiger Behinderung in die Verbandsarbeit. Die Bundesvereinigung Lebenshilfe mit Sitz in Marburg besteht aus ca. 530 örtlichen Mitgliedsorganisationen und 16 Landesverbänden. Auf europäischer Ebene hat sich die Lebenshilfe mit entsprechenden Elternorganisationen aus anderen europäischen Ländern zu einer Organisation namens »Inclusion Europe« mit Sitz in Brüssel zusammengeschlossen. Inclusion Europe wiederum ist Mitglied der internationalen Dachorganisation »Inclusion International«.

Bereits 1978 haben die kirchlichen Verbände und die Lebenshilfe begonnen, sich im Rahmen so genannter »Kontaktgespräche« zum Zwecke des konzeptionellen Austauschs, aber auch zur gemeinsamen Interessenvertretung regelmäßig zu treffen und gemeinsame öffentliche Stellungnahmen zu verabschieden. In den weiteren Jahren kam der anthroposophische Fachverband sowie der Bundesverband für Körper- und Mehrfachbehinderte e. V. dazu. Die »Kontaktgespräche« sind in loser Form organisiert, die dazugehörigen Verbände nehmen für sich in Anspruch, 90% der Dienste und Einrichtungen für Menschen mit geistiger, seelischer, körperlicher und mehrfacher Behinderung zu repräsentieren.

Als weiterer Zusammenschluss und z. T. sicher in Abgrenzung zu den »Kontaktgesprächen« haben sich 2005 konfessionsübergreifend 10 große kirchliche Anbieterorganisationen im Bereich der Behindertenhilfe zum »Brüsseler Kreis« zusammengeschlossen. Es handelt sich hierbei überwiegend um Träger mit einer langen Anstaltstradition, die sich nun als Sozialunternehmen verstehen und Handeln auf christlicher Wertebasis verbinden wollen mit marktorientierten Unternehmensstrategien.

Im Zuge der Integrationsdiskussion in den 1980er Jahren bzw. der Diskussion um → Selbstbestimmung in den 1990er Jahren haben sich Selbsthilfeorganisationen herausgebildet und zunehmend institutionalisiert. Zu nennen ist die Bundesarbeitsgemeinschaft Gemeinsam Leben – Gemeinsam Lernen e. V, die sich insbesondere für integrative Erziehung in Kindergarten und Schule einsetzt und entsprechende Elterninitiativen in allen Bundesländern koordiniert. Eine bemerkenswerte Entwicklung hat die Organisation der Selbstvertretungsinitiativen genommen, die sich die Bezeichnung »Mensch zuerst – Netzwerk People First Deutschland« gegeben hat und ihren Sitz in Kassel hat. Über eine erfolgreiche Projekt- und Öffentlichkeitsarbeit etwa zum Konzept der »einfachen Sprache« oder zur →»persönlichen Zukunftsplanung« konnte eine spezifische Form der Interessenvertretung entwickelt werden, durch die das Netzwerk zu einem ernstzunehmenden Akteur im Verbandsgeschehen wurde.

Bedeutsam im Verbandsgeschehen ist des Weiteren die Bundesarbeitsgemeinschaft Werkstätten für Menschen mit Behinderungen (BAG-WfbM), in der ca. 700, d. h. nahezu alle Werkstätten in Deutschland organisiert sind. In diesen Werkstätten sind insgesamt über 270 000 behinderte Menschen beschäftigt. Die BAG-WfbM versteht sich als Interessenvertretung der Werkstätten, berät ihre Mitglieder und führt jährlich einen »Werkstätten-Tag« durch, der erhebliche sozialpolitische Aufmerksamkeit genießt. Die BAG-WfbM ist bedeutsames Mitglied der europäischen Dachorganisation für Anbieter von Hilfen für Menschen mit Behinderung EASPD (European Association of Service Providers) mit Sitz in Brüssel. Zu nennen ist in diesem Kontext auch die Bundesarbeitsgemeinschaft für Unterstützte Beschäftigung (BAG-UB), in der die Initiativen bundesweit organisiert sind, die sich für Beschäftigungsalternativen für Menschen mit Behinderungen außerhalb von Werkstätten einsetzen.

Johannes Schädler

Literatur

Boeßenecker, K.-H. (2006): Die Spitzenverbände der Freien Wohlfahrtspflege. Münster

Schädler, J. (2003): Stagnation oder Entwicklung in der Behindertenhilfe? Chancen eines Paradigmenwechsels unter Bedingungen institutioneller Beharrlichkeit. Hamburg

Verfahren zur Erfassung psychischer Störungen

Die Diagnose einer bestimmten → psychischen Störung wird im Rahmen und unter Verwendung der Nomenklatur der üblichen diagnostischen *Klassifikationssysteme* – ICD-10 (WHO), DSM-IV(APA) – gestellt.

Die Diagnose einer psychischen Störung ist Ergebnis eines komplexen diagnostischen Prozesses, der *psychiatrischen Diagnostik*. Sie umfasst weit mehr als die Erfassung und Dokumentation des psychischen Befundes, also der psychopathologischen Symptome im Bereich des Erlebens (Erhebung durch Exploration) und des Verhaltens (Erhebung durch Beobachtung). Sie schließt die klinisch-körperliche (einschließlich neurologische) Untersuchung ebenso ein wie apparativ-technische (z. B. Elektroenzephalografie, Bildgebung) und Laboruntersuchungen (z. B. Blut, Liquor). Sehr große Bedeutung für die psychiatrische → Diagnostik kommt der Erhebung der Anamnese und der Bewertung der aktuellen Lebenssituation (Kontextfaktoren) zu. Das Standardprogramm solcher Untersuchungen wird in Abhängigkeit von der konkreten Fragestellung um zusätzliche, weiterführende Untersuchungen ergänzt.

Die psychiatrische Diagnostik muss u. a. deswegen um klinisch-körperliche, apparativ-technische und Laboruntersuchungen ergänzt werden, weil viele psychische Symptome und Syndrome Ausdruck einer zugrunde liegenden körperlichen Funktionsstörung sein können (z. B. → Demenz, körperlich begründbare Psychosen).

Die erhobenen *Befunde, Symptome* usw. werden der Diagnose zugrunde gelegt. Dabei wenden die modernen psychiatrischen Klassifikationssysteme in der Regel die sog. *operationalisierte Diagnostik* an. Dabei ist für jede einzelne diagnostische Kategorie festgelegt, welche Befunde bzw. Symptome für sie notwendig sind, aber u. U. auch, welche Symptome oder Befunde gegen sie sprechen, oder wie lange bestimmte Krankheitserscheinungen bestehen müssen, bevor die Diagnose gestellt werden darf.

Bei Menschen mit geistiger Behinderung – namentlich in schwerer Ausprägung – ist die Erhebung vieler psychopathologischer Befunde nur eingeschränkt oder gar nicht möglich; viele psychopathologische Phänomene können bei Menschen mit geistiger Behinderung eine andere Ausdrucksgestalt als bei nicht geistig behinderten Personen zeigen. Dies sind einige der Gründe, die die Brauchbarkeit der üblichen psychiatrisch-diagnostischen Algorithmen und Klassifikationssysteme für diese Zielgruppe begrenzen. Dies führt zu einem *psychiatrisch-diagnostischen Dilemma*, das umso ausgeprägter ist je schwerer die geistige Behinderung ist.

Die begrenzte Brauchbarkeit der üblichen diagnostischen Regeln und klinisch-diagnostischen Diagnose-Algorithmen hat zu verschiedenen Alternativen geführt, so zu modifizierten Klassifikationssystemen und zu einer Reihe von zielgruppenspezifisch adaptierten diagnostischen Instrumenten bzw.

Verfahren (Assessment-Verfahren). Dazu gehören u. a.:

- *Psychopathology Inventory for Mentally Retarded Adults* (PIMRA) (Senatore et al. 1985),
- *Reiss Screen for Maladaptive Behavior* (Reiss 1988),
- *Diagnostic Assessment for the Severely Handicapped Scale* (DASH) (Matson 1991),
- *Psychiatric Assessment of Adults with Developmental Disability* (PAS-ADD) (Moss et al. 1993, Patel et al. 1993),
- *Developmental Behavior Checklist* (Einfeld & Tonge 1995),
- *The Nisonger Child Behavior Rating Form* (Nisonger CRBF) (Aman et al. et al. 1996),
- *Mini PAS-ADD* (Prosser et al. 1998),
- *Developmental Behaviour Checklist for Adults* (DBC-A) (Mohr et al. 2005).

Solche Instrumente stammen in der Regel aus Forschungszusammenhängen. Es sind Interviewleitfäden für die systematische Erhebung von Informationen von Dritten (Betreuer, professionelle Begleiter, Angehörige). Allerdings unterscheiden sich diese Instrumente hinsichtlich Umfang, Altersgruppenspezifik, Informationsquellen, Verfügbarkeit von Normwerten usw.

Der Vorteil solcher Instrumente besteht darin, dass sie psychopathologisch relevante Merkmale (Symptome) – beobachtbare Verhaltensmerkmale – in einer an die Zielgruppe von Menschen mit geistiger Behinderung angepassten Weise und in standardisierter Form zu erfassen erlauben.

Deshalb eignen sie sich zur psychopathologischen Charakterisierung von Stichproben in wissenschaftlichen Untersuchungen, zur Dokumentation von psychopathologisch relevanten Informationen in der psychiatrischen und psychotherapeutischen Versorgung sowie zur Dokumentation von Behandlungseffekten in wissenschaftlichen Studien und in der klinischen Praxis (Assessment).

Wenn die Instrumente vergleichsweise einfach anwendbar sind, eignen sie sich auch als *Screening-Instrumente*.

Allerdings sind diese Instrumente nicht in der Lage, das erwähnte psychiatrischdiagnostische Dilemma bei Menschen mit geistiger Behinderung zu überwinden. Ihr Schwerpunkt liegt auf der Erfassung der psychopathologischen Symptomatik (Symptome, Syndrome als regelhafte Konstellationen bestimmter Symptome). Um zu einer regelrechten Diagnose zu kommen, die therapeutische Implikationen nach sich zieht, prognostische Aussagen erlaubt usw., ist eine regelrechte psychiatrische Diagnostik notwendig.

Sofern man ihre methodisch bedingten Grenzen beachtet, sind sie jedoch wichtige, wertvolle Hilfsmittel für Praxis und Forschung.

Michael Seidel

Literatur

Aman, M. G.; Tasse, M. J.; Rojahn, J. & Hammer, D. (1996): The Nisonger CBRF: a child behavior rating form for children with developmental disabilities. In: Res. Dev. Disabil. 17, 41–57

Einfeld, S. L. & Tonge, B. J. (1995): The developmental behavior checklist. In: J. Autism Dev. Disorder 25, 1–4

Matson, J.; Gardner, W. I.; Coe, D. A. & Sovner, R. (1991): A scale for evaluating emotional disorders in severely and profoundly mentally retarded persons: Development of the Diagnostic Assessment for the Severely Handicapped (DASH) scale. In: Br. J. Psychiatry 159, 404–409

Mohr, C.; Tonge, B. J. & Einfeld, S. L. (2005): The development of a new measure for the assessment of psychopathology in adults with intellectual disability. In: J. Intellect. Disabil. Res. 49, 469–80

Moss, S.; Patel, P.; Prosser, H.; Goldberg, D.; Simpson, N.; Rowe, S. & Lucchino, R. (1993): Psychiatric morbidity in older people with moderate to severe learning disability: I: development and reliability of the patient interview (PAS-ADD). In: Br. J. Psychiatry 163, 471–480

Patel, P.; Goldberg, D. & Moss, S. (1993): Psychiatric morbidity in older people with moderate to severe learning disability: II: The prevalence study. In: Br. J. Psychiatry 163, 481–491

Prosser, H.; Moss, S.; Costello, H.; Simpson, N.; Patel, P. & Rowe, S. (1998): Reliability and validity of the Mini PAS-ADD for assessing psychiatric disorders in adults with intellectual disability. In: J. Intellect Disabil. Res. 42, 264–272

Reiss, S. (1988): Test manual for the Reiss screen for maladapted behavior. Washington. IDS Publications

Senatore, V.; Matson, J. L. & Kazdin, A. E. (1985): An inventory to assess psychopathology of mentally retarded adults. In: American J. Ment. Deficiency 89, 459–466

Verfahren zur Erfassung sozial adaptiver Verhaltensweisen

(siehe auch sozial adaptives Verhalten)

Die Kompetenzen eines Kindes, Jugendlichen oder Erwachsenen zur Bewältigung der Alltagsaufgaben in den verschiedenen Lebensbereichen müssen von den Eltern und professionellen Helfern (Pädagogen etc.) erfragt werden. So gehören Fragen zur Selbständigkeit beim Essen, Waschen und Anziehen, bei der Toilettenbenutzung oder der Mitarbeit im Haushalt, der Orientierung außerhalb der Wohnung und der Beteiligung am gemeinsamen Spiel oder anderen Freizeitaktivitäten zu jedem Elterninterview bei der → Diagnostik von Kindern mit geistiger Behinderung (Sarimski & Steinhausen 2007).

International haben die »Vineland Adaptive Behavior Scales« (VABS; Sparrow et al. 1984) eine weite Verbreitung gefunden. Sie enthalten Items zu den Bereichen der Kommunikation, praktischen Fertigkeiten (»daily living skills«), Sozialisation und motorischen Fähigkeiten, erfassen damit jedoch nur einen Teilbereich sozial-adaptiven Verhaltens. Die Skalen wurden an 3000 Kindern im Alter zwischen drei und zwölf Jahren normiert und haben sich auch im Einsatz bei behinderten Kindern bewährt. Die Ergebnisse der Beurteilung adaptiver Kompetenzen korrelieren dabei in mittlerer Höhe mit den Ergebnissen von → Intelligenztests, stellen aber faktoriell eigenständige Entwicklungsdimensionen dar. Für den deutschen Sprachraum wurde das Verfahren bisher leider noch nicht adaptiert und normiert. Lediglich eine Kurzform des Vorläufers der VABS, die »Vineland Social Maturity Scale«, wurde in die Testbatterie für geistig Behinderte aufgenommen, ist aber nicht mehr zeitgemäß.

Holtz et al. (1998) entwickelten ein eigenes »Heidelberger-Kompetenz-Inventar für geistig Behinderte« (HKI), das die Bereiche der praktischen → Kompetenz, kognitiven Kompetenz und sozialen Kompetenz bei geistig behinderten Kindern und Jugendlichen der Altersstufen 7–16 überprüfen soll. Es bestimmt den individuellen Grad der sozialen Kompetenz durch Feststellung von Fertigkeiten in den Unterbereichen Lern- und Arbeitsverhalten, Identitätsfindung/Selbstkonzept, Selbstkontrolle, Selbstbehauptung, Sozialkontakt/Perspektivenübernahme sowie Kooperation/soziale Regeln. Das Inventar umfasst 152 Items und wurde an 1368 Kindern in Schulen für geistig Behinderte in den 70er Jahren normiert, leider seither aber nicht mehr überarbeitet. Eine normorientierte Interpretation der Ergebnisse ist anhand der veralteten Vergleichswerte auch hier nicht mehr gerechtfertigt, denn gerade in der Förderung sozialer und praktischer Selbständigkeit hat sich durch die Orientierung der pädagogischen Arbeit am Ziel einer größtmöglichen Beteiligung am gemeinsamen Unterricht eine epochale Wandlung vollzogen. Wohl aber lässt sich das Heidelberger-Kompetenz-Inventar weiterhin zur Bestimmung des individuellen Förderbedarfs benutzen und gibt Anhaltspunkte für die Hilfebedarfsplanung.

Generell ist die Bewertung von sozial adaptiven Kompetenzen mittels standardisierter Skalen mit Bezug auf Beobachtungen bei nicht behinderten Kindern oder Kindern mit geistiger Behinderung in einer bestimmten Altersspanne problematisch. Sie beruhen auf Eltern- oder Lehrereinschätzungen, die ihre jeweils selektive Erfahrung mit dem betreffenden Kind oder Jugendlichen widerspiegeln und ihre Erwartungen an die persönliche Selbständigkeit, nicht aber den objektiven Grad der Beeinträchtigung. Entsprechend ihrer Gelegenheiten zur Beobachtung, Erfahrung und Beziehung mit dem Kind und impliziten Maßstäben kann die Einschätzung eines Kindes zwischen Eltern und Lehrern sowie zwischen verschiedenen Lehrern beträchtlich variieren.

Diese Probleme hinsichtlich Objektivität, Reliabilität und Validität bestehen auch bei den verschiedenen Versuchen, soziale Beziehungen und Kompetenzen durch standardisierte Fragebogen zu beurteilen. Brauchbarere diagnostische Informationen liefern systematische Verhaltensbeobachtungen eines Kindes, Jugendlichen oder Erwachsenen in seiner jeweiligen Gruppe. Wenn es gelingt, ein repräsentatives Sample von Beobachtungssituationen zusammenzustellen, erhält der Untersucher auf diese Weise z. B. Aufschluss über die Fähigkeit des Kindes oder Erwachsenen, soziale Kontakte zu initiieren, auf soziale Beiträge anderer Gruppenmitglieder einzugehen, sich an gemeinsamen Spielen oder Gesprächen zu beteiligen, soziale Regeln in der Interaktion zu beachten oder Lösungen für Konflikte im Miteinander zu finden. Die direkte Verhaltensbeobachtung in ausgewählten Situationen ist allerdings sehr zeitaufwändig und bedarf intensiver Vorbereitung, um praxistaugliche Kategoriensysteme für die Auswertung und Interpretation der Beobachtungsdaten zu entwickeln.

Klaus Sarimski

Literatur

Holtz, K.-L.; Eberle, G.; Hillig, A. & Marker, K. (1998): HKI. Heidelberger Kompetenz-Inventar für geistig Behinderte. Heidelberg (4. Auflage)

Sarimski, K. & Steinhausen, H.-Ch. (2007): KIDS 2. Kinder-Diagnostik-Syndrom. Geistige Behinderung und schwere Entwicklungsstörung. Göttingen

Sparrow, S.; Balla, D. & Cicchetti, D. (1984): Vineland Adaptive Behaviour Scales. Circle Pines

Verhaltensauffälligkeiten, Verhaltensstörungen

Dass Menschen mit Lernschwierigkeiten oder komplexer Behinderung (geistiger Behinderung) zusätzlich bzw. unabhängig ihrer behinderungsspezifischen Beeinträchtigungen auch Verhaltensauffälligkeiten oder → psychische Störungen entwickeln können, ist heute im Lager der Fachwelt (z. B. Heilpädagogik, Psychiatrie, Psychologie) weitgehend unstrittig. Strittig sind hingegen Fragen zur Begriffsbestimmung von Verhaltensauffälligkeiten, zum Verhältnis von Verhaltensauffälligkeiten und psychischen Störungen sowie zur professionellen Zuständigkeit.

Zunächst einmal muss zur Kenntnis genommen werden, dass es für den Begriff der Verhaltensauffälligkeiten *Parallelbezeichnungen* wie Verhaltensstörungen, psychosoziale Auffälligkeiten, Verhaltensbesonderheiten, originelles Verhalten, → Problemverhalten oder auch herausforderndes Verhalten gibt (hierzu ausführlich Theunissen 2011), die vor allem in der pädagogischen Fachliteratur Eingang gefunden haben und zum Teil auch in der Praxis geläufig sind. Diese Begriffsvielfalt ist Ausdruck der Suche nach geeigneten Leitbegriffen, um eine Denunzierung oder Entwertung eines betroffenen Menschen zu vermeiden sowie seine Personalität zu respektieren. Zudem drückt sie aber auch Unsicherheiten aus, die entstehen, wenn ein Verhalten und Erleben einer Person beurteilt werden soll. Hierzu gibt es keine objektiven Kriterien und da »wir weder vom statischen noch vom klinischen Standpunkt her eine allgemeine Definition von Normalität und geistiger Gesundheit« (Redlich 1967, 106; Fiedler 2001, 542ff.) besitzen, erfolgen stets Zuschreibungen, die subjektive Werturteile beinhalten und die von dem Normalitätsmaßstab abhängen, den ein Beurteiler anlegt. Diese Erkenntnis führt uns vor Augen, dass es wichtig, ja notwendig ist, die Rolle und das Erleben der Beobachter in einen Beurteilungsprozess mit einzubeziehen. Außerdem bringt sie das soziale (erzieherische) Bezugsfeld mit ins Spiel, und dadurch erweist sie sich zugleich wegbnend für ein Verständnis von Verhaltensauffälligkeiten, das die Probleme nicht als »wesensbedingt« erachtet oder einzig und allein im Individuum verortet. Vielmehr legt sie eine »synthetisierende« Definition nahe, nach der Verhaltensauffälligkeiten als Ausdruck einer Störung des Verhältnisses zwischen Individuum und Umwelt (Personen, Dinge, Begebenheiten) betrachtet werden, die die betreffende Person durch spezifische problemlösende Verhaltensweisen zu bewältigen versucht, die von Anderen (z. B. Bezugspersonen) als normabweichend oder sozial unerwünscht gekennzeichnet (beklagt) werden (Theunissen 2011, 61). Diese Definition klärt freilich noch nicht das Verhältnis zwischen Verhaltensauffälligkeiten und psychischen Störungen (Krankheit). Schwierigkeiten einer klaren Abgrenzung werden allein daran sichtbar, dass Verhaltensauffälligkeiten (z. B. selbstverletzendes Verhalten) in dem einen Fall auf den erzieherischen Kontext zurückführbar und in dem anderen Symptom einer psychischen Störung (z. B. Borderline-Störung) sein können. Eine solche differenzierte Betrachtung ist notwendig, um Verhaltensauffälligkeiten nicht per se als psychopathologisch misszuverstehen und um professionelle Zuständigkeiten, interdisziplinäre Kooperation und Aufgabengebiete abzustecken. Handelt es sich um Verhaltensauffälligkeiten, denen keine Psychopathologie zugrunde liegt (im US-amerikanischen Sprachraum wird hier von *challenging behaviors* gesprochen), sollten auf jeden Fall lebensweltbezogene, psychosoziale und pädagogisch gelagerte Konzepte priorisiert werden (dazu Theunissen 2011), die sich nachweislich bewährt haben (dazu auch Theunissen 1997; Rössert & Steigert 2003). Im angloamerikanischen Sprachraum findet diesbezüglich die → »positive Verhaltensunterstützung« (positive behavioral support) immer mehr Zuspruch (Carr et al. 1999; 2000; Theunissen & Paetz 2011). Eine interdisziplinäre Kooperation zwischen Pädagogik/Sozialer Arbeit, Psychiatrie/Medizin und Psychotherapie/Psychologie ist immer dann angesagt, wenn massive, verkrustete Verhaltensauffälligkeiten vorliegen oder Merkmale einer psychischen Erkrankung vermutet werden. Untersuchungen zufolge kann davon ausgegangen werden, dass etwa 40% aller Menschen mit geistiger Behinderung Verhaltensauffälligkeiten (ohne »Krankheitszeichen«) zeigen (hierzu Schirbort & Theunissen 2003; Theunissen, Schirbort & Kulig 2006). Aus pädagogischer Sicht spielen dabei vor allem Auffälligkeiten im Arbeits- und Leistungsbereich (mangelnde Ausdauer, Arbeitslust, Arbeitsverweigerung), Auffälligkeiten im Sozialverhalten (Strciten, fremdaggressives Verhalten, sozialer Rückzug), Momente wie »leichte Ermüdbarkeit«, »Stimmungsschwankungen« oder »mangelndes Selbstvertrauen« sowie die Intensität selbstverletzender Verhaltensweisen eine zentrale Rolle.

Georg Theunissen

Literatur

Carr, E. G. et. al. (1999): Positive Behavior Support for People with Developmental Disabilities. Washington (AAMR)
Carr, E. G. et al. (2000): Communication-based Intervention for Problem Behavior. Baltimore (4. ed.)
Fiedler, P. (2001): Persönlichkeitsstörungen. Weinheim
Redlich, F. (1967): Der Gesundheitsbegriff in der Psychiatrie. In: Mitscherlich, A. u. a. (Hrsg.): Der Kranke in der modernen Gesellschaft. Köln, Berlin
Rössert, B. & Steiger, P. (2003): Es geht doch ohne Psychopharmaka. Mehr Lebensqualität für Menschen mit herausforderndem Verhalten. In: Geistige Behinderung 4, 317–328
Theunissen, G. (1997): Lebensweltorientierte Intervention bei hospitalisierten älteren Menschen mit geistiger Behinderung. In: Weber, G. (Hrsg.): Psychische Störungen bei älteren Menschen mit geistiger Behinderung. Bern, 132–155
Theunissen, G. (2011): Geistige Behinderung und Verhaltensauffälligkeiten. Ein Lehrbuch für die Schule, Heilpädagogik und außerschulische Behindertenhilfe. Bad Heilbrunn (5. völlig neu bearbeitete Auflage)
Theunissen, G.; Paetz, H. (2011): Autismus. Neues Denken – Empowerment – Best Practice. Stuttgart
Theunissen, G. & Schirbort, K. (2003): Verhaltensauffälligkeiten bei Schülerinnen und Schülern mit geistiger Behinderung. In: Theunissen, G.: Krisen und Verhaltensauffälligkeiten bei geistiger Behinderung und Autismus. Stuttgart, 37–65
Theunissen, G.; Schirbort, K. & Kulig, W. (2006): Verhaltensauffälligkeiten und Stärken bei Menschen mit geistiger Behinderung in Wohneinrichtungen der Lebenshilfe e. V. Eine Studie aus Sachsen-Anhalt. In: Hennicke, K. (Hrsg.): Materialien der DSGB Band 12: Psychologie und Geistige Behinderung. Berlin, 7–22

Verhaltensphänotypen, behavioral phenotypes

(siehe auch klinische Syndrome)

Das Konzept der Verhaltensphänotypen meint Entwicklungs- und Verhaltensmerkmale, die bei Kindern, Jugendlichen und Erwachsenen mit einem bestimmten genetischen Syndrom häufiger auftreten als bei Kindern, Jugendlichen und Erwachsenen mit anderen Formen geistiger Behinderung (Dykens 1995). Dieses Konzept impliziert nicht, dass sich Kinder mit einem definierten Syndrom in allen ihren Entwicklungs- und Verhaltensmerkmalen ähneln und von Kindern mit anderen Behinderungsformen unterscheiden. Vielmehr ist davon auszugehen, dass diese Kinder Entwicklungsmerkmale haben, die allen Kindern mit geistiger Behinderung eigen sind, und solche, die für diese (und vielleicht einige wenige andere) Gruppen charakteristisch sind (partielle Spezifität). Verhaltensmerkmale, die nur für eine einzelne Gruppe von Kindern spezifisch sind, sind die Ausnahme.

Eine systematische und valide Beschreibung von syndromspezifischen *Entwicklungsprofilen* setzt den Einsatz von differenzierten → Entwicklungs- und Fähigkeitstests voraus, die die Identifikation von → Stärken und Schwächen in einzelnen Entwicklungsbereichen (Aufmerksamkeit, Wahrnehmung, Gedächtnis, exekutive Funktionen) erlauben. Die Untersuchungsergebnisse von Kindern mit einem definierten genetischen Syndrom werden dann mit den Ergebnissen einer Kontrollgruppe verglichen, die nach Alter und Grad der intellektuellen Behinderung parallelisiert ist.

Die Beschreibung von charakteristischen *Verhaltensmerkmalen* erfolgt ebenfalls über standardisierte Fragebögen und Einschätzskalen, die relativ genau operationalisierte Verhaltensmerkmale auflisten und einen Vergleich mit Kindern ohne Behinderung oder geistiger Behinderung anderer Ursache erlauben. Auch hier ist es unerlässlich, mögliche konfundierende Variablen (Fähigkeitsniveau, Alter, Geschlecht) und ungewollte Auswahleffekte bei der Zusammenstellung der Untersuchungsgruppen sorgfältig zu kontrollieren (Einfeld & Hall 1994).

In den letzten 20 Jahren hat das Konzept der Verhaltensphänotypen zunehmend Interesse in der internationalen Forschung gefunden. Zahlreiche Forschungsergebnisse liegen u. a. vor zum Fragilen-X-Syndrom, Williams-Beuren-Syndrom, Prader-Willi-Syndrom, Smith-Magenis-Syndrom, Cri-du-Chat-Syndrom, Cornelia-de-Lange-Syndrom, Angelman-Syndrom und Rett-Syndrom (Sarimski 2003).

Das Wissen um charakteristische Entwicklungs- und Verhaltensmerkmale von Kindern mit genetischen Syndromen ist in mehrfacher Hinsicht für die Praxis nützlich. Es erleichtert es, im Rahmen der Diagnosemitteilung und Erstberatung die Eltern in der Entwicklung positiver Erwartungen an ihr Kind und realitätsgerechter Zukunftsperspektiven zu unterstützen. Zweitens kann es sie von Schuldgefühlen entlasten, indem sie verstehen, dass bestimmte Verhaltensweisen Kindern mit einem genetischen Syndrom (z. B. dem Fragilen-X-Syndrom) gemeinsam sind, d. h. eine biologische Disposition vorliegt und sie nicht auf elterliches Versagen oder erzieherisches Unvermögen zurückzuführen sind. Drittens sensibilisiert es sie für die spezifischen → Bedürfnisse des Kindes, kann ihnen helfen, die kindlichen Fähigkeiten wahrzunehmen und seine Schwierigkeiten in der Bewältigung bestimmter Umwelt- und Lernanforderungen besser zu verstehen. Auf dieser Grundlage wird es ihnen dann eher gelingen, die Anforderungen an die individuellen Bedürfnisse ihres Kindes anzupassen und in Zusammenarbeit mit Pädagogen und Therapeuten kompensatorische Strategien einzuüben, die dem Kind die soziale Integration erleichtern.

Ein Risiko bei der Verwendung dieses Konzepts liegt in einer *unzulässigen Verallgemeinerung*, dass alle Kinder mit einem bestimmten Syndrom die jeweiligen Verhaltensformen in gleicher Ausprägung entwickeln. Auf diese Weise käme es leicht zu einer sich selbst erfüllenden Prophezeiung, indem Eltern und Pädagogen ihre Aufmerksamkeit in besonderem Maße auf die als syndromspezifisch bezeichneten Verhaltensmerkmale richten und sie damit ungewollt bestärken. Einer solchen ungünstigen Wechselwirkung muss durch eine entsprechende Beratung von Eltern und Pädagogen entgegengewirkt werden. Auch könnte bei einer solchen Sichtweise der falsche Eindruck entstehen, man könne auf eine sorgfältige Entwicklungs- und Verhaltensdiagnostik des individuellen Kindes, Jugendlichen oder Erwachsenen verzichten und Förderpläne an »syndromspezifischen Rezepten« statt an den individuellen Bedürfnissen im Einzelfall orientieren.

Dem Konzept der Verhaltensphänotypen wird in der Fachdiskussion mitunter ein monokausales, einseitiges Verständnis von psychosozialen Auffälligkeiten unterstellt, bei dem → Verhaltensauffälligkeiten als intraindividuelle Störung erklärt und soziale sowie biografische Faktoren vernachlässigt würden.

Das Konzept lässt sich jedoch sehr wohl mit einem *bio-psycho-sozialen Verständnis* von Verhaltensproblemen und → psychischen Störungen bei Menschen mit behinderten

Kindern verbinden, welches individuellen Lebensumständen, Lebensgeschichte und sozialen Einschränkungen den ihnen gebührenden Stellenwert beim Verständnis der Ausbildung von Problemen einräumt. Syndromspezifische Dispositionen stellen einen unter zahlreichen Faktoren dar im Bedingungsgefüge dieser Probleme. Sie begrenzen die Toleranz für Anforderungen und erschweren die soziale Anpassung, so dass sie bei der → individuellen Hilfe- und Förderplanung berücksichtigt werden sollten. Die Erfahrung zeigt, dass soziale Beziehungen der Kinder, Jugendlichen und Erwachsenen mit einem bestimmten Syndrom so unterstützt werden können, dass die Häufigkeit und Schwere von Verhaltensauffälligkeiten reduziert werden kann. Keinesfalls ist mit dem Konzept der Verhaltensphänotypen die Vorstellung verbunden, Verhaltensauffälligkeiten seien genetisch determiniert und damit nicht durch pädagogische und psychologische Maßnahmen nachhaltig zu beeinflussen.

Klaus Sarimski

Literatur

Dykens, E. (1995): Measuring behavioral phenotypes: Provocations from the »New Genetics«. In: American Journal on Mental Retardation, 99, 522–532

Einfeld, S. & Hall, W. (1994): When is a behavioural phenotype not a phenotype? In: Developmental Medicine and Child Neurology, 36, 463–470

Sarimski, K. (2003): Entwicklungspsychologie genetischer Syndrome. Göttingen (3. überarb. und erweit. Auflage)

Vulnerabilität

(siehe auch psychische Störungen, Coping, Resilienz)

Seit einigen Jahren stehen bio-psycho-soziale Modelle zur Erklärung → psychischer Störungen hoch im Kurs. Eines der wichtigsten Ansätze ist das *Vulnerabilitäts-Stress-Bewältigungs-Modell* (Fiedler 2001, 150ff.), welches vor allem in der Schizophrenieforschung eine prominente Rolle spielt (Finzen 2000, 91ff.), aber ebenso fruchtbar sein kann, wenn es um das Verständnis von → Verhaltensauffälligkeiten und psychischen Störungen bei Menschen mit geistiger Behinderung geht (Theunissen 2011, 62f.). Zudem bietet es wertvolle Anregungen für die Praxis. Ausgangspunkt ist die Annahme, dass durch ein reziprokes Zusammenwirken einer diathetischen Prädisposition im Sinne ungünstiger individueller Voraussetzungen (z. B. frühkindliche Hirnschädigung, genetische Faktoren, prä-, peri- und postnatale Traumata) und einer psychosozialen Prädisposition bzw. ungünstiger sozialer Bedingungen (z. B. chronische Belastungen in der frühen Kindheit, längere Krankenhaus- oder frühe Heimaufenthalte, häufiger Wechsel von Bezugspersonen, Kindesmisshandlungen, Armut) Menschen mit Lernschwierigkeiten besonders vulnerabel (verwundbar, verletzlich, anfällig) für psychosoziale Krisen, Verhaltensauffälligkeiten oder psychische Störungen sind. Ob es zu solchen Störungen kommt, hängt davon ab, wie ein Betroffener die jeweiligen Situationen und (alltäglichen) Anforderungen wahrnimmt, bewertet und bewältigt. Dazu ist es von Vorteil, wenn im Zuge der (frühen) Sozialisation → Resilienz, Widerstandskräfte und ein flexibles → Coping-Repertoire entwickelt werden. Diese Chance dürfte allerdings für viele Menschen mit Lernschwierigkeiten eher gering sein. Nicht selten wird ihnen nachgesagt, dass sie über- oder unterfordernde Situationen wie auch spezifische Stressoren

(Schmerz; körperliches Unwohlsein; Bindungsprobleme, Beziehungskonflikte) auf einem sehr einfachen Niveau durch unmittelbar ausagierende, assertive Reaktionsformen (z. B. aggressives Verhalten) oder defensive Strategien (depressiver oder resignativer Rückzug) zu bewältigen versuchen. Des Weiteren bedarf es für eine erfolgreiche Stressbewältigung tragfähiger sozialer Ressourcen (z. B. informelle, haltgebende soziale Netze, Beratungsangebote), wobei dem Zusammenspiel individueller und sozialer schützender Faktoren eine zentrale Bedeutung zugeschrieben wird. Folglich kommt es auf handlungspraktischer Ebene darauf an, nicht nur Betroffene zur Erweiterung ihres Bewältigungsrepertoires zu befähigen (z. B. durch ein soziales Kompetenztraining), sondern ebenso → Netzwerkarbeit in den Blick zu nehmen.

Georg Theunissen

Literatur

Fiedler, P. (2001): Persönlichkeitsstörungen. Weinheim (5. völlig überarb. Aufl.)

Finzen, A. (2000): Schizophrenie. Die Krankheit verstehen. Bonn

Theunissen, G. (2011): Geistige Behinderung und Verhaltensauffälligkeiten. Bad Heilbrunn (5. völlig neu bearbeitete Aufl.)

W

Wahrnehmung

(siehe auch Wahrnehmungsförderung)

Wahrnehmung ist ein komplizierter Integrations- und Verarbeitungsprozess, bei dem drei große Funktionskreise aktiv werden: der *afferente* (aufsteigende) Kreis des Sinnessystems, in welchem die Reize aus der Außenwelt und der Körperinnenwelt in das Analysesystem des Großhirns geleitet werden, der *integrative* Kreis, in welchem alle Hirnleistungen aus den einzelnen Teilsystemen zu einem für das Individuum verstehbaren Ganzen zusammengebaut werden, und der *efferente* (absteigende) Kreis, in welchem die Energie für die Reaktionen des vegetativen und motorischen Systems bereitgestellt werden (Gschwend 2000). Bei der kortikalen Organisation handelt es sich nicht um einen starren Prozess. Der sensorische Kortex korrespondiert immer mit anderen Rindenregionen, in denen u. a. Vorstellung, Motivation sowie die Reizeinwirkungen der Nah- und Fernsinne dosiert aufgenommen und deren Signale je nach individuellen Vorerfahrungen in Beziehung gesetzt werden. Im Rückenmark stellen die afferenten und efferenten Nervenbahnen die Verbindung zum Gehirn her. Im Hirnstamm erfolgt die Bündelung der sensorischen und vegetativen Reize. Hier werden die zentralen, lebensnotwendigen Abläufe wie Hunger und Durst, zentrale Kreislauf- und Vegetativfunktionen, Sexualverhalten und Schlaf- und Wachrhythmus gesteuert. Dem Zusammenspiel von rechter und linker Hirnhälfte muss besondere Bedeutung beigemessen werden. Je nach theoretischem Hintergrund und Fachgebiet werden physiologisch, psychophysisch, medizinisch, kognitionspsychologisch, entwicklungspsychologisch, tiefenpsychologisch orientierte und gestaltpsychologisch orientierte Perspektiven und Untersuchungsansätze vertreten (Goldstein 1997; Kolb & Whishaw 1996; Brand, Breitenbach & Maisel 1997).

Über die neurochemischen Charakteristika der Transmitter und deren Wirkung auf die Rezeptoren wird intensiv geforscht. Die Rezeptoren reagieren auf die einzelnen bioelektrischen Signale und knüpfen mit Hilfe der Synapsen die Verbindung zu den vielen afferenten Neuronen im Rückenmark und im Stammhirn. Aus winzigen Bläschen im präsynaptischen Endkopf werden Neurotransmitter ausgeschüttet, die über den Spalt zwischen den Neuronen zur postsynaptischen Membran des nächsten Neurons wandern und dort elektrische Aktivität auslösen oder unterdrücken (vgl. Gschwend 2000; Zimbardo 1992). Je häufiger eine Synapse aktiv wird, desto schneller kann der Kontakt durch sie hergestellt werden. Verschiedenste Neuronensysteme haben die Aufgabe, zu erkennen, zu kombinieren und wieder zusammenzubauen. Bei dieser selektiven Rekonstruktion kann es aufgrund von intellektuellen Mängeln, Konzentrations- und Gedächtnisstörungen, Stoffwechselerkrankungen und vielem mehr zu unvollkommenen oder falschen Informationen und damit Fehlinterpretationen kommen.

Im Hirnstamm, dem ältesten Teil des Gehirns, werden der Schlaf- und Wachrhythmus, das Sexualverhalten, die Körpertemperatur und das Ess- und Trinkverhalten kontrolliert. Das limbische System prägt und formt in frühester Kindheit die Persönlichkeit. Es sorgt für die Bewertung der Erlebnisse und der Aktivitäten, löst Glücksgefühle aus, aber auch Ängste. Es kann dem Menschen Hemmungen signalisieren, aber auch Zuneigung. Negative und positive Erlebnisse bleiben lebenslang im Gehirn verhaftet. So genannte Assoziationsketten im olfaktorischen, taktil-haptischen, auditiven und visuellen System werden erst durch besondere Impulse wie zum Beispiel einen Geruch, den man in der Kindheit erfahren hat, einen Gefühlseindruck, ein vertrautes Geräusch oder ein Foto ins Bewusstsein gerückt. Der unbewusst ablaufende so genannte intermodale Vergleich einzelner Wahrnehmungsreize beeinflusst sehr stark das Verhalten des Menschen. Angenehme bzw. abstoßende Gerüche lösen → Emotionen aus, haben aber auch Erinnerungs- und Kontroll- bzw. Schutzfunktion. Gschwend unterscheidet sogar eine »limbische Lautgebung (z. B. das erfreute Ohr, der Angstschrei etc.)«, welche instinktinduziert eine Stimmung auszudrücken vermag (2000, 97). Die Art der Zuwendung und die Melodie eröffnet die »Schranke« für den Dialogaufbau; dieser Aspekt wurde in dem Erziehungsprozess bislang zu wenig berücksichtigt. Auch die Wirkungen von Farben und Licht, die von Klängen und Melodien und die von Aromen prägen und formen in frühester Kindheit das Verhalten und bleiben lebenslang im Gehirn verhaftet (vgl. Goldstein 1997; Kolb & Whishaw 1996; Gschwend 2000).

Im Hinblick auf die Entwicklung der Intelligenzleistung des Kleinkindes sowie des Kindergarten- und Schulkindes ist das intakte Nerven- und Sinnessystem von größter Bedeutung. Eine gestörte Wahrnehmung hat zur Folge, dass das Kind nur eingeschränkt seine Umwelt erfassen kann. Bereits leichte Zerebralschädigungen und Störungen der Reizleiterbahnen des pyramidalen und extrapyramidalen Systems führen zu Veränderungen in der Aufnahme und somit zu Beeinträchtigungen in der Wahrnehmungsverarbeitung und -ausführung. In den ersten Lebensmonaten und -jahren, dem Zeitraum der höchsten Plastizität des Gehirns, ist die gezielte sensomotorische Förderung (→ Wahrnehmungsförderung) besonders wichtig.

Krista Mertens

Literatur

Brand, I.; Breitenbach, E. & Maisel, V. (1997): Integrationsstörungen. Würzburg (6. Aufl.)
Goldstein, E. B. (1997): Wahrnehmungspsychologie. Eine Einführung. Heidelberg u. a.
Gschwend, G. (2000): Neurophysiologische Grundlagen der Hirnleistungsstörungen erkennen – verstehen – rehabilitieren. Basel u. a. (2. Aufl.)
Kolb, B. & Whishaw, I. Q. (1996): Neuropsychologie. Heidelberg u. a. (2. Aufl.)
Zimbardo, P. G. (1992): Psychologie. Berlin u. a. (5. Aufl.)

Wahrnehmungsförderung

(siehe auch Wahrnehmung)

Entwicklung geschieht in einem Interaktions- und Anpassungsprozess zwischen dem Individuum und seinen materialen und sozialen Umweltgegebenheiten. In Abhängigkeit von Wachsen und Reifen wird durch Wahrnehmen, Verarbeiten der Informationen und Tätigsein des Menschen sein Selbst- und Weltbild auf sensorischer, motorischer, emotionaler, materialer, kognitiver und sozialer Ebene erweitert. Je vielfältiger und ausgesuchter das Reizangebot ist, desto leistungsfähiger wird das Gehirn, umso sicherer wird das Kind im Umgang mit Materialien, mit sich selbst und seinem Umfeld. Das → Lernen des Kindes wird erleichtert und intensiviert, wenn die Bewegung als sinnvolles Ganzes in den Alltag eingebettet ist. Das Kleinkind, Kindergarten- und Grundschulkind erlebt und reagiert auf seine Umwelt ganzheitlich. In den ersten Wochen nach der Geburt wendet der Säugling zum Beispiel den Kopf einem olfaktorischen und akustischen Signal zu, verharrt in der Bewegung, um diese Signale intensiver aufnehmen zu können und reagiert wiederum darauf durch Bewegung. Das Kind verfolgt in einem nächsten Entwicklungsschritt einen Gegenstand mit den Augen, betastet, beleckt oder umfasst das Material und verkündet mit Händen, Füßen, Mimik, Gestik sowie Lautäußerungen Wohlbefinden bzw. Unbehagen. Um sich gesund entwickeln zu können, müssen diese natürlichen Reaktionen von den Eltern aufgegriffen und kontinuierlich in der nötigen Intensität und Konzentration angeboten werden.

In den Studien zur Verarbeitung der zerebralen Denkleistungen kristallisieren sich zwei Arten der mentalen Funktionen heraus, nämlich das »einzelheitliche Denken« – Integration von Einzelreizen – und das »ganzheitliche Denken« – die »gestalthafte und häufig räumliche Integration der Reize zur effektiven Problemlösung« (Melchers & Preuß 1994, 7). Die Nahsinne (Riechen, Schmecken, Tasten, Fühlen/Spüren – eingeschlossen der taktil-kinästhetische und propriozeptive Sinn) und die Fernsinne (Sehen, Hören) finden nach vorgegebenen Mustern eine Ordnung. Dem limbischen System kommt eine besondere Bedeutung zu, es prägt und formt in frühester Kindheit die Persönlichkeit und sorgt für die Bewertung der Ereignisse. Negative *und* positive Erlebnisse bleiben lebenslang im Gehirn verhaftet. Sie beeinflussen die Bereitschaft, sich dem Umfeld zu öffnen und sich aktiv zu betätigen. Über das limbische System werden auch – weitgehend unbewusst – grundlegende Beziehungen zu anderen Menschen gesteuert.

Viele Autoren weisen auf den hohen korrelativen Zusammenhang von Sensomotorik und → Intelligenz hin. Motorische Aufgaben, bei denen das Kind seine Wahrnehmungsfähigkeit erweitert, machen deshalb einen Großteil der →Intelligenztests für Kinder aus. Die Art und Ausführung einer Aufgabe ist bis ins Schulalter ein Gradmesser für Hirnreifung (vgl. u. a. Deegener et al. 1992; Hellbrügge 1994; Kiphard 1996; Melchers & Preuß 1994; Sander 1972/73; Sarimski 1986; Straßmeier 1984; Wohlfahrth 1987). Das Wissen von den Bewegungszusammenhängen im eigenen Körper und der Umgang mit vielseitigem Material beeinflussen den allgemeinen Lern- und Leistungsprozess positiv. Wahrnehmungsförderung als Erziehung zur Handlungsfähigkeit und damit als Hilfe zum besseren Verständnis der Vorgänge im Umfeld unterstützt den Entwicklungsprozess und ist Rehabilitation bei Fehlentwicklung.

Die Fachliteratur weist eine Fülle an Konzepten bzw. Programmen zur Wahrnehmungsförderung auf (z. B. PLAG nach Affolter, Sensorische Integration nach Ayres, Frostig-Programm etc.). Kinder profitieren von offenen Lernformen, in denen sie die Wahrnehmungsreize selbst entdecken und ergründen können. Die Empathie des Erziehers und positive Verstärker beeinflussen in diesem Lernprozess die Bereitschaft des Kindes, sich mit den angebotenen Materialien überhaupt auseinandersetzen zu wollen. Kinder und erwachsene Personen mit (kognitiven) Beeinträchtigungen bzw. Behinderungen benötigen fachkundige Unterstützung. Speziell bei dieser Klientel muss das Angebot hierarchisch strukturiert vermittelt werden und die Prinzipien des entwicklungsgemäßen Aufbaus, der kleinen Schritte sowie der Anschaulichkeit und Realitätsnähe berücksichtigen.

Schwerpunktmäßig bieten Vertreter aus den Berufszweigen der →Ergotherapie, der Pädagogik (insbesondere Heilerzieher, Sonder- bzw. Heilpädagogen, Motopädagogen und Grundschulpädagogen) und der Psychologie Programme zur Wahrnehmungsförderung an (vgl. u. a. Affolter 1992; Ayres 1972; Frostig, Horne & Miller 1972; Horsch & Ding 1994; Mertens 2004; Montessori 1928; Zimmer 1995).

Krista Mertens

Literatur

Affolter, F. (1992): Wahrnehmung, Wirklichkeit und Sprache. Villingen-Schwenningen (6. Aufl.)
Ayres, A. J. (1972): Sensory integration and learning disorders. Los Angeles
Deegener, G. et al. (1992): Neuropsychologische Diagnostik bei Kindern und Jugendlichen. Weinheim
Frostig, M.; Horne, D. & Miller, A.-M. (1972): The Development Program in Visual Perception. Chicago. (Dt. Version: Reinartz, A. u. E., Dortmund 1977 [2])
Hellbrügge, T. (1994): Münchener Funktionelle Entwicklungsdiagnostik (MFED). Gauting (4. Aufl.)
Horsch, U. & Ding, H. (1994): Sensomotorisches Vorschulprogramm für behinderte Kinder. Übungsprogramm. Heidelberg
Kiphard, E. J. (1996): Wie weit ist ein Kind entwickelt? Dortmund (9. Aufl.)
Melchers, P. & Preuß, U. (1994 [3]): K-ABC. Kaufmann-Assessment Battery for Children. Interpretationshandbuch. Amsterdam u. a.
Mertens, K. (2004): Lernprogramm zur Wahrnehmungsförderung. Dortmund (7. Aufl.)
Montessori, M. (1928): Mein Handbuch. Grundsätze und Anwendung meiner neuen Methode der Selbsterziehung der Kinder. Stuttgart (2. Aufl.)
Sander, E. (1972/73): Der Einfluß eines Wahrnehmungstrainings auf die HAWIK-Leistungen 8- und 9-jähriger Schüler einer Sonderschule für Lernbehinderte. In: Heilpädagogische Forschung 4, 339–348
Sarimski, K. (1986): Die wichtigsten Entwicklungstests und ihre Bedeutung. In: Brack, U. B. (Hrsg.): Frühdiagnostik und Frühtherapie. Weinheim, 59–65
Straßmeier, W. (1984): Frühförderung konkret. München
Wolfarth, R. (1987): Prüfung der sensomotorischen Intelligenz. In: Frühförderung interdisziplinär 6, 73–79
Zimmer, R. (1995): Handbuch der Sinneswahrnehmungen. Freiburg (6. Aufl.)

Werkstatt für behinderte Menschen

(siehe auch Arbeit, berufliche Bildung, Tagesstätten)

In der Konzeption des SGB IX ist die Werkstatt für behinderte Menschen (WfbM) zum einen eine Einrichtung der beruflichen Rehabilitation, die die Teilhabe behinderter Menschen am Arbeitsleben durch Entwicklung und Förderung ihrer Leistungs- oder Erwerbsfähigkeit sowie durch Weiterentwicklung ihrer Persönlichkeit vorbereiten soll. Zum anderen ist sie eine Einrichtung, die durch ihr dauerhaftes Beschäftigungsangebot → Teilhabe am Arbeitsleben auch selbst ermöglicht (§ 136 SGB IX). Zielgruppe der Werkstatt sind Menschen, bei denen wegen Art oder Schwere ihrer Behinderung eine Tätigkeit auf dem allgemeinen Arbeitsmarkt nicht, noch nicht oder noch nicht wieder möglich erscheint. Da es keine natürliche Grenzziehung zwischen »arbeitsmarktfähigen« und »nicht arbeitsmarktfähigen« Menschen gibt, fällt der Werkstatt die Funktion zu, ihr vorgelagerte, nur schwer beeinflussbare Prozesse der sozialen Selektion von Menschen zu kompensieren, deren Besonderheiten und Unterstützungsbedarf sie ökonomisch nicht konkurrenzfähig macht. Andererseits betreibt die WfbM selbst Selektion, da sie nur für Personen vorgesehen ist, die ein Mindestmaß an wirtschaftlich verwertbarer Arbeitsleistung erbringen können, bei denen keine erhebliche Selbst- oder Fremdgefährdung besteht und Betreuung und Pflege nicht so umfassend erforderlich sind, dass das geforderte Mindestmaß auf Dauer nicht erreicht werden kann. Für Menschen, die diese Aufnahmekriterien nicht erfüllen, gibt es häufig besondere Fördergruppen unter dem Dach der Werkstatt oder sogenannte → Tagesstätten. Nichtsdestotrotz erfüllt die WfbM für viele behinderte Mitarbeiter wichtige Funktionen des Arbeitslebens. Gerade für Menschen mit geistiger Behinderung ist sie vielfach nicht nur Arbeitsort, sondern auch ein zentraler sozialer Lebensort, der die eingeschränkten Möglichkeiten der Selbstentfaltung und Kommunikation mit anderen Menschen über den engen Bereich von Familie, Wohnen und Freizeit hinaus unverzichtbar erweitert. Wegen der begrenzten Leistungsfähigkeit, dem partiellen Verzicht auf effizienzsteigernde Produktionsverfahren und den in die Arbeitszeit integrierten Fördermaßnahmen scheitert die WfbM jedoch an einer zentralen Funktion des allgemeinen Arbeitslebens: der Zahlung eines existenzsichernden Entgeltes. Werkstattmitarbeiter erzielen nur einen durchschnittlichen Monatslohn von 160 €, auch wenn sie als »voll erwerbsgeminderte Personen« Anspruch auf Leistungen der Grundsicherung nach § 41 SGB XII haben. Kranken-, Pflege- und Rentenversicherungsbeiträge werden staatlich subventioniert.

Bei Menschen mit geistiger Behinderung schließt sich die WfbM in der Regel an den Besuch der Sonderschule an. Die neu aufgenommenen Werkstattbeschäftigten durchlaufen zu Beginn des Rehabilitationsprozesses ein bis zu dreimonatiges »Eingangsverfahren«, in dem der individuelle Förderbedarf ermittelt und in einem »Eingliederungsplan« zusammengefasst wird. Dem Abschluss des Eingangsverfahrens folgen im »Berufsbildungsbereich« der Werkstatt über einen Zeitraum von zumeist zwei Jahren berufliche Qualifizierungsangebote, die auf den Erwerb beruflicher Kernqualifikationen, Arbeitsprozessqualifikationen und von Schlüsselqualifikationen zielen, daneben aber auch Kulturtechniken und lebenspraktische Fähigkeiten fördern sollen. Danach münden die Teilnehmer fast immer in den »Arbeitsbereich« der Werkstatt, der auf der Grundlage eines arbeitnehmerähnlichen Rechtsverhältnisses (z. B. Anspruch auf Urlaub, Entgeltfortzahlung bei Krankheit, Mitwirkungsrecht) nicht nur eine dauerhafte Beschäftigungsgelegenheit bietet, sondern in geeigneten Fällen zugleich auf eine Tätigkeit außerhalb der Werkstatt vorbereiten soll. Diesem zuletzt genannten, unter den obwaltenden Arbeitsmarktbedingungen schwer umsetzbaren Auftrag, werden nur die wenigsten der über 700 Werkstätten in konzeptionell-organisatorischer Hinsicht und mit der erforderlichen Tatkraft gerecht. Überdies wird zwischen geistiger Behinderung und dem Beschäftigungsort WfbM in der Praxis nach wie vor eine enge symbiotische Verbindung gesehen. Dem entspricht, dass mehr als drei Viertel der insgesamt über 270.000 WfbM-Beschäftigten eine geistige Behinderung haben. Hinzu kommt, dass die systematische, über Einzelfälle hinausgehende Arbeitsmarktintegration hohen Aufwand verursacht und der WfbM ihre leistungsfähigsten Mitarbeiter entzieht. Die Übergangsbilanz ist daher mit unter 1 % jährlich vermittelter Beschäftigter äußerst bescheiden.

Rudolf Bieker

Literatur

Bieker, R. (2005): Werkstätten für behinderte Menschen – Berufliche Teilhabe zwischen Marktanpassung und individueller Förderung. In: Bieker, R. (Hrsg.) (2005): Teilhabe am Arbeitsleben. Wege der beruflichen Integration von Menschen mit Behinderung. Stuttgart, 313–334

Bundesvereinigung Lebenshilfe für geistig behinderte Menschen e. V. (Hrsg.) (2003): Ergänzbares Handbuch Werkstatt für behinderte Menschen. 2 Bände. Marburg

Wohlbefinden

(siehe auch Lebensqualität)

Unter Bezugnahme auf die *Soziale Netzwerk- und Belastungs- bzw. Bewältigungsforschung* kann *individuelles Wohlbefinden* als ein Ergebnis von Prozessen definiert werden, in denen es gelingt, das Alltagsleben und besondere Belastungen »in subjektiv befriedigender und objektiv Bedürfnisse ausreichend sichernder Weise zu bewältigen« (Beck 1998, 274f.). Hierbei sind sowohl *interne → Ressourcen* (soziodemographische Variablen, physische Voraussetzungen, Selbst- und Weltbild des Individuums, Selbstwertgefühl, Kompetenzen, Bewältigungsverhalten u. a.) als auch *externe Ressourcen* (soziale Beziehungen, emotionale Bindungen, objektive Lebensbedingungen, soziale Dienstleistungen, sozialpolitische Rahmenbedingungen u. a.) von Bedeutung.

In der Arbeit mit Menschen mit Behinderung hat das individuelle Wohlbefinden im Kontext der Zielperspektive → Lebensqualität einen zentralen Stellenwert (Seifert et al. 2001). Einen differenzierten Betrachtungsrahmen zur Einschätzung des subjektiven Wohlbefindens bietet die internationale *Forschung zur Lebensqualität von Menschen mit Behinderung*. Sie unterscheidet fünf miteinander in Wechselwirkung stehende Kategorien (Felce & Perry 1997): *Physisches Wohlbefinden* (u. a. Gesundheit, Fitness, Mobilität, persönliche Sicherheit), *materiell bedingtes Wohlbefinden* (u. a. Einkommen, Wohnqualität, Umgebung, Eigentum, ökonomische Sicherheit), *soziales Wohlbefinden* (u. a. persönliche Beziehungen, soziale Unterstützung und Akzeptanz, Gemeindeintegration), *»produktives« Wohlbefinden* (i. S.

von »Entwicklung und Aktivität«, u. a. Persönlichkeitsentwicklung, Entwicklung von Kompetenzen, Selbstbestimmung, Mitbestimmung), *emotionales Wohlbefinden* (u. a. Gefühle, persönliche Erfüllung, psychische Gesundheit, Sexualität, Status, Selbstachtung, Achtung, religiöser Glaube). Das subjektive Wohlbefinden in den genannten Bereichen kann nur durch die Betroffenen selbst bewertet werden. Zur Ermittlung der subjektiven Perspektive werden im Kontext von Qualitätsmanagement und Forschung quantitative und qualitative Verfahren eingesetzt, z. B. Fragebogen, Interviews, teilnehmende Beobachtung.

Monika Seifert

Literatur

Beck, I. (1998): Gefährdungen des Wohlbefindens schwer geistig behinderter Menschen. In: Fischer, U.; Hahn, M. Th.; Lindmeier, Ch.; Reimann, B. & Richardt, M. (Hrsg.): Wohlbefinden und Wohnen von Menschen mit schwerer geistiger Behinderung. Reutlingen, 273–299

Felce, D. & Perry, J. (1997): Quality of life: the scope of the term and its breadth of measurement. In: Brown, R. I. (Hrsg.): Quality of life for people with disabilities. Models, research and practice. 2. Aufl. Cheltenham, 56–71

Seifert, M.; Fornefeld, B. & Koenig, P. (2001): Zielperspektive Lebensqualität. Eine Studie zur Lebenssituation von Menschen mit schwerer Behinderung im Heim. Bielefeld

Wohnen, Wohnformen

(siehe auch Anstalten, Community Care, Deinstitutionalisierung, Enthospitalisierung)

Der Bereich des Wohnens von Menschen mit geistiger Behinderung (Lernschwierigkeiten) hat wie kaum ein anderer Lebensbereich in den letzten Jahrzehnten umfassende Veränderungen erfahren. Im Zuge des Paradigmenwechsels entstand seit der → Enthospitalisierung ein differenziertes Angebot unterschiedlicher Wohnformen und -konzepte (z. B. gruppengegliederte Wohneinrichtungen, Dorfgemeinschaften, betreute Wohngemeinschaften, betreutes Einzel- oder Paarwohnen, Eltern-Kind-Wohnen). Dennoch zeigt ein Blick auf die aktuelle Wohnsituation von Menschen mit Lernschwierigkeiten und/oder mehrfachen Behinderungen, dass im Unterschied zu anderen westlichen Industrienationen (Schweden, USA, Großbritannien, Norwegen) das Wohnangebot in Deutschland noch immer weitestgehed institutionell ausgerichtet ist (vgl. Theunissen 2009; 2012; auch Seifert 2006, 377f.). Ein Vergleich zwischen den USA und Deutschland verdeutlicht den vergleichsweise rückständigen Stand des Wohnens (Deinstitutionalisierung) in der Bundesrepublik. Demnach leben heute in den USA über 80% aller erwachsenen Menschen, die nicht zu Hause leben, in Wohneinrichtungen mit weniger als 16 Plätzen, wovon über 80% in Wohnhäusern mit max. 6 Plätzen wohnen. Nur um die 20% leben in Einrichtungen mit mehr als 16 Plätzen. In Deutschland wohnen dagegen gegenwärtig ca. 70% der Menschen mit geistiger Behinderung, die ein Wohnangebot der Behindertenhilfe in Anspruch nehmen, in Wohneinrichtungen mit mehr als 40 Plätzen (vgl. Theunissen 2010, 42). Ambulante Wohnangebote nutzen hingegen lediglich 10%, wobei insbesondere Menschen mit hohem Unterstützungsbedarf auf Grund finanzieller Zuordnungen von dieser Wohnform ausgeschlossen werden (vgl. Kräling 2010, 109). Die beschriebene Situation steht den Wünschen der Betroffenen nach einer selbstbestimmten Lebensführung in selbst gewählten Wohnformen konträr gegenüber. Wohnen aus Betroffenenperspektive bedeutet: keine Unterbringung in großen Wohneinrichtungen, Alten- oder Pflegeeinrichtungen, sondern ein Leben in kleinen, gemeindeintegrierten Wohnungen, die mit einer Öffnung nach Außen als Ort des Zusammenlebens, der Geborgenheit, Intimität, Privatsphäre, Kommunikation, Selbstbestimmung, Selbstgestaltung und Selbstverwirklichung verbunden sind (vgl. Theunissen 2009). Unterstrichen wird diese Sichtweise durch die Forderungen und Vorstellungen von People First (people1.de): »People First kämpft für ein Wunsch- und Wahlrecht des Einzelnen. [...] Der Einzelne muss selbst entscheiden können, wie er wohnen möchte: selbständig mit Unterstützung in einer eigenen Wohnung, in einer Wohngruppe oder in einer größeren Wohneinrichtung. An dieser Stelle muss sich viel verändern und geschaut werden, was einzelne Personen wollen. Denn jeder Mensch hat unterschiedliche Lebensvorstellungen und braucht dafür ganz unterschiedliche Unterstützung« (Göthling 2006, zit. i. Schirbort & Göthling 2006, 252). Folgt man diesen Forderungen, müssen deutliche Veränderungen sowohl auf Seiten der Leistungsträger und Leistungserbringer als auch auf Seiten der Mitarbeiter von Einrichtungen statthaben. Im Einzelnen bedeutet dies: mehr Wunsch- und Wahlmöglichkeiten durch Erweiterung und Öffnung der Dienstleistungsangebote (→ Supported Living, Community Care), Möglichkeiten zur Selbstbestimmung durch finanzielle Mittel (→ Persönliches Budget), verändertes Selbstverständnis der Mitarbeiter (→ Assistenz), Unterstützungsplanung durch → Persönliche Zukunftsplanung.

Kerstin Schirbort

Literatur

Schirbort, K.; Göthling, S. (2010): Teilhabe und Unterstützung aus der Sicht Betroffener. In: Theunissen, G.; Schirbort, K. (Hrsg.) (2010), 248–265
Seifert, M. (2006): Pädagogik im Bereich des Wohnens. In: Wüllenweber, E.; Theunissen, G. & Mühl, H. (Hrsg.): Pädagogik bei geistigen Behinderungen. Ein Handbuch für Studium und Praxis. Stuttgart
Kräling, K. (2006): Ambulant vor stationär? Chance oder Risiko? In: Theunissen, G. & Schirbort, K. (Hrsg.): Inklusion von Menschen mit geistiger Behinderung. Zeitgemäße Wohnformen – Soziale Netze – Unterstützungsangebote. Stuttgart
Theunissen, G. (2010): Zeitgemäße Wohnformen – Soziale Netze – Bürgerschaftliches Engagement. In: Theunissen, G. & Schirbort, K. (Hrsg.): Inklusion von Menschen mit geistiger Behinderung. Zeitgemäße Wohnformen – Soziale Netze – Unterstützungsangebote. Stuttgart
Theunissen, G. & Schirbort, K. (Hrsg.) (2010): Inklusion von Menschen mit geistiger Behinderung. Zeitgemäße Wohnformen – Soziale Netze – Unterstützungsangebote. Stuttgart
Theunissen, G. (2010): Empowerment und Inklusion behinderter Menschen. Freiburg im Breisgau
Theunissen, G. (2012): Lebensweltbezogene Behindertenarbeit und Sozialraumorientierung

Z

Zwang, Zwangsstörungen

(siehe auch Stereotypien, psychische Störungen)

Die Erstbeschreibung des psychopathologischen Phänomens Zwang erfolgte schon 1877 durch C. Westphal (Westphal 1877).

K. Schneider (1887 – 1967) schrieb später: »Zwang ist, wenn jemand Bewusstseinsinhalte nicht loswerden kann, obschon er sie gleichzeitig als inhaltlich unsinnig oder wenigstens als ohne angemessenen Grund beherrschend und beharrend beurteilt« (Schneider 1987, 50f.).

Scharfetter charakterisierte Zwang mit anschaulichen Worten: »Zwänge sind imperative Erlebnisse, die mit dem Gefühl der Unausweichlichkeit und Machtlosigkeit des eigenen willentlichen Widerstrebens erfahren werden und die sich trotz des Widerstandes des Kranken, der die Zwänge in selbstreflexiver Stellungnahme als unsinnig, unangemessen (d. h. ohne Grund beherrschend) erkennt, aufdrängen ... Der Kranke erkennt den Zwang als etwas von ihm Selbstausgehendes (im Gegensatz zu den »Befehlen« und der Fremdbeeinflussung schizophrener) ... Zwänge müssen inhaltlich an sich nicht unsinnig sein. Als unsinnig oder jedenfalls ungerechtfertigt wird aber ihre Persistenz und Penetranz und ihre Neigung zum ständigen gleichförmigen Wiederholen empfunden« (Scharfetter 1976, 207).

Die zitierten Definitionen betonen diejenigen Teilphänomene des komplexen Phänomens Zwang, die sich in Gedanken und Vorstellungen abspielen. Man nennt diese deshalb *Zwangsideen*, *Zwangsgedanken* und *Zwangsvorstellungen*.

Darüber hinaus gibt es auch Handlungsimpulse, die zwanghaft auftreten *(Zwangsimpulse)*, und Handlungen, die sich gegen den Widerstand des Betreffenden vollziehen *(Zwangshandlungen)*.

Zwangssymptome treten gegen den (erfolglosen) Widerstand und gegen die inhaltliche Kritik des Betroffenen wiederholt und relativ gleichförmig auf. Deshalb werden sie manchmal unzutreffenderweise als → *Stereotypien* bezeichnet. Die Zwangssymptomatik im Einzelfall kann sehr komplex sein, also verschiedene Zwangsideen, Zwangsimpulse und Zwangshandlungen umfassen.

Zwänge bilden die zentrale Symptomatik der *Zwangsstörung* (ICD-10) (früher auch als *Zwangsneurose* bezeichnet).

Zwänge kommen jedoch nicht nur bei *Zwangsstörungen* vor, sondern auch im Rahmen organischer Hirnschädigungen oder anderer seelischer Erkrankungen.

Die Zwangsstörungen bedeuten für die betroffenen Menschen erhebliche Einschränkungen der Lebensbewältigung und der Lebensqualität. Die Therapie von Zwangsstörungen besteht in einer Kombination von Pharmakotherapie und → *Psychotherapie*.

Bei Menschen mit geistiger Behinderung gerät man mit der Anwendung der üblichen strengen Kriterien für eine Zwangsstörung oft in ein *diagnostisches Dilemma*: Die kritische Einschätzung der Zwangssymptomatik als unsinnig und inadäquat sowie die subjektive Auflehnung dagegen setzen doch ein erhebliches Maß selbstkritischer und kritischer Kompetenzen voraus. Subjektive Kritik mitzuteilen verlangt einerseits die Fähigkeit, sich selbst innerpsychische Vorgänge zu vergegenwärtigen (Introspektionsfähigkeit), andererseits deutliche sprachlich-begriffliche Mitteilungsfähigkeit. So kommt man u. U. zu der Konsequenz, dass eine bestimmte Person mit einer schweren geistigen Behinderung eine Symptomatik aufweist, die tatsächlich zu einer Zwangsstörung im engeren Sinne gehört, dass andererseits diese Diagnose nicht oder nur unter Vorbehalt gestellt werden kann.

Michael Seidel

Literatur

Dilling, H.; Mombour, W. & Schmidt, M. H. (Hrsg.) (1991): Internationale Klassifikation psychischer Störungen. ICD-10 Kapitel V (F). Klinisch diagnostische Leitlinien. Bern, Göttingen, Toronto

Scharfetter, C. (1976): Allgemeine Psychopathologie. Stuttgart

Schneider, K. (1978): Klinische Psychopathologie. Stuttgart, New York (13. unveränderte Aufl.)

Westphal, C. (1877): Über Zwangsvorstellungen (Vortrag am 5. 3. 1877, Berliner medicinisch-psychologische Gesellschaft). In: Berliner klinische Wochenschrift 14, 669 – 672

Verzeichnis der Autorinnen und Autoren

Gottfried Adam
Prof. em. Dr. Dr. h.c.,
Evangelisch-Theologische Fakultät
der Universität Wien

Holger Backhaus-Maul
Soziologe und Verwaltungswissenschaftler,
Philosophische Fakultät III
Erziehungswissenschaften,
Martin-Luther-Universität Halle-Wittenberg

Rudolf Bieker
Prof. Dr.,
Dipl.-Päd.,
Fachbereich Sozialwesen,
Hochschule Niederrhein,
Abteilung Mönchengladbach

Gottfried Biewer
Prof. Dr.,
Institut für Bildungswissenschaften,
Sonder- und Heilpädagogik,
Universität Wien

Ines Boban
Wissenschaftliche Mitarbeiterin,
Philosophische Fakultät III
Erziehungswissenschaften,
Institut für Rehabilitationspädagogik,
Martin-Luther-Universität Halle-Wittenberg

Jens Boenisch
Prof. Dr.,
Humanwissenschaftliche Fakultät,
Department Heilpädagogik
und Rehabilitation,
Universität zu Köln

Christian Bradl
Dr., Dipl.-Päd.,
HPH-Netz Mittelrhein-West, Jülich

Konrad Bundschuh
Prof. em. Dr.,
Dipl.-Psych.,
Institut für Sonderpädagogik,
Ludwig-Maximilians-Universität München

Wolfgang Buschlinger
Dr.,
Seminar für Philosophie,
Technische Universität Braunschweig

Matthias Dalferth
Prof. Dr.,
Dipl.-Päd.,
Fachbereich Sozialwesen,
Fachhochschule Regensburg

Markus Dederich
Prof. Dr. phil.,
Rehabilitationswissenschaftliche Fakultät,
Universität Dortmund

Christa Dietrich
Dr., Wissenschaftliche Mitarbeiterin
Philosophische Fakultät III
Erziehungswissenschaften,
Martin-Luther-Universität Halle-Wittenberg

Kirsten Fath
Dr. phil.,
Dozentin an der Fachhochschule
für Sozialwesen
der Johannes-Anstalten Mosbach

Dörte Fiedler
Dr. phil.,
Dipl.-Sozialpäd.
Dozentin Eisenhüttenstadt

Erhardt Fischer
Prof. Dr. phil. habil.,
Sonderschullehrer, Dipl.-Päd.,
Institut für Sonderpädagogik,
Julius-Maximilians-Universität Würzburg

Rudolf Forster
Dr., Dipl.-Päd.,
Sonderschullehrer,
Institut für Heil- und Sonderpädagogik,
Justus-Liebig-Universität Gießen

Andreas Fröhlich
Prof. em. Dr.,
Institut für Sozialpädagogik
Universität Landau

Ute Geiling,
Prof. Dr.,
Philosophische Fakultät III
Erziehungswissenschaften,
Institut für Rehabilitationspädagogik,
Martin-Luther-Universität Halle-Wittenberg

Stefan Göthling
Geschäftsführer von Mensch zuerst
Netzwerk People First Deutschland e.V.

Harald Goll
Prof. Dr.,
Institut für Sonderpädagogik,
Universität Erfurt

Dieter Gröschke
Prof. em. Dr., Dipl.-Psych.,
Katholische Fachhochschule
Nordrhein-Westfalen, Abt. Münster

Eberhard Grüning
Dr.,
Institut für Sonderpädagogik,
Pädagogische Hochschule Flensburg

Meindert Haveman
Prof. Dr.,
Fakultät Rehabilitationswissenschaften,
Universität Dortmund

Klaus Hennicke
Prof. em. Dr. med.,
Arzt für Kinder- und Jugendpsychiatrie,
Dipl. Soziologe,
Ev. Fachhochschule Rheinland-Westfalen-Lippe Bochum

Frank Herrath
Dr., Dipl.-Päd.,
Erwachsenenbildner, Dortmund,
Gründer und Mitarbeiter des Instituts für Sexualpädagogik

Andreas Hinz
Prof. Dr.,
Philosophische Fakultät III
Erziehungswissenschaften,
Institut für Rehabilitationspädagogik,
Martin-Luther-Universität Halle-Wittenberg

Claudia Hoffmann
Dipl.-Päd.,
Dozentin, Leipzig

Kerstin Hoffmann
Sonderschullehrerin,
Lehrbeauftragte am Institut
für Rehabilitationspädagogik,
Martin-Luther-Universität Halle-Wittenberg

Jutta Hollander
Dr. Dipi.-Päd.,
Akademieleitung der
Europäischen Senioren-Akademie,
Case Managerin I Ausbilderin.
Dozentin für Gerentepsychiatrie
und Geragogik.
Email: jutta@hollander.eu

Wolfgang Jantzen
Prof. em. Dr., Dipl.-Psych.,
Institut für Behindertenpädagogik,
Universität Bremen

Oliver Kestel
Prof. Dr.
HAWK Hildesheim/Holzminden/Göttingen
Fakultät Soziale Arbeit und Gesundheit

Heiner Keupp
Prof. em. Dr., Dipl.-Psych.,
Department Psychologie,
Ludwig-Maximilians-Universität München

Theo Klauß
Prof. Dr., Dipl.-Psych.,
Institut für Sonderpädagogik,
Pädagogische Hochschule Heidelberg

Kalle Krott
Dipl.-Sozialpädagoge, Sexualpädagoge,
Berlin

Wolfram Kulig
Dr., Dipl.-Päd., Wissenschaftlicher Mitarbeiter am Lehrstuhl Geistigbehindertenpädagogik und Pädagogik bei Autismus
Philosophische Fakultät III
Erziehungswissenschaften,
Institut für Rehabilitationspädagogik,
Martin-Luther-Universität Halle-Wittenberg

Willehad Lanwer
Prof. Dr., Dipl.-Päd.,
Ev. Fachhochschule Darmstadt

Vico Leuchte
Dr. päd., Wissenschaftlicher Mitarbeiter
Institut für Rehabilitationspädagogik,
Martin-Luther-Universität Halle-Wittenberg

Christian Lindmeier
Prof. Dr., Dipl.-Päd.,
Institut für Sonderpädagogik,
Universität Koblenz-Landau,
Campus Landau

Albert Lingg
Prim. Dr. med.,
Facharzt für Psychiatrie u. Neurologie,
Psychotherapeut, ärztl. Direktor,
Landes-Krankenhaus Rankweil/Österreich

Theodorus Maas
Theologe,
Evangelische Stiftung Altersdorf Hamburg

Winfried Mall
Dipl.-Heilpädagoge, Dozent,
Heilpädagogische Fachberatung,
Emmendingen

Beate Martin
Diplompädagogin, Sexualtherapeutin,
Sexualpädagogin bei pro familia LV NRW,
Münster

Karl-Heinz Menzen
Prof. em. Dr. phil. habil., Dipl.-Psych.,
Katholische Fachhochschule Freiburg

Irmgard Merkt
Prof. Dr.,
Fakultät Rehabilitationswissenschaften,
Universität Dortmund

Krista Mertens
Prof. Dr.,
Institut für Rehabilitationswissenschaften,
Humboldt-Universität zu Berlin

Susanne Metzner
Prof. Dr., Diplom-Musiktherapeutin,
Kinder- und Jugendlichenpsychotherapeutin,
Hochschule Magdeburg-Stendal

Dagmar Meyer
Dr. Dipl.-Päd., Beraterin (systemische Supervision)
Institut für Behindertenpädagogik,
Universität Bremen

Heinz Mühl
Prof. em. Dr.,
Institut für Sonderpädagogik,
Prävention und Rehabilitation,
Carl von Ossietzky Universität Oldenburg

Gerhard Neuhäuser
Prof. em. Dr. med.,
Facharzt für Kinderheilkunde,
Kinder- u. Jugendpsychiatrie,
bis 2001 Leiter der Abt. Neuropädiatrie u.
Sozialpädiatrie am Universitätsklinikum
Gießen

Ulrich Niehoff
Dipl.-Päd., Referatsleiter,
Bundesvereinigung Lebenshilfe e. V.
Marburg

Susanne Nußbeck
Prof. Dr., Dipl.-Psych.,
Humanwissenschaftliche Fakultät,
Department Heilpädagogik
und Rehabilitation,
Universität zu Köln

Günther Opp
Prof. Dr.,
Philosophische Fakultät III
Erziehungswissenschaften,
Institut für Rehabilitationspädagogik,
Martin-Luther-Universität Halle-Wittenberg

Henriette Paetz
Doktorantin
Wissenschaftliche Hilfskraft und Lehrbeauftragte
Institut für Rehabilitationspädagogik
Martin-Luther Universität Halle-Wittenberg

Manuela Paul
Dipl.-Päd., Dozentin
Wohnbereichsleiterin

Franz Peterander
Prof. Dr.,
Department Psychologie,
Frühförderung,
Ludwig-Maximilians-Universität München

Hans-Jürgen Pitsch
Prof. em., Dipl.-Päd.,
SoRektor a.D., assistant professeur associé,
Université du Luxembourg

Katrin Pittius
Dipl.-Soz.,
Institut für Allgemeine
Erziehungswissenschaften,
Technische Universität Dresden

Albrecht Rohrmann
Prof. Dr. phil.,
Zentrum für Planung und Evaluation
Sozialer Dienste
Universität Siegen

Steffen Roth
Dipl.-Päd.,
Systemischer Familientherapeut
Trägerwerk soziale Dienste,
Sachsen-Anhalt

Gaby Ryffel
Lic. phil., Sonderpädagogin,
Projektmanagerin in der Arbeit mit
geistig behinderten Erwachsenen,
Zürich und Winterthur

Dietke Sanders
Dipl.-Päd., wiss. Mitarbeiterin,
Sonder- und Sozialpädagogik,
Universität Erfurt

Klaus Sarimski
Prof. Dr.,
Institut für Sonderpädagogik
Pädagogische Hochschule Heidelberg

Johannes Schädler
Dr.,
Zentrum für Planung und Evaluation
Sozialer Dienste,
Universität Siegen

Ulrike Schildmann
Prof. Dr.,
Fakultät Rehabilitationswissenschaften,
Universität Dortmund

Kerstin Schirbort
Dipl.-Päd.,
Wohnbereichsleiterin, Bernburg

Christa Schlenker-Schulte
Prof. Dr.,
Philosophische Fakultät III
Erziehungswissenschaften,
Institut für Rehabilitationspädagogik,
Martin-Luther-Universität Halle-Wittenberg

Michael Schubert
Dr., Dipl.-Päd.,
Projektkoordinator,
Bundesarbeitsgemeinschaft für Rehabilitation Frankfurt

Ira Schumann
M. A.,
Zentrum für Schulforschung und Fragen
der Lehrerbildung der
Martin-Luther-Universität Halle-Wittenberg

Saskia Schuppener
Prof. Dr., Dipl.-Päd.,
Institut für Förderpädagogik,
Universität Leipzig

Michael Seidel
Prof. Dr. sc. med.,
Leitender Arzt, Geschäftsführer,
Stiftungsbereich Behindertenhilfe,
v. Bodelschwinghsche Anstalten Bethel

Monika Seifert
Prof. em. Dr., Dipl.-Päd., M. A.,
Katholische Hochschule für Sozialwesen
Berlin (Gastprofessur)

Ralf Specht
Diplom- und Sexualpädagoge,
Koordinator für Fort- u. Weiterbildung
bei der Bundesarbeitsgemeinschaft für
Unterstützte Beschäftigung (BAG UB),
Dozent am Institut für Sexualpädagogik
(ISP)

Otto Speck
Prof. em. Dr.,
Institut für Sonderpädagogik,
Ludwig-Maximilians-Universität München

Burkhard Stahl
Prof. Dr., Dipl.-Psych.,
FB 12, Erziehungs- und Bildungswissenschaften,
Universität Bremen

Melitta Stichling
Dr., wiss. Mitarbeiterin,
Philosophische Fakultät III
Erziehungswissenschaften,
Institut für Rehabilitationspädagogik,
Martin-Luther-Universität Halle-Wittenberg

Reinhilde Stöppler
Prof. Dr.,
Institut für Heil- und Sonderpädagogik,
Justus-Liebig-Universität Giessen

Norbert Störmer
Prof. Dr., Dipl.-Sozialpäd.,
Institut für Kommunikation,
Information, Bildung,
Hochschule Zittau/Görlitz

Georg Theunissen
Prof. Dr., Dipl.-Päd.,
Philosophische Fakultät III
Erziehungswissenschaften,
Institut für Rehabilitationspädagogik,
Martin-Luther-Universität Halle-Wittenberg

Rainer Trost
Prof. Dr.,
Institut für Sonderpädagogik,
Pädagogische Hochschule Ludwigsburg

Grit Wachtel
Dr.,
Institut für Rehabilitationswissenschaften,
Humboldt-Universität zu Berlin

Joachim Walter
Prof. Dr., Dipl.-Psych., Pfarrer,
eh. Rektor der Ev. Fachhochschule Freiburg,
Vorstandsvorsitzender der Diakonie Kork
Epilepsiezentrum

Manfred Wegner
Prof. Dr., M. S.,
Institut für Sport und Sportwissenschaft,
Universität Kassel

Gabriele Weiss
Heilpädagogin,
Katholische Fachhochschule Freiburg

Hans Weiß
Prof. em. Dr.,
Institut für Sonderpädagogik,
Pädagogische Hochschule Ludwigsburg

Mathias Westecker
M. A.,
Regionalleitung Tagesstätten,
Leben mit Behinderung Hamburg gGmbH

Ernst Wüllenweber
PD., Dr., Dipl.-Päd., Supervisor,
Martin-Luther-Universität Halle-Wittenberg

Kerstin Ziemen
Prof. Dr., Dipl.-Päd.,
Humanwissenschaftliche Fakultät,
Department Heilpädagogik
und Rehabilitation,
Universität zu Köln

Stichwortverweise

A

Aktivierung → Ressourcen, Stärken, basale Pädagogik
Ambulantisierung → Supported Living, Wohnen
Anfallsleiden → Epilepsie
Assessment → Diagnostik
Ätiologie → Ursachen geistiger Behinderung (medizinische Aspekte/soziale Aspekte)
Ausgrenzung → Benachteiligung, Diskriminierung, Inklusion, Inklusive Pädagogik
Aussonderung → Benachteiligung, Diskriminierung, Inklusion, Inklusive Pädagogik
Autoaggression → Selbstverletzendes Verhalten

B

Behindertenpädagogik → Heilpädagogik
Betreutes Wohnen → Supported Living, Wohnen
Bewegung → Motorik
Beziehung → Begegnung
Bildungsunfähigkeit → Defizite, Bildungsfähigkeit, Kompetenz

C

Care → Community Care
Caritas → Verbände
Case Management → Unterstützungsmanagement
Community Living → Wohnen, Teilhabeplanung
Computer(programme) → Neue Medien, Unterstützte Kommunikation, Gestützte Kommunikation
Curriculum → Didaktik

D

Deprivation → Enthospitalisierung
Diakonie → Verbände
Dual diagnosis → Doppeldiagnose

E

Elternhaus → Familie

F

Facilitated Communication → Gestützte Kommunikation
Förderschule → Förderzentrum, Schule für Geistigbehinderte
Forschung → Forschungsmethoden
Freiwilligenarbeit → Bürgerschaftliches Engagement

G

Gemeindeorientierung → Netzwerkarbeit, Soziale Netze
Geragogik → Altenarbeit und Altenbildung, Gerontologie
Geschlecht → Gender
Gesprächspsychotherapie → Psychotherapie
Gestalttherapie → Integrative Körpertherapie

H

Häufigkeit → Epidemiologie
Heilpädagogische Übungsbehandlung → Förderung, Förderplanung, Lebensstilplanung
Herausforderndes Verhalten → Verhaltensauffälligkeiten
Hirnschädigung → Ursachen geistiger Behinderung (medizinische/soziale Aspekte)

I

Inselbegabung → Savants
Institutionalisierung → Deinstitutionalisierung, Enthospitalisierung, Wohnen
Intellektuelle Behinderung → Intellectual disabilities

K

Kindförderung → Frühbehandlung
Konsulenten → Consulenten
Kunstunterricht → Ästhetische Erziehung

L

Lernfähigkeit → Lernen
Lesen → Alphabetisierung
Logopädie → Sprachtherapie

M

Medizinisches Modell → Psychiatrisches Modell
Menschenwürde → Ethik
Motopädagogik → Psychomotorik

N

Nachbarschaften → Bürgerschaftliches Engagement
Nonverbale Kommunikation → Unterstützte Kommunikation, Gestützte Kommunikation
Nutzerkontrolle → Qualitätssicherung, Empowerment, Partizipation

O

Organisationen → Verbände
Originelles Verhalten → Verhaltensauffälligkeiten

P

Psychoanalyse → Psychotherapie
Psychopathie → Persönlichkeitsstörungen

R

Rechnen → Alphabetisierung
Rehabilitationspädagogik → Heilpädagogik

S

Salutogenese → Gesundheit, Resilienz
Special Enducation → Heilpädagogik
Schreiben → Alphabetisierung
Selbstbild → Identität
Selbstermächtigung → Empowerment
Selbsthilfe → Selbstvertretung
Self-Advocacy → Selbstvertretung
Sonderpädagogik → Heilpädagogik
Sonderpädagogische Förderplanung → Förderplanung
Sozialpädagogik → Soziale Arbeit
Supervision → Praxisberatung
Supported Employment → Unterstützte Beschäftigung

T

Teilhabe → Partizipation, Teilhabeplanung
Tests → Entwicklungstests, Intelligenztests, Verfahren zur Erfassung sozial adaptiver Verhaltensweisen/psychischer Störungen

U

Unterstütztes Wohnen → Supported Living

V

Validierende Assistenz → Validation
Vereinsamung → Isolation
Verhaltensmodifikation → Positive Verhaltensunterstützung, Psychotherapie
Verhaltensprobleme → Verhaltensauffälligkeiten
Verhaltenstherapie → Psychotherapie
Verhaltensstörungen → Verhaltensauffälligkeiten
Volunteering → Bürgerschaftliches Engagement
Vorurteile → Diskriminierung